해커스
TESAT
2주 완성

이론+적중문제+모의고사

🏛 해커스금융

서호성

학력
경희대학교 일반대학원 경제학 석사 수료
경희대학교 행정학과 졸업

경력
현 | 해커스금융 온라인 전임 교수
　　해커스 경영아카데미 온라인 및 오프라인 전임교수
전 | 서울시립대학교, 상지대학교 등 매경TEST 특강강사
　　한경TESAT캠프 TESAT 특강강사

저서
해커스 매경TEST 2주 완성
해커스 TESAT 2주 완성
해커스 세무사 재정학
해커스 세무사 객관식 재정학
7급 경제학 핵심문제집
셀파 수능 경제
TESAT/매경TEST 이론서

TESAT 단기 합격 비법,
해커스가 알려드립니다.

"비전공자도 단기 합격이 가능한가요?"
"시사형 문제는 어떻게 대비하나요?"

많은 학습자가 TESAT 시험 학습방법을 몰라 위와 같은 질문을 합니다.
경제·경영 관련 배경지식이 부족하고,
시사에 대하여 두려움을 갖는 학습자들을 보며 해커스는 고민했습니다.
해커스는 TESAT 합격자들의 학습방법과 최근 출제경향을 면밀히 분석하여
단기 합격 비법을 「해커스 TESAT 2주 완성」에 모두 담았습니다.

TESAT 단기 합격 비법

1. 최근 출제경향을 반영한 핵심이론을 체계적으로 학습한다.
2. 출제 가능성 높은 문제로 학습한 이론을 점검한다.
3. 중요도 높은 시사용어만 빈틈없이 학습한다.
4. 실전모의고사로 실력을 점검하고, S등급 대비 실전모의고사로 고등급을 목표로 전략적으로 학습한다.

「해커스 TESAT 2주 완성」을 통해
매경TEST 시험을 준비하는 수험생 모두 단기 합격의 기쁨을 누리시길 바랍니다.

목차

TESAT 학습방법   6
TESAT 시험 안내   10
TESAT 학습플랜   12

PART 1 미시경제

제1장 경제학의 기초
- 제1절 경제활동   18
- 제2절 자원의 희소성과 합리적 선택   23
- 출제예상문제   32

제2장 시장가격의 결정과 변동
- 제1절 수요와 공급   48
- 제2절 시장가격의 결정과 변동   53
- 출제예상문제   58

제3장 탄력성
- 제1절 수요의 가격탄력성   72
- 제2절 수요의 소득·교차탄력성, 공급의 가격탄력성   77
- 출제예상문제   84

제4장 소비자이론
- 제1절 한계효용이론   96
- 제2절 무차별곡선이론   100
- 제3절 기대효용이론과 현시선호이론   106
- 출제예상문제   110

제5장 생산자이론
- 제1절 생산   120
- 제2절 비용   127
- 출제예상문제   134

제6장 시장이론
- 제1절 시장의 개념과 완전경쟁시장   146
- 제2절 독점시장   153
- 제3절 독점적 경쟁시장 & 과점시장   163
- 출제예상문제   168

제7장 시장실패와 정부실패
- 제1절 시장실패   182
- 제2절 정부개입과 정부실패   191
- 출제예상문제   194

제8장 생산요소시장과 소득분배
- 제1절 생산요소시장   208
- 제2절 가계의 소득과 저축   211
- 제3절 소득분배지표   216
- 제4절 예산과 조세   222
- 출제예상문제   228

제9장 공공선택이론과 행태경제이론
- 제1절 공공선택이론   242
- 제2절 행태경제이론   245
- 출제예상문제   248

PART 2 거시경제

제1장 GDP
- 제1절 GDP   258
- 제2절 국민소득결정이론   266
- 출제예상문제   272

제2장 화폐금융론
- 제1절 화폐와 통화   286
- 제2절 화폐수요이론   293
- 출제예상문제   298

제3장 물가와 실업
- 제1절 총수요와 총공급   308
- 제2절 물가와 인플레이션   313
- 제3절 실업   317
- 제4절 필립스곡선   321
- 출제예상문제   326

제4장 경기변동과 안정화정책
- 제1절 경기변동   342
- 제2절 경기안정화정책   346
- 출제예상문제   354

PART 3 국제경제

제1장 무역
제1절 무역 370
제2절 자유무역과 보호무역 377
출제예상문제 384

제2장 국제수지
제1절 국제수지 400
출제예상문제 404

제3장 환율
제1절 환율의 의미와 변동 412
제2절 환율제도 418
출제예상문제 422

시사용어 250선
시사용어 250선 502
출제예상문제 516

실전모의고사
제1회 실전모의고사 522
제2회 실전모의고사 537
제3회 실전모의고사 S등급 대비 555
정답 및 해설 572
OMR 답안지

PART 4 경영 & 금융

제1장 회사
제1절 회사 440
제2절 인수합병 & 지주회사 448
출제예상문제 452

제2장 회계
제1절 회계 460
출제예상문제 466

제3장 금융
제1절 금융 476
출제예상문제 490

[별책부록]
막판 뒤집기 핵심요약노트
이론정리 + 빈칸 채우기 문제 + OX 문제

TESAT 학습방법

1 출제 가능성 높은 핵심이론을 **체계적으로 학습**한다!

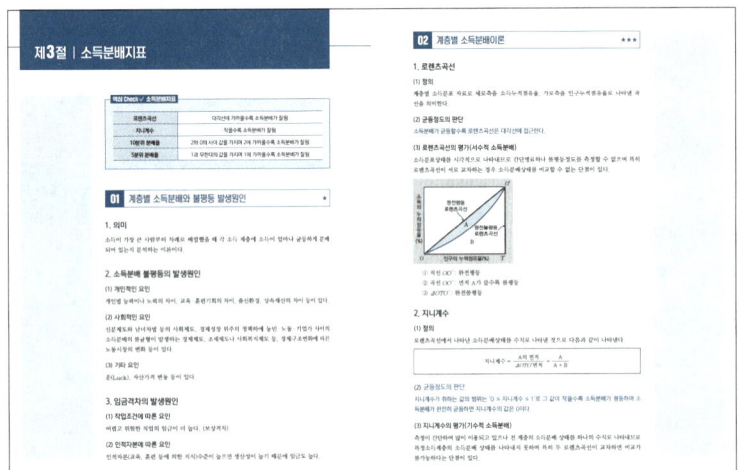

핵심 Check
학습할 핵심용어를 미리 짚어주어 경제/경영 입문자도 이론을 쉽게 학습할 수 있습니다.

중요 문장/단어 표시
특히 중요한 문장이나 단어는 파란색 표시하여 한 번 더 짚고 넘어갈 수 있습니다.

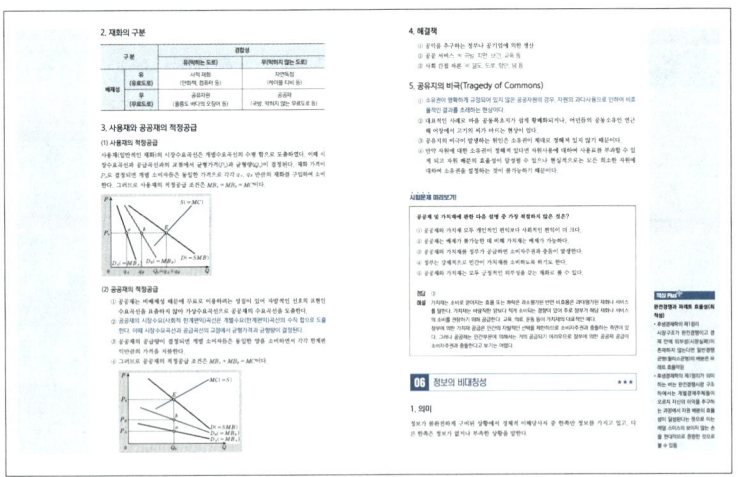

핵심 Plus
이론과 관련된 심화이론으로 이론을 보다 깊이 있게 이해할 수 있습니다.

시험문제 미리보기
최근 출제경향을 반영한 예시문제로 학습한 이론이 실제 시험에 어떻게 출제되는지 파악할 수 있습니다.

2. 시사용어 250선으로 **시사문제에 철저히 대비**한다!

시사용어 250선

중요도 높은 시사용어를 엄선하여 시사문제에도 빈틈없이 대비할 수 있습니다.

특히 최근 많이 언급된 시사용어에는 별(★) 표시하여 출제 가능성 높은 최신 시사를 파악할 수 있습니다.

3. **출제예상문제**로 **문제풀이 감각**을 키운다!

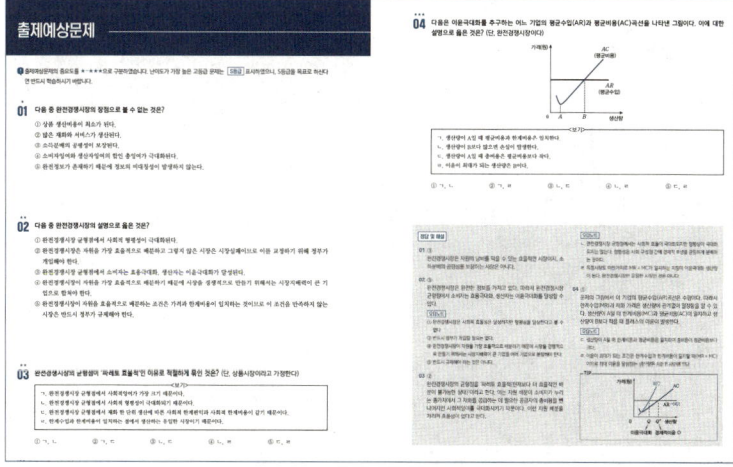

출제예상문제

출제 가능성이 높은 문제를 엄선하여 출제 경향을 파악하고, 학습한 이론을 문제에 적용하는 연습을 할 수 있습니다.

또한, 중요도(★ ~ ★★★) 표시로 중요한 이론과 문제 유형을 한 번 더 점검하고, 고난도 문제는 "S등급" 표시하여 고난도 달성을 위한 문제 유형을 익힐 수 있습니다.

4. 실전모의고사로 실력을 점검하고 실전 감각을 극대화한다!

실전모의고사(교재 3회 + 온라인 1회)

최근 출제경향을 반영한 실전모의고사로 실력을 점검하고, 실전에 대비할 수 있고, 고난도 [S등급 대비 실전모의고사]로 고등급을 목표로 전략적으로 학습할 수 있습니다.

또한, 정답 및 해설에 있는 [바로 채점 및 성적 분석 서비스] QR코드를 스캔하여 손쉽게 정답을 채점하고 응시 인원 대비 성적 위치로 합격 가능성을 예측할 수 있습니다.

5 시험 직전 핵심요약노트로 **최종 마무리**한다!

막판 뒤집기 핵심요약노트(별책부록)

교재 이론 중 반드시 알아야 할 핵심이론을 정리한 핵심 요약노트로 핵심이론만 빠르게 복습할 수 있습니다.

또한, 빈칸 문제와 OX 문제로 시험 직전 최종 점검할 수 있습니다.

TESAT 시험 안내

TESAT이란?
TESAT은 복잡한 경제 현상을 얼마나 잘 이해할 수 있는가를 평가하는 종합경제이해력 검증 시험입니다. 시장 경제 원리를 이해하고 경제 마인드를 향상시킬 수 있는 기회를 제공하며 문제를 풀면서 경제학 기초지식과 시사 경제·경영 상식을 갖출 수 있습니다.

TESAT 시험 안내

■ 시험 일정

시험일정	원서 접수 마감일	성적 발표
연 8회 실시	시험일 약 2주 전	시험일 약 1주 후

* 시험과 관련된 일정은 주관처 사정에 의해 변경될 수 있으므로 홈페이지에서 일정을 반드시 확인하시기 바랍니다.

■ 영역별 문항 수 및 배점

구 분		지식 이해	적 용	분석, 추론, 종합, 판단	합 계
경제이론	기초일반	20문 × 3점	10문 × 4점	–	100점
	미 시				
	거 시				
	금 융				
	국 제				
시사경제	정책(통계)	20문 × 3점	10문 × 4점	–	100점
	상식(용어)				
	경영(회사법, 회계, 재무)				
응용복합 (상황판단)	자료해석	–	–	20문 × 5점	100점
	이슈분석				
	의사결정(비용편익분석)				
합 계		40문 × 3점	20문 × 4점	20문 × 5점	300점

■ 평가등급

등 급	국가공인				민간자격		
	S급	1급	2급	3급	4급	5급	등급 외
점 수	270 ~ 300점	240 ~ 269점	210 ~ 239점	180 ~ 209점	150 ~ 179점	120 ~ 149점	120점 미만

■ 출제 기준

출제 영역	출제 기준
경제이론	경제 정보를 이해하는 데 필요한 주요 경제 이론 지식을 테스트합니다. 경제기초, 미시, 거시, 금융, 국제 등 경제학 전분야에서 골고루 출제됩니다.
시사경제 (경영)	경제·경영과 관련된 뉴스를 이해하는 데 필요한 배경 지식을 테스트 합니다. 새로운 경제정책과 산업, 기업 관련 뉴스 이해에 필요한 경제 경영 상식을 검증합니다.
응용복합 (상황판단)	경제·경영 시사 상식을 결합한 심화 영역으로 경제 상황을 분석, 추론, 판단할 수 있는 종합 사고력을 테스트합니다. 자료(통계)해석형 이슈분석형 의사결정형의 문항으로 줄제됩니다.

■ 시험 관련 세부 사항

시험주관	한국경제신문 경제교육연구소
원서접수처	한경 TESAT 홈페이지(http://www.tesat.or.kr)
시험시간	오전 10:00 ~ 오전 11:40 (100분) ※ 시험시작 30분 전 입실 완료
응시자격	제한 없음
문제형식	객관식 5지선다형
성적 유효기간	응시일로부터 2년

TESAT 학습자가 가장 궁금해하는 질문 BEST3

1. TESAT 단기 합격을 위해서는 얼마 동안 공부해야 할까요?
약 2주 정도 공부하면 충분합니다. TESAT은 관련 학문에 대한 지식 수준을 평가하는 시험이 아니라, 사고력을 평가하는 시험입니다. 따라서 방대한 양이나 깊이 있는 이론의 학습을 요구하지 않기 때문에, 단기간 학습으로 합격을 기대할 수 있습니다.

2. 비전공자도 독학으로 준비할 수 있을까요?
누구나 독학으로 단기 합격이 가능합니다. 시험에 출제되는 핵심이론을 학습하고, 출제예상문제로 실전 감각을 키운다면 독학으로 단기 합격이 가능합니다. 다만, 내용을 더 쉽고 자세하게 학습하기를 원하시는 경우, 본 교재에 해당하는 동영상 강의(fn.Hackers.com)를 함께 수강한다면 더 효율적으로 학습할 수 있습니다.

3. TESAT은 어떻게 학습해야 하나요? 시사는 어떻게 준비하나요?
이론과 시사용어는 함께 학습하는 것이 좋습니다. 이론과 관련된 시사용어를 수시로 확인하고, 문제풀이 연습을 통해 문제유형을 파악하는 것이 중요합니다.

TESAT 학습플랜

4주 완성 학습플랜

경제/경영학 비전공자 또는 관련 시험 입문자에게 추천합니다.

1일 ☐	2일 ☐	3일 ☐	4일 ☐	5일 ☐	6일 ☐	7일 ☐
PART 1						
제1장 경제학의 기초 [요약노트] TOPIC 1	제2장 시장가격의 결정과 변동 [요약노트] TOPIC 2	제3장 탄력성 [요약노트] TOPIC 3		제4장 소비자이론 [요약노트] TOPIC 4		제5장 생산자이론 [요약노트] TOPIC 5

8일 ☐	9일 ☐	10일 ☐	11일 ☐	12일 ☐	13일 ☐	14일 ☐
PART 1					**PART 2**	
제6장 시장이론 [요약노트] TOPIC 6		제7장 시장실패와 정부실패 [요약노트] TOPIC 7	제8장 생산요소시장과 소득분배 [요약노트] TOPIC 8	제9장 공공선택이론과 행태경제이론 [요약노트] TOPIC 9	제1장 GDP [요약노트] TOPIC 10	

15일 ☐	16일 ☐	17일 ☐	18일 ☐	19일 ☐	20일 ☐	21일 ☐
PART 2			**PART 3**		**PART 4**	
제2장 화폐금융론 [요약노트] TOPIC 11	제3장 물가와 실업 [요약노트] TOPIC 12	제4장 경기변동과 안정화정책 [요약노트] TOPIC 13	제1장 무역 [요약노트] TOPIC 14	제2장 국제수지 제3장 환율 [요약노트] TOPIC 15~16	제1장 회사 [요약노트] TOPIC 17	제2장 회계 [요약노트] TOPIC 18

22일 ☐	23일 ☐	24일 ☐	25일 ☐	26일 ☐	27일 ☐	28일 ☐
PART 4	시사용어	실전모의고사				마무리
제3장 금융 [요약노트] TOPIC 19	시사용어 250선	제1회 실전모의고사	제2회 실전모의고사	제3회 실전모의고사	온라인 모의고사	전체 복습

2주 완성 학습플랜

경제/경영학 전공자 또는 관련 자격증 소지자 등 배경지식이 있는 학습자에게 추천합니다.

1일 ☐	2일 ☐	3일 ☐	4일 ☐	5일 ☐	6일 ☐	7일 ☐
PART 1						**PART 2**
제1장 경제학의 기초 제2장 시장가격의 결정과 변동 [요약노트] TOPIC 1~2	제3장 탄력성 [요약노트] TOPIC 3~4	제4장 소비자이론 제5장 생산자이론 [요약노트] TOPIC 4~5	제6장 시장이론 [요약노트] TOPIC 6	제7장 시장실패와 정부실패 [요약노트] TOPIC 7	제8장 생산요소시장과 소득분배 제9장 공공선택이론과 행태경제이론 [요약노트] TOPIC 8~9	제1장 GDP [요약노트] TOPIC 10

8일 ☐	9일 ☐	10일 ☐	11일 ☐	12일 ☐	13일 ☐	14일 ☐
PART 2		**PART 3**	**PART 4**	시사용어	실전모의고사	
제2장 화폐금융론 제3장 물가와 실업 [요약노트] TOPIC 11~12	제4장 경기변동과 안정화정책 [요약노트] TOPIC 13	제1장 무역 제2장 국제수지 제3장 환율 [요약노트] TOPIC 14~16	제1장 회사 제2장 회계 제2장 금융 [요약노트] TOPIC 17~19	시사용어 250선	제1회 실전모의고사 제2회 실전모의고사	제3회 실전모의고사 온라인 모의고사

해커스 TESAT 2주 완성

금융·자격증 전문 교육기관 **해커스금융**
fn. Hackers. com

PART 1

미시경제

제1장 / 경제학의 기초
제2장 / 시장가격의 결정과 변동
제3장 / 탄력성
제4장 / 소비자이론
제5장 / 생산자이론
제6장 / 시장이론
제7장 / 시장실패와 정부실패
제8장 / 생산요소시장과 소득분배
제9장 / 공공선택이론과 행태경제이론

제1장 경제학의 기초

🔲 학습전략

본격적으로 경제를 공부하기 이전에 기본용어인 경제주체·객체, 생산·소비·분배를 이해해야 한다.
경제학의 기본문제는 자원의 희소성으로 시작된다. 특히 기회비용과 매몰비용에 대한 개념정리와 구분이 어려울 수 있다. 왜냐하면 우리는 현실에서 돌이킬 수 없는 매몰비용도 비용으로 잡지만 경제학에서는 미래에 대한 것인 기회비용만을 비용으로 잡기 때문에 혼란을 야기할 수 있다. 따라서 명확히 구분하기 위한 노력이 필요하다. 경제체제는 자원의 희소성으로 야기된 경제문제를 해결하는 방식이 관습적 혹은 제도적으로 굳어진 것을 의미한다. 우리나라는 시장경제체제이며 자본주의이다. 시장의 자원 배분과 생산수단의 사유를 중시하여 경제활동을 하기 때문에 효율성과 자원 배분이 원활하게 돌아가지만 빈부격차와 시장실패가 발생할 수 있다.

🔲 출제비중

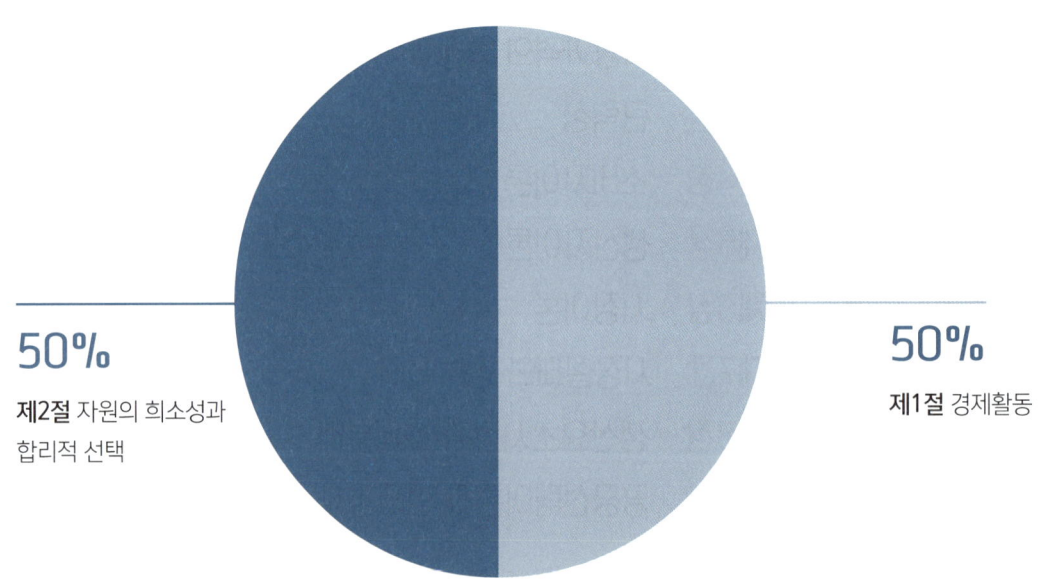

50%
제2절 자원의 희소성과 합리적 선택

50%
제1절 경제활동

출제유형

경제학의 기초 파트는 "경제이론" 영역에서 주로 출제되며 기회비용과 관련된 계산문제가 "응용복합" 영역에서 출제될 수 있다. 따라서 다양한 기회비용 문제를 풀어서 대비해야 할 것이다.

학습구성

구 분	출제포인트	중요도
제1절 경제활동	01 경제주체	★
	02 경제객체와 생산요소	★
	03 생산·소비·분배	★★
	04 경제순환	★★★
	05 경제학의 기초개념	★
제2절 자원의 희소성과 합리적 선택	01 자원의 희소성	★
	02 기회비용과 합리적 선택	★★★
	03 경제체제	★★

제1절 | 경제활동

핵심 Check ✓ 경제의 구성	
경제주체	가계, 기업, 정부, 외국
경제객체	재화와 서비스
경제활동	생산, 소비, 분배

01 경제주체 ★

자기의 의지와 판단에 의해 경제활동을 행하는 주체로, 가계, 기업, 정부, 외국 등이 전형적인 경제주체이다.

1. 가계

소비활동의 주체로, 효용[1]의 극대화를 추구하며 기업과 함께 민간부분을 차지한다.

2. 기업

생산활동의 주체로, 이윤의 극대화를 추구한다.

3. 정부

민간 부문의 경제활동을 조정, 규제하는 재정의 주체로, 사회후생 극대화를 추구한다.

4. 외국

다른 나라의 가계, 기업, 정부를 포괄하는 국제무역의 주체로, 상호이익의 극대화를 추구한다.

02 경제객체와 생산요소 ★

경제객체는 경제활동의 대상이 되는 것을 의미하며 이는 재화와 서비스(= 용역)가 존재한다. 재화와 서비스는 생산물이므로 이에 대응되는 생산요소도 함께 알아보도록 하자.

---

1) 효용
인간의 욕망을 만족시키는 재화의 능력 또는 재화를 소비함으로써 얻는 개인의 주관적 만족의 정도

핵심 Plus ➕

경제학
인간의 물질적 욕구를 충족시키기 위해 희소한 자원을 어떻게 활용할 것인가를 연구하는 학문

미시경제학
경제활동을 영위하는 개개의 주체, 즉 소비자(가계)·생산자(기업)의 행동분석을 통하여 사회적 경제현상을 해명하려는 근대 경제학의 한 분야

거시경제학
재화와 용역의 총량을 전체적인 흐름에 초점을 두는 연구분야. 국민소득이론이라고도 함. 즉, 국민경제의 전체적인 견지에서 볼 때 국민소득이나 고용수준, 그리고 물가수준이 어떻게 결정되며 국민소득 중에서 얼마만큼의 부분이 소비되고 저축되는가, 또 투자는 무엇에 의하여 결정되는가 등의 문제를 연구대상으로 하는 경제학의 한 분야

1. 경제객체(생산물)

(1) 재화
사람들이 소비하기를 원하여 시장에서 거래하는 **유형**의 물건을 의미한다. 예 마이크, 휴대폰 등

(2) 서비스
사람들이 소비하기를 원하여 시장에서 거래하는 **무형**의 상품으로 인간의 활동이나 노력으로 표현되는 경우가 많다. 예 가수의 공연, 의사의 진료 등

2. 생산요소

생산활동에 투입되는 요소로 생산자원이라고도 한다. **노동, 자본, 토지, 경영**이 여기에 해당한다.

(1) 노동
인간의 정신적, 육체적 노력을 의미한다.

(2) 자본
인간이 만들어낸 생산요소로 건물, 기계, 설비, 공구처럼 장기적으로 생산활동에 사용 가능한 것을 의미한다.

(3) 토지
인간이 만들지 않은 생산요소로 토지뿐만 아니라 광물 등 생산활동에 사용되는 모든 자연자원을 의미한다.

(4) 경영
여러 가지 생산요소를 결합시키는 방법으로 경영자의 아이디어, 위험부담 등을 포함하는 기업가의 노력을 의미한다.

03 생산·소비·분배 ★★

1. 생산
판매를 목적으로 생산요소를 구입, 결합하여 **새롭게 생산물을 만들어 내거나 이 과정에서 부가가치[2]를 창출한 경우**를 의미한다. 점심식사로 자장면을 주문했을 때 주방장이 자장면을 만드는 것과 배달원이 가져다주는 것 모두 생산에 해당한다. 따라서 제조, 운송, 보관, A/S도 모두 생산활동에 포함된다는 것을 기억해야 한다.

2. 소비
생산물을 구입하여 사용하는 것이다. 반드시 만족을 극대화하는 것을 목적으로 해야 하며 생산을 하기 위한 재료를 구입하는 것은 생산의 과정에 포함된다.

예 어머니가 쌀을 구입하는 것은 식사를 통해 만족감을 얻기 위한 행위이므로 소비이지만 김밥전문점에서 쌀을 구입하는 행위는 김밥을 생산하기 위한 재료이므로 소비라고 할 수 없다.

2) 부가가치
기업이 생산활동을 한 결과, 생산물의 가치 등에 새로 부가된 가치

3. 분배

생산활동에 기여한 정도에 따라 생산요소 제공에 대한 대가를 시장가격으로 보상받는 것을 의미한다. 노동에 대한 임금, 자본에 대한 이자, 토지에 대한 지대, 경영에 대한 이윤이 여기에 해당한다.

실생활에서 사용할 때 분배의 의미는 나누어주는 것이라는 의미가 있지만, 경제학에서의 분배는 소득(Income)을 의미한다. 따라서 무상으로 얻은 것이 아니다. 무상으로 얻은 경우는 이전(Transfer)이라는 단어를 쓰는데, 여기에 해당하는 것은 저소득층에게 정부가 제공하는 급여인 이전지출 등이 있다.

시험문제 미리보기!

다음의 상황과 경제활동의 종류가 순서대로 옳게 연결된 것은?

> (가) 갑은 다이어트를 위해 요가학원을 등록하였다.
> (나) 을은 미세먼지 시대에 산소방을 만들어 국내 처음으로 여러 곳에 체인점을 개설하였다.

① 생산 - 분배 ② 분배 - 소비 ③ 분배 - 생산
④ 소비 - 분배 ⑤ 소비 - 생산

정답 ⑤
해설 갑은 자신의 만족을 위해 요가학원을 등록하였으므로 소비활동이고, 을은 이윤창출을 위해 체인점을 개설하였으므로 생산활동에 해당한다.

04 경제순환 ★★★

생산물시장은 재화와 서비스, 생산요소시장은 노동, 자본, 토지 등이 거래되는 시장이다. 생산물시장에 해당하는 대표적인 것이 휴대폰 시장인데, 휴대폰의 공급자는 실물을 제공하는 기업이고 구입하려는 가계는 수요자가 된다. 반대로 생산요소시장에 대표적으로 해당하는 것은 노동시장으로, 노동을 판매하여 소득을 올리려는 주체(=공급자)는 가계이며 수요자는 기업이 된다. 정리하면 시장을 구분할 때 **공급자는 실물을 제공하며, 수요자는 화폐를 지불한다.** 경제순환을 통해 국민소득 3면 등가의 법칙이 성립함을 알 수 있다.

핵심 Plus+

국민소득 3면 등가의 법칙
생산·분배·지출의 세 측면에서 계측한 국민소득은 서로 다른 면에서 동일한 활동을 포착한 것이므로 결국은 서로 똑같고, 이를 국민소득 3면 등가(三面等價)의 법칙이라고 함

05 경제학의 기초개념 ★

1. 경제적 효율성과 공평성
현재 경제상태가 얼마나 바람직한 상태에 있는가를 판단하는 기준은 효율성과 공평성이다.

(1) 경제적 효율성(경제원칙, 경제적 합리성)
자원의 희소성에 의해 주어진 자원을 효과적으로 선택하여 재화를 생산하여야 하는 것이 경제문제의 핵심으로 경제학에서의 효율성은 다음과 같이 두 가지로 본다.
① **최대효과의 원칙** : 주어진 자원(비용)으로 최대의 효과(산출량)를 얻는 것
② **최소비용의 원칙** : 일정한 효과(산출량)를 얻기 위해 최소의 자원(비용)을 사용하는 것

(2) 공평성
희소자원에 의해 생산된 재화를 사회구성원에게 공정하게 분배되는 것을 의미하며 공평성에는 효율성과 같은 일반적인 원칙이 존재하지 않는다.

2. 부분균형분석과 일반균형분석

(1) 부분균형분석(Partial Equilibrium Analysis)
"다른 조건은 모두 일정하다."는 가정하에 한 부분만을 분석하는 방법이다.

(2) 일반균형분석(General Equilibrium Analysis)
모든 시장 간의 상호 연관관계를 명시적으로 고려하며 특정 부문을 분석하는 방법으로 정확한 결론에 도달할 수 있는 장점이 있으나 복잡하다는 단점이 있다.

3. 경제학 방법론상의 오류

(1) 인과의 오류
경제현상 간의 인과관계를 규명함에 있어서 먼저 어떤 현상(A)이 관찰되었다는 이유로, A가 다음에 일어난 사건(B)의 원인이라고 판단하는 오류로서 귀납법이 적용되는 과정에서 발생된다.
예 에어컨 판매량이 증가하므로 날씨가 더워진다.

(2) 구성의 오류
부분에 맞다고 해서 전체에도 그것이 맞다고 생각하는 오류로서 연역법이 적용되는 과정에서 발생된다.
예 절약의 역설[3], 가수요 등

---

[3] **절약의 역설**
절약을 통하여 소비를 줄이고 저축을 늘리는 개인의 합리적 행위가 사회 전체로 볼 때 오히려 소비 수요를 줄여 국민소득의 감소를 초래할 수 있다는 이론

4. 실증경제학과 규범경제학

(1) 실증경제학
경제현상을 있는 그대로 분석할 뿐 가치판단이 개입되지 않은 인과관계만을 나타내는 경제학을 말한다.
예 이자율이 높으면 투자는 감소한다.

(2) 규범경제학
가치판단이 개입하여 바람직한 경제상태로의 개선방안을 제시하는 경제학을 말한다.
예 현재 우리나라의 경제상태는 투자가 저조하므로 이자율을 낮추어야 한다.

시험문제 미리보기!

그림은 민간 경제주체들 간의 관계를 나타낸 것이다. 이에 대한 설명으로 옳은 것은?

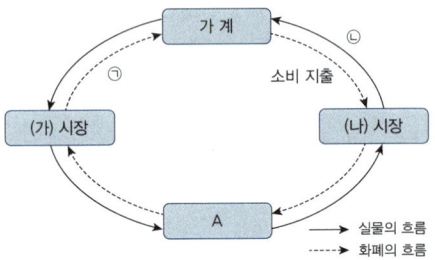

① 자본은 ㉠의 예이다.
② 국방과 치안은 ㉡의 예이다.
③ A는 이윤극대화를 추구한다.
④ (가) 시장의 수요자는 가계이다.
⑤ 노동은 (나) 시장에서 거래된다.

정답 ③
해설 민간 경제주체들이므로 A는 기업이 된다. 따라서 이윤극대화를 추구한다.
(가) 시장은 가계에서 실물을 제공하므로 생산요소시장이고, (나) 시장은 기업이 실물을 제공하므로 생산물시장이다.

오답노트
① ㉠은 임금, 이자, 지대, 이윤에 해당한다.
② ㉡은 기업이 제공하는 재화와 서비스에 해당하며, 국방과 치안은 정부가 제공하는 것이다.
④ (가) 시장의 수요자는 기업이다.
⑤ 노동은 (가) 시장에서 거래된다.

제2절 | 자원의 희소성과 합리적 선택

핵심 Check ✓ 자원의 희소성과 합리적 선택

자원의 희소성	절대량이 아닌 상대량
경제문제	What & How Many, How, For Whom
기회비용	명시적 비용 + 암묵적 비용 합리적 선택 : 기회비용 최소화
경제체제	시장경제체제 & 자본주의 계획경제체제 & 사회주의

01 자원의 희소성

1. 의미

모든 경제문제는 자원의 희소성에서 비롯된다. 자원이란 인간에게 유용하게 쓰일 수 있는 석탄, 석유, 시간 등을 모두 포괄하는 개념이다. 자원의 희소성이란 인간의 욕구는 무한하나 자원은 한정되어 있다는 것을 의미하며 **시대와 장소에 따라 달라지는 상대성을 가진다**. 예를 들어 과거에 식수는 돈을 주고 사먹는 것이 아니었으나, 현재는 식수가 부족하게 되어 돈을 지불하고 구입하는 것이 당연하게 되었다. 이는 식수가 희소성이 없던 자유재에서 희소성이 있는 경제재로 바뀌었음을 의미한다.

2. 자유재와 경제재

(1) 자유재

희소성이 없어 시장에서 대가를 지불할 필요 없이 공짜로 얻을 수 있는 재화를 의미한다.
㉠ 공기 등

(2) 경제재

희소성이 있어 시장에서 대가를 지불하고 사용해야 하는 재화를 의미한다. ㉠ 핸드폰 등

핵심 Plus ➕

희귀성과 희소성

희귀성은 절대적인 양이 부족한 것이고 희소성은 절대적인 양은 많으나 인간의 소비욕구가 더 많은 경우 발생하는 것 ㉠ 석유

자유재

- 유용성(사용가치)이 있음
- 자유재를 얻기 위한 비용이 발생하지 않음
- 희소성과 교환가치가 없음
- 시장에서 거래되지 않음

3. 경제문제

모든 경제문제의 시작은 자원의 희소성이다. 이를 정리하면 다음과 같다.

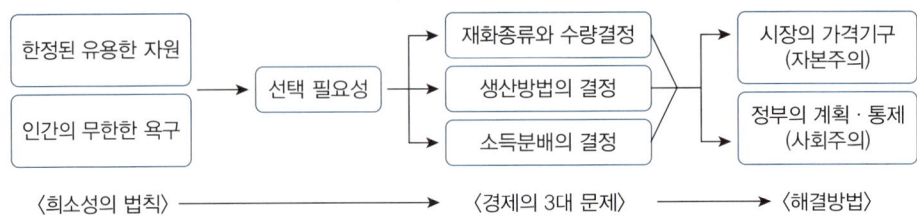

(1) 경제문제의 의미

자원의 희소하다는 것은 결국 모든 것을 누릴 수 없다는 것을 의미한다. 따라서 우리는 선택의 문제에 직면하게 되는데 이를 경제문제라 한다. 경제문제를 구분하면 다음과 같다.

경제문제	내용	경제원칙	사례
자원 배분	• 무엇을 얼마나 생산할 것인가(What, How many?) • 생산물의 종류와 수량의 결정	• 효율성	• 음식점을 할까, 휴대폰 대리점을 할까? • 생산량은 어느 정도?
생산방법	• 어떻게 생산할 것인가(How?) • 생산요소의 배분과 결합비율 결정	• 효율성	• 원가관리시스템을 도입해서 인력 절감을 해볼까?
소득분배	• 누구에게 어느 정도 분배할 것인가 (For Whom?) • 생산물 분배(소득 분배)	• 효율성 • 형평성	• 최과장과 박부장의 임금 격차는 어느 정도가 적당하지?

(2) 경제의 3대 문제 적용

① 경제의 3대 문제는 경제체제나 경제발전단계에 관계없이 모든 사회에 적용된다.
② 특히 이 경제의 3대 문제를 자본주의 경제체제는 시장의 가격기구가, 사회주의 경제체제는 정부의 계획·통제하에 해결한다.

02 기회비용과 합리적 선택 ★★★

자원의 희소성으로 발생하는 경제문제를 해결하는 방법은 합리적 선택이다. 합리적 선택을 위해서는 선택을 통해 얻어지는 편익(+)과 지불해야 하는 비용(-)이 발생한다. 비용은 기회비용과 매몰비용으로 나눌 수 있다.

1. 매몰비용

기회비용은 회수 가능한 비용으로 경제학의 고려대상이다. 그러나 **매몰비용은 회수 불가능한 비용으로 고려대상이 아니다.** 경제학의 주된 관심은 과거가 아닌 미래에 있다는 것이 특징이다.
㈎ 영화를 보다가 영화에 전혀 흥미를 느낄 수 없다고 해서 영화를 본 지난 시간을 되돌려 영화 티켓값을 회수할 수 없다. 따라서 영화 티켓값은 매몰비용이다. 합리적 선택은 매몰비용을 고려하지 않아야 하므로 지출한 영화 티켓값을 무시하고 바로 영화관 밖으로 나와야 한다.

핵심 Plus

효율성
최소한의 투입으로 기대하는 산출을 얻는 것을 의미함. 투입과 비교된 산출의 비율로 정해지며 그 비율의 값이 커질수록 효율이 높은 것으로 평가됨

형평성
동등한 자를 동등하게, 동등하지 않은 자를 동등하지 않게 취급하는 것을 의미함

2. 기회비용

기회비용은 선택으로 인해서 실제로 지불해야 하는 명시적 비용과 포기해야 하는 여러 대안 중 가장 가치가 큰 것으로 묵시적 비용(= 암묵적 비용)으로 나누어진다.

(1) 기회비용 = 명시적 비용 + 암묵적 비용

(2) 명시적 비용(Explicit Cost)
현금지출을 필요로 하는 비용을 의미한다. 예 영화 티켓값 등

(3) 묵시적(= 암묵적) 비용(Implicit Cost)
현금지출을 필요로 하지 않는 비용을 의미한다.
① **귀속임금**: 선택한 일 이외의 다른 일을 해서 얻을 수 있는 소득
② **귀속이자**: 자기자본을 선택한 대안 이외의 곳에 투자했을 때 얻을 수 있는 소득
③ **귀속지대**: 토지소유자 자신이 자기 토지를 이용하는 경우에 자기에게 귀속되는 지대
④ **정상이윤**: 기업가로 하여금 동일한 상품을 계속 생산하게 하는 유인으로서 충분한 정도의 이윤

3. 합리적 선택

(1) 합리적 선택
편익과 비용 중에서 반드시 편익이 커야 하며 동일 편익일 때는 최소비용, 동일 비용일 때는 최대편익을 추구한다.

(2) 편익이 주어지지 않는 경우의 합리적 선택
기회비용이 가장 작은 대안의 선택이 합리적 선택이다.
예 호성 씨는 강의를 할 경우 시간당 10만 원을, 서빙을 할 경우 시간당 1만 원을 번다.
- 강의를 선택할 경우 기회비용: 1만 원(서빙을 통해 얻는 소득)
- 서빙을 선택할 경우 기회비용: 10만 원(강의를 통해 얻는 소득)
⇨ 기회비용이 최소가 되는 선택 = 합리적인 선택 = 강의

4. 기회비용 사례분석

연간 7,200만 원을 받고 해커스 호텔 한식당 요리사로 일하는 갑은 요리사직을 그만두고 레스토랑을 새로 열려고 한다. 창업과 관련해 컨설팅 회사에 이미 500만 원의 수수료를 지급했다. 현재 그는 연간 이자율 2%인 예금계좌에 2억 원을 가지고 있는데 이를 인출해 창업 자금으로 이용할 계획이다. 또 매달 200만 원의 임대료를 받고 남에게 빌려주었던 자신 소유의 건물에서 영업하려고 한다. 레스토랑 영업을 개시한다면 첫해에 음식 재료비와 종업원 인건비, 수도 및 전기요금 등 기타 경비가 4,500만 원 들 것으로 예상된다. 갑이 현 직장을 그만두고 새로운 일을 시작하기 위해서는 첫해에 총매출액이 최소 얼마가 되어야 하는가?

핵심 Plus+

기회비용의 특징
- 모든 경제학적 비용은 기회비용으로 봄
- 정확성이 높아서 합리적 선택에 도움을 줌. 회계학적 비용은 명시적 비용만 계산하지만, 경제학적 비용은 '명시적 비용 + 암묵적 비용'이기 때문임
- 현재의 가치를 기준으로 계산함
- 상대적임(같은 선택을 하더라도 기회비용은 다를 수 있음)

매몰비용을 사용한 사례
- 재미없는 영화지만 요금이 아까워 끝까지 관람함
- 잘못된 투자로 판정난 사업도 들인 돈이 아까워 계속 진행함
- 근교에 위치한 아울렛에 쇼핑을 가면 대부분 과소비를 하게 됨
- 주문한 음식이 맛이 없었지만 아까워서 남기지 않고 다 먹게 됨

경제학적 비용과 회계학적 비용
경제학적 비용은 명시적 비용과 암묵적 비용을 모두 합친 개념이고, 회계학적 비용은 명시적 비용만 비용으로 처리됨. 따라서 회계학적 비용이 작게 처리되어 회계학적 이윤이 경제학적 이윤보다 항상 큼

보증금
건물이나 전세에 대한 보증금은 채무불이행을 대비하기 위한 금전임. 계약기간이 지나면 다시 돌려주기 때문에 보증금 자체가 비용이 되지는 않음

① 문제는 '총매출액이 최소 얼마가 되어야 하는가?'인데 합리적 선택은 '편익 > 비용'이므로, 최소한의 편익은 선택을 위한 기회비용을 의미한다.
② 명시적 비용은 음식 재료비, 종업원 인건비, 수도 및 전기요금 등 기타경비 4,500만 원이다.
③ 묵시적 비용은 연간 7,200만 원의 급여, 예금계좌 2억 원에 대한 400만 원(= 2억 원 × 2%)의 이자, 연간 2,400만 원(= 매달 200만 원 × 12)의 임대료이므로 이를 더하면 1억 원이다.
④ 창업과 관련한 컨설팅 회사에 500만 원의 수수료를 지불했지만 이는 회수 불가능하므로 기회비용이 아닌 매몰비용으로 고려하지 않는다.
⑤ 명시적 비용과 암묵적 비용의 합인 1억 4,500만 원이 기회비용이므로, 레스토랑 개업에 따른 매출액이 최소 1억 4,500만 원 이상이 되어야 한다.

5. 생산가능곡선과 기회비용

(1) 생산가능곡선(PPC; Production Possibility Curve)의 개념

한 사회의 모든 생산요소를 가장 효율적으로 사용하여 최대로 생산 가능한 두 재화(X재, Y재)의 조합을 나타내는 곡선이다. 생산가능곡선이 우하향하는 것은 희소성의 법칙 때문에 한정된 자원으로는 모두를 다 늘릴 수 없고 하나를 늘리면 다른 하나를 줄여야 하기 때문이다.

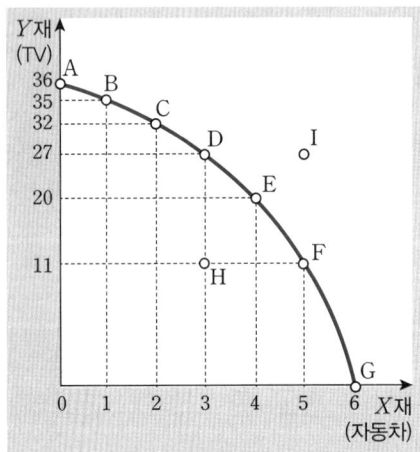

- 생산가능곡선 위에 있는 점 A(TV만 36대 생산), B, C, D, E, F, G(자동차만 6대 생산)는 모두 생산이 효율적으로 이루어지는 점
- 생산가능곡선 내부에 있는 점 H는 생산이 비효율적으로 이루어지는 점
- 생산가능곡선 외부에 있는 점 I는 현재의 주어진 자원과 기술로는 생산할 수 없는 점

(2) 생산가능곡선의 내부에서 곡선 상으로의 이동 : H ⇨ E

① 비효율적인 생산점에서 효율적인 생산점으로의 이동
② 불완전고용 생산점에서 완전고용 생산점으로의 이동
③ 파레토 개선[1]을 통해 파레토 최적[2]이 달성

(3) 생산가능곡선의 이동 : E ⇨ I

기술진보, 교육수준 향상, 천연자원 발견, 인구증가 등이 원인이다.

(4) 기회비용체증의 법칙

어떤 재화의 생산량을 증가시킴에 따라 포기하여야 할 재화의 양(기회비용 = MRT[3])이 점점 증가하는 법칙이다.

---

1) 파레토 개선
하나의 자원 배분상태에서 어느 누구에게도 손해가 가지 않게 하면서 최소한 한 사람 이상에게 이득을 가져다주는 변화

2) 파레토 최적
파레토 개선이 불가능한 상태로 한 사람이 이익을 보려면 반드시 다른 사람도 피해를 봐야 되는 상황을 의미

3) MRT(Marginal Rate of Transformation)
한계변환율

(5) 기회비용의 측정

① 자원은 유한하므로 어떤 재화의 생산을 늘려갈 때 포기하는 것이 반드시 생기고, 포기한 것이 생산의 기회비용이 된다.

  예) X재 생산의 기회비용 = (X재 생산으로 인해) 포기한 Y재

② 직선인 경우 : 한 재화를 생산을 늘려갈 때 다른 재화로 표시되는 1단위 생산의 기회비용이 일정하다.

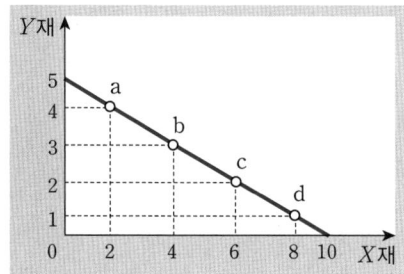

- a → b : $2X = 1Y$
- b → c : $2X = 1Y$
- c → d : $2X = 1Y$

⇨ $X = \frac{1}{2}Y$로 일정

③ 원점에 대하여 오목한 곡선인 경우 : 한 재화를 생산을 늘려갈 때 다른 재화로 표시되는 1단위 생산의 기회비용이 체증한다.

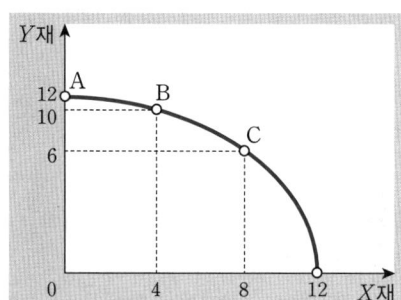

- A → B $4X = 2Y$ $X = \frac{1}{2}Y$
- B → C $4X = 4Y$ $X = Y$
- C → D $4X = 6Y$ $X = \frac{3}{2}Y$

⇨ X재 생산 증가 시 X재 1단위 추가 생산의 기회비용 증가

(6) 여러 가지 생산가능곡선

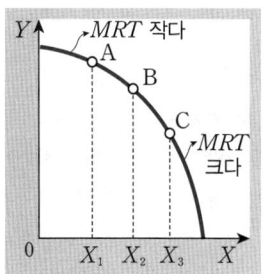

- 원점에 대하여 오목
  : 기회비용이 체증

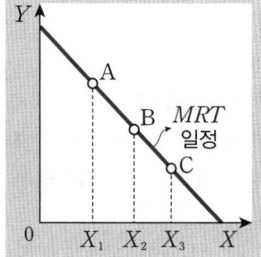

- 우하향 직선
  : 기회비용이 일정

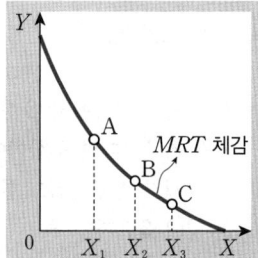

- 원점에 대하여 볼록
  : 기회비용이 체감

6. 소비가능선(=예산선)

(1) 개념

주어진 예산(소득)을 가지고 최대한 소비할 수 있는 조합을 연결한 선으로, 한 재화의 소비를 늘려갈수록 다른 재화의 소비를 줄여야 하므로 기회비용의 문제와 관련된다.

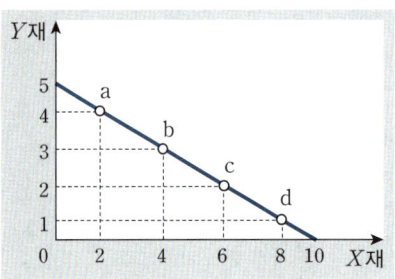

(2) 점의 위치가 의미하는 것

① 곡선 위 : 최대한 소비한 것
② 곡선 내부 : 주어진 예산보다 덜 소비한 것
③ 곡선 외부 : 현재 조건에서 소비가 불가능한 것

(3) 점 자체의 이동과 곡선 자체의 이동

① 점 자체의 이동 : 늘어난 재화에 대한 선호 증가
② 곡선 자체의 이동
- **가격변화** : 각 재화의 가격이 저렴해지면 저렴한 재화 쪽의 소비가 많아지므로 곡선이 확장된다. (각 재화의 가격이 비싸지면 축소됨)
- **예산(소득)의 변화** : 예산(소득)이 증가하게 되면 살 수 있는 수량이 늘어난 만큼 증가하여 우측으로 평행이동한다. (예산이 감소하면 좌측으로 평행이동함)

시험문제 미리보기!

> 한 장난감 회사에서 유행이 지난 장난감을 재고로 보유하고 있다. 총 제조원가는 5만 원이지만 처분한다면 구식이어서 2만 원밖에 받을 수 없다. 그래서 개당 1만 원을 투자해 포장을 바꿔서 판매하려고 한다. 포장 변화 후 최소 얼마 이상 받을 수 있을 때 포장을 변경하는 것이 옳은가?
>
> ① 1만 원   ② 2만 원   ③ 3만 원   ④ 4만 원   ⑤ 5만 원
>
> **정답** ③
> **해설** 포장 변화에 따른 명시적 비용 1만 원 + 그냥 팔아도 받을 수 있는 묵시적 비용 2만 원을 합하면 기회비용은 3만 원이 된다. 따라서 최소 3만 원 이상을 받을 때 포장을 변경하는 것이 적절하다.

03 경제체제 ★★

1. 의미

앞에서 자원의 희소성으로 인해 경제문제와 선택의 문제가 발생한다고 설명하였다. 선택의 방식은 각각의 사회나 국가에서 다양하게 나타날 수 있다. 이 경제문제를 해결하는 방식이 굳어진 것, 희소한 자원의 배분을 결정하고 조직하는 제도나 방식을 경제체제라고 한다. 경제체제는 자원 배분 방식과 생산수단의 소유 여부에 따라 나뉜다.

2. 자원 배분 방식에 따른 구분

① **시장경제체제** : 시장의 자동 조절 기능
② **계획경제체제** : 국가의 계획이나 명령, 통제

3. 생산수단의 소유형태에 따른 구분

구 분	자본주의	사회주의
생산 수단	• 사유	• 공유 또는 국유
자원 배분	• 가격기구	• 정부의 계획과 통제
경제 동기	• 사익추구(이윤, 효용극대화)	• 이념, 공익, 사회적 목표
중요 가치	• 효율성	• 형평성
경제운영 주체	• 개별주체(가계, 기업 등)	• 중앙계획당국
의사결정원리	• 분권화	• 중앙집권화
장 점	• 자원 배분의 효율성 • 노동 의욕 향상 • 개인의 자율성 • 기술 혁신, 경제 성장	• 공평한 소득 분배 • 사익과 공익의 일치 • 경제 안정 • 전략산업 육성, 환경 보존
단 점	• 소득분배 불균형 • 경제 불안정 • 사익과 공익의 괴리 • 자연 파괴, 인간 소외	• 자원 배분의 비효율성 • 개인의 자율성 억압 • 근로 의욕 저하 • 계획의 비신축성, 성장 둔화
보완책	• 소득분배정책(누진세, 사회보장제도 등)	• 시장경제 원리의 부분 도입

핵심 Plus+

전통경제체제
• 경제문제 해결 : 전통적 관습, 신념
• 특징 : 급속한 변화에 따른 긴장과 불확실한 의사결정의 불안감이 거의 없음
• 문제점 : 자원의 개발이나 기술 발전에 제한

보이지 않는 손
애덤 스미스가 주장한 것으로 개인이 오직 자신만의 이익(사익)을 위해 경쟁하는 과정에서 누가 의도하거나 계획하지 않아도 사회구성원 모두에게 유익한 결과(공익)를 가져오게 된다는 시장경제의 암묵적인 자율작동 원리

4. 자본주의의 변천과정

산업 자본주의	• 시민혁명을 통해 경제활동의 자유 확보, 산업혁명을 통해 공장제 기계공업 발전, 애덤스미스의 시장경제이론 대두 • 특징 : 상품의 생산 과정에서 부가가치 형태로 이윤을 얻는 경제활동 중시 • 의의 : 본래의 자본주의는 산업혁명 이후 자리 잡기 시작한 산업 자본주의를 의미
독점 자본주의	• 시기 : 19C 후반 ~ 대공황 • 배경 : 거대 독점기업의 등장, 시장 확대를 위한 해외 시장 개척 생산 능력의 증대 ⇨ 과잉 생산 ⇨ 기업 간 경쟁 격화 ⇨ 기업의 이윤 저하 ⇨ 인수·합병 등을 통해 시장을 지배하는 독점자본이 형성됨 • 특징 : 거대 기업의 시장 지배, 시장의 가격 기구 마비, 제국주의 전쟁 발발 • 의의 : 시장경제체제의 한계를 보여줌, 시장실패를 해결할 정부 개입의 정당성
수정 자본주의	• 시기 : 대공황 ~ 1970년대 • 배경 : 대공황으로 나타난 시장실패를 정부가 시장에 개입하여 해결할 필요성, 케인즈의 혼합 경제 이론 제안 • 세계대공황(1929년 ~ 1930년대 초) : 독점자본에 의한 과잉 생산과 구매력 부족 ⇨ '풍요 속의 빈곤' 발생 • 특징 : 자유방임주의 이념을 보완·수정하여 계획경제체제의 일부 원리를 도입, 정부 개입에 따른 부작용 • 의의 : 시장실패 극복, 복지국가의 출현, 자본주의의 인간화 노력

신자유주의	• 배경 : 석유 파동 이후 큰정부의 비효율성 극복 필요(1980년대 이후)
	• 이론 : 공급 중시 경제학, 작은 정부론
	• 사례 : 대처리즘, 레이거노믹스
	• 특징
	  - 정부에 대한 태도 : 개입 축소, 기구 축소, 공기업 민영화 등
	  - 시장에 대한 태도 : 개인의 자유, 창의성, 시장의 자율성 확대 등
	  - 노동자에 대한 태도 : 노동시장 유연화, 정리해고제, 노조 약화 등
	  - 기업에 대한 태도 : 세금 감면, 규제 완화, 기업 자율 확대 등
	  - 최근 경향 : 세계화, 개방화와 함께 전 세계적으로 확대·강화

제3의 길	• 시기 : 정부실패와 시장실패의 동시 극복(1990년대 중반 이후)
	• 이론 : 생산적 복지 노선
	• 사례 : 영국의 토니블레어, 미국의 클린턴, 한국의 김대중 정부 등
	• 특징
	  - 제1길(수정자본주의) + 제2길(신자유주의)
	  - 형평성과 효율성 동시 추구
	  - 생산성 향상을 동반하는 복지
	  - 노동 + 복지

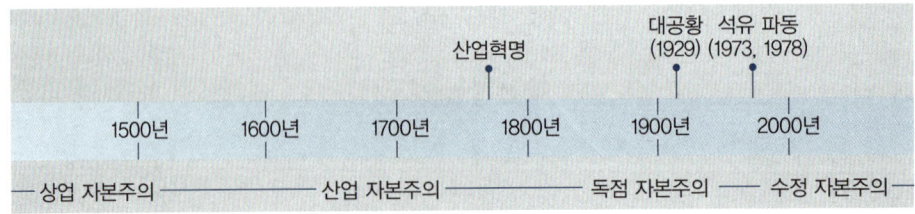

시험문제 미리보기!

그림은 자원 배분 방식에 따라 구분한 현대의 경제체제이다. (가)의 특징으로 적절한 것은?

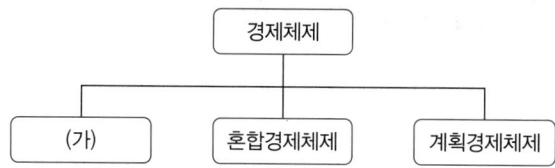

① 사유 재산의 공공성을 강조한다.
② '보이지 않는 손'의 기능을 신뢰하지 않는다.
③ 경제문제의 해결 기준으로 형평성을 중시한다.
④ 국가 계획과 통제에 의해 사회적 자원이 배분된다.
⑤ 사람들은 이기적 동기에 따라 경제활동에 참여한다.

정답 ⑤

해설 (가)는 시장경제체제이다. 시장경제체제는 '보이지 않는 손'인 시장가격을 통해 이기적 동기로도 사회전체의 이익이 커진다고 주장한다.

[오답노트]
① 사유 재산의 사유성을 강조한다.
② '보이지 않는 손'의 기능을 신뢰한다.
③ 경제문제의 해결 기준으로 효율성을 중시한다.
④ 국가 계획과 통제에 의해 사회적 자원이 배분되는 것은 계획경제체제이다.

출제예상문제

> 출제예상문제의 중요도를 ★~★★★으로 구분하였습니다. 난이도가 가장 높은 고등급 문제는 S등급 표시하였으니, S등급을 목표로 하신다면 반드시 학습하시기 바랍니다.

01 ★ 미시경제학의 분석 분야에 해당하지 않은 것은?

① 소비자균형
② 생산자균형
③ 시장의 구조
④ 생산요소시장
⑤ 통화정책

02 ★ (가) ~ (다)에 해당하는 경제활동의 유형을 <보기>에서 골라 바르게 묶은 것은?

- (가) 생산과정에 참여하여 생산요소를 제공한 대가를 받는 모든 활동
- (나) 경제적으로 가치 있는 어떤 것을 새로 만들거나 원래의 가치를 증대시키는 모든 활동
- (다) 일상생활에서 만족감을 높이기 위해 재화나 서비스를 구입하여 사용하거나 소모하는 모든 활동

<보기>
ㄱ. 렌터카 회사가 영업용 승용차를 구입하는 것
ㄴ. 근로자에게 임금을 지급하는 것
ㄷ. ○○세탁소에 5만 원을 주고 지난 겨울에 입었던 옷의 세탁을 맡기는 것

	(가)	(나)	(다)		(가)	(나)	(다)
①	ㄱ	ㄴ	ㄷ	②	ㄱ	ㄷ	ㄴ
③	ㄴ	ㄱ	ㄷ	④	ㄴ	ㄷ	ㄱ
⑤	ㄷ	ㄱ	ㄴ				

03 그림의 경제주체 A ~ C에 대한 옳은 설명을 <보기>에서 고른 것은?

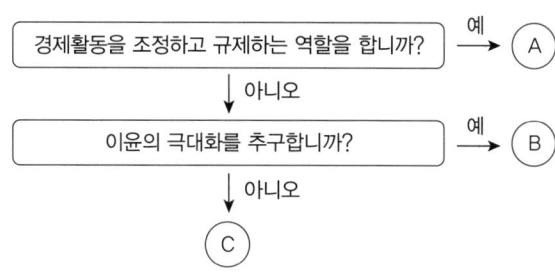

―<보기>―
ㄱ. A는 국방, 치안과 같은 공공재를 공급한다.
ㄴ. 과일 장사를 하기 위해 트럭을 구매하는 것은 B의 경제활동에 해당한다.
ㄷ. 의료 서비스를 제공하는 것은 C의 경제활동에 해당한다.
ㄹ. 생산요소시장에서 B는 공급자, C는 수요자이다.

① ㄱ, ㄴ ② ㄱ, ㄷ ③ ㄴ, ㄷ ④ ㄴ, ㄹ ⑤ ㄷ, ㄹ

정답 및 해설

01 ⑤
미시경제학은 개별경제주체의 합리적 선택을 바탕으로 시장구조를 분석하며, 거시경제학은 국가전체의 경제를 판단하고 적합한 통화정책 또는 재정정책을 통해 경기를 조절한다.

02 ③
(가) 분배, (나) 생산, (다) 소비에 대한 설명이다.

03 ①
A는 정부, B는 기업, C는 가계이다.

[오답노트]
ㄷ. 의료 서비스를 제공하는 것은 생산활동으로 기업의 경제활동에 해당한다.
ㄹ. 생산요소시장에서 기업은 수요자, 가계는 공급자이다.

04

그림은 민간 경제의 순환 과정이다. 이에 대한 설명으로 옳은 것은?

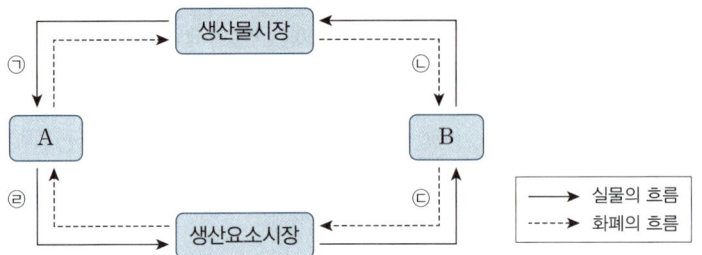

① A는 이윤극대화, B는 효용극대화를 추구하는 주체이다.
② ㉠의 사례로 택시 회사가 택시를 구입하는 것을 들 수 있다.
③ ㉡은 가계 소비의 원천이 된다.
④ ㉢에는 노동, 자본, 토지 등이 있다.
⑤ ㉣을 제공한 대가로 A는 임금, 이자, 지대 등을 받는다.

05

그림은 정부와 다른 경제주체 간의 상호관계를 도식화한 것이다. ㉠ ~ ㉣에 대한 설명으로 옳지 않은 것은?

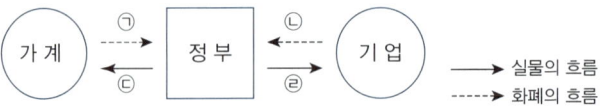

① ㉠은 가계의 저축에 영향을 준다.
② ㉡은 기업의 투자에 영향을 미친다.
③ ㉢은 국방이나 치안 등을 포함한다.
④ ㉣의 예로 사회간접자본을 들 수 있다.
⑤ ㉢과 ㉣이 작아질수록 복지 수준이 높아진다.

06 아래 과정을 토대로 한 진술로 가장 적절한 것은?

> 희소성 ⇨ 선택의 문제 발생 ⇨ 기회비용발생

① 국제무역의 특화 원리는 선택의 문제와는 무관하다.
② 선택의 문제가 발생하면 기회비용이 발생할 수밖에 없다.
③ 희소성은 인간의 욕망과 관련되므로 수요 측면에 한정되어 발생한다.
④ 노동자에게 임금이 지급되는 과정에서는 기회비용이 발생하지 않는다.
⑤ 시장경제체제에서는 발생하지만 계획경제체제에서는 희소성이 발생하지 않는다.

정답 및 해설

04 ⑤
A는 생산요소시장에 실물을 제공하므로 가계, B는 생산물시장에 실물을 제공하므로 기업이다.

오답노트
① A는 효용극대화, B는 이윤극대화를 추구한다.
② ㉠은 가계가 생산물을 구입하는 경우이다.
③ ㉡은 기업의 판매수입이다.
④ ㉢에는 임금, 이자, 지대 등이 있다.

05 ⑤
㉠과 ㉡은 민간이 정부에 납부하는 조세, ㉢과 ㉣은 정부가 민간에 제공하는 공공재이다. 조세가 증가하면 가계의 저축이 감소하고, 기업의 투자도 감소하게 된다.

오답노트
⑤ 정부에서 가계와 기업으로 나가는 돈이 많아질수록 복지수준이 높아질 가능성이 높다.

06 ②
희소성이 발생하면 선택 또는 포기를 할 수밖에 없고, 이는 곧 기회비용이 발생함을 의미한다. 따라서 희소성의 발생과 선택의 문제 발생, 기회비용이 발생하는 것은 동일한 의미라고 할 수 있다.

오답노트
① 국제무역의 특화 원리는 자원의 희소성과 관련이 있다.
③ 존재량보다 욕구량이 많을 경우 희소성이 있다고 한다. 즉 희소성은 존재량(공급 측면)과 욕구량(수요 측면)이 모두 반영되어 있는 개념이다.
④ 노동자에게 임금이 지급되는 것은 분배의 문제로, 이는 선택의 문제(경제적 문제) 중 하나이다.
⑤ 시장경제체제이든 계획경제체제이든 인간의 욕구자체는 부정되지 않는다. 따라서 희소성은 어느 경제체제에서나 발생한다.

07 다음 지문에서 의미하는 변화를 보여 주는 사례로 옳은 것은?

> 자원의 희소성은 상대성을 가지고 있다.

① 가계가 소비를 줄이는 대신 저축을 늘렸다.
② 이용객 증가로 무료 주차장이 유료화되었다.
③ 부동산 관련 세금이 올라 가격이 안정되었다.
④ 원자재 가격이 하락하여 시장 거래량이 늘어났다.
⑤ 전자 제품의 수요 증가로 기업이 생산량을 늘렸다.

08 다음 지문에 대한 의견으로 옳은 것은?

> 물은 모든 생명의 원천이면서도 값이 매우 싼 반면, 다이아몬드는 극히 제한적으로 쓰이는 데 비해 그 값이 아주 비쌉니다. 이것이 '물과 다이아몬드의 역설'이라고 하는 것입니다. 그렇다면 이러한 역설은 왜 생겨날까요?

① 재화의 가격은 희소성과 비례하기 때문입니다.
② 물보다 다이아몬드의 수요가 많기 때문입니다.
③ 재화의 가격과 유용성은 반비례하기 때문입니다.
④ 물은 자유재이고 다이아몬드는 경제재이기 때문입니다.
⑤ 다이아몬드보다 물 소비의 기회비용이 크기 때문입니다.

09 다음 글에 대한 분석으로 옳지 않은 것은?

> 갑은 ㉠ 주말에 영화를 볼까, 운동을 할까 고민을 하다가 ㉡ 영화를 보기로 하였다. ㉢ 영화를 보던 갑은 ㉣ 재미가 없어 영화 관람료가 아까웠지만 상영 중간에 영화관을 나와 집으로 향했다. 집에서 TV를 켜니 ㉤ 아이돌 가수들이 노래를 하고 있었다.

① ㉠은 희소성 때문이다.
② ㉡의 기회비용은 영화 관람료와 운동할 때의 만족감이다.
③ ㉢은 소비활동에 해당한다.
④ ㉣은 매몰비용의 개념을 알고 행동한 사례에 해당한다.
⑤ ㉤은 분배활동이다.

10 다음 글을 바탕으로 기회비용에 대한 옳은 설명을 <보기>에서 고른 것은? (단, 다른 조건은 고려하지 않는다)

> 갑은 시험이 끝나는 이번 주말에 그동안 하지 못했던 운동, 독서, 영화 관람 중 하나를 하고자 한다. 이때 편익의 크기를 따져보니 운동은 10, 독서는 9, 영화 관람은 8의 편익을 얻을 수 있을 것으로 예상되었다.

<보기>
ㄱ. 영화관람 선택의 기회비용은 운동에서 얻는 편익이다.
ㄴ. 독서나 영화 관람을 선택할 때 각각의 기회비용은 동일하다.
ㄷ. 운동 선택의 기회비용이 독서 선택의 기회비용보다 크다.
ㄹ. 운동 선택의 기회비용은 독서와 영화 관람에서 얻는 편익의 합계이다.

① ㄱ, ㄴ   ② ㄱ, ㄷ   ③ ㄴ, ㄷ   ④ ㄴ, ㄹ   ⑤ ㄷ, ㄹ

정답 및 해설

07 ②
과거에 희소성이 없어서 자유재였던 것이 여러 가지 요인으로 수요가 증가하면 경제재가 될 수 있다. 무료주차장은 과거에 수요가 없어서 가능하지만 수요가 증가하여 경제재가 된 것이다.

08 ①
다이아몬드가 물보다 비싼 이유는 물보다 다이아몬드의 희소성이 높기 때문이다.

[오답노트]
④ 자유재는 아무 대가 없이 얻을 수 있는 재화를 말하며, 물 값이 매우 싸다는 진술로 보아 물을 자유재로 볼 수 없다.

09 ⑤
모든 경제문제는 자원의 희소성 때문에 발생한다. 영화를 보는 것은 소비활동이고 아이돌 가수들이 노래를 하는 것은 생산활동에 해당한다. 이미 지출한 영화비는 회수가 불가능한 매몰비용이므로 고려하지 않아야 한다.

10 ①
기회비용은 명시적 비용과 선택 시 포기한 암묵적 비용 중 가장 큰 것을 의미한다.
ㄱ. 영화관람 선택의 기회비용은 가치가 큰 운동에서 얻는 편익이다.
ㄴ. 독서나 영화 관람을 선택할 때 각각의 기회비용은 운동을 했을 때의 편익인 10으로서 동일하다.

[오답노트]
ㄷ. 운동 선택의 기회비용은 독서, 독서 선택의 기회비용은 운동이므로 독서 선택 시 기회비용이 더 크다.
ㄹ. 기회비용은 포기한 가치 중 가장 큰 것이지 합은 아니다.

11. 다음 글에 대한 옳은 분석을 <보기>에서 고른 것은?

매월 500만 원의 월급을 받는 갑은 인도식 식당을 창업하기 위해 회사를 그만두려고 한다. 식당을 경영하면 월 매출액이 최소 1,000만 원에서 최대 1,300만 원까지로 예상된다. 월 비용은 매출액과 상관없이 매월 700만 원으로 예상된다.

<보기>
ㄱ. 갑이 식당을 창업하는 것은 합리적인 선택이다.
ㄴ. 월 비용 700만 원은 식당 경영의 기회비용에 포함된다.
ㄷ. 월 매출액에 상관없이 식당 경영의 기회비용은 일정하다.
ㄹ. 월 매출액이 1,100만 원이라면 식당 경영이 직장 생활보다 이득이다.

① ㄱ, ㄴ   ② ㄱ, ㄷ   ③ ㄴ, ㄷ   ④ ㄴ, ㄹ   ⑤ ㄷ, ㄹ

12. 다음 사례에 대한 옳은 분석만을 <보기>에서 있는 대로 고른 것은?

대기업에 근무하는 갑은 특기를 살려 집에서 유튜브 크리에이터로 일하고 싶어 한다. 현재 월급 200만 원을 받고 있으나, 크리에이터로 일하면 연간 3,000만 원을 받을 수 있다. 그런데 크리에이터로 활동하기 위해 매년 들어갈 컴퓨터 업그레이드 비용 400만 원과 1년 전에 업무용으로 구입한 300만 원짜리 태블릿PC가 마음에 걸린다.

<보기>
ㄱ. 갑은 직장을 옮기는 것이 합리적이다.
ㄴ. 태블릿PC 구입 금액은 갑의 선택에서 고려 사항이 아니다.
ㄷ. 크리에이터로 활동 시 감수해야 할 기회비용은 연간 2,400만 원이다.
ㄹ. 크리에이터로 활동할 때 얻을 수 있는 편익은 연간 200만 원이다.

① ㄱ, ㄴ   ② ㄱ, ㄹ   ③ ㄷ, ㄹ   ④ ㄱ, ㄴ, ㄷ   ⑤ ㄴ, ㄷ, ㄹ

13 다음 사례에 대해 옳은 분석을 고른 것은? (단, 제시된 사실 이외의 요인은 고려하지 않는다)

> 갑은 뮤지컬 입장권을 ㉠ 10만 원에 구입했으나, 관람할 수 없게 되었다. 입장권 환불이 불가능하여 고민하던 중 온라인 시장에서 을이 구입 의사를 밝혔다. 을은 택배비 ㉡ 6천 원을 갑이 부담하는 조건으로 ㉢ 5만 원의 금액을 제시하였다.

① 갑이 합리적 경제주체라면 을과 거래 시 ㉠을 고려해야 한다.
② 갑이 ㉢의 조건으로 거래한다면 비합리적인 선택이다.
③ 갑이 을과 거래한다면 기회비용은 ㉠ + ㉡이다.
④ 갑이 을의 조건으로 거래할 경우 갑의 순편익은 5만 6천 원이다.
⑤ 갑이 을의 조건으로 거래할 경우 갑의 순편익은 4만 4천 원이다.

정답 및 해설

11 ③
식당 경영의 기회비용은 명시적 비용 700만 원과 암묵적 비용 500만 원을 합한 1,200만 원이다. 월 매출액이 1,200만 원은 넘지 못할 수도 있으므로 식당 경영을 합리적 선택이라 단정할 수 없다.

12 ①
ㄱ. 편익이 3,000만 원이고 비용이 2,800만 원(명시적 비용 400만 원 + 묵시적 비용 2,400만 원(= 200만 원 × 12개월))이다. 따라서 순편익 200만 원이 발생하므로 직장을 그만두고 크리에이터로 활동하는 것이 바람직하다.
ㄴ. 태블릿PC 구입 비용은 매몰비용이기 때문에 고려대상이 아니다.

오답노트
ㄷ. 크리에이터로 활동 시의 연간 기회비용은 연봉 2,400만 원과 컴퓨터 업그레이드 비용 400만 원이다.
ㄹ. 크리에이터로 활동할 때 편익은 연간 3,000만 원이다.

13 ⑤
환불이 불가능한 10만 원은 매몰비용에 해당되고, 갑이 을과 거래함에 있어 택배비 6천 원은 기회비용에 해당된다. 따라서 갑이 6천 원보다 큰 금액으로 거래한다면 합리적인 선택을 하였다고 볼 수 있다. 따라서 순편익은 4만 4천 원이다.

오답노트
① 갑이 합리적 경제주체라면 을과 거래 시 매몰비용인 ㉠을 고려하지 말아야 한다.
② 갑이 ㉢의 조건으로 거래한다면 합리적인 선택이다.
③ 갑이 을과 거래한다면 기회비용은 ㉡이다.
④ 갑이 을의 조건으로 거래할 경우 갑의 순편익은 5만 6천 원이 아닌 4만 4천 원이다.

14 갑은 다니던 회사를 그만두고 장난감 공장을 설립하여 연간 3억 원의 수입을 올렸다. 기계와 공장부지 임대료는 각각 연간 1억 원과 1,000만 원이고, 고용한 직원 3명의 연봉은 총 6,000만 원이며 재료비로 2,000만 원이 소요되었다. 갑은 비용 마련을 위해 자신의 예금을 해지하여 1억 원을 준비하고, 부족한 자금 1억 원은 은행에서 차입하였다. 갑은 이전에 다니던 회사에서 연봉 5,000만 원을 받았었다. 갑의 공장 설립과 운영에 대한 기회비용은 얼마인가? (단, 기간은 1년이며, 예금 및 대출 이자율은 10%로 일정하다)

① 1억 원　　② 2억 원　　③ 2억 5,000만 원
④ 2억 6,000만 원　　⑤ 2억 7,000만 원

15 연간 7,200만 원을 받고 해커스 호텔 한식당 요리사로 일하는 갑은 요리사직을 그만두고 레스토랑을 새로 열려고 한다. 창업과 관련해 컨설팅 회사에 이미 500만 원의 수수료를 지급했다. 현재 그는 연간 이자율 2%인 예금계좌에 2억 원을 가지고 있는데 이를 인출해 창업 자금으로 이용할 계획이다. 또 매달 200만 원의 임대료를 받고 남에게 빌려주었던 자신 소유의 건물에서 영업하려고 한다. 레스토랑 영업을 개시한다면 첫해에 음식 재료비와 종업원 인건비, 수도 및 전기요금 등 기타 경비가 4,500만 원 들 것으로 예상된다. 갑이 현 직장을 그만두고 새로운 일을 시작하기 위해서는 첫해에 총 매출액이 최소 얼마가 돼야 하는가?

① 4,500만 원　　② 8,000만 원　　③ 1억 4,500만 원
④ 1억 5,000만 원　　⑤ 3억 4,500만 원

16 다음 사례에서 알 수 있는 공통적인 경제 개념은 무엇인가?

> 어느 나라가 관세를 올리는 것은 수입을 줄여주고 수출에는 영향이 없으므로 경제 발전에 도움이 된다. 그러나 모든 나라가 관세를 올리면 각국의 수출이 줄어들게 된다. 그래서 교역은 줄어들게 되고 경제상황은 더욱 악화된다.

① 희소성　　② 기회비용　　③ 가격탄력성
④ 정부의 실패　　⑤ 구성의 오류

17 다음과 같은 견해와 부합하는 것을 <보기>에서 모두 고른 것은?

> 모든 개인은 자신이 어떠한 자본을 가지고 있든지 자기에게 가장 유리한 일을 찾으려 끊임없이 노력합니다. 사실상 그가 마음에 두고 있는 것은 자신의 이익이지 사회의 이익은 아닙니다. 이러한 자신의 이익 추구에 대해 곰곰이 생각해보면, 그것은 자연스럽게 그리고 반드시 사회의 이익을 증진하게 되는데, 이렇게 하는 것이 의도적인 경우보다 더 유리합니다.

<보기>
ㄱ. 너무 많은 이윤을 내는 기업은 부도덕한 기업이다.
ㄴ. '보이지 않는 손'의 역할을 신뢰하는 것이 중요하다.
ㄷ. 시장경제의 작동은 사회적 약자에 대한 배려에 기초하고 있다.
ㄹ. 개인은 자신의 이익에 기초해서 합리적으로 행동하는 존재이다.

① ㄱ, ㄴ   ② ㄱ, ㄷ   ③ ㄱ, ㄹ   ④ ㄴ, ㄷ   ⑤ ㄴ, ㄹ

정답 및 해설

14 ④
갑이 장난감 공장을 설립하여 운영할 때 2억 원의 회계적 비용(기계 임대료 1억 원 + 공장부지 임대료 1,000만 원 + 임금 6,000만 원 + 재료비 2,000만 원 + 대출 이자 1,000만 원)과 6,000만 원의 암묵적 비용(포기한 연봉 5,000만 원 + 포기한 이자 수입 1,000만 원)이 발생한다. 따라서 기회비용은 2억 6,000만 원이다.

15 ③
명시적 비용은 음식재료비, 종업원 인건비, 기타 경비 4,500만 원이다. 묵시적 비용은 연간 7,200만 원의 급여, 2억 원에 대한 2% 이자인 400만 원, 매달 200만 원의 임대료 × 12 = 2,400만 원이므로 이를 더하면 1억 원이다. 창업과 관련한 컨설팅 회사에 500만 원의 수수료를 지불했지만 이는 회수 불가능하므로 기회비용이 아닌 매몰비용으로 고려하지 않는다. 따라서 명시적 비용과 암묵적 비용의 합인 1억 4,500만 원이 기회비용이므로 레스토랑 개업에 따른 매출액이 최소 1억 4,500만 원 이상이 되어야 한다.

16 ⑤
개별행위자의 합리적인 행위가 사회 전체에서는 비합리적 결과를 가져오는 현상이다. 절약의 역설과 같은 경우가 해당한다.

17 ⑤
제시문은 애덤 스미스 '국부론'의 일부이다.

[오답노트]
ㄱ. 애덤 스미스는 인간 본성은 이기적이지만, 이런 이기심의 충족이 자연스럽게 공익을 증진하게 되므로, 과도한 이윤 추구 행위라도 윤리나 도덕에 위배되지 않는다고 주장했다.
ㄷ. 시장경제의 작동은 사회적 약자에 대한 배려가 아닌 개인의 이기심에 기초하고 있다고 보았다.

★
18 (가)에서 (나)로의 변화를 지향하는 정책으로 볼 수 있는 것은?

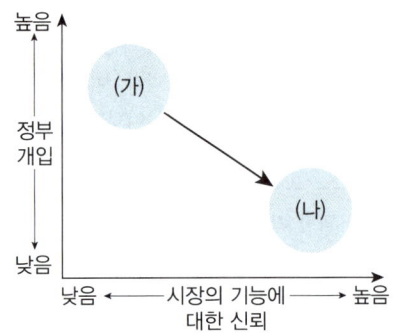

① 사회보장제도의 확대 실시
② 토지거래 허가제도의 시행
③ 공개 입찰 방식에 의한 공기업 매각
④ 경영상 이유에 의한 해고 요건 강화
⑤ 사기업을 공기업으로 바꾸는 정부의 노력

★★★
19 다음은 경제체제의 유형을 도식화한 것이다. (가) ~ (라)에 대한 진술로 옳은 것은?

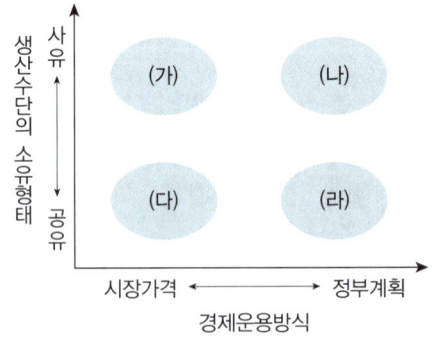

<보기>
ㄱ. (가)와 달리 (나)는 녹차 수요가 급증함에 따라 농가에서는 이윤 추구를 위해 녹차의 재배량을 증가시킨다.
ㄴ. 우리나라 경제개발계획의 시행은 (다)의 사례이다.
ㄷ. (라)는 효율성보다 형평성을 중시하는 체제이다.
ㄹ. 중국의 경제 개방 정책은 (라)에서 (가)로의 변화를 추구한다.

① ㄱ, ㄴ   ② ㄱ, ㄷ   ③ ㄱ, ㄹ   ④ ㄴ, ㄷ   ⑤ ㄷ, ㄹ

20 아래 기사에서 밑줄 친 개념과 밀접한 주장들로 옳은 것은?

'구성의 오류' 이론이 적용되는 사례 중 하나는 우리나라의 사교육 시장이다. 나 혼자만 자녀 과외를 시키면 성적이 올라가는 효과를 볼 수 있지만, 너도 나도 자녀 사교육에 뛰어든다면 상대적 차별화 효과는 사라지고, 사회적 비용만 치솟게 된다. 베이비부머(1955 ~ 1963년생)에 속하는 필자가 두 아이에게 12년간 쏟아 부은 사교육비를 대략 계산해보면 부부의 노후연금을 넣고도 남을 정도여서 한숨이 절로 나온다. 이는 필자만의 이야기가 아니다. 700만 명을 웃도는 대부분의 베이비부머 처지가 이러하다.

〈보기〉
ㄱ. 소득이 증가하여 국내 자동차 수요가 늘어났다.
ㄴ. 임금의 신축성으로 인해 항상 완전고용이 이루어진다.
ㄷ. 모두가 출근시간에 자동차를 가지고 나온다면 교통정체로 오히려 늦을 수도 있다.
ㄹ. 모든 나라가 통화가치 절하 경쟁에 뛰어든다면 개별 국가의 정책이 효과를 보기 어렵다.

① ㄱ, ㄴ   ② ㄱ, ㄷ   ③ ㄱ, ㄹ   ④ ㄴ, ㄷ   ⑤ ㄷ, ㄹ

정답 및 해설

18 ③
(가)에서 (나)의 이동은 정부의 개입을 줄이고 시장의 기능을 확장하는 것을 의미한다. 대표적인 예로는 공기업을 사적 영역으로 전환하는 민영화를 들 수 있다.

오답노트
정부의 개입을 낮추고 시장 기능에 대한 신뢰를 높인 정책은 신자유주의를 지향하는 정책이라고 할 수 있다.
①② 정부의 개입을 높이는 정책이다.
④ 시장의 영역에서는 기업의 상태에 따라 해고를 결정하는 것이므로 해고 요건이 약화될 것이다.
⑤ 사기업을 공기업으로 바꾸는 정부의 노력이 아닌 공기업을 사기업으로 바꾸는 민영화가 들어가야 할 것이다.

19 ⑤
(가)는 자본주의 & 시장경제체제, (라)는 사회주의 & 계획경제체제이다. (가)는 효율성, (라)는 형평성을 추구한다. (라)에서 (가)로 가는 것이 최근 중국과 관련이 높다.

오답노트
ㄱ. (나)는 국가의 계획을 중시하는 것이다. 따라서 (나)보다 (가)가 녹차 수요가 급증함에 따라 농가에서는 이윤 추구를 위해 녹차의 재배량을 증가시킨다.
ㄴ. 우리나라 경제개발계획의 시행은 (나)의 사례이다.

20 ⑤
구성의 오류는 부분이 합리적이더라도 전체가 비합리적일 수 있다는 것이다.
ㄹ. 모든 나라가 자신의 통화가치를 낮추어 무역에서의 가격경쟁력을 가지려고 한다면 하향 평준화되어 개별국가의 정책이 효과를 보기 어려울 것이다.

21. 다음 그래프는 X재와 Y재에 대한 생산가능곡선이다. 이에 대한 설명으로 옳지 않은 것만을 <보기>에서 모두 고른 것은?

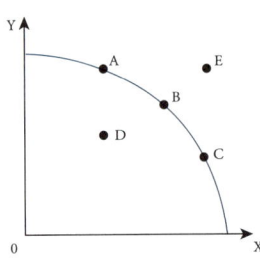

<보기>
ㄱ. 생산요소 투입량을 늘리거나 연구개발을 통해 신기술을 개발한다면 생산가능곡선은 원점에서 바깥쪽으로 팽창할 수 있다.
ㄴ. 생산가능곡선 내부에 위치한 D는 생산이 가장 효율적으로 이루어지는 점이다.
ㄷ. A에서 C로의 이동은 Y재의 추가 생산에 따라 포기하게 되는 X재 생산량을 의미한다.
ㄹ. 생산가능곡선 외부에 위치한 E는 주어진 생산요소와 생산기술로 생산이 불가능한 점이다.

① ㄴ, ㄹ   ② ㄴ, ㄷ   ③ ㄱ, ㄴ, ㄷ   ④ ㄴ, ㄷ, ㄹ   ⑤ ㄱ, ㄴ, ㄷ, ㄹ

S등급

22. 다음 그림은 컴퓨터와 자동차만을 생산하는 어떤 나라의 생산가능곡선이다. 이에 대한 설명으로 옳은 것은?

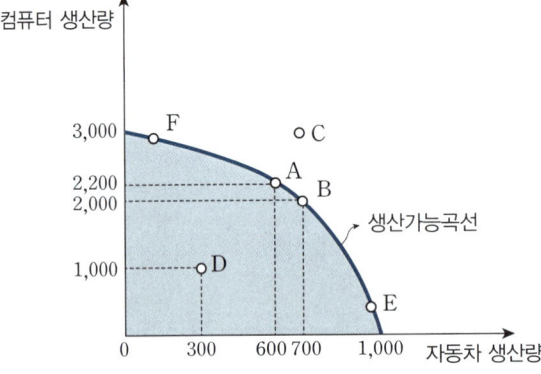

<보기>
ㄱ. 골고루 생산한 A점이 E점보다 더 효율적이다.
ㄴ. 기술개발이 존재하지 않아도 D점에서 A점으로의 이동은 가능하다.
ㄷ. B점에서 A점으로 생산조합을 변경할 때의 기회비용은 컴퓨터 200대이다.
ㄹ. 생산가능곡선이 원점에 대하여 오목한 모양을 가지는 것은 기회비용이 체증하기 때문이다.

① ㄱ, ㄴ   ② ㄱ, ㄷ   ③ ㄴ, ㄷ   ④ ㄴ, ㄹ   ⑤ ㄷ, ㄹ

23 그림은 갑의 소비가능곡선이다. 이에 대한 설명으로 옳은 것은? (단, 갑은 용돈 3만 원을 모두 소비하며, 옷과 빵 두 가지 재화만 구매한다)

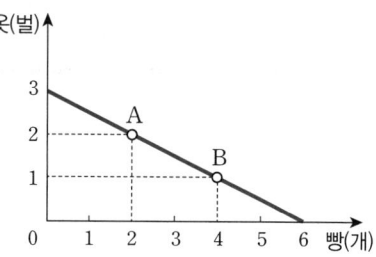

① 빵 1개의 기회비용은 옷 1/2벌이다.
② 빵 4개와 옷 2벌을 동시에 구매할 수 있다.
③ 빵 구매를 늘려감에 따라 빵 1개 구매에 대한 기회비용이 증가한다.
④ A보다 B를 선택하는 것이 합리적이다.
⑤ B에서 A로 선택을 바꾼다면 옷 1벌보다 빵 2개를 더 좋아하는 것이다.

정답 및 해설

21 ②
A, B, C는 효율적, D는 비효율적, E는 불가능한 지점이다.
ㄴ. 생산가능곡선 내부에 위치한 D는 생산이 가장 비효율적으로 이루어지는 점이다.
ㄷ. A에서 C로의 이동은 X재를 늘리고 Y재를 줄이는 것이므로 X재 추가 생산에 따라 포기하게 되는 Y재 생산량을 의미한다.

22 ④
생산가능곡선은 주어진 자원으로 최대한 생산할 수 있는 조합을 의미한다. A, B, E, F는 효율적, D점은 내부에 있으므로 비효율적, C점은 생산가능곡선 외부의 점이므로 생산이 불가능한 조합을 의미한다. 생산가능곡선이 원점에 대하여 오목한 것은 기회비용이 점점 더 늘어나기 때문이다.

[오답노트]
ㄱ. 골고루 생산하는 것과 관계없이 생산가능곡선 위에 있는 점은 모두 효율적이다.
ㄷ. B점에서 A점으로 생산조합을 변경할 때의 기회비용은 컴퓨터 200대를 늘리기 위해서 줄어든 자동차 100대이다.

TIP
· 점의 위치를 본다.
  선 위는 효율, 선 내부는 비효율, 선 외부는 생산이 불가능한 점이다.
· 기회비용을 측정한다.
  늘어난 부분이 아닌 줄어든 부분이 기회비용이다.

23 ①
3만 원으로 옷만 구입했을 때 3벌이므로, 옷 1벌은 1만 원, 빵은 6개를 구입할 수 있으므로 5천 원이다.
빵 2개를 얻으려면 옷 1벌을 포기해야 하므로, 빵 1개의 기회비용은 옷 1/2벌이다.

[오답노트]
② 용돈 3만 원으로 빵 4개와 옷 2벌을 동시에 구입할 수는 없고, 빵 4개와 옷 1벌 혹은 옷 2벌과 빵 2개를 구입할 수 있다.
③ 서로 가격이 일정하게 정해져 있으므로 빵 1개 구매에 대한 기회비용은 일정하다.
④ 제시된 소비가능곡선은 주어진 용돈으로 구입 가능한 소비 조합 점을 연결한 것으로, 갑의 만족감에 기초한 선호는 알 수 없다. 따라서 A와 B 중에 어느 것을 구입하는 것이 합리적인지는 알 수 없다.
⑤ 옷의 소비가 늘어났으므로 빵이 아니라 옷의 선호가 늘어났음을 알 수 있다.

제2장 시장가격의 결정과 변동

📋 학습전략

경제학은 시장을 분석하는 데서 시작된다. 어떠한 시장이든 수요자와 공급자가 존재한다. 수요자와 공급자의 행동 패턴을 연구한 결과 수요자는 사려는 경제주체로서 다른 조건이 일정하다면 가격과 수요량이 반비례하고, 판매하려는 공급자는 판매하려는 경제주체로서 다른 조건이 일정하다면 가격과 공급량이 비례한다.

수요와 공급의 변동은 그 자체로서 끝나는 것이 아니라 시장에서 균형가격과 균형거래량의 변동으로 표현된다. 따라서 시장가격의 결정과 변동은 수요와 공급의 변동에서 시작되는 것이기 때문에 양자의 원인을 정확하게 이해하여야 한다.

📋 출제비중

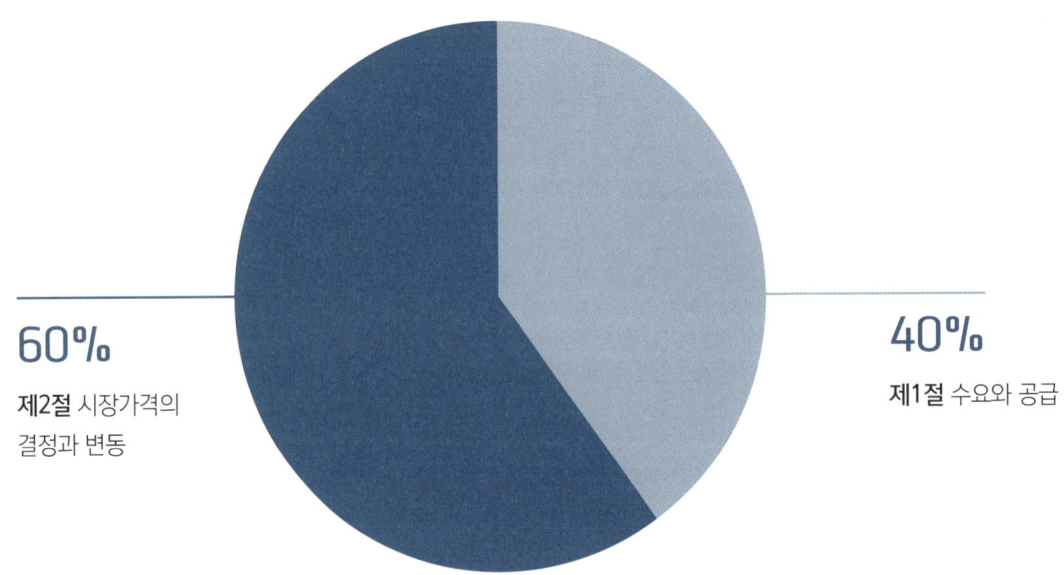

60%
제2절 시장가격의 결정과 변동

40%
제1절 수요와 공급

📦 출제유형

주로 간단한 수요와 공급의 변동으로 인한 시장가격 변동은 "경제이론" 영역에서 출제되며 수요와 공급의 그래프나 표를 보고 실제 숫자를 구하는 문제, 뉴스와 관련하여 실제 수요와 공급의 변동을 통한 시장가격을 유추하는 문제는 "응용복합" 영역에서 주로 출제된다.

📦 학습구성

구 분	출제포인트	중요도
제1절 수요와 공급	01 수요	★★
	02 공급	★★
제2절 시장가격의 결정과 변동	01 시장가격의 결정	★★★
	02 시장균형의 이동	★★★
	03 잉여	★★

제1절 | 수요와 공급

핵심 Check ✓ 수요와 공급	
수요량 & 공급량	• 가격 변동이 원인, 곡선 내 점 이동
수요의 변동	• 가격 외 요인 변동이 원인, 곡선 자체의 이동 • 소득, 인구, 기호, 대체재 & 보완재의 가격 등의 변동 • 우측 이동 - 증가, 좌측 이동 - 감소
공급의 변동	• 가격 외 요인 변동이 원인, 곡선 자체의 이동 • 생산비, 생산기술, 조세, 보조금 등의 변동 • 우측 이동 - 증가, 좌측 이동 - 감소

01 수요 ★★

1. 수요(D; Demand)의 의미
주체가 일정 기간 동안 어떤 상품을 구입하고자 하는 욕구로 실제 구입량이 아니라 의도된 양을 의미한다.

2. 수요법칙

(1) 의미

다른 조건이 일정하다면 상품의 가격과 수요량 사이에 역(=반비례)의 관계가 성립한다. 즉, 가격이 싸면 구입하고 비싸면 구입하지 않는다.

(2) 예외

매점[1](= 투기적 수요), 과시소비(베블렌 효과[2]), 기펜재[3]

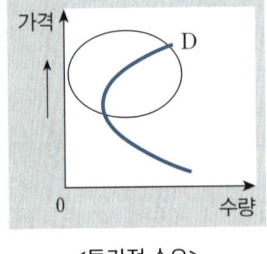

<투기적 수요>

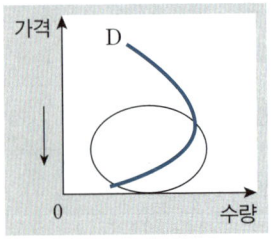

<기펜재>

---

1) 매점
물건값이 오를 것을 예상하고 폭리를 얻기 위해서 물건을 몰아서 사들이는 것

2) 베블렌 효과
가격이 오르는 데도 일부 계층의 과시욕이나 허영심 등으로 인해 수요가 줄어들지 않고 오히려 증가하는 효과

3) 기펜재
기펜재는 열등재(=소득과 수요량이 반비례하는 재화) 중에서도 그 열등성이 아주 강해서 가격이 하락함에도 불구하고 수요량이 감소하는 재화(단, 모든 열등재가 기펜재인 것은 아님)

3. 수요곡선

(1) 의미
일정 기간 동안 그 상품의 여러 가지 가격수준과 수요량의 조합을 연결한 곡선이다.

(2) 개별수요곡선
개별경제 주체들이 각각의 가격에서 구입하고자 하는 수요량을 나타내는 곡선이다.

(3) 시장수요곡선
① 개별수요곡선을 수평으로 합하여 도출한다.
② 일반적으로 가격과 수요량의 관계를 반영하여 우하향의 모습을 보인다.
③ 일반적으로 수요곡선은 시장수요곡선을 의미한다.

4. 수요량과 수요의 변동

(1) 수요량의 변동
그 재화의 가격 변동에 따라 구매량이 달라지는 것으로, 수요곡선상 점의 이동을 말한다.

(2) 수요의 변동
그 재화의 가격 이외 요인으로 구매량이 달라지는 것으로, 수요곡선 자체의 이동을 말한다.

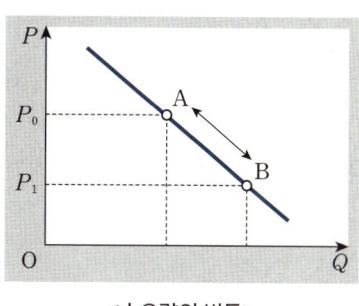

<수요량의 변동>

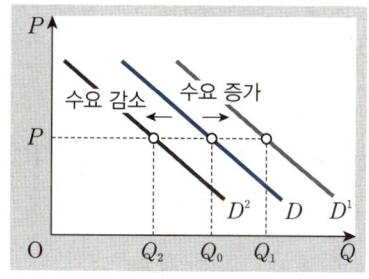

<수요의 변동>

5. 수요의 변동요인

(1) 변동요인에 따른 수요의 변화

구 분	수요 증가	수요 감소
소득수준	증가 ⇨ 정상재 수요 증가	감소 ⇨ 정상재 수요 감소
	감소 ⇨ 열등재 수요 증가	증가 ⇨ 열등재 수요 감소
대체재 가격	상승	하락
보완재 가격	하락	상승
기 호	상승	하락
인 구	증가	감소
소비자의 가격 예측	상승 예측	하락 예측

핵심 Plus

기펜재에 나타나는 소득효과와 대체효과

가격효과 = 소득효과 + 대체효과로 구분할 수 있음. 기펜재가 수요법칙의 예외가 되는 이유는 소득효과가 대체효과를 압도하기 때문.

예를 들어 어떤 재화의 가격이 하락한다면 실질소득이 증가한 것으로 느껴지므로(소득효과) 열등재일 경우 수요량이 감소. 또한 대체효과는 재화의 가격이 떨어졌으므로 다른 재화를 사던 사람도 가격이 떨어진 재화의 소비를 늘림

그런데 기펜재는 소득효과로 인한 수요량 감소가 대체효과로 인한 수요량 증가보다 많으므로 가격이 하락할 경우 수요량이 감소하게 됨. 따라서 수요법칙의 예외임

(2) 대체재와 보완재

구 분	재화의 특징	예
대체재	• 용도가 비슷하여 대신 소비해도 만족의 차이가 별로 없는 재화 • 한 재화(커피)의 가격이 상승하면 수요량은 감소하고 대신 대체재(홍차)의 수요가 증가하여 대체재의 수요곡선은 우측으로 이동한다. • 연관 상품의 가격과 같은 방향으로 수요가 변화한다.	• 커피와 홍차 • 소고기와 돼지고기
보완재	• 함께 소비할 때 더 큰 만족을 얻을 수 있는 재화 • 한 재화(커피)의 가격이 상승하면 수요량은 감소하므로 보완재(프림)의 수요가 감소하여 보완재의 수요곡선은 좌측으로 이동한다. • 연관 상품의 가격과 반대 방향으로 수요가 변화한다.	• 커피와 설탕 • 커피와 프림 • 카메라와 필름

02 공급 ★★

1. 공급(S; Supply)의 의미

일정 기간 동안에 어떤 상품을 판매하고자 하는 욕구로 실제 공급된 양이 아니라 의도된 양을 의미한다.

2. 공급법칙

(1) 의미

다른 조건이 일정하다면 상품의 가격과 공급량 사이에 비례의 관계가 성립한다. 가격이 비싸지면 공급량을 늘리고 저렴해지면 줄인다.

(2) 예외

노동공급, 투매(예 주식, 채권)현상, 매석현상 등

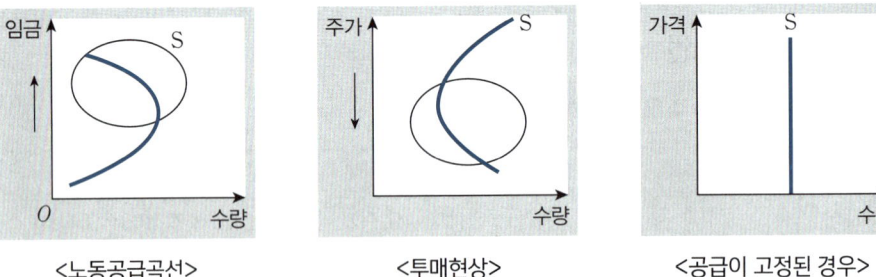

〈노동공급곡선〉   〈투매현상〉   〈공급이 고정된 경우〉

노동공급곡선은 임금이 오를수록 여가의 가치가 소비의 가치보다 높아지므로 나타나게 되는 경우이다.

투매현상은 주가의 하락 시 기업이 도산할 것을 우려하여 주가하락에도 주식을 내놓은 것이며, 골동품이나 명화는 가격이 아무리 오른다고 할지라도 새롭게 생산이 불가능하기 때문에 수직인 공급곡선이 나타난다.

3. 공급곡선

① 일정 기간 동안 그 상품의 여러 가지 가격수준과 공급량의 조합을 연결한 곡선으로 일반적으로 우상향의 형태이다.
② 개별기업 공급곡선의 수평 합이 시장 전체의 공급곡선이 된다. (완만한 공급곡선 도출)

4. 공급량과 공급의 변동

(1) 공급량의 변동
그 재화의 가격 변동에 따라 생산량이 달라지는 것으로 공급곡선상 점의 이동을 말한다.

(2) 공급의 변동
그 재화의 가격 이외 요인으로 생산량이 달라지는 것으로 공급곡선 자체의 이동을 말한다.

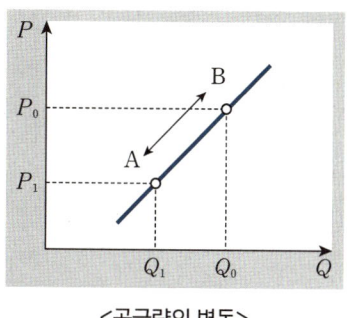

<공급량의 변동>   <공급의 변동>

5. 공급의 변동요인

구 분		공급 증가	공급 감소
미래 경기		낙 관	비 관
신규기업진입		증 가	감 소
상품의 판매가격 변동예상		하 락	상 승
생산비용	생산요소가격	하 락	상 승
	원자재 가격	하 락	상 승
	신기술	개 발	-
	생산에 대한 정부개입	보조금 지급	조세 부과

생산기술의 변화	기술진보가 있으면 생산비가 하락하여 공급 증가
생산요소 가격	생산요소 가격이 하락하면 생산비가 하락하여 공급 증가
조 세	세금이 오르면 생산비가 상승하여 공급 감소
정부보조금	보조금이 주어지면 상품의 생산비가 하락하여 공급 증가
공급자의 예상	공급자가 해당 상품이 앞으로 오를 것으로 예상하면 오를 때 팔기 위해 공급 감소
경기전망	경기가 호전될 것으로 전망되면 공급 증가
기업 수	기업 수가 증가하면 공급 증가

핵심 Plus

원자재
공업 생산의 원료가 되는 자재
예 석유, 철강 등

미래경기에 대한 낙관
미래경기가 좋아진다는 것은 사람들의 소득이 증가하여 소비 증가로 이어질 것을 예상한다는 것임. 따라서 생산을 늘려 공급이 증가하게 됨

시험문제 미리보기!

아래 그림은 휘발유의 수요곡선을 나타낸 것이다. 휘발유의 수요곡선이 D에서 D'으로 이동하는 경우에 해당하는 것을 <보기>에서 모두 고르면? (단, 휘발유는 정상재이다)

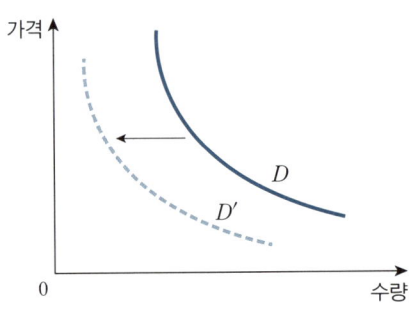

―――<보기>―――
가. 휘발유의 가격이 상승하였다.
나. 소비자의 소득이 감소하였다.
다. 자동차의 가격이 하락하였다.
라. 대체 에너지의 가격이 하락하였다.

① 가, 나 ② 가, 다 ③ 나, 다 ④ 나, 라 ⑤ 다, 라

정답 ④
해설 수요가 증가해 수요곡선을 오른쪽으로 이동시키는 변수에는 소비자의 소득 증가, 대체 재화의 가격 상승, 연관 재화의 가격 하락, 소비자 선호 증가, 미래 재화 가격 상승 기대 등이 있다.
[오답노트]
가. 가격의 변화는 수요곡선을 움직이지 못하고 가격에 따른 수요량만 변화시킨다.
다. 자동차의 가격 하락은 휘발유의 수요 증가요인이다.

제2절 | 시장가격의 결정과 변동

핵심 Check ✓ 시장가격의 결정과 변동

수요	공급	균형가격	균형거래량
증가	불변	상승	증가
감소	불변	하락	감소
불변	증가	하락	증가
불변	감소	상승	감소
증가	증가	알 수 없음	증가
증가	감소	상승	알 수 없음
감소	증가	하락	알 수 없음
감소	감소	알 수 없음	감소

01 시장가격의 결정 ★★★

1. 시장의 균형

시장에서의 수요와 공급이라는 두 가지의 상반된 힘이 일치하고 있는 상태를 말한다.

(1) 균형(Equilibrium)

수요량과 공급량을 일치시키는 시장가격에 도달한 상태를 말한다.

(2) 균형가격(Equilibrium Price)

① 시장에서 공급량과 수요량이 일치하는 상태(시장균형)에서 결정된 가격
② 시장에서 상품 한 단위와 거래되는 화폐의 단위
③ 생산자와 소비자에게 신호등 역할을 한다.

(3) 균형거래량

균형가격에서의 수요량과 공급량을 말한다.

2. 안정성

(1) 개념

어떤 교란요인에 의해 균형에서 이탈되었을 때 원래의 균형으로 다시 돌아오려는 경향이다.

핵심 Plus+

시장가격의 기능

- 효율적 자원 배분 기능
  수요와 공급의 불일치 상태를 일치 상태로 만들어 주는 매개변수 기능
- 신호등 기능
  - 가격 상승: 공급자 생산↑, 소비자 소비↓
  - 가격 하락: 공급자 생산↓, 소비자 소비↑
- 합리적 배분 기능
  - 희소한 자원이 필요한 곳에 필요한 양만큼 생산, 분배, 소비되도록 하는 기능
  - 무엇을 얼마나 어떠한 방법으로 누구를 위하여 생산할 것인가의 경제문제를 해결하는 기능

각 시장에서의 시장가격

생산 요소시장	노동	임금
	자본	이자
	부동산 (토지)	지대
외환시장	외환	환율

(2) 안정적 균형

균형에서 이탈되었을 때 원래의 균형으로 돌아오려는 경향이 있을 때를 말한다.

(3) 불안정적 균형

원래의 균형으로 돌아오려는 경향이 없고 오히려 계속 멀어질 때를 말한다.

3. 초과수요와 초과공급

(1) 초과수요

어떤 가격 수준에서 소비자들의 수요량이 생산자들의 공급량보다 많아서 발생하는 상품의 부족분 ⇨ 가격이 상승하여 균형에 도달

(2) 초과공급

어떤 가격 수준에서 소비자들의 수요량보다 생산자들의 공급량이 많아서 발생하는 상품의 잉여분 ⇨ 가격이 하락하여 균형에 도달

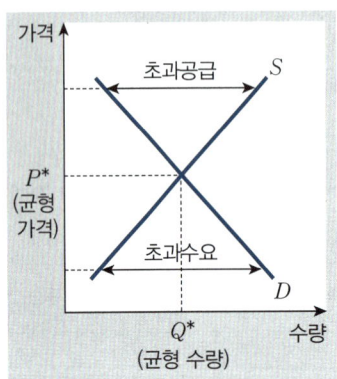 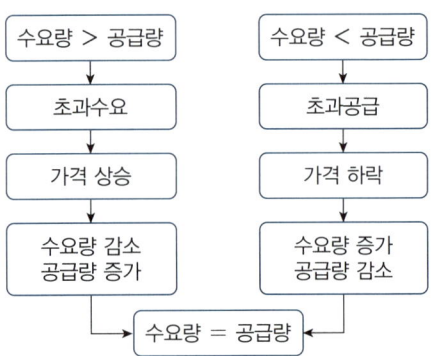

- 가격이 변하게 되면 일시적 불균형인 초과수요나 초과공급이 발생하게 된다. 그러나 일반적으로 수요량과 공급량의 변동의 조정을 통해서 균형으로 회복한다.

4. 균형이 존재하지 않는 경우

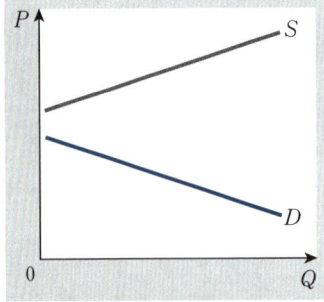 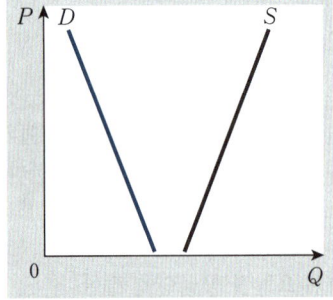

- 우주여행(수량 = 0)
  : (한계)생산비용 > 소비자의 만족감

- 자유재(가격 = 0)
  : 경제적 자원 > 인간의 욕망

02 시장균형의 이동 ★★★

1. 그래프로 이해

구 분	변화 방향
수요만 변할 때	• 수요 증가 : 대체재의 가격 상승, 보완재의 가격 하락, 소득 증가, 기호 증가 등 • 수요 감소 : 대체재의 가격 하락, 보완재의 가격 상승, 소득 감소, 기호 감소 등 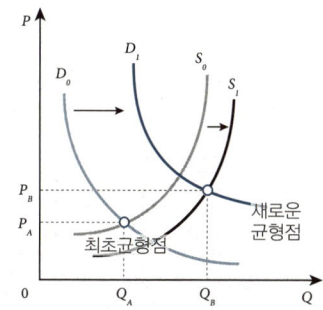
공급만 변할 때	• 공급 증가 : 생산비 감소(생산요소의 가격 하락, 기술 혁신 등), 수입 증가 등 • 공급 감소 : 생산비 증가(생산요소의 가격 상승 등), 수입 감소 등 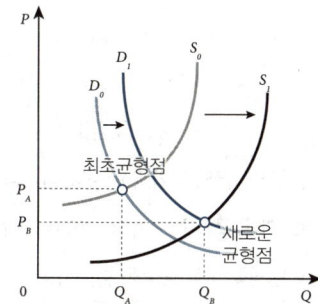

2. 수요와 공급이 둘 다 변할 때 균형의 변화

- 수요의 증가폭 > 공급의 증가폭
  - 가격 상승
  - 균형거래량 증가

- 수요의 증가폭 < 공급의 증가폭
  - 가격 하락
  - 균형거래량 증가

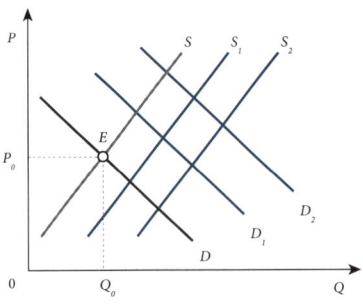

- 수요와 공급 둘 다 증가 시
  - 가격 알 수 없음
  - 거래량 증가

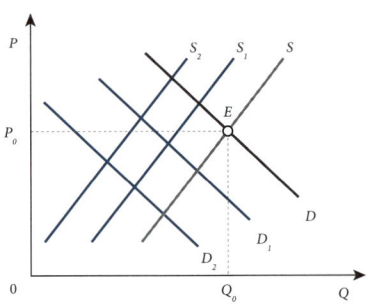

- 수요와 공급 둘 다 감소 시
  - 가격 알 수 없음
  - 거래량 감소

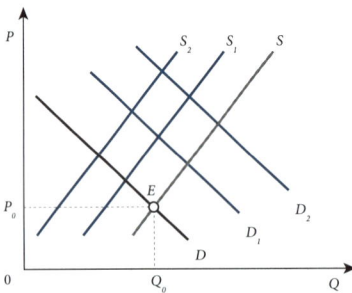

- 수요 증가와 공급 감소 시
  - 가격 상승
  - 거래량 알 수 없음

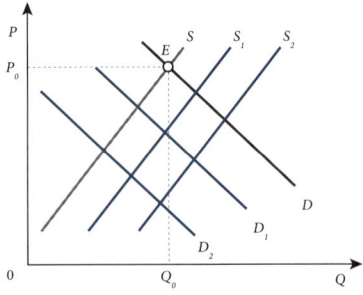

- 수요 감소와 공급 증가 시
  - 가격 하락
  - 거래량 알 수 없음

3. 정리

구 분	균형가격	균형거래량
수요 증가, 공급 불변	상 승	증 가
수요 감소, 공급 불변	하 락	감 소
수요 불변, 공급 증가	하 락	증 가
수요 불변, 공급 감소	상 승	감 소
수요의 증가와 공급의 증가가 동시에 나타나는 경우	알 수 없음	증 가
수요의 감소와 공급의 감소가 동시에 나타나는 경우	알 수 없음	감 소
수요는 증가하고 공급은 감소하는 경우	상 승	알 수 없음
수요는 감소하고 공급은 증가하는 경우	하 락	알 수 없음
수요 증가 폭 > 공급 증가 폭	상 승	증 가
수요 증가 폭 < 공급 증가 폭	하 락	증 가

03 잉여 ★★

1. 소비자잉여

① 소비자가 교환으로 얻는 이익을 의미한다.
② 소비자잉여 = (지불할 용의가 있는 금액 − 실제 지불한 금액)의 합

2. 생산자잉여

① 생산자가 교환으로 얻는 이익을 의미한다.
② 생산자잉여 = (실제로 받은 금액 − 최소한 받아야 할 금액)의 합

3. 사회적잉여

① 사회적잉여가 극대화되면 효율적인 시장이 된다.
② 사회적잉여 = 소비자잉여 + 생산자잉여

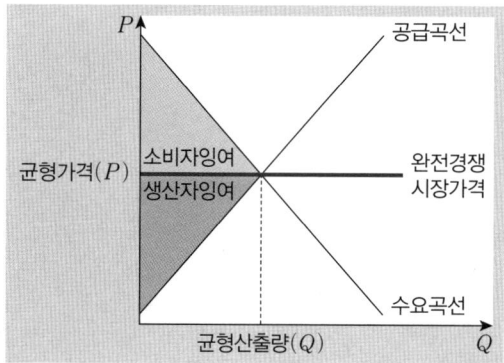

> **핵심 Plus⁺**
>
> **소비자와 생산자가 가격에 대하여 가지는 생각**
> - 사고 싶은 욕망(수요) ⇨ 욕망을 가격으로 환산(편익) ⇨ 수요자가 생각하는 가격(지불용의)
> - 팔고 싶은 욕망(공급) ⇨ 욕망을 가격으로 환산(비용) ⇨ 공급자가 생각하는 가격(한계비용)

시험문제 미리보기!

시장에서 어떤 상품의 가격이 하락하면서 동시에 거래량이 감소했다. 이러한 변화를 가져올 수 있는 사례는? (단, 상품은 정상재이다)

① 이 상품의 생산과 관련된 기술의 발전
② 이 상품과 대체관계에 있는 상품의 가격 상승
③ 이 상품과 보완관계에 있는 상품의 가격 상승
④ 이 상품의 생산에 투입되는 노동자의 임금 하락
⑤ 이 상품을 주로 구매하는 소비자들의 소득 증가

정답 ③
해설 위의 특징은 수요 감소 시 나타나는 변화이다.
　　 오답노트
　　 ① 공급 증가, ② 수요 증가, ④ 공급 증가, ⑤ 수요 증가요인이다.

출제예상문제

> 출제예상문제의 중요도를 ★~★★★으로 구분하였습니다. 난이도가 가장 높은 고등급 문제는 S등급 표시하였으니, S등급을 목표로 하신다면 반드시 학습하시기 바랍니다.

01 ★ 다음 중 수요곡선의 이동에 영향을 주는 요인이 아닌 것은?

<보기>
ㄱ. 재화의 가격변화
ㄴ. 인구 구조의 변화
ㄷ. 원자재 가격의 변화
ㄹ. 소비자 선호의 변화

① ㄱ, ㄴ   ② ㄱ, ㄷ   ③ ㄴ, ㄷ   ④ ㄴ, ㄹ   ⑤ ㄷ, ㄹ

02 ★ 다음 중 수요량의 변화를 가장 정확히 말하고 있는 것은?

① 여름철 전력난으로 인해 생산량이 감소하였다.
② 겨울철에는 호빵과 따뜻한 음식을 더 좋아한다.
③ 여름철 더위 때문에 사람들이 청량음료를 많이 먹는다.
④ 기술혁신에 의해 더 싼 가격에 전자제품을 팔 수 있게 되었다.
⑤ 냉면가격이 10,000원으로 오르자, 사 먹는 사람들이 줄어들었다.

03 ★ 다음 중 밑줄 친 두 재화 간의 관계가 나머지와 다른 것은?

① 갑은 가격이 더 비싼 주스 대신 콜라를 사왔다.
② 을은 햄버거를 먹다가 갑자기 콜라가 마시고 싶어 콜라도 한 잔 주문했다.
③ 병은 휘발유 가격이 올라 자가용 대신 대중교통을 이용한다.
④ 정은 태블릿PC를 구입하여 노트북 대신에 더 많이 사용한다.
⑤ 무는 편의점 커피가 스타벅스 커피보다 저렴하기 때문에 편의점 커피를 주로 마신다.

04 다음은 배추 시장에 대한 신문기사이다. 이 같은 현상의 결과를 적절하게 표현한 것은?

> 올해 가을배추 생산량이 지난 3년 사이 최대량을 기록한 것으로 나타났습니다. 통계청은 올해 가을배추 생산량이 지난해보다 3% 증가한 140만 4,150톤으로 집계했습니다. 이는 지난 2015년에 143만 6,000톤이 생산된 이후 최근 3년 사이에 최대량을 기록한 것입니다. 가을배추는 8월에 고온과 잦은 비로 재배면적이 감소했지만, 10월과 11월에 일조량이 늘어나면서 작황이 좋아져 단위면적당 생산량은 증가했습니다.

① 수요곡선이 오른쪽으로 이동한다.
② 수요곡선이 왼쪽으로 이동한다.
③ 공급곡선이 오른쪽으로 이동한다.
④ 공급곡선이 왼쪽으로 이동한다.
⑤ 수요곡선은 오른쪽으로 이동하고 공급곡선은 왼쪽으로 이동한다.

정답 및 해설

01 ②
그 시장의 가격이 변화하면 수요량의 변동, 가격 외 조건이 변화하면 수요의 변동이라고 한다. 수요의 변동요인으로는 소득, 인구, 기호, 대체재의 가격 변동, 보완재의 가격 변동이 이에 해당한다. 또한 원자재 가격의 변화, 기술변화는 공급의 변화요인이다.

02 ⑤
수요량의 변화는 해당 재화나 서비스의 가격의 변화를 의미한다. 냉면가격이 올랐을 때 냉면의 거래량이 줄어들었으므로 수요량의 변화에 해당한다.

오답노트
① 생산비 증가에 따른 공급 감소이다.
②③ 선호의 증가는 수요의 증가요인이다.
④ 기술혁신은 공급의 증가요인이다.

03 ②
대체재는 한 재화 가격이 하락함에 따라 다른 한 재화 수요가 감소하는 관계에 있는 재화이다. 주스와 콜라 등이 대체재의 예이다. 보완재는 한 재화 가격이 하락하면 다른 재화 수요가 증가하는 관계다. 햄버거와 콜라는 보완재 관계에 있다.

04 ③
신문기사에 따르면 일조량이 늘어나면서 배추 생산량이 증가했다. 이는 공급 증가에 해당하는 것이다. 따라서 가격은 하락하고 거래량은 증가할 것이다.

05 그림은 밀가루 시장의 공급곡선이다. ㉠ 점 A가 B로 이동한 원인과 ㉡ 점 A가 C로 이동한 원인을 바르게 짝지은 것은? (단, 다른 조건은 일정하다고 가정한다)

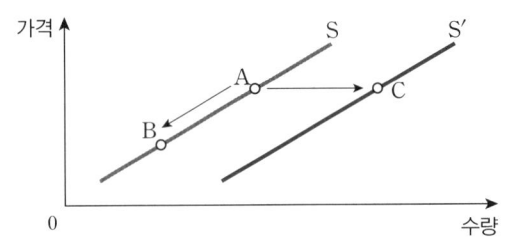

	㉠	㉡
①	밀 가격 하락	임금의 하락
②	밀 가격 상승	임금의 상승
③	밀가루 가격 하락	제분 기술의 향상
④	밀가루 가격 상승	제분 기술의 향상
⑤	밀가루 가격 하락	밀가루 가격 상승

06 다음 중 매실의 수요는 증가하고 공급은 감소했을 때 매실 시장에서 나타나는 현상으로 가장 적절한 것은?

① 매실 거래량이 증가한다.
② 매실 초과공급이 발생한다.
③ 매실 수요량이 증가한다.
④ 매실 공급량이 증가한다.
⑤ 매실 가격이 상승한다.

07 어느 재화 X의 수요곡선과 공급곡선은 다음과 같다. 이때 이 재화의 수요와 공급에 대한 설명 중 옳은 것은?

- $D = 200 - 10P_X$
- $S = -100 + 20P_X$
(단, P_X는 X재화의 가격)

<보기>

ㄱ. 이 재화의 균형가격은 10, 균형거래량은 100이다.
ㄴ. 재화의 가격이 12원일 경우에는 초과수요가 발생한다.
ㄷ. 재화의 가격이 6원일 때는 30개의 초과수요가 존재한다.
ㄹ. 재화의 가격을 종축에, 수량을 횡축에 놓고 공급곡선과 수요곡선을 그릴 경우 공급곡선의 기울기는 수요곡선의 기울기 보다 완만하다.

① ㄱ, ㄴ   ② ㄱ, ㄹ   ③ ㄴ, ㄷ   ④ ㄴ, ㄹ   ⑤ ㄷ, ㄹ

정답 및 해설

05 ③
㉠은 공급량의 감소, ㉡은 공급의 증가를 나타낸다. 밀가루 가격의 변화는 밀가루 '공급량' 변화의 원인이고, 밀가루의 원료인 밀의 가격 변화는 밀가루 '공급' 변화의 원인이다. 제분 기술의 향상과 임금의 하락은 밀가루 '공급' 증가의 원인이다.

06 ⑤
이 경우 수요곡선과 공급곡선 중 어느 쪽이 더 많이 이동하는가에 따라 가격은 분명히 상승하지만 거래량은 어떻게 변할지 분명치 않다.

07 ②
균형가격과 거래량은 D = S인 지점에서 결정되므로 수요곡선($D = 200 - 10P_X$)과 공급곡선($S = -100 + 20P_X$)이 일치하는 점의 가격은 $200 - 10P_X = -100 + 20P_X$에서 $P_X = 10$이다. 이때 균형거래량은 100이다. 공급곡선 기울기의 절댓값은 1/20, 수요곡선 기울기의 절댓값은 1/10로 수요곡선의 기울기가 더 가파르다.

[오답노트]
ㄴ. 10보다 높으면 초과공급, 낮으면 초과수요가 발생한다.
ㄷ. 가격이 6원일 경우엔 수요는 $200 - 10 \times 6 = 140$, 공급은 $-100 + 20 \times 6 = 20$으로 120개의 초과수요가 존재한다.

TIP
- D, S는 Q를 표현한 것이다.
  D는 수요량, Q는 공급량이다.
- 두 식을 동일하게 놓고 균형가격과 균형거래량을 구한다.
- 균형가격보다 높으면 초과공급, 낮으면 초과수요이다.
- $P = aQ + b$ (단, a는 기울기이다)

08 다음 내용을 바탕으로 한 추론이 옳은 것은?

- 최근 조류독감으로 닭고기를 기피하는 현상이 나타나고 있다.
- 정부는 외국산 닭고기 수입을 규제하였다.

① 돼지고기의 가격은 크게 하락할 것이다.
② 생선을 구입하려는 사람들은 줄어들 것이다.
③ 닭고기의 가격 변동은 알 수 없을 것이다.
④ 닭고기의 공급곡선은 오른쪽으로 이동할 것이다.
⑤ 닭고기의 수요곡선은 오른쪽으로 이동할 것이다.

09 다음 (가)에 들어갈 적절한 내용을 <보기>에서 고른 것은?

갑 : 이번 태풍으로 사과가 많이 떨어졌대요. 사과 값이 많이 오르겠지요?
을 : 글쎄요. _____(가)_____ 그렇지 않을 수도 있습니다.

<보기>
ㄱ. 소득 감소로 사과 소비가 줄어들 경우
ㄴ. 맛이 비슷한 외국산 사과 수입이 늘어날 경우
ㄷ. 정부가 생산자를 위해 최저가격제를 실시할 경우
ㄹ. 건강에 대한 관심이 높아져 사과의 선호도가 증가할 경우

① ㄱ, ㄴ ② ㄱ, ㄷ ③ ㄴ, ㄷ ④ ㄴ, ㄹ ⑤ ㄷ, ㄹ

10 다음 그림은 X재의 월별 시장가격과 거래량을 나타낸 것이다. 이와 같은 변화를 가져올 수 있는 요인을 모두 고른 것은? (단, X재는 수요와 공급의 법칙을 따른다)

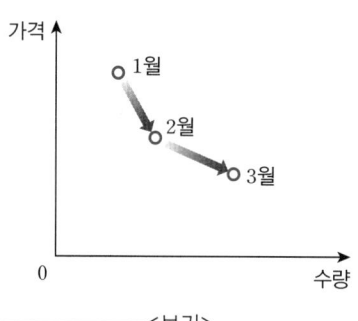

―〈보기〉―
ㄱ. X재를 생산하는 노동자의 임금이 하락하였다.
ㄴ. X재의 수입이 무역장벽으로 인해 힘들어졌다.
ㄷ. X재의 생산에 보조금을 지원하였다.
ㄹ. X재를 생산하는 원자재 가격이 상승하였다.

① ㄱ, ㄴ   ② ㄱ, ㄷ   ③ ㄴ, ㄷ   ④ ㄴ, ㄹ   ⑤ ㄷ, ㄹ

정답 및 해설

08 ③
지문은 수요 감소와 공급 감소를 나타내며, 그래프 상에서는 수요곡선과 공급곡선이 동시에 모두 좌측으로 이동하는 모습을 보인다. 그러므로 닭고기의 균형가격은 알 수 없으며, 돼지고기 가격은 상승할 것이고 생선에 대한 수요도 증가할 것이다.

09 ①
사과 공급 감소로 인한 가격 상승이 예상되는데 이를 상쇄할 수 있는 요인을 찾아야 한다. ㄱ은 소득 감소에 따른 수요 감소로, ㄴ은 수입에 따른 공급 증가로 가격 상승 효과를 상쇄시킬 수 있다.

오답노트
ㄷ. 최저가격은 시장균형 가격보다 높은 수준에 설정되므로 가격 안정과 거리가 멀다.
ㄹ. 사과의 선호도 증가는 수요를 증가시켜 가격 상승을 더 부추긴다.

10 ②
그래프에서 X재의 월별 시장가격이 하락하고 거래량은 늘어났다. X재의 시장가격과 거래량의 변동요인은 공급 증가다. 생산 기술의 발전, 정부의 보조금 지급 등은 공급을 증가시킨다. 원자재 가격이 상승하면 생산 비용 증가로 공급을 감소시킨다.

11 소고기 국내 시장의 균형점이 (가)에서 (나)로 이동할 수 있는 적절한 상황을 <보기>에서 고른 것은?

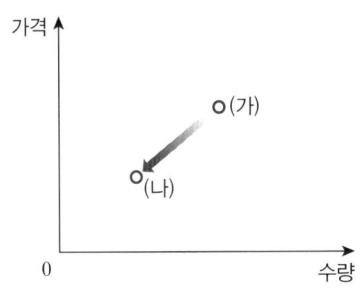

<보기>
ㄱ. 소의 사료 가격이 대폭 인상되었다.
ㄴ. 소비자들의 소고기에 대한 선호가 증가하였다.
ㄷ. 대체재인 돼지고기의 가격이 큰 폭으로 하락하였다.
ㄹ. 광우병 파동으로 소고기 소비가 급감하였고, 이 병이 발생한 국가로부터의 수입도 제한되었다. (단, 줄어든 소고기 수입보다 급감한 소고기 소비가 더 크다)

① ㄱ, ㄴ   ② ㄱ, ㄷ   ③ ㄴ, ㄷ   ④ ㄴ, ㄹ   ⑤ ㄷ, ㄹ

12 다음 사례에서 균형점(E)은 어느 방향으로 이동하는가? (단, 다른 조건은 일정하다)

- 제주산 광어의 생산량은 20X1년까지 꾸준히 증가해 연간 2만t 이상을 상회하고 있다.
- 식중독 사고 발생 우려에 따른 소비자 외면이 지속되고 있다.

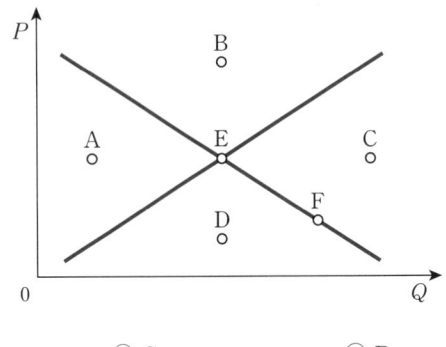

① A   ② B   ③ C   ④ D   ⑤ F

13. 그림은 사과 시장의 균형점 이동을 나타낸 것이다. A점으로 이동할 수 있는 요인을 <보기>에서 고른 것은? (단, 사과는 정상재이다)

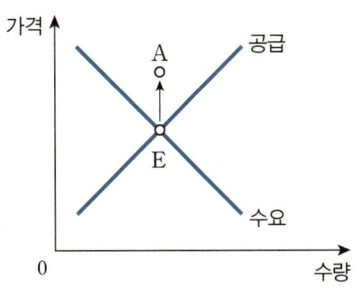

―<보기>―
ㄱ. 국민들의 소득이 증가했다.
ㄴ. 태풍으로 사과의 수확량이 감소했다.
ㄷ. 대체 관계에 있는 귤의 가격이 하락했다.
ㄹ. 사과 재배 기술의 발달로 생산량이 늘었다.

① ㄱ, ㄴ   ② ㄱ, ㄷ   ③ ㄴ, ㄷ   ④ ㄴ, ㄹ   ⑤ ㄷ, ㄹ

정답 및 해설

11 ⑤
균형점의 이동으로 보아 소고기의 수요가 감소하거나 공급 감소보다 수요 감소가 더 컸을 때의 상황이다.
ㄷ. 대체재인 돼지고기의 가격이 큰 폭으로 하락하면 소고기의 수요가 감소한다.
ㄹ. 수요와 공급이 동시에 감소하였으나 수요가 더 많이 감소하였으므로 가능하다.

오답노트
ㄱ. 소의 사료 가격이 인상되면 소고기 공급만 줄어든다.
ㄴ. 소고기에 대한 선호가 증가하면 수요가 늘어난다.

12 ④
제주산 광어의 생산량은 20X1년까지 꾸준히 증가해 연간 2만t 이상을 상회하고 있으므로 공급이 증가하였다. 하지만 소비자 외면이 지속되었으므로 수요가 감소하였다. 따라서 수요곡선은 왼쪽으로, 공급곡선은 오른쪽으로 이동해 광어 시장의 균형점 E는 D로 이동하게 된다.

13 ①
사과 시장의 균형점이 A점으로 이동하기 위해서는 수요가 증가하고 공급이 감소해야 한다. 국민들의 소득이 증가하면 사과 수요가 증가하고, 태풍으로 인해 사과의 수확량이 감소하면 사과 공급이 감소한다.

오답노트
ㄷ. 대체 관계에 있는 귤의 가격 하락은 수요 감소요인이다.
ㄹ. 사과 재배 기술의 발달은 공급 증가요인이다.

14. 표는 호밀빵(X재)의 시장 수요와 시장 공급을 나타낸 것이다. 옳은 설명을 <보기>에서 모두 고른 것은?

(단위 : 원, 개)

가격(P_X)	30	40	50	60	70
수요량(D_X)	100	90	80	70	60
공급량(S_X)	60	70	80	90	100

<보기>
ㄱ. 호밀빵의 수요곡선은 $D_X = -P_X + 130$으로 표시된다.
ㄴ. 대체재인 옥수수빵의 가격이 크게 상승하면, 호밀빵의 가격은 50원 이상으로 상승할 것이다.
ㄷ. 호밀빵의 가격이 60원으로 주어질 경우, 호밀빵은 20개의 초과공급이 발생하여 시장 가격이 하락할 것이다.
ㄹ. '호밀빵이 다이어트에 좋다'라는 신문 보도가 나오면, 호밀빵의 균형가격은 상승하고 균형거래량은 감소할 것이다.

① ㄱ, ㄹ ② ㄴ, ㄷ ③ ㄷ, ㄹ ④ ㄱ, ㄴ, ㄷ ⑤ ㄱ, ㄷ, ㄹ

15. 다음 조건에서 A와 B가 어떤 재화인지를 추론한 것으로 옳은 것을 <보기>에서 모두 고른 것은?

- 돼지고기는 마늘과 같이 먹을 때 더 큰 만족을 얻는다.
- 마늘 대신에 양파를 먹어도 만족은 동일하다.

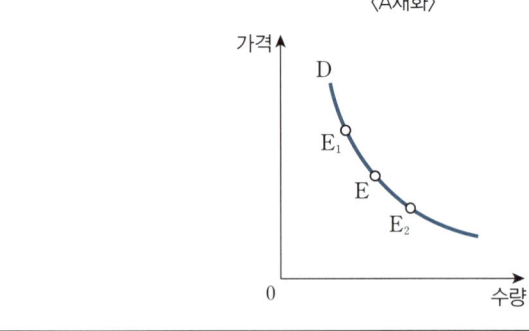
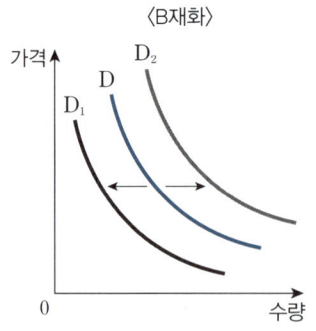

<보기>
ㄱ. E → E_1일 때 D → D_1이면, A재화는 양파, B재화는 마늘이다.
ㄴ. E → E_1일 때 D → D_2이면, A재화는 돼지고기, B재화는 양파이다.
ㄷ. E → E_2일 때 D → D_1이면, A재화는 마늘, B재화는 양파이다.
ㄹ. E → E_2일 때 D → D_2이면, A재화는 돼지고기, B재화는 마늘이다.

① ㄱ, ㄴ ② ㄱ, ㄹ ③ ㄴ, ㄷ ④ ㄴ, ㄹ ⑤ ㄷ, ㄹ

16 소비자잉여에 대한 설명 중 옳은 것은?

<보기>
ㄱ. 소비자잉여를 극대화하는 자원 배분을 효율적이라고 한다.
ㄴ. 수요와 공급의 균형 상태에서 소비자잉여와 생산자잉여의 합이 극대화된다.
ㄷ. 소비자잉여는 수요곡선 아래, 균형가격 수준 윗부분의 면적으로 계산할 수 있다.
ㄹ. 소비자잉여란 구입자의 최소 지불용의에서 구입자가 실제로 지불한 금액을 뺀 나머지 금액을 말한다.

① ㄱ, ㄴ   ② ㄱ, ㄷ   ③ ㄴ, ㄷ   ④ ㄴ, ㄹ   ⑤ ㄷ, ㄹ

정답 및 해설

14 ④
위의 표를 분석하면 균형가격은 50원 균형거래량은 80원이다.
ㄱ. 위의 값을 대입하면 호밀빵의 수요곡선은 $D_X = -P_X + 130$으로 표시된다.
ㄴ. 대체재인 옥수수빵의 가격이 크게 상승하면, 호밀빵의 수요가 증가하여 가격은 50원 이상으로 상승할 것이다.
ㄷ. 호밀빵의 가격이 60원으로 균형가격보다 높으므로, 호밀빵은 20개의 초과공급이 발생하여 시장 가격이 하락할 것이다.

오답노트
ㄹ. '호밀빵이 다이어트에 좋다'라는 신문 보도가 나오면 선호가 증가하여 수요가 증가한다. 수요곡선이 우측으로 이동하면 호밀빵의 균형가격과 거래량은 모두 상승할 것이다.

15 ⑤
돼지고기와 마늘은 보완재이며, 마늘과 양파는 대체재이다. 대체재의 가격과 수요는 같은 방향이고, 보완재의 가격과 수요는 반대 방향이다.

오답노트
ㄱ. 가격이 상승할 때 수요가 감소하면 보완재이다.
ㄴ. 가격이 상승할 때 수요가 증가하면 대체재이다.

TIP
- $E \to E_1$: 가격 상승, $E \to E_2$: 가격 하락
- $D \to D_1$: 수요 감소, $D \to D_2$: 수요 증가
- 대체재는 A재화의 가격과 B재화의 수요량이 비례한다.
- 보완재는 A재화의 가격과 B재화의 수요량이 반비례한다.

16 ③
소비자잉여는 소비자가 어떤 재화나 서비스를 구매할 때 지불할 용의가 있는 최대 금액(지불용의)에서 구입자가 실제로 지불한 금액을 뺀 나머지이다. 생산자잉여는 생산자가 어떤 재화나 서비스를 판매할 때 최소한 받아야겠다고 생각하는 금액과 실제로 받은 금액의 차이다. 소비자잉여와 생산자잉여를 합친 것을 사회적잉여라고 한다.

오답노트
ㄱ. 사회적잉여를 극대화하는 자원 배분을 효율적이라고 한다.
ㄹ. 소비자잉여란 구입자의 최대 지불용의에서 구입자가 실제로 지불한 금액을 뺀 나머지 금액을 말한다.

17 다음 그래프에 대한 설명으로 틀린 것은?

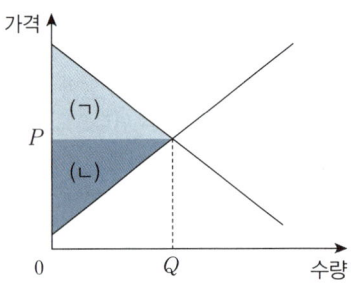

① (ㄱ)은 소비자잉여이다.
② (ㄱ)은 가격이 낮아질수록 커진다.
③ (ㄴ)은 생산자가 시장에 참여하여 얻는 이득이다.
④ (ㄴ)은 생산자의 지불용의 금액에서 실제로 지급한 금액을 뺀 것이다.
⑤ (ㄱ)과 (ㄴ)을 합친 것을 사회적잉여라고 한다.

18 갑은 지금 매우 목이 마르다. 지금 갑이 물병에 대해 느끼는 가치가 다음과 같고, 물 한 병의 가격은 5,000원이다. 갑이 구입할 병의 개수와 소비자잉여로 가장 적절한 것은?

첫번 째 병의 가치	10,000원
두번 째 병의 가치	8,000원
세번 째 병의 가치	6,000원
네번 째 병의 가치	4,000원
다섯번 째 병의 가치	2,000원

	구입 양(병)	소비자잉여(원)
①	1	5,000
②	1	9,000
③	3	1,000
④	3	5,000
⑤	3	9,000

정답 및 해설

17 ④

생산자잉여는 생산자가 어떤 상품을 공급하면서 실제로 받는 금액에서 그 제품을 제공하며 최소한 받고자 한 금액을 뺀 것이다. 소비자잉여는 소비자의 지불용의 금액에서 실제로 지급한 금액을 뺀 것이다.

18 ⑤

갑의 수요표는 다음과 같다.

물의 가격	수요량
10,000원 이상	0
8,000원 ~ 10,000원	1
6,000원 ~ 8,000원	2
4,000원 ~ 6,000원	3
2,000원 ~ 4,000원	4
2,000원 이하	5

물 한 병의 가격이 5,000원이면 갑은 3병을 구입한다. 첫 번째 물 한 병에 10,000원만큼 가치를 느끼지만 5,000원만을 지불하므로 소비자잉여는 5,000원이다. 이와 같은 식으로 두 번째 물에 대한 소비자잉여는 3,000원이고, 세 번째 물에 대한 소비자잉여는 1,000원이다. 따라서 갑의 총소비자잉여는 9,000(= 5,000 + 3,000 + 1,000)원이다.

제3장 탄력성

🔲 학습전략

탄력성은 경제학에서 원인과 결과를 간단하게 표현하는 방법이다.
탄력성을 공부할 때 유념할 사항이 있다. 첫째, 변화분이 아닌 변화율을 사용하는 탄력성의 원리를 파악해야 한다. 둘째, 원인과 결과에 따라 다양하게 표현한 탄력성을 철저히 구분할 수 있어야 한다. 수요의 가격탄력성은 가격이 변동할 때 소비자가 구매하려는 양이 얼마나 변동하는가를 알아보는 지표로 현실에서 많이 사용하는 개념이다. 예를 들어 우리가 식당을 운영하고 있다고 가정해보자. 만약 가격을 올렸을 때 소비자가 많이 줄어든다면 가격을 올릴 수 없지만, 적게 줄어든다면 가격을 올리는 것이 바람직하다. 수요의 소득탄력성은 소득이 증가했을 때 수요량이 어떻게 변화하는가를 알 수 있는 지표이다. 수요의 교차탄력성은 출시할 재화가 타 재화와 어떤 관계를 가지고 있는가에 대한 자료이다. 수요의 교차탄력성이 (+)이면 대체재, (-)이면 보완재가 된다. 공급의 가격탄력성은 가격이 변동할 때 공급자의 공급조절능력을 보는 것이다. 가격변동에 비해 많이 공급할 수 있다면 공급의 가격탄력성이 탄력적이고 공급조절이 어렵다면 비탄력적이다.

🔲 출제비중

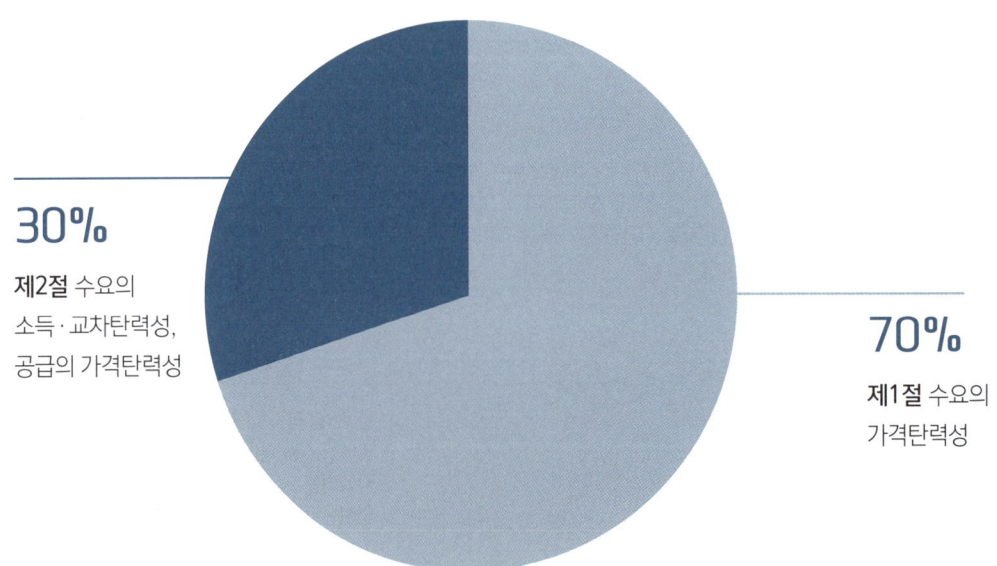

30%
제2절 수요의
소득·교차탄력성,
공급의 가격탄력성

70%
제1절 수요의
가격탄력성

출제유형

탄력성의 구분과 결정요인은 주로 "경제이론" 영역에서 출제되며 탄력성을 실제 계산하는 문제, 직선인 수요곡선에서의 탄력성을 구하는 문제, 뉴스와 관련한 그래프 분석 문제 등이 "응용복합" 영역에서 출제된다.

학습구성

구 분	출제포인트	중요도
제1절 수요의 가격탄력성	01 탄력성의 기본개념	★★★
	02 수요의 가격탄력성	★★★
제2절 수요의 소득·교차탄력성, 공급의 가격탄력성	01 수요의 소득탄력성	★★
	02 수요의 교차탄력성	★★
	03 공급의 가격탄력성	★★

제1절 | 수요의 가격탄력성

핵심 Check ✓ 수요의 가격탄력성

탄력성 공식	• 결과의 변화율/원인의 변화율
탄력성 기울기	• 기울기 완만 → 탄력 • 기울기 급함 → 비탄력
탄력성과 판매수입 (증가 시)	• 탄력적 → 가격 하락 • 비탄력적 → 가격 상승 • 단위탄력적 → 변화 없음 • 완전비탄력적 → 가격의 변동률과 동일

01 탄력성의 기본개념 ★★★

1. 의미

원인과 결과의 관계를 알아보기 위한 것이다.

```
  수요의        가격         탄력성
   ↓           ↓            ↓
  결과         원인         변화 정도
```

2. 공식

$$탄력성 = \frac{결과의\ 변화율}{원인의\ 변화율}$$

탄력성은 변화분(나중 수치 − 처음 수치)이 아닌 변화율($\frac{나중\ 수치\ -\ 처음\ 수치}{처음\ 수치} \times 100$)을 말한다. 예를 들어 가격이 100원에서 200원으로 증가한 후, 200원에서 300원으로 증가하면 변화분은 둘 다 100원이지만 변화율은 100%에서 50%로 줄어든다. 이처럼 변화분과 변화율은 다른 개념이므로 반드시 구분하여 사용하여야 한다.

3. 여러 가지 탄력도(탄력성)

$$A의\ B탄력도 = \frac{A의\ 변화율}{B의\ 변화율}$$

구 분	수요(량)	공급(량)	화폐수요(량)	투자(량)
가 격	수요의 가격탄력도	공급의 가격탄력도		
소 득	수요의 소득탄력도		화폐수요의 소득탄력도	투자의 소득탄력도
연관 상품의 가격	수요의 교차탄력도			
이자율			화폐수요의 이자율탄력도	투자의 이자율탄력도

4. 결론

결과의 변화율이 크면(민감하면) 탄력적, 원인의 변화율이 크면 비탄력적이다.
㉠ 화폐수요의 이자율탄력성이 크다는 것은 이자율변화(원인)에 화폐수요(결과)가 민감하게 반응하는 것을 의미함

02 수요의 가격탄력성 ★★★

1. 의미

가격변화에 따라 소비자의 소비량의 변화가 어떻게 반응하는지를 알아보고자 하는 것이다.

2. 공식

$$\varepsilon_d = \frac{수요량의\ 변동율(\%)}{가격의\ 변동율(\%)} = \frac{\frac{수요량의\ 변동분}{원래의\ 수요량} \times 100}{\frac{가격의\ 변동분}{원래의\ 가격} \times 100} = \left| -\frac{\frac{\Delta Q}{Q}}{\frac{\Delta P}{P}} \right| = \left| \frac{\Delta Q}{\Delta P} \times \frac{P}{Q} \right|$$

수요의 가격탄력성은 반드시 (-)값이 나와야 한다. 왜냐하면 가격과 수요량은 반비례하기 때문이다. 항상 (-)값이 나오므로 일반적으로 절댓값을 씌워서 사용한다. 따라서 수요의 가격탄력성을 이용하여 수요량을 구하는 문제는 (-)가 반드시 있다는 것을 기억하여 풀어야 한다.

3. 탄력성의 종류

점탄력성	• 한 점에서 계산된 탄력도 • 주어진 함수를 미분하여 계산하는 방법 $\varepsilon_d = \left\| \dfrac{\dfrac{dQ^D}{Q^D}}{\dfrac{dP}{P}} \right\| = \left\| -\dfrac{dQ^D}{dP} \right\| \times \dfrac{P}{Q}$ • 탄력성은 원칙적으로 점마다 다르다.
호탄력성	• 두 점 사이에서 계산된 탄력도 • 평균가격과 평균수요량을 사용한다. • 가격과 거래량이 2개 존재하므로 가격과 거래량의 평균치를 사용한다. $\varepsilon_d = \left\| -\dfrac{\Delta Q^D}{\Delta P} \right\| \times \dfrac{P_1 + P_2}{Q_1^D + Q_2^D}$
선형 수요곡선의 탄력성	• $\varepsilon_d = \dfrac{CQ_0}{BQ_0} \times \dfrac{BQ_0}{OQ_0} = \dfrac{CQ_0}{OQ_0}$ ($\dfrac{\Delta Q}{\Delta P}$: 수요곡선의 접선 AC의 기울기의 역수) ⇨ 삼각형 닮은꼴의 특성을 이용하여, $\dfrac{CQ_0}{OQ_0} = \dfrac{P_0O}{AP_0} = \dfrac{BC}{AB}$ • 가격수준이 높은 곳에 위치하면 탄력적, 낮은 쪽에 위치하면 비탄력적이다.

핵심 Plus⁺

곡선의 기울기와 탄력성

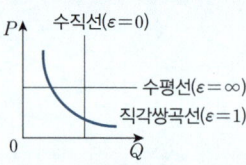

탄력성은 점마다 각각 다르지만 특정 점이 주어져 있지 않은 경우 기울기로 판단하는 것이 일반적임. 즉, 곡선의 기울기가 완만할수록 탄력적임. 왜냐하면 탄력성의 공식에서 나타나는 $\dfrac{\Delta Q}{\Delta P}$가 기울기의 역수이기 때문임

4. 수요의 가격탄력성의 결정요인

(1) 대체재가 많을수록 탄력적

대체재가 많을수록 다른 재화를 구매할 가능성이 있으므로 가격 변화에 수요량 변화율이 민감할 것이다.

예 사과가 너무 비싸지면 배를 구입하므로 사과의 수요량 변화가 심할 것이다.

(2) 필수재보다 사치재가 탄력적

필수재는 가격이 변한다 해도 구매량을 비슷하게 유지할 것이므로 사치재에 비해 가격 변화에 대해 수요량 변화율이 둔감할 것이다.

예 쌀값이 20%가 오른다고 해도 밥은 먹고 살아야 하므로 수요량의 변동은 심하지 않을 것이다.

(3) 전체 소득에서 차지하는 비중이 클수록 탄력적

소득에서 차지하는 비중이 크다면 고민할 수밖에 없다. 따라서 비싼 물건일수록 가격변화에 대한 수요량의 변화율이 민감할 것이다.

예 백화점에서 파는 물건이 마트에서 파는 물건에 비해 가격이 조금 하락할 경우 소비량이 급격히 변할 것이다. 백화점에서 세일을 할 경우 사람들의 구매량이 급격히 늘어나는 것으로 설명할 수 있다.

(4) 장기에서 탄력적

장기가 되면 단기보다 선택의 폭이 넓어지게 되어 가격이 오른 재화에 대한 소비량이 급속히 줄어들 수 있다.

예 단기에 전기요금이 상승할 경우 다른 방안을 찾지 못해 전기를 계속 사용할 것이지만, 만약 장기가 되면 될수록 다른 것을 찾으려고 노력할 것이다.

시험문제 미리보기!

> **수요의 가격탄력성에 대한 설명으로 옳은 것은?** (단, 수요의 가격탄력성은 절대값이다)
>
> ① 농산물의 수요는 가격 변동에 대해 탄력적이다.
> ② 수요의 가격탄력성은 0에서 1사이의 값을 가진다.
> ③ 사치품에 대한 수요의 가격탄력성은 일반적으로 1보다 크다.
> ④ 수요의 가격탄력성이 1보다 크면 그 제품은 단위탄력적이라고 한다.
> ⑤ 수요의 가격탄력성이 1보다 크면 수요량은 가격 변동에 많은 영향을 받지 않는다.
>
> **정답** ③
> **해설** 사치품은 탄력적, 필수품은 비탄력적이다.
>
> [오답노트]
> ① 농산물은 필수품이므로 수요의 가격탄력성은 비탄력적이다.
> ② 수요의 가격탄력성은 0에서 ∞ 사이의 값을 가진다.
> ④ 수요의 가격탄력성이 1일 때 그 제품은 단위탄력적이라고 한다.
> ⑤ 수요의 가격탄력성이 1보다 크면 수요량은 가격 변동에 큰 영향을 받는다.

5. 수요의 가격탄력성과 판매수입

(1) 그래프와 판매수입

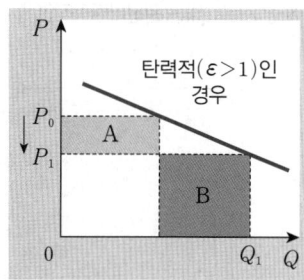
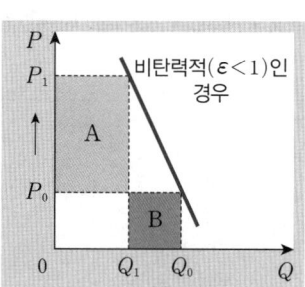

탄력적인 경우 (ε > 1)	비탄력적인 경우 (ε < 1)	단위탄력적인 경우 (ε = 1)	완전비탄력적인 경우 (ε = 0)
가격인하전략	가격인상전략	가격전략 무관	가격인상전략
A < B	A > B	A = B	A 증가, B = 0
가격변동률 < 수량변동률	가격변동률 > 수량변동률	가격변동률 = 수량변동률	가격변동률 = 매출액 변동률

핵심 Plus+

수요의 가격탄력성이 단위탄력적인 경우와 완전비탄력적인 경우의 판매수입의 변화

• ε = 0 [완전비탄력]
소비자는 돌부처여서 가격변화에 관심이 없음. 따라서 가격이 변하든 말든 신경 쓰지 않음. 조심해야 할 것은 모든 가격대에 대해서(수요곡선의 세로축이 무한대) 성립하는 구매패턴은 존재하지 않는다는 것임. 하지만 가격을 일정 구간으로 한정하는 경우, 현실에서도 완전비탄력적인 구매패턴은 존재할 수 있음 [P × Q (고정) = 판매수입]

예 주유소에서 20L(리터)까지는 가격변화와 무관하게 일정량의 기름을 구입하는 경우(정량구매)

• ε = 1 [단위탄력적]
단위탄력적인 소비자는 항상 같은 금액을 구매하기 때문에 판매자 입장에서 보면 판매수입이 항상 일정함
[P × Q = 판매수입(고정)]

예 주유소에서 항상 같은 금액의 기름을 넣는 소비자(정액구매)

(2) 가정 : 가격 상승 시(하락은 반대)
  ① **탄력적** : 가격이 상승한 것에 비해 수요량이 더 많이 감소할 것이므로 판매수입이 감소할 것이다.
  ② **비탄력적** : 가격이 상승한 것에 비해 수요량이 덜 감소할 것이므로 판매수입이 증가할 것이다.
  ③ **단위탄력적** : 가격이 상승한 만큼만 수요량이 감소할 것이므로 판매수입이 동일하다. (정액소비)
  ④ **완전비탄력적** : 가격이 상승하더라도 소비량을 종전과 같이 유지하므로 판매수입이 가격상승률만큼 상승할 것이다. (정량소비)

시험문제 미리보기!

(가) ~ (나)에 해당하는 수요의 가격탄력성으로 옳은 것은?

> (가) 갑은 매달 A재화를 5만 원어치 구입한다.
> (나) 을은 매달 4kg의 A재화를 구입한다.

	(가)	(나)
①	완전탄력적	완전비탄력적
②	단위탄력적	완전비탄력적
③	완전비탄력적	완전탄력적
④	단위탄력적	비탄력적
⑤	완전비탄력적	단위탄력적

정답 ②
해설 (가)는 정해진 액수만큼 구매한다. 가격이 증가하는 만큼 수요량은 감소하고, 가격이 감소하는 만큼 수요량은 증가한다. 즉, 가격이 50% 오르면 수요량은 50% 감소하는 식이므로 단위탄력적이다.
(나)는 A재화의 가격 변동에 관계없이 일정량을 구입하므로 가격에 반응하지 않는 완전비탄력적인 경우이다.

제2절 | 수요의 소득·교차탄력성, 공급의 가격탄력성

핵심 Check ✓ 수요의 소득·교차탄력성, 공급의 가격탄력성

수요의 소득탄력성	• + : 정상재 • − : 열등재
수요의 교차탄력성	• + : 대체재 • − : 보완재
공급의 가격탄력성	• 탄력적 : 공산품 • 비탄력적 : 농산물 • 기업수입과는 관련 없음

01 수요의 소득탄력성 ★★

1. 의미
소득의 변화 정도에 따른 수요량의 반응 정도를 나타낸 것이다.

2. 공식

$$\varepsilon_M = \frac{수요량의\ 변화율(\%)}{소득의\ 변화율(\%)}$$

3. 재화의 구분
정상재와 열등재의 개념은 상대적이다. 일반적으로 국산소형차와 국산중형차를 비교하면 국산중형차가 정상재이고, 국산중형차와 외제차를 비교하면 국산중형차가 열등재가 된다.

(1) 정상재
수요의 소득탄력성이 정(+)의 값을 갖는 재화로 소득이 증가하면 수요량이 증가한다.

- 필수재 : $0 < \varepsilon_M < 1$
- 사치재 : $\varepsilon_M > 1$

(2) 열등재
수요의 소득탄력성이 부(−)의 값을 갖는 재화로 소득이 증가하면 수요량이 감소한다.

(3) 기펜재
수요법칙의 예외로 열등재 중에서도 열등성이 아주 강한 극히 일부에 해당한다.

핵심 Plus ➕

수요의 소득탄력성 유의사항

- 소득탄력성은 소득 대비 수요의 변화를 의미하는 개념. 따라서 절대 공급 측면이 존재하지 않음(공급에는 소득 개념이 없음. 소득은 일반적으로 생산요소를 제공한 대가를 의미함)
- 소득탄력성의 개념은 상대적이기 때문에 사치재, 필수재, 열등재가 고정되어 있는 것이 아니며, 같은 재화라 하더라도 시간과 공간에 따라 사치재, 필수재, 열등재의 종류는 얼마든지 바뀌는 것이 가능함
  - 공간에 따른 구분 : 흑백 TV (2014년 한국 = 열등재/짐바브웨 = 사치재)
  - 시간에 따른 구분 : 검정고무신(2014년 한국 = 열등재/조선시대 = 사치재)
- 사치재, 필수재는 가격과 수요량의 관계인 수요법칙과는 범주가 다르기 때문에 대부분의 재화는 사치재든 필수재든 열등재든 간에 수요법칙(P↑ = Q↓)을 따름. 여기서 수요법칙을 따르지 않는 예외인 재화가 존재하는데 이를 기펜재라고 함. 기펜재는 열등재 중에서 열등성이 아주 강한 극히 일부의 재화를 의미함(소득효과 > 대체효과)

4. 그래프

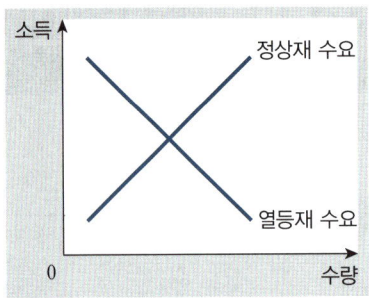

수요곡선과는 달리 종축이 가격이 아닌 소득이다. 따라서 정상재와 기펜재를 제외한 열등재는 수요법칙이 통한다.

02 수요의 교차탄력성 ★★

1. 의미
연관 재화의 가격변화 정도에 따른 수요량의 반응 정도를 나타낸 것이다.

2. 공식

$$\varepsilon_{AB} = \frac{A재\ 수요량의\ 변화율(\%)}{B재\ 가격의\ 변화율(\%)}$$

3. 재화의 구분

(1) 대체재
수요의 교차탄력성이 정(+)의 값을 갖는 재화를 말한다. 예 버스 ↔ 지하철

(2) 보완재
수요의 교차탄력성이 부(−)의 값을 갖는 재화를 말한다. 예 커피 ↔ 설탕

(3) 독립재
수요의 교차탄력성이 0의 값을 갖는 재화를 말한다. 예 버스 ↔ 설탕

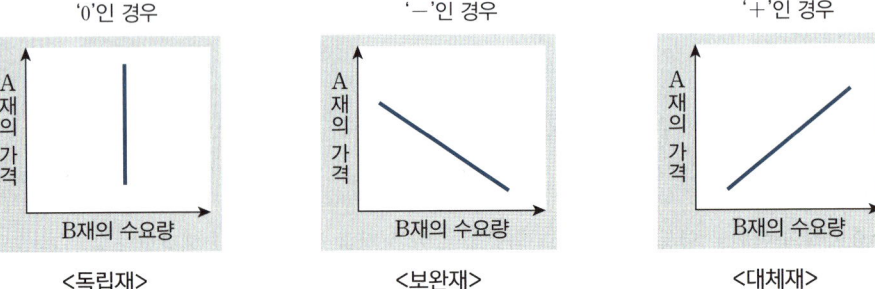

4. 수요의 탄력도에 따른 재화의 구분

탄력도의 종류	ε < 0	ε = 0	0 < ε < 1	ε = 1	ε > 1
소득탄력도	열등재		필수재		사치재
			정상재(보통재, 상급재)		
교차탄력도	보완재	독립재[1]	대체재		

1) 독립재
커피와 소금의 관계에서와 같이 사용상 별다른 관련을 가지지 않고 독자적인 목적으로 사용되는 재화

03 공급의 가격탄력성 ★★

1. 의미

가격의 변화에 대응하여 공급량의 반응 정도를 나타낸 것이다.

2. 공식

가격변화에 공급량이 쉽게 조절이 가능하면 탄력적이다.

$$\varepsilon_s = \frac{공급량의\ 변화율(\%)}{가격의\ 변화율(\%)}$$

3. 탄력성의 종류

점탄력성	• 한 점에서 계산된 탄력도 • 주어진 함수를 미분하여 계산하는 방법 $\varepsilon_s = \left\lvert \frac{dQ^s/Q^s}{dP/P} \right\rvert = \left\lvert \frac{\Delta Q^s}{\Delta P} \right\rvert \times \frac{P}{Q^s}$ • 탄력성은 원칙적으로 점마다 다르다.
호탄력성	• 두 점 사이에서 계산된 탄력도 • 평균가격과 평균수요량을 사용한다. • 가격과 거래량이 2개 존재하므로 가격과 거래량의 평균치를 사용한다. $\varepsilon_s = \left\lvert \frac{\Delta Q^s}{\Delta P} \right\rvert \times \frac{P_1 + P_2}{Q^s_1 + Q^s_2}$
선형 공급곡선의 탄력성	• 종축을 자르는 경우 B점에서의 공급탄력도 : $\varepsilon_s = \frac{dQ^s}{dP} \times \frac{P}{Q^s} = \frac{AM}{BM} \times \frac{BM}{OM} = \frac{AM}{OM} > 1$

핵심 Plus

수요의 가격탄력성과 공급의 가격탄력성의 구분
수요의 가격탄력성은 소비자의 입장에서 판단하는 것이고 공급의 가격탄력성은 생산자의 입장에서 파악하는 것임

- 횡축을 자르는 경우

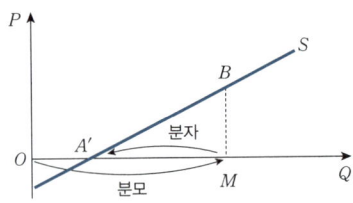

B점에서의 공급탄력도 : $\varepsilon_s = \dfrac{dQ^s}{dP} \times \dfrac{P}{Q^s} = \dfrac{A'M}{BM} \times \dfrac{BM}{OM} = \dfrac{A'M}{OM} < 1$

- 원점을 지나는 경우 : 공급곡선 상의 모든 점에서 점탄력도는 항상 1이다.
  P축을 지나면 탄력적이고 Q축을 지나면 비탄력적이다. 따라서 원점을 지나게 되면 공급의 가격탄력성은 1이다. 유의할 점은 선형 공급곡선이 원점을 지난다면 기울기에 관계없이 언제나 공급의 가격탄력성은 1이라는 것이다.

4. 탄력성 결정요인

(1) 생산기간이 짧을수록 탄력적
생산기간이 짧을수록 가격이 상승했을 때 생산량을 급격히 늘릴 수 있다.
- 예 · 탄력적 : 특정 모자가 유행한다고 하면 공장을 돌려서 모자를 바로 생산 가능하다.
  · 비탄력적 : 배추는 자라는 데 시간이 오래 걸리기 때문에 바로 생산 불가능하다.

(2) 저장시설이 잘 갖추어져 있고 저장비용이 저렴할수록 탄력적
저장비용이 저렴하면 가격이 조금만 하락해도 판매하지 않을 수 있고, 반대로 가격이 조금만 상승해도 공급량을 급격히 늘릴 수 있다.

(3) 생산요소의 조달에 쉽게 변화를 줄 수 있을 때 탄력적
생산요소를 쉽게 조달할 수 있다면 가격변화에 민감하게 언제든지 생산량을 늘릴 수 있으므로 탄력적이다.

(4) 장기에서 탄력적
시간이 많을수록 가격에 대해서 생산량을 조절하는 것이 용이하다.

(5) 결론
짧은 시간에 생산 가능하고, 저장이 용이한 공산품이 공급의 가격탄력성이 탄력적이고, 생산에 긴 시간이 필요하고 저장에 불리한 농산물은 공급의 가격탄력성이 비탄력적인 재화이다.

5. 곡선의 형태

탄력성 = 0	완전비탄력적	수직선
탄력성 < 1	비탄력적	농축산물 / 기울기 가파름
탄력성 = 1	단위탄력적	기준 역할 / 원점통과
탄력성 > 1	탄력적	공산품 / 기울기 완만
탄력성 = ∞	완전탄력적	수평선

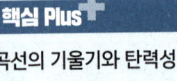
곡선의 기울기와 탄력성

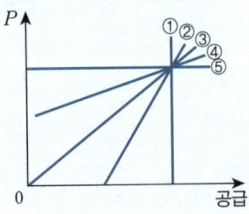

탄력성은 점마다 각각 다르지만 특정 점이 주어져 있지 않은 경우 기울기로 판단하는 것이 일반적임. 즉, 곡선의 기울기가 완만할수록 탄력적임. 왜냐하면 탄력성의 공식에서 나타나는 $\dfrac{\Delta Q}{\Delta P}$ 가 기울기의 역수이기 때문. 따라서 번호대로 탄력성을 나열하면 ①완전비탄력적, ②비탄력적, ③단위탄력적, ④탄력적, ⑤완전탄력적으로 표현할 수 있음

6. 탄력도와 잉여

(1) 수요곡선

수요곡선이 탄력적일수록 시장가격과 수요곡선이 유사해지므로 소비자잉여는 감소한다. 수요곡선이 완전탄력적이면(수평선), 소비자잉여는 0이다. 반대로 수요곡선이 완전비탄력적이면(수직선) 시장가격과 멀어지므로 소비자잉여는 커진다.

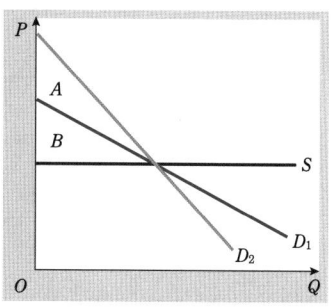

- 탄력적인 경우 소비자잉여 = B
- 비탄력적인 경우 소비자잉여 = $A + B$

(2) 공급곡선

공급곡선이 탄력적일수록 시장가격과 공급곡선이 유사해지므로 생산자잉여는 감소한다. 공급곡선이 완전탄력적이면(수평선), 생산자잉여는 0이다. 반대로 공급곡선이 완전비탄력적이면(수직선) 시장가격과 멀어지므로 생산자잉여는 커진다.

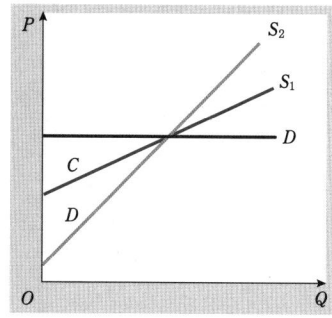

- 탄력적인 경우 생산자잉여 = C
- 비탄력적인 경우 생산자잉여 = $C + D$

7. 농산물 가격파동(농부의 역설)

(1) 의미

농산물 가격파동이란 농산물의 공급이 증가(풍년)하면 농산물가격이 폭락하여 농부의 총수입이 감소하는 현상을 말한다.

(2) 원인

농산물 가격파동이 생기는 것은 수요와 공급의 가격탄력도가 비탄력적이기 때문이다.

(3) 기타

구성의 오류의 예에 해당한다.

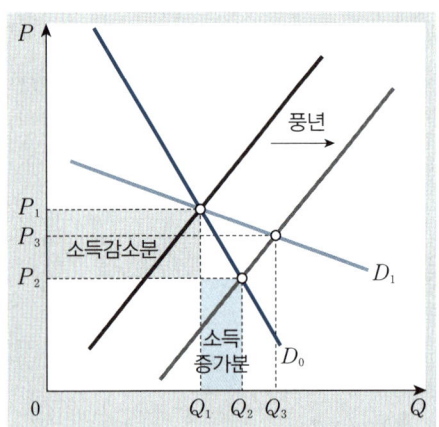

① 수요곡선이 비탄력적이고(D_0) 풍년으로 공급이 증가하는 경우
  판매량 약간 증가($Q_2 - Q_1$), 가격 폭락($P_1 - P_2$) ⇨ 총수입 감소
② 수요곡선이 탄력적이고(D_1) 풍년으로 공급이 증가하는 경우
  판매량 크게 증가($Q_3 - Q_1$), 가격 약간 하락($P_1 - P_3$) ⇨ 총수입 증가

시험문제 미리보기!

다음 사례를 통해 알 수 있는 공급의 가격탄력성 결정 요인으로 가장 적절한 것은?

> 상추를 재배하는 농가와 인삼을 재배하는 농가를 비교해보자. 상추는 대략 한 달이면 수확이 가능하므로 가격이 상승하는 경우 공급량을 쉽게 늘릴 수 있지만, 인삼은 수확에 이르기까지 여러 해가 걸리므로 가격이 상승하더라도 공급량을 쉽게 늘리기 어렵다. 따라서 상추보다 인삼 공급의 가격탄력성이 작다.

① 생산 설비의 규모
② 공급자 간 경쟁 정도
③ 생산에 소요되는 기간
④ 생산 기술의 발달 수준
⑤ 공급 가능한 상품의 범위

정답 ③
해설 제시문은 상추가 인삼에 비해 재배 기간이 짧기 때문에 가격 변동에 대응한 공급량 조절이 상대적으로 쉽다는 점을 설명하고 있다. 즉, 생산에 소요되는 기간이 공급의 가격탄력성을 결정하는 것이다.

fn. Hackers.com
금융·자격증 전문 교육기관 **해커스금융**

출제예상문제

> 출제예상문제의 중요도를 ★~★★★으로 구분하였습니다. 난이도가 가장 높은 고등급 문제는 S등급 표시하였으니, S등급을 목표로 하신다면 반드시 학습하시기 바랍니다.

01 ★

반도체 회사가 최근 반도체 가격을 8% 올렸더니 그 제품의 판매량이 3% 감소하였다면 다음 중 옳은 것은?

① 공급의 가격탄력성이 1이다.
② 공급의 가격탄력성이 1보다 크다.
③ 공급의 가격탄력성이 1보다 작다.
④ 수요의 가격탄력성이 1보다 크다.
⑤ 수요의 가격탄력성이 1보다 작다.

02 ★★

수요의 가격탄력성에 대한 설명으로 옳은 것은?

① 대체재가 많을수록 수요의 가격탄력성은 더 작아진다.
② 상품 구입액이 소득에서 차지하는 비중이 클수록 수요의 가격탄력성은 작아진다.
③ 일반적으로 사치품은 생활필수품보다 수요의 가격탄력성이 작다.
④ 가격변화의 기간이 길고 짧음은 수요의 가격탄력성에 영향을 줄 수 없다.
⑤ 농작물 수요의 가격탄력성이 비탄력적이라면, 풍년은 농부의 총수입을 감소시킨다.

03 ★

X재에 대한 수요의 가격탄력성은 1보다 크고, Y재에 대한 수요의 가격탄력성은 1보다 작을 때, (가)와 (나)의 상황이 가져올 총판매수입의 변화에 대한 예상으로 옳은 것은?

> (가) X재의 생산에 필수적인 원료 가격이 하락
> (나) Y재를 생산하는 기업에 제공되던 정부 보조금이 삭감

① X재의 판매수입 – 증가, Y재의 판매수입 – 감소
② X재의 판매수입 – 증가, Y재의 판매수입 – 증가
③ X재의 판매수입 – 감소, Y재의 판매수입 – 증가
④ X재의 판매수입 – 감소, Y재의 판매수입 – 감소
⑤ X재의 판매수입 – 불변, Y재의 판매수입 – 불변

S등급

04 딸기에 대한 수요곡선을 우하향하는 직선이라고 가정하자. 딸기 수요의 가격탄력성에 대하여 바르게 설명한 것은?

<보기>
ㄱ. 상품의 가격탄력성이 1이 되는 가격이 존재한다.
ㄴ. 직선 위의 모든 점에서 상품의 가격탄력성은 일정하다.
ㄷ. 가격이 높은 수준에서 상품의 가격탄력성은 1보다 크게 된다.
ㄹ. 상품의 가격이 변할 때 가격탄력성의 부호는 플러스에서 마이너스로 변화한다.

① ㄱ, ㄴ　　② ㄱ, ㄷ　　③ ㄴ, ㄷ　　④ ㄴ, ㄹ　　⑤ ㄷ, ㄹ

05 수요와 공급의 가격탄력성에 대한 설명으로 옳은 것을 모두 고른 것은?

<보기>
ㄱ. 대체재를 쉽게 찾을 수 있을수록 수요의 가격탄력성은 작아진다.
ㄴ. 동일한 수요곡선상에서 가격이 높을수록 수요의 가격탄력성은 항상 커진다.
ㄷ. 상품의 저장에 드는 비용이 클수록 공급의 가격탄력성은 작아진다.
ㄹ. 공급곡선이 원점을 지나고 우상향하는 직선형태일 경우, 공급의 가격탄력성은 항상 1이다.

① ㄱ, ㄴ　　② ㄱ, ㄷ　　③ ㄴ, ㄷ　　④ ㄴ, ㄹ　　⑤ ㄷ, ㄹ

정답 및 해설

01 ⑤
가격 변화율 8%, 제품 판매량이 3% 감소하였다면 공급가격 변화로 수요량이 변화하였으므로 수요의 가격탄력성은 3 ÷ 8 = 0.375이다.

02 ⑤
농작물 수요의 가격탄력성이 비탄력적이라면, 풍년은 농작물의 공급을 증가시켜 가격을 하락시킨다. 따라서 농부의 총수입을 감소시킨다.

오답노트
① 대체재가 많을수록 가격에 대하여 소비량의 변화가 민감하므로 수요의 가격탄력성은 더 커진다.
② 상품 구입액이 소득에서 차지하는 비중이 클수록 수요의 가격탄력성은 커진다.
③ 일반적으로 사치품은 생활필수품보다 수요의 가격탄력성이 크다.
④ 가격변화의 기간이 길고 짧음은 수요의 가격탄력성에 영향을 줄 수 있으며 길수록 탄력적이다.

03 ②
(가) 원료가격이 하락하면 공급이 증가하게 되어 가격이 하락한다. 이때 수요의 가격탄력성이 탄력적이므로 판매수입은 증가한다.
(나) 보조금이 삭감되게 되면 공급이 감소하여 가격이 상승하게 된다. 이때 수요의 가격이 비탄력적이므로 판매수입은 증가한다.

04 ②
직선인 수요곡선에서 중점보다 가격수준이 높으면 탄력적, 낮으면 비탄력적이다. 상품의 가격탄력성이 1이 되는 가격은 수요곡선의 중점에 해당하는 가격이다.

오답노트
ㄴ. 직선 위의 모든 점에서 상품의 가격탄력성은 모두 다르며 중점보다 가격이 높으면 탄력적, 낮으면 비탄력적이다.
ㄹ. 수요의 가격탄력성은 가격수준에 관계없이 마이너스이다.

05 ⑤

오답노트
ㄱ. 대체재를 쉽게 찾을 수 있을수록 수요의 가격탄력성은 커진다.
ㄴ. 직각쌍곡선인 경우 가격이 높아져도 수요의 가격탄력성은 1로 동일하다.

06 그래프는 동일 재화에 대한 A, B시장의 수요곡선을 나타낸 것이다. 이에 대한 설명으로 옳은 것은?

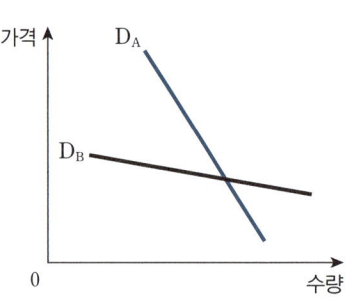

<보기>
ㄱ. A시장의 수요자는 B시장의 수요자보다 가격 변화에 민감하게 반응한다.
ㄴ. B시장에서는 가격을 낮추는 것이 총수입을 증가시키는 데 유리하다.
ㄷ. 공급을 줄이면 B시장보다 A시장에서 가격의 변화폭이 더 크다.
ㄹ. 박리다매 전략은 B시장보다 A시장에서 효과적일 것이다.

① ㄱ, ㄴ ② ㄱ, ㄷ ③ ㄴ, ㄷ ④ ㄴ, ㄹ ⑤ ㄷ, ㄹ

07 다음 ㉠, ㉡으로 인해 나타날 옳은 변화만을 <보기>에서 있는 대로 고른 것은?

○○기획사에서는 10월부터 트로트 가수인 갑과 힙합 가수인 을의 공연을 기획하고 티켓을 2만 원에 판매해왔다. 두 공연의 입장권 판매량은 각각 500장, 400장이었다. 그래서 11월부터는 ㉠ 갑 공연의 입장권 가격은 10% 인상하고, ㉡ 을 공연의 입장권 가격은 10% 인하하기로 결정했다. (단, 입장권 수요의 가격탄력성은 갑의 공연이 0.5, 을의 공연이 3이다)

<보기>
ㄱ. ㉠의 결과, 갑 공연의 판매수입은 증가할 것이다.
ㄴ. ㉡의 결과, 을 공연 입장권의 수요량은 5% 증가할 것이다.
ㄷ. ㉠과 ㉡을 시행하면, ○○기획사의 총판매수입은 증가할 것이다.
ㄹ. ㉠과 ㉡ 중에서 하나만 시행해야 한다면, ○○기획사는 ㉠보다 ㉡을 선택하는 것이 합리적이다.

① ㄱ, ㄴ ② ㄱ, ㄹ ③ ㄴ, ㄷ ④ ㄱ, ㄷ, ㄹ ⑤ ㄴ, ㄷ, ㄹ

08 다음 대화에서 갑과 을이 생각하는 미용 서비스 수요의 가격탄력성으로 옳은 것은?

> 갑 : ○○ 미용실에서 TESAT 수험표를 가지고 오는 수험생에게 미용 서비스 가격의 30%를 할인해준대.
> 을 : 나도 그 이야기 들었어.
> 갑 : ○○ 미용실 사장님은 좋은 분이신 거 같아. 할인을 하면 판매수입이 줄어들텐데.
> 을 : 그렇지 않아. 오히려 판매수입은 늘어날거야.

	갑	을
①	탄력적	비탄력적
②	탄력적	단위탄력적
③	비탄력적	탄력적
④	비탄력적	단위탄력적
⑤	단위탄력적	탄력적

정답 및 해설

06 ③
기울기로 보아 A시장이 수요의 가격탄력성이 비탄력적, B시장이 탄력적임을 알 수 있다.
ㄴ. B시장은 탄력적이므로 가격을 낮추는 것이 총수입을 증가시키는 데 유리하다.
ㄷ. 공급을 줄이면 가격이 상승하는데 비탄력적인 경우 가격변화가 심하므로 A시장에서 가격의 변화폭이 더 크다.

[오답노트]
ㄱ. A시장의 수요자는 B시장의 수요자보다 가격 변화에 둔감하게 반응한다.
ㄹ. 박리다매는 싸게 많이 파는 것이므로 탄력적인 쪽이 유리하다. 따라서 A시장보다 B시장에서 효과적일 것이다.

07 ④
가격 변동에 따라 표와 같이 판매수입에 변동이 발생한다.

(단위 : 만 원, 장)

가격변동 \ 가수	갑	을
전	2 × 500 = 1,000	2 × 400 = 800
후	2.2 × 475 = 1,045	1.8 × 520 = 936
증감	45	136

따라서 갑과 을 모두 판매수입이 증가하며 하나만 선택해야 한다면 을의 가격을 인하하는 것을 선택하여야 한다.

[오답노트]
ㄴ. 을의 수요의 가격탄력성이 3이므로 가격을 10% 인하한다면 수요량은 30% 증가하여야 한다.

08 ③
수요의 가격탄력성이 비탄력적일 경우, 가격을 내리면 가격 하락으로 인한 판매수입 감소분보다 수요량 증가로 인한 판매수입 증가분이 작아서 판매수입은 감소한다. 반면, 수요의 가격탄력성이 탄력적일 경우, 가격을 내리면 가격 하락으로 인한 판매수입 감소분보다 수요량 증가로 인한 판매수입 증가분이 커서 판매수입이 증가한다.

09 수요의 가격탄력성이 큰 순서대로 A재 ~ C재를 나열한 것은?

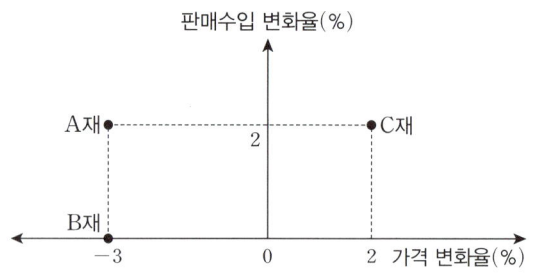

① A재 > B재 > C재
② A재 > C재 > B재
③ B재 > A재 > C재
④ B재 > C재 > A재
⑤ C재 > B재 > A재

10 수요곡선이 $\overline{DE}$로 주어졌다고 하자. 수요의 가격탄력성을 감안할 때, 다음 설명 중 옳지 않은 것은? (단, $\overline{OA} = \overline{AE}$ 이다)

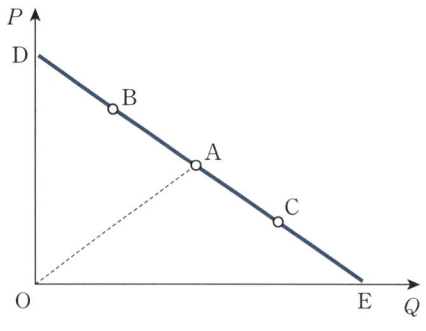

〈보기〉
ㄱ. A점은 가격의 변화율과 수요량의 변화율이 같다.
ㄴ. B점의 경우 생산기업이 가격을 올리면 수입이 늘어난다.
ㄷ. C점의 경우 생산기업이 가격을 내리면 수입이 줄어든다.
ㄹ. 동일한 직선 위에 있으므로 수요의 가격탄력성이 모두 동일하다.

① ㄱ, ㄴ
② ㄱ, ㄷ
③ ㄴ, ㄷ
④ ㄴ, ㄹ
⑤ ㄷ, ㄹ

11 그래프는 가격 인하($P_1 \to P_2$)에 따른 판매수입의 변화를 나타낸 것이다. 이에 대한 설명으로 옳은 것은?

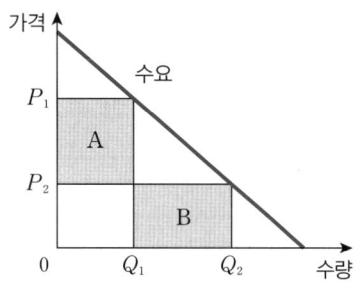

① A는 판매수입의 증가를 보여준다.
② B는 가격 인하의 기회비용이 된다.
③ 판매수입은 A + B로 계산한다.
④ A > B일 때, 대체재가 많을 것이다.
⑤ A < B일 때, 가격탄력성은 1보다 크다.

정답 및 해설

09 ①
A재는 가격이 하락하였으나 판매수입이 증가하였으므로 수요의 가격탄력성은 1보다 크다. B재는 가격이 하락하였으나 판매수입의 변화가 없으므로 수요의 가격탄력성은 1(단위탄력적)이다. C재는 가격 증가율과 판매수입 증가율이 같으므로 수요량의 변화가 없다. 따라서 수요의 가격탄력성은 0이다. 수요의 가격탄력성을 큰 순서대로 나열하면 A재 > B재 > C재이다.

10 ④
직선형태의 수요곡선에서의 가격탄력성은 중점인 A에서 단위탄력적이고 이보다 가격이 높고 수량이 작은 B가 탄력적 C가 비탄력적이다. 수요의 가격탄력성이 1보다 클 때 생산자가 판매가격을 올리면 수요량이 더 많은 비율로 줄어들게 되므로 판매수입이 감소하게 된다.
ㄴ. B점의 경우 수요의 가격탄력성이 탄력적이므로 생산기업이 가격을 올리면 수입이 줄어든다.
ㄹ. 동일한 직선 위에 있다고 해도 수요의 가격탄력성은 점마다 모두 다르며, 가격 수준이 높을수록 탄력적이다.

오답노트
ㄱ. A점 수요의 가격탄력성이 1이므로 가격의 변화율과 수요량의 변화율이 같다.
ㄷ. C점의 경우 수요의 가격탄력성이 비탄력적이므로 생산기업이 가격을 내리면 수입이 줄어든다.

TIP
수요곡선이 직선인 경우, 중점을 기준으로 가격이 높으면 탄력적, 가격이 낮으면 비탄력적이다. 중점인 경우는 수요의 가격탄력성이 1이다.

11 ⑤
판매수입은 '가격 × 판매량'으로 계산할 수 있다. 가격 인하 시 탄력성이 1보다 크면 B가 크기 때문에 판매수입은 증가하게 된다.

오답노트
④ 대체재가 많이 존재할수록 탄력성은 커진다.

12 다음 자료에 대한 분석으로 옳은 것은?

> X재 시장에서 공급이 증가하여 X재 가격이 1% 하락하였다. 표는 이에 따른 갑 ~ 병의 X재 수요량 증가율을 나타낸다.
>
> | 구 분 | 갑 | 을 | 병 |
> |---|---|---|---|
> | 수요량 증가율(%) | 0 | 0.5 | 2 |

<보기>
ㄱ. 갑의 X재 수요는 가격에 대해 단위탄력적이다.
ㄴ. 을의 X재 소비 지출액은 증가한다.
ㄷ. 병의 X재 소비 지출액은 증가한다.
ㄹ. 갑, 을, 병의 X재 소비 지출액의 합은 알 수 없다.

① ㄱ, ㄴ ② ㄱ, ㄷ ③ ㄴ, ㄷ ④ ㄴ, ㄹ ⑤ ㄷ, ㄹ

13 수요의 가격탄력성이 일정한 갑 ~ 정의 택시 이용자료에 대한 옳은 설명은? (단, 출퇴근용으로만 택시를 이용하며 출퇴근 시간대와 거리는 동일하다)

갑	요금 수준과 무관하게 택시비로 매월 일정액을 지출하였다.
을	요금이 10% 올랐을 때 택시비 지출액이 증가하였다.
병	요금 수준과 무관하게 매일 출퇴근 시 택시를 이용하였다.
정	요금이 10% 내렸을 때 택시 이용 횟수가 2배 증가하였다.

① 갑의 수요 곡선은 수직선이다.
② 을의 수요의 가격탄력성은 1보다 크다.
③ 택시 요금이 10% 오르면 병의 택시 요금 지출액도 10% 증가한다.
④ 정이 을보다 택시 요금 변동에 대해 둔감하다.
⑤ 요금인상 시 택시비에 쓰는 갑, 을, 병, 정의 총액은 반드시 증가한다.

14 피규어를 좋아하는 갑의 연봉이 3,000만 원에서 3,600만 원으로 오를 경우 한 달에 30개 사는 피규어를 45개 사게 된다고 한다. 피규어 소비에 대한 갑의 소득탄력성은 얼마인가?

① $\frac{5}{2}$ ② 4 ③ $\frac{6}{5}$ ④ $\frac{3}{2}$ ⑤ 2

15 수요의 탄력성에 관한 설명으로 옳지 않은 것은?

<보기>
ㄱ. 수요의 소득탄력성이 0보다 큰 재화를 정상재라고 한다.
ㄴ. 수요의 가격탄력성은 가격 변화분에 대한 수요량의 변화분을 측정한 것이다.
ㄷ. 수요의 가격탄력성이 가격 수준에 관계없이 일정하다면 수요곡선은 우하향하는 직선이 된다.
ㄹ. 커피 가격이 상승할 때 홍차 수요량이 증가한다면 두 재화의 교차탄력성은 양(+)의 값이 된다.

① ㄱ, ㄴ ② ㄱ, ㄷ ③ ㄴ, ㄷ ④ ㄴ, ㄹ ⑤ ㄷ, ㄹ

16 X재의 수요의 가격탄력성은 2이고, 갑의 X재에 대한 수요의 소득탄력성은 −1.5라고 한다. X재의 가격이 10% 상승하고 갑의 소득이 20% 하락하였다면 X재화에 대한 수요의 변화율은?

① 10% 증가 ② 10% 감소 ③ 20% 증가 ④ 20% 감소 ⑤ 변화 없음

정답 및 해설

12 ⑤
가격이 1% 하락했을 때 수요량의 증가율을 보여주고 있으므로 '수요량의 변화율/가격의 변화율'을 계산하면 갑은 완전비탄력적, 을은 비탄력적, 병은 탄력적이다.
ㄷ. 병은 탄력적이므로 가격하락 시 X재 소비 지출액은 증가한다.
ㄹ. 처음의 수량이 제시되지 않았으므로 갑, 을, 병의 X재 소비 지출액의 합은 알 수 없다.

오답노트
ㄱ. 갑의 X재 수요는 가격에 대해 완전비탄력적이다.
ㄴ. 을의 X재 소비 지출액은 감소한다.

13 ③
갑은 일정액이므로 수요의 가격탄력성이 단위탄력적, 을은 비탄력적, 병은 완전비탄력적, 정은 탄력적이라고 볼 수 있다. 완전비탄력적인 경우 '가격의 변화율 = 매출액의 변화율'이다.

오답노트
① 갑의 수요곡선은 직각 쌍곡선이며 수직선은 완전비탄력적인 경우이다.
② 을의 수요의 가격탄력성은 1보다 작다.
④ 정이 탄력적이므로 을보다 택시 요금 변동에 대해 민감하다.
⑤ 각각이 얼마를 처음에 썼는지 모르기 때문에 요금인상 시 택시비에 쓰는 갑, 을, 병, 정의 총액은 알 수 없다.

14 ①
수요의 소득탄력성은 소득 변화에 따른 수요량의 변화 정도를 측정하는 것으로 수요량의 변화율을 소득의 변화율로 나눠 구한다. 문제에서 연봉이 3,000만 원에서 3,600만 원으로 20% 늘어날 경우 피규어 소비량(수요량)은 30개에서 45개로 50% 증가한다. 따라서 소비(수요량) 변화율은 50%이고 소득 변화율은 20%이므로 소득탄력성은 $\frac{5}{2}$이다.

15 ③
수요곡선의 기울기는 어느 점에서나 일정하지만 탄력성은 일정하지 않다. 기울기는 두 변수의 '변화량 비율'이지만 탄력성은 두 변수 간 '변화율의 비율'이기 때문이다. 수요곡선이 우하향하는 직선이면 수요의 가격탄력성은 가격이 낮아질수록 감소하게 된다.

16 ①
수요의 가격탄력성이 2일 때 가격이 10% 상승하면 수요량은 −20% 감소할 것이다. 또한 수요의 소득탄력성이 −1.5이므로 갑의 소득이 20% 감소할 때 수요량은 30% 증가할 것이다. 따라서 최종적으로 수요량이 10% 증가한다.

17 다음과 같은 상품에 대한 설명으로 옳지 않은 것은?

> 작년에는 고추 가격이 폭락하여 고추재배 농가들이 고추 재배 면적을 줄여버렸다. 그러나 올해에는 고추 가격이 큰 폭으로 오르고 있다.

① 수요의 가격탄력성이 1보다 작다.
② 공급의 가격탄력성이 1보다 작다.
③ 이 상황에서 수요가 증가하면 가격이 폭등한다.
④ 풍년이 되면 농가의 소득이 반드시 증가한다.
⑤ 재배 기간이 길고, 장기간 저장이 어렵다.

18 다음 특성을 갖는 농산물에 대해 바르게 설명한 것을 <보기>에서 모두 고른 것은?

> • 재배 기간이 길고 장기간의 저장이 어렵다.
> • 풍작으로 공급이 증가하면 가격이 큰 폭으로 하락한다.

<보기>
ㄱ. 공급의 가격탄력성이 작다.
ㄴ. 수요의 가격탄력성이 크다.
ㄷ. 풍년이 들면 농민의 소득이 증가한다.
ㄹ. 수요가 증가하면 가격이 큰 폭으로 상승한다.

① ㄱ, ㄴ　　② ㄱ, ㄷ　　③ ㄱ, ㄹ　　④ ㄴ, ㄷ　　⑤ ㄷ, ㄹ

19 그림은 수요의 소득탄력성에 따라 재화를 구분한 것이다. A, B 재화에 대한 옳은 설명을 <보기>에서 고른 것은?

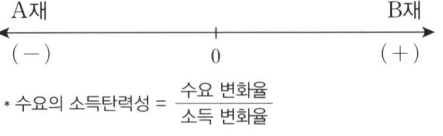

• 수요의 소득탄력성 = 수요 변화율 / 소득 변화율

<보기>
ㄱ. A 재화는 소득이 증가할 때 수요가 감소한다.
ㄴ. A 재화 중 가격 하락 시 수요량이 감소하는 재화를 기펜재라 한다.
ㄷ. B 재화는 다른 재화와 같이 사용할 때 효용이 증가한다.
ㄹ. B 재화는 수요법칙의 예외에 해당된다.

① ㄱ, ㄴ　　② ㄱ, ㄷ　　③ ㄴ, ㄷ　　④ ㄴ, ㄹ　　⑤ ㄷ, ㄹ

20 X ~ Z재에 대한 옳은 설명을 고른 것은? (단, Y재와 Z재는 X재의 연관재이고, X ~ Z재 모두 수요와 공급의 법칙을 따른다)

- X재의 가격이 상승하자 Y재 수요가 감소했다.
- X재의 가격이 상승하자 Z재 수요가 증가했다.
- 가계소득이 증가하자 Y재 수요가 감소하고, Z재 수요가 증가했다.

① X재와 Y재는 용도가 비슷하여 서로 경쟁 관계에 있다.
② X재와 Z재는 함께 사용할 때 효용이 더 커진다.
③ Y재와 Z재는 서로 보완재 관계에 있다.
④ Y재의 수요의 소득탄력성은 양수이다.
⑤ Z재의 수요의 가격탄력성과 관계없이 판매수입은 증가한다.

정답 및 해설

17 ④
고추는 필수재이며 농산물이므로 수요와 공급의 가격탄력성이 1보다 작다. 비탄력적인 경우는 가격 변화가 심하며 공급이 증가하여 가격이 하락하는 경우 판매수입이 감소한다. 농산물의 경우 이러한 현상을 풍년기근현상이라고 한다.

18 ③
농산물은 재배 기간이 길고 장기간의 저장이 어렵기 때문에 가격의 변동에 따라 공급을 조절할 수 없어서 공급의 가격탄력성이 작다. 그리고 풍작 등으로 공급이 갑자기 증가할 경우 가격 하락폭이 컸다면 이는 수요탄력성이 작기 때문이다.

19 ①
A 재화는 수요의 소득탄력성이 음(-)의 값을 가지므로 열등재이며, B 재화는 수요의 소득탄력성이 양(+)의 값을 가지므로 정상재이다. 기펜재는 열등재 중 가격이 하락할 때 수요량이 감소하는 재화를 말한다.

[오답노트]
ㄷ. 보완재에 대한 설명이며 위의 표로는 알 수 없다.
ㄹ. 위의 자료로는 수요법칙의 예외임을 알 수 없다.

20 ⑤
X재의 가격이 상승하자 수요가 감소하면 보완재, 수요가 증가하면 대체재이므로 Y는 보완재, Z는 대체재이다.

[오답노트]
① X재와 Y재는 함께 사용할 때 효용이 더 커진다.
② X재와 Z재는 용도가 비슷하여 서로 경쟁 관계에 있다.
③ Y재와 Z재는 서로 관계를 유추할 수 없다.
④ Y재는 열등재이므로 수요의 소득탄력성이 음수이다.

제4장 소비자이론

📘 학습전략

소비는 재화와 서비스를 구입함으로써 만족감을 얻기 위한 활동이다. 소비자이론은 우리가 소비를 할 때 어떻게 만족감을 최대로 할 수 있는가에 대한 궁금증에서 시작한다. 소비자이론은 크게 한계효용이론, 무차별곡선이론, 현시선호이론, 기대효용으로 구성된다. 한계효용이론은 기수적 효용을 바탕으로 소비를 늘려갈 때 총효용이 최대인 지점까지 소비하여야 한다. 무차별곡선이론은 서수적 효용을 바탕으로 동일한 효용을 주는 조합을 표현한 것이다. TESAT에서는 무차별곡선의 특성에 대한 출제빈도가 높은데, 지금까지의 그래프는 가격과 수량에 대한 그래프였지만 무차별곡선에서는 두 재화가 가로, 세로축에 위치하고 있음을 유의하여야 한다. 기대효용이론은 확률을, 현시선호이론은 인간의 일관된 행동을 이용한 소비자이론이다.

📘 출제비중

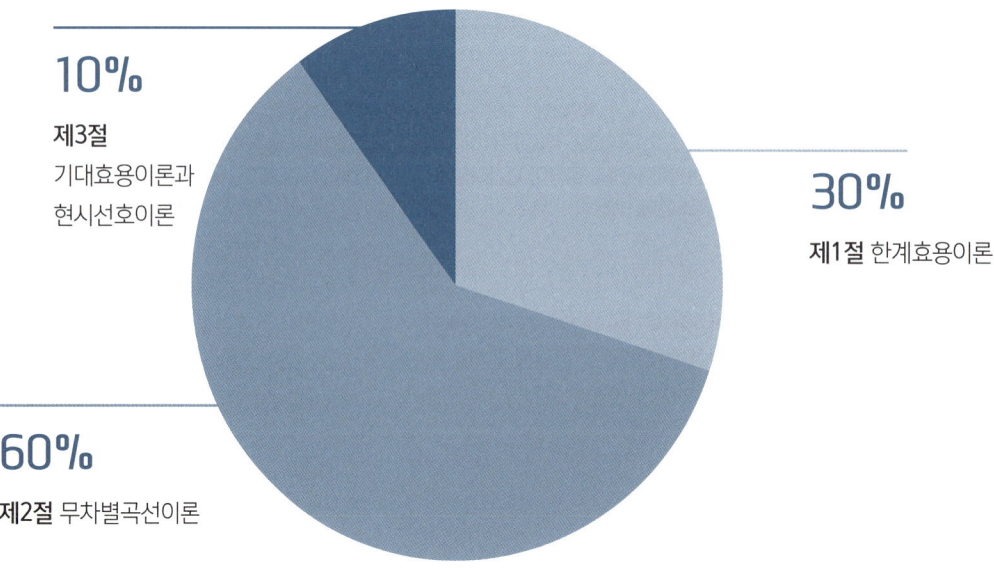

10% 제3절 기대효용이론과 현시선호이론

30% 제1절 한계효용이론

60% 제2절 무차별곡선이론

출제유형

무차별곡선의 특성은 "경제이론" 영역에서 주로 출제된다. 그래프의 형태, 특수한 무차별곡선 등을 정확하게 이해하고 있어야 한다. 자주 출제되지는 않지만 한계효용균등의 법칙을 이용한 소비량 구하는 것, 현시선호이론에 적합한 소비형태를 예산선에서 찾는 것, 확률을 통해 효용을 구하는 것 등이 "응용복합" 영역에서 출제된 적이 있다.

학습구성

구 분	출제포인트	중요도
제1절 한계효용이론	**01** 한계효용이론	★
	02 한계효용이론에서의 소비자 선택	★★
제2절 무차별곡선이론	**01** 무차별곡선이론	★★★
	02 무차별곡선이론에서의 소비자 균형	★★
제3절 기대효용이론과 현시선호이론	**01** 기대효용이론	★
	02 현시선호이론	★

제1절 | 한계효용이론

핵심 Check ✓ 한계효용이론

한계효용(MU)	소비량을 1단위 늘렸을 때 총효용의 증가분
총효용(TU)	한계효용의 총합
한계효용체감의 법칙	1단위 추가 시 얻어지는 총 만족감의 증가분은 반드시 감소
소비자 균형	두 재화의 1원어치의 한계효용이 동일하게 소비

핵심 Plus ➕

소비자의 합리성
경제학의 기본가정으로 모든 소비자는 효용을 느끼면 소비하고, 느끼지 않으면 소비하지 않음

화폐의 한계효용이 일정
현실에서 화폐의 효용은 일정하지 않음. A라는 물건의 가격이 1,000원 일 때, 전 재산 1,000억원 중 1,000원을 쓰는 사람과 2,000원 중 1,000원을 쓰는 사람에게 1,000원의 가치가 다름. 그러나 현실의 경우를 그대로 경제학에 적용하면 경제학의 모든 이론은 성립할 수 없기 때문에 이론을 만들기 위해, '모든 화폐 1원의 효용은 같다'고 가정

한계효용체감의 법칙 성립
소비량이 늘어날수록 효용의 증가분은 작아짐

기수적 효용(Cardinal Utility)
한계효용이론에서 사용, 주관적 만족감 = 금액으로 환산가능
㉮ 만족감을 100점 만점으로 표시 가능

서수적 효용(Ordinal Utility)
무차별곡선에서 사용, 주관적 만족감 = 순위만 정할 수 있을 뿐, 금액으로 환산 불가능함

01 한계효용이론 ★

1. 한계효용이론의 가정

① 효용은 만족감으로 소비자는 항상 합리적인 소비주체로 효용극대화를 추구한다.
② 효용은 기수적인 측정이 가능하다.
③ 화폐의 한계효용은 항상 일정하다.
④ 한계효용체감의 법칙이 성립한다.

2. 한계효용(MU; Marginal Utility)

① 재화소비량이 1단위 증가할 때 추가적으로 얻는 만족으로 총효용의 증가분을 말한다.
② 한계효용은 구간일 경우 구간의 기울기, 한 점일 경우 총효용곡선의 접선 기울기로 측정한다.
③ 재화소비량이 일정단위를 넘어서면 한계효용이 감소하는데 이를 한계효용체감의 법칙(Law of Diminishing Utility)이라고 하며, 한계효용이론에서 이 법칙을 일반적 현상으로 가정한다.

3. 총효용(TU; Total Utility)

① 재화를 소비함으로써 얻을 수 있는 주관적인 만족의 총량을 말한다.
② 한계효용체감의 법칙 : 일반적으로 재화의 소비량이 증가하면 증가하지만, 궁극적으로 재화의 소비량이 일정단위를 넘어서면 오히려 감소한다.
③ n단위 재화를 소비할 때 총효용은 그때까지의 한계효용을 합하여 구할 수 있다.

4. 총효용과 한계효용의 관계

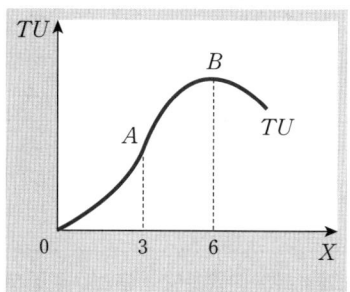

- 원점 ~ A지점 : 총효용이 체증적으로 증가(한계효용이 (+)로 체증)
- A지점 ~ B지점 : 총효용이 체감적으로 증가(한계효용이 (+)이나, 체감)
- B지점 이후 : 총효용 감소(한계효용 (−)구간)
  ⇨ 한계효용이 체감한다고 해서 총효용이 감소하는 것이 아니라, 한계효용이 (−)로 체감할 때 총효용이 감소함

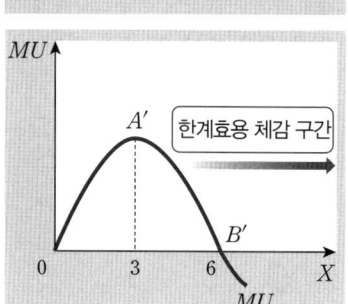

5. 가치의 역설

(1) 개념

구 분	물	다이아몬드
사용가치인 총효용	크다	작다
교환가치인 가격	작다	크다

(2) 한계효용학파의 해석

가격은 총효용이 아닌 한계효용으로 결정되므로 한계효용이 큰 다이아몬드가 총효용이 큰 물보다 가격이 비싸다.

02 한계효용이론에서의 소비자 선택 ★★

1. 예산제약이 없는 경우

한계효용이 0이 될 때까지 소비할 경우 극대화된다.

2. 예산제약이 있는 경우

$$P_X \times X + P_Y \times Y = I_0$$

- P_X : X의 가격 • X : X재의 수량 • P_Y : Y의 가격 • Y : Y재의 수량 • I_0 : 소득

$$\frac{MUx}{Px} = \frac{MUy}{Py} \text{ 또는 } \frac{MUx}{MUy} = \frac{Px}{Py}$$

소득제약조건하 X재 1원어치의 한계효용과 Y재 1원어치의 한계효용이 균등하도록 구입량을 결정하면 최대만족을 얻게 된다. 왜냐하면 한계효용이 균등하지 않을 경우, 지출의 증가 없이, 소비조정을 통해서 총효용을 증가시킬 수 있기 때문이다.

상황	소비 조정	
$\frac{MU_X}{P_X} > \frac{MU_Y}{P_Y}$	X재 소비의 증가 ⇨ MU_X의 감소	Y재 소비의 감소 ⇨ MU_Y의 증가
$\frac{MU_X}{P_X} = \frac{MU_Y}{P_Y}$	효용극대화 조건 충족	
$\frac{MU_X}{P_X} < \frac{MU_Y}{P_Y}$	X재 소비의 감소 ⇨ MU_X의 증가	Y재 소비의 증가 ⇨ MU_Y의 감소

3. 예산제약이 있는 경우 사례분석

- 어묵 1개 가격 : 100원
- 떡볶이 1인분 가격 : 200원
- 가진 돈(예산) : 1,000원

구 분		1개	2개	3개	4개	5개	6개
어묵	총효용	200	380	550	710	860	1,000
	한계효용	200	180	170	160	150	140
떡볶이	총효용	400	780	1,150	1,510	1,860	2,200
	한계효용	400	380	370	360	350	340

① 현재 어묵 6개와 떡볶이 2인분을 선택한 상황이라면 아래와 같다.

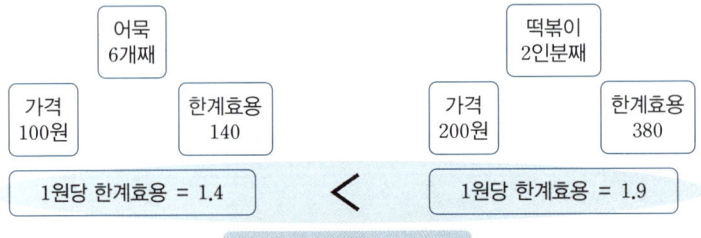

② 추가적인 비용의 부담 없이 효용을 극대화하려면, 어묵의 소비를 줄여 그 돈으로 떡볶이의 소비를 늘리면 된다.

시험문제 미리보기!

표는 갑이 X재와 Y재의 소비로 얻는 한계효용을 나타낸다. X재와 Y재의 가격은 각각 개당 3과 1이다. 갑이 14의 예산으로 효용을 극대화할 때 Y재의 소비량은?

수량	X재의 한계효용	Y재의 한계효용
1	18	10
2	12	8
3	6	6
4	3	4
5	1	2

① 1 ② 2 ③ 3 ④ 4 ⑤ 5

정답 ⑤

해설 가격 1당 한계효용을 나타내면 다음과 같다.

수량	가격 1당 X재의 한계효용	Y재의 한계효용
1	18 → 6	10
2	12 → 4	8
3	6 → 2	6
4	3 → 1	4
5	1 → 1/3	2

14를 순서대로 1당 한계효용이 높은 순으로 쓰면 다음과 같다.
Y 1번째 10 1 사용 > Y재 2번째 8 1 사용 > Y재 3번째 & X재 1번째 4 사용 > Y재 4번째 & X재 2번째 4 사용 > X재 3번째, Y재 5번째 4 사용
따라서 효용을 극대화하는 X재는 3개, Y재는 5개이다.

제2절 | 무차별곡선이론

핵심 Check ✓ 무차별곡선	
무차별곡선의 성질	• 우하향한다. • 교차하지 않는다. • 원점에 대하여 볼록하다. • 원점에서 멀수록 효용이 크다.
예외적 무차별곡선의 형태	• 완전대체재 : 직선 • 완전보완재 : 직각

01 무차별곡선이론 ★★★

1. 개념

① 두 가지 재화를 소비해서 동일한 효용을 얻을 수 있는 소비량의 조합을 연결한 선으로, 무차별[1]곡선 위의 어떤 조합이든 동일한 만족감을 준다.
② 개인의 주관적 만족과 선호를 반영하며, 무차별곡선을 통해서 개인의 주관적인 선호를 파악할 수 있다.
   예 사탕 4개와 초콜릿 3개의 조합과 사탕 3개와 초콜릿 4개의 조합 중 어느 것을 가져도 상관이 없다면 효용이 동일한 것이므로 두 조합은 무차별한 것이라고 볼 수 있다.

2. 성질

(1) 우하향의 기울기를 갖는다

① 한 가지 재화의 소비를 늘리면서 동일한 효용(만족감)을 얻는 상태가 되려면 다른 재화의 소비를 줄여야 한다. (기회비용의 원리)
② A와 B점이 모두 무차별곡선 위에 있으므로 두 점의 효용은 동일하다.

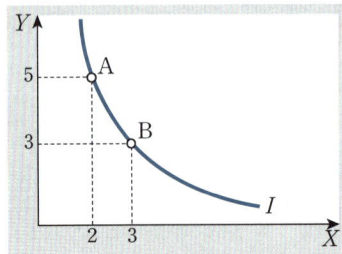

1) 무차별
동일한 만족감을 주는 조합

(2) 원점에서 멀어질수록 더 높은 효용 수준을 갖는다

원점에서 멀다는 것은 더 많은 두 재화를 소비한 것이므로 효용의 합은 더 크다. 유의할 점은 한계효용체감의 법칙은 한 재화를 계속적으로 소비할 때 나타나는 것이며, 무차별곡선은 두 재화를 골고루 소비하는 것을 의미한다는 점이다.

(3) 서로 교차할 수 없다

그림에서 a, b, c는 동일한 효용을 가져야 한다. 왜냐하면 a, c와 a, b가 동일한 무차별곡선 위에 존재하기 때문이다. 그러나 b, c는 효용이 동일할 수 없다. 왜냐하면 b는 c보다 X, Y의 소비량이 많기 때문에 b의 효용이 더 커야 한다.

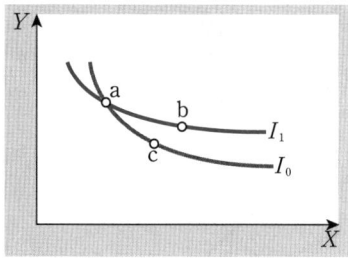

(4) 원점에 대해서 볼록하다[2]

무차별곡선 위의 점에서는 X재 소비를 늘렸을 때 동일한 효용을 유지하기 위해서 Y재의 소비를 줄여야 한다. 이것을 수식으로 나타내면 $\frac{-\varDelta Y}{\varDelta X}$로 표현할 수 있다. 이를 한계대체율(MRS; Marginal Rate of Substitution)이라 한다. 원점에 대해서 볼록한다는 것은 두 재화를 고르게 소비하는 것이 한 재화를 집중해서 소비하는 것보다 효용을 높이는 데 좋다는 것을 의미한다. 따라서 무차별곡선의 기울기인 한계대체율이 체감한다.

[2] 원점에 대해서 볼록하다
X재의 소비(생산)가 증가할수록 접선의 기울기가 감소한다는 의미

3. 예외적인 무차별곡선

완전대체재	완전보완재
• X재 : 500원 동전 • Y재 : 1,000원 지폐	• X재 : 오른쪽 구두 • Y재 : 왼쪽 구두

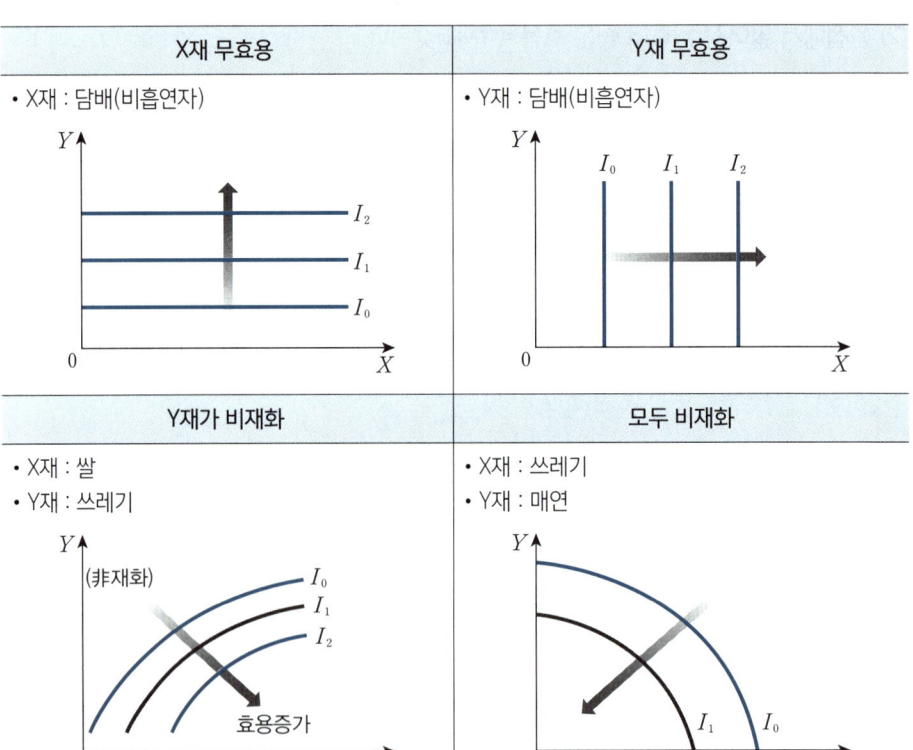

4. 한계대체율

(1) 의미

동일한 효용수준을 유지하면서 X재 소비량을 1단위 증가시키기 위해 감소시켜야 하는 Y재의 수량을 의미한다.

(2) 측정

X재와 Y재에 대한 소비자의 주관적인 교환비율로 무차별곡선의 기울기로 측정한다.

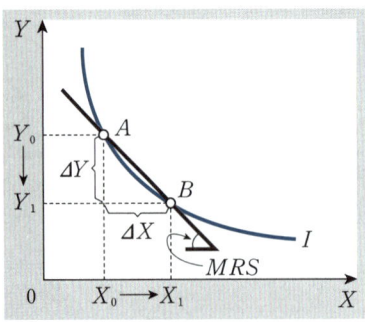

① X재 소비량 $\varDelta X$만큼 증가
  ⇨ $MU_X \times \varDelta X$만큼 증가(=X재 소비 증가로 인한 총효용의 증가분)
② Y재 소비량 $\varDelta Y$만큼 감소
  ⇨ $MU_Y \times \varDelta Y$만큼 감소(=X재 소비 감소로 인한 총효용의 감소분)

⇨ $MU_X \times \varDelta X = -MU_Y \times \varDelta Y \Rightarrow -\dfrac{\varDelta Y}{\varDelta X} = \dfrac{MU_X}{MU_Y}$

한계효용
$MU = \dfrac{\varDelta TU}{\varDelta Q}$

(3) 계산

한계대체율은 X재와 Y재의 한계효용 비율로 나타내면 아래와 같다.

$$MRS_{XY} = -\frac{\Delta Y}{\Delta X} = \frac{MU_X}{MU_Y}$$

(4) 한계대체율체감의 법칙

동일한 효용수준을 유지하면서 Y재를 X재로 대체함에 따라 한계대체율이 점점 감소하는 현상을 말한다.

02 무차별곡선이론에서의 소비자 균형 ★★

1. 무차별곡선에서의 소비자 균형

(1) 예산제약이 없는 경우
무차별곡선이 원점과 최대한 멀도록 소비한다.

(2) 예산제약이 있는 경우
예산선과 무차별곡선이 일치하는 지점에서 소비한다.

2. 예산선

(1) 개념

주어진 소득으로 구입 가능한 X재와 Y재의 조합을 그림으로 나타낸 것으로, 소득이 M이고 X, Y 두 재화 구입에 소득을 전부 사용한다면, 예산제약식은 다음과 같다.

$$P_X \times X + P_Y \times Y = M \Rightarrow Y = -\frac{P_X}{P_Y}X + \frac{M}{P_Y}$$

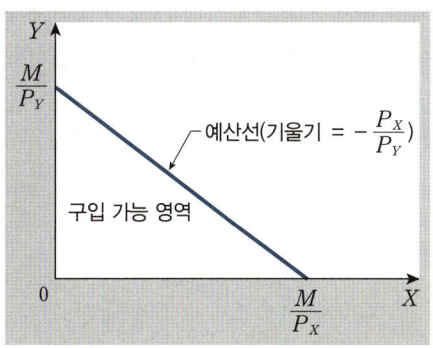

예 예산(M)이 100, X재의 가격이 10, Y재의 가격이 5라면 100으로 X재만 구입할 경우 10(=$\frac{M}{P_X}$), Y재만 구입할 경우 20(=$\frac{M}{P_Y}$)이 된다.

(2) 소득 및 가격변화와 예산선
① 소득이 증가하면 예산선은 바깥쪽으로, 소득이 감소하면 안쪽으로 평행이동한다.
② 한 재화의 가격이 변하면 X축 또는 Y축 절편을 축으로 회전이동한다.
③ 소득과 가격이 동일한 비율로 같은 방향으로 변하면 이동하지 않는다.

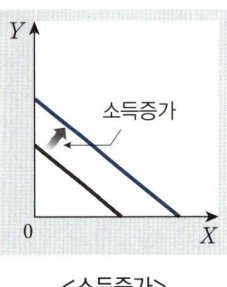
<소득증가>

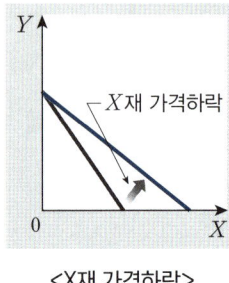
<X재 가격하락>

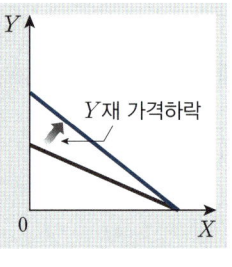
<Y재 가격하락>

3. 예산제약하의 소비자 균형

① 균형에서는 예산선과 무차별곡선이 접하므로 한계대체율과 상대가격이 일치, 즉 무차별곡선 기울기(MRS_{XY}) = 예산선의 기울기($\frac{P_X}{P_Y}$)이다.

② 소비자균형은 두 재화 간 소비자의 주관적인 교환비율(=MRS_{XY})과 시장에서 결정된 두 재화의 객관적인 교환비율(=$\frac{P_X}{P_Y}$)이 일치하는 점에서 달성된다.

$$MRS_{XY} = -\frac{\Delta Y}{\Delta X} = \frac{MU_X}{MU_Y}$$
$$\Rightarrow MRS_{XY} = \frac{P_X}{P_Y} \Rightarrow \frac{MU_X}{MU_Y} = \frac{P_X}{P_Y} \Rightarrow \frac{MU_X}{P_X} = \frac{MU_Y}{P_Y}$$

③ 이는 각 재화구입에 지출된 1원의 한계효용이 동일하도록 X재와 Y재를 구입하여야 효용극대화가 달성됨을 의미한다. 따라서 무차별곡선이론에서도 한계효용균등의 법칙이 성립한다.

④ **한계대체율과 예산선의 기울기**
   일반적 형태의 무차별곡선의 효용을 극대화하기 위해서는 볼록한 가운데의 지점으로 이동해야 한다. 만약 한계대체율이 예산선의 기울기보다 큰 지점에서 소비한다면 Y재를 편중해서 소비하고 있는 지점이므로 X재를 더 늘리고 Y재의 소비를 줄여야 한다. 반대로 한계대체율이 예산선의 기울기보다 작은 지점에서 소비한다면 X재를 편중해서 소비하고 있는 지점이므로 X재를 줄이고 Y재의 소비를 더 늘려야 한다.

핵심 Plus⁺

여가-소득 모형
- 임금상승 시 노동공급의 증감 여부를 판단하는 이론
- 대체효과
  여가의 기회비용 상승으로 여가소비 감소 ⇨ 노동공급 증가
- 소득효과
  - 여가가 정상재일 때 여가소비 증가 ⇨ 노동공급 감소
  - 여가가 열등재일 때 여가소비 감소 ⇨ 노동공급 증가
- 결론
  - 여가가 정상재일 때 소득효과가 크면 노동공급 감소, 대체효과가 크면 노동공급 증가

시험문제 미리보기!

무차별곡선이 원점에 대해서 볼록한 것과 가장 관련이 깊은 것은?

① 재화 및 서비스는 양이 많을수록 선호한다.
② 재화 및 서비스의 선호는 자신이 원하는 바에 따라 언제든 변할 수 있다.
③ 재화 및 서비스가 골고루 섞여 있는 소비묶음을 선호한다.
④ 모든 재화 및 서비스는 반드시 소비묶음으로 소비해야 한다.
⑤ 소비묶음 A보다 B를 선호하고, B보다 C를 선호하면 A보다 C를 선호한다.

정답 ③

해설 소비자에게 동일한 만족을 주는 재화 묶음들을 연결한 곡선을 가리켜 무차별곡선이라고 한다. 소비자는 극단적인 소비묶음보다는 여러 상품이 고루 섞여 있는 소비묶음을 선호하기 때문에 원점에 대해 볼록한 모양을 갖는다.

제3절 | 기대효용이론과 현시선호이론

핵심 Check ✓ 기대효용이론과 현시선호이론

기대효용이론	확률을 이용한 소비자이론
현시선호이론	행동의 일관성을 이용한 소비자이론

01 기대효용이론 ★

1. 불확실성과 기대효용이론

(1) 불확실성

일반적으로 미래에 대한 불확실성이라 하면 어떠한 결과가 나타날지 확실히 알 수 없는 상태에서 실현가능한 여러 확률분포를 추정하여 이를 바탕으로 의사결정을 하는 경우를 말한다.

(2) 기대효용이론

이러한 불확실성하에서 기대효용을 극대화하는 이론을 기대효용이론이라 한다. 즉, 확률을 이용하여 효용을 구하는 것이라고 보면 된다.

2. 기대소득(기대치)

(1) 개념

불확실한 상황에서 예상되는 금액(소득)의 크기를 의미한다.

(2) 계산

$$E(w) = p \times w_1 + (1-p)w_2$$

- p : 소득 w_1을 얻을 확률
- $1-p$: 소득 w_2을 얻을 확률

3. 효용과 기대효용

(1) 효용 $U(w)$

확실한 자산 w에 대한 효용을 말한다.

(2) 기대효용

기대효용이란 불확실한 상황에서 얻을 것으로 예상되는 효용의 기대치를 의미하며 다음과 같이 계산한다.

$$E(U) = p \times U(w_1) + (1-p)U(w_2)$$

02 현시선호이론

1. 개념

(1) 기본가정

소비자는 단지 소비행위에 있어 합리성과 일관성을 가진다는 것이다.

(2) 현시선호이론

기존의 소비자이론에서 실제로 관찰 불가능한 선호, 효용 등의 개념을 버리고 단순히 시장에서 관찰 가능한 소비자행위만을 가지고 한계대체율 감소를 통해 무차별곡선과 수요곡선을 도출해내는 이론이다.

예 한 사람이 사과 2개, 바나나 3개를 선택하면서 사과 3개, 바나나 2개를 선택하지 않았다면 첫 번째 묶음이 두 번째 묶음보다 현시선호되었다고 할 수 있다.

2. 효용함수가 갖추어야 할 기본적인 가정

(1) 완비성(Completeness)

두 상품묶음 중에서 어느 묶음을 더 선호하는지를 또는 아무런 차이가 없는지를 판단할 수 있는 성질

예 자장면보다 짬뽕을 더 선호한다면 완비성을 가지고 있는 것이다.

(2) 이행성(Transitivity)

$A \gtrsim B$이고 $B \gtrsim C$이면 반드시 $A \gtrsim C$가 성립

예 자장면 $\lesssim$ 짬뽕, 짬뽕 $\lesssim$ 탕수육이라면 자장면 $\lesssim$ 탕수육이 되는 것이 이행성이 있는 것이다.

(3) 연속성(Continuity)

소비자의 선호가 변하여 나갈 때 갑작스런 변화 없이 연속적으로 변화

(4) 강단조성(Strong Monotonicity)

많으면 많을수록 더 좋다는 의미. 즉, 다다익선(多多益善)이 성립

3. 직접적인 현시선호

Q_0와 Q_1의 두 상품묶음이 모두 선택 가능한 상황에서 Q_0을 선택하였다면 Q_0가 Q_1보다 직접 현시선호되었다고 한다.

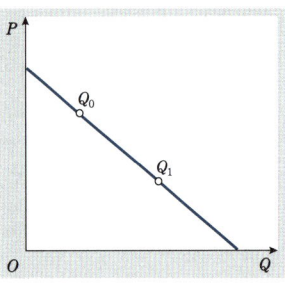

4. 간접적인 현시선호

Q_0가 Q_1보다 직접 현시선호되고 Q_1이 Q_2보다 직접 현시선호되면 Q_0는 Q_2보다 간접 현시선호되었다고 한다.

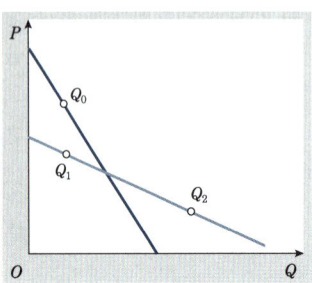

핵심 Plus⁺

강공리

강공리는 간접적인 현시선호와 관련되어 있으며 강공리가 성립하면 약공리는 자동으로 성립함

5. 약공리

만약 한 상품묶음인 Q_0가 Q_1보다 직접 현시선호되면 어떠한 경우라도 Q_1이 Q_0보다 직접 현시선호될 수 없다. 이는 소비행위에 일관성을 보장하는 공리이다.

※ 최초의 구입점 Q_0, 예산선이 $\overline{AB}$에서 $\overline{CD}$로 바뀌는 경우

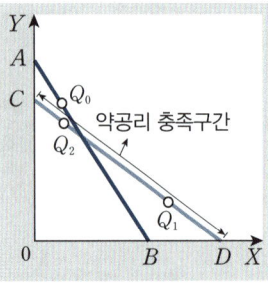 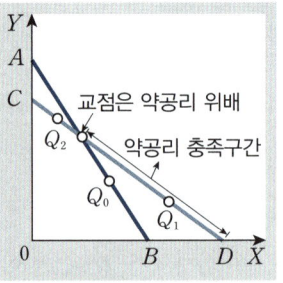 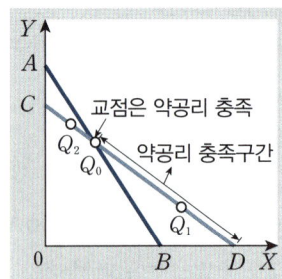

- Q_0가 선택 불가능

  Q_0는 새로운 예산선 CD에서 구입 불가능하므로 어느 상품묶음을 선택하여도 약공리에 충족된다.

- Q_0가 선택 가능

  이전의 예산하에 구입할 수 없었던 상품묶음을 선택하여야 약공리에 충족된다.

- Q_0가 교점일 때

  이전에도 구입한 경우이고 지금도 선택이 가능하므로 약공리에 충족된다.

시험문제 미리보기!

호성이는 10,000원의 참가비를 내고 당첨 상품이 {노트북, 여행, 꽝}인 경품 행사에 참가하려고 한다. 각각의 결과에 대한 호성의 기대효용은 U(노트북) = 100, U(여행) = 60, U(꽝) = 0이다. 이때 각각 당첨 상품이 나올 확률이 {1/2, 1/4, 1/4}일 때 기대효용은 얼마인가?

① 50　　　② 65　　　③ 100　　　④ 95　　　⑤ 150

정답　②
해설　기대효용만을 묻고 있으므로 참가비는 관련이 없다. 기대효용은 각각 100 × 1/2 = 50, 60 × 1/4 = 15이므로 65가 기대효용이 된다.

출제예상문제

! 출제예상문제의 중요도를 ★~★★★으로 구분하였습니다. 난이도가 가장 높은 고등급 문제는 S등급 표시하였으니, S등급을 목표로 하신다면 반드시 학습하시기 바랍니다.

01 ★★ 다음 중 한계효용체감의 법칙에 대한 설명으로 옳지 않은 것은?

① 동일한 효용수준하에서 X재 소비량이 증가함에 따라 X재 1단위에 대하여 포기할 용의가 있는 Y재 수량이 점점 감소하는 현상을 의미한다.
② 다른 변수는 모두 일정함을 전제로 한다.
③ 장기적으로는 기술혁신에 의해서 극복될 수 있다.
④ 자원이 무한하게 부존되어 있는 자유재의 경우에도 성립한다.
⑤ 보완재의 경우에는 다른 재화의 소비량이 일정한 경우에만 성립한다.

02 ★★ 다음과 같은 현상의 원인으로 적절한 것을 고르면?

> 현실에서 공기와 같이 우리 생활에 절대적으로 필요한 재화의 경우, 그 가격(교환가치)이 없거나 매우 낮다. 반면 다이아몬드는 생활에 필수적인 재화가 아닌데도, 그 가격(교환가치)이 매우 크다.

① 공기의 총효용은 다이아몬드의 총효용보다 작다.
② 현재 다이아몬드의 교환가치는 왜곡되어 있다.
③ 공기와 다이아몬드의 한계효용은 이들 재화의 교환가치를 반영한다.
④ 공기와 다이아몬드의 교환가치는 이들 재화의 총효용에 의해서 전적으로 결정된다.
⑤ 공기와 다이아몬드의 한계효용이 크게 체감할수록 이들 재화의 교환가치는 증가한다.

03 ★★ 다음의 <보기> 중 효용에 대한 적절한 설명으로 모두 묶인 것은?

<보기>
ㄱ. 상품을 소비함으로써 얻는 만족감을 효용이라 부른다.
ㄴ. 소비자는 가격에 관계없이 효용이 큰 상품을 구매한다.
ㄷ. 소비자들은 화폐 한 단위당 한계효용이 같아지게 구매할 것이다.
ㄹ. 소비가 한 단위 증가할 때 추가로 증가하는 효용을 총효용이라 한다.

① ㄱ, ㄴ   ② ㄱ, ㄷ   ③ ㄴ, ㄷ   ④ ㄴ, ㄹ   ⑤ ㄷ, ㄹ

04 정상적인 재화 X를 소비할 때 다음의 <보기>에서 옳은 것을 고르면?

<보기>
ㄱ. 한계효용이 최대일 때 총효용이 극대화된다.
ㄴ. 한계효용이 0보다 크면 총효용은 증가한다.
ㄷ. X재 소비량을 증가시킬 때 한계효용이 체감한다면 총효용은 감소한다.
ㄹ. X를 한 단위 더 소비할 때 소비자의 총효용이 감소한다면 한계효용은 0보다 작다.

① ㄱ, ㄴ   ② ㄱ, ㄷ   ③ ㄴ, ㄷ   ④ ㄴ, ㄹ   ⑤ ㄷ, ㄹ

05 어느 소비자가 자신의 소득을 모두 상품 구입에 사용하는 경우 20단위의 빵과 40단위의 우유를 구입할 수 있다. 빵의 가격은 우유 가격의 4배이다. 이 소비자가 자신의 소득을 모두 빵의 구입에 사용한다면 몇 단위의 빵을 구입할 수 있는가? (단, 시장에서 빵과 우유 두 상품만 거래된다)

① 10   ② 20   ③ 30   ④ 40   ⑤ 50

정답 및 해설

01 ③
한계효용이란 1단위 추가로 소비할 때 새롭게 얻어지는 만족감을 의미한다. 한계효용체감은 상품을 소비할 때 발생하는 수요측면의 현상인 반면 기술혁신은 공급에 관계되는 것으로 한계효용체감과 무관하다.

02 ③
애덤 스미스의 가치의 역설로 재화의 사용가치와 교환가치가 일치하지 않는 상황을 말한다. 재화의 가격은 총효용(사용가치)이 아니라 한계효용(교환가치)에 의해 결정되며, 교환가치가 곧 한계효용을 의미한다. 즉, 재화의 희소성에 의해 교환가치가 결정됨을 의미한다.

03 ②
효용은 소비자가 재화를 소비함으로써 얻는 만족감이다. 재화 소비량이 한 단위 증가할 때 추가로 증가하는 효용을 한계효용이라고 한다. 재화 소비량 증가와 함께 한계효용이 점점 감소하는 것을 한계효용체감의 법칙이라고 한다.

오답노트
ㄴ. 소비자는 가격을 고려하여 효용이 큰 상품을 구매한다.
ㄹ. 소비가 한 단위 증가할 때 추가로 증가하는 효용을 한계효용이라 한다.

04 ④
한계효용이란 재화 한 단위를 추가적으로 소비할 때 총효용의 변동분을 말한다. 재화를 한 단위 더 소비할 때 총효용이 증가하면 한계효용은 0보다 크다. 반면 총효용이 감소할 경우는 한계효용은 0보다 작다.

오답노트
ㄱ. 한계효용은 궁극적으로 체감하며, 한계효용이 0일 때 총효용이 극대화된다.
ㄷ. X재 소비량을 증가시킬 때 총효용이 감소한다면 한계효용은 0보다 작다. 체감하더라도 0보다 크다면 총효용은 증가한다.

05 ③
빵을 x, 우유를 y라고 하자. 소비자가 자신의 소득을 모두 상품 구입에 사용해 20단위 x와 40단위 y를 구입할 수 있다면 이 소비자의 소득은 $20x + 40y$다. $x = 4y$이므로 소득으로 모두 x만 구입하는 경우를 따지려면 $y = \frac{1}{4}x$를 대입하면 된다. 소득($20x + 40y$)을 x만으로 표시하면 $30x$다. 따라서 모든 소득으로 빵만 소비하면 30개를 소비할 수 있다.

06.

한 소비자가 소득 1만 원 모두를 X재와 Y재를 구매하는 데 사용하고 있다. 그는 현재 X재 5개와 Y재 10개를 구입했다. X재 가격은 개당 1,000원이고 Y재의 가격은 개당 500원이다. 5번째 X의 한계효용은 100이고 10번째 Y재의 한계효용은 200이다. 이 경우 이 사람은 효용을 극대화하고 있는가, 아니라면 어떤 선택을 강구해야 하는가?

① 이 소비자의 효용은 현재 극대화되고 있다.
② 더 많은 X재와 Y재를 구매해야 한다.
③ 더 적은 X재과 Y재를 구매해야 한다.
④ X재를 더 구매해야 하고, Y재 구매량은 줄여야 한다.
⑤ Y재를 더 구매해야 하고, X재 구매량은 줄여야 한다.

07.

정상재들의 무차별곡선에 대한 설명으로 옳은 것을 모두 고른 것은?

<보기>
ㄱ. 소비자에게 같은 수준의 효용을 주는 상품 묶음의 집합을 그림으로 나타낸 것이다.
ㄴ. 원점에서 멀어질수록 더 높은 효용수준을 나타낸다.
ㄷ. 기수적 효용 개념에 입각하여 소비자의 선택행위를 분석하는 것이다.
ㄹ. 무차별곡선들을 모아 놓은 것을 무차별지도라고 부른다.

① ㄱ, ㄴ   ② ㄱ, ㄷ   ③ ㄴ, ㄷ   ④ ㄱ, ㄴ, ㄹ   ⑤ ㄴ, ㄷ, ㄹ

08.

무차별곡선이 원점에 대해서 볼록한 것과 가장 관련이 깊은 것은?

① 재화 및 서비스의 양이 많을수록 선호한다.
② 재화 및 서비스의 선호는 갑자기 변할 수 없다.
③ 재화 및 서비스가 골고루 섞여 있는 소비묶음을 선호한다.
④ 모든 재화 및 서비스의 소비묶음은 선호를 비교할 수 있다.
⑤ 소비묶음 A보다 B를 선호하고, B보다 C를 선호하면 A보다 C를 선호한다.

09 다음은 어떤 두 재화의 무차별곡선을 나타낸 그래프다. 보기 중 재화 A와 B에 해당하는 것을 순서대로 옳게 짝지은 것은?

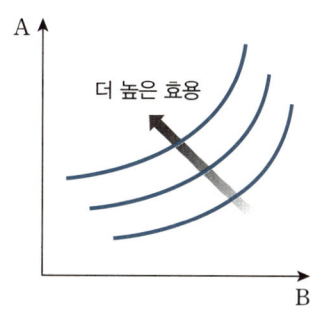

	A	B
①	볼펜	만년필
②	왼쪽 신발	오른쪽 신발
③	세탁소	연탄공장
④	향수	일반 쓰레기
⑤	스타벅스 커피	커피빈 커피

정답 및 해설

06 ⑤
소비자가 효용을 극대화하기 위해서는 X재 1원어치의 한계효용과 Y재 1원어치의 한계효용이 동일하도록 소비해야 한다. 왜냐하면 높은 쪽을 소비하면 감소한 한계효용보다 증가한 한계효용이 높기 때문이다. X재 1원어치의 한계효용은 100/1000이고 Y재 1원어치의 한계효용은 200/500이므로 Y재 1원어치의 한계효용이 높다. 따라서 Y재 소비를 늘리고 X재 소비를 줄이는 것이 바람직하다.

07 ④

오답노트
ㄷ. 무차별곡선은 소비자에게 동일한 만족을 주는 재화묶음을 연결한 곡선으로서 서수적 효용 개념에 입각하여 소비자의 선택행위를 분석하는 것이다.

08 ③
소비자에게 동일한 만족을 주는 재화묶음들을 연결한 곡선을 가리켜 무차별곡선이라고 한다. 표준적인 무차별곡선은 네 가지 특성을 갖는다. 먼저 고려 대상이 되는 소비묶음의 모든 점은 그것을 지나는 하나의 무차별곡선을 가지고 곡선의 형태는 우하향하며, 원점에서 멀어질수록 더 높은 효용 수준을 나타낸다. 또 무차별곡선은 서로 교차하지 않는다. 소비자는 극단적인 소비묶음보다는 여러 상품이 고루 섞여 있는 소비묶음을 선호하기 때문에 원점에 대해 볼록한 모양을 갖는다. 이를 한계대체율체감의 법칙이라고 한다.

09 ④
무차별곡선이 우상향하면 A재는 증가할수록, B재는 감소할수록 효용수준이 증가한다. 따라서 A재는 효용재, B재는 비재화다.

오답노트
①⑤는 둘 다 효용재, ②는 완전보완재로서 L자형 무차별곡선을 나타낸다.
③ 세탁소와 연탄공장은 재화가 아니며 외부불경제의 관계를 나타낸다.

10 무차별곡선이 아래 그림처럼 직각의 형태로 표현될 수 있다고 하자. 이 경우 적합한 두 재화를 옳게 짝지은 것은?

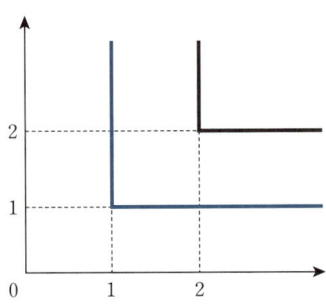

① 담배와 껌
② 공해와 생수
③ 오른쪽 신발과 왼쪽 신발
④ 자전거와 오토바이
⑤ 빨간 양말과 파란 양말

11 표는 A재와 B재의 한계효용을 나타낸다. 두 재화의 개당 가격이 각각 500원, 1,000원 소비자의 예산이 4,000원이다. 소비자가 효용극대화를 위해 선택해야 할 두 재화의 소비량은?

A재		B재	
양(개)	한계효용	양(개)	한계효용
1	8	1	12
2	7	2	10
3	6	3	8
4	5	4	6
5	4	5	4
6	3	6	2

	A	B
①	1	3
②	2	4
③	3	3
④	4	2
⑤	6	1

12 두 재화만이 존재하는 경제에서 두 재화의 가격과 소비자 갑의 소득은 양이다. 만약 두 재화의 가격이 각각 세 배 상승하고 갑의 소득도 두 배 상승하였다면 다음 설명 중 옳은 것은?

① 예산제약선의 기울기는 가파르게 변하고, 안쪽으로 이동한다.
② 예산제약선의 기울기는 가파르게 변하고, 바깥쪽으로 이동한다.
③ 예산제약선의 기울기는 변하지 않고, 안쪽으로 이동한다.
④ 예산제약선의 기울기는 변하지 않고, 바깥쪽으로 이동한다.
⑤ 예산제약선의 기울기는 완만하게 변하고, 안쪽으로 이동한다.

정답 및 해설

10 ③
ㄴ자형 무차별곡선은 두 상품이 같이 사용되어야만 효용을 가져다준다는 것을 의미한다. 한 상품의 소비량만 늘어날 경우 효용은 증가하지 않는다. 따라서 두 상품이 완전보완재일 때 ㄴ자형 무차별곡선이 도출된다. 제시된 상품 묶음 가운데 완전보완 관계인 것은 오른쪽 신발과 왼쪽 신발이다.

오답노트
① 담배와 껌은 대체재이다.
② 공해는 생수의 희소성을 높여준다.
④ 자전거와 오토바이는 대체재이다.
⑤ 빨간 양말과 파란 양말은 대체재이다.

11 ④
예산이 주어져 있는 상태의 합리적 소비는 A재 1원어치의 한계효용과 B재 1원어치의 한계효용을 비교하여 큰 순서대로 소비하면서 4,000원을 모두 소비해야 한다. 문제에서는 500원당 한계효용으로 보기 좋게 비교할 수도 있다. 따라서 A재 1개를 소비하면 500원당 8원이고, B재 1,000원 짜리 1번째 소비가 12이므로 500원당 6이다. 이러한 방식으로 소비하면 A재 4개, B재 2개일 때 극대화된다.

TIP
· 비교가 되려면 기준이 동일해야 하므로 500원당 한계효용으로 고친다.
· 주어진 예산을 늘려가면서 총예산에 맞춘다.

12 ③
예산선의 기울기는 두 재화의 상대가격의 비율을 의미하는데 두 재화의 가격이 3배 상승하더라도 상대가격의 변화가 없으므로 예산선의 기울기는 변하지 않는다. 이때 두 재화의 가격 상승(3배)보다 소득의 증가가(2배) 작으므로 실질소득의 감소로 예산선은 안쪽으로 이동해야 한다.

13 다음과 같은 무차별곡선과 예산선을 가지고, 두 선이 접하는 A점에서 X재와 Y재를 소비하고 있는 사람이 있다. 다음 <보기> 중 X재의 가격이 하락했을 때 발생할 수 있는 상황으로 옳은 것을 고르면? (단, X재와 Y재는 모두 열등재가 아니다)

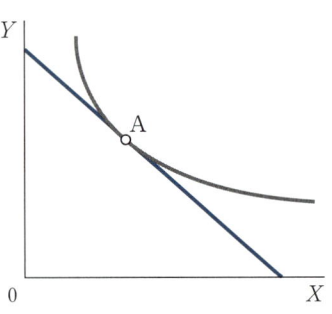

―<보기>―
ㄱ. X재의 소비가 증가함에 따라 Y재의 소비가 감소한다.
ㄴ. 새로운 균형점에서 한계대체율은 감소한다.
ㄷ. Y재의 소비는 감소할 수도 있고, 증가할 수도 있다.
ㄹ. 새로운 균형점에서 예산선의 기울기는 급격해진다.

① ㄱ, ㄴ　　② ㄱ, ㄷ　　③ ㄴ, ㄷ　　④ ㄴ, ㄹ　　⑤ ㄷ, ㄹ

14 어떤 복권의 당첨확률이 50%이고, 복권의 가격은 10만 원이다. 당첨이 될 경우 100만 원의 상금이 주어지며, 당첨이 되지 않을 경우 복권가격의 40%에 해당하는 벌금이 부과된다. 이 사람의 기대소득(원)과 기대효용(원)이 같을 때 이 복권을 살 경우의 기대효용은 얼마인가? (단위: 만 원)

① 38　　② 40　　③ 48　　④ 50　　⑤ 28

15 두 상품의 선택모형에서 소비자 A의 무차별곡선에 관한 설명으로 옳지 않은 것은?

① 두 상품이 각각 재화와 비재화인 경우 무차별곡선은 우상향한다.
② 두 상품이 모두 재화인 경우 한계대체율체감의 법칙이 성립하면, 무차별곡선은 원점에 대하여 볼록하다.
③ 서로 다른 두 무차별곡선은 교차하지 않는다.
④ 두 상품이 완전대체재인 경우 무차별곡선의 형태는 L자형이다.
⑤ 두 상품이 모두 재화인 경우 무차별곡선이 원점으로부터 멀어질수록 무차별곡선이 나타내는 효용수준이 높아진다.

16 여가-소득 선택모형에서 효용극대화를 추구하는 개인의 노동공급 의사결정에 관한 설명으로 옳지 않은 것은? (단, 대체효과와 소득효과의 비교는 절댓값으로 한다)

① 임금률 상승 시 여가의 기회비용은 상승한다.
② 임금률 상승 시 여가가 정상재라면 여가소비가 증가한다.
③ 임금률 상승 시 여가가 열등재라면 여가소비가 감소한다.
④ 여가가 정상재인 경우 임금률 상승은 노동공급을 증가시킨다.
⑤ 여가가 열등재인 경우 임금률 상승은 노동공급을 증가시킨다.

정답 및 해설

13 ③
X재의 가격이 하락하면 X재의 최대소비량이 증가하므로 예산선의 기울기가 더 완만해진다. 따라서 예산선의 기울기와 일치하는 무차별곡선의 기울기인 한계대체율도 완만해진다.

오답노트
ㄱ. X재의 소비가 증가함에 따라 Y재의 소비가 반드시 감소한다고 볼 수 없다. X재는 정상재이므로 반드시 증가하지만 Y재는 알 수 없다.
ㄹ. 새로운 균형점에서 예산선의 기울기는 완만해진다.

TIP
- X재의 가격이 하락하면 예산선의 기울기가 완만해지며 X재의 최대소비량이 커진다.
- 소비자균형상태에서 '예산선의 기울기 = 무차별곡선의 기울기'이다.
- 문제에 정확히 새로운 균형이 주어지지 않았으므로 각각의 소비량은 알 수 없다.

14 ①
복권 보유 시 상금의 기대치는 (0.5 × 100만 원) + 0.5 × (-4만 원) = 48만 원이다. 복권 구입 시에 10만 원을 지불해야 하므로 복권을 살 때의 기대소득은 38만 원이 된다. 주어진 문제에서 기대소득과 기대효용이 일치하므로 기대효용도 38만 원이 된다.

15 ④
완전대체재인 경우 무차별곡선은 직선의 형태를 띤다.

16 ④
여가가 정상재인 경우 임금률 상승은 노동공급을 감소시킨다.

TIP
- 임금률 하락 시 대체효과에 의해 여가의 상대가격(= 기회비용)이 하락하여 여가소비 증가 ⇨ 노동공급 감소
- 임금률 하락 시 여가가 정상재인 경우 소득효과에 의해 여가소비 감소 ⇨ 노동공급 증가
- 따라서 소득효과가 크면 노동공급이 증가하고, 대체효과가 크면 노동공급이 감소한다.

제5장 생산자이론

📖 학습전략

생산자이론은 생산과 비용에 대한 이론이다. 생산자이론은 단기와 장기로 나누어진다. 단기에는 자본이 고정되어 있으므로 노동만을 투입하게 된다. 이때 노동투입량 1단위 추가 시 총효용의 증가분을 한계생산이라고 하는데, 한계생산은 반드시 체감한다. 이를 수확체감의 법칙이라고 한다. 장기에는 등량곡선과 등비용선을 분석의 틀로 사용하는데, 여기서 나오는 결과인 규모에 대한 수익의 체감, 불변, 체증을 구분해 낼 수 있어야 한다.

비용은 모두 기회비용을 기반으로 한다. 단기에서는 자본에 대한 비용인 고정비용과 노동에 대한 비용인 가변비용으로 나누어진다. 여기서 평균비용, 한계비용, 평균가변비용의 관계를 설명할 수 있어야 한다. 한계와 평균은 일정한 관계를 가지는데 TESAT에서 주로 출제되는 주제이다. 장기에서는 장기비용이 감소하는 규모의 경제와 장기비용이 증가하는 규모의 불경제로 나뉘며 공동생산요소를 통해서 여러 재화를 생산하는 범위의 경제와 구분할 수 있어야 한다.

📖 출제비중

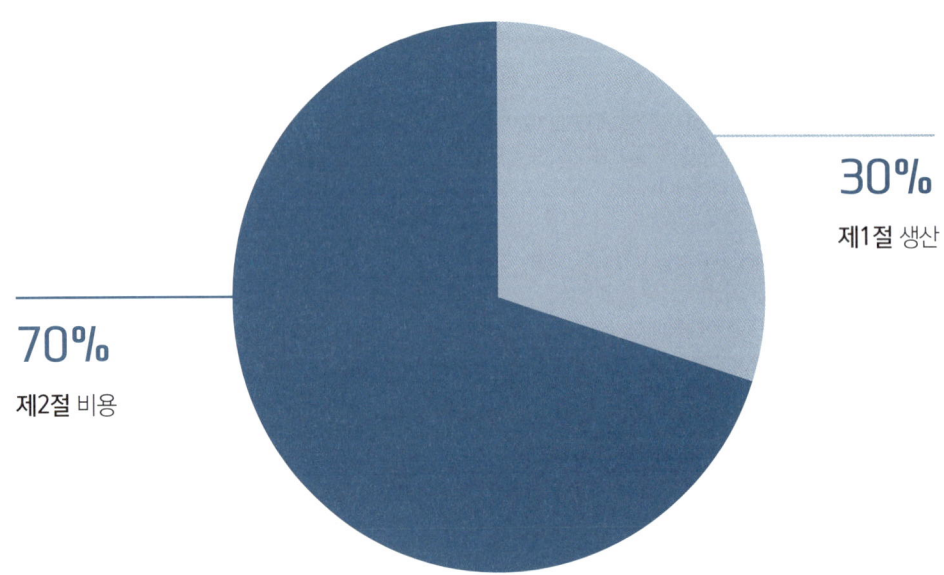

70% 제2절 비용

30% 제1절 생산

📘 출제유형

비용함수에서 등장하는 한계비용 등의 개념을 정확하게 이해하고 있는지, 규모의 경제와 범위의 경제를 구분할 수 있는지 "경제이론" 영역에서 주로 출제된다. 한계생산은 생산요소시장에서, 비용함수는 완전경쟁시장 등에서 연결되어 "응용복합" 영역으로 출제된다. 단독으로 출제되기보다는 이 개념을 알고 있어야만 다른 영역을 도전할 수 있다는 것을 기억하자.

📘 학습구성

구 분	출제포인트	중요도
제1절 생산	01 생산과 장·단기 개념	★
	02 단기생산함수	★★
	03 장기생산함수	★
제2절 비용	01 비용의 의의	★
	02 단기비용함수	★★★
	03 장기비용함수	★
	04 규모의 경제와 범위의 경제	★★

제1절 | 생산

핵심 Check ✓ 생산

장기와 단기 (개별기업)	• 단기 : 고정요소 존재 • 장기 : 가변비용만 존재
수확체감의 법칙	• 동일한 생산요소(예 노동량) 투입을 증가시키면 한계생산물이 감소하는 것
한계(M)와 평균(A)의 관계	• M > A이면 A증가 • M = A이면 A동일 • M < A이면 A감소
등량곡선의 특징	• 원점으로부터 멀리 떨어진 등량곡선일수록 높은 산출량을 나타낸다. • 등량곡선은 우하향한다. • 등량곡선은 서로 교차할 수 없다. • 등량곡선은 일반적으로 원점에 대해 볼록한 형태를 취한다.

01 생산과 장·단기 개념

1. 생산의 개념

① 생산요소를 적절히 배합·가공하여 인간에게 유용한 재화와 서비스를 창출함으로써 사회후생을 증대시키는 행위를 말한다.
② 생산의 범주에는 제품을 만드는 것뿐만 아니라 재화의 포장·운송·저장 등 사회후생을 증대시키는 모든 행위가 포함된다.

2. 장·단기 구분

(1) 장기

개별기업에게는 모든 생산요소가 가변요소가 되고, 산업 전체로는 기업의 진입과 퇴거가 자유롭게 이루어질 수 있는 충분한 시간이다.

(2) 단기

개별기업에게는 고정요소가 존재하는 시간이고, 산업 전체로는 기존기업의 퇴거나 새로운 기업의 진입이 불가능할 정도로 짧은 시간이다.

02 단기생산함수 ★★

1. 가정

(1) 생산요소[1]
생산요소는 노동과 자본 두 가지만 있다고 가정한다. 단기에 자본은 고정투입요소, 노동은 가변투입요소가 된다.

(2) 고정투입요소 : 자본 예 기계, 공장, 설비 등

(3) 가변투입요소 : 노동 예 노동력, 원자재, 에너지 등

2. 총생산물과 한계생산물

(1) 총생산물(TP; Total Product)
n단위 가변요소(노동투입량)를 투입하였을 때 생산된 재화의 총량으로 한계생산물의 총합이다.

예 노동자를 10명 고용하여 100개를 생산했다면 100개가 총생산물이다.

(2) 한계생산물(MP; Marginal Product)
가변요소(노동투입량)를 추가적으로 1단위 투입하였을 때 총생산물의 증가분이다.

예 노동자 1명일 때 총생산이 10개이고 노동자 2명일 때 총생산이 30개라면 한계생산은 20개이다.

(3) 측정
그래프에서 측정할 때는 한계생산물은 총생산물곡선의 접선 기울기로 측정한다.

(4) 수확체감의 법칙이 성립
자본이 고정되어 있는 단기에서 노동력만 증가시킨다면 최종적으로 한계생산이 감소한다. 한계생산물이 최종적으로 감소하는 것을 수확체감의 법칙이라고 한다.

3. 총생산물과 한계생산물의 관계

(1) 한계생산물(MP_L) > 0
총생산물(TP_L)은 증가 : 초기에 분업과 전문화로 나타날 수 있다.

(2) 한계생산물(MP_L) < 0
총생산물(TP_L)은 감소 : 궁극적으로 생산함수에서 나타나는 현상이다.

(3) 한계생산물(MP_L) = 0
총생산물(TP_L)은 극대 : 수확체감의 법칙에 따라 0이 될 때 가장 극대가 된다. B점이 여기에 해당한다.

---

[1] 생산요소 (Factors of production)
재화를 생산하는 데 투입되는 모든 인적 및 물적 자원을 의미. 생산요소에는 자연적으로 주어진 토지(자연자원)와 노동, 그리고 사람들에 의해 만들어진 자본으로 구성

핵심 Plus

총생산물의 공식
$TP_L = \Sigma MP_L$

한계생산물 공식
$MP_L = \dfrac{\Delta Q}{\Delta L}$

평균생산물 공식
$AP_L = \dfrac{Q}{L}$

4. 평균생산물

(1) 평균생산물(AP; Average Product)
투입된 생산요소 1단위당 생산량으로, 총생산량을 가변요소 투입량으로 나눈 값이다.

(2) 측정
평균생산물은 총생산물곡선과 원점을 연결한 직선의 기울기로 측정하며, 처음에는 기울기가 점점 커지나 생산량이 일정 단위를 넘어서면 원점으로 연결한 기울기가 점점 감소한다.

5. 평균생산물과 한계생산물의 관계

(1) 한계생산물(MP_L) > 평균생산물(AP_L) : 평균생산물(AP_L) = 증가

(2) 한계생산물(MP_L) < 평균생산물(AP_L) : 평균생산물(AP_L) = 감소

(3) 한계생산물(MP_L) = 평균생산물(AP_L) : 평균생산물(AP_L) = 극대

예) 노동자 1명을 투입하여 10개를 생산하고 있다고 가정하자. 노동자 1명을 더 추가적으로 투입했을 때 10개를 추가적으로 생산한다면 평균생산은 동일하지만 10개 이상이면 평균생산이 증가하고, 10개 미만이면 평균생산이 감소한다.

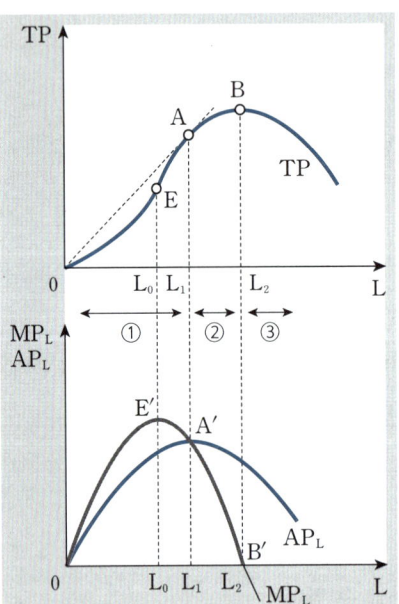

① 생산의 제1단계 - 비경제적 영역
② 생산의 제2단계 - 경제적 영역
③ 생산의 제3단계 - 비경제적 영역

- AP_L 상승구간: MP_L이 위에 위치
- AP_L 하강구간: MP_L이 아래에 위치
- AP_L 극대점: MP_L과 교차

시험문제 미리보기!

어느 공장에서 처음 10명의 근로자가 1인당 평균 10개의 상품을 생산했다. 그런데 근로자 한 사람을 더 고용하니 1인당 평균생산량이 11개로 늘었다. 근로자 한 명을 추가 고용했을 때 한계생산량은 몇 개인가?

① 1 ② 10 ③ 20 ④ 21 ⑤ 31

정답 ④
해설 문제에서 근로자가 10명에서 11명으로 늘어남에 따라 생산하는 상품이 100개(10명×10개)에서 121개(11명×11개)로 동일하므로 근로자 한 명을 추가로 고용할 때의 한계생산량은 21개다.

03 장기생산함수

1. 장기생산함수

(1) 개념

모든 생산요소가 가변적일 때 모든 생산요소를 투입하여 생산 가능한 최대 생산량을 나타내는 함수이다.

$$Q = F(K, L)$$
(단, 노동과 자본이 모두 가변요소)

2. 등량곡선

(1) 개념

어떤 상품을 생산하는 데 있어 동일한 수준의 산출량을 효율적으로 생산해낼 수 있는 여러 가지 서로 다른 생산요소의 조합을 연결한 곡선을 말한다. (무차별곡선의 성격과 유사하나, 생산측면임을 구분해야 함)

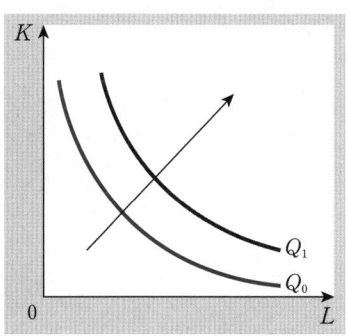

> **핵심 Plus+**
>
> **무차별곡선과 등량곡선의 공통점**
> 소비측면의 무차별곡선은 두 재화를 조합하여 소비하였을 경우 동일한 효용을 연결한 것. 생산측면의 등량곡선은 두 생산요소를 조합하여 생산하였을 경우 동일한 생산량을 조합한 것. 기본그래프의 형태는 동일함

(2) 성질
① 원점으로부터 멀리 떨어진 등량곡선일수록 높은 산출량을 나타낸다.
② 등량곡선은 우하향한다.
③ 등량곡선은 서로 교차할 수 없다.
④ 등량곡선은 일반적으로 원점에 대해 볼록한 형태를 취한다. (한계기술대체율 체감)

(3) 한계기술대체율
① 동일한 생산량을 유지하면서 노동을 추가로 1단위 더 고용하기 위하여 감소시켜야 하는 자본의 수량 $\dfrac{-\Delta K}{\Delta L}$ 으로 표현한다.
② MRTS는 등량곡선 접선의 기울기 절댓값과 같다.

> **핵심 Plus**
>
> **MRS(한계대체율)와 MRTS(한계기술대체율)**
> - 한계대체율 : Marginal Rate of Substitution(MRS)
> - 한계기술대체율 : Marginal Rate of Technical Substitution(MRTS)
>
> **한계기술대체율 체감의 법칙**
> 자본을 노동으로 대체해 감에 따라 노동과 자본 간의 한계기술대체율이 점점 감소하는 현상. 한계기술대체율 체감의 법칙이 성립하기 때문에 등량곡선이 원점에 대하여 볼록한 형태를 가짐

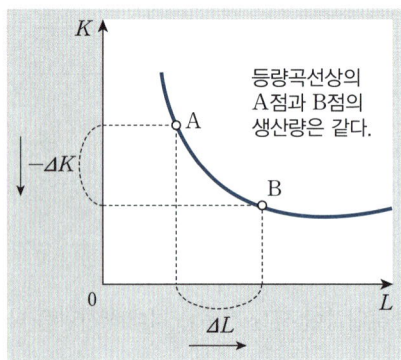

3. 등비용선

(1) 개념
주어진 총비용으로 구입 가능한 생산요소의 조합을 그림으로 나타낸 것이다. 등비용선 위의 모든 점들은 두 요소의 결합 비율이 다르지만 동일한 총비용을 나타낸다.

(2) 소비자이론에서의 예산선과 비교
예산선은 상품의 가격이고 등비용선은 노동에 따른 임금과 자본에 따른 이자라는 차이가 있다.

(3) 공식

$$TC = wL + rK \Rightarrow K = -\dfrac{w}{r}L + \dfrac{TC}{r}$$

• TC : 총비용 • w : 임금 • L : 노동량 • r : 자본사용료 • K : 자본량

(4) 형태와 이동

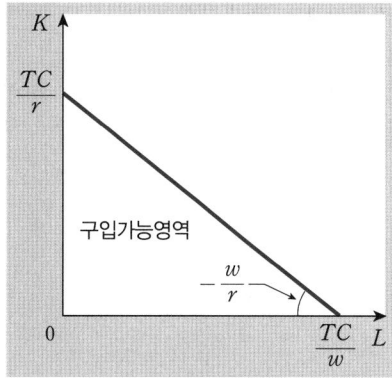

① **등비용선의 형태** : 우하향의 직선
② **등비용선의 이동** : 투입 비용의 변화, 요소 가격의 변화 등으로 인해 이동한다. 예를 들어 주어진 비용이 8,000원이라고 할 때 노동가격이 2,000원, 자본가격이 1,000원 이라고 하면 노동만 구입하면 4개, 자본만 구입하면 8개를 구입할 수 있다. 이를 바탕으로 비용 증가, 생산요소의 변화를 그래프로 판단하면 다음과 같다.

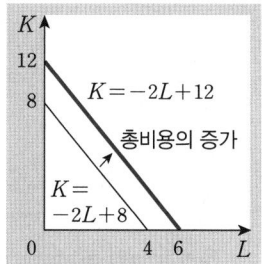

- **총비용의 변화**
총비용(TC)이 증가하면 바깥쪽으로 평행이동

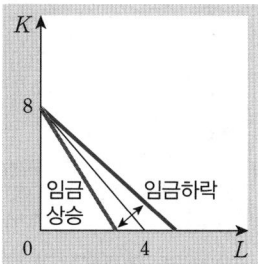

- **임금(w)의 변화**
등비용선의 기울기가 변하므로 등비용선이 회전이동

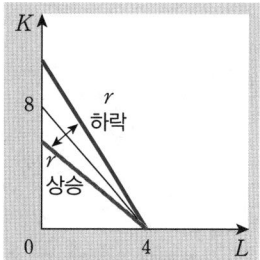

- **자본사용료(r)의 변화**
등비용선의 기울기가 변하므로 등비용선이 회전이동

4. 비용극소화 조건

(1) 조건
등량곡선과 등비용선이 접하는 점에서 비용극소화가 달성된다.

(2) 한계생산물 균등의 법칙
각 생산요소의 구입에 지출된 1원어치의 한계생산물이 같도록 생산요소를 투입하여야 비용극소화가 달성됨을 의미한다.

> **핵심 Plus⁺**
>
> **단기생산함수**
> 수확체증, 수확불변, 수확체감의 법칙을 사용
>
> **장기생산함수로 장기비용함수 유추 (단, 생산요소의 가격이 일정함)**
> - 규모에 대한 수익체증
>   = 규모의 경제
> - 규모에 대한 수익불변
> - 규모에 대한 수익감소
>   = 규모의 불경제

(3) 그래프에서 각 점의 의미

① A점에서는 등량곡선의 기울기가 등비용선의 기울기보다 크기 때문에 E점으로 가기 위해서 노동을 늘리고 자본을 줄이는 것이 바람직하다.

② B점에서는 등량곡선의 기울기가 등비용선의 기울기보다 작기 때문에 E점으로 가기 위해서 노동을 줄이고 자본을 늘리는 것이 바람직하다.

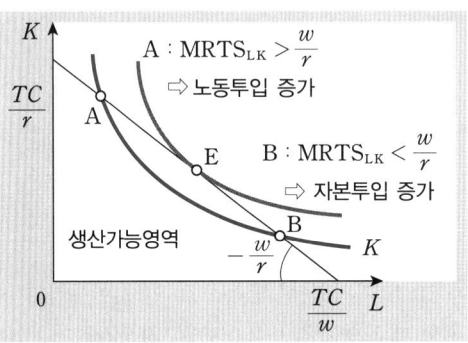

(4) 규모에 대한 수익

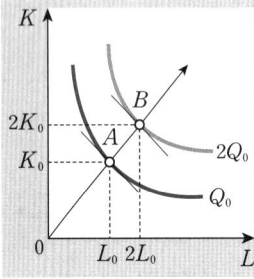

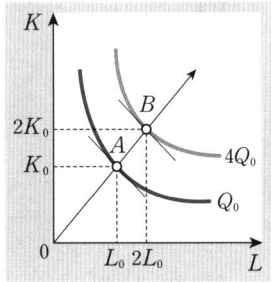

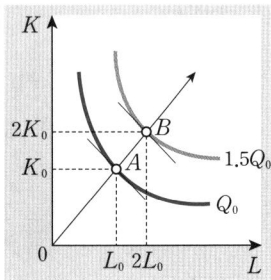

- 규모에 대한 수익 불변
모든 생산요소의 투입량을 h배 늘리면 생산량도 h배만큼 증가

- 규모에 대한 수익 체증
모든 생산요소의 투입량을 h배 늘리면 생산량이 h배보다 더 증가

- 규모에 대한 수익 체감
모든 생산요소의 투입량을 h배 늘리면 생산량이 h배보다 덜 증가

제2절 | 비용

핵심 Check ✓ 비용

경제학적 비용	명시적 비용 + 암묵적 비용
단기 총비용	고정비용 + 가변비용
평균비용	총비용에서 원점으로 연결한 직선의 기울기
한계비용	총가변비용에서 접점으로 연결한 직선의 기울기

01 비용의 의의 ★

1. 의의

① 기업의 목표는 이윤극대화이고, 이윤은 총수입에서 총비용을 차감한 금액으로 정의한다.
② 이윤(p) = 총수입(TR) − 총비용(TC). 이는 생산의 효율성에 의해 결정되며 총수입은 가격 × 판매량으로 총비용은 비용함수를 통해 결정된다.

2. 경제학적 비용

경제학적 비용은 명시적 비용과 암묵적 비용을 포함하는 개념이다.

02 단기비용함수 ★★★

1. 총비용(TC; Total Cost)

$$총비용 = 총고정비용 + 총가변비용$$

2. 총고정비용(TFC; Total Fixed Cost)

$$TFC = r\overline{K}(자본비용)$$

(1) 의미

공장임대료, 차입금에 대한 이자 등과 같이 생산량의 크기와 무관하게 지출해야 하는 비용이다.

(2) 형태

생산량이 변하더라도 고정비용은 일정한 값이므로 TFC곡선은 수평선의 형태를 띤다.

3. 총가변비용(TVC; Total Variable Cost)

$$TVC = wL(노동비용)$$

(1) 의미

원료구입비, 인건비 등과 같이 생산량에 따라 그 크기가 변화하는 비용을 말한다.

(2) 형태

MP_L이 체증하는 구간에서는 비용이 체감적으로 증가하고, MP_L이 체감하면 비용은 체증적으로 증가하므로 총가변비용곡선이 그림의 (b)와 같은 형태가 되는 것은 수확체감의 법칙(한계생산물 체감)때문이다.

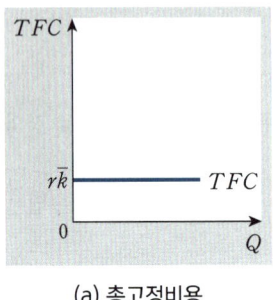

(a) 총고정비용

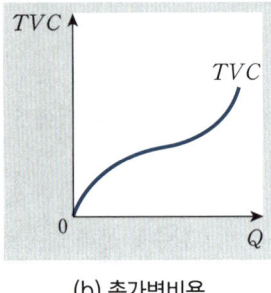

(b) 총가변비용

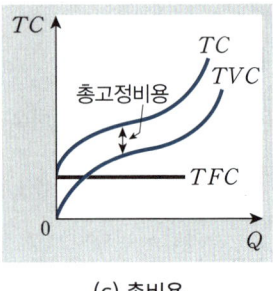

(c) 총비용

4. 단기평균비용

(1) 평균고정비용(AFC; Average Fixed Cost)

$$AFC = \frac{TFC}{Q}$$

① 총고정비용을 생산량으로 나눈 값이다.
② 총고정비용(TFC)이 고정된 값(상수)이므로 생산량이 증가하면 평균고정비용은 지속적으로 감소한다.
③ 평균고정비용은 직각쌍곡선의 형태이며, 총고정비용곡선에서 원점으로 연결한 직선의 기울기로 측정한다.

(2) 평균가변비용(AVC; Average Variable Cost)

$$AVC = \frac{TVC}{Q}$$

① 총가변비용을 생산량으로 나눈 값이다.
② 평균가변비용(AVC)은 총가변비용곡선에서 원점으로 연결한 직선의 기울기로 측정한다.
③ 평균가변비용은 처음에는 체감하다가 나중에는 체증하므로 AVC곡선은 U자 형태로 도출된다.

(3) 평균총비용(ATC; Average Total Cost)

$$ATC = \frac{TC}{Q} = \frac{TFC + TVC}{Q} = AFC + AVC$$

① 산출량 1단위당 소요되는 비용, 총비용을 생산량으로 나눈 값이다.
② 평균가변비용이 U자 형태이므로 평균비용도 U자 형태로 그려진다.
③ AC곡선은 AFC곡선과 AVC곡선을 수직으로 합하여 구할 수도 있고, TC곡선에서 원점으로 그은 직선의 기울기를 이용하여 구할 수도 있다.
④ 평균고정비용은 지속적으로 감소하므로 평균비용곡선의 최소점은 평균가변비용곡선의 최소점보다 더 오른쪽에 위치한다.

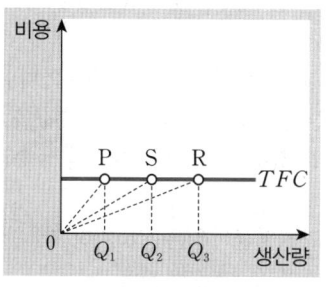
(a) 총고정비용

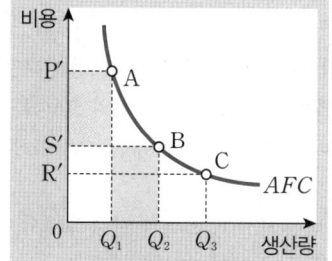
(b) 평균고정비용

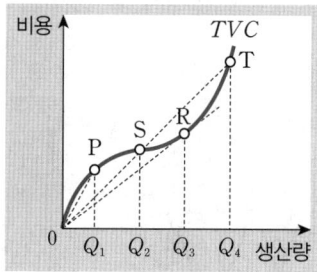
(c) 총가변비용

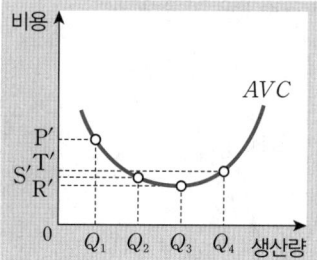
(d) 평균가변비용

5. 여러 곡선들 간의 관계

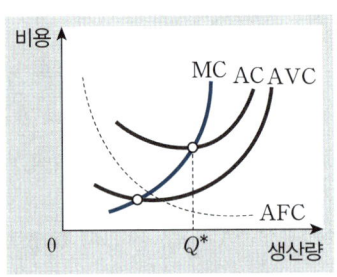 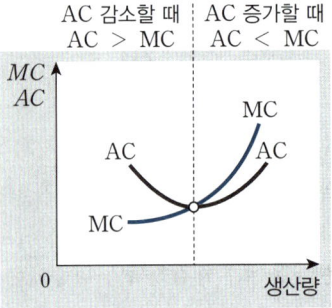

한계(M)와 평균(A)의 관계에서 MC가 AVC보다 작다면 AVC는 감소하고, MC가 AVC보다 크고 AC보다 작다면 AVC는 증가하고 AC는 감소한다. MC가 AVC, AC보다 크다면 AVC, AC 모두 증가한다. 따라서 MC는 AVC와 AC의 최저점을 반드시 지나게 된다.

03 장기비용함수

1. 장기비용곡선

(1) 특징

① 장기총비용(LTC)은 각각의 산출량에서 최저의 단기총비용(STC)을 연결하여 도출하므로 LTC는 STC보다 항상 작거나 같다. 마찬가지 이유로 장기평균비용(LAC)은 단기평균비용(SAC)보다 항상 작거나 같다.
② 장기한계비용(LMC)은 단기한계비용(SMC)보다 항상 작거나 같은 것은 아니다.
③ LAC은 각각의 산출량에서 최저의 SAC을 연결한 곡선이지 SAC의 극솟값을 연결한 곡선은 아니다. 단, 규모에 대한 수익이 불변일 경우는 LAC은 SAC의 극솟값을 연결한 곡선이다.
④ 장·단기총비용곡선이 접하는 산출량에서 장·단기평균비용은 접하지만 장·단기한계비용은 접하지 않고 교차한다.
⑤ 평균과 한계의 일반적인 성질에 의해 단기(장기)한계비용곡선은 항상 단기(장기)평균비용곡선의 극솟값을 지난다.

(2) 그래프

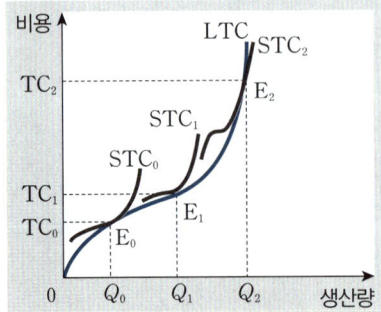 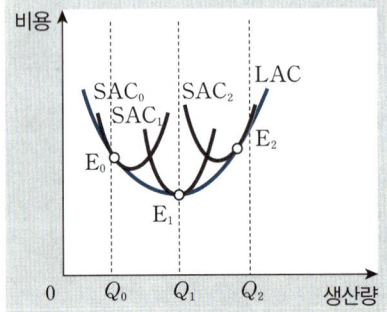

04 규모의 경제와 범위의 경제 ★★

1. 규모의 경제

(1) 개념
규모의 경제는 생산량이 증가할 때 장기평균비용이 감소하는 경우이고, 규모의 불경제는 생산량이 증가할 때 장기평균비용이 상승하는 경우이다.

(2) 발생 이유
기업 설비가 일정 수준에 도달할 때까지 분업의 이익 등에 의해 규모의 경제가 발생하나, 기업 설비가 너무 커지면 조직의 비대화 등에 의해 규모의 불경제가 발생할 가능성이 높다.

(3) 규모에 대한 수익과 규모의 경제
① 규모에 대한 수익은 모든 생산요소를 동일한 비율로 변화시킬 때의 개념이다.
② 규모의 경제는 반드시 모든 생산요소를 동일한 비율로 변화시킬 필요는 없다.
③ 규모에 대한 수익이 체증하면 규모의 경제가 발생하지만 규모의 경제가 존재한다고 해서 반드시 규모에 대한 수익이 체증하는 것은 아니다.
④ 규모의 경제는 규모에 대한 수익보다 더 일반적인 개념이다.
⑤ 단, 생산함수가 동차인 경우 규모의 경제는 규모에 대한 수익의 체증을 의미하고 규모의 불경제는 규모에 대한 수익이 체감함을 의미한다. 물론 그 역도 성립한다.

(4) 최적시설규모
장기적으로 가장 효율적인 규모를 의미하며 장기평균비용이 최소가 되는 시설규모를 말한다.

(5) 장기평균비용곡선의 형태
① **우하향하는 형**: 규모의 경제가 계속 발생하는 경우로 자연독점의 발생 원인이 된다.
② **U자형(일반적인 경우)**: 초기에는 규모의 경제가 발생하다가 이후는 규모의 불경제가 발생하는 경우이다.

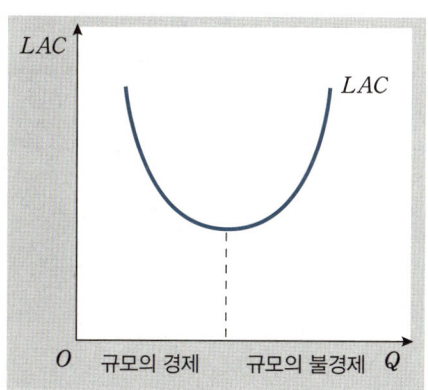

> **핵심 Plus**
>
> **장기와 단기의 구분**
> 단기평균비용이 궁극적으로 증가하는 이유는 가변요소의 한계생산량이 체감(수확체감)하기 때문이고, 장기평균비용곡선이 U자형인 이유는 규모에 대한 보수 때문임

③ L자형 : 실증적인 연구에 의하면 L자형이 되는데 이는 기업규모가 커짐에 따라 발생하는 비효율성이 규모의 경제에 따라 발생하는 비용하락에 의해 상쇄되는 것이다. 최적시설 규모 중 가장 작은 단기평균비용(SAC)의 시설규모를 최소효율규모라고 한다.

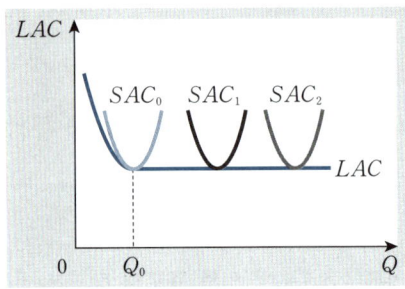

2. 범위의 경제

(1) 개념
한 기업이 여러 가지 재화를 동시에 생산하는 것이 여러 기업이 각각 한 가지의 재화를 생산할 때보다 생산비용이 더 적게 소요되는 경우를 말한다.

(2) 발생 이유
① 생산요소의 공동 이용
   예 동일한 생산라인에서 자동차와 경운기를 만드는 경우
② 기업 운영상의 측면
   예 1개의 기업이 2종류의 재화를 모두 생산한다면 하나의 경영진만 있으면 됨
③ 생산물의 특성상 결합생산을 할 수밖에 없는 경우
   예 소고기와 가죽 등은 주산물과 부산물의 관계이므로 결합생산을 할 수밖에 없음

(3) 그래프 분석
① 범위의 경제가 없는 경우 : 생산가능곡선은 직선 CAD상의 A점에서 생산
② 범위의 경제가 있는 경우 : 생산가능곡선은 곡선 CBD상의 B점에서 생산

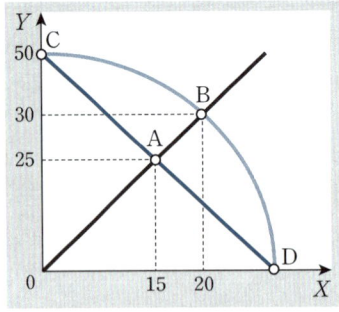

(4) 범위의 경제와 규모의 경제
범위의 경제와 규모의 경제는 개념상 전혀 다른 개념이므로 규모의 경제가 발생하더라도 범위의 경제가 발생할 수도 있고 발생하지 않을 수도 있다.

시험문제 미리보기!

어떤 농가에서 쌀 10포대를 생산할 때 평균 생산비용이 5만 원이 들었다. 그런데 쌀을 한 포대 더 생산하니 평균 생산비용이 8만 원이 되었다. 이 경우 쌀을 한 포대 더 생산할 때의 한계비용은?

① 5만 원　　　　② 8만 원　　　　③ 13만 원
④ 21만 원　　　　⑤ 38만 원

정답　⑤
해설　한계비용은 생산물 한 단위를 더 생산하는 데 총비용이 얼마나 변화하는지를 나타낸다. 총비용 증가분을 생산량 증가분으로 나눠 구한다. 쌀 10포대를 생산하는 데 드는 총비용은 10포대 × 5만 원 = 50만 원이다. 추가로 쌀을 한 포대 더 생산할 때의 총비용은 11포대 × 8만 원 = 88만 원이다. 따라서 한 포대 더 생산할 때의 한계비용은 (88만 원 − 50만 원)/1 = 38만 원이 된다.

출제예상문제

> 출제예상문제의 중요도를 ★~★★★으로 구분하였습니다. 난이도가 가장 높은 고등급 문제는 S등급 표시하였으니, S등급을 목표로 하신다면 반드시 학습하시기 바랍니다.

01 ★ 다음 중 생산함수를 올바르게 정의한 것은?

① 생산요소 간의 분배 관계
② 산출량과 이윤의 관계
③ 생산요소 투입량과 산출량의 관계
④ 고정비용과 산출량의 관계
⑤ 평균수입과 평균비용과의 관계

02 ★ 어떤 산업에서 노동과 자본 투입량을 2배로 늘리면 산출량은 6배로 늘어난다고 할 때, 다음 중 옳은 것은?

① 범위의 경제가 존재한다.
② 규모의 경제가 존재한다.
③ 외부경제가 존재한다.
④ 수요의 가격탄력성이 탄력적이다.
⑤ 공급의 가격탄력성이 탄력적이다.

03 ★ 기술이 진보하면 경제학의 여러 곡선들이 이동하게 된다. 다음 중 기술 진보와 관련이 큰 것은?

① 총생산곡선의 하방 이동
② 평균비용곡선의 상방 이동
③ 등량곡선의 원점 방향 이동
④ 생산가능곡선의 원점 방향 이동
⑤ 한계생산물가치곡선의 하방 이동

04 ★ 등량곡선의 성질로서 '등량곡선은 우하향한다'의 의미로 가장 적절한 것은?

① 두 생산요소가 비슷한 비율로 사용된다는 것이다.
② 한 재화의 소비가 증가하면 다른 재화의 소비는 감소한다는 것이다.
③ 한 재화의 소비를 증가시킬 때 다른 재화의 소비도 증가한다는 것이다.
④ 기술진보가 이루어지는 것을 2차원의 평면에 나타낸 것을 의미한다.
⑤ 한 생산요소의 사용량을 줄일 때 동일한 생산량을 유지하기 위해서는 다른 생산요소의 사용량을 늘려야 한다는 것이다.

05 기술진보가 발생하는 경우에 나타나는 현상으로 옳은 것은?

① 생산가능곡선과 등량곡선 모두 원점으로부터 멀어진다.
② 생산가능곡선은 원점을 향하여 가까이 이동하고 등량곡선은 원점으로부터 멀어진다.
③ 생산가능곡선은 원점으로부터 멀어지고 등량곡선은 원점을 향하여 가까이 이동한다.
④ 생산가능곡선과 등량곡선 모두 원점을 향하여 가까이 이동한다.
⑤ 등량곡선과 등비용곡선이 만날 수 있게 이동한다.

정답 및 해설

01 ③

경제학에서 기업의 생산을 분석할 때 쓰이는 생산함수는 산출량과 생산요소의 투입량과의 관계를 나타낸다. 재화는 노동, 자본 등 생산요소를 사용해 생산된다. 보통 생산요소의 투입량을 X축에, 산출량을 Y축에 놓고 함수관계를 따진다.

02 ②

노동과 자본 투입량이 각각 2배 증가할 때 산출량이 그 이상 늘어난다는 것은 규모의 수익 체증을 의미한다. 이는 비용측면에서 봤을 때 규모의 경제라고 하는데 산출량이 증가함에 따라 장기 평균 총비용이 하락한 데 따른 것이다.

[오답노트]
① 범위의 경제는 공동 생산요소로 여러 가지 산출물을 얻을 수 있는 경우를 의미한다.
③ 외부경제는 한 경제주체의 경제활동 시 다른 주체가 의도치 않은 이익 혹은 손해를 얻는 것을 의미한다.
④ 수요의 가격탄력성이 탄력적인 것은 가격의 변화율보다 수요량의 변화율이 큰 것을 의미한다.
⑤ 공급의 가격탄력성이 탄력적인 것은 가격의 변화율보다 공급량의 변화율이 큰 것을 의미한다.

03 ③

기술이 진보하게 되면 전보다 적은 생산요소로도 동일한 양의 생산이 가능하다. 따라서 등량곡선이 원점 방향으로 이동하게 된다.

[오답노트]
① 기술진보는 동일한 자원으로 더 많은 생산이 가능하므로 총생산곡선의 상방 이동이 나타난다.
② 기술진보는 전보다 적은 자원으로 동일한 양을 생산할 수 있으므로 평균비용곡선이 줄어들어 하방 이동이 이루어진다.
④ 기술진보는 동일한 자원으로 더 많은 생산이 가능하므로 생산가능곡선의 원점에서 멀어지는 이동이 이루어진다.
⑤ 한계생산물가치는 P × MP이다. 기술이 진보하면 한계생산이 증가하므로 한계생산물가치곡선은 상방 이동을 하게 된다.

04 ⑤

등량곡선은 똑같은 수준의 산출량을 낼 수 있는 생산요소 투입량의 조합들로 구성된 집합을 그림으로 나타낸 것이다. 등량곡선이 우하향한다는 것은 두 가지 생산요소를 서로 대체할 수 있다는 것이며, 동일한 생산을 할 때 어느 생산요소의 사용량을 증가시키면 다른 생산요소의 투입량은 감소해야 한다는 것을 의미한다.

05 ③

기술진보는 동일한 생산요소로 더 많은 양을 생산할 수 있으므로 등량곡선은 원점에 가까워진다. 반면 생산가능곡선은 기술진보로 인해 동일한 자원으로 더 많은 재화를 생산할 수 있으므로 원점에서 멀어진다.

[오답노트]
⑤ 등량곡선과 등비용 곡선이 만나는 것은 생산자 균형점이므로 기술진보와 연관이 없다.

06. 생산요소의 투입량과 생산량 간의 관계가 다음과 같다면 알 수 있는 것은?

자본 \ 노동	1	2	3
1	60	90	110
2	80	120	150
3	90	140	180

① 규모에 대한 수확 체감, 한계생산성 체감
② 규모에 대한 수확 체감, 한계생산성 불변
③ 규모에 대한 수확 불변, 한계생산성 체감
④ 규모에 대한 수확 불변, 한계생산성 불변
⑤ 규모에 대한 수확 체증, 한계생산성 체증

07. 여러 가지 이윤에 대한 다음 설명 중 옳은 것은?

<보기>
ㄱ. 회계적 이윤은 신규 사업 투자판단의 기준이다.
ㄴ. 경제적 이윤은 기회비용을 반영한 것이다.
ㄷ. 초과이윤이 없어진다면 사업을 철수해야 한다.
ㄹ. 경제적 이윤이 0이어도 정상이윤은 존재한다.

① ㄱ, ㄴ   ② ㄱ, ㄷ   ③ ㄴ, ㄷ   ④ ㄴ, ㄹ   ⑤ ㄷ, ㄹ

08. 기업의 장기비용에 대한 설명으로 다음의 <보기>에서 옳은 것을 고르면?

<보기>
ㄱ. 장기평균비용은 언제나 감소한다.
ㄴ. 일반적으로 기업의 장기평균비용은 증가하다가 감소하는 형태이다.
ㄷ. 규모에 대한 수익이 증가하는 경우 장기평균비용은 감소하게 된다.
ㄹ. 특정 지역에 동일 업종이나 연관 업종의 기업체가 몰리면 장기평균비용이 더 감소하게 된다.

① ㄱ, ㄴ   ② ㄱ, ㄷ   ③ ㄴ, ㄷ   ④ ㄴ, ㄹ   ⑤ ㄷ, ㄹ

09 다음은 한 기업의 단기 한계비용(MC)과 총비용(TC)을 한 평면에 나타낸 것이다. 이 기업의 초기 설비비용은 없고 노동자 1명을 고용했을 때 추가적으로 얻어지는 산출량이 일정하다고 할 때 이를 나타낸 그래프로 옳은 것은?

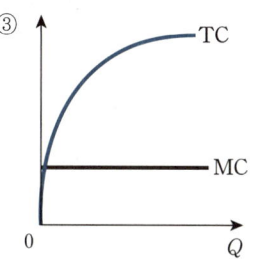

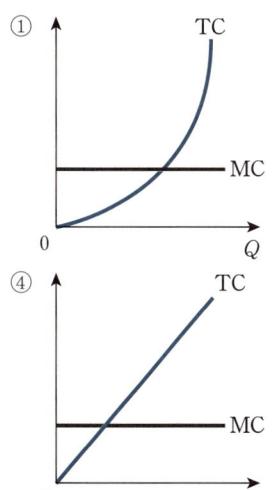

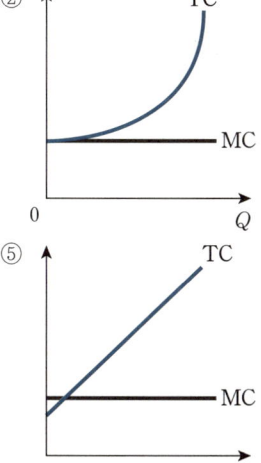

정답 및 해설

06 ③
모든 생산요소 투입량이 2배 증가하였을 때 생산량이 정확히 2배 증가하는 경우를 규모에 대한 수확(수익)불변이라고 한다. 그리고 한계생산물이란 가변요소 1단위를 추가적으로 투입하였을 때 총생산물의 증가분을 의미하는데, 자본투입량이 일정하게 주어져 있을 때 노동의 한계생산물은 점점 감소하므로 한계생산성은 체감하고 있다.

TIP
- 한계생산성은 한 생산요소를 고정시키는 것이다.
- 노동의 한계생산성은 자본이 1일 때 노동량의 증가에 따라 '60 ⇨ 90 ⇨ 110'으로 변하므로 한계생산은 '60 ⇨ 30 ⇨ 20'으로 체감한다.
- 자본의 한계생산성은 노동이 1일 때 자본량의 증가에 따라 '60 ⇨ 80 ⇨ 90'으로 변하므로 한계생산은 '60 ⇨ 20 ⇨ 10'으로 체감한다.
- 규모에 대한 수확은 노동과 자본이 동시에 증가해야 한다. 표에서는 대각선으로 보아야 하므로 '60 ⇨ 120 ⇨ 180'이다. 60씩 동일하게 증가하므로 규모에 대한 수익 불변이다.

07 ④
경제학적 비용은 모두 기회비용을 의미한다. 따라서 투자를 할 때 '명시적 비용 + 암묵적 비용'인 기회비용을 고려한다. 경제적 이윤은 암묵적 비용까지 포함하고 있으므로 경제학적 이윤이 0이라 할지라도 회계학적인 이득을 보고 있는 상황이므로 이를 정상이윤이라고 한다.

오답노트
ㄱ. 경제적 이윤이 신규 사업 투자판단의 기준이다.
ㄷ. 정상이윤만으로도 사업을 진행할 수 있다.

08 ⑤
장기평균비용곡선은 시설(공장) 규모의 조정이 가능한 상태에서 동일한 생산량을 최소 비용으로 생산할 수 있을 때 기업의 평균생산비용곡선이다. 일반적으로 생산량이 늘어남에 따라 감소하다가 증가하는 U자 형태를 띤다.

오답노트
ㄱ. 장기평균비용은 언제나 감소하는 경우는 규모의 경제가 발생하는 경우이다.
ㄴ. 일반적으로 기업의 장기평균비용은 감소하다가 증가하는 형태이다.

09 ④
조건에서 초기 설비비용은 없으므로 고정비용이 존재하지 않는다. 또한 한계비용이 일정하다고 했으므로 MC는 수평이다. 총비용은 '고정비용 + 가변비용'으로 이루어지므로 총비용이 원점에서 출발하여 일정하게 증가하여야 한다.

10 다음 중 기업의 생산비용에 대한 설명으로 다음의 <보기>에서 옳은 것을 고르면?

<보기>
ㄱ. 한계비용곡선은 평균비용곡선의 최저점을 지나간다.
ㄴ. 한계비용이 평균비용보다 클 때 평균비용은 감소한다.
ㄷ. 고정비용이 매우 큰 경우 평균비용은 생산량이 증가함에 따라 감소한다.
ㄹ. 고정비용이 존재하고 총비용이 생산량 변화에 따라 비례적으로 증가하는 경우 평균비용은 일정하다.

① ㄱ, ㄴ   ② ㄱ, ㄷ   ③ ㄴ, ㄷ   ④ ㄴ, ㄹ   ⑤ ㄷ, ㄹ

11 어떤 기업이 단기에 상품 1,000단위를 생산할 때 평균비용이 7,000원, 평균가변비용이 5,000원, 한계비용이 4,000원이었다. 이 기업의 단기 총고정비용은 얼마인가?

① 700만 원   ② 500만 원   ③ 400만 원
④ 200만 원   ⑤ 100만 원

12 어떤 산업이 자연독점화되는 이유로 다음의 <보기>에서 옳은 것을 고르면?

<보기>
ㄱ. 고정비용의 크기가 작은 경우
ㄴ. 최소효율규모의 수준이 매우 작은 경우
ㄷ. 다른 산업에 비해 규모의 경제가 크게 나타나는 경우
ㄹ. 생산량이 증가함에 따라 평균비용이 계속 감소하는 경우

① ㄱ, ㄴ   ② ㄱ, ㄷ   ③ ㄴ, ㄷ   ④ ㄴ, ㄹ   ⑤ ㄷ, ㄹ

13. 어떤 산업에서 장기평균비용곡선이 아래와 같은 우하향 추세가 이어진다고 하자. 다음 설명 중 옳지 않은 것은?

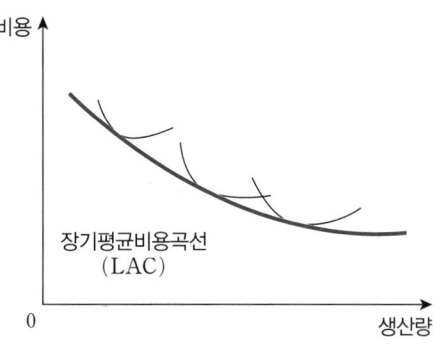

① 자연독점이 발생한다.
② 규모의 경제가 작용한다.
③ 생산량을 늘릴수록 생산단가가 낮아진다.
④ 분업에 의한 전문화나 기술적 요인 때문에 발생한다.
⑤ 최소효율규모의 생산수준이 매우 작은 경우 나타나기 쉽다.

정답 및 해설

10 ②
한계비용을 통해 총비용과 평균비용이 결정된다. 한계비용이 평균비용보다 크면 평균비용이 증가하며, 한계비용이 평균비용보다 작다면 평균비용은 감소한다. 따라서 한계비용은 평균비용의 최저점을 통과한다. 고정비용이 존재한다는 것은 생산량이 증가할 때 평균고정비용이 감소한다는 것이다. 평균비용은 평균고정비용 + 평균가변비용으로 이루어지는데 고정비용이 큰 경우 생산량을 증가시킬 때 평균고정비용 감소폭이 크므로 평균비용을 감소시킨다.

오답노트
ㄴ. 한계비용이 평균비용보다 클 때 평균비용은 증가한다.
ㄹ. 총비용이 생산량 변화에 따라 비례적으로 증가하는 경우 평균가변비용이 한계비용과 동일하다는 것이다. 평균비용 = 평균고정비용(감소) + 평균가변비용(일정)이므로 평균비용은 감소한다.

11 ④
평균 비용 = 평균고정비용 + 평균가변비용으로 이루어진다.
위의 공식에 따르면 평균고정비용은 2,000원이다. 따라서 총고정비용은 평균고정비용 × 수량이므로 2,000 × 1,000 = 2,000,000원이 된다.

12 ⑤
자연독점은 시장 전체 수요를 여러 생산자보다 한 생산자가 맡아 더 적은 비용으로 생산·공급할 수 있는 시장이다.

오답노트
ㄱ, ㄴ. 최소효율규모는 평균비용곡선상에서 평균비용이 가장 낮은 생산 수준을 나타내는 점을 의미한다. 최소효율규모의 수준 자체가 매우 크거나 생산량이 증가할수록 평균총비용이 감소하는 '규모의 경제'가 나타날 경우에 발생한다.

13 ⑤
장기평균비용곡선이 감소하는 경우를 규모의 경제라고 한다. 자연독점과 같이 생산수준이 한 시장을 지배할 만큼 많아야만 발생한다. 최소효율규모가 매우 큰 경우 발생한다.

14 다음은 기업에서 판매하는 재화의 가격과 판매량 간의 관계를 보여주는 표다. 이 기업이 5개째를 판매할 때 이 기업의 한계수입은 얼마인가?

가격(개당)	판매량
4,000원	1개
3,800원	2개
3,700원	3개
3,400원	4개
3,100원	5개
2,800원	6개
2,600원	7개

① 300원   ② 700원   ③ 1,900원   ④ 3,400원   ⑤ 4,000원

15 와플전문점의 와플 생산비용이 아래의 표와 같다고 한다. 이 와플전문점의 와플 생산과 관련하여 옳지 않은 것은?

와플수량(개)	0	1	2	3	4	5
총비용(원)	4,000	5,000	6,500	9,000	12,000	16,000

<보기>
ㄱ. 와플을 5개 생산하는 데 드는 평균비용은 3,200원이다.
ㄴ. 평균비용을 최소화하기 위해선 2개의 와플을 판매해야 한다.
ㄷ. 4개째 와플을 생산하는 데 드는 한계비용은 3,000원이다.
ㄹ. 2개의 와플이 생산된다면 평균비용이 2개째의 한계비용보다 적다.

① ㄱ, ㄴ   ② ㄱ, ㄷ   ③ ㄴ, ㄷ   ④ ㄴ, ㄹ   ⑤ ㄷ, ㄹ

16 경제학에서 사용하는 비용곡선들 간의 관계에 관한 설명으로 다음의 <보기>에서 옳은 것을 고르면?

<보기>
ㄱ. 평균고정비용은 산출량과 관계없이 일정하다.
ㄴ. 평균비용은 평균가변비용과 평균고정비용의 합으로 계산된다.
ㄷ. 평균가변비용이 증가할 때 한계비용은 평균가변비용보다 크다.
ㄹ. 한계비용이 평균비용보다 클 때 평균비용은 감소할 수 있다.

① ㄱ, ㄴ   ② ㄱ, ㄷ   ③ ㄴ, ㄷ   ④ ㄴ, ㄹ   ⑤ ㄷ, ㄹ

17 한 기업의 평균가변비용이 다음 표와 같다. 이 기업이 판매하는 재화의 시장 가격이 개당 60원일 때 이윤극대화를 위한 생산량은? (단, 고정비용은 30원으로 일정하다)

생산량(개)	평균가변비용(원)
1	40
2	30
3	24
4	22
5	24
6	30
7	40
8	50

① 2　　　② 4　　　③ 5　　　④ 6　　　⑤ 8

정답 및 해설

14 ③

한계수입은 생산물 한 단위를 더 생산하는 데 총수입이 얼마나 변하는지를 나타낸다. 총수입 증가분/생산량 증가분으로 구하며, 총수입은 판매량 × 개당 가격으로 구한다. 문제에서 기업이 5개를 판매하는 데 드는 총수입은 5개 × 3,100원 = 15,500원이고, 4개를 판매할 때의 총수입은 4개 × 3,400원 = 13,600원이다. 따라서 5개째를 생산할 때의 한계수입은 15,500원 − 13,600원 = 1,900원이다.

15 ④

위의 표를 기반으로 평균비용과 한계비용을 표현하면 다음과 같다.

와플수량(개)	0	1	2	3	4	5
총비용(원)	4,000	5,000	6,500	9,000	12,000	16,000
평균비용(원)	0	5,000	3,250	3,000	3,000	3,200
한계비용(원)	4,000	1,000	1,500	2,500	3,000	4,000

와플 5개째의 평균비용은 3,200원이며, 4개째 와플의 한계비용은 3,000원이다.
ㄴ. 평균비용을 최소화하기 위해선 3개 또는 4개의 와플을 판매해야 한다.
ㄹ. 2개의 와플이 생산된다면 평균비용이 3,250원이고 두 개째의 한계비용은 1,500원이므로 평균비용이 더 크다.

16 ③

평균비용은 평균가변비용과 평균고정비용의 합으로 계산된다. 또한 평균가변비용이 증가할 때 한계비용은 평균가변비용보다 크다.

오답노트

ㄱ. 고정비용은 산출량과 관계없이 일정하지만 평균고정비용은 산출량이 증가할수록 감소한다.
ㄹ. 한계비용이 평균비용보다 클 때 평균비용은 반드시 증가해야 한다.

> **TIP**
> · AFC = TFC/Q이므로 Q가 증가하면 AFC는 감소한다.
> · ATC = AFC + AVC
> · M과 A의 관계에서 M이 A보다 크면 A 증가, M이 A보다 작으면 A 감소, M = A이면 A 동일이다.
> · M은 A의 최고점 또는 최저점을 반드시 지난다.

17 ④

이윤극대화 생산량은 한계수입 = 한계비용일 때 성립한다. 시장가격이 개당 60원이라는 것은 1개를 판매할 때 60원을 번다는 의미이다. 따라서 한계수입은 60원이다. 한계비용을 구하면 다음과 같다.

생산량(개)	평균고정비용	평균가변비용	총비용	한계비용
1	30	40	70	70
2	15	30	90	20
3	10	24	102	12
4	7.5	22	118	16
5	6	24	150	32
6	5	30	210	60
7	4.3	40	310.1	99.9
8	3.8	50	430.4	120.3

6개일 때 한계비용이 60이므로 이윤극대화 생산량은 6개이다.

18 어떤 기업의 총비용곡선이 아래와 같을 때, 다음 설명 중 옳지 않은 것은?

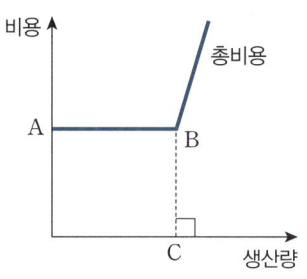

① 이 기업은 고정비용을 가지고 있다.
② 평균비용은 생산량이 증가할수록 감소하다가 증가한다.
③ 생산량이 C수준을 지나면 평균비용은 한계비용보다 낮다.
④ 서로 다른 생산량 수준에서 평균비용이 같을 수 있다.
⑤ 최소효율규모가 큰 시장에서 주로 나타나는 형태의 그래프이다.

19 A기업은 완전경쟁시장에서 이윤을 극대화하는 생산량 1,000개를 생산하고 전량 판매하고 있다. 한계비용은 10원, 평균가변비용은 9원, 평균고정비용은 2원이다. 이에 대한 설명으로 옳지 않은 것은?

① 총수입은 10,000원이다.
② 총비용은 11,000원이다.
③ 상품 개당 가격은 10원이다.
④ 총가변비용은 9,000원이다.
⑤ 단기에는 조업을 중단해야 한다.

20 다음 중 범위의 경제에 대한 설명으로 옳지 않은 것은?

① 한 기업이 여러 재화를 동시에 생산하는 경우가 해당될 수 있다.
② 첼로와 비올라를 동시에 생산하면 따로 생산할 때보다 생산비가 낮아지는 경우를 예로 들 수 있다.
③ 범위의 경제가 발생하면 규모의 경제가 반드시 발생한다.
④ 한 재화의 생산과정에서 다른 재화를 생산할 수 있는 물건이 부산물로 나오는 경우에 발생할 수 있다.
⑤ 공동생산설비를 통해 다른 재화를 생산할 수 있다면 비용이 낮게 형성될 수 있다.

21 다음 표는 A기업의 생산량에 따른 평균수입과 평균비용을 나타낸 것이다. 이에 대한 옳은 분석은?

생산량(개)	1	2	3	4
평균수입(만 원)	8	8	8	8
평균비용(만 원)	5	6	7	8

―<보기>―
ㄱ. A기업의 사업은 비용체증 산업이다.
ㄴ. 생산량이 늘어날수록 이윤도 증가한다.
ㄷ. 생산량이 4개일 때 이윤은 최대가 된다.
ㄹ. 생산량이 1단위 증가할 때마다 추가적으로 발생하는 비용은 증가한다.

① ㄱ, ㄴ   ② ㄱ, ㄹ   ③ ㄴ, ㄷ   ④ ㄴ, ㄹ   ⑤ ㄷ, ㄹ

정답 및 해설

18 ⑤
최소효율규모가 큰 시장에서 주로 나타나는 형태의 그래프는 평균비용이 지속적으로 감소하는 규모의 경제 그래프이다.

[오답노트]
① 생산을 하지 않음에도 비용이 (+)이므로 이 기업은 고정비용을 가지고 있다.
② C지점까지는 원점에서 기울기로 측정한 평균비용이 감소하나 C점 이후로 평균비용은 증가한다.
③ 생산량이 C수준을 지나면 평균비용은 증가하므로 한계비용이 평균비용보다 크다.
④ 원점에서 그은 기울기가 같은 경우가 존재할 수 있으므로 서로 다른 생산 수준에서 평균비용이 같을 수 있다.

19 ⑤
가격이 평균가변비용보다 높으므로 단기에 조업을 중단할 필요는 없다.

[오답노트]
① 완전경쟁시장에서는 P=MC이다. 총수입 P×Q=10×1,000=10,000원이다.
② 총비용은 평균총비용(=평균고정비용+평균가변비용)×Q이다. 따라서 (9+2)×1,000=11,000원이다.
③ 완전경쟁시장에서는 P=MC이다. 상품 개당 가격은 10원이다.
④ 총가변비용은 평균가변비용×Q=9,000원이다.

20 ③
규모의 경제와 범위의 경제는 서로 아무런 관련이 없다.

21 ②
문제에서 나타난 표로 총수입, 총비용, 총이윤을 유추하면 다음과 같다.

생산량(개)	1	2	3	4
평균수입(만 원)	8	8	8	8
평균비용(만 원)	5	6	7	8
총수입	8	16	24	32
총비용	5	12	21	32
총이윤	3	4	3	0

[오답노트]
ㄴ. 총이윤은 증가하다가 감소한다.
ㄷ. 생산량이 2개일 때 이윤이 최대이다.

제6장 시장이론

📋 학습전략

우리가 지금까지 분석했던 수요와 공급에 의한 시장가격의 결정은 모두 완전경쟁시장을 가정하고 분석한 것이다. 그러나 현실에는 완전경쟁시장만 존재하는 것이 아니라 불완전경쟁시장도 존재한다. 해당영역은 완전경쟁시장과 불완전경쟁시장인 독점시장, 독점적 경쟁시장, 과점시장에 대한 분석을 기본으로 한다.

📋 출제비중

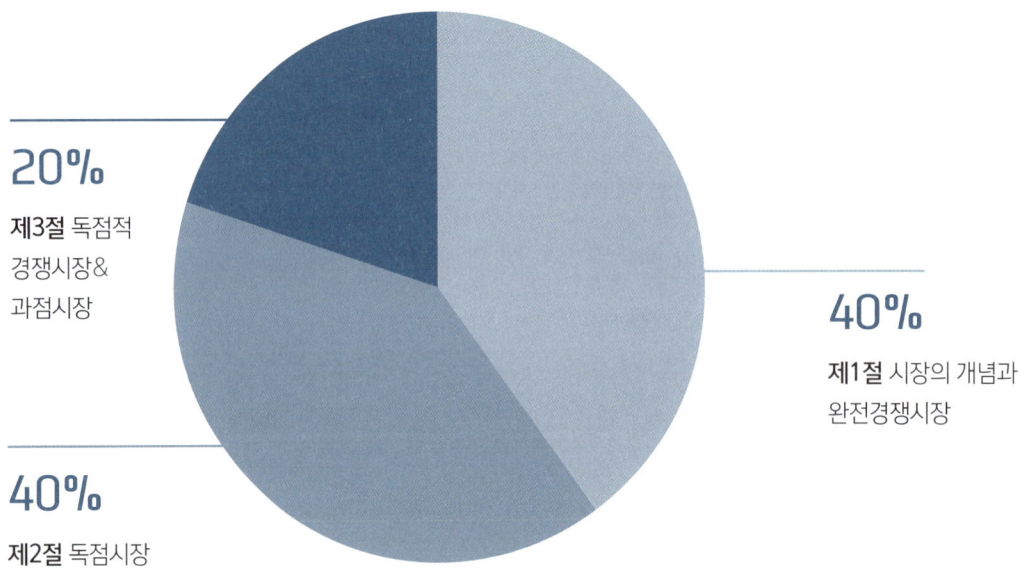

- 20% 제3절 독점적 경쟁시장 & 과점시장
- 40% 제1절 시장의 개념과 완전경쟁시장
- 40% 제2절 독점시장

🔲 출제유형

시장을 구분할 수 있는지의 여부를 "경제이론" 영역에서 주로 출제된다. 완전경쟁시장에서 단기적으로 생산은 하지만 장기적으로 생산하면 안되는 가격범위, 독점시장에서 가격차별, 과점시장에서의 게임이론 등을 "응용복합" 영역에서 출제한다. 특히 게임이론은 표만 볼 수 있으면 풀 수 있으므로 여러 문제를 통하여 극복해야 할 것이다.

🔲 학습구성

구 분	출제포인트	중요도
제1절 시장의 개념과 완전경쟁시장	01 시장의 개념과 구분	★★★
	02 이윤극대화 조건	★
	03 완전경쟁시장	★★★
제2절 독점시장	01 독점(Monopoly)의 개념과 특징	★★
	02 독점의 총수입, 평균수입, 한계수입	★★
	03 독점기업의 독점도(DM; Degree of Monopoly)	★
	04 가격차별	★★★
	05 묶어팔기	★
	06 독점시장의 평가	★
	07 독점의 규제	★
	08 완전경쟁시장과 독점시장의 비교	★★★
제3절 독점적 경쟁시장 & 과점시장	01 독점적 경쟁시장	★★
	02 과점시장	★★
	03 게임이론	★★★

제1절 | 시장의 개념과 완전경쟁시장

핵심 Check ✓ 완전경쟁시장

기업의 이윤극대화 생산량 결정	• MR = MC
완전경쟁시장	• 동질의 상품 • 가격수용자 • 효율적 시장 등 • P = MR = MC
단기 완전경쟁시장	• P > AC : 초과이윤 • P = AC : 손익분기점 • AC > P > AVC : 단기에 손해지만 고정비용을 줄일 수 있으므로 생산해야 함 • P = AVC : 조업중단점

01 시장의 개념과 구분 ★★★

1. 시장(Market)의 개념

① 일반적으로는 재화와 서비스의 거래가 이루어지는 구체적인 장소를 의미한다.
② 경제학에서는 훨씬 넓은 의미로 재화 및 서비스의 거래가 이루어지는 추상적인 메커니즘을 시장으로 정의한다.
③ 시장은 수요자와 공급자의 만남이 이루어지는 '만남의 장'이며, 수요자와 공급자의 상호작용에 의해 재화의 가격과 거래량이 결정된다.

2. 시장의 구분

(1) 거래되는 상품의 종류에 따른 분류

① 생산물시장 : 농산물시장, 자동차시장 등이 있다.
② 생산요소시장 : 노동시장, 자본시장 등이 있다.

(2) 시장의 구조에 따른 분류

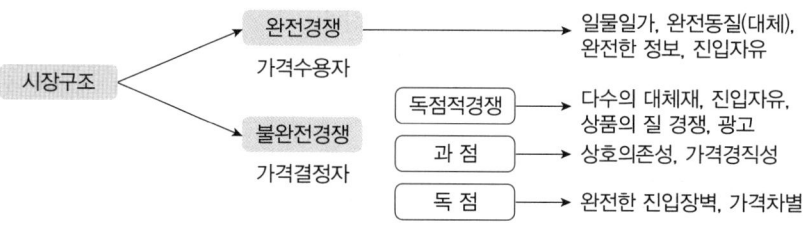

합리적인 개별기업이 시장가격을 조정할 수 있으면 불완전경쟁, 조정 못하면 완전경쟁시장이 된다.

- 완전경쟁시장 : 쌀시장, 주식시장, 외환시장, 자본시장 등
- 독점적 경쟁시장 : 비디오방, 노래방, PC방, 생맥줏집 등
- 과점시장 : 시내전화, 자동차 등
- 독점시장 : 잎담배(수요독점), 한국전력(공급독점) 등

02 이윤극대화 조건 ★

1. 총이윤 계산

$$\pi = TR - TC$$

2. 수입곡선과 수요곡선

(1) 총수입(TR; Total Revenue)

소비자가 판매한 총액을 의미하며, 매출액이라고도 한다.

$$TR = P \times Q$$

(2) 평균수입(AR; Average Revenue)

소비자가 1개당 구입한 금액이며, 가격 또는 수요곡선으로 표현된다.

$$AR = \frac{TR}{Q} = \frac{PQ}{Q} = P$$

(3) 한계수입(MR; Marginal Revenue)

한계수입은 판매량이 1단위 증가할 때 총수입의 증가분이다.

$$MR = \frac{dTR}{dQ}$$

핵심 Plus

동질적인 재화 (Homogeneous Product)
재화의 품질뿐만 아니라 판매 조건, 애프터서비스 조건 등 모든 것이 동일

일물일가
모든 재화의 가격이 동일한 것을 의미

우리가 배운 수요와 공급곡선
우리가 배운 수요와 공급곡선은 균형가격에서 거래될 경우 소비자잉여와 생산자잉여가 합해진 총잉여가 극대화된 경우로, 이는 우리가 배운 모든 시장이 완전경쟁시장이었음을 말해주고 있음

(4) 총비용(TC; Total Cost)
총비용함수를 통해서 구해지며 주로 문제에서 주어진다.

$$TC = TC(Q)$$

3. 이윤극대화 조건
총수입 − 총비용이 최대가 되는 수량을 구하는 것이다.

(1) 이윤극대화 1계 조건

$$MR(한계수입) = MC(한계비용)$$

① 이윤함수의 1계 미분이 0(극치를 갖는 조건)
② $\dfrac{d\pi}{dQ} = \dfrac{dTR}{dQ} - \dfrac{dTC}{dQ} = MR - MC = 0$이므로,

(2) 이윤극대화 2계 조건

$$MR곡선의\ 기울기 < MC곡선의\ 기울기$$

① 이윤함수의 2계 미분이 음(위로 볼록)
② $\dfrac{d^2\pi}{dQ^2} = \dfrac{d^2TR}{dQ^2} - \dfrac{d^2TC}{dQ^2} = MR' - MC' < 0$이므로,

(3) MR과 MC가 일치하지 않는 경우
만일 기업의 한계수입이 한계비용보다 큰 경우 생산량을 늘리면 이윤이 증가하므로 한계수입과 한계비용이 같아지는 점까지 생산을 증가시키고, 한계수입이 한계비용보다 작다면 마지막 재화는 생산할 유인이 없어지므로 생산을 줄일 것이다. 그러므로 이윤극대화 조건은 'MR(한계수입) = MC(한계비용)'가 된다.

4. 수입극대화 가설

(1) 의미
경영자의 입장에서는 이윤극대화가 아닌 매출액극대화를 추구한다는 이론이다.

(2) 원인
① 경영자의 지위와 보수가 매출액에 의해 결정되는 경우가 많다.
② 매출액과 금융기관 신뢰도는 주로 비례관계에 있다.
③ 매출이 높은 것이 시장점유율이 높음을 의미한다.

(3) 단점
경영자가 주주의 의사에 반하는 행위를 할 수 있다. 즉, 도덕적 해이의 일종인 주인−대리인이론에 해당한다.

핵심 Plus

이윤극대화 조건
TESAT에서는 이윤극대화 2계 조건을 묻지 않음. 따라서 이윤극대화 조건은 MR = MC인 지점만 기억해도 충분함. 이는 비단 완전경쟁시장이 아닌 어떠한 시장의 형태에도 적용됨

03 완전경쟁시장 ★★★

1. 완전경쟁시장의 성립요건

① 완전경쟁시장에는 다수의 수요자와 공급자가 존재하며, 개별수요자와 공급자는 가격에 영향을 미칠 수 없으므로 **가격수용자(Price Taker)**로 행동한다.
② 모든 기업은 하나의 동질적인 재화를 생산하므로 각 재화는 완전대체재이다.
③ 특정산업으로의 진입과 퇴거가 자유롭다.
④ 경제주체들이 가격에 관한(정확하게는 가격이 결정되는 모든 조건에 관한) 완전한 정보를 보유하고 공유하므로 **일물일가의 법칙**이 성립한다.

2. 단기 완전경쟁시장에서의 수요곡선

(1) 시장 전체의 수요곡선

① 시장 전체 수요량은 개별소비자들의 수요량을 합한 것이므로 시장 전체 수요곡선은 개별소비자들의 수요곡선을 **수평**으로 합하여 구한다.
② 개별소비자들의 수요곡선이 우하향하므로 시장 전체의 수요곡선도 우하향한다.

(2) 개별기업의 수요곡선

① 시장 전체의 수요·공급곡선에 의하여 균형가격이 결정되면 개별기업은 주어진 가격수준에서 원하는 만큼 판매 가능하다.
② 개별기업은 자신의 생산능력 범위 내에서 생산량을 증가시키더라도 시장가격이 전혀 변하지 않으며, 주어진 가격으로 원하는 만큼 판매하는 것이 가능하므로 **개별기업이 인식하는 수요곡선은 수평선이다.**

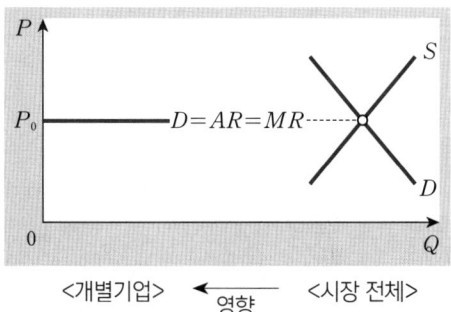

<개별기업> ← 영향 ← <시장 전체>

3. 기업의 단기적 이윤

(1) 총수입(TR; Total Revenue)

$$TR = P \times Q$$

① 완전경쟁시장에서 개별기업은 가격수용자이므로 판매량이 증가할수록 총수입도 비례적으로 증가한다.

② 완전경쟁시장에서 기업의 총수입곡선은 원점을 통과하는 직선의 형태를 띤다.

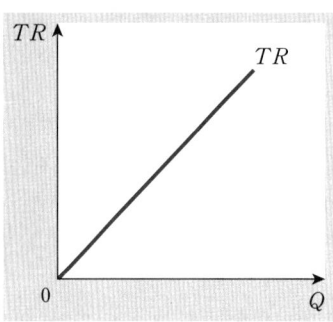

(2) 평균수입(AR; Average Revenue)

$$AR = \frac{TR}{Q} = \frac{P \times Q}{Q} = P$$

① 단위당 판매수입으로 총수입을 판매량으로 나눈 값이다.
② 총수입곡선에서 원점으로 연결한 직선의 기울기로 측정한다.
③ 총수입을 판매량으로 나누면 항상 가격과 일치하므로 평균수입곡선은 수평선의 형태를 띤다.

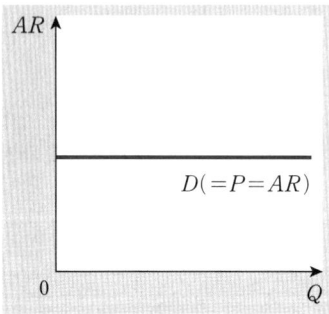

(3) 한계수입(MR; Marginal Revenue)

$$MR = \frac{\Delta TR}{\Delta Q} = \frac{P \times \Delta Q}{\Delta Q} = P$$

① 판매량이 1단위 증가할 때 총수입의 증가분이다.
② 총수입곡선의 기울기로 측정한다.
③ 판매량이 1단위 증가할 때 총수입의 증가분(=가격)은 항상 일정하므로 한계수입곡선은 수평선의 형태를 띤다.

(4) 이윤극대화 생산량

1단위 추가 판매 시 얻어지는 한계수입(MR)과 1단위 추가 생산 시 들어가는 한계비용(MC)이 일치하는 지점에서 생산한다.

(5) 완전경쟁시장의 특징

$$P = MR = AR = MC$$

(6) 사례분석

완전경쟁시장의 특징은 시장에서 가격이 결정되면 무한정으로 판매가 가능하다는 것이다. 따라서 가격의 변동은 없으며 이로 인해 평균수입(AR) = 가격(P) = 한계수입(MR)이 성립한다.

가격(P)	수량(Q)	총수입(TR)	평균수입(AR)	한계수입(MR)
100	1	100	100	100
100	2	200	100	100
100	3	300	100	100
100	4	400	100	100

4. 완전경쟁기업의 단기공급곡선

(1) 개념

① 공급곡선은 사전적으로 각각의 가격수준에서 판매하고자 의도하는 재화와 서비스의 수량을 나타내는 선이다.
② 완전경쟁시장의 단기공급곡선은 AVC곡선의 최저점을 통과하는 우상향의 MC곡선이다.

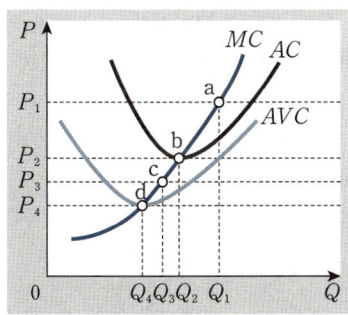 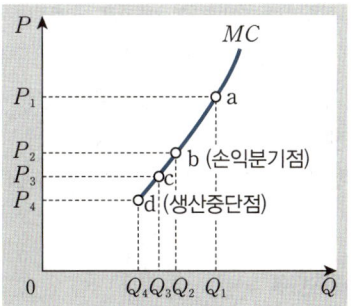

- 가격이 P_1일 때 : $P = MC$는 a점에서 달성
  ⇨ Q_1만큼 생산 (a점에서는 $P > AC$이므로 초과이윤 발생)
- 가격이 P_2일 때 : $P = MC$는 b점에서 달성
  ⇨ Q_2만큼 생산 (b점에서는 $P = AC$이므로 정상이윤만 획득)
- 가격이 P_3일 때 : $P = MC$는 c점에서 달성
  ⇨ Q_3만큼 생산 (**c점에서는 AVC < P < AC이므로 손실이 발생하나 생산하는 것이 유리**)
- 가격이 P_4일 때 : $P = MC$는 d점에서 달성되나 생산여부는 불분명
  ($P = AVC$이므로 생산할 때와 하지 않을 때의 손실이 모두 TFC로 동일)
- 가격 < P_4일 때 : $P < AVC$로 가변비용도 회수할 수 없으므로 생산포기

③ 단기 완전경쟁시장에서는 가격이 평균 가변비용보다 높으면 생산하고, 이보다 낮으면 생산하지 않는다.

핵심 Plus

손익분기점과 조업중단점
- 손익분기점(Break-Even Point)
  - 한 기간의 매출액이 총비용과 일치하는 점
  - P = MC를 만족하는 수준에서, P = AC인 초과이윤이 0인 점
- 조업(= 생산)중단점(Shut-Down Point)
  P = MC를 만족하는 수준에서 P = AVC인 AVC의 최저점

5. 완전경쟁기업의 장기균형

긴 기간에 걸쳐 초과이윤이 발생하면 기업들이 시장에 개입하여 시장가격이 하락하게 되고, 손실이 발생하면 시장에서 나가게 되므로 궁극적으로 장기균형은 더 이상 기존 기업의 퇴거나 새로운 기업의 진입, 설비규모 조정도 이루어지지 않게 된다.

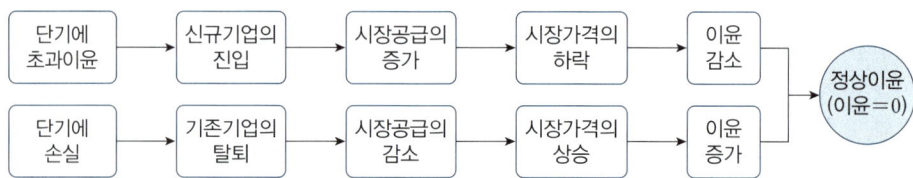

6. 완전경쟁시장에 대한 평가

(1) 장점

① **효율적인 자원 배분** : 장·단기에 항상 P = MC가 성립하므로 사회적인 관점에서 가장 효율적 생산이 이루어지며, 사회 후생이 극대화된다.
② **최적 시설 규모에서 생산** : 장기 균형에서 P = MR = LAC의 요건이 충족되며, **개별 기업은 장기 평균비용(LAC)의 최저점에서 생산 가능하다.** 최적 시설 규모에서 최적 산출량만큼의 재화가 생산되므로 시설에 대한 낭비요인이 없어진다.
③ **의사결정의 분권화** : 모든 경제주체의 경제적 자유와 균등한 기회가 보장된다.

(2) 단점

① **비현실적인 가정** : 완전경쟁시장은 기본적으로 수많은 전제조건들이 전부 충족되는 경우에 가능하다. 그러나 현실에서 상품의 동질성, 정보의 완전성 등의 조건들을 완벽하게 실현하는 것은 불가능에 가깝다. 예를 들어 완전경쟁시장에 근접한 사례인 '주식 & 채권시장'이 '상품의 동질성(O), 정보의 완전성(X)'인 점을 생각해 보면 이해하기 쉽다. 결국 현실의 시장은 완전경쟁시장의 자원 배분 완전효율성을 갖지 못한다.
② **소득분배의 불공정성** : 완전경쟁시장은 '자원 배분의 효율성'이 달성되는 시장이지, '소득분배의 형평성'을 기대할 수 있는 시장은 아니다.

시험문제 미리보기!

> 완전경쟁시장에 대한 설명으로 옳지 않은 것은?
>
> ① 수많은 수요자와 공급자가 존재한다.
> ② 동질적인 상품이 거래된다.
> ③ 소비자의 다양한 기호를 충족시킬 수 있다.
> ④ 시장에의 진입과 탈퇴가 자유롭다.
> ⑤ 개별기업이 직면하는 수요곡선은 완전탄력적이다.
>
> **정답** ③
> **해설** 완전경쟁시장은 동질적인 상품을 생산하기 때문에 소비자의 다양한 기호를 충족시킬 수 없다. 소비자의 다양한 기호를 충족시킬 수 있는 시장은 독점적 경쟁시장이다.

제2절 | 독점시장

핵심 Check ✓ 독점시장

독점시장의 수요곡선	• 우하향하는 직선 • MR곡선은 수요곡선 기울기의 2배
독점시장의 특징	• P > MR = MC • 완전경쟁시장에 비해 수량은 적고 가격은 높음 • 초과설비 발생 • 후생손실 발생
1급 가격차별	• 소비자의 지불용의별로 가격을 책정 • 효율적 시장 • 모두 생산자잉여
2급 가격차별	• 수량별 가격차별
3급 가격차별	• 수요의 가격탄력성을 이용한 가격차별

01 독점(Monopoly)의 개념과 특징 ★★

1. 개념
모든 재화의 공급이 시장지배력을 갖는 1개의 기업에 의해 이루어지는 시장형태를 의미한다.

2. 특징

(1) 시장지배력
① 독점기업은 시장지배력을 갖고 있으므로 **가격결정자(Price Setter)**로 행동한다.
② 완전경쟁시장에서의 기업과 달리 가격차별(Price Discrimination)이 가능하다.

(2) 독점기업의 수요곡선
① 독점기업은 수요곡선상에서 자신에게 가장 유리한 생산점 선택이 가능하므로 독점기업의 공급곡선은 존재하지 않는다. 따라서 우리가 그래프를 그릴 때는 MC로 공급곡선을 대체한다.
② 독점기업이 직면하는 수요곡선은 독점기업이 다 가져가므로 우하향하는 시장 전체의 수요곡선이다.
③ 결국 가격을 올리면 수요량이 감소하고, 가격을 내리면 수요량이 증가한다.

핵심 Plus+

독점과 과점
- 산업의 정의에 따라 독점으로 볼 수도 있고 과점으로 볼 수도 있는 경우가 발생할 수 있는데, 산업을 좁게 정의하면 독점으로 분류되는 경우가 많이 발생함
- 철도시장에서 철도공사는 독점공급자이지만 운수업으로 산업을 정의하면 대체재인 고속버스, 항공기 등이 있으므로 과점에 속함

(3) 대체재 부재
① 독점의 경우에는 직접적인 대체재가 존재하지 않으므로 경쟁상대가 없다.
② 독점기업은 직접적인 경쟁압력을 받지 않으므로 가격경쟁과 비가격경쟁이 없다.

(4) 완벽한 진입장벽
① 독점기업은 장기 혹은 단기와 무관하게 신규기업의 시장진입이 불가능하다.
② 독점기업은 이 진입장벽을 근거로 생산량을 결정할 때, 효율적 자원 배분에 의한 최적생산이 아닌 기업의 최대이윤을 달성하는 수준에서 생산량을 결정한다.

02 독점의 총수입, 평균수입, 한계수입 ★★

1. 총수입(TR; Total Revenue)

독점기업의 수요곡선이 우하향하므로, 가격변화 시 총수입의 증감여부는 수요의 가격탄력성에 따라 달라진다. 따라서 수요의 가격탄력성이 1일 때 극대화된다.

2. 평균수입(AR; Average Revenue)

$$AR = \frac{TR}{Q} = \frac{P \times Q}{Q} = P$$

① 재화 1단위당 수입의 크기로 총수입을 판매량으로 나눈 값과 가격이 일치한다.
② 수요곡선까지의 높이가 평균수입을 나타내므로 수요곡선과 평균수입곡선은 일치한다.
③ 평균수입은 총수입곡선에서 원점으로 연결한 직선의 기울기로도 측정한다.

3. 한계수입(MR; Marginal Revenue)

$$MR = \frac{\Delta TR}{\Delta Q}$$

① 판매량이 1단위 증가할 때 총수입의 증가분으로 수요곡선 기울기의 2배인 곡선이다.
② 독점시장 수요곡선의 가격탄력성이 1일 때 총수입이 극대화된다.

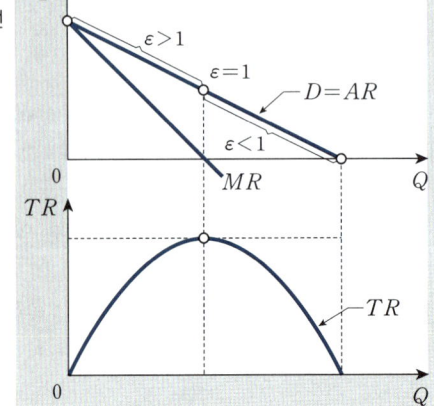

(a) 수요곡선과 한계수입곡선
(b) 총수입곡선

4. 독점의 이윤극대화

(1) 단기균형의 도출

독점기업은 MR = MC가 충족되는 점에서 가격과 생산량을 결정(P > MC)한다. 하지만 독점기업은 단기적으로 초과이윤을 볼 수도 있고, 정상이윤만 얻을 수도 있으며, 손실을 볼 수도 있다.

(2) 장기균형의 도출

장기균형은 장기 한계비용(LMC)과 한계수입(MR)이 일치하는 점에서 이루어지므로 장기에 독점기업은 바람직한 양보다 적게 생산하며 가격은 효율적인 상태보다 높다.

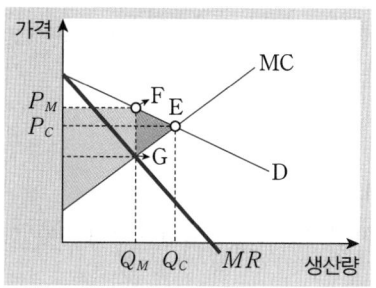

- $\triangle FEG$: 후생 손실
- M : 독점시장
- C : 완전경쟁시장

03 독점기업의 독점도(DM; Degree of Monopoly) ★

1. 러너(A. Lerner)의 독점도

러너는 가격이 한계비용을 초과하는 비율이 높을수록 독점의 정도가 크다는 것에 착안하여 그 정도를 재는 지표를 제시하였다. 완전경쟁시장은 P = MC이기 때문에 0과 가까울수록 완전경쟁시장에, 1과 가까워질수록 독점시장에 가깝다.

$$DM = \frac{P - MC}{P}$$

2. 힉스(Hicks)의 독점도

힉스는 독점도가 수요의 가격탄력도에 반비례한다고 주장하였다. 완전경쟁의 경우 P = MC이고 $\varepsilon_d = \infty$이므로 DM은 0이 된다.

$$DM = \frac{P - MC}{P} = \frac{P - MR}{P} = \frac{P - P\{1 - \frac{1}{\varepsilon_d}\}}{P} = \frac{1}{\varepsilon_d}$$

핵심 Plus+

아모로소-로빈슨 공식

$MR = P(1 - \frac{1}{ed})$

04 가격차별 ★★★

1. 개념
동일한 재화에 대하여 서로 다른 가격을 설정하는 것을 의미한다.

2. 제1급 가격차별(완전가격차별, Perfect Price Discrimination)

(1) 의미
각 단위의 재화에 대하여 소비자들이 지불할 용의가 있는 최대 금액을 독점기업이 가격으로 설정하는 것이다. 따라서 동일 재화의 가격이 지불용의에 따라 서로 다르게 설정된다.

(2) 특징
① 자원 배분이 효율적이나 모든 잉여는 생산자잉여로 귀속된다.
② 독점기업이 모든 소비자의 지불용의를 아는 것이 불가능하므로 현실에서 찾기 어렵다.

(3) 그래프 분석

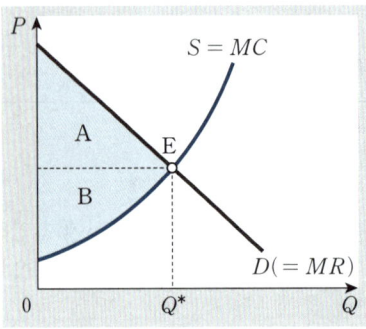

① (보상)수요곡선과 한계수입곡선이 일치하므로 완전경쟁과 같은 생산량을 생산한다.
② $P=MC$가 성립하므로 자원 배분이 효율적이다.
③ 소비자잉여(A)가 모두 독점기업으로 귀속되므로 소득분배가 가장 불공평하다.

3. 제2급 가격차별(Second Degree Price Discrimination)

(1) 의미
재화의 구입량에 따라 각각 다른 가격을 설정하는 것이다. 예 공동구매 등

(2) 특징
가격차별을 실시하지 않는 경우보다 생산량이 증가한다.

핵심 Plus⁺

보상수요곡선과 통상수요곡선
가격이 변화할 때 보상수요곡선은 대체효과만 고려한 반면 통상수요곡선은 소득효과와 대체효과 모두 고려한 것임. 우리가 쓰는 수요곡선은 통상수요곡선을 의미함

(3) 그래프 분석

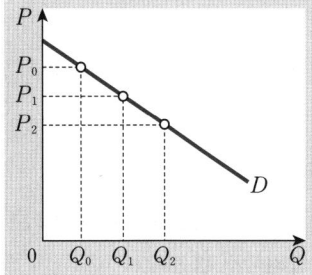

① 가격차별을 실시하지 않은 경우와 비교하여 생산량이 증가하므로 자원 배분의 효율성은 증가한다.
② 소비자잉여의 많은 부분이 독점기업으로 귀속된다.
③ 정보의 비대칭성이 요인이다.
④ 사용량에 따라 달리하는 요금제가 대표적인 예시이다. 예 자장면 곱빼기 등

4. 제3급 가격차별

(1) 의미

① 소비자들의 특징에 따라 시장을 몇 개로 분할하여 각 시장에서 서로 다른 가격을 설정하는 것이다.
② 일반적으로 가격차별이라고 하면 제3급 가격차별을 의미한다.
   예 극장에서 일반인과 학생의 입장료를 다르게 설정하는 것, 가전제품을 국내에서는 높은 가격으로 판매하고 해외에서는 낮은 가격으로 판매하는 것, 이발관에서 어린이와 성인의 이발요금을 다르게 설정하는 것 등

(2) 성립조건

① 기업이 독점력(시장지배력)을 갖고 있어야 한다.
② 시장의 분리 또는 서로 다른 수요 집단으로 분리가 가능하여야 한다.
③ 각 시장의 수요의 가격탄력성이 서로 달라야 한다.
④ 시장 간 재판매가 불가능하여야 한다.
⑤ 시장분리비용이 시장분리에 따른 이윤증가분보다 작아야 한다.

(3) 특징

1시장의 탄력적인 재화에는 가격을 저렴하게, 2시장의 비탄력적인 재화에는 가격을 높여서 판매한다.

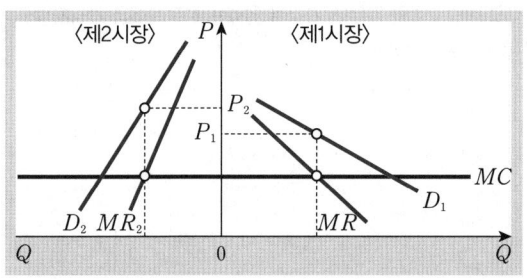

> **핵심 Plus+**
>
> **제3급 가격차별을 고르는 팁**
> 가격차별은 동일한 제품의 가격을 다르게 설정하여 기업의 이윤 극대화를 추구하는 것임. 따라서 비슷해 보이기는 하지만 다른 것일 경우는 가격차별이 아님. 예를 들어 비행기의 좌석의 등급에 따라 가격이 다른 것은 상품이 다르기 때문이므로 가격차별이 아님. 이와 같이 연습용 기타와 전문가용 기타, 신상양복과 이월상품양복의 가격이 다른 것은 가격차별이라고 볼 수 없음

5. 기타 가격차별

(1) 광고지의 할인권 또는 쿠폰을 가져오는 경우

할인권이나 쿠폰을 가져오는 경우는 가격에 민감한 사람이므로 가격을 내려주고, 그렇지 않은 사람은 비탄력적인 사람이므로 가격을 올려서 판매한다.

(2) 관광지에서 지역주민에게 입장료를 할인해주는 경우

지역주민은 많이 와봤기 때문에 가격에 민감한(탄력적인) 사람이므로 가격을 내려주고, 관광객들은 가격에 둔감한(비탄력적인) 사람이므로 가격을 할인하지 않는다.

6. 가격차별의 평가

(1) 장점

① 가격차별에 따른 생산량 증가로 자원 배분의 비효율이 상당부분 해소된다. (사회적 후생손실의 감소)
② 제3급 가격차별의 경우 가격차별은 가격탄력성이 큰 소비자 그룹에 대해서는 낮은 가격을 책정하는 형태로 이루어지는데, 빈곤하여 가격탄력성이 높게 된 것이라면 이들에게 상대적으로 유리하게 소득이 재분배되는 효과가 있다.

(2) 단점

① 소비자 차별대우에 따른 불쾌감을 초래한다.
② 소비자잉여가 독점기업의 수익으로 전환된다.

시험문제 미리보기!

> 가격차별이 발생할 수 있는 조건과 거리가 먼 것은?
>
> ① 기업이 독점력(시장지배력)을 갖고 있어야 한다.
> ② 시장의 분리 또는 서로 다른 수요 집단으로 분리가 가능하여야 한다.
> ③ 각 시장의 수요의 가격탄력성이 유사해야 한다.
> ④ 시장 간 재판매가 불가능하여야 한다.
> ⑤ 시장분리비용이 시장분리에 따른 이윤증가분보다 작아야 한다.
>
> 정답 ③
> 해설 각 시장 수요의 가격탄력성이 유사하다면 시장을 나누는 의미가 없어진다. 수요의 가격탄력성이 상이하여 탄력적인 경우에는 가격을 내리고 비탄력적인 경우에 가격을 올리는 정책을 3급 가격차별이라고 하며 이를 통해 기업의 이윤을 극대화 할 수 있다.

05 묶어팔기 ★

1. 개념

여러 상품을 한꺼번에 묶어서 판매하는 것으로 넓게 보면 가격차별의 일종이라고 할 수 있다.
예) 음식점의 코스요리 판매 등

2. 사례분석

구분	지불할 용의가 있는 최고 금액(원)	
	상품 1	상품 2
갑	100	50
을	70	120

① 상품 1을 100원에 판매하면 갑은 구입하지만 을은 구입하지 않을 것이고, 70원에 판매하면 갑과 을이 모두 구입할 것이다. 따라서 둘 다 구입하게 하는 경우 70 × 2 = 140이 갑만 구입하는 경우인 100보다 크게 되므로 기업은 가격을 70원에 설정할 것이다.
② 상품 2를 50원에 판매하게 되면 갑과 을이 모두 구입하고, 120원에 판매하면 을만 구입할 것이다. 따라서 둘 다 구입하게 되는 경우 50 × 2 = 100보다 을만 구입하는 경우 120이 더 크므로 기업은 가격을 120원에 설정할 것이다.
③ 두 상품을 묶어서 총액으로 판매하는 경우 갑의 지불용의의 합인 150으로 판매하면 갑과 을이 모두 구매하게 되지만, 을의 지불용의의 합인 190원에 판매하게 되면 을만 구매할 것이다. 따라서 둘 다 구매하게 되는 150 × 2 = 300이 을만 구입하는 190보다 크므로 묶음 상품의 가격은 150원이 될 것이다.

06 독점시장의 평가 ★

1. 긍정적 측면

① 규모의 경제가 적용되는 경우 생산 비용이 감소할 수 있다.
② 기술 개발과 생산 방법의 혁신을 위한 연구 개발 투자의 여력이 생길 수 있어 국제 경쟁력 강화 가능성 있다.

2. 부정적 측면

① 완전경쟁체제에 비해 생산량은 더 작고 가격은 높다. 이로 인해 사회적 후생의 손실 발생, 비효율적 자원 배분이 이루어진다.
② 최적 규모로 생산 시설을 가동하지 않음으로 인해 자원의 최적 활용에 실패한다. (초과설비 보유)

07 독점의 규제

1. 독점규제의 필요성

독점은 자원의 비효율성을 가져오므로 정부의 규제가 필요하다. 공정거래에 관한 법률 등이 있지만 여기에서는 가격규제를 중심으로 살펴보려고 한다.

2. 자연독점의 가격규제

(1) 한계비용 가격규제(P = MC)

수요곡선과 한계비용(MC)곡선의 교점에서 가격규제를 하면 P = MC가 성립하여 자원 배분이 효율적으로 이루어지나 가격이 평균비용(AC)보다 낮으므로 자연독점기업은 적자가 발생하여 생산의 유인이 사라진다. 이 경우, 정부가 보조금을 지원하여 생산을 유도한다.

(2) 평균비용 가격규제(P = AC)

정부가 보조금 지원이 여의치 않은 경우 적자가 발생하지는 않지만 P > MC가 되어 자원 배분이 비효율적으로 이루어지고 자연독점기업은 평균비용을 낮추려는 기술혁신의 유인이 사라진다.

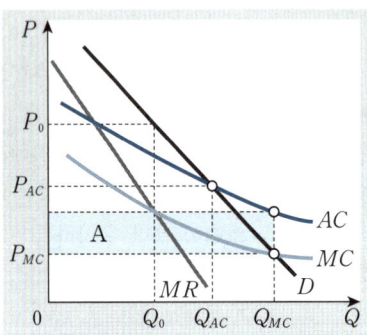

① 자연독점기업의 이윤극대화(MR = MC) : 생산량 = Q_0, 가격 = P_0
② 한계비용가격정책(P = MC < AC) : 자원 배분이 효율적으로 이루어지나 $P_{MC} < AC$가 되어 자연독점기업은 A만큼 적자가 발생한다.
③ 평균비용가격정책(P = AC > MC) : 자연독점기업은 적자가 발생하지는 않지만 $P_{AC} > MC$가 되어 자원 배분이 비효율적으로 이루어진다.

08 완전경쟁시장과 독점시장의 비교 ★★★

구 분	완전경쟁시장	독점시장
시장지배력	• 없음	• 있음
개별기업이 직면하는 수요곡선	• 개별기업이 직면하는 수요곡선 : 수평선	• 개별기업이 직면하는 수요곡선 : 우하향
일물일가의 법칙	• 성립	• 가격차별 가능
균형조건	• 단기 : P = AR = MR = MC • 장기 : P = AR = MR 　　　　 = SMC = SAC 　　　　 = LMC = LAC	• 단기 : P = AR > MR = MC • 장기 : P = AR > SAC = LMC 　　　　 = AR > MR = SAC = LMC
단기공급곡선	• AVC 곡선을 상회하는 MC	• 존재하지 않음
이 윤	• 단기 : 초과이윤, 정상이윤, 손실 가능 • 장기 : 정상이윤	• 단기 : 초과이윤, 정상이윤, 손실 가능 • 장기 : 초과이윤
경제적 효과	• 효율적 자원 배분(P = MC) • 시장기능의 활성화로 독점시장보다 낮은 가격으로 더 많은 생산량 공급 • 경제력의 분산	• 비효율적 자원 배분(P > MC) • 완전경쟁시장보다 높은 가격으로 더 적은 생산량 공급 • 경제력의 집중

시험문제 미리보기!

독점에 대한 설명으로 옳은 것은?

① 독점기업은 항상 초과이윤을 누릴 수 있다.
② 독점기업은 주어진 가격을 받아들이는 가격수용자이다.
③ 독점기업이 이윤을 늘리기 위해서는 가격을 높여야 한다.
④ 독점기업이 판매량을 늘리기 위해서는 가격을 낮춰야 한다.
⑤ 규모에 대한 수익 체감이 나타날 때 자연독점이 발생한다.

정답 ④
해설 독점시장은 시장의 수요를 모두 차지하기 때문에 시장수요곡선이 기업이 맞이하는 수요곡선이 된다. 따라서 판매량을 늘리기 위해서는 가격을 낮추어야 한다.

오답노트
① 독점기업이라고 해도 항상 초과이윤을 누리는 것은 아니며 초기 고정비용이 많이 들어가면 손실이 발생하기도 한다.
② 독점기업은 가격결정자이다.
③ 가격을 높인다고 반드시 이윤이 증가하는 것은 아니다.
⑤ 규모에 대한 수익 체증이 나타날 때 자연독점이 발생한다.

제3절 | 독점적 경쟁시장 & 과점시장

핵심 Check ✓ 독점적 경쟁시장과 과점시장

독점적 경쟁시장	• 단기적 독점시장 성격 • 장기적 완전경쟁시장 성격 • 상품차별화
과점시장	• 타기업의 영향력 큼 → 게임이론

01 독점적 경쟁시장

1. 개념

① 진입과 퇴거가 대체로 자유롭고, 다수의 기업이 존재하며, 개별기업들은 대체성이 높지만 차별화된 재화를 생산하는 시장형태이다.
② 독점적 경쟁시장에는 독점의 요소(일반적으로 단기)와 경쟁적인 요소(일반적으로 장기)가 공존한다.
③ 독점적 경쟁시장은 현실에 존재하는 가장 흔한 시장이며 단골을 만든다는 개념으로 생각하면 된다.
   예 학교 앞 분식점, 시내 주유소, 미용실, 목욕탕, 세탁소, 약국, 음식점, 노래방, 책방, 우유 시장, 비누 시장, 커피전문점 등

2. 특징

① 제품 차별화를 통해 자신의 제품을 어필해야 한다. ⇨ 독점시장의 성격
② 광고, 판매조건, 디자인 등을 통한 비가격 경쟁이 된다. ⇨ 과점시장의 성격
③ 다수의 기업(공급자)과 다수의 소비자(수요자)가 존재한다. ⇨ 완전경쟁시장의 성격

3. 독점적 경쟁시장의 균형

(1) 단기적으로는 초과이윤 발생 가능 : 독점시장의 성격

① P > MR = MC
② 비탄력적 구간에서 생산하지 않는다.
③ 공급곡선이 존재하지 않는다.

핵심 Plus+

비가격경쟁에 의한 자원의 낭비
완전경쟁시장은 생산요소(노동 & 자본)를 오로지 제품의 생산에만 투입하고 일체의 광고나 판촉행위 등을 할 필요가 없음. 왜냐하면 오직 가격경쟁만 발생하기 때문인데, 이를 바꿔 말하면 비가격경쟁이 벌어지는 독점적 경쟁과 과점시장은 제품의 생산에 들어가는 생산요소 이외에 광고, 판촉행위, 사은품 등 비효율적인 생산요소의 사용이 일어날 수밖에 없으므로 자원의 낭비가 일어남

④ 초과이윤을 얻을 수도, 정상이윤을 볼 수도, 손실을 입을 수도 있다.
(그림에서는 초과이윤 A가 발생하나 반드시 그런 것은 아니다)

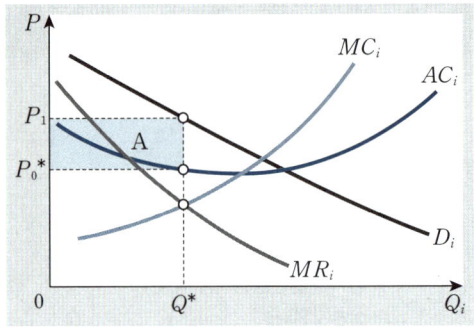

(2) 장기적으로는 정상이윤 발생 : 완전시장의 성격
① 이윤측면에서 완전시장의 성격을 가진다.
② 완전경쟁시장이 되는 것은 아님 : 비용곡선의 최저점에서 생산하지 않으므로 초과설비가 생기고, 자원 배분은 비효율적이다.

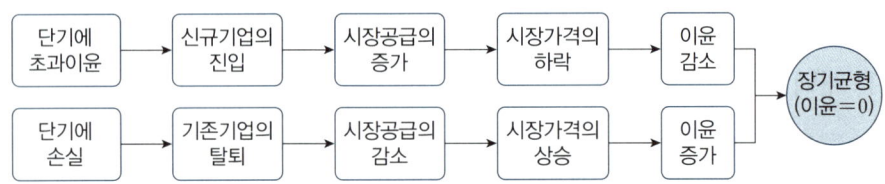

4. 평가

(1) 긍정적인 측면

다양한 재화의 생산, 적절한 수준에서 기업 간 경쟁

(2) 부정적인 측면

자원 배분이 비효율적, 비가격경쟁에 따른 자원의 낭비, 초과설비(= 유휴설비) 보유

02 과점시장

1. 개념

① 새로운 기업의 진입이 어렵거나 불가능한 상황에서 소수의 대기업에 의해 지배되는 시장형태이다.
② 기업 수가 소수이므로 개별기업이 시장에서 차지하는 비중이 상당히 높으며, **한 기업의 생산량 변화는 시장가격과 다른 기업 이윤에 큰 영향을 미친다. 즉, 상호의존성이 크다.**
③ 과점시장은 현실에서 보편적으로 관찰되는 시장형태이며, 과점기업이 생산하는 재화는 상품의 질이 동질적인 경우(설탕, 시멘트, 휘발유 등)와 이질적인 경우(자동차, 냉장고, 맥주, 휴대폰 등)로 나누어 볼 수 있다.

핵심 Plus+

비가격경쟁 & 비경쟁행위
- 비가격경쟁 : 광고나 상품차별화 등의 치열한 비가격 경쟁
- 비경쟁행위 : 자신의 이윤극대화를 위하여 담합이나 카르텔, 트러스트 등의 비경쟁행위를 하려는 경향이 강함

핵심 Plus+

진입장벽

독점의 경우와 마찬가지로 규모의 경제, 생산요소의 독점, 정부의 인·허가나 특허권 등에 의한 것 외에 다음과 같은 진입장벽을 쌓음
- 진입저지 가격 설정 : 새로운 기업이 진입하면 기존기업은 가격을 낮추어 손실을 보게 함으로써 진입을 저지함
- 광고활동으로 인한 인지도를 높임
- 다양한 재화 생산 : 많은 차별화된 재화를 생산하여 소비자의 기호를 충족

과점시장과 게임이론

과점시장이 다른 시장형태와 구분되는 가장 핵심적인 특징은 기업 수가 소수이므로 기업 간 상호의존성이 매우 높음(=눈치보기). 따라서, 과점은 항상 경쟁기업의 반응을 감안하면서 의사결정을 내려야 하는데, 이를 전략적 상황이라고 함. 이러한 상황을 분석하는 데 사용하는 경제학적 개념이 게임이론임

2. 특징

① 상호의존성으로 인해 담합으로 발전될 가능성이 크다.
② 상품의 질이 동질적인 경우 치열한 비가격경쟁(광고)이 이루어진다.
③ 과점은 소수의 기업만 존재하는 시장이므로 진입장벽이 높다. 물론 독점시장보다는 낮지만 과점의 경우에도 상당한 정도의 진입장벽이 존재한다.

03 게임이론 ★★★

1. 개념

과점시장 안의 기업들 사이에는 강한 상호의존성이 존재하여 각 기업은 경쟁기업이 어떤 반응을 보일 것이라고 예상하는지에 따라 선택을 달리해야 하는 전략적 상황에 직면하게 된다. 게임이론은 이러한 전략적 상황에 직면한 과점시장을 연구하는 이론이다.

2. 균형

게임이론에서 균형이란 모든 경기자들이 현재의 결과에 만족하여 더 이상 자신의 전략을 바꿀 유인이 없는 상태를 의미한다. 게임이론의 균형에는 우월전략 균형, 내쉬균형, 혼합전략 내쉬균형, 최소극대화전략 균형 등이 있다.

3. 내쉬균형

상대방의 전략을 주어진 것으로 보고 각 경기자가 자기에게 가장 유리한 전략을 선택하였을 때 도달하는 균형을 찾는 것으로 게임이론에서 가장 일반적으로 사용하는 균형개념이다.

(1) 가정

기업 A와 B가 각각 전략을 선택하였을 때의 이윤(단위 : 억 원)이 아래의 보수행렬(A의 보수, B의 보수)로 요약된다고 가정한다.

		기업 B	
구 분		b_1	b_2
기업 A	a_1	(9, 7)	(5, 5)
	a_2	(5, 5)	(7, 9)

① **기업 A** : 기업 B가 b_1을 선택하면 a_1, b_2를 선택하면 a_2를 선택하는 것이 최선이다.
② **기업 B** : 기업 A가 a_1을 선택하면 b_1, a_2를 선택하면 b_2를 선택하는 것이 최선이다.
③ 이 게임의 경우에는 (a_1, b_1) (a_2, b_2)의 2개의 내쉬균형이 존재한다.

(2) 특징

① 내쉬균형은 반드시 파레토 효율적인 결과를 가져다주는 것은 아니다.
② 내쉬균형은 하나 이상 존재할 수도 있다.
③ 내쉬균형은 현재 균형상태에서 전략을 변경할 유인이 없으므로 안정적 균형이다.

핵심 Plus+

리니언시
담합 자진신고자 감면제도. 즉, 담합행위를 스스로 신고한 기업에게 과징금을 감면이나 면제해주는 것 또는 그 제도를 말함

4. 우월전략

상대방이 어떤 전략을 사용하는지에 관계없이 항상 자신의 보수가 가장 커지는 전략을 우월전략이라고 하며, 모든 경기자들이 우월전략을 사용할 때 도달하는 균형을 우월전략균형이라고 한다.

(1) 가정

기업 A와 B가 각각 전략을 선택하였을 때의 이윤(단위 : 억 원)이 아래의 보수행렬로 요약된다고 가정한다.

		기업 B	
	구분	b_1	b_2
기업 A	a_1	(10, 10)	(30, 5)
	a_2	(5, 30)	(20, 20)

① 기업 A : 기업 B의 전략에 관계없이 a_1전략을 선택하면 자신의 보수가 가장 커지므로 a_1이 우월전략이다.
② 기업 B : 기업 A의 전략에 관계없이 b_1전략을 선택하면 자신의 보수가 가장 커지므로 b_1이 우월전략이다.

(2) 균형

기업 A의 우월전략은 a_1이므로 기업 A는 항상 a_1전략을 선택하고, 기업 B도 항상 자신의 우월전략인 b_1전략을 선택하므로, 우월전략균형은 (a_1, b_1)이 된다.

5. 용의자의 딜레마

(1) 가정

① 두 명의 용의자가 체포되어 서로 다른 취조실에서 격리되어 심문을 받고 있으며, 서로 간에 의사소통은 불가능하다.
② 두 사람의 형량(단위 : 년)은 자백 여부에 따라 결정되는데, 자백 여부에 따라 형량이 아래와 같은 보수행렬로 주어져 있다고 가정한다.

		용의자 B	
	구분	자백	부인
용의자 A	자백	(20, 20)	(2, 25)
	부인	(25, 2)	(3, 3)

(2) 균형

두 용의자의 우월전략은 상대방의 자백이든 부인이든 관계없이 자백하는 것이므로, 두 용의자의 우월전략은 모두 자백하는 것이므로 (자백, 자백)이 우월전략균형이 된다.

(3) 시사점

① 만약 두 용의자가 서로 의사소통할 수 있다면 서로 협조하여 끝까지 부인하는 전략을 고수함으로써 형량을 감소시킬 수 있으나, 여기에서는 서로 간의 의사전달이 불가능하므로 상호협조가 불가능하다.
② 만약 상대방이 자백할 경우에도 자신이 부인한다면 자신의 형량만 대폭 높아지므로 우월전략인 자백을 선택할 수밖에 없다.

③ 용의자의 딜레마는 '정보의 부족'으로 인해 발생하는 것이 아니고 '개인의 이기심'에 의해 발생하는 현상으로, 개인적 합리성이 집단적 합리성을 보장하지 못함을 의미한다.
④ 현실에서는 과점 기업 A와 B가 카르텔을 결성하여 독점처럼 행동하면 막대한 초과이윤을 얻을 수 있으나 상대방이 카르텔협정을 위반할 경우 더 큰 손실이 발생하므로 처음부터 비협조적으로 행동하는 상황과 유사하다.

시험문제 미리보기!

현실 경제에서는 완전경쟁시장보다는 과점시장이 많이 존재하는데 이런 과점시장에서 나타날 수 있는 상황으로 옳은 것은?

<보기>
ㄱ. 비가격 경쟁이 치열하다.
ㄴ. 담합과 카르텔이 나타난다.
ㄷ. 개별기업의 전략적 행동은 나타나지 않는다.
ㄹ. 희소한 자원이 효율적으로 사용되고 있다.

① ㄱ, ㄴ ② ㄱ, ㄷ ③ ㄴ, ㄷ
④ ㄴ, ㄹ ⑤ ㄷ, ㄹ

정답 ①
해설 과점시장은 소수의 기업이 시장을 점유하고 있으므로 비가격 경쟁이 치열하다. 따라서 서로 간의 연합을 통해 이익을 극대화시키려는 노력인 담합과 카르텔이 나타난다.

오답노트
ㄷ. 개별기업의 전략적 행동이 자주 나타난다. 이를 게임이론으로 설명한 바 있다.
ㄹ. 희소한 자원이 효율적으로 사용되고 있는 시장은 완전경쟁시장이다.

출제예상문제

> 출제예상문제의 중요도를 ★~★★★으로 구분하였습니다. 난이도가 가장 높은 고등급 문제는 S등급 표시하였으니, S등급을 목표로 하신다면 반드시 학습하시기 바랍니다.

01 ★ 다음 중 완전경쟁시장의 장점으로 볼 수 없는 것은?

① 상품 생산비용이 최소가 된다.
② 많은 재화와 서비스가 생산된다.
③ 소득분배의 공평성이 보장된다.
④ 소비자잉여와 생산자잉여의 합인 총잉여가 극대화된다.
⑤ 완전정보가 존재하기 때문에 정보의 비대칭성이 발생하지 않는다.

02 ★★ 다음 중 완전경쟁시장의 설명으로 옳은 것은?

① 완전경쟁시장 균형점에서 사회적 형평성이 극대화된다.
② 완전경쟁시장은 자원을 가장 효율적으로 배분하고 그렇지 않은 시장은 시장실패이므로 이를 교정하기 위해 정부가 개입해야 한다.
③ 완전경쟁시장 균형점에서 소비자는 효용극대화, 생산자는 이윤극대화가 달성된다.
④ 완전경쟁시장이 자원을 가장 효율적으로 배분하기 때문에 시장을 경쟁적으로 만들기 위해서는 시장지배력이 큰 기업으로 합쳐야 한다.
⑤ 완전경쟁시장이 자원을 효율적으로 배분하는 조건은 가격과 한계비용이 일치하는 것이므로 이 조건을 만족하지 않는 시장은 반드시 정부가 규제해야 한다.

03 ★★ 완전경쟁시장의 균형점이 '파레토 효율적'인 이유로 적절하게 묶인 것은? (단, 상품시장이라고 가정한다)

<보기>
ㄱ. 완전경쟁시장 균형점에서 사회적잉여가 가장 크기 때문이다.
ㄴ. 완전경쟁시장 균형점에서 사회적 형평성이 극대화되기 때문이다.
ㄷ. 완전경쟁시장 균형점에서 재화 한 단위 생산에 따른 사회적 한계편익과 사회적 한계비용이 같기 때문이다.
ㄹ. 한계수입과 한계비용이 일치하는 점에서 생산하는 유일한 시장이기 때문이다.

① ㄱ, ㄴ　　② ㄱ, ㄷ　　③ ㄴ, ㄷ　　④ ㄴ, ㄹ　　⑤ ㄷ, ㄹ

04 다음은 이윤극대화를 추구하는 어느 기업의 평균수입(AR)과 평균비용(AC)곡선을 나타낸 그림이다. 이에 대한 설명으로 옳은 것은? (단, 완전경쟁시장이다)

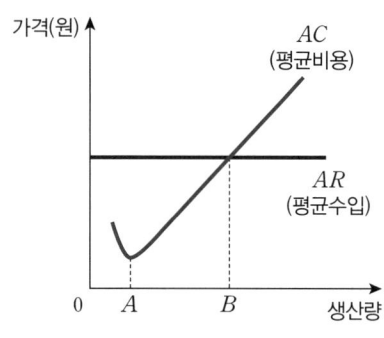

─────────<보기>─────────
ㄱ. 생산량이 A일 때 평균비용과 한계비용은 일치한다.
ㄴ. 생산량이 B보다 많으면 손실이 발생한다.
ㄷ. 생산량이 A일 때 총비용은 평균비용보다 작다.
ㄹ. 이윤이 최대가 되는 생산량은 B이다.

① ㄱ, ㄴ ② ㄱ, ㄹ ③ ㄴ, ㄷ ④ ㄴ, ㄹ ⑤ ㄷ, ㄹ

정답 및 해설

01 ③
완전경쟁시장은 자원의 낭비를 막을 수 있는 효율적인 시장이지, 소득분배의 공평성을 보장하는 시장은 아니다.

02 ③
완전경쟁시장은 완전한 정보를 가지고 있다. 따라서 완전경쟁시장 균형점에서 소비자는 효용극대화, 생산자는 이윤극대화를 달성할 수 있다.

오답노트
① 완전경쟁시장은 사회적 효율성은 달성하지만 형평성을 달성한다고 볼 수 없다.
② 반드시 정부가 개입할 필요는 없다.
④ 완전경쟁시장이 자원을 가장 효율적으로 배분하기 때문에 시장을 경쟁적으로 만들기 위해서는 시장지배력이 큰 기업을 여러 기업으로 분할해야 한다.
⑤ 반드시 규제해야 하는 것은 아니다.

03 ②
완전경쟁시장의 균형점을 '파레토 효율적(현재보다 더 효율적인 배분이 불가능한 상태)'이라고 한다. 이는 자원 배분이 소비자가 누리는 총가치에서 그 재화를 공급하는 데 필요한 공급자의 총비용을 뺀 나머지인 사회적잉여를 극대화시키기 때문이다. 이런 자원 배분을 가리켜 효율성이 있다고 한다.

오답노트
ㄴ. 완전경쟁시장 균형점에서는 사회적 효율이 극대화되지만 형평성이 극대화되지는 않는다. 형평성은 사회 구성원 간에 경제적 후생을 균등하게 분배하는 것이다.
ㄹ. 독점시장도 마찬가지로 MR = MC가 일치하는 지점이 이윤극대화 생산량이 된다. 완전경쟁시장만 유일한 시장인 것은 아니다.

04 ①
문제의 그림에서 이 기업의 평균수입(AR)곡선은 수평이다. 따라서 한계수입(MR)과 재화 가격은 생산량에 관계없이 일정함을 알 수 있다. 생산량이 A일 때 한계비용(MC)과 평균비용(AC)이 일치하고 생산량이 B보다 적을 때 플러스의 이윤이 발생한다.

오답노트
ㄷ. 생산량이 A일 때 한계비용과 평균비용은 일치하며 총비용이 평균비용보다 크다.
ㄹ. 이윤이 최대가 되는 조건은 한계수입과 한계비용이 일치할 때(MR = MC)이므로 최대 이윤을 달성하는 생산량은 A와 B 사이에 있다.

TIP

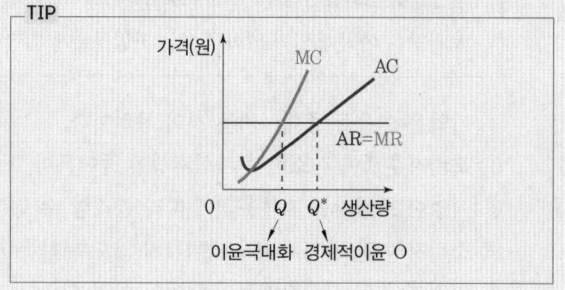

05 다음은 완전경쟁시장에서 어느 기업의 단기비용곡선이다. 제품의 시장 가격이 100원으로 주어졌을 때 이 기업의 생산 결정에 대한 설명 중 옳은 것은?

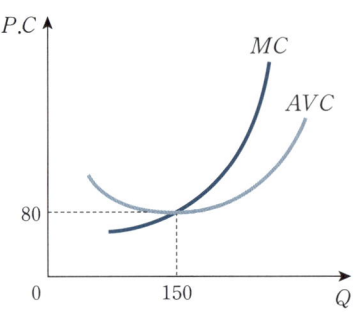

〈보기〉
ㄱ. 이 기업은 150개보다 많은 양을 생산한다.
ㄴ. 균형점에서 이 기업의 한계비용은 100원이다.
ㄷ. 이 기업은 생산을 함으로써 정상 이윤을 얻을 수 있다.
ㄹ. 장기에서는 평균비용의 최저점에서 150개를 생산할 것이다.

① ㄱ, ㄴ   ② ㄱ, ㄹ   ③ ㄴ, ㄷ   ④ ㄴ, ㄹ   ⑤ ㄷ, ㄹ

06 회사에서 새로 판매하는 제품의 가격을 개당 20,000원으로 책정했다. 이 회사는 새 제품을 생산하는 데 2억 원의 고정비용이 들었으며, 제품 1개당 10,000원의 가변비용이 들었다. 이 제품의 손익분기점은 몇 개인가?

① 5,000개   ② 10,000개   ③ 15,000개
④ 20,000개   ⑤ 30,000개

07 다음은 시장에서 어떤 기업들이 하는 행위이다. 이에 대한 설명으로 옳지 않은 것은?

- H자동차는 국내보다 더 낮은 가격으로 자사 제품을 미국에 수출한다.
- M극장은 아침에 일찍 영화를 보는 사람들에게 입장권 가격을 할인해 준다.

① 기업은 이윤을 증대시키는 것이 목적이다.
② 소비자후생이 감소하여 사회후생이 줄어든다.
③ 기업이 소비자를 지불용의에 따라 분리할 수 있어야 한다.
④ 소비자들 간 차익거래가 이뤄지지 않도록 하는 게 중요하다.
⑤ 일정 수준의 시장지배력이 있어야 이런 행위가 가능하다.

08

아래 그림은 한 기업의 이윤극대화의 상황을 보여주고 있다. Q_0가 균형점일 때 옳지 않은 것은? (단, TC는 총비용, TR은 총수입, MC는 한계비용, MR은 한계수입이다)

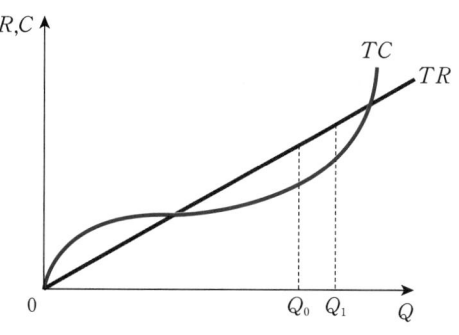

―〈보기〉―

ㄱ. Q_0에서 MR = MC이다.
ㄴ. Q_0에서 Q_1으로 이동하면 생산량이 증가한 만큼 이윤은 증가한다.
ㄷ. Q_1에서는 MR < MC이므로 생산량을 줄이면 이윤이 극대화된다.
ㄹ. MR = MC가 되는 생산량이 두 개 존재하므로 이윤극대화 지점은 2개이다.

① ㄱ, ㄴ   ② ㄱ, ㄷ   ③ ㄴ, ㄷ   ④ ㄴ, ㄹ   ⑤ ㄷ, ㄹ

정답 및 해설

05 ①

그래프에서 이 기업의 평균가변비용의 최소점은 80원이다. 시장가격이 100원인데 완전경쟁시장은 시장가격과 한계수입이 일치하므로 MR = MC = 100에서 이윤극대화 생산량을 정할 것이다. 따라서 단기에 150개 이상 생산할 것이다. 장기가 되면 시장에 많은 기업들이 진입할 것이므로 정상이윤이 발생하는 150개 수준에서 생산할 것이다.

오답노트
ㄷ. 균형점(P = AR = MC = 100원)에서 이윤을 얻을 수 있는지는 고정비용의 크기에 달려 있으므로 위 그래프만으로는 알 수 없다.
ㄹ. 장기에서는 평균비용의 최저점에서 생산할 것이다. 다만 문제에서 평균비용이 제시되어 있지 않기 때문에 알 수 없다.

TIP

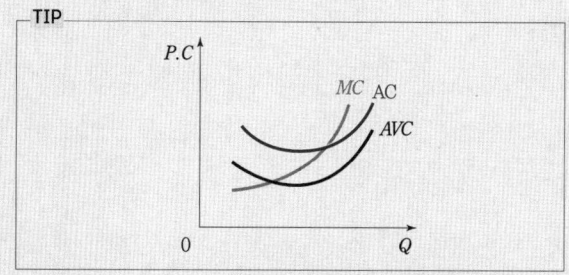

06 ④

손익분기점은 경제적 이윤이 0인 상태, 즉 고정비를 회수할 수 있는 판매량을 말한다. 단순하게 생각하면 개당 20,000원에 판매되는 제품 1개당 10,000의 가변비용이 들어가면 1개당 10,000원씩 벌고 있는 것이다. 따라서 2억 원의 고정비용을 상쇄하기 위해서는 10,000원 × 20,000 = 2억 원이므로 20,000개가 손익분기 수량이 된다.

07 ②

가격차별은 동일한 상품에 대해 구입자 또는 구입량에 따라 다른 가격을 받는 행위이다. 시장지배력이 있는 독점기업이라면 같은 상품이라도 소비자에 따라 다른 가격을 받을 수 있다. 일반적으로 가격차별을 하면 기존에 소비를 하지 못한 수요자층까지 소비를 할 수 있도록 해 산출량이 증가하고 사회후생이 증가하는 경향이 있다.

08 ④

문제에서 총수입과 총비용의 그래프를 보여주고 있다. 이윤극대화를 위해서는 각 곡선의 기울기인 MR = MC가 일치해야 하므로 Q_0가 그 지점이다. Q_1에서는 TC의 기울기인 MC가 더 크다. 따라서 MC를 감소시켜야 MR = MC인 지점이 된다.
ㄴ. Q_0에서 Q_1으로 이동하면 오히려 이윤이 감소한다.
ㄹ. MR = MC가 되는 생산량이 두 개 존재하지만 이윤이 극대화되는 지점은 Q_0에 해당한다.

TIP
· 이윤극대화의 1계 조건은 MR = MC이다.
· MR = MC인 부분이 2곳 존재하는데 TR > TC인 곳을 선택하여야 한다.

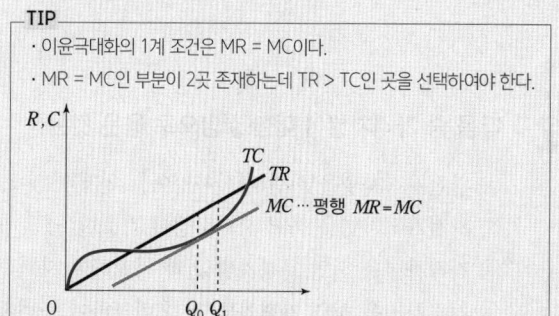

09 기업은 가격차별을 통해 보다 많은 이윤을 내고자 한다. 다음 중 기업이 가격차별을 하는 데 있어 유리한 환경이 아닌 것은?

<보기>
ㄱ. 제품의 재판매가 용이하다.
ㄴ. 기업의 독점적 시장지배력이 높다.
ㄷ. 분리된 시장에서 수요의 가격탄력성이 서로 다르다.
ㄹ. 시장 분리 비용이 가격차별에 따른 이윤 증가보다 크다.

① ㄱ, ㄴ ② ㄱ, ㄹ ③ ㄴ, ㄷ ④ ㄴ, ㄹ ⑤ ㄷ, ㄹ

10 가격차별이 경제적 후생에 어떤 영향을 미치는지가 사회적인 이슈가 되기도 하는데 다음 중 가격차별의 예가 아닌 것은?

<보기>
ㄱ. 슈퍼마켓에서 할인쿠폰을 배포하고 있다.
ㄴ. 등급에 따라 소고기의 가격 차이가 존재한다.
ㄷ. 의사가 가난한 환자에게 더 적은 치료비를 받고 있다.
ㄹ. 악기회사가 연습용 기타와 연주용 기타를 다르게 판매하고 있다.

① ㄱ, ㄴ ② ㄱ, ㄷ ③ ㄴ, ㄷ ④ ㄴ, ㄹ ⑤ ㄷ, ㄹ

11 다음 중 완전가격차별화에 대한 설명으로 적절한 것은?

① 소비자잉여를 소비자가 온전히 누린다.
② 여름철의 전기료 누진제도 여기에 해당된다.
③ 비행기의 1등석과 2등석 구분이 전형적인 사례이다.
④ 독점의 이윤극대화 가격보다 사회후생의 손실이 크다.
⑤ 소비자 선호에 대한 정보를 기업이 모두 알고 있어야 한다.

12 다음 중 가격차별에 대한 설명으로 옳은 것은?

① 완전가격차별을 하면 생산자잉여는 언제나 0이 된다.
② 완전가격차별을 하면 사회후생이 감소한다.
③ 가격차별을 하면 가격차별 전과 비교하여 사회후생이 언제나 감소한다.
④ 가격차별을 하면 가격차별 전과 비교하여 소비자잉여는 언제나 감소한다.
⑤ 가격차별을 하면 가격차별 전과 비교하여 기업의 이윤은 언제나 증가한다.

13. 독점적 경쟁의 특징으로 옳은 것을 고르면?

<보기>
ㄱ. 기업들은 소비자의 성향에 따라 제품을 차별화한다.
ㄴ. 산출량 수준이 비효율적이다.
ㄷ. 유휴설비가 존재한다.
ㄹ. 상품의 질, A/S 등의 비가격경쟁을 한다.
ㅁ. 이윤극대화보다 판매극대화 전략의 영업전략을 세운다.

① ㄱ, ㄴ, ㄷ
② ㄱ, ㄹ, ㅁ
③ ㄱ, ㄴ, ㄷ, ㅁ
④ ㄱ, ㄴ, ㄷ, ㄹ
⑤ ㄴ, ㄷ, ㄹ, ㅁ

정답 및 해설

09 ②
가격차별은 같은 상품에 대해 구입자 혹은 구입량에 따라 다른 가격을 받는 행위다. 경쟁시장에서는 기업이 시장가격보다 높은 가격을 받으면 소비자가 다른 기업 상품을 구입할 것이기 때문에 기업들은 가격차별을 할 수 없다. 따라서 가격차별이 가능하다는 것은 기업이 시장지배력이 있다는 뜻이다. 가격차별을 하는 이유는 이윤을 극대화하기 위해서다.
ㄱ. 동일 재화 시장을 나눠서 다른 가격을 설정하기 때문에 제품의 재판매가 가능하면 가격차별이 어려워진다.
ㄹ. 시장 분리 비용이 가격차별에 따른 이윤 증가보다 작아야한다. 크다면 비용이 더 많이 들어가므로 시장을 나눌 필요가 없다.

10 ④
가격차별은 동일한 상품을 다른 가격에 파는 것이다. 따라서 소고기 가격을 등급에 따라 다르게 판매하는 것, 연습용 기타와 연주용 기타의 가격을 다르게 판매하는 것은 다른 상품에 다른 가격을 부여하는 것이므로 가격차별이 아니다.

11 ⑤
공급자가 가격을 완전 차별화하면 기업이 소비자의 모든 지불용의를 알고 있으므로 가격은 소비자 개인별로 결정된다. 이때 소비자잉여는 0이 되고 생산자가 모든 잉여를 가져가며, 사회적 후생손실은 발생하지 않는다.

오답노트
① 소비자잉여를 생산자가 모두 가져간다.
② 여름철의 전기료 누진제는 수요의 가격탄력성을 이용한 3급 가격차별의 사례이다.
③ 비행기의 1등석과 2등석 구분을 하는 것은 상품이 다르기 때문에 가격차별이 아니다.
④ 독점의 이윤극대화 가격보다 사회후생의 손실이 없다. 왜냐하면 지불용의를 다 생산자가 가져가기 때문에 소비자잉여가 0일뿐 후생손실은 발생하지 않기 때문이다.

12 ⑤
가격차별은 가격지배력이 있는 기업이 수요자에게 서로 다른 가격을 설정하는 것이다. 가격차별은 기업의 이윤극대화를 위해 하는 것이기 때문에 가격차별을 하면 가격차별 전과 비교하여 기업의 이윤은 언제나 증가한다.

오답노트
① 완전가격차별인 경우 소비자의 모든 지불용의를 가격으로 받으므로 소비자잉여가 0이 된다. 그러나 나머지 가격차별인 경우 반드시 소비자잉여가 0이 되는 것은 아니다.
② 완전가격차별을 하면 사회적 후생손실이 없다. 다만 모든 잉여를 생산자가 가져갈 뿐이다.
③ 완전가격차별을 제외하고 나머지는 소비자의 후생이 반드시 감소하지 않는다.
④ 가격차별을 통해 구매하지 못하는 사람이 다른 가격을 설정하므로 인해 구입이 가능하므로 소비자잉여가 증가할 수 있다.

13 ④
오답노트
ㅁ. 독점적 경쟁기업도 완전경쟁이나 독점과 마찬가지로 이윤극대화를 추구한다.

14 다음 중 시장의 형태와 그 대표적 특성이 잘못 짝지어진 것은?

① 완전경쟁시장 – 가장 이상적 시장
② 과점시장 – 전략적 행동
③ 독점적 경쟁시장 – 단기 초과이윤, 장기 정상이윤 발생
④ 독점시장 – 자원의 비효율적 배분
⑤ 과점시장 – 제품차별화에 따른 시장지배력

15 막대사탕을 독점적으로 생산하는 기업의 판매량과 평균수입과의 관계가 아래와 같다고 한다. 이 기업이 시장에서 이윤을 극대화하는 판매량이 3이라고 한다면 이 기업이 판매하는 막대사탕의 시장가격은 얼마인가?

판매량	평균수입
1	3,000원
2	2,500원
3	2,200원
4	2,000원
5	1,700원

① 1,400원　② 1,500원　③ 1,600원　④ 2,000원　⑤ 2,200원

16 현실 경제에서는 완전경쟁시장보다는 과점시장이 많이 존재하는데 이런 과점시장에서 나타날 수 있는 상황으로 가장 거리가 먼 것은?

<보기>
ㄱ. 광고와 같은 비가격 경쟁이 치열하다.
ㄴ. 개별기업의 전략적 행동은 나타나지 않는다.
ㄷ. 가격이 신축적으로 변화하여 기업이 바로바로 가격을 조정한다.
ㄹ. 희소한 자원이 비효율적으로 사용되고 있다.

① ㄱ, ㄴ　② ㄱ, ㄷ　③ ㄴ, ㄷ　④ ㄴ, ㄹ　⑤ ㄷ, ㄹ

17. 시장 구조에 대한 다음 설명 중 옳지 않은 것은?

<보기>
ㄱ. 완전경쟁시장의 장기균형상태에서 기술능력이 동일한 기업들의 초과이윤은 0이다.
ㄴ. 완전경쟁시장에서는 시장 진입과 퇴출이 자유롭기 때문에 기업들이 가격을 자유롭게 결정할 수 있다.
ㄷ. 독점기업의 이윤을 극대화하는 생산량은 완전경쟁시장과 달리 한계비용과 한계수입이 일치하는 수준에서 정해진다.
ㄹ. 독점적 경쟁시장은 기업들의 제품 차별화와 관련이 깊다.

① ㄱ, ㄴ   ② ㄱ, ㄷ   ③ ㄴ, ㄷ   ④ ㄴ, ㄹ   ⑤ ㄷ, ㄹ

정답 및 해설

14 ⑤
제품차별화는 독점적 경쟁시장의 특징이다. 과점시장의 특징에는 전략적 행동 등이 있다.

15 ⑤

판매량	평균수입	총수입	한계수입
1	3,000원	3,000원	3,000원
2	2,500원	5,000원	2,000원
3	2,200원	6,600원	1,600원
4	2,000원	8,000원	1,400원
5	1,700원	8,500원	500원

총수입(TR)은 시장가격(P) × 판매량(Q)이다. 또한 평균수입(AR)은 총수입(TR)을 판매량(Q)으로 나눈 값이다. 해당 식에 의해 평균수입은 시장가격과 같다.

16 ③
과점은 비슷하거나 동일한 상품을 공급하는 소수의 공급자가 존재하는 시장구조다. 기업은 이윤극대화를 위해 가격 경쟁 이외에 광고 등 비가격 경쟁을 통해 시장점유율을 높이려 한다.
ㄴ. 과점시장에서 경쟁하는 기업들은 상대 기업의 전략에 따라 자신의 최적전략을 취하게 된다.
ㄷ. 담합과 카르텔을 통해 가격이 신축적으로 변하지 못하고 자원이 비효율적으로 사용된다.

17 ③
시장경제는 경제주체 간 상호작용하는 의사결정에 의해 자원 배분이 이뤄지는 경제체제다. 시장은 공급자 수, 시장 진입·퇴출의 자유 여부, 시장지배력, 상품의 차이 등을 기준으로 구분할 수 있다.
ㄴ. 기업이 가격을 결정할 수 있는 시장은 독점시장이다.
ㄷ. 독점기업의 이윤을 극대화하는 생산량은 완전경쟁시장과 동일하게 한계비용과 한계수입이 일치하는 수준에서 정해진다.

18 독점적 경쟁시장에 대한 설명으로 옳은 것은?

<보기>
ㄱ. 장기적으로 완전경쟁시장의 형태와 동일하기 때문에 평균비용의 최저점에서 생산이 이루어진다.
ㄴ. 제품 차별화를 위해 기업들은 광고 등을 이용해 자사 제품의 브랜드화를 추구할 수 있다.
ㄷ. 독점적 경쟁시장에서 기업들은 어느 정도의 대체성이 있을 수는 있지만 차별화된 재화를 생산한다.
ㄹ. 기업들은 시장 가격을 외부에서 주어진 변수로 보고, 한계비용이 가격과 같은 지점에서 생산량을 결정한다.

① ㄱ, ㄴ ② ㄱ, ㄷ ③ ㄴ, ㄷ ④ ㄴ, ㄹ ⑤ ㄷ, ㄹ

19 독점적 경쟁시장에 대한 설명으로 옳은 것은?

<보기>
ㄱ. 독점적 경쟁시장 아래에서 기업들이 받아들이는 시장의 수요곡선은 일반적으로 우하향이다.
ㄴ. 장기적으로 이 시장에 남아 있는 기업들의 경제적 이윤은 0이 된다.
ㄷ. 시장에 한 개의 기업만 존재한다는 면에서 독점시장과 유사하다.
ㄹ. 기업들은 광고는 많이 하지만 상품의 브랜드가 발달하지는 않는다.

① ㄱ, ㄴ ② ㄱ, ㄷ ③ ㄴ, ㄷ ④ ㄴ, ㄹ ⑤ ㄷ, ㄹ

20 죄수의 딜레마 모형에 대한 설명으로 옳지 않은 것은?

<보기>
ㄱ. 게임의 균형이 1개이므로 우월전략게임에 해당한다.
ㄴ. 죄수의 딜레마 상황이 무한 반복될 경우 참가자들의 협조가 더 쉬워진다.
ㄷ. 게임 참가자들 간 자유로운 의사소통이 가능함을 전제로 한다.
ㄹ. 카르텔 참가 기업들이 담합을 통한 독점 이윤 취득이 쉬운 이유를 설명할 수 있다.

① ㄱ, ㄴ ② ㄱ, ㄷ ③ ㄴ, ㄷ ④ ㄴ, ㄹ ⑤ ㄷ, ㄹ

21 과점시장의 특징에 대한 설명으로 옳지 않은 것은?

① 담합으로 부당한 이득을 얻기도 한다.
② 이 시장은 정부 허가에 의해 형성되기도 한다.
③ 기업이 제품 가격을 높일수록 이윤도 증가한다.
④ 정부는 공정거래위원회를 통해 공정한 경쟁을 유도한다.
⑤ 상품이 동질인 경우가 일반적이지만 이질인 경우도 있다.

정답 및 해설

18 ③
독점적 경쟁은 다수의 기업이 동일하지 않지만 매우 유사한 상품을 공급하는 시장이다. 기업들은 이 시장에 자유롭게 진입·퇴출할 수 있고 기업 수는 모든 기업의 경제적 이윤이 0이 될 때까지 증가하거나 감소한다.

오답노트
ㄱ. 장기적으로 기업의 이윤측면인 정상이윤에서는 완전경쟁시장의 형태와 동일하나 수요곡선이 우하향하기 때문에 비용곡선의 최저점을 지나지 못한다.
ㄹ. 가격수용자는 완전경쟁시장의 특성이다.

19 ①
독점적 경쟁시장은 생산자가 무수히 많은 점에서 완전경쟁시장과 비슷한 면이 있지만 같은 상품을 판매하지 않는 불완전경쟁시장이다. 기업들은 시장에 자유롭게 진입·퇴출할 수 있으나 독점적 경쟁시장 내 기업 수는 기업의 경제적 이윤이 0이 될 때까지 증가하거나 감소한다.

오답노트
ㄷ. 독점적 경쟁시장은 무수히 많은 기업이 존재한다.
ㄹ. 기업들은 독점력을 높이기 위해서 상품브랜드를 만들어 수요를 창출해야 하므로 광고를 많이 한다.

20 ⑤
죄수의 딜레마 상황에서는 상대방이 선택하는 전략과 상관없이 자기에게 유리한 전략인 우월전략이 있다. 이 상황에서는 자백이 우월전략이다. 상대방이 자백을 하든 침묵을 지키든 자신이 자백하면 가벼운 형량을 받기 때문이다. 게임이론은 완전경쟁시장이나 독점시장이 아니라 소수 기업이 시장을 지배하는 과점시장에서 기업들의 행태를 분석하는 데 매우 유용하다.
ㄷ. 게임 참가자들 간 자유로운 의사소통이 불가능함을 전제로 한다.
ㄹ. 카르텔 참가 기업들이 담합을 통한 독점 이윤 취득이 어려운 이유를 설명할 수 있다.

21 ③
과점시장은 가격이 경직적이므로 광고·제품 차별화 등 비가격경쟁이 치열하다. 과점시장의 수요곡선은 우하향하므로 제품 가격을 높일수록 판매량이 줄어 기업 이윤은 감소하게 된다.

22 한 산업에 두 기업만이 존재한다고 하자. 경기가 나빠 두 기업은 광고 공세를 펼칠지, 광고를 자제할지 고민 중이다. 각각의 보수 행렬이 다음과 같을 때 내쉬균형은? (단, 괄호 안의 첫 번째 숫자는 기업 1의 보수를, 두 번째 숫자는 기업 2의 보수를 각각 나타낸다)

구 분		기업 2	
		광고자제	광고공세
기업 1	광고자제	(30, 30)	(15, 20)
	광고공세	(20, 15)	(20, 20)

① 기업 1 : 광고자제, 기업 2 : 광고자제
② 기업 1 : 광고자제, 기업 2 : 광고공세
③ 기업 1 : 광고공세, 기업 2 : 광고자제
④ 기업 1 : 광고공세, 기업 2 : 광고공세
⑤ ①과 ④

23 다음 게임이론과 관련된 내용 중 틀린 것은?

① 우월전략을 찾을 수 없는 경우에도 내쉬균형전략은 찾을 수 있다.
② 내쉬균형전략이란 상대방의 전략이 주어져 있을 때 자신의 입장에서 최적인 전략을 뜻한다.
③ 완전균형이란 내쉬조건을 충족시키는 전략의 짝을 뜻한다.
④ 우월전략이란 상대방이 어떤 전략을 선택하느냐에 관계없이 자신에게 언제나 더 유리한 결과를 가져다주는 전략이다.
⑤ 내쉬조건은 상대방이 현재의 전략을 그대로 유지한다고 할 때, 자신만 일방적으로 전략을 바꿈으로써 이득을 볼 수 없다는 조건이다.

24

A, B 두 기업은 각각 가격인상과 가격인하 전략을 가지고 있다. 각각의 경우 보수표는 다음과 같다. 각 항목의 첫 번째 숫자는 A기업의 보수이며, 두 번째 숫자는 B기업의 보수이다. 이 게임에서 내쉬균형은?

구 분		B기업	
		가격인상	가격인하
A기업	가격인상	(20, 20)	(5, 35)
	가격인하	(35, 5)	(10, 10)

① 가격인상, 가격인상
② 가격인상, 가격인하
③ 가격인하, 가격인상
④ 가격인하, 가격인하
⑤ ①과 ④

정답 및 해설

22 ⑤

내쉬균형은 상대방의 전략을 주어진 것으로 생각할 때, 내가 선택할 수 있는 전략 중에서 최대의 이득을 가져다주는 전략들의 집합이다. 따라서 이 게임에서 내쉬균형은 기업 1과 기업 2가 모두 광고공세를 하거나 둘 다 광고자제를 하는 것이 될 수 있다. 우월전략은 균형점이 하나이지만, 내쉬균형은 여러 개여도 상관없다.

TIP
- 기업 2 광고자제 시 기업 1의 보수
  광고자제: 30, 광고공세: 20 ⇨ 광고자제 선택
- 기업 2 광고공세 시 기업 1의 보수
  광고자제: 15, 광고공세: 20 ⇨ 광고공세 선택
- 기업 1 광고자제 시 기업 2의 보수
  광고자제: 30, 광고공세: 20 ⇨ 광고자제 선택
- 기업 2 광고공세 시 기업 1의 보수
  광고자제: 15, 광고공세: 20 ⇨ 광고공세 선택

23 ③

완전균형이란 순차게임에서 내쉬조건과 신뢰성조건을 동시에 충족하는 균형을 말한다.

24 ④

A기업이 가격인상을 할 경우 B기업은 가격을 인상하면 20, 인하하면 35를 얻게 되므로 가격인하를 해야 하고 A기업이 가격인하를 하는 경우 B기업은 가격을 인상하면 5, 인하하면 10을 얻게 된다. 따라서 B기업은 A기업의 행위에 관계없이 가격을 인하하여야 한다. A기업이 이와 동일한 방법으로 진행해도 A기업은 가격을 인하하여야 한다. 따라서 내쉬균형(=우월전략)은 둘 다 가격을 인하하는 것이다.

TIP
- B기업 가격인상 시 A기업의 보수
  가격인상: 20, 가격인하: 35 ⇨ 가격인하 선택
- B기업 가격인하 시 A기업의 보수
  가격인상: 5, 가격인하: 10 ⇨ 가격인하 선택
- A기업 가격인상 시 B기업의 보수
  가격인상: 20, 가격인하: 35 ⇨ 가격인하 선택
- A기업 가격인하 시 B기업의 보수
  가격인상: 5, 가격인하: 10 ⇨ 가격인하 선택

제7장 시장실패와 정부실패

📖 학습전략

경제주체의 자유남용으로 인한 자원의 비효율적 배분을 시장실패라고 한다. 시장실패를 해결하기 위해서 다양한 방법으로 정부가 개입한다. 정부의 과도한 개입으로 발생하는 부패와 비효율의 문제를 정부실패라고 한다. 해당 영역에서 정부실패보다는 시장실패가 빈출되므로 시장실패에 주안점을 가지고 학습하여야 한다.

📖 출제비중

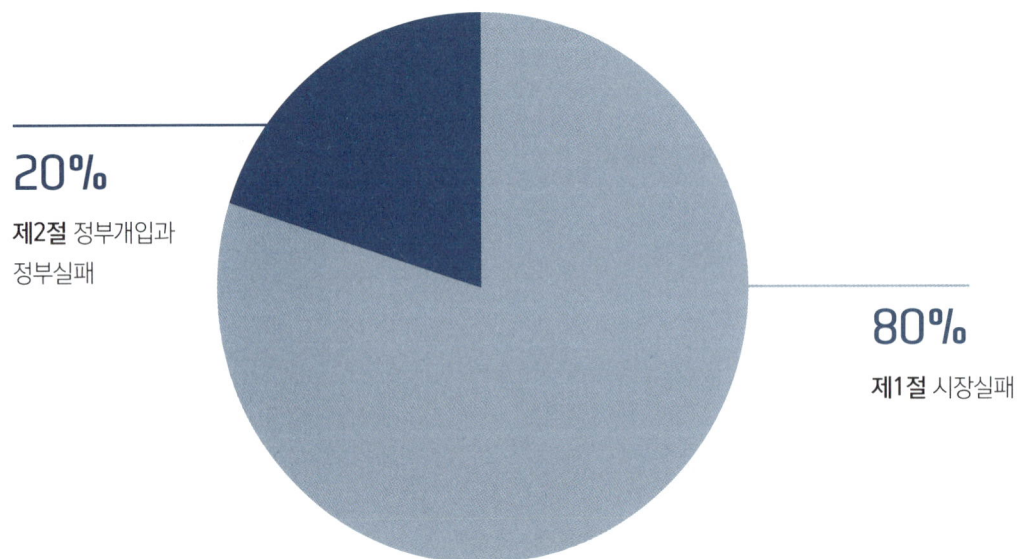

20% 제2절 정부개입과 정부실패

80% 제1절 시장실패

📘 출제유형

외부경제와 외부불경제의 생산량 비교, 공공재 재화의 특성, 역선택과 도덕적 해이의 구분, 최고가격제와 최저가격제의 구분 등이 "경제이론" 영역에서 출제된다. 외부성의 시장적 해결방안인 코즈의 정리, 공공재의 생산조건을 표에서 도출하는 문제 등이 "응용복합"에서 출제된다. 시사적으로 최저가격제인 최저임금제를 출제하기도 하니 정확한 이해가 필요하다.

📘 학습구성

구 분	출제포인트	중요도
제1절 시장실패	01 시장실패의 의미와 사례	★
	02 외부효과(외부성)	★★★
	03 코즈의 정리	★★
	04 오염배출권	★★
	05 공공재	★★★
	06 정보의 비대칭성	★★★
제2절 정부개입과 정부실패	01 가격통제	★★★
	02 정부실패	★

제1절 | 시장실패

핵심 Check ✓ 시장실패

외부효과	• 외부경제 : 과소 • 외부불경제 : 과다
외부경제	• 사적 편익(PMB) < 사회적 편익(SMB) • 사적 비용(PMC) > 사회적 비용(SMC)
외부불경제	• 사적 편익(PMB) > 사회적 편익(SMB) • 사적 비용(PMC) < 사회적 비용(SMC)
공공재의 특징	• 비경합성 • 비배제성

01 시장실패의 의미와 사례 ★

1. 의미
① 시장 자체의 기능에 의해서 자원이 효율적으로 배분되지 못하는 현상이다.
② 도덕적, 자연재해와는 관련이 없으며, 사회적 최적 생산량에 비해서 과잉 생산되거나 부족 생산되는 것으로 정부 개입의 이론적 근거가 된다.

2. 사례
독과점, 외부효과, 공공재부족, 정보의 비대칭성 등이 존재한다.

02 외부효과(외부성) ★★★

1. 의미
① 수요자, 공급자 이외에 제3자에게 의도 없이 이익이나 손해를 가져다 주면서도 그에 대한 대가를 받지도 지급하지도 않는 경우를 말한다.
② 외부성에는 금전적 외부성과 실질적 외부성이 있는데, 일반적으로 외부성은 실질적 외부성을 의미한다.

핵심 Plus

금전적 외부성
시장의 가격기구를 통해 제3자에게 유리하거나 불리한 영향을 미치는 것을 말함. 금전적 외부성은 소득분배에만 영향을 미치고 자원 배분에는 영향을 미치지 않음
예) 정부의 대규모 건설공사 발주로 건축자재의 가격이 상승함에 따라 민간 건설업자가 피해를 본 것

2. 외부효과의 유형

구 분	외부경제(긍정적 외부효과)	외부불경제(부정적 외부효과)
의 미	어떤 경제활동이 제3자에게 이익을 주는데도 시장을 통해 대가를 받지 못한 경우	어떤 경제활동이 제3자에게 손해를 주는데도 시장을 통해 대가를 지불하지 않는 경우
예산선	사회 전체적으로 필요한 것보다 부족	사회 전체적으로 필요한 것보다 초과
시장실패	과소 생산 또는 소비	과잉 생산 또는 소비
소비측면	사적 편익(PMB) < 사회적 편익(SMB)	사적 편익(PMB) > 사회적 편익(SMB)
생산측면	사적 비용(PMC) > 사회적 비용(SMC)	사적 비용(PMC) < 사회적 비용(SMC)
해결방안	보조금 지급	조세 부과
기출사례	과수원, 아름다운 정원, 임업, 신기술	환경 오염, 자동차 매연, 흡연

3. 그래프로 표현한 외부효과

(1) 생산의 외부효과

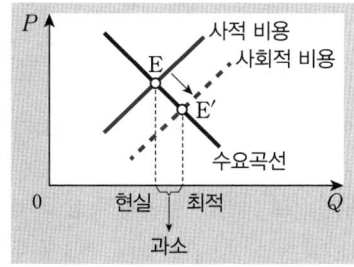 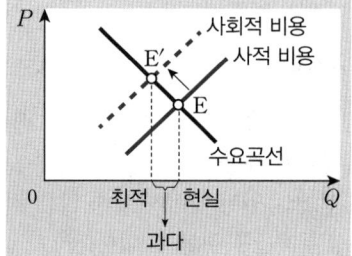

(2) 소비의 외부효과

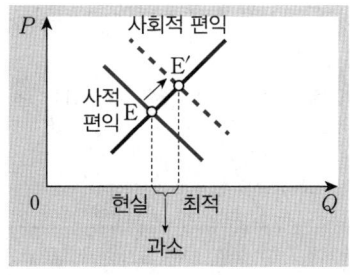 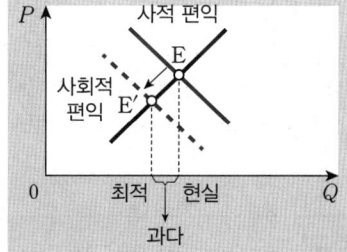

4. 시사점

① 생산 시에는 공급곡선이, 소비 시에는 수요곡선이 이동하며 과소 생산되는 외부경제의 경우에는 정부에서 보조금을 지급하여 생산을 늘리고, 과다 생산되는 외부불경제의 경우에는 정부에서 조세를 부과한다.

② 조세를 부과하는 경우 후생손실(잉여의 상실분)이 발생하므로 시장의 자율조절능력으로 해결을 추구하는 코즈의 정리가 등장하게 된다.

03 코즈의 정리 ★★

1. 코즈의 정리 : 협상에 의한 해결

(1) 개념

① 협상비용이 무시할 정도로 작고, 협상으로 인한 소득재분배가 각 개인의 한계효용에 영향을 미치지 않는다면 외부성에 관한 권리(재산권)가 어느 경제주체에 귀속되는가와 상관없이 당사자 간의 자발적 협상에 의한 자원 배분은 동일하며 효율적이다.
② 코즈는 외부성이 자원의 효율적 배분을 저해하는 이유를 외부성과 관련된 재산권이 제대로 정해져 있지 않기 때문이라고 보았다.
③ 재산권(소유권)이 적절하게 설정되면 시장기구가 스스로 외부효과의 문제를 해결할 수 있다고 주장한다.

(2) 한계

협상비용이 너무 크면 협상 자체가 이루어지기 어렵고, 외부효과로 인한 피해를 측정하기 어렵다.

2. 코즈의 정리 사례

① 강 상류에 있는 화학공장(A)이 오염물질을 배출함에 따라 강 하류에 있는 어부(B)가 피해를 입는 상황을 가정한다.
② 맑은 물에 대한 소유권이 주어져 있지 않은 경우에는 서로 자신의 권리를 주장할 것이므로 외부성 문제를 해결할 수 없다.
③ 정부가 맑은 물에 대한 소유권을 A 혹은 B에게 부여하면 서로 협상을 통해 문제를 해결할 수 있다.
④ 예를 들어, 맑은 물에 대한 소유권을 A에게 부여하면 협상을 통해 B가 A에 보상을 지급하는 조건으로 오염물질 줄이는 것에 합의하게 된다.
⑤ 맑은 물에 대한 소유권을 B에게 부여하면 협상을 통해 A가 B에 보상을 지급하는 조건으로 오염물질을 줄이는 것에 합의하게 된다.

04 오염배출권 ★★

1. 방법

① 정부가 오염배출 허용량을 설정하고 정부가 설정한 오염배출량만큼의 오염배출권을 발행한 다음, 각 기업이 오염배출권을 가진 한도 내에서만 오염을 배출할 수 있도록 한다.
② 오염배출권 제도가 시행되는 초기에는 각 기업이 정부로부터 오염배출권을 구입하도록 할 수도 있고 무료로 일정량의 오염배출권을 배부할 수도 있다.
③ 오염배출권 제도하에서는 오염배출권의 자유로운 거래를 허용한다.

2. 효과

① 오염배출권의 자유로운 거래가 허용되면 시장에서 오염배출권 가격이 결정된다.
② 각 기업은 자신이 오염을 직접 줄이는 데 드는 비용과 오염배출권 가격을 비교하여 오염배출권의 매각 혹은 매입 여부를 결정한다.
③ 오염배출권 가격보다 낮은 비용으로 오염을 줄일 수 있는 기업은 오염배출권을 시장에서 매각하고 자신이 직접 오염을 줄인다.
④ 오염절감 비용이 높은 기업은 오염배출권을 매입한 다음 오염을 배출한다.
⑤ 오염배출권 제도하에서는 낮은 비용으로 오염을 줄일 수 있는 기업이 오염을 줄이게 되므로 사회적으로 보면 적은 비용으로 오염을 일정수준으로 줄일 수 있다.
⑥ 오염배출 총량을 일정수준으로 규제하면서도 시장유인을 사용하여 적은 비용으로 오염을 줄일 수 있는 기업이 줄이도록 한다.
⑦ 이 제도는 미국 등 일부 선진국에서 시행 중에 있으며, 우리나라도 시행하고 있다.

시험문제 미리보기!

> 외부효과에 대한 다음 설명 중 옳지 않은 것은?
>
> ① 사적 비용이 사회적 비용을 초과하는 외부효과가 발생하면 시장의 균형 생산량은 사회적인 최적 수준보다 크다.
> ② 사적 편익이 사회적 편익을 초과하는 외부효과가 발생하면 시장의 균형 생산량은 사회적인 최적 수준보다 크다.
> ③ 외부성과 관련된 이해당사자의 수가 많을수록 협상을 통해 외부성 문제가 해결될 가능성이 낮다.
> ④ 생산의 외부불경제가 발생할 때 적정수준의 조세가 부과되면 해결 가능하다.
> ⑤ 생산의 외부경제가 발생할 때 적정수준의 보조금이 부과되면 해결 가능하다.

정답 ①
해설 사적비용이 사회적 비용보다 큰 경우는 생산에 있어 외부경제가 발생할 때이다. 외부경제가 발생하면 시장기구에 의한 생산량(=소비량)이 사회적인 최적수준에 미달한다.

05 공공재 ★★★

1. 공공재의 특성

구분	비배제성(Non-Excludability)	비경합성(Non-Rivalry)
의미	대가를 치르지 않은 사람의 소비를 차단할 수 없음	한 소비자의 소비가 다른 소비자의 소비를 저해하지 않음
문제점	시장에 맡길 경우 자율적 공급이 어렵고 무임승차 문제 발생	

2. 재화의 구분

구 분		경합성	
		유(막히는 도로)	무(막히지 않는 도로)
배제성	유 (유료도로)	사적 재화 (만화책, 컴퓨터 등)	자연독점 (케이블 티비 등)
	무 (무료도로)	공유자원 (울릉도 바다의 오징어 등)	공공재 (국방, 막히지 않는 무료도로 등)

3. 사용재와 공공재의 적정공급

(1) 사용재의 적정공급

사용재(일반적인 재화)의 시장수요곡선은 개별수요곡선의 수평 합으로 도출하였다. 이때 시장수요곡선과 공급곡선과의 교점에서 균형가격(P_0)과 균형량(Q_0)이 결정된다. 재화 가격이 P_0로 결정되면 개별 소비자들은 동일한 가격으로 각각 q_A, q_B 만큼의 재화를 구입하여 소비한다. 그러므로 사용재의 적정공급 조건은 $MB_A = MB_B = MC$이다.

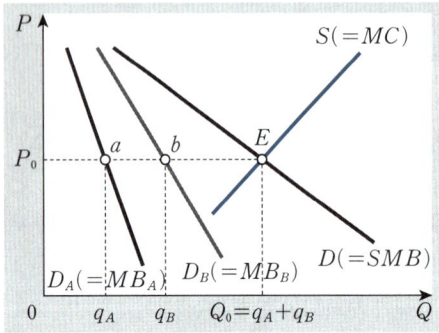

(2) 공공재의 적정공급

① 공공재는 비배제성 때문에 무료로 이용하려는 성질이 있어 자발적인 선호의 표현인 수요곡선을 표출하지 않아 가상수요곡선으로 공공재의 수요곡선을 도출한다.
② **공공재의 시장수요(사회적 한계편익)곡선은 개별수요(한계편익)곡선의 수직 합으로 도출한다. 이때 시장수요곡선과 공급곡선의 교점에서 균형가격과 균형량이 결정된다.**
③ 공공재의 공급량이 결정되면 개별 소비자들은 동일한 양을 소비하면서 각각 한계편익만큼의 가격을 지불한다.
④ 그러므로 공공재의 적정공급 조건은 $MB_A + MB_B = MC$이다.

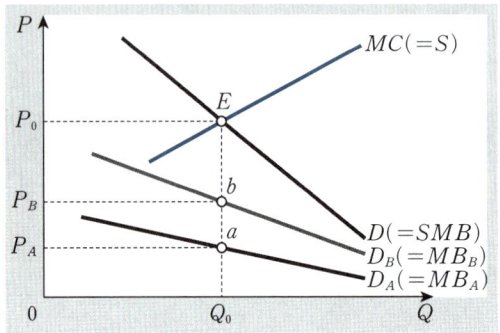

4. 해결책

① 공익을 추구하는 정부나 공기업에 의한 생산
② 공공 서비스 예 국방, 치안, 보건, 교육 등
③ 사회 간접 자본 예 철도, 도로, 항만, 댐 등

5. 공유지의 비극(Tragedy of Commons)

① 소유권이 명확하게 규정되어 있지 않은 공공자원의 경우, 자원의 과다사용으로 인하여 비효율적인 결과를 초래하는 현상이다.
② 대표적인 사례로 마을 공동목초지가 쉽게 황폐화되거나, 어민들의 공동소유인 연근해 어장에서 고기의 씨가 마르는 현상이 있다.
③ 공유지의 비극이 발생하는 원인은 소유권이 제대로 정해져 있지 않기 때문이다.
④ 만약 자원에 대한 소유권이 정해져 있다면 자원사용에 대하여 사용료를 부과할 수 있게 되고 자원 배분의 효율성이 달성될 수 있으나 현실적으로는 모든 희소한 자원에 대하여 소유권을 설정하는 것이 불가능하기 때문이다.

시험문제 미리보기!

> 공공재 및 가치재에 관한 다음 설명 중 가장 적절하지 않은 것은?
>
> ① 공공재와 가치재 모두 개인적인 편익보다 사회적인 편익이 더 크다.
> ② 공공재는 배제가 불가능한 데 비해 가치재는 배제가 가능하다.
> ③ 공공재와 가치재를 정부가 공급하면 소비자주권과 충돌이 발생한다.
> ④ 정부는 강제적으로 민간이 가치재를 소비하도록 하기도 한다.
> ⑤ 공공재와 가치재는 모두 긍정적인 외부성을 갖는 재화로 볼 수 있다.
>
> 정답 ③
> 해설 가치재는 소비로 얻어지는 효용 또는 쾌락은 과소평가된 반면 비효용은 과대평가된 재화나 서비스를 말한다. 가치재는 바람직한 양보다 적게 소비되는 경향이 있어 주로 정부가 해당 재화나 서비스의 소비를 권장하기 위해 공급한다. 교육, 의료, 운동 등이 가치재의 대표적인 예다.
> 정부에 의한 가치재 공급은 민간의 자발적인 선택을 제한하므로 소비자주권과 충돌하는 측면이 있다. 그러나 공공재는 민간부문에 의해서는 거의 공급되기 어려우므로 정부에 의한 공공재 공급이 소비자주권과 충돌한다고 보기는 어렵다.

06 정보의 비대칭성 ★★★

1. 의미

정보가 불완전하게 구비된 상황에서 경제적 이해당사자 중 한쪽만 정보를 가지고 있고, 다른 한쪽은 정보가 없거나 부족한 상황을 말한다.

핵심 Plus⁺

완전경쟁과 파레토 효율성(최적성)

- 후생경제학의 제1정리
시장구조가 완전경쟁이고 경제 안에 외부성(시장실패)이 존재하지 않는다면 일반경쟁균형(왈라스균형)의 배분은 파레토 효율적임
- 후생경제학의 제1정리가 의미하는 바는 완전경쟁시장 구조 하에서는 개별경제주체들이 오로지 자신의 이익을 추구하는 과정에서 자원 배분의 효율성이 달성된다는 뜻으로 이는 애덤 스미스의 보이지 않는 손을 현대적으로 증명한 것으로 볼 수 있음

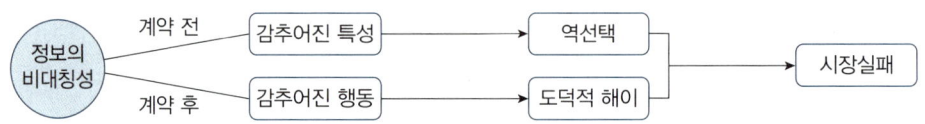

2. 역선택(Adverse Selection)

감추어진 특성의 상황에서 정보수준이 낮은 쪽이 바람직하지 않은 상대방과 거래의 가능성이 높아지는 현상을 의미한다.

(1) 중고시장에서의 역선택

중고시장에서 거래되는 자동차의 품질에 대한 정보의 비대칭성이 존재하는 경우 나쁜 품질의 중고차만 거래되는 현상으로 레몬시장(개살구시장)이라고도 한다.

> **해결방안**
> - 신호발송(Signaling) : 좋은 품질의 자동차를 가진 사람이 품질보증

(2) 보험시장에서의 역선택

보험회사에서 사고 또는 발병 발생확률을 근거로 보험료를 산정하면 사고(발병) 발생확률이 높은 사람만 보험에 가입하는 현상을 말한다.

> **해결방안**
> - 선별(Screening) : 보험회사가 피보험자에게 건강진단서를 요구
> - 강제보험(집행) : 의료보험, 고용보험, 국민연금 등을 강제보험

(3) 금융시장에서의 역선택

대출이자율을 상승시키면 위험한 사업에 투자하려는 투자자만 대출을 받아 파산위험이 높아지므로 은행은 대출원금도 회수할 수 없을 가능성이 증대하는 현상을 말한다.

> **해결방안**
> - 신용할당 : 신용상태가 우수한 대출자에게 낮은 이자율로 대출

(4) 노동시장에서의 역선택

노동자를 고용하려는 기업이 노동자들이 원하는 임금의 평균값으로 임금을 제시하면 낮은 능력의 노동자만 고용하는 현상을 말한다.

> **해결방안**
> - 신호발송 : 높은 능력의 노동자가 학력이나 자격증, 높은 영어점수 제시
> - 효율성 임금(Efficiency Wage) : 평균임금보다 높은 한계생산성이 가장 높은 임금을 제시하여 높은 능력의 노동자를 확보

핵심 Plus⁺

효율성 임금
근로자의 임금이 높으면 이직률이 줄어들어 생산성 유지는 물론 직장을 잃지 않으려고 열심히 일할 것이므로 자연히 생산성이 올라간다는 것임

3. 도덕적 해이(Moral Hazard)

감추어진 행동이 문제가 되는 상황에서 정보를 가진 측은 정보를 갖지 못한 측에서 보면 바람직하지 않은 행동을 취하는 경향을 의미한다.

(1) 노동시장에서의 도덕적 해이

직장에 취업하고 나서 열심히 일할 유인이 없으면 근무를 게을리하는 현상으로, 주인 – 대리인 문제에서의 사용자와 노동자의 예와 동일하다. 주인 – 대리인 문제에서의 해결방안과 같이 유인설계(Incentive Design)에 의한 승진, 포상, 징계, 효율성임금 등이 있다.

(2) 보험시장에서의 도덕적 해이

보험가입 후 사고예방을 게을리하여 사고발생확률이 높아지는 현상을 말한다.

> **해결방안**
> - 공동보험(Co-Insurance)제도 : 사고 시 손실액의 일정비율만 보상하는 방식
> - 기초공제(Initial Deduction)제도 : 손실액의 일정액은 본인이 부담하는 방식

(3) 금융시장에서의 도덕적 해이

자금 차입자는 자금을 차입 후 수익률과 위험률이 높은 사업에 투자하여 파산확률이 높아지고 금융기관은 원금을 회수하지 못할 가능성이 높아지는 현상을 말한다.

> **해결방안**
> - 담보 : 파산 시 차입자도 손해를 보므로 위험한 사업의 투자를 회피함
> - 감시 : 금융기관에서 해당기업에 감사 등을 파견하여 위험률이 높은 사업에 투자를 하려는 시도가 있을 시 대출금을 회수하는 방식

(4) 재화시장에서의 도덕적 해이

생산자는 생산비를 낮추어 이윤을 증가시키기 위하여 재화의 품질을 떨어뜨리는 현상이다. 해결방안으로는 기업의 평판이나 상표에 대한 신뢰도에 손상을 입히면 더 큰 손실이 발생한다는 사실을 인지시켜줌으로써 도덕적 해이를 해소시킬 수 있다.

4. 주인-대리인 이론

(1) 개념 및 발생원인

도덕적 해이의 일종으로 대리인이 자신의 이익을 위해서 주인에게 손해를 끼치는 현상을 말한다. 대리인 문제도 정보비대칭으로 인해서 발생하는데 주인이 대리인을 감시할 수 없는 상황에서 발생한다.

(2) 대리인 문제의 사례

① **기업의 경영자와 주주** : 경영자가 자신의 이익을 위해서 주주에게 손해를 끼치는 현상
② **정치인과 국민** : 정치인이 당선된 이후에 국민의 이익을 위하여 노력하지 않는 현상
③ **의뢰인과 변호사** : 변호사가 선임 이후에 의뢰인의 이익을 위하여 노력하지 않는 현상
④ **사장과 종업원** : 종업원이 취직 이후에 태만하게 되는 현상

(3) 대리인 문제의 해결방법
① 경영자가 주주의 이익을 극대화했을 경우 충분한 보상을 받을 수 있도록 유인체계를 만든다.
② 정치인이 국민의 이익을 위해서 봉사했을 경우에 충분한 보상이 주어지고 반대의 경우 손해가 가도록 제도적 장치를 마련한다. 다음 선거에서 정치행위에 대해서 평가를 받도록 하는 것도 대리인 문제를 해결하기 위한 장치가 될 수 있다.
③ 변호사와의 계약에 변론이 성공할 경우에 보상이 이루어지는 방식으로 경제적 보상을 뒤로 늦추는 것도 방법이 될 수 있다.

시험문제 미리보기!

> 아래의 보기 중 도덕적 해이와 관련된 설명 중 옳은 것을 모두 고르면?
>
> <보기>
> 가. 의료보험의 자기부담률이 낮을수록 과잉진료 현상이 초래될 가능성이 크다.
> 나. 건강이 좋지 않은 사람일수록 사적인 의료보험에 가입하려고 한다.
> 다. 개인의 실적에 따라 성과급을 지급하면 도덕적 해이가 완화될 수 있다.
> 라. 모든 사람이 공적인 의료보험에 의무적으로 가입하도록 하면 도덕적 해이가 발생하지 않는다.
>
> ① 가, 나   ② 나, 다   ③ 가, 다
> ④ 가, 나, 다   ⑤ 가, 다, 라
>
> 정답 ③
> 해설 보기 '나'는 도덕적 해이가 아니라 역선택에 대한 설명이다. 또한 모든 사람이 공적의료보험에 강제로 가입하도록 하면 역선택은 발생하지 않으나 도덕적 해이는 여전히 발생한다.

제2절 | 정부개입과 정부실패

핵심 Check✓ 가격통제

최고가격제	• 가격의 상한선 • 소비자 보호 • 초과수요, 암시장 발생
최저가격제	• 가격의 하한선 • 생산자 보호 • 초과공급, 실업 발생

01 가격통제 ★★★

1. 최고가격제

(1) 의미

가격 급등이 예상되는 상품에 대해서 정부가 가격상한을 설정하여 가격을 규제하는 제도이다. 소비자 보호가 목적이며 현실적인 사례로는 분양가 상한제, 이자율 상한제 등이 있다.

(2) 최고가격제의 주의점

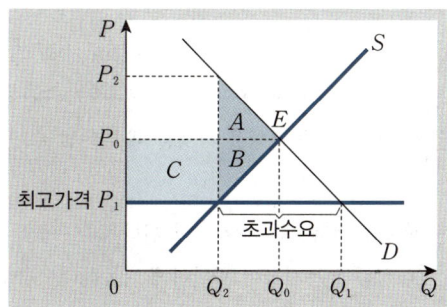

① **초과수요 발생** : 가격을 올릴 수는 없기 때문에 재화의 분배 문제를 해결하기 위해서 선착순, 추첨, 배급제 등의 방법을 사용하게 되는데 이때 재화를 분배받는 것이 자신의 노력이 아닌 '운'이라는 요소에 의해 결정된다는 점에서 사회적인 불만이 커진다는 단점이 존재한다. 예 국공립유치원 추첨 입학사태 등
② **재정적 부담의 증가** : 가격 통제가 성공한다는 것은 정부의 지속적인 감시를 전제로 한다.
③ **상품의 질 하락** : 가격 통제가 성공하면 공급자는 낮은 비용으로 상품을 공급해야 한다.

④ **암시장의 발생**: 시장이 초과수요 상태에 있는데 정부의 가격 통제가 유명무실해지는 경우, 공급자는 가격을 올리려는 유인이 발생한다. 이 경우 가격의 상한선은 균형 가격선이 아닌 공급자의 이익이 최대가 되는 지점까지가 된다. 이러한 경우를 우리는 '암시장'이라고 표현하고 암시장의 시장가격은 가격 상한제를 하기 전의 가격(P_0)보다 훨씬 높은 수준(P_2)에서 결정된다.

2. 최저가격제

(1) 의미

정부가 공급자를 보호하기 위해서 최저가격 이하로는 거래하지 못하도록 통제하는 제도로 현실 사례로는 최저임금제가 대표적이다.

(2) 최저가격제의 주의점(노동시장의 경우)

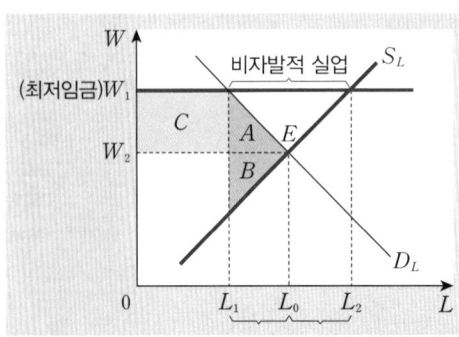

① **초과공급 발생(실업의 증가)**: 수요보다 공급이 많아져 균형 고용량보다 줄어들게 된다.
② **노동수요의 탄력성이 탄력적인 경우**: 처음의 노동자 전체의 임금보다 줄어들게 된다. 따라서 최저임금은 수요의 가격탄력성이 비탄력적인 경우에 한해서만 실시해야 사회적 후생 손실의 발생이 최소한으로 생긴다고 많은 경제학자들은 말한다.

시험문제 미리보기!

정부가 기업 이윤을 생산원가의 10%로 제한하는 가격 통제 정책을 시행할 때 나타날 수 있는 현상은?

① 장기적으로 물가가 안정된다.
② 품목에 따라 암시장이 생긴다.
③ 시장에서 초과공급이 발생한다.
④ 상품 유통시장이 원활하게 작동한다.
⑤ 생산자들이 유리하게 된다.

정답 ②
해설 이윤을 생산원가의 10%로 제한하는 것은 최고가격제에 해당한다. 가격의 상한선을 결정한 것이므로 단기적으로 물가가 안정되고 초과수요가 생기며 소비자에게 유리하게 된다. 하지만 암시장이 발생가능하고 단기적으로 물가가 안정될 뿐 장기적으로는 생산이 줄어 오히려 가격이 상승할 수 있다.

02 정부실패 ★

1. 의미

① 시장의 실패를 보완하기 위한 정부의 개입이 오히려 효율적 자원 배분을 악화시키는 현상이다.
② 큰정부 아래에서 무거운 세금과 관료적인 경직성으로 인한 국민 부담의 증대, 이익단체 압력에 의한 불필요한 공공 지출 증가, 대기업과 정부의 유착, 공기업의 비효율성, 민간 부문의 자율과 창의성 저해, 사회복지제도의 부작용 등이 있다.

2. 해결방안

(1) 규제 완화
예외적으로 보건, 환경, 소비자 보호, 산업재해방지 등 공익 관련 분야와 직접 관련된 규제는 오히려 강화되어야 한다.

(2) 민영화
공기업에 경쟁원리를 도입함으로써 서비스의 개선, 가격의 인하, 경영의 효율화를 달성할 수 있다.

(3) 공무원의 의식 전환
국민의 의사에 따르는 새로운 공무원상 정립, 공무원 사회에 경쟁 개념 도입, 승진, 보수제도 등의 제도 개선, 경제적 유인을 제공할 필요가 있다.

(4) 시민단체 활성화
시민단체의 적극적인 정부 감시 및 정책 제안이 필요하다.

출제예상문제

> 출제예상문제의 중요도를 ★~★★★으로 구분하였습니다. 난이도가 가장 높은 고등급 문제는 S등급 표시하였으니, S등급을 목표로 하신다면 반드시 학습하시기 바랍니다.

01 ★★ 시장실패는 자원 배분이 효율적으로 이뤄지지 않는 상황에서 종종 발생한다. 다음 중 시장실패에 해당하는 것은?

<보기>
ㄱ. 한 기업이 혁신적 제품으로 시장을 장악하고 있다.
ㄴ. 기업이 최대한의 이윤을 추구하고 있다.
ㄷ. 재화의 비배제성과 비경합성으로 인해 문제가 발생하는 상황이다.
ㄹ. 신종 독감 예방 백신 값이 너무 비싸 접종률 저하로 독감이 급속하게 퍼지고 있다.

① ㄱ, ㄴ　　② ㄱ, ㄷ　　③ ㄴ, ㄷ　　④ ㄴ, ㄹ　　⑤ ㄷ, ㄹ

02 ★ 다음 중 정보의 비대칭성과 거리가 먼 것은?

① 시장실패　　② 역선택　　③ 도덕적 해이
④ 주인-대리인 이론　　⑤ 조세의 귀착과 부담

03 ★★ 갑국은 생산과정에서 심각한 환경오염을 초래하는 A재화에 대해 생산량에 비례해 세금을 물리기로 했다. 다음 중 옳지 않은 것은?

<보기>
ㄱ. 현실적으로 이 세금은 최적세율을 찾기 쉬워 실제로 많이 적용되고 있다.
ㄴ. A재화 생산에 따른 개인적 비용은 사회적 비용보다 크다.
ㄷ. 정부가 부정적인 외부효과로 인한 시장실패를 시정하기 위해 시장에 개입했다.
ㄹ. 사회적으로 최적의 세금은 재화의 생산이 미치는 부정적인 영향의 크기와 일치해야 한다.

① ㄱ, ㄴ　　② ㄱ, ㄷ　　③ ㄴ, ㄷ　　④ ㄴ, ㄹ　　⑤ ㄷ, ㄹ

04 다음은 코즈의 정리가 현실에서 성립하기 어려운 이유에 대한 설명이다. 옳지 않은 것은?

① 협상의 제비용, 즉 당사자들의 참여비용과 협상에 필요한 통역, 변호사 비용 등이 높기 때문이다.
② 외부성에 대한 재산권의 정의를 명확히 하기 어렵기 때문이다.
③ 가급적 많은 수의 이해당사자가 필요하지만 그렇지 못하기 때문이다.
④ 협상 시 손해를 보는 측은 피해액수를 가급적 과다보고하려는 유인이 상존하기 때문이다.
⑤ 협상 시 이익을 보는 측은 편익액수를 가급적 과소보고하려는 유인이 상존하기 때문이다.

05 다음 상황에 대한 설명으로 옳지 않은 것은?

> A지역의 주민들은 B공장에서 나오는 매연 때문에 고통을 호소하고 있다. 특히 환기를 하지 못해 아이들이 과도한 먼지를 흡입하게 되어 호흡기에 악영향을 끼칠지 걱정이 이만저만이 아니다.

① 외부불경제가 발생하였다.
② 시장실패 현상이 나타나고 있다.
③ B공장 제품은 사회적 최적 수준보다 적게 생산된다.
④ 정부는 과도하게 생산되고 있는 재화의 생산량을 감소시켜야 한다.
⑤ 공해문제 개선책으로 생산자에 대한 세금 부과를 들 수 있다.

정답 및 해설

01 ⑤
시장실패는 외부효과, 독과점, 공공재의 존재 등 때문에 발생한다. 외부효과는 한 사람의 행위가 금전적 보상 없이 제3자의 경제적 후생에 영향을 미치는 현상을 일컫는다. 시장지배력은 소수의 사람 혹은 기업이 시장가격에 임의의 영향을 미칠 수 있는 힘을 말한다. 공공재는 비배제성과 비경합성을 갖고 있어 역시 시장실패가 발생한다.

오답노트
ㄱ. 한 기업이 혁신적 제품으로 시장을 장악하고 있다는 것만으로 독점이라고 볼 수 없다.
ㄴ. 기업이 최대한의 이윤을 추구하는 것은 기업의 당연한 목표이다.

02 ⑤
정보의 비대칭성은 수요자와 공급자가 가진 정보가 다르기 때문에 생기는 현상이다. 시장실패에 해당하며 역선택과 도덕적 해이가 여기에 해당한다. 주인-대리인 이론은 대리인이 주인의 의사를 따르지 않기 때문에 생기는 것으로써, 도덕적 해이로 볼 수 있다.

03 ①
외부불경제를 야기하는 재화는 개인적 비용이 사회적 비용보다 작아 과다 생산된다. 이를 교정하기 위해 부과하는 조세를 피구세라고 하는데 피구세는 오염에 따른 사회적 비용을 기업의 사적비용으로 내재화하여, 재화가 과다 생산되는 것을 막고 사회적 최적 생산량을 이끌어낼 수 있다. 피구세가 부과되면 재화의 시장가격은 오르고, 생산량은 사회적 최적 생산량 수준까지 감소할 것이다. 하지만 현실적으로 기업의 비용곡선, 시장수요곡선, 사회적 비용 등을 정확히 파악하기 어려워 실제 피구세의 최적세율을 구하기 어렵다.

04 ③
이해당사자의 수가 많을수록 협상비용(거래비용)이 크게 소요되므로 코즈의 정리가 성립할 가능성이 낮아진다.

05 ③
문제에서 외부불경제 현상이 나타나고 있다. 외부불경제는 시장실패로 제품 생산과정에서 방출되는 공해 물질로 인해 사회가 치르는 비용은 제조업체의 생산 비용보다 크다. 자유로운 시장 기구에 맡기게 되면 외부불경제는 사회적인 최적 생산수준보다 더 많이 생산되기 때문에 세금을 부과하여 생산을 감소시킬 수 있다.

06 외부효과에 대한 다음 설명 중 옳지 않은 것은?

<보기>
ㄱ. 예방접종으로 전염병 전염 가능성이 감소하는 것은 외부경제다.
ㄴ. 긍정적 외부효과가 있는 경우 효율적 자원 배분을 위해 정부의 시장개입이 필요하지 않다.
ㄷ. 어떤 경제주체의 행위가 다른 경제주체의 효용에 영향을 미치는 현상을 말한다.
ㄹ. 부정적 외부효과가 있으면 시장에서 결정되는 생산량이 사회적으로 바람직한 수준보다 적어진다.

① ㄱ, ㄴ   ② ㄱ, ㄷ   ③ ㄴ, ㄷ   ④ ㄴ, ㄹ   ⑤ ㄷ, ㄹ

07 다음 자료의 (가), (나) 사례에 대해 밑줄 친 정책을 시행하였다. 그 결과를 옳게 나타낸 그림을 <보기>에서 고른 것은?

정부는 (가), (나) 사례에서 외부효과를 발생시키는 경제 주체에게 조세를 부과하거나 보조금을 지급하는 정책을 시행하여 시장실패의 문제를 해결하고자 하였다.
(가) 사람들이 대학 교육을 받는 것은 본인들뿐만 아니라 사회 전체의 삶의 질을 향상시킨다.
(나) 기업들이 생산 과정에서 공해 물질을 배출하여 대기를 오염시키고 있다.

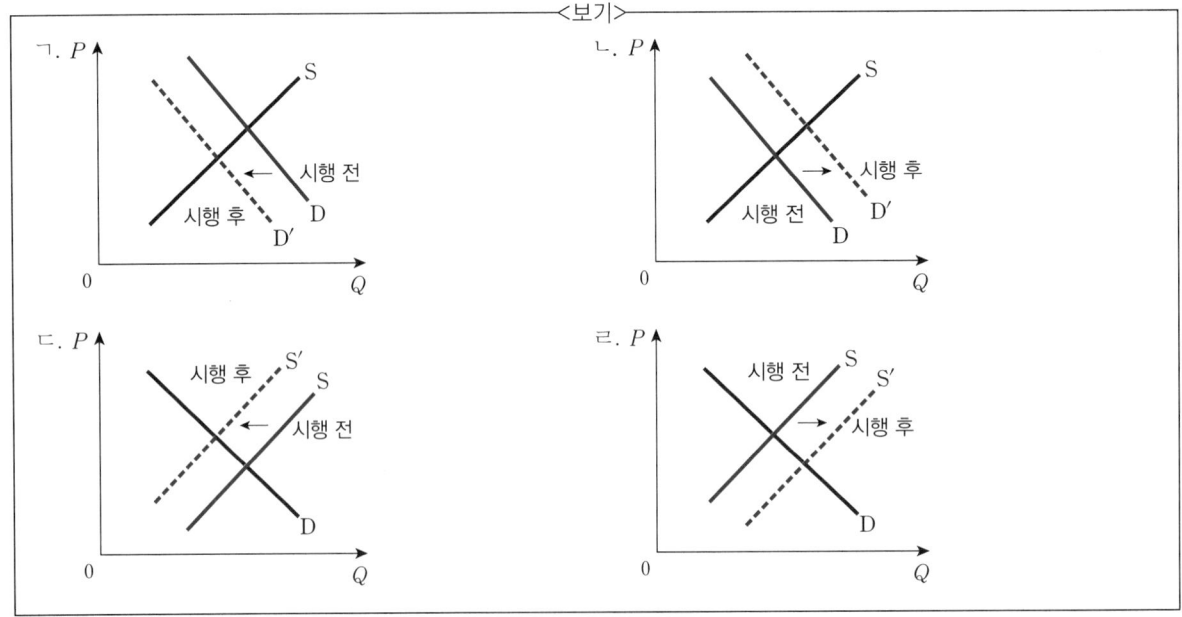

	(가)	(나)
①	ㄱ	ㄴ
②	ㄱ	ㄷ
③	ㄴ	ㄷ
④	ㄴ	ㄹ
⑤	ㄷ	ㄹ

08 비대칭적 정보가 존재할 때 의료보험시장에서 발생하는 역선택을 감소시키는 방안으로 옳지 않은 것은?

① 의료보험가입 시 정밀신체검사를 요구한다.
② 보험회사가 의료보험가입 희망자의 과거 병력을 조회한다.
③ 의료보험 가입희망자의 건강상태를 반영하여 보험료를 차등 부과한다.
④ 단체의료보험상품을 개발하여 해당 단체 소속원 모두 강제 가입하게 한다.
⑤ 의료보험에 기초공제제도를 도입한다.

09 주인-대리인 문제에 대한 설명 중 옳은 것은?

<보기>
ㄱ. 대리인과 주인 사이에 비대칭 정보가 주인-대리인 문제의 근본 원인이다.
ㄴ. 대리인이 주인에 비해 위험 회피의 정도가 작을 경우에 주인-대리인 문제가 발생한다.
ㄷ. 대리인이 주인과의 관계를 중단하고 다른 직장으로 이동할 수 있는 자유가 커질수록 주인-대리인 문제는 줄어든다.
ㄹ. 주인은 적절한 인센티브를 부여하여 대리인의 도덕적 해이를 방지할 수 있더라도 대리인에게 지급해야 하는 임금 수준이 너무 높아지는 것을 우려해 이를 포기하고 대리인의 도덕적 해이를 용인하는 경우가 있다.

① ㄱ, ㄴ   ② ㄱ, ㄹ   ③ ㄴ, ㄷ   ④ ㄴ, ㄹ   ⑤ ㄷ, ㄹ

정답 및 해설

TIP
- 교육: 소비측면 & 외부경제이므로 D↑가 대책
- 대기오염: 생산측면 & 외부불경제이므로 S↓가 대책

06 ④
외부효과는 어떤 경제주체의 행위가 다른 경제주체의 효용에 영향을 미치는 현상을 말한다.
ㄴ. 긍정적 외부효과가 있는 경우라도 효율적 자원 배분을 위해 정부의 시장개입이 필요하다.
ㄹ. 부정적 외부효과가 있으면 시장에서 결정되는 생산량이 사회적으로 바람직한 수준보다 많아진다.

07 ③
(가)는 소비의 외부경제, (나)는 생산의 외부불경제를 나타낸다. (가)와 같이 소비의 외부경제가 발생하면, 재화나 서비스의 거래량이 사회적 최적 수준보다 적다. 이는 수요가 충분하지 않기 때문이다. 따라서 정부가 외부경제를 창출하는 경제 주체에게 보조금을 지급하면 수요가 증가(수요곡선 우측 이동)하게 되고, 이에 따라 사회적 최적 수준에서 거래가 이루어진다. <보기>의 ㄴ.그림이 이를 나타낸다.
(나)와 같이 생산의 외부불경제가 발생하면, 재화나 서비스의 거래량이 사회적 최적 수준보다 많다. 이는 공급이 많기 때문이다. 따라서 정부가 외부불경제를 창출하는 경제주체에 세금을 부과하면, 공급이 감소(공급곡선 좌측 이동)하게 되고, 이에 따라 사회적 최적 수준에서 거래가 이루어진다. <보기>의 ㄷ. 그림이 이를 나타낸다.

08 ⑤
의료보험의 기초공제제도는 비용의 일부를 부담시킴으로써 사람들의 행동이 변하는 것을 막으려는 것이다. 따라서 역선택이 아니라 도덕적 해이를 감소시키기 위한 방안이다.

09 ②
주인-대리인 문제는 정보의 비대칭에서 발생한다. 어느 일방의 행동을 상대방이 관찰할 수 없거나 통제 불가능할 때 대리인이 주인의 입장에서 보면 바람직하지 못한 행동을 하는 현상이다. 주주와 경영자, 국민과 정치인, 사장과 종업원 등이 바로 주인과 대리인이라고 할 수 있다.

오답노트
ㄴ. 대리인이 주인에 비해 위험 회피의 정도가 클 경우에 주인-대리인 문제가 발생한다.
ㄷ. 대리인이 주인과의 관계를 중단하고 다른 직장으로 이동할 수 있는 자유가 작을수록 주인-대리인 문제는 줄어든다.

10. (가), (나)에 대한 설명으로 옳은 것은?

> (가) 사람들이 많이 있는 길거리에서 누군가가 담배를 피우면 담배 연기 때문에 주변 사람들은 불쾌감을 느낀다.
> (나) 기업이 생산 과정에서 발생한 폐수를 하천에 흘려보내면 식수가 오염되어 사람들이 건강상 피해를 입는다.

① (가)는 긍정적 외부효과의 사례이다.
② (가)는 사적 편익이 사회적 편익보다 큰 사례이다.
③ (나)는 사회적 최적 생산량이 시장 균형 생산량보다 많은 사례이다.
④ (가)와 (나)는 모두 사회적으로 최적의 자원 배분이 이루어진 사례이다.
⑤ (가)와 (나)에서 발생한 문제는 모두 사적 비용을 감소시켜 해결할 수 있다.

11. 외부효과로 인한 비효율적 자원 배분을 개선하는 방법으로 적절하지 않은 것은?

<보기>
ㄱ. 과수원과 양봉업자의 경우처럼 외부효과를 주고받는 두 기업이 합병한다.
ㄴ. 정부가 기초 연구개발(R&D) 기관에 보조금을 지급하거나 민간인이 R&D 기관에 기부금을 낸다.
ㄷ. 외부효과에 관련된 당사자가 많고 거래비용이 클 경우에는 정부가 개입하지 않고 자발적인 협상을 하도록 한다.
ㄹ. 외부불경제를 초래하는 새로운 기술에 대해 특허권을 보장함으로써 기술 개발자에게 법적으로 유효한 재산권을 인정해 준다.

① ㄱ, ㄴ ② ㄱ, ㄷ ③ ㄴ, ㄷ ④ ㄴ, ㄹ ⑤ ㄷ, ㄹ

12. 다음 글에서 밑줄 친 부분을 나타내는 용어로 옳은 것은?

> 바다에 있는 등대는 ㉠ 여러 사람이 이용하더라도 다른 사람이 이용할 수 있는 몫이 줄어들지 않는다. 또 등대는 ㉡ 가격을 지불하지 않는 사람들이 이용하지 못하게 막기 어렵다. 그래서 등대는 대개 정부가 담당하고 있다.

	㉠	㉡
①	공공재	외부효과
②	비배제성	외부효과
③	무임승차	비배제성
④	외부효과	공공재
⑤	비경합성	비배제성

13 그림은 경합성과 배제성을 기준으로 재화를 (가) ~ (라)로 분류한 것이다. 이에 대한 설명으로 옳은 것은?

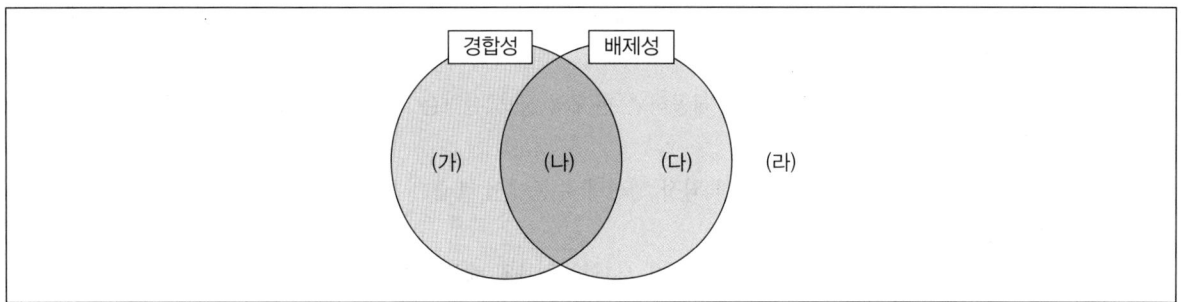

① 인터넷을 이용하여 구입하는 음악 파일은 (가)에 해당한다.
② (나)에 해당하는 재화의 특성은 시장실패의 원인이 된다.
③ 공책이나 과자와 같은 재화는 (라)에 해당한다.
④ 무임승차의 문제는 (가)보다는 (다)에 해당하는 재화에서 더 많이 나타난다.
⑤ 자원 고갈의 문제는 (라)보다는 (가)에 해당하는 재화에서 더 많이 나타난다.

정답 및 해설

10 ②
(가)는 소비활동에서 외부불경제가 발생하는 사례이며, (나)는 생산활동에서 외부불경제가 발생하는 사례이다.
(가)처럼 소비활동에서 외부불경제가 발생하는 경우 사적 편익은 사회적 편익보다 크다.

오답노트
① (가)는 소비활동에서 부정적 외부효과가 발생하는 사례이다.
③ (나)의 경우 시장 균형 생산량은 사회적 최적 수준보다 많다.
④ (가)와 (나)는 외부불경제가 발생하는 사례로 사회적 최적 수준보다 과다하게 소비 또는 생산된다. 즉, 사회적으로 최적의 자원 배분이 이루어지지 않는다.
⑤ (가)와 (나)에서는 공통적으로 외부불경제가 발생하는데 이 경우 정부는 외부불경제를 발생시킨 경제주체에 대해 세금이나 벌금을 부과함으로써 생산이나 소비를 감소시켜 외부불경제가 줄어들도록 유도한다.

11 ⑤
외부효과를 줄이는 방법으로 피구세, 보조금, 코즈의 정리, 합병 등이 존재한다.
ㄷ. 코즈의 정리에 따르면 거래 당사자 사이에 재산권이 확실하게 확립되고 별도 비용 없이 협상할 수 있으면 외부효과가 있더라도 효율적 결과를 얻을 수 있다. 하지만 거래 당사자가 명확하지 않고 거래 비용이 많아지면 협상 자체가 이뤄지기 힘들다.
ㄹ. 외부불경제를 초래하는 새로운 기술에 대해 특허권을 보장하는 것이 아니라 사용을 금지시켜야 한다.

12 ⑤
'배제성'은 사람들이 재화를 소비하는 것을 막을 수 있는 가능성이다. '경합성'은 한 사람이 재화를 소비하면 다른 사람이 소비에 제한을 받는 속성이다. 등대, 일기예보와 같은 공공재는 비배제성과 비경합성을 갖는다.

13 ⑤
(가)는 경합성은 있고 배제성이 없는 재화로 공유자원에 해당한다.
(나)는 경합성과 배제성이 모두 있는 재화로 사적재화에 해당한다.
(다)는 경합성은 없고 배제성만 있는 재화로 자연독점에 해당한다.
(라)는 경합성과 배제성이 모두 없는 재화로 공공재에 해당한다.
자원 고갈의 문제는 배제성은 없으나 경합성이 있는 재화에서 주로 나타난다.

오답노트
① 인터넷을 이용하여 구입하는 음악 파일은 경합성은 없으나 배제성이 있으므로 (다)에 해당한다.
② 공공재는 비배제성을 가지므로 수지가 맞지 않아 시장에서 충분히 생산되지 않는다. 즉, 자원이 효율적으로 배분되지 않는 시장 실패 현상이 나타난다.
③ 공책이나 과자와 같은 재화는 사적재화로 경합성과 배제성을 모두 가진다.
④ 무임승차의 문제는 배제성이 없는 재화에서 주로 나타난다.

14 외부성에 관한 설명으로 옳은 것은?

① 과수원업자가 수확량 증대를 위해 양봉업자에게 돈을 주어 과수원 옆으로 오게 했다면 외부성을 내부화시켰다고 할 수 있다.
② 꿀벌이 과수원에 양(+)의 외부성을 제공하면 현재의 꿀 생산량은 사회적인 관점에서 볼 때 과잉 생산된 것이라고 볼 수 있다.
③ 음(−)의 외부성이 존재할 때 사회적 최적 생산량 수준에서 배출한 한계피해액만큼 세금을 부과하면 과소 생산 문제를 해결할 수 있다.
④ 양(+)의 외부성이 존재할 때 정부가 세금을 부과하여 자원 배분을 효율적인 상태로 만들 수 있다.
⑤ 정부가 재산의 소유권만 명확하게 규정해도 외부성은 내부화된다.

15 다음 중 공공재와 관련이 있는 것은?

① 정부실패의 원인 중 하나로 볼 수 있다.
② 고속도로, 전기 등이 대표적인 공공재다.
③ 경합성과 배제성이 작은 재화다.
④ 공공재의 시장 수요곡선은 개별 수요곡선의 수평적 합으로 도출한다.
⑤ 시장에 맡길 때 소비에는 참여하나 생산 비용을 부담하지 않는 경우가 발생한다.

16 다음은 갑국의 명목 최저임금 인상률 추이를 나타내는 그래프이다. 이에 대한 추론으로 적절하지 않은 것은?
(단, 실질 최저임금상승률은 '+'이다)

구 분	20X1	20X2	20X3	20X4	20X5
최저임금 인상률(%)	5	5.4	5.9	6.5	7.2

① 최저임금 인상률은 국내 물가상승률보다 높은 추세이다.
② 최저임금이 오르면 저소득자의 생활에 도움이 될 것이다.
③ 최저임금 인상은 사회적으로 실업자 수를 줄일 가능성이 있다.
④ 최저임금 상승 추세는 기업들의 공장 해외 이전을 부추길 것이다.
⑤ 아르바이트 인력을 쓰는 자영업자의 경우 타격이 예상된다.

17 아래 그림은 어떤 재화의 수요와 공급 상황을 보여주고 있다. D_0는 사적 한계편익(혹은 시장수요곡선), D_1은 사회적 한계편익을 나타낸다고 할 때, 다음 중 이 그림이 보여주는 사례로 가장 적합한 것은?

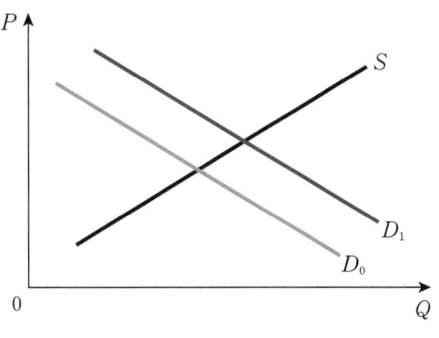

〈보기〉
ㄱ. 산란철에 대게잡이를 금지한 사례
ㄴ. 영·유아에 대한 무료 예방접종
ㄷ. 중고차 시장에서 품질이 좋은 차가 거래되지 않는 사례
ㄹ. 국민들의 자기계발에 따른 교육비 지출

① ㄱ, ㄴ   ② ㄱ, ㄷ   ③ ㄴ, ㄷ   ④ ㄴ, ㄹ   ⑤ ㄷ, ㄹ

18. 갑, 을, 병, 정 4명의 주민이 살고 있는 마을에 공동으로 방범용 가로등을 설치하고자 한다. 가로등의 개당 설치비용은 60만 원으로 일정하고, 가로등에 대한 주민들의 수요(D)는 아래 그림과 같다고 할 때 적정 공급량은 얼마인가?

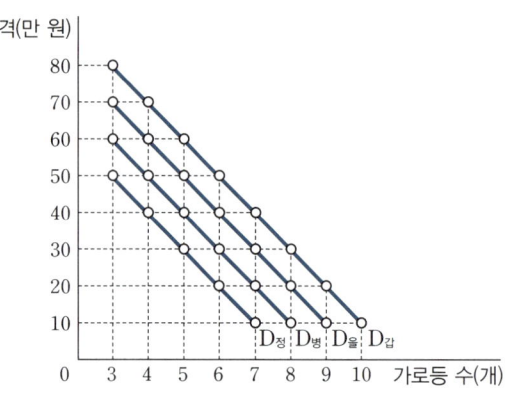

① 5개 ② 6개 ③ 7개 ④ 8개 ⑤ 9개

19. 그림은 갑과 을의 토론이다. 이에 대한 적절한 설명을 <보기>에서 고른 것은?

- 갑 : 시장의 자율성에 기댄 결과, 빈부 격차 심화 등 많은 부작용이 발생하고 있습니다. 이제 정부는 적극적으로 이런 문제를 해결해야 합니다.
- 을 : 정부의 복지 정책 때문에 노동 의욕이 감소하고 국가 재정이 악화되고 있는 것은 간과하시는군요. 오히려 정부는 지금보다 시장에 더 많은 자율성을 주어야 합니다.

<보기>
ㄱ. 갑은 을과 달리 정부 개입의 확대를 강조한다.
ㄴ. 갑은 을보다 경제적 약자에 대한 지원을 강조한다.
ㄷ. 갑은 을보다 '보이지 않는 손'의 역할을 강조한다.
ㄹ. 을은 갑보다 형평성의 실현을 강조한다.

① ㄱ, ㄴ ② ㄱ, ㄷ ③ ㄴ, ㄷ ④ ㄴ, ㄹ ⑤ ㄷ, ㄹ

20. 정부가 농산물의 가격을 시장 균형가격보다 낮은 수준에서 규제하려고 한다. 다음 중 옳지 않은 설명은?

① 균형거래량이 감소한다.
② 생산자잉여가 증가한다.
③ 농산물의 초과 수요가 발생한다.
④ 이와 같은 정책을 최고가격제라고 한다.
⑤ 부동산 임대시장에서 이와 비슷한 가격정책이 많이 사용된다.

21. 다음 글에 나타난 정부의 가격 정책과 성격이 같은 것을 <보기>에서 바르게 짝지은 것은?

> 아파트 분양 시장의 과열로 분양가를 규제한다.

<보기>
ㄱ. 저임금 근로자를 위해 최저임금제도를 시행한다.
ㄴ. 공급 과잉이 나타난 농산물의 가격을 일정 수준에서 지지하여 준다.
ㄷ. 휴가철 숙박업소의 바가지 요금을 없애기 위해 숙박 요금을 규제한다.
ㄹ. 서민 대출의 이자 부담 완화를 위해 금융기관의 이자율 상한을 설정한다.

① ㄱ, ㄴ   ② ㄱ, ㄹ   ③ ㄴ, ㄷ   ④ ㄴ, ㄹ   ⑤ ㄷ, ㄹ

정답 및 해설

18 ④
마을 주민들의 지불용의의 합은 공공재 생산의 한계비용이 되어야 한다. 따라서 4명의 주민 지불용의의 합이 60만 원으로 일치하는 수준은 8개이다.

19 ①
갑은 정부의 적극적인 시장 개입을 주장하며, 을은 정부의 시장 개입 축소를 주장하고 있다.
ㄱ. 갑은 정부 개입의 확대를, 을은 정부 개입의 축소를 강조한다.
ㄴ. 을이 과다한 복지 정책의 축소를 강조하는 반면, 갑은 빈부 격차를 줄이기 위해 사회적 약자에 대한 지원을 강조한다.

[오답노트]
ㄷ. 시장의 자율성이란 경제문제를 '보이지 않는 손', 즉 가격의 기능으로 해결한다는 의미이다. 시장의 자율성을 강조하는 사람은 갑이 아니라 을이다.
ㄹ. 형평성의 실현을 강조하는 사람은 빈부 격차의 심화 문제를 해결해야 한다고 주장하는 갑이다.

20 ②
최고가격제는 가격 통제의 일종으로 정부가 시장가격보다 낮은 수준에서 가격상한선을 정하는 제도다. 가격을 인위적으로 낮추는 것이기 때문에 균형거래량이 감소하고 소비자잉여가 증가한다.

21 ⑤
아파트의 분양가를 규제하는 것은 최고가격정책(혹은 가격상한제)을 실시한 것이다. 최고가격제는 시장에서 자율적으로 형성되는 가격이 너무 높다고 판단했을 때 사용하는 방법으로, 시장에서 소비자를 보호하려는 의도가 담겨 있다.
ㄷ. 휴가철의 숙박 요금 규제는 숙박 시설을 이용하는 소비자를 보호하려는 것이다.
ㄹ. 금융기관의 이자율 상한을 설정하는 것은 금융시장에서의 대출자(소비자)를 보호하려는 것이다.

[오답노트]
ㄱ. 최저임금제는 최저가격제(혹은 가격하한제)를 실시한 것이다. 이는 노동시장에서의 공급자인 노동자를 보호하려는 것이다.
ㄴ. 정부가 규제한 아파트 분양가는 아파트 시장에 맡긴 경우의 가격(균형가격)보다 낮을 것이다. 따라서 이 경우 균형가격보다 낮기 때문에 초과 수요가 나타나게 된다.

22 다음 지문처럼 A시가 실효성 있는 임대료 상한제를 실시할 경우의 효과로 옳은 것은?

> A시는 임대료 상한제를 실시하고 임대주택의 임대료와 임대 서비스 내용을 등록하도록 하고 있다. 임대인이 이를 이행하지 않으면 행정벌칙을 부과하고 있다.

<보기>
ㄱ. 임대료 상한제에 의한 물량 부족 사태는 단기보다 장기에 더 크게 나타난다.
ㄴ. 임대료 상한제에 의한 효과는 공급자와 수요자 간에 공평한 결과를 가져온다.
ㄷ. 신규 임대주택의 공급은 비탄력적이므로 장·단기적으로 공급에 의한 문제는 발생하지 않는다.
ㄹ. 공급자는 신규 임대주택 공급을 줄이고 기존 임대주택의 품질을 유지할 유인도 존재하지 않는다.

① ㄱ, ㄴ   ② ㄱ, ㄹ   ③ ㄴ, ㄷ   ④ ㄴ, ㄹ   ⑤ ㄷ, ㄹ

23 한 상품 시장에서 균형가격과 균형거래량이 각각 P^*와 Q^*에서 형성되어 있다고 하자. 그런데 정부가 최고가격을 P_2 수준으로 규제했다. 이에 대한 설명으로 옳지 않은 것은?

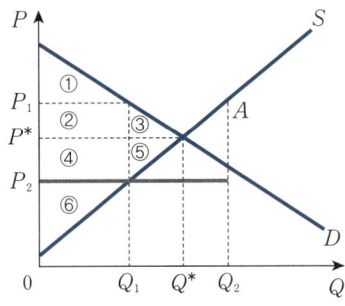

<보기>
ㄱ. 생산자를 보호하기 위한 것이다.
ㄴ. 소비자잉여는 ① + ② + ③ + ④ + ⑤로 늘어난다.
ㄷ. 상품의 품질 저하나 암시장 발생 등의 부작용을 낳을 수 있다.
ㄹ. 원래의 균형상태와 비교해 거래 가격은 하락하겠지만 거래량은 줄어든다.

① ㄱ, ㄴ   ② ㄱ, ㄷ   ③ ㄴ, ㄷ   ④ ㄴ, ㄹ   ⑤ ㄷ, ㄹ

24 X재 시장의 수요곡선은 $Q_D = 500 - P$이고, 공급곡선은 $Q_S = -100 + 2P$이다. 시장 균형에서 정부가 $P = 120$의 가격 상한을 설정할 때, (ㄱ) 소비자잉여의 변화와 (ㄴ) 생산자잉여의 변화는? (단, Q_D는 수요량, Q_S는 공급량, P는 가격이다)

	(ㄱ)	(ㄴ)		(ㄱ)	(ㄴ)		(ㄱ)	(ㄴ)
①	증가	증가	②	증가	감소	③	불변	불변
④	감소	증가	⑤	감소	감소			

25 다음 그림과 같은 노동 시장에서 정부가 (가) 또는 (나)정책 도입을 고려 중일 때, 이에 대한 추론으로 옳은 것은?

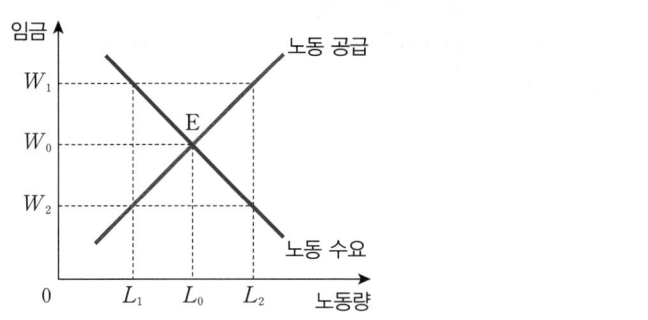

- (가) 정부가 균형임금보다 높은 수준에서 임금의 하한선(W_1)을 법으로 정함
- (나) 정부가 취업자에게 별도의 장려금을 지급함

① (가)정책을 시행하면서, 노동의 초과 공급량에 대한 임금을 정부가 기업에 전액 보조한다면 그 금액은 $W_1 \times \overline{L_1L_2}$이다.
② (가)정책 시행 시, 노동 수요곡선이 E점을 중심으로 회전해서 더 비탄력적이 되면 노동 고용량은 감소할 것이다.
③ (나)정책 시행 시, 노동 수요곡선이 E점을 중심으로 회전해서 더 탄력적이 되면 노동 공급량은 감소할 것이다.
④ (나)정책을 통해 고용량을 L_2로 늘리려면 취업자당 장려금은 W_2를 지급해야 한다.
⑤ (가)정책은 고용 수준의 확대를, (나)정책은 임금 수준의 상승을 목표로 한다.

정답 및 해설

22 ②
임대주택의 단기 공급곡선은 수직이고 장기 공급곡선은 우상향한다. 따라서 장기에는 임대주택을 더 공급하지 않으려고 할 것이므로 단기보다 장기에 더 물량부족 사태가 나타날 것이다.

TIP

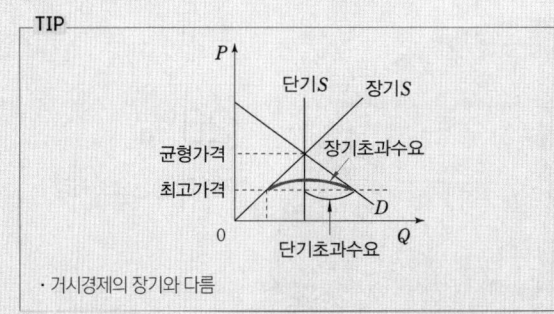

- 거시경제의 장기와 다름

23 ①
최고가격제는 소비자를 보호하기 위한 것으로 시장가격보다 낮게 가격의 상한선을 정한 것이다. 따라서 소비자잉여가 증가하지만 암시장 등의 부작용이 발생할 수 있다.
ㄱ. 소비자를 보호하기 위한 것이다.
ㄴ. 소비자잉여는 ① + ② + ④이며 ③ + ⑤는 사회적 후생 손실이다.

24 ⑤
가격상한제는 일반적으로 소비자잉여를 증가시키고 생산자잉여를 감소시키려는 목적으로 실시하지만, 이 문제는 최고가격제 실시 후 거래량이 급히 감소하므로 소비자잉여와 생산자잉여 모두 감소한다.

25 ①
노동의 초과 공급량($\overline{L_1L_2}$)에 대한 임금(W_1)을 정부가 전액 보조할 때 보조금은 $\overline{L_1L_2} \times W_1$이다.

오답노트
② (가)정책에서 노동 수요가 더 비탄력적으로 변하면 노동 고용량은 증가한다.
③ (나)정책이 시행되면 노동 공급은 증가하여 노동 고용량은 증가한다. 이때 노동 수요가 더 탄력적으로 변하면 노동 고용량은 증가한다.
④ (나)정책을 통해 고용량을 L_2로 늘리려면 노동 공급이 L_2 수준에서 노동 수요와 균형을 이루도록 증가해야 한다. 이때 취업자당 장려금은 ($W_1 - W_2$)가 된다.
⑤ (가)정책은 최저 생계비 보장을, (나)정책은 고용 증대를 목표로 한다.

TIP

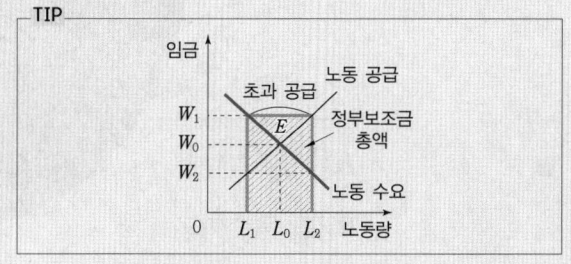

제8장 생산요소시장과 소득분배

📋 학습전략

생산물시장에서 생산량을 결정하면 생산을 위해 생산요소를 구입하여야 한다. 이를 위해서는 생산요소시장을 분석해야 한다. 대표적으로 노동을 고용하는데 이 원리로는 재화 1단위를 팔아서 얻는 수입과 이에 따른 노동자 1단위의 임금을 비교하여 결정한다. 고용된 노동자는 소득을 가지게 되는데 소득은 각각이 노동자가 제공하는 노동의 양과 질에 따라 달라진다. 따라서 소득의 분배 상태에 따라 사회계층이 나누어진다. 빈부의 격차가 커지게 되면 사회가 불안정해지므로 빈부의 격차를 줄이는 노력이 필요하다. 이를 판단하기 위해서는 로렌츠곡선, 지니계수, 10분위 분배율 등이 필요하다.

정부는 재분배를 위해 대표적인 방법으로 조세를 이용한다. 조세는 청구주체, 납세자와 담세자의 일치여부, 적용세율 등에 따라 다양하게 나누어진다. 그러나 조세는 경제주체에게 부담을 안기며, 후생손실을 야기한다. 이는 수요와 공급의 가격탄력성에 따라 다르게 나타나며 후생손실은 탄력적일수록, 조세부담은 비탄력적일수록 크다.

📋 출제비중

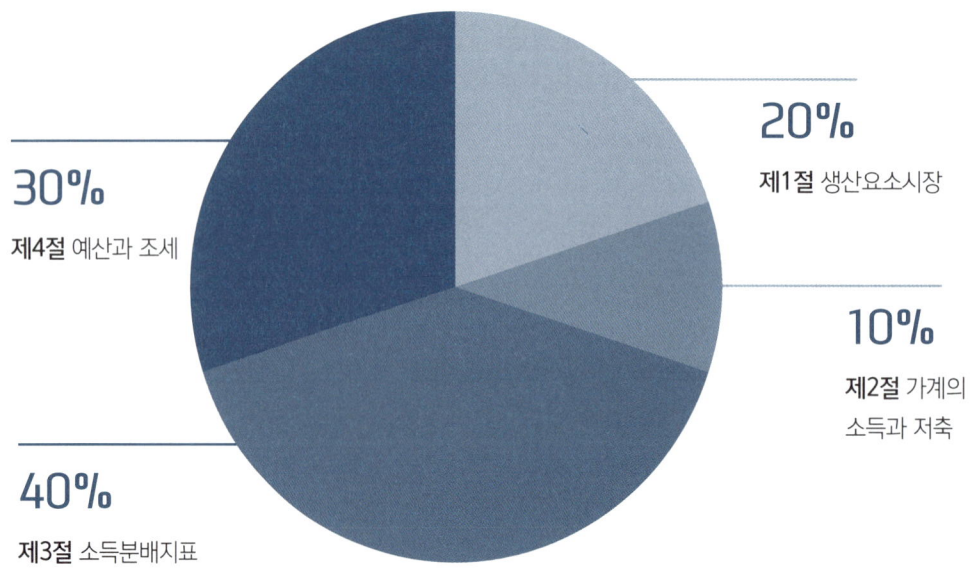

- 20% 제1절 생산요소시장
- 10% 제2절 가계의 소득과 저축
- 40% 제3절 소득분배지표
- 30% 제4절 예산과 조세

출제유형

소득분배지표인 로렌츠곡선, 지니계수, 10분위 분배율 등의 개념과 수치를 "경제이론" 영역에서 주로 출제되며 생산요소시장의 그래프나 표분석을 통해 균형을 구하는 문제, 직접세와 간접세를 그래프를 통해 구분하는 문제 등이 "응용복합" 영역으로 출제된다.

학습구성

구 분	출제포인트	중요도
제1절 생산요소시장	01 생산요소시장	★
	02 생산요소시장의 이윤극대화 원리	★★
	03 개인의 선택과 노동공급	★★
제2절 가계의 소득과 저축	01 가계소득의 종류	★
	02 소비	★
	03 저축	★
	04 기능별 소득분배이론	★
제3절 소득분배지표	01 계층별 소득분배와 불평등 발생원인	★
	02 계층별 소득분배이론	★★★
	03 소득분배론	★★
	04 경제발전과 소득분배 : 쿠즈네츠의 U자 가설	★
	05 사회보장제도	★
제4절 예산과 조세	01 예산	★
	02 조세의 특징과 종류	★★★
	03 조세의 귀착	★★★

제1절 | 생산요소시장

> **핵심 Check ✓ 생산요소시장**
>
> | 생산요소시장의 이윤극대화 | 한계생산물 가치 = 한계요소비용
P × MR = w |
> |---|---|

01 생산요소시장 ★

1. 의미

생산요소가 거래되는 시장을 의미하며 노동, 자본, 토지시장이 여기에 해당한다.

2. 생산요소시장의 특징

(1) 소득분배의 결정

생산요소시장에서 생산요소의 가격과 고용량이 결정되는데 이는 생산요소의 소득을 결정한다.

(2) 파생수요(Derived Demand)

생산물시장이 이윤극대화 원리에 의해 생산량이 결정되면 이에 따라 생산요소의 수요가 결정되므로, 생산요소의 수요는 생산물시장에서 결정된 생산물수요에 의하여 그 크기가 결정되는 파생수요의 성격을 가지고 있다.

02 생산요소시장의 이윤극대화 원리 ★★

1. 한계수입생산(MRP; Marginal Revenue Product)

(1) 의미

생산요소를 1단위 추가적으로 고용할 때(노동자를 1명 더 고용할 때)의 총수입의 증가분으로 다음과 같이 나타낸다.

$$MRP_L = \frac{\Delta TR}{\Delta L} = \frac{\Delta Q}{\Delta L} \times \frac{\Delta TR}{\Delta Q} = MP_L \times MR$$

⇨ 한계수입생산 = 한계생산물 × 한계수입

(2) 특징
① 수확체감의 법칙에 의해 한계생산물(MP_L)이 체감한다.
② 한계수입(MR)은 생산물시장이 완전경쟁이면 일정하고 불완전경쟁이면 감소하므로 한계수입생산곡선은 우하향한다.
③ 노동시장이 완전경쟁시장이라면 P = MR이므로 한계수입생산 = 한계생산물가치이다.
④ 한계수입생산은 생산요소 1단위를 추가했을 때 추가적으로 얻는 총수입을 화폐로 표현한 것이다.

2. 한계요소비용(MFC; Marginal Factor Cost)의 개념

$$MFC_L = \frac{\Delta TC}{\Delta L} = \frac{\Delta Q}{\Delta L} \times \frac{\Delta TC}{\Delta Q} = MP_L \times MC$$

즉, 한계요소비용 = 한계생산물 × 한계비용

① 생산요소를 1단위 추가적으로 고용할 때(노동자를 1명 더 고용할 때)의 총비용의 증가분을 의미한다.
② 이때 한계요소비용곡선은 요소시장의 형태에 따라 다르게 나타난다.

3. 이윤극대화 조건(단, 생산물시장과 생산요소시장 모두 완전경쟁인 경우)

$$P \times MP_L = w$$

① 생산물시장의 이윤극대화 조건은 생산물 한 단위를 만드는 비용인 한계비용(MC)과 그 한 단위의 생산물 수입인 한계수입(MR)이 같아질 때인 것을 배웠다.
② 마찬가지로 생산요소시장에서는 생산요소를 1단위 추가적으로 고용할 때(노동자를 1명 더 고용할 때)의 총비용의 증가분인 한계요소비용(MFC_L)과 그 노동자가 만든 재화를 팔아 얻은 수입인 한계수입생산물(MRP_L)이 같아질 때까지(완전경쟁시장을 주로 가정하므로 한계 생산물 가치인 VMP_L) 생산요소(노동)를 고용할 때 이윤이 극대화 될 것이다.

03 개인의 선택과 노동공급 ★★

1. 노동공급량의 결정요인

(1) 분석단위
노동공급, 저축, 위험부담 모두 개인이 분석단위가 된다.

(2) 노동공급량의 결정요인
① 사람마다 유보임금률(Reservation Wage Rate)이 있어 실제 임금률이 자신이 원하는 임금률 이상이어야만 노동시장에 참여한다고 볼 수 있다.
② 임금은 임금을 상승시키고 조세는 임금을 하락시키므로 노동시장 참여와 관련된 결정에 영향을 미친다.

핵심 Plus+

생산물시장의 이윤극대화
한계수입(MR) = 한계비용(MC)

생산요소시장의 이윤극대화
한계수입생산(MRP_L) = 한계요소비용(MFC_L)

완전경쟁시장에서 한계수입생산(MRP_L)과 한계생산물가치(VMP_L)가 일치하는 이유
한계수입생산(MRP_L) = MP_L × MR, 한계생산물가치(VMP_L) = MP_L × P인데 완전경쟁시장에서는 P = MR이 성립하므로 한계수입생산과 한계생산물가치는 동일하게 됨

2. 개인의 선택과 노동공급

(1) 가정
하루 중 여가와 노동시간의 합은 24시간, 여가시간 = l, 이때 노동시간(L) = $24 - l$이다.

(2) 효용극대화 모형
여가의 가격이 w이고 시간이 24시간 주어진 상태에서 효용극대화를 구하는 모형이다.

$$Max : U = U(l, M)$$
$$s.\,t(제약조건) : M = wL = w(24 - l) \Rightarrow wl + M = 24w$$
- M : 소득

(3) 효용극대화 조건
$MRS_{lM} = w$ 즉, 무차별곡선의 기울기가 여가의 가격 w(임금)와 같을 때 성립한다.

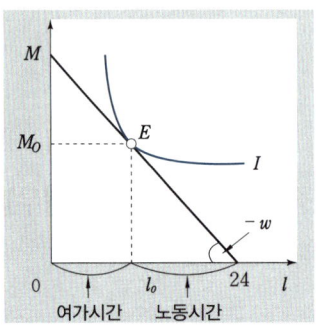

3. 임금상승의 효과

(1) 임금상승에 따른 대체효과와 소득효과
① 대체효과
  실질임금 상승 ⇨ 여가의 상대가격 상승 ⇨ 여가 소비 감소 ⇨ 노동 공급 증가
② 소득효과
  - 여가가 정상재인 경우
    실질임금 상승 ⇨ 실질소득 상승 ⇨ 여가 소비 증가 ⇨ 노동 공급 감소
  - 여가가 열등재인 경우
    실질임금 상승 ⇨ 실질소득 상승 ⇨ 여가 소비 감소 ⇨ 노동 공급 증가

(2) 소득효과와 대체효과에 따른 근로시간의 변화
① 여가가 정상재이면서 소득효과 > 대체효과이면 임금 상승 시 노동 공급 감소
② 여가가 정상재이면서 소득효과 < 대체효과이면 임금 상승 시 노동 공급 증가
③ 여가가 열등재이면 소득효과와 대체효과의 방향이 동일하므로 임금 상승 시 노동 공급 증가

제2절 | 가계의 소득과 저축

핵심 Check ✓ 가계의 소득과 저축

소득의 종류	• 경상소득 : 근로, 사업, 재산, 이전소득 • 비경상소득 : 복권당첨금 등
저축의 역설	• 저축을 늘리면 소득이 줄어들어 저축이 감소 → 구성의 모순
네트워크 효과	• 베블렌효과　　• 밴드웨건효과　　• 스놉효과

01 가계소득의 종류

구 분		내 용
경상소득	근로소득	노동의 대가로 얻은 봉급이나 임금
	사업·부업소득	사업을 하여 획득한 이윤이나 부업을 통해 얻은 소득, 경영에 대한 이윤
	재산소득	재산(자본, 주식, 토지, 주택)으로부터 얻는 소득 예 이자, 배당금, 임대료 등
	이전소득	생산에 직접 참여하지 않고 무상으로 얻는 소득 예 정부로부터 받는 각종 연금, 생계비 등의 사회보장금 등
비경상소득		예상치 못하거나 일시적으로 들어오는 소득 예 퇴직금, 복권당첨금, 상여금, 장학금 등

02 소비

1. 의미
욕구 충족을 위해 재화와 서비스를 구입해서 사용하는 경제활동을 말한다.

2. 소비에 영향을 주는 요인
① **소득 및 재산** : 과거 및 현재 소득, 미래 예상 소득, 실물자산 및 금융자산의 소유 정도
② **물가 수준** : 물가 변동으로 인한 재산 및 소득의 실질가치 변화가 소비에 영향을 미침
③ **이자율** : 이자율이 높아지면 현재 소비의 기회비용이 증가하므로 소비 감소, 저축 증가

핵심 Plus +

엥겔지수
• 엥겔지수 = $\dfrac{식료품비}{소비지출액} \times 100$

• 엥겔지수가 40% 이하이면 부유층이고, 소득이 높을 계층일수록 문화 관련 비율이 높음

④ **생애 주기** : 남은 생애에서 얻을 수 있는 소득과 필요한 지출을 고려하여 현재 소비를 결정함
⑤ **사회변동** : 노인 인구 증가, 가족구조 변화, 가치관 변화 등

3. 합리적 소비

주어진 소득 내에서 최대의 만족을 극대화하려는 소비를 말한다.

4. 네트워크 효과

타인의 영향을 받는 소비로 다음과 같은 소비가 해당한다.

(1) 과시 소비(Veblen Effect)

경제적·사회적으로 남보다 앞선다는 것을 보여 주려는 욕구에서 나오는 소비를 말한다.
⇨ 사회적 위화감을 조성하고, 근로 의욕을 저하시킨다.

(2) 모방 소비(Bandwagon Effect)

사회의 특정 집단이나 유행을 따라하는 소비를 말한다.

(3) 속물 효과(Snob Effect)

비대중적 고급 취향의 상품을 구입하여 타인과 자신을 차별화하려는 소비를 말한다.

03 저축

1. 의미

소득 중 소비하지 않는 부분으로 미래의 소비를 위해 현재의 소비를 줄인 것을 말한다.

2. 저축의 장점

적정한 저축은 투자 자금의 원천으로 국민경제성장의 기본, 높은 저축률은 외채 의존율을 줄일 수 있다.

3. 저축의 단점(저축의 역설)

저축 증가가 총수요를 줄이고, 생산 위축, 실업 증가, 소득 감소로 이어져서 결국 경제 성장에 부정적 영향을 미치는 현상을 말한다.

시험문제 미리보기!

다음 중 소득의 사례와 소득 원천을 바르게 연결한 것은? (단, 집세는 임대사업자가 아닌 개인 소득이다)

① 월급 - 사업소득, 집세 - 근로소득
② 집세 - 재산소득, 월급 - 근로소득
③ 월급 - 이전소득, 집세 - 사업소득
④ 집세 - 근로소득, 기초연금 - 이전소득
⑤ 월급 - 근로소득, 기초연금 - 사업소득

정답 ②
해설 월급은 근로소득, 집세는 재산소득, 기초연금은 이전소득이다.

04 기능별 소득분배이론

1. 임금

(1) 개념
① **노동** : 노동자가 재화나 서비스를 생산하는 생산활동으로서 노동서비스를 의미, 일정 기간 측정한 유량변수이다.
② **임금** : 생산과정에서 노동자가 제공하는 노동서비스에 대한 대가이다.

(2) 종류
① **명목임금**(w) : 노동자가 노동서비스를 제공한 대가로 지불받는 명시적인 화폐액으로 화폐임금이라고도 한다.
② **실질임금**($\frac{w}{p}$) : 명목임금으로 구입할 수 있는 재화나 서비스의 수량으로서 명목임금이 지니는 실질적인 구매력을 의미한다. 실질임금은 명목임금(w)을 물가(p) 또는 재화의 가격으로 나눈 값으로서 노동자의 생활수준을 측정할 수 있는 지표가 된다.

2. 이자

(1) 경제학에서의 자본
재화를 생산하기 위해 생산된 생산요소로서 소비자들이 직접 소비하는 소비재와 구분하여 생산재라고 한다.

(2) 자본의 가격
기계나 설비와 같은 자본재 그 자체의 가격이 아니라, 그것의 서비스를 일정기간 사용하는 데 지급하는 대가, 즉 자본서비스의 가격인 임대료를 의미한다.

3. 지대(Rent)

(1) 지대의 개념
원래 토지같이 그 공급이 완전히 고정된 생산요소에 대하여 지불되는 보수를 의미하였으나 오늘날은 공급이 고정된 생산요소에 대한 보수로 확대 해석한다.

(2) 지대 학설
① D. Ricardo의 차액지대설 : 지대는 토지의 위치나 비옥도에 따라서 생산성의 차이에 의해 발생한다. 즉, 한계지(노는 땅)에는 지대가 발생하지 않았으나 인구증가에 따른 곡물가격 상승으로 인하여 한계지가 경작되면 기존의 우등한 토지의 지대가 상승한다.
② K. Marx의 절대지대설 : 지대는 자본주의 아래서의 토지사유화로 인하여 발생한다. 즉, 토지의 위치나 비옥도에 관계없이 토지소유자의 요구로 지대가 발생하며 지대의 상승으로 인하여 곡물가격이 상승한다.

(3) 경제적지대와 전용수입
① 경제적지대(Economic Rent) : 어떤 생산요소가 현재 고용되고 있는 곳에서 받는 일정한 금액의 보수 중 전용수입을 제외한 부분을 의미하며 이는 생산요소가 얻은 소득 중에서 기회비용을 초과하는 부분으로 생산요소 공급자의 잉여라 할 수 있다. 생산물시장의 공급자 잉여를 생산자잉여라 하면, 생산요소시장의 공급자잉여를 경제적지대라 한다.
② 전용수입(Transfer Earnings = 이전수입) : 생산요소를 현재의 고용상태에 붙들어 두기 위해 최소한으로 지불하여야 하는 금액을 의미하며 이는 생산요소공급에 의한 기회비용의 의미이다.

(4) 지대추구행위
고정된 생산요소로부터 발생되는 경제적지대를 얻거나 지키기 위하여 단체행동이나 로비활동, 뇌물수여 등을 하는 것으로 지대추구행위를 하면 사회 전체적으로 자원의 낭비를 초래하여 사회적 후생은 감소한다.

(5) 생산요소공급의 탄력도에 의한 경제적지대의 변화
생산요소공급의 탄력도가 클수록 전용수입이 커지며 완전탄력적(요소공급곡선이 수평선)이면 요소소득이 모두 전용수입이 되고 완전비탄력적(요소공급곡선이 수직선)이면 요소소득이 모두 경제적지대가 된다.
① 생산요소공급이 완전탄력적
생산요소공급곡선이 수평, 생산요소소득의 전부가 전용수입(A)

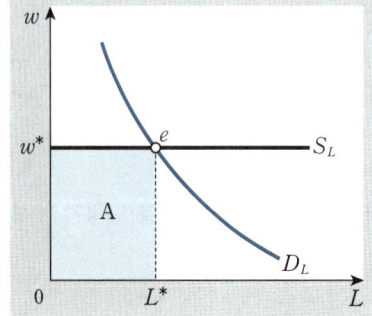

② 일반적인 경우
생산요소공급곡선이 우상향, 경제적지대(B)와 전용수입(A)이 동시에 발생

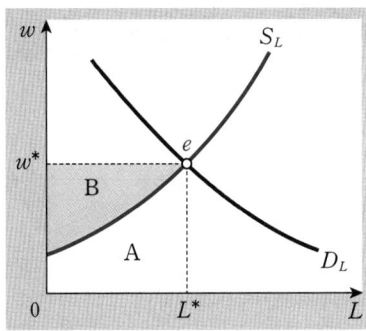

③ 요소공급이 완전비탄력적
생산요소공급곡선이 수직, 생산요소소득의 전부가 경제적지대(B)

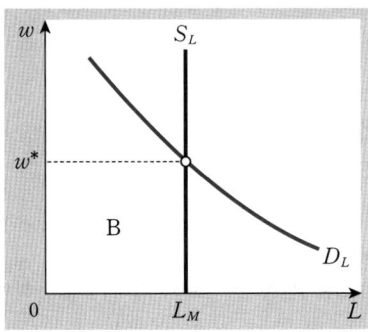

제3절 | 소득분배지표

핵심 Check ✓ 소득분배지표

로렌츠곡선	대각선에 가까울수록 소득분배가 잘됨
지니계수	작을수록 소득분배가 잘됨
10분위 분배율	2와 0의 사이 값을 가지며 2에 가까울수록 소득분배가 잘됨
5분위 분배율	1과 무한대의 값을 가지며 1에 가까울수록 소득분배가 잘됨

01 계층별 소득분배와 불평등 발생원인 ★

1. 의미
소득이 가장 큰 사람부터 차례로 배열했을 때 각 소득 계층에 소득이 얼마나 균등하게 분배되어 있는지 분석하는 이론이다.

2. 소득분배 불평등의 발생원인

(1) 개인적인 요인
개인별 능력이나 노력의 차이, 교육·훈련기회의 차이, 출신환경, 상속재산의 차이 등이 있다.

(2) 사회적인 요인
신분제도와 남녀차별 등의 사회제도, 경제성장 위주의 정책하에 농민·노동·기업가 사이의 소득분배의 불균형이 발생하는 경제제도, 조세제도나 사회복지제도 등, 경제구조변화에 따른 노동시장의 변화 등이 있다.

(3) 기타 요인
운(Luck), 자산가격 변동 등이 있다.

3. 임금격차의 발생원인

(1) 작업조건에 따른 요인
어렵고 위험한 직업의 임금이 더 높다. (보상격차)

(2) 인적자본에 따른 요인
인적자본(교육, 훈련 등에 의한 지식)수준이 높으면 생산성이 높기 때문에 임금도 높다.

02 계층별 소득분배이론 ★★★

1. 로렌츠곡선

(1) 정의
계층별 소득분포 자료로 세로축을 소득누적점유율, 가로축을 인구누적점유율로 나타낸 곡선을 의미한다.

(2) 균등정도의 판단
소득분배가 균등할수록 로렌츠곡선은 대각선에 접근한다.

(3) 로렌츠곡선의 평가(서수적 소득분배)
소득분포상태를 시각적으로 나타내므로 간단명료하나 불평등정도를 측정할 수 없으며 특히 로렌츠곡선이 서로 교차하는 경우 소득분배상태를 비교할 수 없는 단점이 있다.

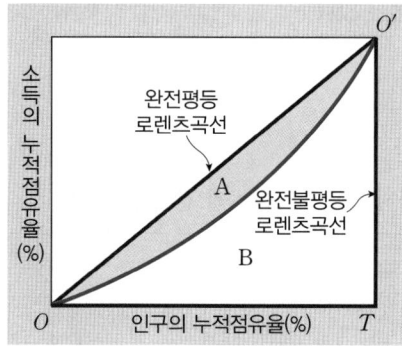

① 직선 OO' : 완전평등
② 곡선 OO' : 면적 A가 클수록 불평등
③ $\Delta OTO'$: 완전불평등

2. 지니계수

(1) 정의
로렌츠곡선에서 나타난 소득분배상태를 수치로 나타낸 것으로 다음과 같이 나타낸다.

$$지니계수 = \frac{A의\ 면적}{\Delta OTO'면적} = \frac{A}{A+B}$$

(2) 균등정도의 판단
지니계수가 취하는 값의 범위는 '0 ≤ 지니계수 ≤ 1'로 그 값이 작을수록 소득분배가 평등하며 소득분배가 완전히 균등하면 지니계수의 값은 0이다.

(3) 지니계수의 평가(기수적 소득분배)
측정이 간단하여 많이 이용되고 있으나 전 계층의 소득분배 상태를 하나의 수치로 나타내므로 특정소득계층의 소득분배 상태를 나타내지 못하며 특히 두 로렌츠곡선이 교차하면 비교가 불가능하다는 단점이 있다.

3. 10분위 분배율

(1) 정의

계층별 소득분포 자료에서 최하위 40%의 소득점유율이 최상위 20%의 소득점유율에서 차지하는 비율을 의미하며 다음과 같이 측정한다.

$$10분위\ 분배율 = \frac{최하위\ 40\%\ 소득계층의\ 소득점유율}{최상위\ 20\%\ 소득계층의\ 소득점유율}$$

(2) 균등정도의 판단

10분위 분배율이 취하는 값의 범위는 '0 ≤ 10분위 분배율 ≤ 2'로 그 값이 클수록 소득분배가 평등하며 소득분배가 완전히 균등하면 10분위 분배율의 값은 2이다.

(3) 10분위 분배율의 평가

측정이 간단하여 많이 이용되고 있으나 최하위 40%와 최상위 20%만으로 구하므로 사회구성원 전체의 소득분배상태를 나타내지 못한다는 단점이 있다.

4. 앳킨슨 지수

(1) 정의

현재의 평균소득과 균등분배대등소득을 이용하여 나타낸 수치로 다음과 같이 정의된다.

$$A = 1 - \frac{Y_E}{Y_A}$$

- Y_E : 균등분배대등소득
- Y_A : 현재의 평균소득

(2) 균등정도의 판단

① 소득분배가 완전균등 : $Y_E = Y_A$ ⇨ A = 0
② 소득분배가 완전불균등 : $Y_E = 0$ ⇨ A = 1
③ 경제적지수가 취하는 값의 범위는 '0 ≤ 앳킨슨 지수(A) ≤ 1'로 그 값이 작을수록 소득분배가 평등하며 소득분배가 완전히 균등하면 앳킨슨 지수(A)의 값은 0이다. (지니계수와 동일)

(3) 경제적지수의 평가

소득분배에 대한 사회구성원의 주관적인 가치가 반영된 개념으로 균등분배대등소득이 작으면 경제적지수는 커진다. (소득분배가 불균등)

(4) 균등분배대등소득

현재에 동일한 사회후생을 얻을 수 있는 완전히 평등한 소득분배상태에서의 평균소득을 의미한다.

(5) 그래프분석

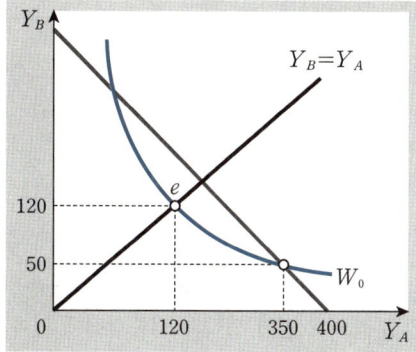

① 현재의 불평등한 상태에서의 각각의 소득이 50만 원과 350만 원이라면 1인당 평균 소득이 200만 원이 된다. 이때 사회 전체의 후생을 표현하는 무차별곡선이 W_0이고 사회구성원 모두에게 균등한 120만 원을 재분배해도 현재와 동일한 후생 W_0을 유지할 수 있다면 균등분배대등소득이 120만 원이다.

② 이때 앳킨슨 지수 $A = 1 - \dfrac{120}{200} = 1 - \dfrac{6}{10} = 0.4$이다.

03 소득분배론 ★★

1. 공리주의(Unitarianism)

국민들의 행복도(만족도)의 합을 최대로 하는 것을 목표로 한다. (최대다수의 최대행복) 단, 한계효용체감의 법칙을 가정하므로 소득재분배정책은 필요하다고 보는 입장이다. 그러나 재분배정책을 과도하게 할 경우 근로의욕을 떨어뜨려 사회 전체의 부를 증진시키는 원동력을 떨어뜨릴 수 있고 세금 징수와 배분 과정의 누수현상이 일어난다며 적절한 수준에서 정책을 펴야한다고 주장한다.

2. 존 롤스의 점진적 자유주의(Liberalism)

절차적 공정성을 따르면 내용과 관계없이 정의라고 본다. 사회적, 자연적 우연성을 배제한 '무지의 베일' 상태에서는 최소 수혜자 최대 이익의 원칙이 지켜질 것이라고 생각한다.

3. 로버트 노직의 급진적 자유주의(Libertarianism)

소득재분배는 필요 없다고 주장한다. 최약자를 기준으로 재분배를 할 경우 열심히 노력한 사람을 역차별하게 된다고 본다. 노직은 이에 따라 재분배정책은 필요 없으며 모든 사람들에게 기회를 균등하게 제공하는 것이 정의라고 주장한다.

04 경제발전과 소득분배 : 쿠즈네츠의 U자 가설 ★

1. 경제발전 초기
소득분배가 비교적 균등하지만, 절대빈곤이 문제가 된다.

2. 경제발전 진행 중기
절대빈곤에서는 벗어나지만, 소득분배의 불균등이 악화되며, 상대적 빈곤이 문제가 된다.
⇨ 소득분배상태가 악화되는 이유는 자본축적의 부족으로 인한 선택과 집중방식에 있다.

3. 경제발전 후기
소득불균등상태가 점차 개선된다.
⇨ 소득재분배정책과 고용보험, 연금제도, 의료보험제도, 최저임금제 등을 실시하기 때문이다.

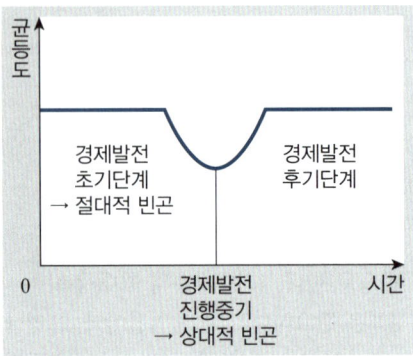

05 사회보장제도 ★

구 분	사회 보험	공공 부조
목 적	• 산업재해, 노령, 실업 등 미래의 불안에 대처	• 생활 무능력자의 최저 생활 보장
대 상	• 경제적 능력이 있는 사람	• 경제적 능력이 없는 사람
재정 부담	• 본인, 기업, 국가	• 국가가 전액 부담
종 류	• 국민 연금, 국민 건강 보험, 산업 재해 보험, 고용 보험, 노인 장기 요양 보험	• 의료 급여, 국민 기초 생활 제도, 기초 노령 연금 제도
특 징	• 강제 가입을 원칙으로 함 • 수혜 여부와 상관없는 능력별 부담 • 상호 부조 • 사전 예방, 보편적 복지	• 소득 재분배 효과 큼 • 대상자 선정 시 부정적 낙인 • 복지병(근로 의욕 저하, 국가 재정 부담 증가) • 사후 처방, 선별적 복지

핵심 Plus⁺

복지병
과도한 사회보장으로 인해 만성적 인플레이션과 재정 적자, 임금의 상승 압력, 노동 의욕의 감퇴 등을 가져와 전체적으로 국가 경제의 효율이 크게 저하되는 현상

시험문제 미리보기!

소득 불평등을 나타내는 여러 지표에 대한 설명 중 옳지 않은 것은?

① 지니계수가 0이면 완전평등, 1이면 완전불평등을 의미한다.
② 로렌츠곡선은 대각선에 가까울수록 소득분배가 평등하다는 의미이다.
③ 앳킨슨 지수는 작을수록 소득분배가 평등하다는 의미이다.
④ 10분위 분배율이 2에 가까워질수록 소득 분포가 고르다는 것을 의미한다.
⑤ 10분위 분배율은 중간소득계층의 소득정도를 정확히 파악할 수 있는 지표이다.

정답 ⑤
해설 10분위 분배율은 하위 40% 가구의 소득 누적비율을 상위 20% 가구의 소득 누적비율로 나눈 값이다. 따라서 중간에 해당하는 소득계층의 분배상태를 알기 어렵다.

제4절 | 예산과 조세

핵심 Check ✓ 조세	
조세의 종류	• 조세전가에 따라 : 직접세 vs 간접세 • 세율에 따라 : 누진세 vs 비례세 vs 역진세
조세부담과 귀착	• 비탄력적인 경우 큼
조세에 따른 사중손실	• 탄력적일수록 큼

01 예산 ★

1. 의미
일정 기간(회계 연도) 동안 정부의 재정 수입(세입)과 지출(세출)에 대한 계획을 말한다.

(1) 원칙
지출 계획에 따른 수입액을 결정한다.

(2) 목표
국민의 복지 수준을 향상하는 것이다.

(3) 예산의 편성과정

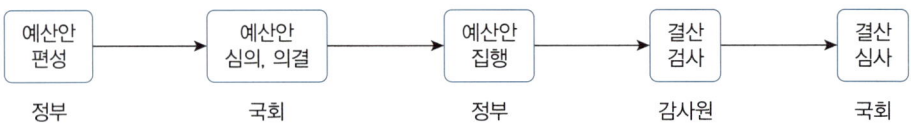

예산안 편성 (정부) → 예산안 심의, 의결 (국회) → 예산안 집행 (정부) → 결산 검사 (감사원) → 결산 심사 (국회)

2. 예산의 종류
① **본예산** : 의회의 의결을 얻어 확정, 성립한 예산
② **수정예산** : 정부가 예산안을 제출한 후 의결이 확정되기 이전에 예산의 일부를 변경한 예산
③ **추가경정예산** : 본예산이 의회에서 의결된 이후 본예산에 추가 또는 변경을 가하여 변경한 예산
④ **준예산** : 예산이 법정기한 내에 의회의 의결을 받지 못한 경우 최소한도로 지출하는 예산

02 조세의 특징과 종류 ★★★

1. 특징

(1) 납세의 강제성

시장에서의 물건 구입 여부는 자유이지만, 정부 서비스는 마음에 들지 않아도 세금을 납부해야 한다.

(2) 세 부담액 결정의 일방성

정부 서비스로부터 혜택을 받은 수준과 상관없이 다른 기준에 의해(일반적으로는 소득 수준) 담세액을 결정한다.

(3) 납세에 대한 대가의 불확실성

특정 항목의 세금을 제외하고는 납세의 목적이 불분명하다.

(4) 세금 지출 용도의 불특정성

세금은 반드시 정부가 어떤 서비스를 생산하기 위하여 사용되는 것은 아니다.

2. 종류

(1) 직접세와 간접세

구분	직접세	간접세
의미	• 납세자 = 담세자 ∴ 조세전가 불가	• 납세자 ≠ 담세자 ∴ 조세전가 가능
과세 대상	• 소득의 원천이나 재산의 규모	• 소비 지출 행위
종류	• 개인 소득 : 개인 소득세, 법인세 • 재산 규모 : 종합부동산세, 재산세 • 재산의 상속·거래 : 상속세, 증여세 등	• 부가가치세, 개별소비세, 주세, 증권거래세
특징	• 누진세율 적용 : 가처분 소득의 격차 완화 (소득 재분배) • 조세 저항이 강하여 조세 징수 곤란 • 저축과 근로 의욕 저해	• 비례세율 적용 : 저소득층 불리(조세 부담의 역진성) • 조세 저항이 약하여 조세 징수 용이 • 상품의 가격 상승으로 물가 상승 우려
구조	정부 ↕ 납세자(=담세자)	정부 ↕ 기업(납세자) ← 담세자

(2) 세율에 따른 조세의 분류

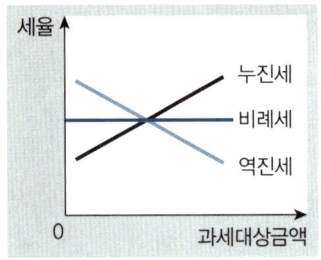
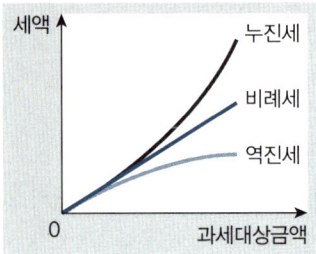

과세대상금액이 증가했을 때 세율이 올라가는 것이 누진세이며 주로 직접세에 사용한다. 반면 과세대상금액이 올라가더라도 세율이 일정한 것이 비례세이며 주로 간접세에서 사용한다. 누진세를 제외한 나머지 조세에서 조세의 역진성이 나타난다.

(3) 세입과 세출

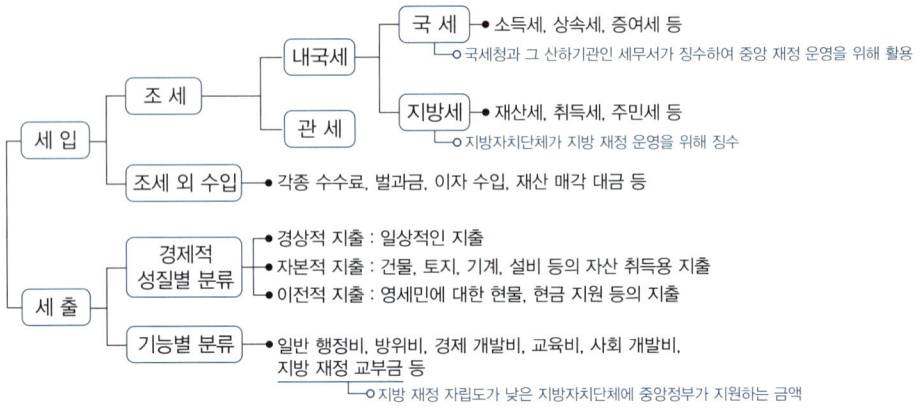

시험문제 미리보기!

간접세에 대한 설명으로 옳지 않은 것은?

① 조세 저항이 작다.
② 비례세율이 주로 적용된다.
③ 소득 재분배 효과가 크다.
④ 소비 행위를 기준으로 부과된다.
⑤ 조세전가가 발생한다.

정답 ③
해설 간접세는 납세자와 담세자가 달라 조세전가가 있고, 주로 소비 지출 행위를 대상으로 비례세율을 사용하므로 조세저항이 작다. 하지만 저소득층에게 불리하게 작용하므로 조세의 역진성이 발생한다.

03 조세의 귀착 ★★★

1. 의미

한 상품에 세금을 매길 때 그 세금을 누가 실질적으로 부담하는지 측정하는 것을 말한다.

2. 세금부과 방식

조세 유형	종량세(단위당 t원 고정)	종가세(가격의 t% 체증)
부과 방식	• 상품 한 단위마다 일정액의 세금 부과 • 상품가격과 무관하게 단위당 조세액이 일정	• 상품가격의 일정 비율만큼 세금부과 • 상품가격이 높을수록 단위당 조세액이 증가
예	• 휘발유 1리터당 100원의 세금	• 맥주 출고가격의 10%의 세율
생산자에게 부과 (공급곡선의 이동)	(그래프: $S_0 \to S_1$)	(그래프: $S_0 \to S_1$)
소비자에게 부과 (수요곡선의 이동)	(그래프: $D_0 \to D_1$)	(그래프: $D_0 \to D_1$)

3. 조세부과의 효과

① 조세를 부과하고 실제로 납부하는 것과 조세를 최종적으로 부담하는 것은 별개의 문제이다.
② 이처럼 조세를 최종적으로 부담하게 되는 것을 조세의 귀착(Incidence)이라고 한다.

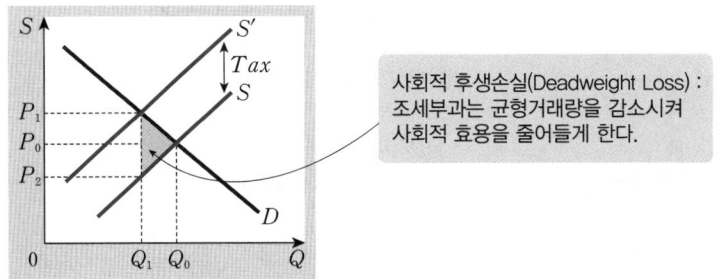

사회적 후생손실(Deadweight Loss) : 조세부과는 균형거래량을 감소시켜 사회적 효용을 줄어들게 한다.

③ 조세부과 후의 시장가격은 P_1으로 상승하고 균형거래량은 감소한다.
  주의해야 할 점은 시장가격의 상승이 일반적으로 조세부과액만큼 균형가격을 상승시키는 것은 아니라는 점이다. 그 이유는 조세부과로 인해 거래량이 감소하기 때문인데, 수요나 공급이 완전비탄력적이어서 거래량 감소가 없는 경우를 제외하고 균형가격의 상승은 항상 조세부과액보다 작다.
④ 조세부담의 상대적 크기
  • 소비자 부담 : 소비자의 부담으로 귀착되는 조세액은 $P_1 - P_0$ 사이의 금액이다.
  • 생산자 부담 : 생산자는 P_1가격으로 판매하지만 조세납부 후에 P_2를 판매수입으로 확보하게 되어 결국 $P_0 - P_2$ 사이의 금액을 부담하게 된다.

4. 생산자와 소비자에게 각각 부담시킬 때 나타나는 결과

조세유형	생산자에게 종량세 부과(단위당 t원)	소비자에게 종량세 부과(단위당 t원)
부과효과 (종량세)	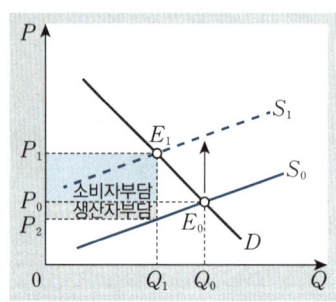 • 소비자잉여 : $-(A+C)$ • 생산자잉여 : $-(B+D)$ • 조세수입 : $A+B$ • 사회후생 : $-(C+D)$	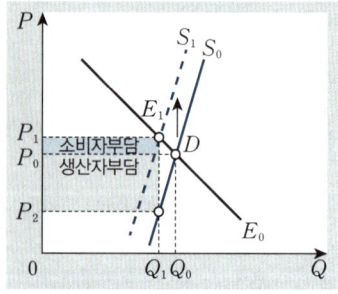 • 소비자잉여 : $-(A+C)$ • 생산자잉여 : $-(B+D)$ • 조세수입 : $A+B$ • 사회후생 : $-(C+D)$

5. 탄력성과 조세부담

수요가 탄력적일수록(공급이 비탄력적일수록) 소비세의 소비자 부담은 작아지고 생산자 부담은 커지며, 반대로 공급이 탄력적일수록(수요가 비탄력적일수록) 소비세의 생산자 부담은 작아지고 소비자 부담은 커진다.

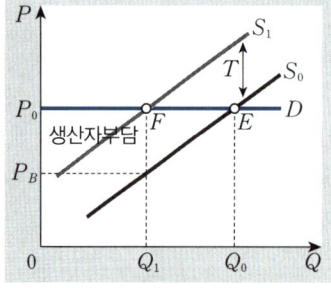

- 탄력적 공급곡선
  - 소비자부담 : P_1P_0
  - 생산자부담 : P_0P_2
  - 소비자부담 > 생산자부담

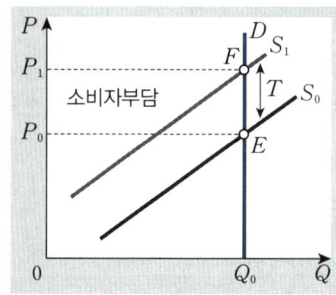

- 비탄력적 공급곡선
  - 소비자부담 : P_1P_0
  - 생산자부담 : P_0P_2
  - 소비자부담 < 생산자부담

- 수요곡선이 완전탄력적($e=\infty$)
  - 생산자 모두 부담

- 수요곡선이 완전비탄력적($e=0$)
  - 소비자가 모두 부담

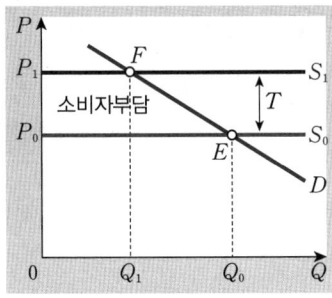
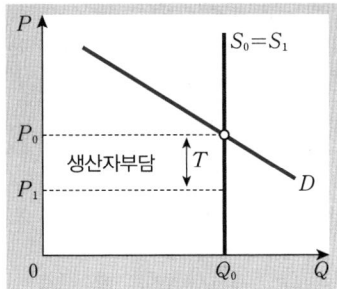

- 공급곡선이 완전탄력적(e = ∞)
  - 소비자가 모두 부담

- 공급곡선이 완전비탄력적(e = 0)
  - 생산자 모두 부담

6. 래퍼곡선

(1) 의미

미국의 A. 래퍼가 제시한 세수와 세율과의 관계를 나타낸 곡선으로, 그래프를 보면 T^*보다 높은 세율은 경제주체의 경제활동 의욕을 감퇴시키고 국민경제활동을 위축시켜, 결과적으로 세수의 감소를 가져온다는 것을 의미한다.

(2) 그래프

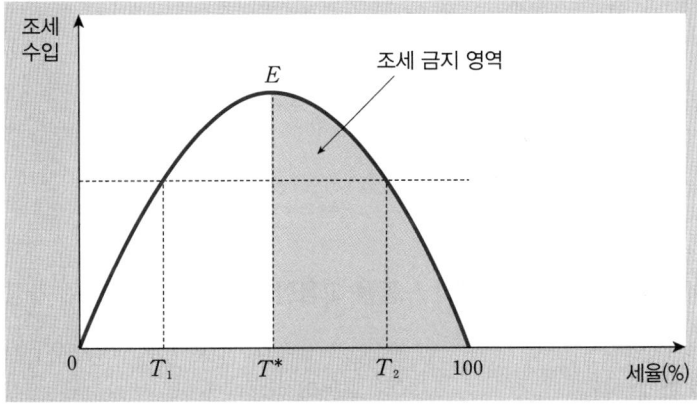

시험문제 미리보기!

공급에 비해 수요의 가격탄력성이 상대적으로 큰 자동차에 대해서 종량세를 부과한다면 조세는 누가 더 많이 부담하겠는가?

① 판매자가 모두 부담
② 소비자가 모두 부담
③ 판매자보다 소비자가 더 부담
④ 소비자보다 판매자가 더 부담
⑤ 소비자와 판매자가 균등 부담

정답 ④
해설 조세부담은 가격탄력성이 비탄력적인 경우가 더 심하다. 따라서 공급이 적으므로 대부분 공급자가 부담할 것이다.

출제예상문제

> 출제예상문제의 중요도를 ★~★★★으로 구분하였습니다. 난이도가 가장 높은 고등급 문제는 S등급 표시하였으니, S등급을 목표로 하신다면 반드시 학습하시기 바랍니다.

01 ★★ 현실에서 노동자의 임금 수준을 결정하는 요인은 매우 다양하다. 다음 중 임금 수준 결정에 영향을 주는 요인이 될 수 있는 것으로 묶인 것은?

<보기>
ㄱ. 해당 기업의 자기자본과 부채여부
ㄴ. 노동자의 한계생산가치
ㄷ. 강력한 노동조합의 존재와 노조의 교섭력
ㄹ. 해당 기업의 현금 보유 비중

① ㄱ, ㄴ   ② ㄱ, ㄷ   ③ ㄴ, ㄷ   ④ ㄴ, ㄹ   ⑤ ㄷ, ㄹ

02 ★ 기업이 이윤극대화를 위하여 노동의 가격과 이것이 같아지는 수준까지 노동을 고용한다고 할때, 이것으로 가장 적절한 것은?

① 노동의 총비용   ② 노동의 한계생산   ③ 노동의 한계비용
④ 노동의 평균비용   ⑤ 노동의 한계생산가치

03 ★ 다음 지문과 관련 있는 경제 개념은?

한 분야의 1등 강사의 연봉을 비교해보면 평범한 강사에 비해서 훨씬 더 많은 연봉을 받고 있다.

① 외부효과   ② 무임승차   ③ 전용수입
④ 경제적 이윤   ⑤ 경제적 지대

S등급

04 다음 자료는 노동 투입에 따른 총생산을 보여준다. 상품 가격이 개당 5만 원으로 일정할 때, 표에 대한 설명으로 적절하지 않은 것은?

노동(단위)	0	1	2	3	4	5	6
총생산(단위)	0	5	15	23	29	33	36

① 네 번째 노동의 한계수입생산은 30만 원이다.
② 임금이 18만 원이라면 5단위째 노동을 고용한다.
③ 생산이 증가할수록 한계생산물 가치는 증가하고 있다.
④ 임금이 23만 원이라면 현재 상품 가격에서는 노동자를 고용할 수 있다.
⑤ 임금이 상승할수록 고용할 수 있는 노동자가 감소한다.

정답 및 해설

01 ③
임금은 1차적으로 기업의 생산성과 노동자의 한계생산가치에 의해 결정된다. 즉, 한계생산 × 한계수입으로 결정된다.
노동조합은 내부자-외부자 이론에 근거하여 조합원들이 임금을 올리려는 행동을 한다. 기업은 직원들의 생산성을 높이기 위해 경쟁 기업의 임금보다 높은 임금인 효율성임금을 지급하려고 한다. 자기자본과 부채여부나, 해당 기업의 현금 보유 비중은 시장에서 임금 수준을 결정하는 것과는 무관하다.

02 ⑤
생산요소시장의 고용은 기업이 한 단위를 더 생산하여 팔 때 얻는 한계생산가치와 들어가는 비용인 한계요소비용인 임금이 같아지는 경우가 이윤극대화 고용점이다.

03 ⑤
어떤 사람이 보수를 받을 때 그 보수는 전용수입과 경제적 지대로 나눠 생각해볼 수 있다. 전용수입은 어떤 생산요소가 현재의 용도에서 다른 용도로 전용되지 않도록 하기 위해 지급해야 하는 최소한의 지급액을 말한다. 경제적 지대는 어떤 사람이 받는 보수의 총액과 전용수입의 차액을 말한다. 따라서 유명 강사는 경제적 지대가 매우 높을 것이다.

04 ③
상품 가격이 개당 5만 원으로 정해져 있으므로 완전경쟁시장이다. 완전경쟁시장에서는 한계수입과 가격이 동일하므로 '한계생산량 × 상품가격 = 한계수입생산'이다. 생산이 증가할수록 한계생산물 가치는 증가하다가 감소하고 있다.

오답노트
① 네 번째 노동의 한계수입생산은 6 × 5 = 30만 원이다.
② 임금이 18만 원이라면 5단위째 한계수입생산은 4 × 5 = 20만 원이므로 노동을 고용한다.
④ 임금이 23만 원이라면 1단위 노동을 투여했을 때 5 × 5 = 25만 원이므로 임금이 작아서 투입이 가능하다.
⑤ 노동시장의 가격은 임금이다. 따라서 노동수요량은 임금에 반비례한다.

TIP

노동	0	1	2	3	4	5	6
총생산	0	5	15	23	29	33	36
한계생산	0	5	10	8	6	4	3
한계수입생산 =한계생산물가치 = P × MP	0	25	50	40	30	20	15

제8장 생산요소시장과 소득분배

05 한 기업이 선택하고 있는 생산요소 결합비율하에서 $\frac{MP_L}{w} > \frac{MP_K}{v}$의 관계가 성립하는 것이 발견되었다고 하자. 이런 경우 비용극소화를 위해서는 생산요소 결합비율을 어떤 방향으로 조정해야 할까? (단, w는 임금률, v는 자본수익률, MP_L은 노동의 한계생산성, MP_K는 자본의 한계생산성을 의미한다)

① 노동 투입량 감소 – 자본 투입량 증가
② 노동 투입량 감소 – 자본 투입량 감소
③ 노동 투입량 증가 – 자본 투입량 증가
④ 노동 투입량 증가 – 자본 투입량 감소
⑤ 현재 결합비율 유지

06 다음은 완전경쟁시장에서 자전거를 생산 판매하는 한 기업의 노동수요곡선이다. 100번째 고용된 사람은 단위기간당 몇 대의 자전거를 생산할 수 있는가? (단, 자전거의 시장가격은 50이다)

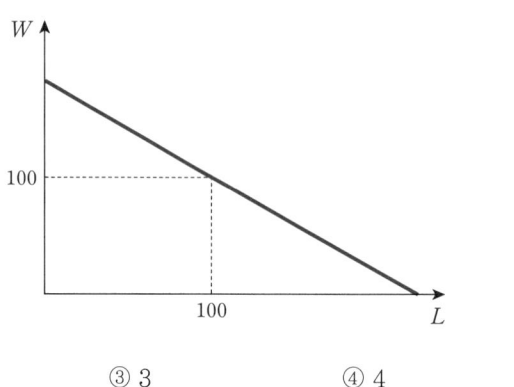

① 1   ② 2   ③ 3   ④ 4   ⑤ 5

07 다음 제시문은 소득의 사례를 나타낸 것이다. ㉠과 ㉡의 소득 명칭을 바르게 짝지은 것을 고르면?

> 갑의 할아버지는 ㉠ 치킨집을 운영하고 계신다. 갑의 할머니는 은퇴 후 정부로부터 ㉡ 연금을 받아 생활하고 계신다.

	㉠	㉡
①	근로소득	재산소득
②	사업소득	이전소득
③	이전소득	근로소득
④	재산소득	사업소득
⑤	이전소득	사업소득

08 경제학자 케인스의 '저축의 딜레마'에 대해 가장 잘 설명한 것은?

① 케인스의 거시모형에서 소비는 미덕이므로 저축할 필요가 없고, 따라서 예금은행의 설립을 불허해야 하는 상황
② 모든 개인이 저축을 줄이는 경우 늘어난 소비로 국민소득이 감소하고, 결국은 개인의 저축을 더 늘릴 수 없는 상황
③ 모든 개인이 저축을 늘리는 경우 총수요의 감소로 국민소득이 줄어들고, 결국은 개인의 저축을 더 늘릴 수 없는 상황
④ 모든 개인이 저축을 늘리는 경우 늘어난 저축이 투자로 이어져 국민소득이 증가하고, 결국은 개인의 저축을 더 늘릴 수 있는 상황
⑤ 모든 개인이 저축을 늘리는 경우 늘어난 저축이 소비와 국민소득의 증가를 가져오고, 결국은 개인의 저축을 더 늘릴 수 있는 상황

09 다음 글의 지문에 해당하는 용어는?

> 정액 이하의 저소득 근로자 또는 사업자(전문직 제외) 가구에 대하여 가구원 구성과 총급여액 등에 따라 산정된 근로장려금을 지급함으로써 근로를 장려하고 실질소득을 지원하는 근로연계형 소득지원 제도이다.

① 기초연금
② 생계형 저축
③ 근로장려세제
④ 기초생활보장제도
⑤ 조합법인에 대한 과세특례

정답 및 해설

05 ④
문제에서 임금 1원당 한계생산이 자본 1원당 한계생산보다 크므로, 노동투입량을 늘리고 자본투입량을 줄여야만 주어진 비용으로 생산할 수 있는 상품의 양이 가장 커진다.

06 ②
임금은 한계요소비용으로 한계수입생산(MRP)보다 작을 때 노동의 고용이 결정된다. 한계수입생산은 이는 근로자 한 사람을 추가로 고용했을 때 추가로 얻는 수입이다. 한계수입생산은 상품의 가격에 한계생산(MP)을 곱한 값이다. 완전경쟁시장에서는 P = MR이므로 즉, $w = MRP_L = MP_L × P$이다. $MP_L = w/P$이므로 $100/50 = 2$이다.

TIP
- 완전경쟁 생산요소시장의 균형조건 : $w = P × MP_L$
- $100 = 50 × MP_L$ ∴ $MP_L = 2$

07 ②
갑의 할아버지가 치킨집을 운영하는 사업을 통해 번 수입은 사업소득에 해당한다. 갑의 할머니가 정부로부터 받는 연금은 무상으로 받는 것이므로 이전소득이다.

08 ③
'저축의 딜레마'는 개인이 소비를 줄이고 저축을 늘리는 것은 합리적이지만, 사회 전체로 볼 때 오히려 소득의 감소를 초래할 수 있다는 이론이다. 저축을 위해 소비를 억제해야 하고 줄어든 소비로 인해 생산된 상품은 팔리지 않고 재고로 쌓인다. 이는 총수요 감소로 이어져 국민소득이 줄어들 수 있다.

09 ③
근로장려세제(EITC)는 차상위 소득계층의 저소득 근로자 가구를 대상으로 한 근로연계형 소득지원 제도다.

10 다음 그래프는 일생 동안의 소득과 소비를 일치시키려는 사람이 작성한 재무 계획을 나타낸다. 이에 대한 설명으로 옳은 것은?

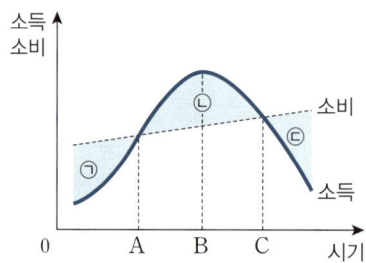

① 소비에 비해 소득의 안정적인 흐름을 계획하고 있다.
② ⓒ이 'ⓐ+ⓓ'보다 크다.
③ C 시점에서 누적 저축액은 0이 된다.
④ A ~ B 시기에 부채는 감소한다.
⑤ B ~ C 시기에 소득 대비 소비 수준은 지속적으로 감소한다.

11 다음 중 소득격차를 나타내는 지표를 모두 고르면?

<보기>
(가) 지니계수 (나) 오쿤지수 (다) 로렌츠곡선 (라) BIS비율 (마) 앳킨슨 지수

① (가), (나) ② (가), (다) ③ (가), (다), (마)
④ (나), (다), (마) ⑤ (나), (라), (마)

12 기초연금제도와 관련한 다음 설명 중 옳은 것은?

<보기>
ㄱ. 기초연금 수령 금액은 국민연금 가입 여부와는 관계가 없다.
ㄴ. 기초연금액은 소득에 따라 매달 최대 20만 원을 받는다.
ㄷ. 경제적 약자인 노인들의 노후 생활 안정에 도움을 주기 위한 사회적 안전망의 일종이다.
ㄹ. 기초연금 지급 대상은 만 65세 가운데 소득 하위 70%에 속하는 노인들로 소득 계산 시에는 근로소득뿐만 아니라 재산소득도 포함된다.

① ㄱ, ㄴ ② ㄱ, ㄷ ③ ㄴ, ㄷ ④ ㄴ, ㄹ ⑤ ㄷ, ㄹ

13 소득불평등도에 관한 설명으로 옳지 않은 것은?

① 두 로렌츠곡선이 교차하더라도 면적으로 비교하기 때문에 각각의 소득분배 상태의 불평등정도를 비교할 수 있다.
② 소득분배가 완전히 평등한 경우 앳킨슨 지수는 0이다.
③ 10분위 분배율은 그 값이 클수록 더 평등한 분배상태임을 말해준다.
④ 지니계수는 작을수록, 5분위 분배율은 1에 가까울수록 소득분배가 공평하다.
⑤ 지니계수가 1이면 완전히 불평등한 소득분배를 나타낸다.

14 소득불평등 정도 측정과 관련한 설명 중 옳은 것은?

① 지니계수는 0에서 1까지의 값을 가지며, 1에 가까울수록 평등한 분배를 의미한다.
② 앳킨슨 지수는 0에서 1까지의 값을 가지며, 0에 가까울수록 평등한 분배를 의미한다.
③ 로렌츠곡선은 불평등도에 대한 기수적인 측정을 전제로 하고 있다.
④ 10분위 분배율은 하위 20%에 속하는 사람들의 소득점유비율을 상위 20%에 속하는 사람들의 소득점유비율로 나누어 계산한다.
⑤ 두 로렌츠곡선이 교차하는 경우 하위소득자 부분의 곡선이 대각선에 가깝게 위치한 경우가 더 공평한 분배상태인 것으로 해석된다.

정답 및 해설

10 ④
소득이 소비보다 많은 시기, 즉 저축이 발생하는 시기인 A ~ B 시기에는 부채가 감소한다.

오답노트
① 소득에 비해 소비의 안정적인 흐름을 계획하고 있다.
② ㉠과 ㉢은 부의 저축, ㉡은 정의 저축이다. 소득과 소비를 일치시키고자 한다고 하였기 때문에 ㉡과 '㉠ + ㉢'은 같다.
③ C 시점에서의 누적 저축액은 가장 크다.
⑤ 소득은 감소하고 소비는 증가하는 B ~ C 시기에는 소득 대비 소비 수준이 지속적으로 증가한다.

TIP

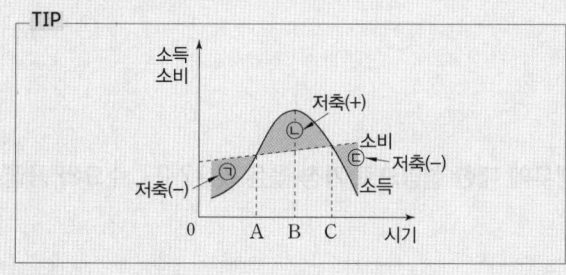

11 ③
소득이 얼마나 균등하게 분배되는지 나타내는 지표로는 지니계수, 로렌츠곡선, 10분위 분배율, 앳킨슨 지수 등이 있다.

오답노트
(나) 오쿤의 법칙 : 물가를 잡기 위해 경제성장률을 희생해야 하고 이는 결국 실업의 증가로 이어질 수 있다는 점을 설명한 이론이며, 오쿤지수는 물가지수에 실업률을 더하여 산출함
(라) BIS비율 : 은행 시스템의 건전·안정성 확보 등을 위해 국제결제은행(BIS)의 바젤위원회에서 정한 은행 자기자본비율

12 ⑤
기초연금제도는 소득 하위 70%의 노인(65세 이상)을 대상으로 최대 월 30만 원씩 지급하는 제도다. 경제적 약자인 노인들의 노후 생활 안정에 도움을 주기 위한 사회적 안전망의 일종이다. 다만 모든 국민들에게 주기에는 재정문제가 발생할 가능성이 높으므로 국민연금 수령액이나 가입 기간에 따라 기초연금액이 달라진다.

13 ①
로렌츠곡선이 교차하는 경우에는 어떤 소득분배상태가 더 평등한지를 판단하기 어렵다.

14 ②
앳킨슨 지수는 0과 1사이의 값을 가지며 0에 가까울수록 소득분배가 잘 되었다고 볼 수 있다.

오답노트
① 지니계수는 0에서 1까지의 값을 가지며, 0에 가까울수록 평등한 분배를 의미한다.
③ 로렌츠곡선은 불평등도에 대한 서수적인 측정을 전제로 하고 있다.
④ 10분위 분배율은 하위 40%에 속하는 사람들의 소득점유비율을 상위 20%에 속하는 사람들의 소득점유비율로 나누어 계산한다.
⑤ 두 로렌츠곡선이 교차하는 경우 판단하기 어렵다.

15 다음 중 롤스의 사회후생함수는? (단, 이 경제에는 갑, 을만 존재하며, W는 사회전체의 후생, U는 갑의 효용, V는 을의 효용이다)

① W = Max(U, V)   ② W = Min(U, V)   ③ W = U + V
④ W = U × V   ⑤ W = U/V

16 다음 보기 중 지방자치단체가 걷는 지방세에 속하는 세금으로 적절한 것은?

① 주세   ② 소득세   ③ 법인세   ④ 부가가치세   ⑤ 재산세

17 어느 나라의 계층별 소득세율의 변화를 나타낸 그림을 보고 적절하지 않은 설명은?

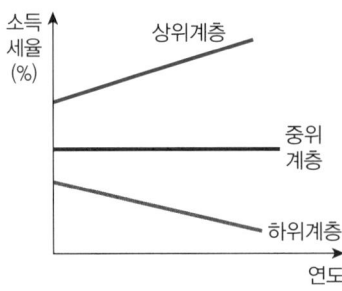

① 누진세 성격이 강화되고 있다.
② 소득불평등을 완화하는 방향으로 세제가 변화되어 왔다.
③ 세제 변화는 상위계층의 근로의욕을 악화시켰을 것으로 보인다.
④ 간접세의 비중이 점차 커짐으로써 조세 저항이 많았으리라 생각된다.
⑤ 지니계수는 0에 가까워질 것임을 예상할 수 있다.

18 정부가 기업이 생산한 상품에 조세(물품세)를 부과할 경우에 대한 설명으로 가장 옳은 것은? (단, 수요와 공급곡선은 각각 법칙을 따른다)

<보기>
ㄱ. 탄력성이 클수록 세금 부담이 크다.
ㄴ. 탄력성이 작을수록 후생 손실이 작다.
ㄷ. 조세 부과 후 가격이 세금 부과분 만큼 위쪽으로 이동한다.
ㄹ. 생산자와 소비자 간 세금 부담의 크기는 탄력성에 따라 달라진다.

① ㄱ, ㄴ   ② ㄱ, ㄷ   ③ ㄴ, ㄷ   ④ ㄴ, ㄹ   ⑤ ㄷ, ㄹ

19 다음 그림은 조세의 특징을 나타낸 것이다. (가)와 (나)에 대한 설명 중 옳지 않은 것은?

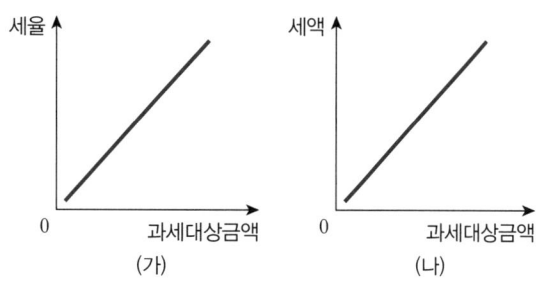

① (가)의 소득재분배 효과는 (나)의 소득재분배 효과보다 크다.
② (가)는 누진세, (나)는 비례세에 해당한다.
③ (가)는 (나)와 달리 조세저항이 강하다.
④ (가)를 사용하는 조세는 (나)와 달리 주로 조세 전가가 발생한다.
⑤ (가)의 과세대상은 주로 소득이고 (나)는 소비지출이다.

정답 및 해설

15 ②
롤스의 사회후생함수는 최소수혜자 최대이익의 원리에 따라 가장 작은 수에 의해 사회후생이 결정된다.

오답노트
③은 공리주의의 사회후생함수, ④는 평등주의의 사회후생함수이다.

16 ⑤
국세에는 소득세, 법인세, 상속세 등의 직접세와 부가가치세, 특별소비세, 주세, 인지세 등의 간접세가 있다. 취득·등록세, 주민세, 재산세, 자동차세, 종합부동산세 등은 지방세에 해당한다.

17 ④
그래프에서 상위계층의 소득세율은 증가하고 중위계층은 동일하며 하위계층은 감소하고 있다. 이는 고소득층의 세율을 증가시켜 조세부담을 늘리고 저소득층의 세율을 감소시켜 소득불평등을 완화하는 방향으로 변화하고 있다. 고소득층은 세율 증가로 근로의욕이 저하될 것이고, 소득세는 직접세이므로 간접세와는 관련이 없다.

TIP
소득세율이므로 소득세는 직접세이다. 세율에 따른 구분은 다음과 같다.

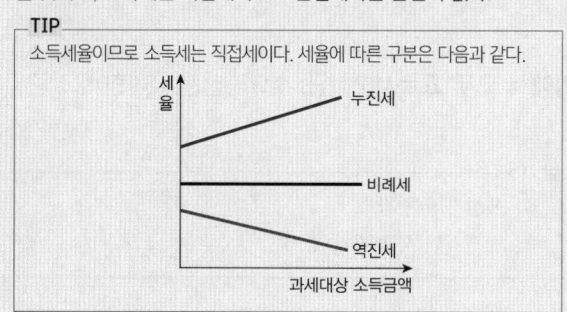

18 ④
물품세를 부과하면 공급이 감소하므로 가격은 상승, 거래량은 줄어든다. 후생손실은 탄력적일수록 크고, 조세부담은 비탄력적일수록 크다.

오답노트
ㄱ. 탄력성이 클수록 세금 부담이 작다.
ㄷ. 조세부과 후 가격이 세금 부과분만큼 위쪽으로 이동하려면 수요의 가격탄력성이 완전비탄력적이어야 한다.

19 ④
납세자와 담세자가 일치하지 않는 조세 전가가 발생하는 것은 간접세이다. 간접세는 주로 비례세율을 사용한다.

오답노트
그래프 (가)는 과세대상 금액에 따라 세율이 일정하게 상승해 세금이 늘어나는 누진세이다. (나)는 과세대상 금액에 따라 세액이 일정하게 오르는 비례세이다. 소득재분배효과는 비례세보다는 누진세가 더 크게 나타난다. 소득세, 법인세 등이 누진세의 대표적인 사례이다.

TIP

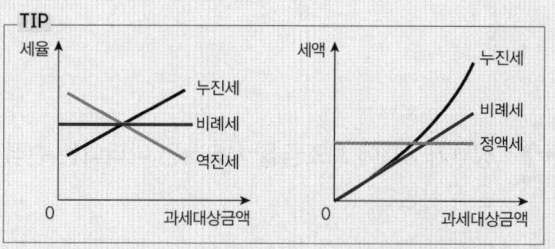

20 공급의 가격탄력성이 0이고 수요의 가격탄력성은 0.6인 상품의 생산자에게 물품세를 부과하는 경우 조세의 실질적인 귀착으로 가장 적절한 것은?

① 정부
② 생산자
③ 소비자
④ 소비자와 생산자가 절반씩 부담한다.
⑤ 소비자와 생산자 모두 부담하지만 생산자가 소비자보다 더 부담한다.

S등급

21 갑은 연간 6,000만 원의 근로소득을 올려, 소득세로 2,000만 원을 내고 있다. 소득세율은 2단계 누진세로 첫 2,000만 원에 대해서는 20%의 한계세율이 적용된다고 하자. 이때 2,000만 원 초과 소득에 적용되는 한계세율로 가장 적절한 것은?

① 10%   ② 20%   ③ 30%   ④ 40%   ⑤ 50%

22 정부가 X재에 보조금을 지급하면 나타나는 현상을 보기에서 모두 고르시오. (단, 수요곡선은 우하향하고 공급곡선은 우상향한다)

<보기>
ㄱ. 소비자잉여 증가
ㄴ. 생산자잉여 감소
ㄷ. 보조금 지급 전보다 거래량 증가
ㄹ. 전체적인 사회 후생 증가

① ㄱ, ㄴ   ② ㄱ, ㄷ   ③ ㄴ, ㄷ   ④ ㄴ, ㄹ   ⑤ ㄷ, ㄹ

23 정액세는 누진세와 달리 소득의 크기에 관계없이 누구에게나 똑같이 부과되는 세금이다. 평균세율과 한계세율에 대한 다음 설명 중 옳지 않은 것은?

<보기>
ㄱ. 누진세는 소득이 증가함에 따라 평균세율이 상승한다.
ㄴ. 정액세 아래에서는 소득이 증가함에 따라 평균세율은 상승한다.
ㄷ. 세율에 따른 경제적 왜곡 정도를 파악하기 위해서는 평균세율이 중요하다.
ㄹ. 소득이 1억 원까지는 20%, 그 이상에 대해서는 40%의 세율을 적용할 때 소득이 2,000만 원인 사람의 한계세율은 20%이다.

① ㄱ, ㄴ   ② ㄱ, ㄷ   ③ ㄴ, ㄷ   ④ ㄴ, ㄹ   ⑤ ㄷ, ㄹ

24 다음은 조세에 따른 자중손실과 관련된 설명이다. 옳지 않은 것은?

① 정액세는 자중손실이 발생하지 않는다.
② 수요나 공급곡선이 탄력적일수록 자중손실은 크다.
③ 자중손실은 부정적 외부효과가 없을 때보다 존재할 때 조세를 통해 작게 할 수 있다.
④ 조세에 따른 자중손실은 세금 부과에 따른 사회적 총잉여의 감소분이다.
⑤ 수요나 공급이 완전비탄력적인 경우에도 조세에 따른 자중손실이 발생한다.

정답 및 해설

20 ②
조세부담은 비탄력적일수록 더 많이 부담한다. 왜냐하면 조세를 통해 가격이 오른다고 해도 비탄력적인 경우 수요량과 공급량을 줄이기 힘들기 때문이다. 따라서 문제에서 공급의 가격탄력성이 0이므로 모든 조세를 생산자가 전부 부담할 것이다.

21 ④
한계세율은 초과 수익에 대해 세금으로 지불해야 할 비율을 의미한다. 첫 2,000만 원은 한계세율이 20%이므로 세액은 400만 원이다. 총 세부담이 2,000만 원이 되기 위해서는 나머지 4,000만 원의 소득에 대해서 1,600만 원의 세부담이 발생하면 된다. 따라서 나머지 소득구간에 대한 한계세율은 40%가 된다.

22 ②
보조금을 지급하면 시장가격이 하락하고 거래량이 증가하여 소비자잉여가 증가한다. 반면 생산자는 보조금을 받아 전보다 비싸게 판매하므로 생산자잉여가 증가한다. 또한, 정부가 쓴 보조금의 일부는 소비자잉여가 되고, 일부는 생산자잉여가 되지만 전체를 다 가져가지 못하므로 후생손실이 발생한다.

23 ③
누진세는 소득이 증가함에 따라 평균세율이 증가하고 일정하면 비례세, 감소하면 역진세이다. 정액세는 총세액이 일정한 상태에서 과세대상금액이 증가하므로 과세대상금액이 증가할수록 평균세율은 감소한다. 세율에 따른 경제적 왜곡 정도는 한계세율에 의해 결정된다.

24 ⑤
자중손실은 세금부과, 독점, 가격규제 등으로 시장이 최적상태가 아닐 때 발생하는 효율성 상실분을 말한다.
평균세율은 총세액/과세대상금액 × 100, 한계세율은 세액의 증가분/과세대상의 증가분 × 100이다. 따라서 정액세는 세액의 증가분이 없으므로 한계세율이 0이고, 자중손실은 수요나 공급곡선이 탄력적일수록 크며, 조세의 귀착은 비탄력적일수록 크다. 부정적 외부효과가 있을 때 세금을 부과하면 세금이 교정역할을 하기 때문에 자중손실은 줄어든다.

25 아래 두 사례는 수요곡선이 가격에 대해 극단적인 탄력성을 지닌 경우이다. 이때 정부가 상품 단위당 동일한 소비세를 부과할 때 예상되는 사실에 대한 설명으로 옳지 않은 것은?

> • 사례 A : 수요는 완전비탄력적이고 공급곡선은 공급법칙을 따른다.
> • 사례 B : 수요는 완전탄력적이고 공급곡선은 공급법칙을 따른다.

① 사례 A에서는 소비세를 소비자가 모두 부담하게 된다.
② 사례 B에서는 소비세를 생산자가 모두 부담하게 된다.
③ 사례 A와 사례 B에서 예상되는 정부의 조세수입 규모는 비교가 어렵다.
④ 사례 A의 경우 소비세가 부과되더라도 소비자들의 소비량은 변화가 없다.
⑤ 사례 B에서는 소비세 부과로 가격 상승 요인이 발생해도 생산자가 가격을 올릴 수 없다.

26 다음은 유류세 인하와 관련한 글이다. 유류세 인하를 원상태로 부과하는 효과에 대한 설명으로 옳지 않은 것은?
(단, 그래프의 (P_1, Q_1)이 법 개정안 통과 전 균형상태이고 조세 부과 후 가격은 P_2라고 가정한다)

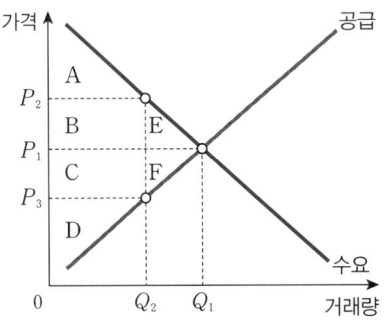

> 우선 현행 15%인 유류세 인하 정책은 내달 7일부터 일괄 7%로 축소 조정된다. 휘발유는 ℓ당 65원, 경유는 46원, LPG부탄은 16원 오르게 됐다. 8월 말까지 연장을 결정하지 않았으면 휘발유는 ℓ당 123원, 경유는 87원, LPG부탄은 30원이 한꺼번에 인상됐을 것으로 추정된다.

① 부과된 유류세의 크기는 P_2와 P_3의 차이와 같다.
② 부과된 유류세로 인한 자중손실의 크기는 E + F와 같다.
③ 부과된 유류세로 인한 정부의 조세수입분은 B + C와 같다.
④ 부과된 유류세로 인한 소비자잉여 감소분은 E, 생산자잉여 감소분은 F와 같다.
⑤ 유류에 대한 수요의 가격탄력성이 비탄력적일수록 개별소비세 신설로 인한 유류 수요 감소효과는 줄어든다.

27 어떤 재화의 시장 수요곡선과 공급곡선이 각각 $Q^D = 1,000 - 5P$, $Q^S = 50$이라고 가정한다. 정부가 이 재화 1단위당 100원의 세금을 소비자에게 부과했을 경우, 자중손실은? (단, Q^D는 수요함수, Q^S는 공급함수, P는 가격이다)

① 0　　　② 100　　　③ 250　　　④ 1,000　　　⑤ 2,500

정답 및 해설

25 ③

조세 부과 시 조세의 귀착은 탄력성에 반비례한다. 즉, 비탄력적일수록 조세의 귀착이 크다는 것이다. A의 경우는 조세 부과 시 가격은 상승하고 거래량은 동일한 데 반해, B의 경우는 가격은 동일한데 거래량이 감소한다. 따라서 조세수입은 A가 B보다 크다.

26 ④

유류세가 부과되면 소비자가격이 증가하여 수요가 감소한다. 따라서 만약 $P_2 - P_3$ = 조세로 부과되면, 소비자잉여는 A, 생산자잉여는 D, 조세수입은 B + C, 후생손실은 E + F이다. 따라서 소비자잉여 감소분은 B + E, 생산자잉여 감소분은 C + F이다.

TIP

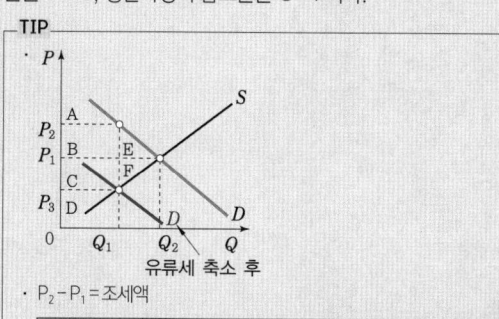

- $P_2 - P_1$ = 조세액

구분	소비자잉여	생산자잉여	조세수입	자중손실
조세부과 전	A+B+E	C+D+F	–	–
조세부과 후	A	D	B+C	E+F

27 ①

공급함수가 $Q^S = 50$으로 주어져 있으므로 공급곡선이 수직선의 형태이다. 공급곡선이 수직선일 때는 조세가 부과되더라도 거래량이 전혀 감소하지 않으므로 자중손실도 발생하지 않는다.

TIP

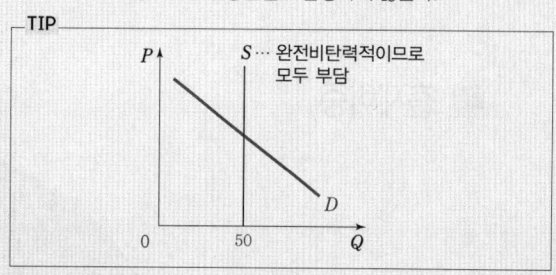

제9장 공공선택이론과 행태경제이론

학습전략

공공선택이론은 정치학을 경제학으로 설명하려는 것이다. 민주성과 경제성을 분석한 애로우의 불가능성 정리, 투표에서 승리하기 위한 내용인 중위투표자 정리, 투표를 통해 정책결정의 어려움을 설명하는 투표의 역설 등이 이에 해당한다.

최근 트렌드로 등장한 행태경제이론은 경제학을 심리학적인 이유로 설명하려는 것이다. 합리적 경제인을 가정하고 있지만 실제 경제적 행위를 할 때 반드시 합리성을 발휘하지 못하는 이유를 휴리스틱, 편향, 부존현상 등으로 설명한다. TESAT에서는 복잡한 증명을 묻지 않고 간단한 개념 등을 알고 있는지 개념단어를 묻고 있으므로 용어만큼은 기억하도록 노력하는 것이 중요하다.

출제비중

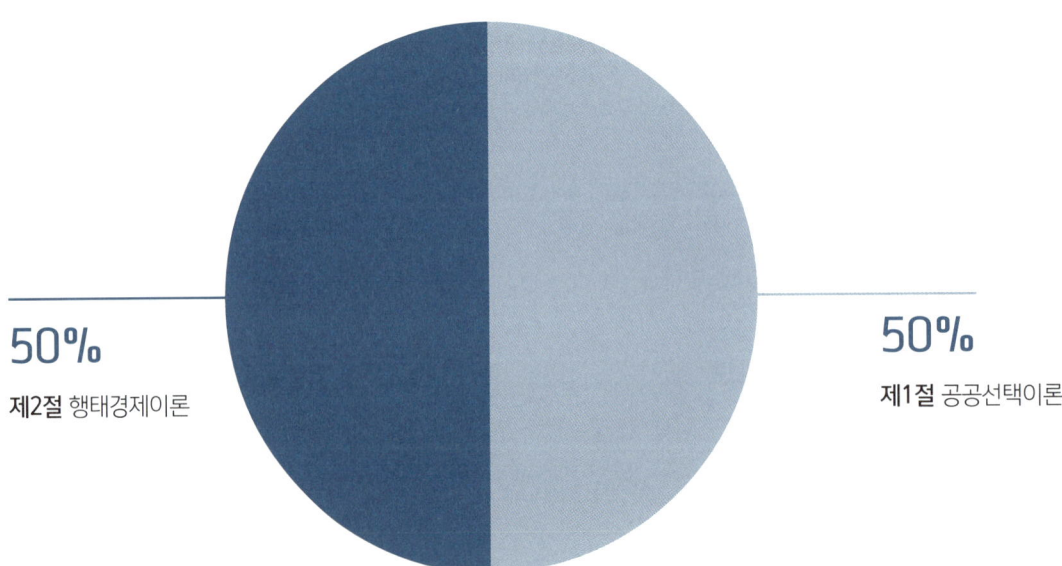

50% 제2절 행태경제이론

50% 제1절 공공선택이론

📘 출제유형

애로우의 불가능성정리의 항목, 행태경제학 개념 등이 "경제이론" 영역에서 출제되었으며 투표의 역설을 통해 각 시민들이 원하는 공공재를 구하는 문제가 "응용복합" 영역에서 출제되었다.

📘 학습구성

구 분	출제포인트	중요도
제1절 공공선택이론	01 공공선택이론(Public Choice Theory)	★
	02 애로우의 불가능성 정리	★★
	03 중위투표자 정리, 투표의 역설	★★
제2절 행태경제이론	01 행태경제이론 의미와 가정	★★
	02 휴리스틱(Heuristic)과 편향	★
	03 여러 가지 특이현상	★

제1절 | 공공선택이론

핵심 Check ✓ 공공선택이론

애로우의 불가능성 정리	민주적이면서 효율적일 수는 없음
중위투표자 정리	중위투표자에 의해 공공재 생산이 결정됨
투표의 역설	콩도르세 방식(토너먼트)으로 의사결정 시 이행성이 만족되지 않는 투표의 순환이 나타날 수 있음

01 공공선택이론(Public Choice Theory)

1. 배경

① 정부가 시장의 실패를 치유하기 위해 시장에 개입하지만, 정부 관료의 무능으로 인해 정부실패가 발생하는 경우에는 국민투표와 같은 공공선택을 통해 해결할 수밖에 없다.
② 정부가 공공재의 생산규모 및 공공지출의 규모를 결정할 때에는 정치적 의사결정과정을 통해 구성원들의 다양한 선호에 대한 사회적 합의가 이루어져야 하므로 투표와 같은 공공선택의 필요성이 증대된다.

2. 개념

① 사회구성원들의 다양한 선호를 정부가 어떤 방법으로 통합하고 조정하는가에 대한 정부의 의사결정 방법을 연구하는 경제이론이다.
② 투표 행위를 개인의 선호가 정책입안자에게 합리적으로 전달되는 수단으로 보고, 이를 통해 시장실패를 치유하는 방법을 연구한다.

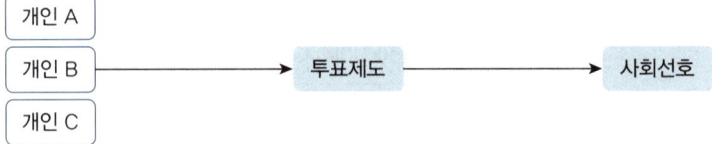

02 애로우의 불가능성 정리 ★★

1. 의미
완비성, 이행성, 파레토 원칙, 독립성을 만족시키면 반드시 비독재성의 조건을 만족시킬 수 없으므로 모두 만족시키는 민주적인 사회후생함수는 도출할 수 없다.

2. 개념
① **완비성** : 모든 사회 상태를 비교·평가할 수 있는 것을 말한다.
② **이행성** : A를 B보다 선호하고, B를 C보다 선호한다면, A를 C보다 더 선호해야 한다는 것으로 집합적 합리성을 의미한다.
③ **파레토 원칙** : 모든 사회구성원들이 A보다 B를 선호한다면 사회도 A보다 B를 선호해야 한다는 것으로 '만장일치의 법칙'이라고 한다.
④ **비독재성(민주성)** : 사회구성원 중에서 어느 한 명의 선호에 의해 사회전체의 선호가 결정되지 않는다는 것이다.
⑤ **독립성** : 사회상태를 비교할 때 이 사회상태와 관련 없는 제3의 선택가능성은 아무런 영향을 주지 못한다는 의미한다.

03 중위투표자 정리, 투표의 역설 ★★

1. 중위투표자 정리
어떤 안건에 선호 순서대로 투표자를 나열하였을 때 가운데를 선호하는 투표자를 중위투표자라고 한다. 따라서 중위투표자 정리는 다수결 투표제도 하에서 중위투표자의 선호가 투표 결과로 나타나는 현상이 일반화된 것이다.

2. 콩도르세 방식
여러 대안 중에 2개의 대안에 대하여 다수결로 승자를 결정하고, 또 다시 다른 대안과 다수결로 승자를 결정하는 과정을 반복하여 결국 최종적으로 승자가 된 안건을 채택하는 투표를 의미한다.

3. 투표의 역설(콩도르세의 역설)
① A와 B를 다수결에 붙였을 때 B승리
② B와 C를 다수결에 붙였을 때 C승리
③ C와 A를 다수결에 붙였을 때 A승리라면 어느 하나가 결정되지 않고 돌고 돌게 됨

시험문제 미리보기!

공공선택이론의 특징과 가장 가까운 것은?

① 균형예산보다는 흑자예산
② 분배정책보다는 성장정책
③ 단기적 정책보다는 장기적 정책
④ 이해관계의 정책보다는 원칙의 정책
⑤ 보편적 이익을 위한 정책보다는 차별적 정책

정답 ⑤

해설 공공선택이론에서는 정치가들이 국민들에게 표를 얻기 위한 정책을 실시한다. 표를 확실히 얻을 수 있는 사람들을 잡기 위해서 보편적 이익을 위한 정책보다는 차별적 정책을 추진한다. 또한 투표권자의 마음을 사로잡기 위해 성장보다는 분배에, 장기적 정책보다는 단기적 정책에 집착하며 세금을 함부로 쓰는 경향을 보인다.

제2절 | 행태경제이론

핵심 Check ✓ 행태경제이론

| 행태(행동)경제학 | 프레이밍효과, 부존효과, 닻내림효과, 심적회계, 최후통첩이론 |

01 행태경제이론 의미와 가정

1. 의미

인간의 실제 행동을 심리학, 사회학, 생리학적 견지에서 바라보고 그로 인한 결과를 규명하려는 경제학의 한 분야다.

2. 가정

호모이코노미쿠스, 즉 자신의 이익을 우선적으로 고려한다. 제한된 합리성으로 인해 여러 특이한 현상이 나타난다.

02 휴리스틱(Heuristic)과 편향

1. 휴리스틱

(1) 의미

주먹구구식의 판단과 의사결정방식을 의미한다.

(2) 종류

① **대표성 휴리스틱** : 선입견을 가지는 것
② **가용성 휴리스틱** : 자신의 경험을 이용하는 것

2. 편향

(1) 의미

합리적 원칙을 따르지 않을 뿐, 그들의 행동에 나름대로 일관성이 있는 것을 말한다.

(2) 종류

현상유지 편향은 두꺼운 옷을 입고 나갔는데 어지간하면 계속 입고 있는 것이고, 기정편향은 미리 정해진 것을 그대로 따르려 하는 현상이다. 휴대폰 등을 제조업체가 지정해둔 설정을 그대로 따르는 사람 등 많은 곳에서 찾을 수 있다.

03 여러 가지 특이현상

1. 부존효과

가지고 있는 것에 대한 가치를 높게 평가하는 것을 의미한다.
㉠ 사용 후 불만족할 경우 100% 환불이 가능하다고 해도 일단 사용하면 가치를 높게 평가하여 환불이 적음

2. 닻내림효과

닻을 내리면 물결에 따라 이리저리 움직여도 그 부근에서 맴돌기 마련이라는 것을 말한다.
㉠ 백화점에서 비싼 물건을 본 후에 그것에 가격을 비교하게 되어 가격에 대한 감각이 떨어지게 됨

3. 틀짜기효과(프레이밍)

선택과 관련된 문제를 여러 가지의 다른 틀로 인식할 수 있다.
㉠ '내가 가르친 학생은 70%가 TESAT 1급을 취득하였다'와 '내가 가르친 학생은 30%가 TESAT 1급을 따지 못하였다'에서 똑같은 말이지만 전자를 선택함

4. 심적회계(멘탈 어카운팅)

똑같은 결과를 가져오는 것이지만 다르게 생각하는 것을 말한다.
㉠ 카드와 현금 중 카드를 좀 더 부담 없게 생각함

시험문제 미리보기!

동일한 내용을 다르게 표현하는 것만으로 사람들의 행동이 다르게 나타난다고 하는 행동경제학의 이론을 무엇이라고 하는가?

① 최후통첩이론 ② 프레이밍효과 ③ 닻내림효과
④ 부존효과 ⑤ 심적회계

정답 ②
해설 '내가 합격시킨 사람은 80% 생존을 한다.'와 '내가 불합격시킨 사람은 20% 생존을 하지 못한다.'는 같은 말이지만 전자를 선택할 것이다. 이러한 것을 프레이밍효과라고 한다.

핵심 Plus⁺

최후통첩게임
인간의 이기성이 아니라 상호성을 보여 주는 게임
- A에게 돈을 주고 B와 나눠 가지라고 한 뒤, A가 과연 몇 퍼센트의 금액을 B에게 제안하는지를 지켜봄
- 경제학자들의 무수한 실험 결과 최후통첩게임에서 A는 평균 40~50%를 B에게 제안했고, B는 제안 금액이 30% 미만일 때는 대개 거부함
- 이기적 인간만을 가정하는 주류 경제학에 따르면 A는 제로에 가까운 최소금액을 제안하고 B는 단돈 1원이라도 수락하는 것이 합리적임. 하지만 거절당하면 A 자신도 손해를 보기 때문에 자신의 몫을 조금 포기하고 '윈윈 전략'을 취함

fn.Hackers.com
금융·자격증 전문 교육기관 **해커스금융**

출제예상문제

> 출제예상문제의 중요도를 ★~★★★으로 구분하였습니다. 난이도가 가장 높은 고등급 문제는 S등급 표시하였으니, S등급을 목표로 하신다면 반드시 학습하시기 바랍니다.

★
01 애로우(K. Arrow)의 불가능성 정리에서 사회적 선호체계가 가져야 할 바람직한 속성이 아닌 것은?

① 볼록성 ② 이행성
③ 비독재성 ④ 파레토원칙
⑤ 제3의 선택가능성으로부터의 독립

★
02 주민의 선호가 다른 다수의 공공재 생산량이 존재할 때 주민의 중간 수준의 공공재가 생산되는 현상을 무엇이라 하는가?

① 투표거래 ② 외부효과 ③ 코즈의 정리
④ 콩도르세의 역설 ⑤ 중위투표자 정리

★★★
03 복지 – 부담 정도에 관한 선호체계 중 투표의 역설을 일으키는 사례를 모두 고른 것은?

구분	순위	A	B	C
사례 I	1	저부담 – 저복지	고부담 – 고복지	중부담 – 중복지
	2	중부담 – 중복지	중부담 – 중복지	고부담 – 고복지
	3	고부담 – 고복지	저부담 – 저복지	저부담 – 저복지
사례 II	1	저부담 – 저복지	고부담 – 고복지	중부담 – 중복지
	2	중부담 – 중복지	저부담 – 저복지	고부담 – 고복지
	3	고부담 – 고복지	중부담 – 중복지	저부담 – 저복지
사례 III	1	고부담 – 고복지	중부담 – 중복지	저부담 – 저복지
	2	중부담 – 중복지	고부담 – 고복지	고부담 – 고복지
	3	저부담 – 저복지	저부담 – 저복지	중부담 – 중복지

① 사례 I ② 사례 II ③ 사례 III
④ 사례 I, 사례 II ⑤ 사례 II, 사례 III

04 다음 표는 3명의 유권자가 3개의 공공재 생산에 대해 갖고 있는 선호도 순위를 정리한 것이다. 이에 대한 설명 중 옳지 않은 것은?

구 분	갑	을	병
댐 건설	1	2	3
학교 신설	3	1	2
도로 확장	2	3	1

① 댐 건설과 학교 신설만 놓고 다수결 투표를 하면 학교 신설로 의견이 모아진다.
② 댐 건설과 도로 확장만 놓고 다수결 투표를 하면 댐 건설이 선택된다.
③ 3개의 공공재 생산을 놓고 다수결 투표를 하면 도로 확장으로 의견이 모아진다.
④ 다수결 투표가 유권자의 일관된 선택을 보장하지 못한다.
⑤ 이러한 현상을 콩도르세의 역설, 즉 투표의 역설이라고 한다.

정답 및 해설

01 ①
애로우는 사회적 선호체계가 가져야 할 바람직한 속성으로 완비성과 이행성, 비제한성, 파레토 원칙, 무관한 선택대안으로부터의 독립성, 비독재성을 제시하였다. 볼록성은 애로우가 제시한 사회적 선호체계가 가져야 할 속성과는 관계가 없다.

02 ⑤
중위투표자 정리에 대하여 말하고 있다.

[오답노트]
① 투표거래 : 상대방과 함께 서로 투표할 때 번갈아 가며 돕는 것을 의미한다.
③ 코즈의 정리 : 외부효과를 시장의 협상으로 해결하려는 것으로 협상비용이 작아야 한다.
④ 콩도르세의 역설(=투표의 역설) : 개인들의 선호는 모두 이행성이 충족되더라도 사회 전체적으로는 이행성이 충족되지 않는 경우가 발생할 수 있음을 의미한다.

03 ②
설명을 간단히 하기 위해 저부담 – 저복지를 x, 중부담 – 중복지를 y, 고부담 – 고복지를 z로 두면 각 사례에서 개인들의 선호 및 투표결과는 아래의 표와 같이 정리된다. 아래의 표에서 보는 것처럼 사례 I과 III에서는 투표의 역설이 발생하지 않지만 사례 II에서는 투표의 역설이 발생함을 알 수 있다.

구 분	사례 I	사례 II	사례 III
투표자의 선호	A : x>y>z B : z>y>x C : y>z>x	A : x>y>z B : z>x>y C : y>z>x	A : z>y>x B : y>z>x C : x>z>y
콩도르세 방식의 투표결과	x<y y>z x<z	x>y y>z x<z	x<y y<z x<z
사회선호	y>z>x (이행성 충족)	x>y>z>x… (이행성 위배)	z>y>x (이행성 충족)

04 ③
콩도르세의 역설 또는 투표의 역설이라고 하는 다수결 선거제도의 문제에 대한 문항이다. 투표의 역설 상황에서는 의제를 어떻게 정하느냐에 따라 투표 결과가 달라질 수 있다.

[TIP]
1순위가 없으면 2순위를 선택한다.
· 댐 vs 학교 : 갑 vs 을&병 ⇒ 학교 신설
· 댐 vs 도로 : 갑&을 vs 병 ⇒ 댐 건설
· 학교 vs 도로 : 을 vs 병&갑 ⇒ 도로 확장

05 다음 상황에서 발생할 수 있는 경제문제는?

같은 회사 동기인 갑, 을, 병은 회식 메뉴를 결정하고자 한다. 갑은 중식, 을은 일식, 병은 분식을 먹고 싶다고 해 다수결로 메뉴를 결정하기로 하였다. 이들의 선호표는 다음과 같다.

구분	갑	을	병
중식	1	3	2
일식	2	1	3
분식	3	2	1

① 담합
② 도덕적 해이
③ 콩도르세의 역설
④ 공유자원의 비극
⑤ 무임승차자 문제

06 중위투표자 정리에 관한 설명으로 옳지 않은 것은?

① 중위투표자는 전체 투표자 선호의 가운데에 있는 투표자를 의미한다.
② 정당들이 차별적인 정책을 내세우도록 만드는 현상과 관련된다.
③ 모든 투표자의 선호가 단일정점(단봉형)인 경우 성립한다.
④ 중위투표자 정리에 의한 정치적 균형이 항상 파레토 효율을 달성한다는 보장은 없다.
⑤ 정당들이 중위 투표자가 선호하는 정책들을 내세우도록 만드는 것과 관련된다.

07 단순다수결 투표제를 통해 공교육에 대한 투자지출 규모를 결정하려고 한다. 3명의 투표자 A, B, C의 선호가 각각 다음과 같이 주어졌을 때, 옳지 않은 것은? (단, 3가지 안에 대한 지출 규모는 $x < y < z$이다)

구분	A	B	C
1순위	x	y	z
2순위	y	z	x
3순위	z	x	y

① 이행성 조건이 충족되지 못한다.
② 투표의 역설이 발생한다.
③ 중위투표자 정리가 성립한다.
④ 콩도르세 투표방식을 따를 때 대진 순서에 따라 승자가 달라진다.
⑤ 의사진행조작이 발생할 수 있다.

08 다음의 게임을 가장 잘 설명하는 이론은?

> 경제학 실험을 게임의 형식으로 제시한 것으로, 첫 번째 사람에게 일정한 돈을 주고 두 번째 사람과 이를 나누도록 하는데, 두 번째 사람은 첫 번째 사람의 제안을 수락할 수도 있고 거절할 수도 있다. 제안을 받아들이면 제안된 금액대로 두 사람이 나누어 가지지만 만일 첫 번째 사람이 제안한 액수를 두 번째 사람이 거절하면 두 사람 모두 돈을 한 푼도 받지 못하는 조건이 부여된 게임이다. 또한 게임은 단 한 번만 시행된다.

① 역경매 이론 : 소비자가 주체가 되는 경매가 전자시대에는 가능해진다는 이론
② 죄수의 딜레마 : 인간은 고립된 상태에서 이기적으로 행동한다는 이론
③ 반복 게임 : 상거래를 반복할 경우 인간은 호혜적으로 행동한다는 이론
④ 최후통첩 게임 : 인간은 의사결정 시 합리성 외에 공정성도 중요하게 고려한다는 이론
⑤ 지폐 경매 게임 : 인간은 매몰비용에 대한 고려없이 투자를 결정한다는 이론

정답 및 해설

05 ③
만약 단순다수결 방식으로 토너먼트를 하게 되면 중식과 일식에서는 중식이, 일식과 분식에서는 일식이, 분식과 중식 중에서는 분식이 선택된다. 이러한 경우를 콩도르세의 역설이라고 한다.

06 ②
중위투표자 정리가 성립하는 경우 득표를 극대화하려면 각 정당은 중위투표자가 선호하는 정책을 제시해야 한다. 모든 정당이 중위투표자가 원하는 정책을 내세우게 되면 각 정당의 정책은 매우 유사해지게 된다.

07 ③
세 가지 대안을 놓고 투표를 하면 개인 A는 x, 개인 B는 y, 개인 C는 z에 투표할 것이므로 각 대안이 한 표씩만 얻으므로 어떤 대안도 선택되지 않는다.

구 분	결 과
x vs y	x(A, C가 선택)
y vs z	y(A, B가 선택)
x vs z	z(B, C가 선택)

콩도르세 방식을 사용한 결과 투표결과가 순환적이 된다. 즉, 사회선호가 이행성을 충족하지 않는 상태인 투표의 역설이 발생한다. 투표의 역설이 발생하면 투표 순서에 따라 최종적인 결과가 달라지므로 의사진행조작이 가능해진다. 그러므로 이 경우에는 중위투표자 정리가 성립하지 않는다.

08 ④
인간은 합리적이라는 주류 경제학의 가정과는 달리 실제 인간의 선택에선 합리성에 기초하지 않은 경우가 종종 발생한다. 가장 합리적인 선택은 내가 1원이라도 얻을 수 있다면 거래에 응해야 한다. 그러나 위 지문은 최후통첩 게임으로 그 결과가 합리성으로 설명되지 않는다.

09 병원에서 수술에 대한 답변을 두 가지로 제시하였다. 그런데 똑같은 결과인데도 불구하고 사람들은 후자를 많이 선택하였다. 이 같은 실험 결과와 관련이 깊은 행태경제학의 용어는?

> 병원에서 환자의 수술 생존율이 70%인 경우 의사가 내놓을 수 있는 답변은 두 가지다. 첫째는 사망률이 30%라는 답변이고, 둘째는 성공률이 70%라는 답변이다.

① 스놉효과(Snob Effect)
② 현상유지효과(Status Effect)
③ 닻내림효과(Anchoring Effect)
④ 프레이밍효과(Framing Effect)
⑤ 절정-대미효과(Peak-End Effect)

10 다음 글과 관련이 깊은 행동경제학(행태경제학)의 용어는?

> 일정기간 임대로 살다가 특정 시점에서 구매를 결정할 수 있는 분양전환 임대아파트가 인기다. 전셋값은 치솟고 그렇다고 집을 사기는 부담스러운 실수요자들에게 대안으로 떠오른 것이다. 부동산업계에 따르면 올 2분기(4~6월)에 공공과 민간건설사가 분양하는 분양전환 임대아파트는 총 12곳, 10,851가구인 것으로 집계됐다. 이는 자신의 소유물에는 객관적인 가치 이상을 부여하는 심리적 현상을 마케팅에 이용한 것이다.

① 스놉효과(Snob Effect)
② 부존효과(Endowment Effect)
③ 닻내림효과(Anchoring Effect)
④ 프레이밍효과(Framing Effect)
⑤ 심리적 회계(Mental Accounting)

11 행동경제학의 이론 또는 가설에 해당하지 않는 것은?

① 자기과신
② 휴리스틱
③ 프레이밍효과
④ 랜덤워크 가설
⑤ 비대칭적 행동

정답 및 해설

09 ④
위의 지문은 동일한 사안을 어떻게 서술하느냐에 따라 사람들의 선택이 달라지는 것을 알 수 있다. 이를 프레이밍효과라고 한다. 위의 내용은 모두 동일하므로 경제적 합리성에 따르면 동일하나 인간의 심리에 따라 달라지는 것을 연구하는 것을 행태경제학이라고 한다.

10 ②
일단 살게 되면 자신의 것으로 생각하여 애정을 가지게 된다. 정리하면 사람들이 일단 자신의 손에 들어온 것에 대해 애착을 갖고 귀중하게 여기는 경향을 부존효과라고 한다.

오답노트
① 스놉효과 : 차별소비

③ 닻내림효과 : 닻을 내린 배가 크게 움직이지 않듯 처음 접한 정보가 기준점이 돼 판단에 영향을 미치는 일종의 편향(왜곡) 현상을 말한다. 명품업체가 매장에 최고가의 물품을 가격표를 보이게 진열하는 것은 반드시 판다는 목적이 아니라, 500만 원짜리 가방도 그다지 비싸지 않다고 착각하게 만들기 위한 것이다.
④ 프레이밍효과 : 질문이나 문제 제시 방법(틀)에 따라 사람들의 선택이나 판단이 달라지는 현상으로 특정 사안을 어떤 시각으로 바라보느냐에 따라 해석이 달라진다는 이론이다.
⑤ 심리적 회계 : 길거리에서 주운 5만 원과 하루 종일 아르바이트해서 번 5만 원 중에서 일해서 번 돈을 심리적으로 중요하게 여기는 것을 말한다.

11 ④
행동경제학에는 자기과신, 휴리스틱, 프레이밍 효과, 비대칭적 행동 등이 있다. 랜덤워크 가설은 합리적 기대에 근거하는 효율적 금융시장이론에서 새로운 뉴스나 정보를 미리 알 수 없으므로 주가 등이 불규칙하게 움직이며 따라서 그 움직임을 예측하는 것도 불가능하다는 설이다.

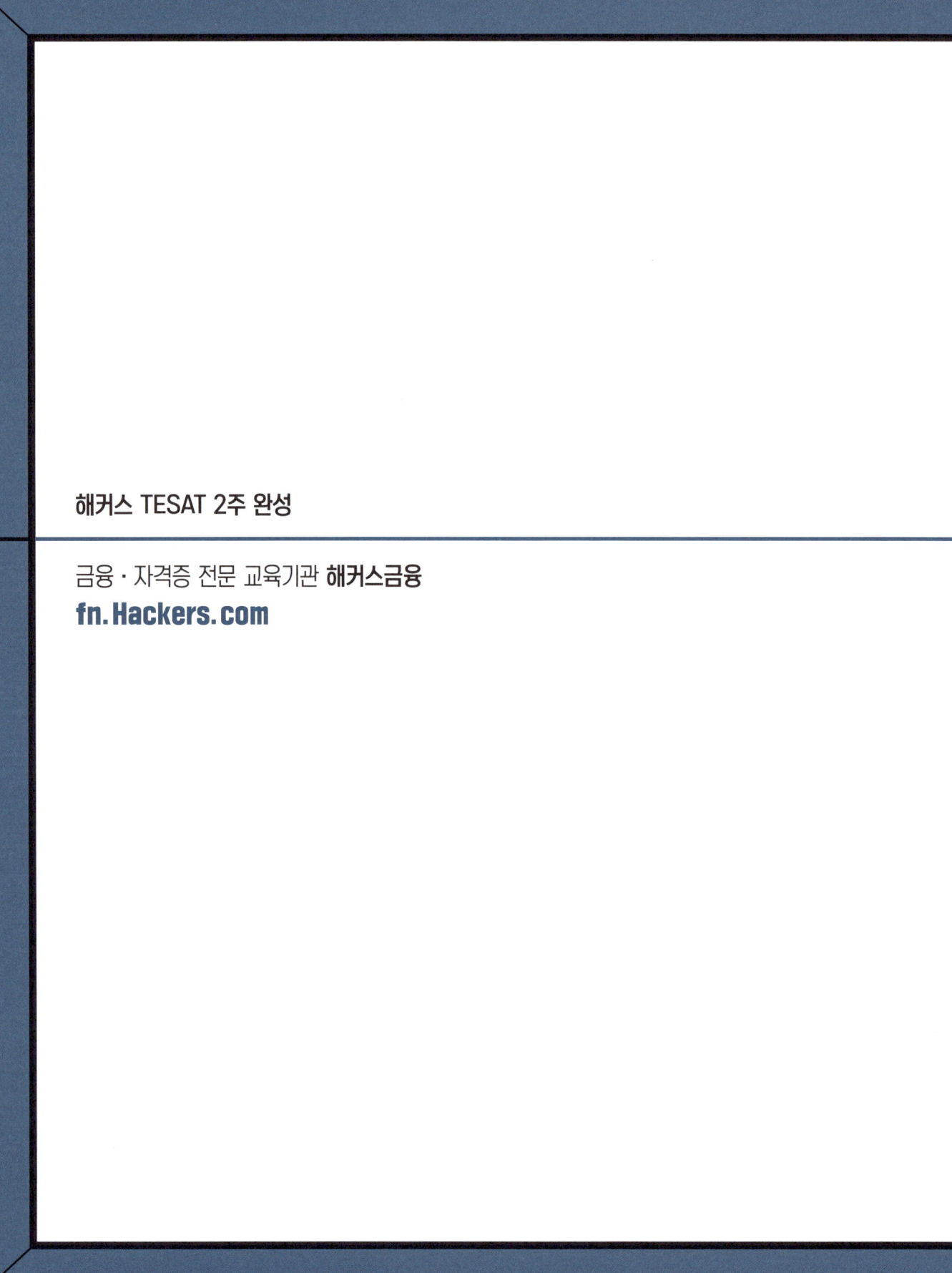

PART 2

거시경제

제1장 / GDP

제2장 / 화폐금융론

제3장 / 물가와 실업

제4장 / 경기변동과 안정화정책

제1장 GDP

📖 학습전략

거시파트는 개념을 하나하나 파악함과 더불어 각각의 개념이 어떻게 연결되는지를 파악하는 것이 더 중요하다고 할 수 있다. 따라서 GDP에 대하여 명확히 파악할 수 있어야 한다. GDP의 계산은 GDP 자체를 계산하는 방법과 국민소득의 세 측면인 생산, 지출, 분배가 동일하다는 3면 등가의 법칙을 이용하여 구하는 방법이 있다. 거시파트가 미시파트와 다른 부분은 물가가 변동한다는 것이다. 명목GDP와 실질GDP를 정확히 구할 수 있어야 경제성장률, GDP 디플레이터 등을 무리 없이 구할 수 있다.

국민소득결정이론에서는 고전학파와 케인즈의 생각이 다르다. 고전학파는 시장가격이 불균형 없이 완전 신축적이므로 항상 완전 고용이 이루어진 상태의 국민소득이 구해진다고 주장했다. 반면 케인즈는 가격의 경직성으로 인해 완전 고용이 이루어지지 않고 불경기가 발생할 수 있으므로 정부지출을 통해 경기부양에 적극적으로 나서야 한다고 주장했다. 정부지출과 조세는 실제 지출한 것보다 큰 효과인 승수효과를 야기하는데 이를 분석하기 위해서는 수학적 방법을 약간은 사용하여야 한다.

📖 출제비중

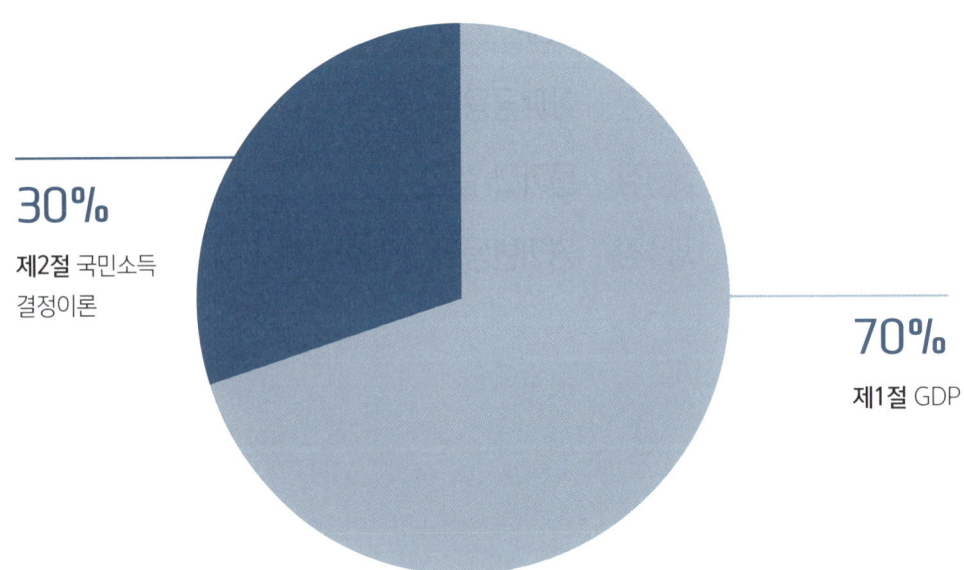

30% 제2절 국민소득 결정이론

70% 제1절 GDP

출제유형

GDP에 해당하는 것과 아닌 것을 구분하는 문제, 잠재GDP와 실제GDP의 개념을 묻는 문제가 "경제이론" 영역에서 출제된다. GDP를 부가가치를 이용하거나 방정식을 이용하여 국민소득 3면 등가를 통해서 계산하는 법, 정부지출 증가 등을 통한 승수를 묻는 문제가 "응용복합"에서 출제된다. 무엇보다 중요한 것은 거시경제 파트에서 GDP가 포함되지 않는 문제는 거의 없기 때문에 철저한 이해가 있어야 함을 기억해야 한다.

학습구성

구 분	출제포인트	중요도
제1절 GDP	01 GDP의 정의	★★★
	02 GDP의 측정	★★★
	03 국민총소득(GNI)	★★
	04 평가방법에 따른 GDP	★★★
	05 MEW	★
	06 GDP의 유용성과 한계	★★
제2절 국민소득결정이론	01 고전학파의 국민소득결정이론	★
	02 케인즈의 국민소득결정이론	★★★

제1절 | GDP

핵심 Check ✓ GDP

GDP (Gross Domestic Product)	• 국적에 관계없는 영토적 개념 • 경제규모 파악 • 중고거래 제외(측정 기간 생산 시장가치만 반영) • 삶의 질 측정 불가
국민소득 3면 등가의 법칙	• 생산 = 지출 = 분배

01 GDP의 정의 ★★★

용어	설명
일정 기간 동안	• 유량 개념으로 통상 1년 동안 생산된 생산물의 시장가치를 의미
한 나라 안에서	• 국적에 관계없이 국내에서 생산된 것이 포함됨 • 한 나라의 국민을 대상으로 하는 경우도 있는데, 이를 GNP라 함
새롭게 생산된	• 그해의 생산과 관계없는 것은 제외 예 중고차 거래금액, 골동품 판매수입
최종생산물	• 중간생산물을 포함시키면 이중계산이 되므로 제외 (단, 중간재 중에서 판매되지 않은 부분은 재고투자로 간주하여 GDP에 포함)
시장가치	• 원칙적으로 시장에서 거래된 것만 포함하므로 시장거래를 통하지 않은 것 제외 예 가사도우미의 가사노동은 GDP에 포함되나 주부의 가사노동은 제외

핵심 Plus +

유량과 저량
- 유량: 일정기간에 걸쳐 측정되는 변수
  예 국민소득, 국제수지, 소비 등
- 저량: 일정시점에서 측정되는 변수
  예 국부, 노동량, 자본량, 통화량, 외채 등

GNP보다 GDP를 더 많이 사용하는 이유
요즘은 세계화에 따른 대외무역의 증가로 인해 GDP개념을 더 많이 사용함. 폐쇄경제일 경우 GDP = GNP임

02 GDP의 측정 ★★★

1. 개요

① GDP는 일정 기간 동안의 생산액이므로 생산측면에서 측정할 수 있고, 생산된 것은 생산에 참여한 생산요소의 소득으로 분배되므로 요소소득측면에서 측정할 수 있으며, 소득은 다시 지출되므로 지출측면에서도 측정이 가능하다.

② 이론적으로 보면 동일한 대상을 다른 각도에서 측정하는 것이므로 '생산 GDP = 분배 GDP = 지출 GDP'가 성립하므로 이를 국민소득 3면 등가의 법칙이라고 한다.

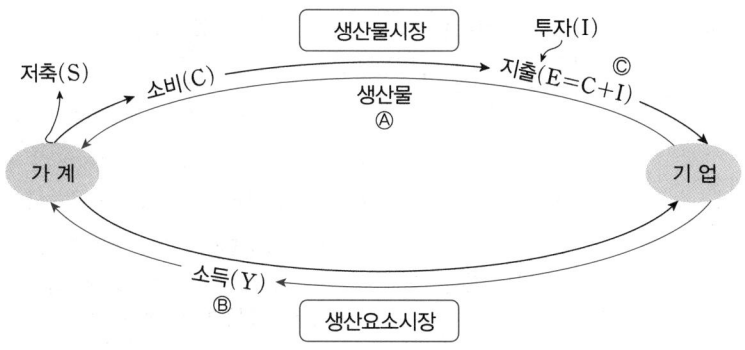

2. 생산GDP(= 국내총생산)

> 생산GDP = 최종생산물의 시장가치의 합 = 부가가치 + 고정자본소모

① 부가가치(Value-Added)는 각 생산단계에서 새로이 창출된 가치이다.
② 고정자본소모(Fixed Capital Consumption)는 생산활동에서 사용되는 기계설비와 같은 자본재가 마모되어 가치가 감소한 부분을 말한다(감가상각과 유사한 개념). TESAT에서는 고정자본소모가 없다고 가정하고 문제를 내는 것이 일반적이므로 최종재의 합 정도만 기억해도 무방하다.
㈜ 어떤 나라에서 20X1년에 쌀 10가마, 냉장고 5대, 자동차 2대가 생산되었고, 각 재화의 가격이 10만 원, 60만 원, 1,000만 원이라면 이 나라의 20X1년 GDP는 다음과 같이 계산된다.
(10×10만 원) + (5×60만 원) + (2×1,000만 원) = 2,400만 원

3. 분배GDP(= 국내총소득)

> 분배GDP = 임금 + 지대 + 이자 + 이윤 + 순간접세(간접세 − 보조금) + 고정자본소모

TESAT에서는 순간접세와 고정자본소모는 없다고 가정하는 것이 일반적이므로 '임금 + 이자 + 지대 + 이윤' 정도만 기억해도 무방하다.

4. 지출GDP(= 국내총지출)

> $AD = C + I + G + (X - M)$
> • AD : 총수요 • C : 소비지출 • I : 투자지출 • G : 정부지출 • $X - M$: 순수출

국내에서 생산된 재화와 서비스는 누군가에 의해 사용되므로 지출측면에서도 GDP를 집계할 수 있다.

구분	의미	결정요소	유의사항
소비 (지출)	가계의 최종재 소비	소득, 이자율, 조세, 경기전망 등	수입품의 소비도 들어간다. 단, 순수출 항목에서 수입을 제하므로 GDP에는 변화가 없다.
투자 (지출)	기업의 설비, 건설, 재고	경기전망, 이자율, 자본 조달 등	토지나 지어진 건물은 들어가지 않는다. 실물 투자이므로 금융투자는 포함되지 않는다.
정부 지출	정부의 소비, 투자	경제정책(재정정책)	무상으로 지원되어 이전소득을 만드는 이전 지출은 포함되지 않는다. 이전지출을 포함하면 분배국민소득과 일치하지 않는다.
순수출	수출(X) - 수입(M)	해외, 국내 경제상황	외국의 경제가 호전되면 수출이 증가하는 경향이 있다.

시험문제 미리보기!

20X1년 1년 동안 A나라에서 핸드폰 5대(대당 50만 원), 태블릿PC 8대(대당 30만 원)가 생산돼 최종소비자에게 팔렸다. 또 밀가루 20kg(kg당 1만 원)이 생산돼 10kg은 농가가 아닌 다른 가정에서 소비되고 10kg은 제빵업자에게 팔렸으며 제빵업자는 이를 이용해 막걸리빵 40개(개당 5천 원)를 만들어 일반 소비자에게 판매했다. A나라의 20X1년 GDP(국내총생산)는 얼마인가?

① 510만 원 ② 520만 원 ③ 530만 원 ④ 540만 원 ⑤ 550만 원

정답 ②
해설 A나라에서 1년 동안 생산된 최종 재화의 총 시장가치는 (핸드폰 5대 × 50만 원) + (태블릿PC 8대 × 30만 원) + (밀가루 10kg × 1만 원) + (빵 40개 × 5천 원) = 250만 원 + 240만 원 + 10만 원 + 20만 원 = 520만 원이다.

5. GDP와 GNP의 관계

(1) GNP(Gross National Product, 국민총생산)

한 나라의 국민이 일정 기간(보통 1년) 동안 새로이 생산한 재화와 서비스의 최종생산물의 시장가치를 합한 것을 의미한다.

(2) 폐쇄경제와 개방경제에서의 GDP와 GNP의 관계

폐쇄경제인 경우 'GDP = GNP'이며, 개방경제에서 자국민의 해외생산액이 외국인의 국내생산액보다 많은 나라는 'GNP > GDP'이다.

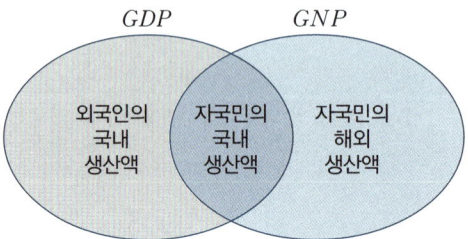

03 국민총소득(GNI) ★★

1. 개념
한 나라 국민이 일정기간 생산활동에 참여하여 벌어들인 소득의 합계를 말한다.

2. 국민총소득의 필요성
① 폐쇄경제에서는 GNP로 생산과 소득을 모두 평가했으나 GNP가 교역조건변화로 인한 실질소득변화를 반영하지 못하는 문제점이 있어 GNI로 대체되었다.
② 최근에는 GDP로 한 나라의 생산활동을 측정하고, 소득활동은 GNI로 측정한다.

3. GNI와 GDP의 관계
① 국민소득 3면 등가의 법칙에 따라 명목 국내총소득(GDI) = 명목 국내총생산(GDP)이다.
② 국민소득지표의 실질변수를 구할 때에는 '교역조건 변화에 따른 실질무역손익'을 조정해야 한다.
③ 실질GDI = 실질GDP + 교역조건 변화에 따른 실질무역손익
④ 실질GNI = 실질GDI + 국외 순수취 요소소득
⑤ 실질GNI = 실질GDP + 교역조건 변화에 따른 실질 무역손익 + 실질 대외 순수취 요소소득

4. 교역조건

$$\text{순교역조건(상품교역조건)} = \frac{\text{수출재가격}}{\text{수입재가격}} \times 100 = \frac{P_X}{P_M} \times 100$$

① 수출상품과 수입상품 간의 국제적 교환비율을 의미하며 수출상품의 가격이 수입상품의 가격보다 상대적으로 더 높아지는 것을 교역조건의 개선이라 한다.
② 수출상품의 가격이 상승하면 교역조건이 좋아지므로 100을 넘지만, 수입상품의 가격이 상승하면 100 아래로 떨어진다.
③ 실질 대외 순수취 요소소득이 0일 때 수출상품의 가격이 상승하여 교역조건이 좋아지면 실질GNI > 실질GDP이고 수입상품의 가격이 상승하여 교역조건이 악화되면 실질GNI < 실질GDP가 된다.

시험문제 미리보기!

최근 실질 국민총소득(GNI) 증가율이 실질 국내총생산(GDP) 증가율보다 높게 평가되었다면 그 이유는 무엇인가?

① 관세가 폐지된 자유무역이 발생했기 때문이다.
② 자본의 이동이 자유롭기 때문이다.
③ 해외재화의 수입단가가 낮아지기 때문이다.
④ 국내재화의 수출단가가 낮아지기 때문이다.
⑤ 외국인들이 한국에서 벌어가는 소득이 커졌기 때문이다.

정답 ③
해설 실질GNI는 실질GDP에 교역조건 변화로 인한 실질 무역손익과 실질 국외순수취요소소득을 더해서 구한다. GNI가 크게 증가하는 이유는 교역조건이 호전(국내상품 가격상승, 해외상품 가격하락)되거나 해외순수취 요소소득이 전보다 증가할 경우에 발생할 수 있다.

04 평가방법에 따른 GDP ★★★

1. 명목GDP와 실질GDP

(1) 명목GDP

측정시점의 가격으로 나타낸 GDP이다.

(2) 실질GDP

기준시점의 가격으로 나타낸 GDP이다.

명목GDP	실질GDP
• 그해의 생산물에 당해연도 가격을 곱하여 계산한 GDP	• 그해의 생산물에 기준연도 가격을 곱하여 계산한 GDP
• 명목GDP = $P_t \times Q_t$	• 실질GDP = $P_0 \times Q_t$
• 물가가 상승하면 명목GDP는 증가함	• 실질GDP는 물가의 영향을 받지 않음
• 산업구조를 분석할 때 사용함	• 경제성장, 경기변동을 분석할 때 사용함

(3) 사례

아이스크림만 생산하는 나라의 GDP(기준연도 : 20X1년)
• 연도별 아이스크림의 가격과 생산량

연도	아이스크림 가격	생산량
20X1	300원	100개
20X2	500원	150개
20X3	700원	200개

- 명목GDP와 실질GDP 계산

연도	명목GDP	실질GDP
20X1	300원 × 100개 = 30,000원	300원 × 100개 = 30,000원
20X2	500원 × 150개 = 75,000원	300원 × 150개 = 45,000원
20X3	700원 × 200개 = 140,000원	300원 × 200개 = 60,000원

(4) 경제성장률

$$경제성장률 = \frac{금년도\ 실질GDP - 전년도\ 실질GDP}{전년도\ 실질GDP} \times 100$$

2. 실제GDP와 잠재GDP

(1) 실제GDP(Actual GDP)

한 나라의 국경 안에서 실제로 생산된 모든 최종생산물의 시장가치를 말한다.

(2) 잠재GDP(Potential GDP)

한 나라에 부존하는 모든 생산요소가 정상적으로 고용될 경우 달성할 수 있는 최대의 GDP이다.

(3) GDP갭

① 실제GDP − 잠재GDP
② GDP갭 <0 : 생산요소가 정상적으로 고용되지 못해 실업이 존재하고 경기가 침체된 상태이다.
③ GDP갭 > 0 : 생산요소가 과잉 고용되고 있으므로 경기가 과열된 상태이다.

05 MEW ★

1. MEW(Measure of Economic Welfare, 경제후생지표)

$$MEW = GDP + 가사노동서비스 + 여가의\ 가치 - 공해비용$$

2. 경제후생지표의 특징

① GDP보다 사회후생을 잘 나타내고 있다.
② 공해비용의 증가로 인하여 GDP보다 완만하게 증가한다.
③ 객관적인 측정이 어렵다.

06 GDP의 유용성과 한계 ★★

1. GDP의 유용성
① 경제활동수준을 나타내는 지표이다.
② 측정과정에서 경제구조 파악이 가능하다.
③ 간접적으로 후생수준을 측정한다.

2. GDP의 한계

(1) 여가의 가치 미포함
여가는 후생을 증가시키지만 그 가치를 고려하지 않는다.

(2) 삶의 질 반영 불가
생산과정에서 발생하는 대기오염, 수질오염, 소음, 교통체증, 자연파괴 등에 의해 발생되는 삶의 질 저하를 계산하지 않는다.

(3) 상품의 질 변화 측정 불가
최첨단 제품들은 급속한 기술 개발로 성능에 비하여 값은 하락하고 있는데 이를 계산하지 않고 있다.

(4) 지하경제, 자본이득 측정 불가
사채, 부동산투기, 탈세, 밀수 등의 지하경제를 반영하지 못하며 주식가격 변동에 의한 후생의 증감을 고려하지 못하고 있다.

(5) 측정상의 문제
GDP는 직접 계산하는 것이 아니라 각종 통계에 의해 추계하므로 정확한 수치를 기대하기 어렵다.

GDP에 포함되는 항목	GDP에 포함되지 않는 항목
• 가사도우미의 가사노동 • 자가소비 농산물(농부) • 신규주택매입 • 귀속임대료(자기 집 사용료) • 국방, 치안서비스 • 판매되지 않은 재고(투자)	• 여가, 주부의 가사노동 • 자가소비 농산물(도시의 텃밭) • 기존주택매입 • 상속, 증여 • 주식가격, 부동산 가격변동 • 목수가 구입한 목재(중간생산물)

핵심 Plus

경제성장률
- 경제성장의 속도와 양적성장을 알 수 있는 지표
- {(금년도 실질GDP - 전년도 실질GDP)/전년도 실질GDP} × 100

1인당 경제성장률
= 경제성장률 - 인구증가율

1인당 GNI
GNI를 인구 수로 나눈 값으로 평균적인 생활수준을 알 수 있음

시험문제 미리보기!

다음 그래프는 어떤 나라의 경제성장률을 나타낸 것이다. 이에 대한 설명으로 옳은 것은?

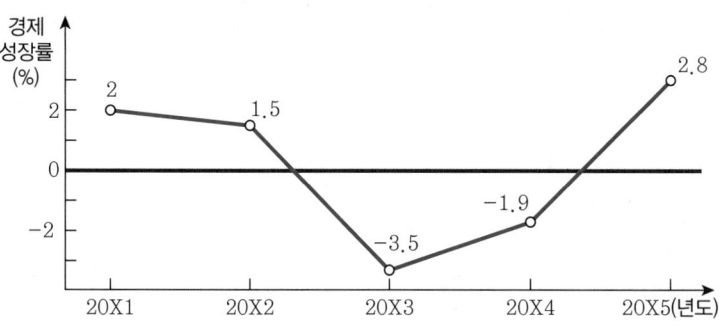

① 경제성장률이 가장 높은 해는 20X1년이다.
② 국내총생산 규모가 가장 큰 해는 20X2년이다.
③ 연도별 국내총생산의 총액을 파악할 수 있다.
④ 20X4년은 20X3년에 비해 국내총생산 규모가 커졌다.
⑤ 경제성장률의 (+)의 값은 삶의 질이 좋아졌다는 것을 의미한다.

정답 ②
해설 경제성장률의 공식에 따라 20X2년은 20X1년보다 크다. 따라서 20X2년을 100이라 가정하면 20X3년은 96.5이고 20X4년은 약 94.67이다. 20X5년은 20X4년에 비해 2.8%가 증가하였으므로 100보다 작다. 따라서 20X2년이 가장 크다.

오답노트
① 경제성장률이 가장 높은 해는 20X1년이 아닌 20X5년이다.
③ 처음 규모가 존재하지 않으므로 국내총생산의 총액을 파악하기 어렵다.
④ 경제성장률이 (-)이므로 국내총생산 규모는 감소하였을 것이다.
⑤ GDP와 삶의 질은 관련이 없다.

제2절 | 국민소득결정이론

핵심 Check ✓ 국민소득결정이론

케인즈	• 수요 중시, 가격경직성
승수효과	• 정부지출승수 • 조세승수 • 균형재정승수

01 고전학파의 국민소득결정이론

1. 기본가정

(1) 세이의 법칙

① "공급은 스스로 수요를 창출한다."고 주장한 프랑스의 고전학파 경제학자 세이의 시장이론이다.
② 즉, 공급이 되면 그만큼 소득이 창출되고, 이 소득이 수요로 지출된다. 결국 기업이 재화나 서비스를 생산하기만 한다면 반드시 판매되므로, 초과 공급이 발생하지 않는다.
③ 물론, 단기적이고 일시적으로 마찰적 원인에 의해 부분적 불균형은 있지만 바로 균형을 찾는다. 따라서 기업은 생산하는 대로 재화나 서비스가 다 팔리므로, 항상 생산할 수 있는 최대량을 생산한다. 또한 노동시장도 항상 완전고용이 이루어진다. (수직의 총공급곡선)

(2) 가격변수의 완전신축성

모든 가격변수(물가, 명목이자율, 명목임금)는 완전신축적이므로 수요와 공급의 일시적 불균형은 즉각적으로 수정된다.

(3) 완전예측가능성

각 경제주체들은 물가에 대한 완벽한 정보가 있다. 따라서 물가의 변화를 완벽하게 예상하며, 물가상승 시 자신의 실질임금을 지키기 위해 명목임금의 즉각적인 상승을 요구한다.

(4) 완전경쟁시장

세상에 존재하는 모든 시장은 완전경쟁시장이다.

(5) 화폐수량설

화폐수량설은 통화량과 물가가 정비례 관계를 보인다는 주장이다.

2. 국민소득의 결정

고전학파의 국민소득결정이론의 골자는 노동시장에서 자율적으로 고용수준이 결정되고(완전고용), 이것이 한 나라 전체의 생산함수와 결합하여 총공급곡선(수직)을 결정하며, 이러한 총공급에 의하여 국민소득이 결정된다는 것이다.

(1) 노동시장

물가가 P_0일 때 노동의 수요와 공급이 일치하는 E점에서 균형실질임금 $w_0 = \frac{W_0}{P_0}$이고 고용량은 L_0로 결정된다. 만약 물가가 P_1으로 하락하면 실질임금 $w_1 = \frac{W_0}{P_1}$으로 상승하여 노동시장에서는 일시적으로 초과공급이 발생하나 가격변수의 신축성에 의해 즉시 명목임금이 W_1으로 하락하여 실질임금은 전과 동일한 $w_0 = \frac{W_0}{P_0} = \frac{W_1}{P_1}$이 되어 균형고용량도 L_0로 동일하게 된다. 이때의 균형고용량 L_0는 완전고용 수준이다.

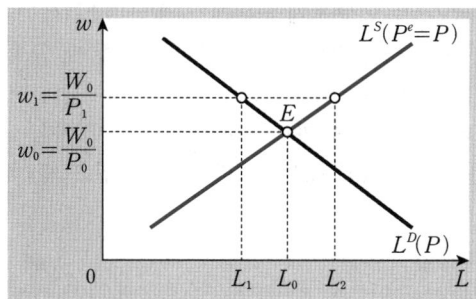

(2) 총생산함수

균형노동량을 생산함수에 넣으면 Y_0의 균형 생산량이 도출된다.

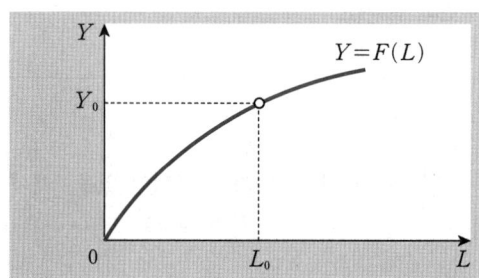

02 케인즈의 국민소득결정이론 ★★★

1. 기본가정

(1) 유휴설비의 존재

충분한 정도의 유휴설비가 존재하고 물가가 경직적인 단기에는 주어진 물가수준하에서 산출량이 조정 가능하다.

(2) 수평인 총공급곡선
주어진 물가수준하에서 원하는 만큼 생산이 가능한 경우에는 총공급곡선이 수평이 된다.

(3) 가격의 경직성
고전학파는 모든 가격변수가 신축적이라고 보는 데 비해, 케인즈는 단기적으로 가격과 임금이 경직적(특히, 하방으로)이라고 보았다.

(4) 수요중시
가격이 경직적이고 충분한 정도의 유휴설비가 존재하는 경우 경제 전체 생산액(= GDP)은 경제전체 생산물에 대한 수요(= 총지출)에 의해 결정된다.

2. 케인즈의 승수효과

(1) 필요성
케인즈에 따르면 유효수요가 변할 경우 균형국민소득도 변하게 되는데, 균형국민소득에 어떤 변화를 초래하는지를 분석하는 이론이다. 예를 들어 정부지출이 100만큼 변할 때 균형국민소득이 얼마나 증가하는가를 계량화하기 위한 이론으로서, 케인즈 거시경제이론의 핵심 중에 하나이다. 승수효과란 정부지출이 약간만 증가하더라도 '소득증가 ⇨ 소비증가 ⇨ 소득증가 ⇨ 소비증가 …'의 연쇄적인 과정을 통해 최종적으로는 국민소득이 훨씬 크게 증가하는 효과이다.

(2) 개념
독립투자 증가분에 대한 균형국민소득 증가분의 비율로서, 예를 들어 정부지출이 1원 증가할 경우, 균형국민소득이 얼마나 증가하는가를 나타내는 비율을 말한다.

$$승수 = \frac{균형국민소득증가분}{독립지출증가분}$$

(3) 가정
잉여생산능력이 존재, 한계소비성향($MPC = \frac{\Delta C}{\Delta Y}$)이 일정, 물가가 고정되어 있음, 폐쇄경제

(4) 도출과정
① Y는 GDP, C는 소비, I는 기업의 투자수요로 케인즈의 단순모형에서의 투자수요는 독립투자로서 일정한 상수이다.

$$Y = C + I + G = a + c(Y_d - T_0) + I_0 + G_0$$
- $C = C_0 + cY$ (C_0 : 기초소비, c : 한계소비성향 = 소비의 증가분/소득의 증가분)
- $I = I_0$, $G = G_0$ (G는 정부지출(G_0)로 상수)

핵심 Plus⁺

한계소비성향
(MPC; Marginal Propensity to Consume)
추가 소득 중 저축되지 않고 소비되는 금액의 비율. 추가 소득 중 저축되는 금액 비율은 한계저축성향(MPS)이라고 함.
예를 들어 한계소비성향(MPC)이 0.5라면 추가로 벌어들이는 100만 원의 수입 중 50만 원을 소비한다는 뜻임. 일반적으로 소득이 많은 사람이 소득이 적은 사람에 비해 한계소비성향이 낮고 한계저축성향은 높게 나타남. 또한 인플레이션 때 한계소비성향이 높게 나타남.
한계소비성향이 높을수록 소득이 증가함에 따라 소비가 더 큰 폭으로 증가해 경제의 소비증대 효과가 큼. 따라서 한계소비성향이 높을수록 재정정책의 효과가 커짐

② 공급측면인 Y와 수요측면 Y_d가 균형상태에서 동일하므로 $Y_d = Y$로 놓고 이를 Y에 대해서 풀면 다음과 같다.

$$Y = \frac{1}{1-c}[a - cT_0 + I_0 + G_0]$$

(5) 승수

① 정부지출승수

$$\frac{dY}{dG} = \frac{1}{1-c}$$

② 조세승수

$$\frac{dY}{dT} = \frac{-c}{1-c}$$

③ 투자승수

$$\frac{dY}{dI} = \frac{1}{1-c}$$

④ 균형재정승수

$$\frac{dY}{dG} = \frac{dY}{dT} = \frac{1-c}{1-c} = 1$$

핵심 Plus

정부지출승수가 조세승수보다 큰 이유

한계소비성향이 1이 아니라면 조세를 감면했을 때 처분가능 소득은 증가하지만 그 소득을 전부 소비로 전환하지 않기 때문(저축 때문). 하지만, 정부의 지출은 100%가 지출되므로 승수효과가 큰 것임

균형재정

수입과 지출이 일치하여 흑자도 적자도 없는 재정

3. 케인즈의 승수 유의사항

① 정부지출, 투자, 조세감면 등 모두 승수가 존재한다.
② **정부지출승수와 투자승수는 동일하다.**
③ 정부지출이 조세감면보다 효과가 더 크다.
④ **균형재정승수는 1이다.** (즉, 정부지출을 100억 원 늘리고 조세를 100억 원 걷으면 국민소득이 100억 원 증가한다)

4. 승수효과의 한계

① 한계소비성향이 안정적이지 않다면 승수효과를 확정적으로 표시할 수 없다.
② 승수효과가 일어나는 동태적 과정이 순조롭지 못하다면 승수효과는 발생하지 않을 수 있다.
③ 공급측면에 장애가 있다면 승수효과는 발생하지 않을 수 있다.
④ 기업의 형태에 의해 승수효과가 제약될 수도 있다.

5. 고전학파와 케인즈의 기본가정 비교

구 분	고전학파	케인즈
국민 소득결정	세이의 법칙이 성립한다. ⇨ 공급은 스스로 수요를 창출한다.	총수요가 총공급(생산)을 결정하고 이에 따라 국민소득이 결정된다.
가격 변수	가격변수(물가, 임금, 이자)가 신축적이다.	가격변수가 경직적이다.
노동시장	노동에 대한 수요와 공급은 실질임금($w = \frac{W}{P}$)의 함수이다.	노동에 대한 공급은 명목임금(W)의 함수이다.
시장의 가정	완전경쟁시장 ⇨ 완전고용 달성	불완전경쟁시장 ⇨ 불완전고용 달성
미래예견	완전예견	정태적기대[1)

1) 정태적기대
현재 상태가 앞으로도 계속될 것으로 가정하고 행동하는 것

시험문제 미리보기!

한계소비성향이 0.8일 때 국민소득을 500만큼 증가시키기 위해서는 정부 지출을 어느 정도 늘려야 하는가?

① 50   ② 100   ③ 150   ④ 200   ⑤ 400

정답 ②
해설 승수를 구하는 공식은 1/(1 - 한계소비성향)이다. 따라서 한계소비성향이 0.8일 때 승수는 5가 된다.

fn.Hackers.com
금융·자격증 전문 교육기관 **해커스금융**

출제예상문제

> 출제예상문제의 중요도를 ★~★★★으로 구분하였습니다. 난이도가 가장 높은 고등급 문제는 S등급 표시하였으니, S등급을 목표로 하신다면 반드시 학습하시기 바랍니다.

01 ★★ 어느 해 한국은행에서 발표한 국내총생산(GDP) 추계에서 재고 항목이 전년도보다 증가했다면 이 항목의 증가는 우리나라의 GDP 구성 요소에 어떻게 반영되는가?

<보기>
ㄱ. 설비투자의 증가　　　　　　　　ㄴ. 설비투자의 불변
ㄷ. 총자본형성의 증가　　　　　　　ㄹ. 총자본형성의 불변

① ㄱ, ㄴ　　② ㄱ, ㄷ　　③ ㄴ, ㄷ　　④ ㄴ, ㄹ　　⑤ ㄷ, ㄹ

02 ★ 갑국에서 모든 밀은 밀가루를 만드는 데 사용되고, 모든 밀가루는 빵을 만드는 데 사용되며, 그 밖의 생산물은 없다고 가정한다. 농부는 400만 원어치의 밀을 생산하고 제분업자는 600만 원어치의 밀가루를 생산한다. 그리고 제빵업자는 700만 원어치의 빵을 생산하고 있다. 갑국의 GDP는 얼마인가?

① 300만 원　　② 400만 원　　③ 600만 원
④ 700만 원　　⑤ 1,300만 원

03 ★★ 20X1년도에 이 나라의 밀 생산 농부들은 밀을 생산하여 그 중 반을 소비자에게 1,000억 원에 팔고, 나머지 반을 제분회사에 1,000억 원에 팔았다. 제분회사는 밀가루를 만들어 나머지를 제과회사에 1,900억 원에 팔았다. 제과회사는 밀가루로 빵과 과자를 만들어 2,400억 원에 소비자에게 모두 팔았다. 이 나라의 20X1년도 GDP로 옳은 것은? (단, 이 국가는 밀 생산 농부, 제분회사, 제과회사만으로 이루어져 있다)

① 1,600억 원　　② 1,800억 원　　③ 3,400억 원
④ 4,100억 원　　⑤ 5,800억 원

04 아래 표는 20X1년 갑국의 국민소득과 관련된 지표이다. 20X1년 갑국의 국내총생산(GDP)을 구하면?

구 분	금 액
자국민의 국내소득	350억 달러
자국민의 해외소득	410억 달러
외국인의 국내소득	370억 달러

① 350억 달러 ② 370억 달러 ③ 410억 달러
④ 720억 달러 ⑤ 760억 달러

05 한 나라의 노동, 자본 등 생산요소를 모두 투입해 추가적인 인플레이션을 유발하지 않고 달성할 수 있는 최대 생산수준을 말한다. 경제 상황 판단이나 향후 정책 방향 선택 등의 기준이 되는 이 경제개념은?

① 잠재GDP ② 실질GDP ③ 명목GDP
④ 1인당 GNI ⑤ GDP 디플레이터

정답 및 해설

01 ③
GDP는 지출측면에서 보면 소비(C), 투자(I), 정부 구입(G), 순수출(NX)로 구성된다. 재고는 투자 항목에서 재고 투자로 분류된다. 따라서 재고의 증가는 투자가 증가하는 것이므로 총자본이 증가하게 된다.

02 ④
농부가 생산한 400만 원어치 밀의 가치는 제분업자의 밀가루 600만 원에 포함되었고, 다시 밀가루 700만 원은 제빵업자가 만든 700만 원어치의 빵에 그 가치가 모두 포함되어 있다. 따라서 갑국에서 빵 이외의 생산물은 없다고 가정하였으므로 갑국의 GDP는 700만 원이다.

03 ③
최종재의 합으로 계산하면 된다.
최종재로서 소비자에게 팔린 밀 절반 1,000억 원어치 + 나머지 밀 ⇨ 밀가루 ⇨ 빵과 과자 2,400억 원어치를 더하면 GDP는 3,400억 원이 된다.

04 ④
자국민이 생산하면 GNP, 국내에서 생산하면 GDP이다. 따라서 20X1년 갑국의 GDP는 자국민 국내소득(350억 달러)과 외국인 국내소득(370억 달러)을 합한 720억 달러다.

05 ①
잠재GDP는 한 나라의 경제가 물가를 자극하지 않으면서 노동·자본 등 생산요소를 완전히 고용해 달성할 수 있는 최대 생산수준이다.

[오답노트]
② 실질GDP : 기준시점의 가격으로 표시한 GDP
③ 명목GDP : 측정시점의 가격으로 표현한 GDP
④ 1인당 GNI : GNI를 인구 수로 나눈 것으로 평균적인 생활수준을 알려줌
⑤ GDP 디플레이터 : 명목GDP를 실질GDP로 나눈 값으로 통상 그 나라 국민 경제의 물가수준을 나타냄

06 다음 자료에서 밑줄 친 ㉠이 (가) ~ (다)에 미치는 영향으로 옳은 것은?

그림은 갑국의 국내총생산과 국민총생산을 나타낸다. ㉠ 갑국의 국민이 외국 기업에 의해 생산된 소비재를 수입했다.

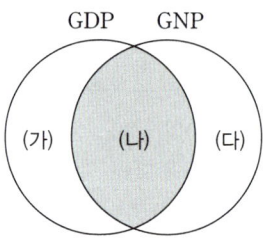

① (가)는 증가하고, (나)는 감소한다.
② (가)는 변하지 않고, (나)는 감소한다.
③ (나)는 증가하고, (다)는 감소한다.
④ (나)는 감소하고, (다)는 변하지 않는다.
⑤ (가) ~ (다)는 모두 변하지 않는다.

07 GDP에 포함되는 사항을 모두 고른 것은?

<보기>
ㄱ. 기업의 연구개발비
ㄴ. 가사도우미의 임금
ㄷ. 신항만 건설을 위한 국고지출
ㄹ. 아파트의 매매차익
ㅁ. 로또복권 당첨금
ㅂ. 은행예금의 이자소득
ㅅ. 전투기 도입비
ㅇ. 주부의 가사노동

① ㄱ, ㄴ, ㄷ, ㅁ, ㅂ
② ㄱ, ㄴ, ㄷ, ㅂ, ㅅ
③ ㄱ, ㄴ, ㄹ, ㅂ, ㅅ
④ ㄱ, ㄷ, ㅂ, ㅅ, ㅇ
⑤ ㄱ, ㄷ, ㅁ, ㅂ, ㅅ

08 국내총생산(GDP)의 계산에 대한 다음 보기 중 옳은 것은?

① 수입품에 대한 소비도 GDP에 포함된다.
② 집값이 5억 원에서 6억 원으로 상승하면 GDP도 1억 원이 증가한다.
③ 중간재 5억 원어치가 수출되는 경우 GDP도 5억 원 증가한다.
④ 올해 5,000만 원짜리 자동차가 생산되었으나 판매되지 않았다면 올해 GDP는 작년과 비교해 변함이 없다.
⑤ 공무원의 임금이 상승하더라도 GDP 계산과는 무관하다.

09 국내총생산(GDP)과 관련된 설명으로 옳은 것은?

<보기>
ㄱ. GDP는 특정한 시점에서 한 나라의 총생산량이다.
ㄴ. GDP에 교역조건 변화에 따른 무역 손익을 더하면 GNP가 된다.
ㄷ. 폐쇄경제에서는 GDP와 GNI(국민총소득)가 같아진다.
ㄹ. GDP에는 베트남 기업이 한국에서 생산한 재화의 가치도 포함된다.

① ㄱ, ㄴ   ② ㄱ, ㄷ   ③ ㄴ, ㄷ   ④ ㄴ, ㄹ   ⑤ ㄷ, ㄹ

10 A국 중앙은행이 발표한 2020년 3분기 순상품교역조건은 72.3으로 2010년 이후로 가장 악화된 것으로 나타났다. 이에 대한 설명으로 옳은 것은?

<보기>
ㄱ. 고부가가치 수출상품을 개발하는 대책이 필요하다.
ㄴ. 교역조건의 악화는 실질무역의 손실을 초래하여 국내총소득(GDI) 감소를 가져온다.
ㄷ. 2020년에 재화 1단위를 수출해 번 돈으로 2010년에 비해 많은 수입재를 사게 되었다는 의미이다.
ㄹ. 2010년(100)을 기준으로 2020년 3분기 수입단가지수는 109, 수출단가지수는 141이었다.

① ㄱ, ㄴ   ② ㄱ, ㄷ   ③ ㄴ, ㄷ   ④ ㄴ, ㄹ   ⑤ ㄷ, ㄹ

정답 및 해설

06 ⑤
갑국의 GDP에는 갑국에서 생산된 것을, 갑국의 GNP에는 갑국의 국민이 생산한 것을 포함한다. 따라서 자료에 나타난 갑국이 수입한 외국 기업에 의해 생산된 소비재는 갑국에서 생산한 것도, 갑국의 국민이 생산한 것도 아니므로 갑국의 GDP나 GNP에는 변화가 없다.

07 ②
GDP는 시장에서 거래되지 않은 주부의 가사노동이나 단순히 가격이 오른 아파트의 매매차익, 생산요소를 제공하지 않고 얻은 복권 당첨금은 GDP에 포함되지 않는다.

08 ③

오답노트
① 수입품은 우리나라에서 생산한 것이 아니므로 GDP에 포함되지 않는다.
② 집값이 5억 원에서 6억 원으로 상승하더라도 과거 GDP에 포함된 중고이므로 GDP는 변함이 없다.
④ 올해 5,000만 원짜리 자동차가 생산되었으나 판매되지 않았더라도 기업의 재고투자로 처리되어 GDP는 증가한다.
⑤ 공무원의 임금이 상승하면 국민소득 3면 등가의 법칙에 의해 그만큼 소득이 증가한 것이므로 GDP도 증가한다.

09 ⑤
GDP는 특정한 기간 동안 한 나라의 총생산량으로 유량 개념이다. GDP에 교역조건 변화에 따른 무역 손익을 더하면 GNP가 아니라 GDI가 된다.

10 ①
교역조건은 수출품의 가격이 상승할수록, 수입품의 가격이 하락할수록 좋아진다. 따라서 교역조건이 나빠졌다는 것은 수출해서 번 돈으로 살 수 있는 수입품이 줄어들었다는 뜻이다. 교역조건의 악화는 국내총소득이 줄어드는 것과 마찬가지 효과를 초래한다. 수출품의 가격이 하락하거나, 원유 등 국제 원자재 가격이 상승하면 교역조건이 나빠진다.

오답노트
ㄷ. 2020년에 재화 1단위를 수출해 번 돈으로 적은 수입재를 사게 되었다는 의미이다.
ㄹ. 2010년(100)을 기준으로 2020년 3분기 수입단가지수는 109, 수출단가지수는 141로 나타난 것은 수출품의 가격이 높기 때문에 100보다 큰 것이다. 문제에서는 순상품교역조건이 100보다 작으므로 성립하지 않는다.

11 다음 중 대한민국의 20X2년도 국내총생산(GDP)으로 측정될 수 없는 경제행위를 고르면?

① 대한민국 국민인 갑은 한국에서 20X2년에 생산된 세단자동차를 구입했다.
② 대한민국 국민인 을은 20X1년도에 지어진 아파트를 20X2년도에 구입하는 데 중개료로 100만 원을 지출했다.
③ 미국 국적인 병은 20X2년도에 한국에서 영어강사 급여로 1,000만 원을 벌었다.
④ 대한민국 정부는 20X2년도 실업급여로 1,000억 원을 지출했다.
⑤ 정 전자회사는 20X2년에 대한민국에서 생산한 반도체를 반은 팔고 반은 재고로 쌓아두었다.

12 다음 <보기>의 국내총생산(GDP) 계산 중 적절한 것을 모두 고른 것은?

<보기>
ㄱ. 집값이 3억원에서 3억 5,000만 원으로 상승하면 GDP도 5,000만 원이 증가한다.
ㄴ. 중간재 10억 원어치가 수출되는 경우 GDP도 10억 원 증가한다.
ㄷ. 올해 6,000만 원짜리 자동차가 생산되었으나 판매되지 않았다면 올해 GDP는 작년과 비교해 변함이 없다.
ㄹ. 공무원의 임금이 상승하면 그만큼 GDP도 증가한다.

① ㄱ, ㄴ ② ㄱ, ㄷ ③ ㄴ, ㄷ ④ ㄴ, ㄹ ⑤ ㄷ, ㄹ

13 다음은 20X1년에 발생한 모든 경제활동이다. 20X1년 A국의 국내총생산으로 옳은 것은?

- A국의 야구선수가 B국의 프로팀에 스카우트되어 연봉 500만 달러를 받았다.
- B국에서 개최된 프로 골프 대회에서 A국 선수가 100만 달러 상금을 받았다.
- C국의 근로자가 A국에 취업해서 200만 달러의 소득을 받았다.
- C국의 항공기 업체가 A국에 공장을 세워 생산한 제품을 B국에 수출하여 1,000만 달러를 벌었다.

① 600만 달러 ② 1,000만 달러 ③ 1,200만 달러
④ 1,600만 달러 ⑤ 2,000만 달러

14

우리나라의 국민소득에 관한 기사에서 (A)에 들어갈 내용으로 적합한 것은?

> 수출 여건이 좋았던 지난 20X1 ~ 20X2년에는 실질무역손익이 분기당 12 ~ 19조 원의 이익을 기록했지만, 이후 (A) 그러면서 이익 규모가 감소해 20X3년 4분기에는 4.8조 원을 기록했고, 이는 국내로 유입되어야 할 돈이 사라졌음을 의미하고 결국 구매력 저하의 원인으로 작용했다는 분석이다.

① 교역조건이 개선되어 실질GNI의 감소를 초래했다.
② 교역조건은 개선되었지만 소득 감소를 상쇄하지 못했다.
③ 교역조건이 악화되어 실질GNI의 감소를 초래했다.
④ 교역조건은 악화되었지만 소득 감소를 상쇄하지 못했다.
⑤ 교역조건은 악화되었지만 외국인의 국내 투자 증가로 실질GNI가 감소했다.

정답 및 해설

11 ④
GDP는 생산측면, 지출측면, 분배측면 중 선택하여 계산할 수 있다. 이유는 국민소득 3면 등가의 법칙이 성립하기 때문이다. 지출측면에서 소비 + 투자 + 정부지출 + 순수출로, 분배측면에서 임금 + 이자 + 지대 + 이윤으로 구한다. 이때 분배국민소득은 공짜로 얻은 것이 아니라 생산요소를 제공하고 얻은 것이다. 정부가 지급하는 실업수당 같은 이전지출은 이전소득을 만들어내는데, 이전소득은 무상으로 얻은 것이므로 분배국민소득에 들어가지 않는다. 따라서 이전소득을 만드는 이전지출도 당연히 들어가지 않는다.

오답노트
② 아파트의 구입대금은 20X1년 GDP에 포함되지만 부동산 서비스의 대가는 20X2년 GDP에 포함된다.
⑤ 재고는 투자항목 중 재고투자에 포함되어 GDP에 포함된다.

12 ④
ㄴ. 우리나라 입장에서 중간재가 최종재가 되므로 중간재 10억 원어치가 수출되는 경우 GDP도 10억 원 증가한다.
ㄹ. 공무원의 임금이 상승하면 국민소득 3면 등가의 원칙에 의해 그만큼 GDP도 증가한다.

오답노트
ㄱ. 집은 신규주택이 아닌 한 중고거래 처리되므로 집값이 3억 원에서 3억 5천만 원으로 상승한다고 해도 GDP와 관련이 없다.
ㄷ. 올해 6,000만 원짜리 자동차가 생산되었으나 판매되지 않았다면 재고로 처리되며 재고는 기업의 투자로서 GDP에 포함된다. 따라서 올해 GDP는 작년과 비교해 상승한다.

13 ③
A국의 GDP는 국적에 관계없이 A국에서 생산했다면 해당한다. 따라서 A국의 GDP는 200만 달러 + 1,000만 달러 = 1,200만 달러이다.

오답노트
• A국의 야구 선수가 B국의 프로팀에 스카우트되어 연봉 500만 달러를 받았다. (B국의 GDP이며 A국의 GNP)
• B국에서 개최된 프로 골프 대회에서 A국 선수가 100만 달러 상금을 받았다. (B국의 GDP이며 A국의 GNP)

14 ③
GNI = GDP + 교역조건변화에 따른 실질무역손익 + 해외순수취 요소소득이다. 문제에서 실질무역손익이 악화되었다는 것에서 교역조건이 악화된 것이 원인이 되었다는 것을 알 수 있다.

15 가계, 기업, 정부만 존재하는 케인즈 모형에서 투자와 정부지출은 소득과는 무관하며, C = 80 + 0.8(Y − T)일 때, 정부지출 승수는? (단, C는 소비, Y는 소득, T는 조세이다)

① 2　　② 2.5　　③ 3.5　　④ 5　　⑤ 8

16 다음 사례에 대한 옳은 분석을 <보기>에서 고른 것은?

> 호성기업은 밀을 구입하여 5억 원어치의 밀가루를 생산하였다. 이 중 1억 원어치는 직접 시장에서 판매하였으며, 나머지 4억 원어치는 A기업에 납품하였다. A기업은 밀가루를 과자로 만들어 10억 원에 모두 판매하였다.

<보기>
ㄱ. 위 사례에서 국내총생산은 11억 원이다.
ㄴ. A기업이 창출한 부가가치는 10억 원이다.
ㄷ. A기업은 4억 원어치의 중간생산물을 구입하여 10억 원어치의 최종생산물을 생산하였다.
ㄹ. A기업에 납품된 밀가루는 중간생산물이므로 국내총생산 추계에 포함된다.

① ㄱ, ㄷ　　② ㄱ, ㄹ　　③ ㄴ, ㄷ　　④ ㄴ, ㄹ　　⑤ ㄷ, ㄹ

17 아래 기사와 관련하여 옳은 설명만을 <보기>에서 모두 고른 것은?

> '지진이 중국의 경제성장률 높인다.'
> 중국 싱크탱크인 중국국가신식중심(SIC) 전망
> "재건 비용으로 GDP 0.3%p 증가…" 사기업피해도 상쇄될 것으로 보여
> 　　　　　　　　　　　　　　　　　　　　　　○○일보

<보기>
ㄱ. GDP에는 오직 새로이 생산된 것만 포함된다.
ㄴ. 지진으로 중국인들의 삶의 질이 오히려 높아진다.
ㄷ. 지진으로 인해 GDP보다 GNP가 더 많이 증가한다.
ㄹ. GDP가 국민 후생 수준을 나타내는 척도로 부적합함을 보여 준다.

① ㄱ, ㄴ　　② ㄱ, ㄹ　　③ ㄴ, ㄷ　　④ ㄱ, ㄷ, ㄹ　　⑤ ㄴ, ㄷ, ㄹ

18 다음 그림은 GDP와 GNP의 변화를 나타낸 것이다. 이와 관련된 옳은 설명을 <보기>에서 고른 것은? (단, 숫자는 해당 영역의 크기이다)

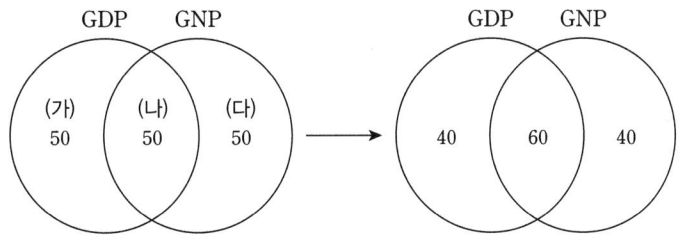

―<보기>―
ㄱ. 우리나라 영화 시장에 진출한 외국 배우는 (가)의 사례이다.
ㄴ. (가)의 변화 원인으로 우리나라 노동자의 해외 진출 감소를 들 수 있다.
ㄷ. (나)의 변화 원인으로 자국 기업의 국내 생산 설비 증설을 들 수 있다.
ㄹ. (다)의 변화 원인으로 외국 기업의 국내 투자 감소를 들 수 있다.

① ㄱ, ㄴ　　② ㄱ, ㄷ　　③ ㄴ, ㄷ　　④ ㄴ, ㄹ　　⑤ ㄷ, ㄹ

정답 및 해설

15 ④
정부지출승수는 '1/(1 - 한계소비성향)'이므로 1/(1 - 0.8) = 5이다.
(단, C는 소비, Y는 소득, T는 조세이며, 균형재정을 추구한다)

16 ①
호성기업이 만들어낸 밀가루 5억 원, A기업이 과자로 만들어낸 부가가치는 10억 - 4억 = 6억이므로 부가가치인 GDP는 11억 원이다.
오답노트
ㄴ. A기업이 창출한 부가가치는 최종재인 과자에서 중간재인 밀가루를 차감한 6억 원이다.
ㄹ. A 기업에 납품된 밀가루는 중간생산물이다. 중간생산물은 중복계산을 막기 위해 GDP 계산에 포함되지 않는다.

17 ②
지진으로 파괴된 건물도 다시 짓게 되면 GDP에 포함된다. 따라서 삶의 질을 반영하지 못한다는 것을 알 수 있다.
오답노트
ㄷ. 위의 자료로는 GNP를 도출하기 어렵다.

18 ②
(가)는 외국인의 국내생산, (나)는 자국민의 국내생산, (다)는 자국민의 해외생산을 의미한다. 자국민의 국내생산은 늘었지만 나머지는 줄었다는 것을 알 수 있다.
오답노트
ㄴ. 우리나라 노동자의 해외진출은 GNP의 영역인 (다)에 해당한다.
ㄹ. 외국인의 국내투자는 GDP의 영역으로 (가)에 해당한다.

19 다음 중 케인즈 경제학의 주요 내용에 속하는 것은?

<보기>
ㄱ. 임금은 상하로 경직적이다.
ㄴ. 통화량의 급격한 증가는 인플레이션을 야기한다.
ㄷ. 고용을 늘리기 위해서는 유효수요를 증대시켜야 한다.
ㄹ. 저축 증대는 자본 수요의 증가로 우회생산을 가능하게 한다.

① ㄱ, ㄴ   ② ㄱ, ㄷ   ③ ㄴ, ㄷ   ④ ㄴ, ㄹ   ⑤ ㄷ, ㄹ

20 어떤 나라 국민의 한계소비성향이 0.5이라고 하자. 만약 이 나라가 완전고용을 달성하는 데 200만큼의 생산량 증대가 필요하다고 한다면 이 나라 정부는 완전고용을 달성하기 위해 정부지출을 얼마만큼 늘려야 하는가? (단, 정부지출 때 구축 효과가 발생하지 않고 세금도 고려하지 않는다)

① 20   ② 40   ③ 80   ④ 100   ⑤ 200

21 총수요 부족으로 경기 침체를 겪고 있는 어떤 나라 정부가 재정정책의 일환으로 정부구매를 2,000억 원 늘린다고 하자. 투자지출은 고정되어 있고 한계소비성향은 0.75일 경우 총수요는 얼마나 증가 또는 감소하겠는가?

① 4,000억 원 증가   ② 6,000억 원 감소   ③ 8,000억 원 증가
④ 1조 원 감소   ⑤ 정답 없음

22 다음 중 정부지출의 증가로 발생하는 승수효과에 대한 설명으로 옳은 것은? (단, 한계소비성향은 0.8, 정부지출의 증가분은 1억 원이라고 가정한다)

―――――――――――――――〈보기〉―――――――――――――――
ㄱ. 승수효과는 정부지출의 증가로만 발생하는 것이 아니다.
ㄴ. 한계소비성향이 낮을수록 승수효과가 커진다.
ㄷ. 승수효과로 인한 총국민소득의 증가는 5억 원이다.
ㄹ. 정부지출의 증가로 국민소득이 늘어나고 이에 따른 저축의 증가로 기업의 투자가 늘어 국민소득을 더욱 늘게 한다.

① ㄱ, ㄴ   ② ㄱ, ㄷ   ③ ㄴ, ㄷ   ④ ㄴ, ㄹ   ⑤ ㄷ, ㄹ

정답 및 해설

19 ②
케인즈는 수요가 공급을 창출한다는 유효수요이론을 주장하였다. 따라서 수요를 증가시키기 위한 소비를 장려한다. 나머지는 고전학파 계열의 설명이다.

20 ④
한계소비성향이 0.5이므로 정부 지출 승수는 1/(1 − 0.5) = 2이다. 따라서 정부가 200만큼의 산출량 증대 효과가 필요한 경우 100만큼의 정부지출을 늘리면 승수(2배)만큼 추가적으로 총수요가 늘어나게 된다.

21 ③
정부지출 × 정부지출승수(= 1/(1 − 한계소비성향)) = GDP의 증가분이다. 따라서 2,000억 원 × 4 = 8,000억 원 증가한다.

22 ②
ㄱ. 승수효과는 정부지출의 증가로만 발생하는 것이 아니라 소비, 투자, 조세감면 등으로도 발생한다.
ㄷ. 1/(1 − 0.8) = 5이므로 승수효과로 인한 총국민소득의 증가는 1 × 5 = 5억 원이다.

오답노트
ㄴ. 승수는 1/(1 − 한계소비성향)이므로 한계소비성향이 낮을수록 승수효과가 작아진다.
ㄹ. 정부지출의 증가로 국민소득이 늘어나고 이에 따른 연속적 소비의 증가로 기업의 투자가 늘어 국민소득을 더욱 늘게 한다는 것이 정부지출에 의한 승수효과를 설명한 것이다.

23 정부가 세금 징수를 3,000억 원 줄이면 국민들은 소비를 5,000억 원 늘린다고 한다. 그 이유를 가장 잘 설명하고 있는 것은?

① 감세는 정부지출을 줄여 민간 소비지출을 자극한다.
② 감세는 금리를 하락시켜 소비지출과 융자를 자극한다.
③ 감세는 가처분소득을 증가시켜, 국민소득 증가와 추가적 소비지출을 가져온다.
④ 감세는 정부의 이전지출을 증가시켜, 국민소득의 증가와 추가적 소비지출을 가져오게 한다.
⑤ 감세는 수입상품의 수요를 증가시켜 국민소비를 늘리게 한다.

24 어떤 나라의 국민소득 관련 상황은 아래와 같다. 국민소득 관련 방정식 Y = C + I + G + NX, Y = C + S + T(C:소비, I:투자, G:정부지출, NX:순수출, S:민간저축, T:세금)를 이용해서 민간부문저축과 정부저축의 합인 국민저축을 구하면? (단, 정부저축은 세입과 세출의 합으로 이루어진다)

- 소비지출 5,000억 원, 투자지출 1,000억 원
- 정부지출 1,000억 원, 조세수입 500억 원
- 수출 3,000억 원, 수입 2,000억 원

① 1,600억 원 ② 1,800억 원 ③ 2,000억 원
④ 3,500억 원 ⑤ 4,000억 원

25 어떤 나라의 경제 정보가 아래와 같다고 한다. 이 정보를 통해 이 나라의 GDP와 저축을 계산하면?

- 한계소비성향 = 0.2
- 투자 = 200
- 정부지출 = 100
- 세금 = 100
- 수출 = 100
- 수입 = 100

① GDP = 250, 저축 = 150
② GDP = 500, 저축 = 175
③ GDP = 350, 저축 = 200
④ GDP = 400, 저축 = 200
⑤ GDP = 1,000, 저축 = 250

26 한국은행이 발표하는 1인당 국민총소득이 통계청이 발표하는 1인당 가구소득보다 훨씬 많은 것으로 나타난다. 그 이유로 가장 적절한 것은?

① 통계청은 가구의 세후소득을 측정하므로
② 두 기관이 서로 다른 가구를 대상으로 조사하므로
③ 국민총소득은 명목소득, 가구소득은 실질소득이므로
④ 1인당 가구소득은 물가를 반영하지 않은 소득이므로
⑤ 국민총소득 가운데에는 기업과 정부소득이 상당히 포함되어 있으므로

정답 및 해설

23 ③
감세를 통해 가처분소득이 증가하게 된다. 이를 통해 케인즈의 국민소득결정이론에서 사용하는 절대소득가설은 소득이 증가한 것과 마찬가지인 효과가 발생하므로 조세에서도 승수효과가 발생한다.

24 ③
문제에서 Y(총생산 = 총소득 = 총지출)는 소비와 투자, 정부지출, 순수출의 합이므로 Y = 5,000억 원 + 1,000억 원 + 1,000억 원 + 1,000억 원 = 8,000억 원이다. 먼저 민간저축인 S는 Y = C + S + T 식을 변형한 S = Y − C − T에 대입해 보면 S(민간저축) = 8,000억 원 − 5,000억 원 − 500억 원 = 2,500억 원임을 알 수 있다. 정부저축은 세입인 T와 정부지출인 G의 차이므로 세입 500억 원에서 정부지출 1,000억 원을 빼면 −500억 원이다. 따라서 민간저축과 정부저축의 합인 국민저축은 2,500억 원 − 500억 원 = 2,000억 원이다.

TIP
- 문제에 제시된 조건을 확인한다.
- 민간저축 Y = C + S + T ⇨ S_P = Y − C − T이다.
- 정부저축 S_G = T − G이다.
- 이 둘을 합치면 S_P + S_G = Y − C − G이다.

25 ③
국민소득(Y) = 소비지출(C) + 투자지출(I) + 정부지출(G) + 순수출(X − M)의 합이다. 이 식에서 C = 한계소비성향 × 가처분 소득(= Y − T)으로 변환되며 T는 세금이다. 따라서 주어진 보기에서 Y = 0.2(Y − 100) + 200 + 100 + (100 − 100)으로 Y는 350이다.
또 국민소득 3면 등가의 법칙에 따라 Y = C + I + G + (X − M)에서 Y − C − G = I + (X − M)이다. 여기서 Y − C − G는 총저축이고 I + (X − M)는 투자 + 경상수지이다. 여기서 Y − C − G는 (Y − T − C) + (T − G)로 바꿀 수 있다. 즉 (Y − T − C) + (T − G) = I + (X − M)의 식이 성립한다.
(Y − T − C)는 민간저축이고, (T − G)는 정부저축이다. 즉, 민간저축 + 정부저축 = 투자 + 경상수지인 것이다. 문제에서 총저축(민간저축 + 정부저축)은 투자 + 경상수지인데 경상수지(X − M)이 0이므로 총저축은 투자와 같은 200이다.

TIP
- Y = C + I + G + X − M으로 구한다.
- 문제에서 기초소비가 제시되지 않았으므로 소비는 C = 0.2Y이다.
- 나머지는 대입하여 구한다.

26 ⑤
1인당 국민총소득을 계산할 때는 기업소득(이윤)과 정부소득(세금)까지 들어간다. 가구소득은 이들을 포함하지 않기 때문이다.

제2장 화폐금융론

📘 학습전략

화폐시장도 타시장과 마찬가지로 수요와 공급의 원리가 적용된다. 화폐공급으로는 중앙은행에서 발행하는 본원통화로 분석한다. 다양한 원인으로 본원통화가 발행되는데 본원통화가 일반 은행으로 들어가게 되면 은행은 반복된 대출을 통해 통화량의 증가를 가져온다. 따라서 본원통화의 조절은 통화량에 큰 영향을 미치게 된다.

화폐의 수요이론은 다양한 이론이 있다. 그 중 대표적인 것이 고전학파의 화폐수량설과 케인즈의 유동성 선호설이다. 케인즈의 유동성 선호이론에서는 이자율을 낮추는 것이 소비를 가져올 수 없다는 유동성함정을 도출한다. 유동성함정은 통화정책을 비판하는 이론이므로 잘 이해해야 한다.

📘 출제비중

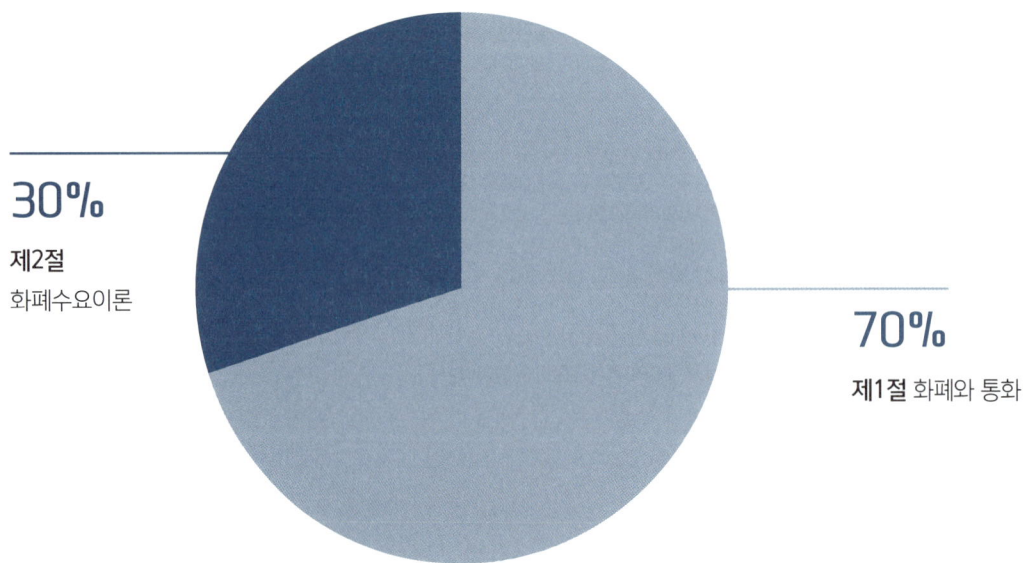

30% 제2절 화폐수요이론

70% 제1절 화폐와 통화

출제유형

해당 영역에서는 먼저 통화에 대한 정의를 내려야 하는데 TESAT에서는 주로 협의통화(M1) 정도가 출제된다. 본원통화의 구성, 화폐수량설 공식을 이용하여 물가상승률 등을 구하는 문제 등이 "경제이론" 영역에서 출제된다. 계산문제로 신용승수 구하기, 유동성함정이 현실에서 어떻게 발생하고 있는지 등을 "응용복합" 영역에서 출제한다. 최근 경제가 불경기이므로 정부지출을 늘리자는 의견을 말할 때 유동성함정을 많이 언급하므로 시사적으로 이해할 필요가 있다.

학습구성

구 분	출제포인트	중요도
제1절 화폐와 통화	01 화폐	★
	02 통화량과 통화지표	★★★
	03 금융시장	★★
	04 화폐의 공급	★★★
	05 신용창조	★★★
제2절 화폐수요이론	01 화폐수량설	★★★
	02 케인즈의 화폐수요이론	★★★

제1절 | 화폐와 통화

핵심 Check ✓ 화폐와 통화

M1	• 현금통화(민간보유현금) + 예금통화(요구불예금 : 보통예금, 당좌예금)
본원통화	• 현금통화 + 지급준비금 • 현금통화 + 시재금 + 예치금 • 화폐발행액 + 예치금
신용승수	• 1/지급준비율

01 화폐 ★

1. 정의

재화와 서비스의 거래, 채권·채무관계의 청산 등 일상적인 거래에서 통용되는 자산을 의미한다. 화폐는 구체적인 형태를 가져야 하는 것은 아니며, 한 사회에서 일반적인 거래수단으로 통용된다.

2. 발달과정

물품화폐 → 주조화폐 → 지 폐 → 예금화폐 → 전자화폐

3. 기능

(1) 교환의 매개 수단(가장 본원적인 기능)

거래과정에서 거래비용의 절감을 위해 화폐가 매개물이 되어 일반적인 지불수단으로 사용된다는 것을 의미한다.

(2) 회계의 단위 및 가치의 척도

화폐가 상품거래의 표준이 되고, 각 상품의 가치를 화폐의 단위로 측정할 수 있다는 것을 의미한다.

(3) 가치 저장 수단(물가가 안정적이어야 가치 저장 기능이 잘 발휘됨)

화폐가 한 시점에서 다른 시점까지 구매력을 보장해주는 역할을 한다는 것을 의미한다. 케인즈가 투기적 화폐수요에서 강조한 화폐의 기능이다.

핵심 Plus+

그레샴의 법칙

'악화(惡貨)는 양화(良貨)를 구축한다.' 쉽게 말해 '나쁜 돈이 좋은 돈을 몰아낸다.'는 뜻인데 과거에 금속화폐인 은이나 금을 갈아서 나온 것으로 새로운 화폐를 만들어 쓰다 보니 좋은 돈은 사용하지 않고 나쁜 돈만 사용하게 된다는 것을 의미함

(4) 장래 지불의 표준

미래의 지불의무가 화폐단위로 표시될 때 화폐는 장래지급의 표준으로서의 기능을 수행한다. 상품을 외상으로 구매했을 경우 지급할 대가가 화폐단위로 표시된다면 화폐는 장래지급의 표준으로서의 기능을 하고 있는 것이다.

02 통화량과 통화지표 ★★★

1. 통화량

① 일정시점에서 시중에 유통되고 있는 화폐의 양을 의미한다.
② 통화량이 너무 많으면 인플레이션을 유발할 수도 있고, 너무 적으면 거래가 위축될 수 있으므로 통화량을 적정수준으로 유지하는 것이 중요하다.

2. 통화지표

우리나라에서는 금융기관이 취급하는 금융상품의 유동성에 따라 M1, M2, Lf, L 등의 통화지표를 사용한다. 이를 통해 통화량의 크기와 변화를 측정하는 기준이 된다.

(1) 협의통화(M1)

① 현금통화 + 요구불예금 + 수시입출금식 저축성 예금
② 화폐의 지급 결제수단으로서의 기능을 중시한 지표로서 시중에 유통되는 현금에 예금취급기관의 결제성 예금을 더한 것으로 정의된다.

(2) 광의통화(M2)

① 협의통화(M1) + 저축성예금 + 시장형 금융상품 + 실적배당형 금융상품 + 금융채 + 거주자 외화예금 등
② 만기 2년 이상의 금융상품은 제외한다.
③ 시장형 금융상품 : 양도성예금증서, 환매조건부채권, 표지어음 등
④ 실적배당형 금융상품 : 금전신탁, 수익증권 등

[주요 금융상품의 종류]

구 분	내 용
요구불예금	고객이 요구할 때 은행이 즉시 지불해 주어야 하는 예금으로 이를 기초로 수표를 발행하며 우리나라에서는 보통예금·당좌예금·가계종합예금 등이 있음
저축성예금	이자수익이 높은 대신 약정된 기간이 경과한 후에야 찾을 수 있는 예금으로 이자수익만 포기하면 언제라도 현금으로 찾을 수 있는 예금
거주자외화예금	우리나라 사람이 외화를 우리나라에 있는 은행에 예금한 것
양도성예금증서 (CD; Certificate of Deposit)	일종의 정기예금증서로 양도가 가능하여 유동성이 높은 상품으로 은행의 주요 자금조달수단의 하나

핵심 Plus

당좌예금
수표 또는 어음을 발행하여 언제든지 자유로이 찾을 수 있는 예금

상호부금
제도상 정기적금과 비슷하나 일정회차 이상 부금을 납입한 경우에는 일정 금액을 융자받을 수 있는 권리가 보장됨

예수금
거래에 관계된 선금이나 보증금으로서 임시로 받아서 나중에 돌려줄 금액 또는 그것을 처리하는 계정과목

상업어음
기업들이 상거래에 따른 대금결제를 위해 발행하는 어음으로 반드시 물품이 오가는 상거래를 수반하기 때문에 진성어음이라고 불리기도 함

표지어음
금융기관들이 기업이 발행한 어음을 할인해 사들인 뒤 이 어음을 근거로 별도의 자체어음을 발행해 일반투자자에게 파는 어음

기업어음 (CP; Commercial Paper)	기업체가 자금조달을 목적으로 발행하는 어음. 상거래에 수반하여 발행되고 융통되는 진성어음과는 달리 단기자금을 조달할 목적으로 신용상태가 양호한 기업이 발행한 약속어음으로, 기업과 어음상품투자자 사이의 자금수급관계에서 금리가 자율적으로 결정됨
금전신탁	은행이 고객의 금전을 예탁 받아 이를 운용한 뒤 일정기간 후에 원금과 수익을 고객에게 지급하는 것
환매조건부채권 (RP; RePurchase)	일정기간 경과 후 일정한 가격으로 동일한 채권을 매수하거나 매도할 것을 조건으로 한 채권으로 증권회사, 은행 등의 수신상품
MMF (Money Market Fund)	투신사들에서 고객들의 돈을 모아 금리가 높은 CD, CP 등 단기금융상품에 집중 투자하여 여기서 얻은 수익을 되돌려주는 상품으로 요구불예금과 같이 유동성이 매우 큼

03 금융시장 ★★

1. 개념
자금의 수요자와 공급자 사이에 자금거래가 지속적으로 이루어지는 조직이나 기구를 의미한다.

2. 기간에 의한 금융시장의 유형

(1) 단기금융시장(화폐시장)
① 일반적으로 만기가 1년 미만인 금융자산이 거래되는 시장으로 콜시장, 어음할인시장, CP시장, CD시장, RP시장 등이 있다.
② 콜시장은 만기가 하루에서 2주 정도의 최단기금융시장으로 주로 금융기관 상호 간에 일시적인 유휴자금이 거래되는 금융시장으로 이때의 금리를 콜금리라 한다.
③ 어음할인시장은 상업어음, 융통어음 등이 거래되는 시장이다.

(2) 장기금융시장(자본시장)
기업의 시설자금이나 장기자금이 조달되는 목적으로 형성된 시장으로 장기대부시장과 주식시장, 채권시장 등이 있다.

3. 참여방식에 의한 금융시장의 유형

(1) 직접금융시장
자금의 수요자와 공급자가 자금을 직접 거래하는 시장으로 주식시장, 채권시장 등이 있다.

(2) 간접금융시장
금융중개기관이 개입하여 자금의 수요자와 공급자를 연결시켜주는 시장으로 예금시장이 있다.

4. 금융상품의 창출에 따른 구분

(1) 발행시장
새로운 금융상품이 발행되는 시장으로 증권발행자, 증권응모자, 증권인수자가 중심이 된다.

(2) 유통시장
기존의 금융상품이 거래되는 시장이다. 발행시장에서 발행된 유가증권의 시장성과 유동성을 높여서 언제든지 적정한 가격으로 현금화할 수 있는 기회를 제공한다.

04 화폐의 공급 ★★★

1. 본원통화
① 중앙은행의 창구를 통하여 시중에 나온 현금으로 예금은행의 신용창조의 토대가 된다. 따라서 기초 통화(Reserve Base)라고도 부른다.
② 본원통화가 1단위 공급되면 통화량은 신용창조 과정을 통해 본원통화 공급량보다 훨씬 더 크게 증가한다. 따라서 고성능통화(High-Powered Money)라고도 부른다.

2. 본원통화의 공급경로
① 중앙은행에서 통화가 나오면 된다.
② 정부의 재정적자 ⇨ 정부가 중앙은행으로부터 차입해야 하므로 본원통화 증가
③ 예금은행의 차입 증가 ⇨ 중앙은행이 대출해주므로 본원통화 증가
④ 국제수지 흑자, 차관 도입 ⇨ 외환 유입 ⇨ 중앙은행에서 외화를 원화로 교환 ⇨ 본원통화 증가
⑤ 중앙은행의 유가증권구입, 건물 구입 ⇨ 중앙은행이 대금을 지급하므로 본원통화 증가

3. 구성

본원통화(10억)		
현금통화(2억)	지급준비금(8억)	
현금통화(2억)	예금은행 지급준비금 : 시재금(7억)	중앙은행 지급준비예치금(1억)
	화폐발행액(9억)	

4. 지급준비금
예금은행이 고객의 예금인출 요구에 대비하기 위하여 보유하고 있는 현금을 말한다.

> 지급준비금(지준금) = 법정지급준비금 + 초과지급준비금 = 지급준비예치금 + 시재금

핵심 Plus⁺

중앙은행의 기능
- 발권은행으로서의 기능 : 지폐와 주화를 발행하고 그 양의 조절
- 은행의 은행으로서의 기능 : 예금은행으로부터 예금을 받기도 하고 필요 시에는 예금은행에 대출함
- 통화금융정책의 집행 : 통화가치의 안정과 국민경제의 발전을 위하여 각종 정책수단을 이용하여 통화량을 조절하고 자금의 효율적 배분을 도모함 (중앙은행의 가장 중요한 목표)
- 정부의 은행으로서의 기능 : 국고금을 관리하고 정부에 대하여 신용을 공여하는 기능을 수행함
- 외환관리업무 : 국제수지 불균형의 조정, 환율의 안정 등을 위하여 각종 외환 관리 업무를 수행함

5. 지급준비율

지급준비금을 예금액으로 나눈 값이다.

> 지급준비율(지준율) = 법정지급준비율 + 초과지급준비율

예 예금 100억 원 중에 법정지급준비금이 10억 원이라면 법정지급준비율은 10%이다. 실제로 15억 원을 지급준비금으로 은행이 보유한다면 초과지급준비율은 5%가 된다.

6. 통화승수

통화승수란 통화량과 본원통화의 비율로 즉, 통화량(M)을 본원통화(H)로 나눈 값이다.

$$통화승수(m) = \frac{통화량}{본원통화} = \frac{M}{H}$$

(1) 통화승수 구하는 방법

① 현금통화비율(c)이 주어진 경우의 통화승수(m)

$$m = \frac{M}{H} = \frac{1}{c+z(1-c)}$$

- $c = \dfrac{현금통화(C)}{통화량(M)}$
- $z = \dfrac{실제지준금(Z)}{예금통화(D)}$

② 현금예금비율(k)이 주어진 경우의 통화승수(m)

$$m = \frac{M}{H} = \frac{k+1}{k+z}$$

- $k = \dfrac{현금통화(C)}{예금통화(D)}$

05 신용창조 ★★★

1. 가정

① 요구불예금만 존재하고 저축성예금은 없다.
② 예금은행 조직 밖의 현금누출은 없다.
③ 예금은행은 대출의 형태로만 자금을 운영한다. ⇨ 유가증권 투자를 하지 않는다.
④ 예금은행은 법정지급준비금만 보유한다. ⇨ 초과지준금은 없다.

2. 과정

(1) 신용창조의 개념

은행이 본원적예금(예금은행 밖에서 예금은행으로 최초로 들어온 예금)을 기초로 하여 대출을 통해 예금통화를 창조하는 것을 의미한다.

(2) 신용창조 과정

갑이 W원의 본원적예금을 A은행에 예금 ⇨ A은행이 을에게 $(1-z)$W원을 대출 ⇨ 을이 B은행에 $(1-z)$W원을 예금 ⇨ B은행이 병에게 $(1-z)^2$W원을 대출 ⇨ 병이 C은행에 $(1-z)^2$W원을 예금 ⇨ C은행이 정에게 $(1-z)^3$W원을 대출 ……

(3) 신용창조승수

$$신용창조승수 = \frac{1}{지급준비율(z)}$$

3. 신용창조 사례

본원통화(w) 100억, 지급준비율(z)을 10%로 가정한다.

신용창조 과정	예금통화 (요구불예금)	통화량 (대출액)	지급준비금
갑이 W의 본원적예금을 A은행에 예금	100억	-	0.1 × 100억
A은행이 을에게 $(1-z)$W원을 대출	$(1-0.1)$ × 100억	$(1-0.1)$ × 100억	-
을이 B은행에 $(1-z)$W원을 예금	-	-	$0.1(1-0.1)$ × 100억
B은행이 병에게 $(1-z)^2$W원을 대출	-	$(1-0.1)^2$ × 100억	-
병이 C은행에 $(1-z)^2$W원을 예금	$(1-0.1)^2$ × 100억	-	$0.1(1-0.1)^2$ × 100억
C은행이 정에게 $(1-z)^3$W원을 대출 ⋮	⋮	$(1-0.1)^3$ × 100억 ⋮	⋮
합 계	$\frac{1}{z}$W	$\frac{1-z}{z}$W	W

① **총예금창조액(D^G)** : 예금은행조직 밖에서 예금은행조직으로 최초로 들어온 예금과 예금은행조직 내에서 대출의 형태로 증가한 예금을 합한 금액

$$D^G = W + (1-z)W + (1-z)^2W + \cdots\cdots = \frac{1}{z}W$$

② **순예금창조액(D^N)** : 총예금창조액에서 본원적 예금을 뺀 것

$$D^N = \frac{1}{z}W - W = \frac{1-z}{z}W$$

③ 초과지급준비금으로 대출을 하는 경우에는 순예금창조액(통화량 증가분)은 총예금창조액과 동일하다.

시험문제 미리보기!

중앙은행의 본원통화 공급과 관련된 설명 중 옳은 것은?

① 재정적자가 증가하면 본원통화는 감소한다.
② 중앙은행의 예금은행에 대한 대출이 증가하면 본원통화는 증가한다.
③ 수출이 증가하면 본원통화는 감소한다.
④ 외채상환액이 증가하면 본원통화는 증가한다.
⑤ 중앙은행의 유가증권 매입액이 증가하면 본원통화는 감소한다.

정답 ②

해설 재정적자가 증가하면 중앙은행으로부터 차입을 하므로 정부부문을 통해 본원통화가 증가한다. 수출이 증가하면 본원통화가 증가하고 외채상환액이 증가하면 본원통화는 감소한다.

제2절 | 화폐수요이론

핵심 Check ✓ 화폐수요이론

화폐수량설	MV = PY 통화량증가율 + 유통속도증가율 = 물가상승률 + 경제성장률
유동성함정	화폐수요의 이자율 탄력성이 무한대

01 화폐수량설 ★★★

1. 교환방정식(The Equation of Exchange)

$$MV = PT$$
- 일정 기간 동안의 총거래액
- 일정 기간 동안의 총지출액

- M : 통화량 V : 유통속도(지불관습에 의하여 고정) P : 물가 T : 거래량일정

① 일정 기간 동안에 일어난 모든 생산물 거래에서 화폐의 각 단위가 평균적으로 몇 번 씩 사용되었는가 하는 횟수, 즉 회전율의 개념이다.
② 고전학파는 화폐의 유통 속도가 그 사회의 관습 등에 의하여 고정되어 있다고 본다.
③ **교환방정식에 의한 화폐수요**
단기적으로 보면 거래량(T)과 최종생산물(Y) 간에는 일정한 비례관계가 성립하므로 교환방정식의 T를 Y로 대체하면 교환방정식은 다음과 같이 나타낼 수도 있다.

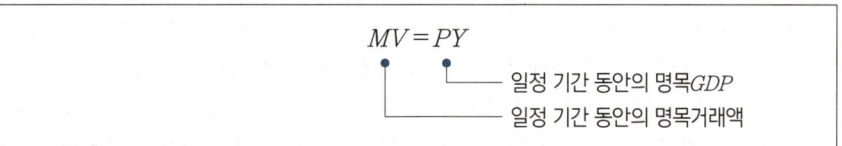

④ 고전학파는 완전고용이 이루어짐에 따라 총생산 Y는 일정하다고 보기 때문에 화폐의 증가가 물가를 변동시키는 원인이라고 본다. 이는 화폐는 실물변화에 영향을 주지 못한다는 화폐의 중립성과 연관이 있다.

핵심 Plus+

화폐의 중립성
통화량의 변화는 실질변수에 영향을 주지 못한다는 이론. 가령 중앙은행이 화폐 공급을 2배로 늘렸는데 물가가 2배로 오른다면 화폐의 가치는 절반으로 떨어짐. 즉, 명목변수는 2배로 증가하였지만 실질변수는 변함이 없는 것임. 이러한 화폐의 중립성은 장기에서의 현실 경제에 일어나는 변화를 설명하기에 유용함

화폐의 환상
사람들이 실질가치를 중심으로 하지 않고 명목가치를 중심으로 하여 경제행위를 하는 것을 말함. 화폐의 환상에 의하면 사람들은 물가 수준의 변화에 따른 실질소득의 변화를 간과하고 명목소득의 변화에만 집착하여 재화에 대한 소비 형태나 노동의 공급 형태 등을 결정하는 것임

EC방정식
유럽공동체(현재는 EU로 확대 통합) 각료 이사회가 1972년 전 회원국에 채택할 것을 권고한 적정 통화공급규모 산정방식

⑤ 교환방정식과 통화공급(EC방정식)
• 일반적인 교환방정식 $MV = PY$에 대한 수학적인 변형

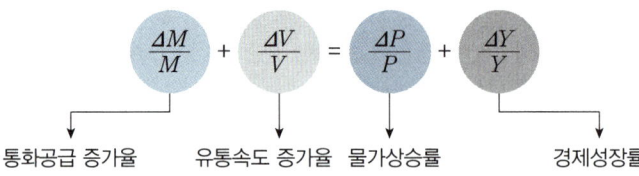

$$\frac{\Delta M}{M} + \frac{\Delta V}{V} = \frac{\Delta P}{P} + \frac{\Delta Y}{Y}$$

통화공급 증가율   유통속도 증가율   물가상승률   경제성장률

• 좌변 식을 이항하여 정리하면 $\frac{\Delta M}{M} = \frac{\Delta P}{P} + \frac{\Delta Y}{Y} - \frac{\Delta V}{V}$
• **통화공급 증가율 = 물가상승률 + 경제성장률 − 유통속도 증가율**

2. 현금잔고수량설(마샬의 입장)

① 교환방정식이 거래를 위해 필요한 통화량이 어떻게 결정되는지에 초점을 맞추고 있는데 비해, 현금잔고수량설은 개인이 보유를 원하는 통화량이 무엇에 의해 결정되는지를 알아내는 데 목표를 두고 있다.
② 개인이 화폐를 보유하려는 이유는 수입(소득)의 시점과 지불(지출)의 시점이 다르기 때문이다.
③ 사람들은 금융 자산의 일부를 전부 채권으로 보유하지 않고 일부를 현금으로 보유한다. 즉, 명목국민소득의 일정비율을 현금으로 보유한다는 측면에서 가치의 저장 기능을 중시한다는 것을 알 수 있다.

02 케인즈의 화폐수요이론 ★★★

1. 고전학파와 케인즈의 이자율에 대한 견해차이

① 고전학파는 실물부문에서 투자(대부자금수요)는 이자율과 반비례하고 저축(대부자금공급)은 이자율에 비례하여 이 둘이 만나는 지점에서 균형이자율이 결정되는 것으로 본다. (대부자금설)
② 케인즈는 화폐부문에서 화폐의 수요와 공급에 의해 이자율이 결정되는 것으로 본다.
③ 케인즈는 이자율이란 기본적으로 유동성을 희생한 대가라고 보며, 반대로 고전학파는 이자율이 소비를 미래로 지연시킨 것에 대한 보상이라고 본다.
④ 유동성은 일반적으로 어떤 자산이 그 가치의 손실 없이 얼마나 빨리 교환의 매개 수단으로 교환될 수 있는가 하는 정도이며, 모든 종류의 자산 중 화폐가 유동성이 가장 크다.
⑤ 케인즈는 유동성을 화폐 자체로 보아 화폐수요를 유동성 선호라고 표현하고 이 동기를 거래적 동기, 예비적 동기, 투기적 동기로 나누었다.

2. 화폐수요의 동기

① **거래적 동기** : 일상적인 지출(= 거래)을 위해 화폐를 보유하려는 동기를 말하며, 소득이 클수록, 물가수준이 높을수록 화폐수요는 증가한다.
② **예비적 동기** : 예상하지 못한 지출에 대비하기 위한 화폐를 보유하려는 동기를 말하며, 소득이 클수록, 물가수준이 높을수록 화폐수요는 증가한다.

핵심 Plus+

대부자금설
대부자금설에서는 이자율을 대부자금의 가격으로 보아 다른 상품가격의 결정과 같이 대부자금의 총수요와 총공급에 의하여 결정된다고 봄. 대부자금총수요는 이자율의 감소함수이며, 대부자금총공급은 이자율의 증가함수임

유동성(Liquidity)
자산을 필요한 시기에 손실 없이 화폐로 바꿀 수 있는 안전성의 정도를 나타내는 경제학 용어. 예를 들어 개인이 재산 증식을 목적으로 투자 대상을 선택할 때 그 대상을 자신이 원하는 시기에 바로 현금으로 전환할 수 있는지를 따지는데, 이 현금으로 전환할 수 있는 정도를 유동성이라 함

③ 투기적 동기(케인즈의 화폐수요이론에서 가장 중요) : 장래 수입을 극대화하기 위한 화폐수요, 즉 화폐를 하나의 자산으로 보고 실물자산에 비해 화폐자산을 보유하는 것이 상대적으로 유리하다는 입장에서 화폐를 보유하려는 동기를 말하며, 이 투기적 동기는 이자율에 민감하게 반응하므로 이자율이 높을수록 화폐수요는 감소한다.

3. 이자수익이 확정된 채권의 이자율

① 현재가치(PV) : 연 이자율이 r%일 때 1년 후 가격인 B원의 현재가치

$$PV = \frac{B}{1+r}$$

② 이자수익이 확정된 채권의 가격 : 1년 후 상환하기로 되어 있는 채권의 액면가가 10,000원이고 표면금리가 10%인 채권의 1년 후 가격은 11,000원이므로,
- 이자율이 10%일때의 현재가치(판매가)는 $\frac{11,000}{1+0.1} = 10,000$원이 됨
- 이자율이 5%일때의 현재가치(판매가)는 $\frac{11,000}{1+0.05} = 10,476$원이 됨
 ⇨ 채권가격은 이자율과 반비례

4. 채권가격과 이자율 사례

연간 10%의 표면이자를 지급하기로 약속한 7년 만기 5백만 원짜리 액면가의 채권이 있다. 시중의 연간 이자율이 15%라면 사람들은 이 채권을 사려고 하지 않을 것이다. (시중의 이자율이 15%라는 것은 남에게 돈을 빌려주면 그만큼의 이자를 받을 수 있다는 것을 의미한다) 따라서 채권의 액면가는 5백만 원이지만 실제로 거래되는 가격은 그보다 훨씬 낮을 것이 분명하다. 만약 시장이자율이 20%로 상승하면 채권의 가격은 한층 더 떨어지게 된다. 반면에 시장이자율이 5%로 떨어지면 그 채권의 가격은 올라 액면가 이상의 가격에 거래될 것이다.

5. 케인즈의 이자율 결정이론 - 유동성 선호설

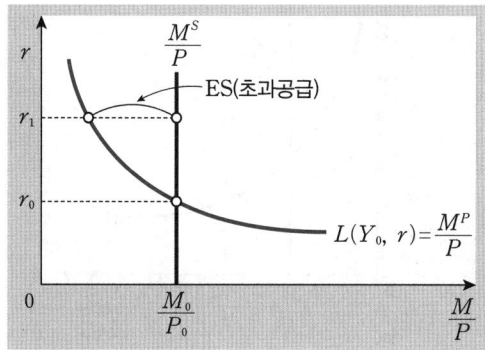

① 통화량은 이자율에 관계없이 중앙은행에 의해서 결정(정책변수)되므로 통화공급곡선은 수직선(고정)이고, 화폐수요는 이자율의 감소함수이므로 화폐수요곡선은 우하향의 형태를 띤다.
② 현재의 이자율이 균형수준보다 높은 r_1이라면 화폐시장이 초과공급 상태가 된다.
③ 자산은 화폐와 채권 두 가지만 존재하므로 화폐시장이 초과공급 상태이면 채권시장은 초과수요 상태가 된다.

핵심 Plus+

투기적 동기의 화폐수요
- 사람들이 일상생활에 필요하기 때문에 보유하는 화폐를 활성잔고(Active Balance)라 하고, 활성잔고 외에 더 보유하고 있는 화폐를 유휴잔고(Idle Balance)라고 함. 케인즈는 채권 투자를 위한 기회를 노려 유휴 잔고를 보유한다고 봄
- 채권 가격이 높으면 낮아지기를 기다려 일시적으로 화폐를 소유하게 되는데, 이것이 투기적 동기에 의한 화폐수요임
  - 이자율의 상승 ⇨ 채권 가격 하락(채권 수익률 상승) ⇨ 채권 수요 증대 ⇨ 현금 수요 감소
  - 이자율의 하락 ⇨ 채권 가격 상승(채권 수익률 하락) ⇨ 채권 수요 감소 ⇨ 현금 수요 증대

채권(Bond)
이를 발행한 채무자가 이를 갖고 있는 경제주체, 즉 채권자에게 미래의 정해진 시점에 일정한 이자와 원금을 지급하기로 약속한 증서

표면이자
만기일 전까지 매기 지급되는 이자

채권의 액면가
채권에 표시되어 있는 가격

채권가격
채권이 실제로 거래되는 가격으로 채권의 수요와 공급에 의해 결정됨

④ 실제 보유한 화폐의 양이 보유하고자 하는 화폐의 양보다 많으면 사람들은 남은 돈으로 채권을 사려고 할 것이므로 채권가격이 상승한다.

⑤ 이자율이 r_0로 하락하면 화폐시장에서 초과공급이 해소되므로 채권시장에서도 초과수요가 해소되어 화폐의 수요와 공급이 일치하는 점에서 균형이자율이 결정된다.

⑥ 이자율은 화폐시장에서 화폐의 수요와 공급에 의해 결정되는 화폐적 현상이다.

6. 유동성함정(Liquidity Trap)

① 경기가 극심한 침체상태일 때 발생한다.

② 이자율이 매우 낮은 수준(채권가격이 매우 높은 수준)이 되면 개인들은 이자율 상승(채권가격 하락)을 예상하고, 사회구성원 전체가 모든 자산을 화폐로 보유하기 위해서 화폐수요를 무한히 증대시킨다. 이때는 개인들의 화폐수요곡선이 수평선이 되는 구간(화폐수요의 이자율탄력성이 무한대)이 도출되는데 이를 유동성함정이라고 한다.

③ 화폐의 수요곡선은 수평선이 된 구간이 유동성함정인데, 화폐공급이 증가하더라도 증가된 통화량이 모두 화폐수요로 흡수되므로 이자율이 전혀 변하지 않는다.

④ 유동성함정은 대체로 경기가 극심한 침체 상태일 때 발생한다.

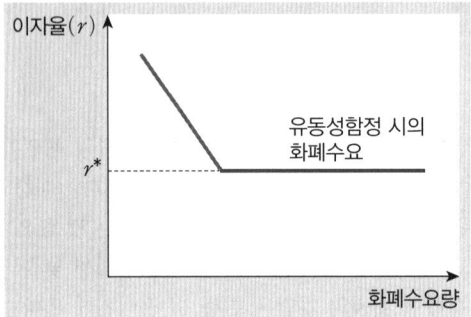

7. 고전학파의 실물적 이자론과 케인즈의 화폐적 이자론

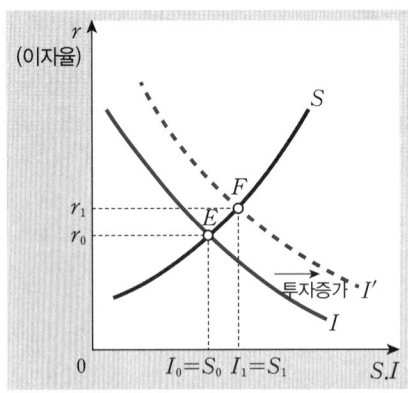 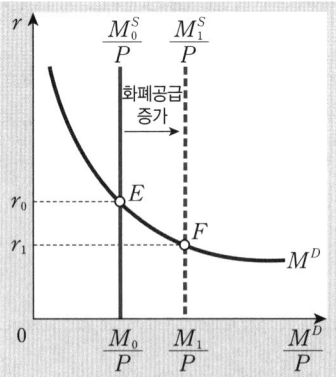

- 고전학파의 이자율 결정 : 투자(I) = 저축(S)
  - 실물변수인 실질저축과 실질투자에 의해 이자율이 결정
  - 균형점 E점에서 이자율 : r_0
    ⇨ 투자 증가(투자함수 I → I')
    ⇨ 이자율 상승(r_0 → r_1)

- 케인즈의 이자율 결정 : 공급($\frac{M^S}{P}$) = 수요($\frac{M^D}{P}$)
  - 화폐시장에서의 화폐의 수요와 공급에 의해서 이자율이 결정
  - 균형점 E점에서 이자율 : r_0
    ⇨ 화폐공급 증가(통화량 $\frac{M^D}{P}$ → $\frac{M_1}{P}$)
    ⇨ 이자율 하락(r_0 → r_1)

8. 대부자금설

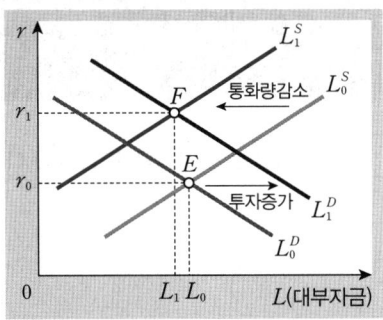

- 대부자금에 의한 이자율결정
  - 대부자금의 공급 : L^S = 총저축 = 민간저축 + 정부저축
  - 대부자금의 수요 : L^D = 투자
  - $L^S = L^D$을 만족하는 균형점 E점에서 이자율 : r_0
    ⇨ 투자 증가, 화폐공급 감소
    ⇨ 이자율 상승($r_0 \to r_1$)

시험문제 미리보기!

통화량 증가율은 연 10%, 실질GDP 증가율은 연 -2%, 인플레이션율은 연 2%이다. 화폐수량설이 성립할 때, 연간 화폐유통속도 증가율은?

① -12%　　② -10%　　③ 0%　　④ 10%　　⑤ 12%

정답　②
해설　교환방정식을 증가율로 나타내면 통화량의 증가율 + 유통속도의 증가율 = 물가의 증가율 + 실질 GDP 증가율이다. 10% + 화폐유통속도 증가율 = 2% + (-2%)이므로 화폐유통속도 증가율은 -10%가 된다.

출제예상문제

출제예상문제의 중요도를 ★~★★★으로 구분하였습니다. 난이도가 가장 높은 고등급 문제는 S등급 표시하였으니, S등급을 목표로 하신다면 반드시 학습하시기 바랍니다.

01 ★ 다음 A, B에 해당하는 화폐의 기능을 바르게 연결한 것은?

> A. 미혼인 사람들은 결혼을 위해 소득의 일정부분을 저축한다.
> B. 자동차 한 대의 가격이 2,500만 원에서 3,500만 원으로 올랐다.

① A – 지불수단, B – 가치저장수단
② A – 가치저장수단, B – 회계의 단위
③ A – 회계의 단위, B – 지불수단
④ A – 지불수단, B – 회계의 단위
⑤ A – 가치저장수단, B – 지불수단

02 ★★ 중앙은행이 발행한 화폐에 대한 설명으로 옳지 않은 것은?

<보기>
ㄱ. 중앙은행이 발행한 화폐를 본원통화라고 한다.
ㄴ. 중앙은행이 발행한 화폐는 현금과 예금으로 분류된다.
ㄷ. 중앙은행이 화폐발행액을 증가시키려면 지급준비율을 높여야 한다.
ㄹ. 중앙은행이 공개시장에서 채권을 매각하면 본원통화는 감소한다.

① ㄱ, ㄴ   ② ㄱ, ㄷ   ③ ㄴ, ㄷ   ④ ㄴ, ㄹ   ⑤ ㄷ, ㄹ

03 ★ 어떤 나라의 법정 지급준비율이 10%라고 한다면 이 나라 경제의 통화승수는 본원통화의 최대 몇 배까지 가능한가?

① 0.05   ② 0.2   ③ 5   ④ 10   ⑤ 100

04 본원통화에 대한 다음의 설명 중 옳지 않은 것은?

<보기>
ㄱ. 본원통화는 화폐발행액 + 중앙은행 지급준비예치금과 같다.
ㄴ. 민간이 보유한 화폐금액과 금융기관이 보유한 현금을 합한 것이다.
ㄷ. 중앙은행이 공개시장에서 국·공채를 매각하면 본원통화가 증가한다.
ㄹ. 한국은행에서 금융기관에 대출하거나 이들로부터 외환을 매입, 또는 금융시장에서 국·공채를 사들임으로써 공급한 지폐와 주화 총량을 말한다.

① ㄱ, ㄴ   ② ㄱ, ㄷ   ③ ㄴ, ㄷ   ④ ㄴ, ㄹ   ⑤ ㄷ, ㄹ

05 본원통화에 대한 다음의 설명 중 옳지 않은 것은?

① 통화량에 통화승수를 곱하면 본원통화가 된다.
② 국제수지가 적자면 본원통화가 줄어든다.
③ 지급준비율이 높을수록 통화량이 작게 증가한다.
④ 화폐 발행액에 지급준비예치금을 더한 것이다.
⑤ 중앙은행이 예금은행에 대한 대출을 늘리면 본원통화가 증가한다.

정답 및 해설

01 ②
A는 화폐의 가치저장수단을 말하고 B는 화폐로 표시된 재화의 값에 따라 교환이 이뤄지는 회계단위 및 가치의 척도로서의 기능이다.

02 ③
ㄴ. 중앙은행이 발행한 화폐는 현금과 지급준비금으로 분류된다.
ㄷ. 지급준비율을 높인다 해도 중앙은행에서 시중으로 화폐가 발행되는 경우가 아니므로 중앙은행이 발행한 화폐(본원통화)는 변하지 않는다.

03 ④
통화승수는 본원통화가 한 단위 증가할 때 통화량이 몇 단위 증가하는지 보여주는 것이다. 통화승수는 기본적으로 '1/지급준비율'로 표현한다. 따라서 '1/0.1 = 10'이므로 통화승수는 10이고 10배까지 통화량이 증가한다.

04 ③
본원통화는 중앙은행에서 나온 화폐를 의미한다. 이를 정리하면 다음과 같다.

본원통화(10억)		
현금통화(2억)	지급준비금(8억)	
현금통화(2억)	시중은행 지급준비금 : 시재금(7억)	중앙은행 지급준비예치금(1억)
화폐발행액(9억)		

ㄴ. 민간이 보유한 화폐금액은 현금통화, 금융기관이 보유한 현금은 시재금으로 이 둘을 합한 것이 화폐발행액이 된다.
ㄷ. 중앙은행이 공개시장에서 국·공채를 매각하면 본원통화가 감소한다.

05 ①
통화승수(신용승수)는 현금통화에 예금통화를 더한 통화량을 본원통화로 나눈 것으로, 본원통화가 1단위 공급됐을 때 통화량이 얼마나 증가하는지를 보여주는 배수다. 본원통화에 통화승수를 곱하면 통화량이 된다.

06 사람들이 저축을 하지 않고 금고에 현금을 보유하려는 경향이 커진다면 발생할 가능성이 높은 경제현상은?

① 통화량의 감소
② 통화승수의 상승
③ 저금리 기조 지속
④ 현금/예금 비율 하락
⑤ 통화유통속도의 상승

07 유동성함정에 대한 설명으로 옳지 않은 것은?

① 화폐수요의 이자율탄력성이 무한대가 되는 영역을 가리킨다.
② 통화정책보다는 재정정책이 효과가 더 크다.
③ 화폐를 그대로 보유하는 것보다는 채권을 매입하는 것이 낫다.
④ 정부지출 증가로 인한 구축효과는 일어나지 않는다.
⑤ 극심한 불경기에 나타나는 것이 일반적이다.

08 다음 중 본원통화가 감소하는 경우로 옳은 것은?

① 국제수지 흑자 규모가 늘어난다.
② 정부가 중앙은행에 맡겨둔 예금을 인출한다.
③ 중앙은행이 금융시장에서 유가증권을 매입한다.
④ 정부가 재정 자금 수요를 위해 중앙은행으로부터 차입한다.
⑤ 중앙은행이 통화 가치 안정을 위해 외환시장에서 달러를 매각한다.

09 통화승수에 대한 정의로 옳은 것은?

① (총)통화량 ÷ 본원통화
② 본원통화 ÷ 지급준비금
③ 명목GDP ÷ (총)통화량
④ (총)통화량 ÷ 명목GDP
⑤ (총)통화 증가율 − 물가상승률

10 한국은행이 민간은행에게 200억 원을 대출해주었다고 할 때, 이에 대한 설명으로 올바른 것은?

<보기>
ㄱ. 본원통화가 200억 원 증가한다.
ㄴ. 본원통화가 200억 원보다 더 증가한다.
ㄷ. 통화량이 200억 원 증가한다.
ㄹ. 통화량이 200억 원보다 더 증가한다.

① ㄱ, ㄴ ② ㄱ, ㄹ ③ ㄴ, ㄷ ④ ㄴ, ㄹ ⑤ ㄷ, ㄹ

정답 및 해설

06 ①
돈이 은행에 들어가지 않는다는 것은 은행에 예금을 하지 않는다는 의미이다. 이는 결국 은행의 신용창조를 할 수 있는 기본 예금액이 줄어드는 것이기 때문에 통화승수가 감소하여 통화량이 감소한다. 통화량이 감소하면 화폐금융시장에서 화폐공급이 줄어 금리(이자율)가 상승한다. 또한 통화승수가 감소하면 통화유통속도도 하락하게 된다.

07 ③
유동성함정이란 금리를 아무리 낮추어도 투자나 소비에 아무런 영향을 미치지 못하는 상태를 의미한다. 이에 이자율이 최저수준으로 떨어지면 채권가격이 최고로 높아 모든 채권을 매각하여 투기적 화폐수요는 최대가 된다. 최저이자율수준에서 투기적 화폐수요곡선은 수평선이 되고, 투기적 화폐수요가 이자율에 무한탄력적이 된다. 따라서 채권을 매입하는 것보다 화폐를 보유하는 것이 낫다.

08 ⑤
본원통화가 증가하는 경우는 중앙은행에서 돈이 나오는 경우이다. 외환시장에 달러를 매각하면 그 대가로 원화를 중앙은행이 흡수한다. 따라서 본원통화는 감소한다.

09 ①
통화승수는 총통화량을 본원통화로 나눈 것으로 중앙은행이 1단위의 화폐(본원통화)를 공급할 때 시중의 통화량이 몇 배로 늘어나는지를 나타낸다. 1/지급준비율로도 구할 수 있다.

10 ②
일반은행은 중앙은행이 공급하는 본원통화 등을 기초로 해서 신용을 창조한다. 다시 말하면, 신용창조액 = 본원통화증가분 × 통화승수가 된다. 즉, 본원통화가 증가하면 이보다 더 통화량이 증가한다는 것이다.

11 화폐의 유통속도와 완전고용상태에서의 실질생산량이 일정하므로 물가와 화폐량이 비례관계에 있다는 이론은?

① 구매력평가설
② 고전적 화폐수량설
③ 이자율평가설
④ 케인즈의 유동성 선호설
⑤ 마셜의 현금잔고수량설

12 가상의 국가 해커스랜드에서는 화폐의 유통속도가 일정하다. 실질국내총생산(GDP)은 5%, 통화량은 8% 증가하고 실질이자율은 3%이다. 명목이자율은 얼마인가?

① 0%   ② 5%   ③ 6%   ④ 8%   ⑤ 11%

13 통화량이 감소했는데도 실질국민소득과 물가에는 변화가 없다. 이는 무엇을 의미하는가?

① 경제가 완전고용균형에 있음을 의미한다.
② 화폐의 소득유통속도가 하락했음을 의미한다.
③ 화폐의 소득유통속도가 상승했음을 의미한다.
④ 화폐의 소득유통속도가 변하지 않음을 의미한다.
⑤ 정부가 팽창적 재정정책을 동시에 수행했음을 의미한다.

14 다음 중 유동성함정에 빠진 경제에 대한 설명으로 옳은 것은?

<보기>
ㄱ. 재정정책의 효과가 클 수 있다.
ㄴ. 극심한 경기 침체기에 나타나기 쉽다.
ㄷ. 명목이자율이 마이너스에 가깝다.
ㄹ. 화폐의 수요가 이자율에 대해 비탄력적이다.

① ㄱ, ㄴ   ② ㄱ, ㄹ   ③ ㄴ, ㄷ   ④ ㄴ, ㄹ   ⑤ ㄷ, ㄹ

15 중앙은행이 화폐공급을 늘렸다. '장기적으로 우리는 모두 죽는다'는 말로 압축할 수 있는 케인즈학파 이론에 따르면 이때 경제에는 어떤 현상이 일어나는가?

① 단기적으로 물가가 하락한다.
② 장기적으로 이자율이 하락한다.
③ 단기적으로 GDP가 증가한다.
④ 장기적으로 GDP가 증가한다.
⑤ 장기적으로 물가는 변화가 없다.

정답 및 해설

11 ②
고전적 화폐수량설에 따르면 화폐의 유통속도는 제도적 요인 및 거래관습에 의해 일정한 상수값을 가지고, 실질국민소득은 언제나 완전고용 국민소득 수준에서 고정된 값을 갖는다. 따라서 화폐 공급량의 변화는 물가 변화를 가져오므로 통화량과 물가는 정비례한다는 주장이다. 구매력평가설은 환율결정이론, 토빈의 이론은 투자이론, 케인즈와 보몰의 이론은 화폐수요이론이다.

12 ③
화폐수량설은 통화량증가율 + 유통속도의 증가율 = 물가상승률 + 경제성장률(실질 국내총생산의 증가율)로 설명할 수 있다. 해커스랜드의 화폐 유통속도가 일정하므로 물가상승률은 통화증가율(8%) + 화폐유통속도 증가율(0%) – 실질GDP 증가율(5%) = 3%이다. 명목이자율은 실질이자율과 물가상승률의 합이므로 명목이자율은 6%이다.

13 ③
피셔의 교환방정식 'MV = PY'로 나타낼 수 있다. 이때 M은 통화량, V는 화폐의 유통속도, P는 물가수준, Y는 실질소득으로 교환방정식은 사후적으로 항등식이다. 문제의 지문에서 통화량이 감소했는데 물가와 실질 국민소득이 일정하다면 교환방정식에 따라 화폐의 유통속도가 상승했다는 것을 의미한다.

14 ①
유동성함정에서는 명목이자율이 0에 가깝기 때문에 통화정책의 무력성을 말하려는 것이다. 따라서 재정정책을 통해 경기의 침체를 극복하려는 것을 의미한다.

오답노트
ㄷ. 실질이자율이 마이너스에 가깝다.
ㄹ. 화폐의 수요가 이자율에 대해 완전탄력적이다.

15 ③
실물 현상은 화폐 부문의 변화에도 크게 영향을 받는다. 이런 의미에서 인용된 케인즈의 말은 가격이 경직되어 있는 단기에서는 재정 및 통화 정책에 따라 각종 경제 변수가 달라질 수 있지만 장기에는 고전학파의 주장대로 실물부분에 영향을 미치지 못한다는 의미이다.
중앙은행이 통화량을 늘리면 먼저 이자율이 하락한다. 이자율이 하락하면서 실물 투자가 활성화되기 때문에 국내총생산(GDP)이 증가하게 된다. 하지만 시간이 흐르면 통화량 증가로 인해 물가가 상승하게 된다. 그 결과 GDP가 원래 상태로 되돌아간다.

16 다음 중 화폐시장에 초과수요가 존재할 때 발생하는 현상이 아닌 것은?

① 이자율 상승
② 채권가격 하락
③ 채권수익률 상승
④ 채권시장에 초과공급이 존재
⑤ 예금과 같은 금융자산에 대한 수요 감소

17 통화와 금리에 대한 설명 중 옳지 않은 것은?

<보기>
ㄱ. 우리나라 통화지표에는 M1, M2, Lf, L 등이 있다.
ㄴ. 금리가 상승하면 기업의 투자는 증가할 가능성이 크다.
ㄷ. 광의통화(M2)에는 기업어음, 회사채, 국·공채가 포함된다.
ㄹ. 금리 스프레드는 만기, 신용위험 정도, 세금부담 여부 등에 의해 결정된다.

① ㄱ, ㄴ   ② ㄱ, ㄹ   ③ ㄴ, ㄷ   ④ ㄴ, ㄹ   ⑤ ㄷ, ㄹ

[S등급]

18 다음 그래프는 중앙은행의 화폐공급과 이자율 사이의 관계를 나타낸 것이다. 중앙은행이 화폐공급을 MS_0에서 MS_1으로 늘렸을 경우 단기적으로 예상되는 상황과 거리가 먼 것은?

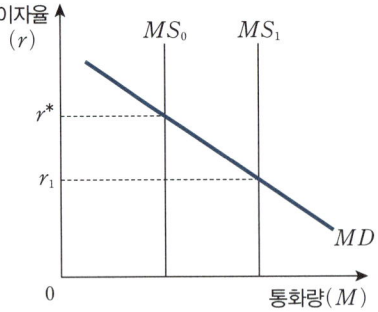

<보기>
ㄱ. 소비와 투자가 감소한다.
ㄴ. 국민소득이 늘어난다.
ㄷ. 이자율이 하락한다.
ㄹ. 통화가치가 상승한다.

① ㄱ, ㄴ   ② ㄱ, ㄹ   ③ ㄴ, ㄷ   ④ ㄴ, ㄹ   ⑤ ㄷ, ㄹ

19. 고전학파의 화폐수량설에 관한 다음의 기술 중 (가) ~ (라)에 들어갈 알맞은 말을 고른 것은?

> 피셔의 교환방정식은 화폐를 (가)으로 보는 반면 케임브리지학파의 현금잔고수량설은 화폐를 (나)으로 보고 있다. 또한 피셔의 교환방정식은 화폐수요를 (다)의 측면에서 파악하고 있는 반면 케임브리지학파의 현금잔고수량설은 화폐수요를 (라)의 측면에서 파악하고 있다.

	(가)	(나)	(다)	(라)
①	가치저장의 수단	교환의 수단	저량	유량
②	교환의 수단	가치저장의 수단	저량	유량
③	가치저장의 수단	교환의 수단	유량	저량
④	교환의 수단	가치저장의 수단	유량	저량
⑤	교환의 수단	가치저장의 수단	유량	유량

정답 및 해설

16 ⑤
화폐시장에 초과수요가 존재한다는 것은 화폐의 공급이 수요에 비해 부족하다는 뜻이다. 즉, 시중에 돈이 모자란다는 의미다. 돈이 모자라게 되면 이자율이 상승한다. 채권가격과 이자율은 반비례하므로 채권가격이 하락하게 된다. 채권가격 하락은 채권수익률의 상승을 뜻한다.

[오답노트]
⑤ 이자율이 상승했으므로 예금과 같은 금융자산에 대한 수요가 증가한다.

17 ③
광의통화(M2)는 현금 + 요구불예금 + 수시입출식 저축성예금을 의미하는 협의통화(M1)에 만기 2년 미만의 정기 예·적금 및 금융채, 시장형 상품, 실적배당형 상품 등을 포함한 것으로 시중에 통화가 얼마나 유통되고 있는지를 보여주는 지표다.

[오답노트]
ㄴ. 금리가 상승하면 기업의 투자는 감소할 가능성이 크다.
ㄷ. 국·공채는 2년 이상의 것이 존재하므로 광의통화에 포함되지 않는다.

18 ②
화폐공급이 늘면 단기적으로 이자율이 하락한다. 이로 인해 소비와 투자가 늘어나게 된다. 또한 화폐 가치하락으로 인해 순수출이 증가하여 국민소득이 증가하게 된다.

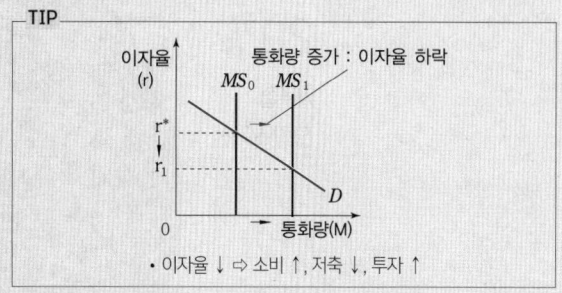

19 ④
피셔의 교환방정식 MV = PY은 기본적으로 교환의 매개역할을 한다는 개념으로 유량개념이다. 현금잔고수량설은 화폐를 일정시점에서 사람들이 일상적인 지출을 위해 가치를 저장하는 수단으로 보는 저량개념이다. 현금잔고수량설에 의하면 사람들의 소득의 일정비율을 화폐로 보유하고자 하므로 화폐는 명목국민소득의 일정비율이 된다.

제3장 물가와 실업

학습전략

거시경제에서 중요한 부분을 차지하는 것은 물가와 국민소득이다. 물가와 국민소득은 총수요와 총공급을 분석하여 도출할 수 있다. 물가지수는 기준연도의 물가와 비교하여 측정연도의 물가를 나타내는 것이며, 이를 이용하여 변화율을 구하면 물가상승률이 된다. 모든 주제들이 현실경제와 민감하게 연결되어 있다. 따라서 확실히 개념을 정리하고 특히 시사에 민감한 사안들이므로 뉴스에도 신경을 쓰는 자세가 필요할 것이다.

출제비중

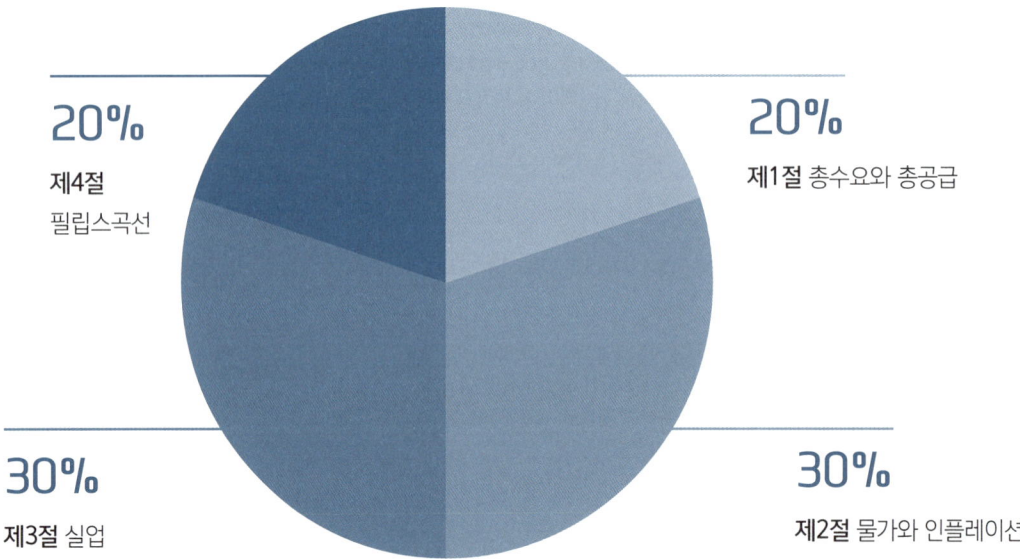

- 20% 제4절 필립스곡선
- 20% 제1절 총수요와 총공급
- 30% 제3절 실업
- 30% 제2절 물가와 인플레이션

📘 출제유형

인플레이션의 원인, 실업률, 취업률 등을 계산하기, 필립스곡선의 의미 등이 "경제이론"에서 출제된다. GDP 디플레이터와 관련된 표나 그래프를 통해서 물가, 경제성장률 등을 유추하는 문제 등은 시사와 관련하여 "응용복합" 영역에서 출제된다. 해당 영역은 반드시 출제되므로 철저하게 준비해야 할 것이다.

📘 학습구성

구 분	출제포인트	중요도
제1절 총수요와 총공급	01 총수요	★
	02 소비의 결정요인	★★
	03 투자결정이론	★★
	04 총공급	★
	05 균형GDP의 결정	★★
제2절 물가와 인플레이션	01 물가의 의미와 변동요인	★★★
	02 물가지수	★★★
	03 인플레이션	★★★
제3절 실업	01 실업통계	★★★
	02 실업의 종류와 대책	★
	03 실업의 학파별 대책	★
제4절 필립스곡선	01 필립스곡선의 의미	★★
	02 총수요 & 총공급곡선의 이동과 필립스곡선	★★★
	03 자연실업률 가설	★★★

제1절 | 총수요와 총공급

핵심 Check ✓ 총수요와 총공급

총수요	소비 + 투자 + 정부지출 + 순수출
총공급	인구, 원료가격, 기술수준에 의해 변동
총수요와 총공급 일치	균형물가, 균형국민소득이 만들어짐

01 총수요 ★

1. 총수요와 총수요곡선

(1) 총수요

한 나라에서 일정기간 동안 구입하고자 하는 재화와 용역의 총량을 말한다.

(2) 총수요의 구성

민간소비(C) + 민간투자(I) + 정부지출(G) + 순수출(X − M)

(3) 총수요곡선

각각의 물가 수준에서 총수요의 크기를 나타내는 곡선으로 물가와 총수요는 반비례한다. (우하향)

2. 총수요곡선의 이동요인

① 물가변동이 아닌 소비, 투자, 정부지출, 수출, 수입이 변동하면 곡선자체가 이동한다.
② 곡선 우측이동 : 증가
③ 곡선 좌측이동 : 감소

02 소비의 결정요인 ★★

1. 절대소득가설

가처분 소득이 증가하면 반드시 소비가 늘어난다는 이론으로 케인즈의 국민소득결정이론에서 사용한다.

핵심 Plus+

총수요곡선이 우하향하는 이유

- 이자율 효과 : 물가 하락 ⇨ 이자율 하락 ⇨ 소비 지출 및 투자 지출 증가 ⇨ 총수요(AD) 증가
- 부(Wealth) 효과 : 물가 하락 ⇨ 실질적 부의 증대 ⇨ 소비 지출 증가 ⇨ 총수요(AD) 증가
- 경상수지 효과 : 물가 하락 ⇨ 수출 증가, 수입 감소 ⇨ 순수출 증가 ⇨ 총수요(AD) 증가

2. 생애주기가설

개인은 평생에 걸친 소득과 소비를 결정하기 때문에 순간적으로 소득이 늘어난다고 해서 소비가 늘어나지는 않는다는 이론이다.

3. 항상소득가설

보너스, 복권당첨금과 같은 일시소득으로는 소비가 늘어나지 않고 연봉 등과 같은 항상소득을 통해 소비가 증가한다는 이론이다.

4. 상대소득가설

개인이 소비를 결정할 때 과거의 자신이나 비슷한 수준의 타인의 소비를 고려한다는 이론이다.

03 투자결정이론 ★★

1. 총투자

① **총투자의 구성요소** : 총투자 = 대체투자 + 순투자
② **재투자(대체투자)** : 자본재의 고정자본 소모분을 보충하기 위한 투자
③ **신규투자(순투자)** : 자본량의 증대를 위한 투자로 고정자본 소모를 상회하는 투자

2. 현재가치법(NPV; Net Present Value)

(1) 의미

투자로부터 얻는 예상수입의 현재가치와 투자재의 구입비용을 비교해 투자여부를 결정하는 것

$$PV = \frac{B_1 - C_1}{(1+r)} + \frac{B_2 - C_2}{(1+r)^2} \cdots\cdots\cdots \frac{B_n - C_n}{(1+r)^n}$$

$$NPV = PV - C$$

① PV > C(즉, NPV > 0) : 투자 증가
② PV < C(즉, NPV < 0) : 투자 중지

(2) 투자와 이자율

① 현재 PV > C이어서 투자를 증가시킬 가치가 있는 투자안에 대하여 이자율(r)이 상승하면 위 식에 의하여 현재가치(PV)가 줄어들어 PV < C가 된다면 투자를 포기하는 경우가 발생한다. 할인율이 높아질수록 미래가치를 현재가치로 환산했을 때 작아진다. 따라서 할인율이 높을수록 사업의 타당성이 줄어들게 된다.
② 즉, 이자율이 상승하면 투자는 감소하게 되므로 투자는 이자율의 감소함수이다.
③ **사례** : 현재 이자율이 10%, 100만 원은 1년 뒤에 110만 원이 된다. 따라서 1년 뒤에 110만 원의 수익이 발생한다면 현재의 비용은 100만 원 이하가 들어가야 한다.

3. 내부수익률법

① 내부수익률(투자의 한계효율)과 이자율을 비교해 투자를 결정한다는 케인즈의 투자결정이론으로, 투자의 한계효율이란 투자로부터 얻게 되는 수입의 현재가치(PV)와 투자비용(C)이 같아지는 할인율(m)을 의미한다.
② 즉, 투자의 순현재가치를 0으로 만드는 할인율을 의미한다.

$$PV = \frac{B_1 - C_1}{(1+m)} + \frac{B_2 - C_2}{(1+m)^2} \cdots \cdots \frac{B_n - C_n}{(1+m)^n} = 0$$

③ 내부수익률을 투자의 한계효율이라고도 하는데 투자의 한계효율(MEI)이란 기업가의 예상수익률을 의미하므로 투자의 한계효율(m = MEI)과 이자율(r)을 비교하여 투자를 결정한다.
- m = MEI > r : 투자를 증가
- m = MEI = r : 투자를 중지
- m = MEI < r : 투자를 감소

④ 투자는 기업가의 기대와 (동물적)감각에 의해 결정된다.
⑤ **사례** : 어떤 투자의 내부수익률이 9%일 경우 시장이자율이 9% 미만이라면 투자를 실시한다.

4. 토빈의 q이론

$$토빈의\ q = \frac{주식시장에서\ 평가된\ 기업의\ 시장가치(시가총액)}{기업실물자본의\ 대체비용(공장설비비용)}$$

① 주식시장과 기업의 투자를 연계시킨 이론으로 주가에 반영된 미래를 고려한 투자이론이다.
② 1보다 클 경우 시장에서 평가하는 기업가치가 자본량을 늘리는 데 드는 비용보다 크므로 투자하는 것이 바람직하다.
③ 주식투자의 투자는 총수요의 투자가 아니라 실제 건물을 짓는 투자가 총수요의 투자이다.

시험문제 미리보기!

다음 글은 소비의 결정요인에 관한 이론이다. 이 글은 어떤 가설을 설명하고 있는가?

> 미국의 경제학자 듀젠베리에 의해 주장된 소비이론이다. 그는 소비에 영향을 주는 요인으로서 당기의 소득은 물론 타인의 소득과 본인의 과거 소득을 중요시하였다.

① 절대소득가설　　② 항상소득가설　　③ 상대소득가설
④ 생애주기가설　　⑤ 리카도의 동등성정리

정답 ③
해설 지문에서 말한 것과 같이 자신과 비슷한 사람의 소득, 과거 자신과의 소득을 상대적으로 비교하여 결정하는 것이 상대소득가설이다.

04 총공급

1. 총공급과 총공급곡선

(1) 총공급
한 나라 안에서 일정기간 동안 판매하고자 하는 재화와 용역의 총량. 총공급의 크기는 한 나라가 보유한 노동, 자본 등 생산요소 부존 양과 생산 기술에 의하여 결정된다.

(2) 총공급곡선
각각의 물가 수준에서 기업 전체가 생산하는 총생산을 나타내는 곡선으로 물가와 비례하여 증가하므로 우상향의 형태이다.

2. 총공급곡선의 이동

① **노동부분의 변동** : 인구가 증가하면 총공급이 늘어난다.
② **자본부분의 변동** : 물적자본이나 인적자본이 증가하면 총공급이 늘어난다.
③ **자연자원의 변동** : 새로운 광물자원 등 가용 자연자원이 증가하면 총공급이 늘어난다.
④ **기술지식의 변동** : 기술이 발전하면 총공급이 늘어난다.
⑤ **예상 물가수준의 변동** : 예상 물가수준이 하락하면 총공급이 늘어난다.
⑥ **곡선 우측이동** : 증가
⑦ **곡선 좌측이동** : 감소

3. 총공급곡선(AS)의 형태

(1) 고전학파
노동시장에서의 수급 불일치는 매우 신속하게 조정되므로 물가 수준이 변하더라도 완전고용 및 완전고용 수준이 항상 그대로 유지되므로 총공급곡선의 형태는 수직선이다. 총공급곡선이 우측으로 이동하는 경우는 기술 혁신에 의한 생산성의 증가, 자본 축적, 노동력의 증가 등이 일어날 때이다.

(2) 케인즈
1930년대의 경제 상황을 배경으로 주어진 물가 수준을 상승시키지 않아도 얼마든지 총공급을 증가시킬 수 있다고 보기 때문에 총공급곡선은 수평선의 형태를 띤다. 완전고용국민소득수준에 도달하기 전에는 유효수요의 크기가 전적으로 균형국민소득을 결정한다.

(3) 오늘날의 총공급곡선
물가가 변하지 않는 기간을 단기, 물가와 명목 임금이 시장상황에 부응하여 완전 신축적으로 변하는 시간을 장기라고 정의하여 단기에는 수평의 케인즈 총공급곡선, 장기에는 수직의 고전학파 총공급곡선을 사용한다. 물가가 전혀 변하지 않는 기간을 단기라고 정의하는 대신에 물가가 어느 정도 변하는 것을 수용하면서 단기에 우상향의 총공급곡선을 도출한다.

핵심 Plus⁺

총공급곡선이 우상향하는 이유

- **임금의 경직성** : 물가수준이 예상보다 낮으면 실질임금이 상승하여 기업들이 고용을 감축하고, 따라서 재화의 생산량이 감소함
- **가격의 경직성** : 물가수준이 예상보다 낮으면 일부 기업의 가격이 바람직한 수준보다 높아 판매가 감소하고 이에 따라 생산을 줄임
- **착각이론** : 물가수준이 예상보다 낮으면 일부 공급자들이 자신의 상대가격이 하락했다고 생각해 생산을 줄임

총공급곡선의 형태

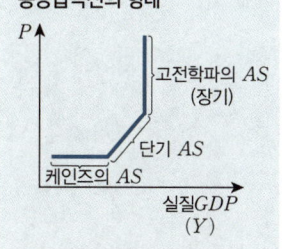

05 균형GDP의 결정 ★★

1. 물가의 변동

① **총수요 > 총공급** : 고용 투자 증가 ⇨ 생산 활발 ⇨ 물가 상승
② **총수요 < 총공급** : 재고 증가 ⇨ 생산 위축 ⇨ 실업 증가
③ **총수요 = 총공급** : 균형국민소득, 물가 결정

2. 균형의 변동

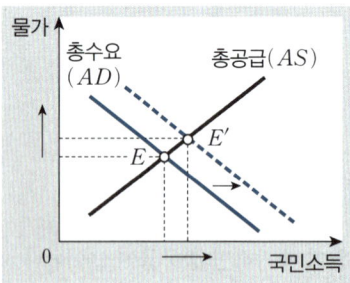

- 총수요 증가 : 수요견인 인플레이션
  - 물가 상승, 국민소득 증가

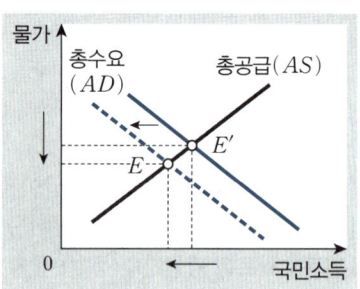

- 총수요 감소
  - 물가 하락, 국민소득 감소

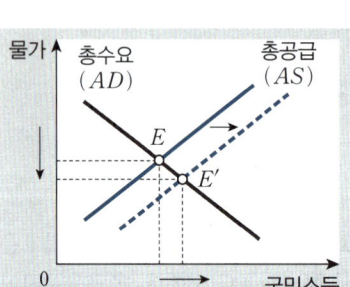

- 총공급 증가
  - 물가 하락, 국민소득 증가

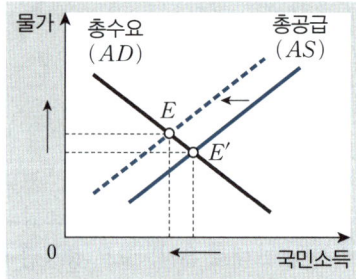

- 총공급 감소 : 비용인상 인플레이션
  - 물가 상승, 국민소득 감소

제2절 | 물가와 인플레이션

핵심 Check ✓ 물가와 인플레이션

물가지수	기준연도와 비교한 물가
물가상승률	물가지수의 변화율(전년대비)
피셔가설	명목이자율 − 물가상승률 = 실질이자율
인플레이션 시 유리한 사람	채무자, 실물보유자, 자영업자, 수입업자

01 물가의 의미와 변동요인 ★★★

1. 의미
개별적인 상품의 가격을 종합하여 평균한 것을 의미한다.

2. 물가변동의 요인
생산 원가의 변동, 수요와 공급의 변동, 독과점적 기업 행동 등이 있다.

3. 물가변동과 국민경제
물가는 화폐의 구매력을 결정하므로 국민 경제에 큰 영향을 준다. 따라서 물가 안정은 국민 경제의 주요 정책 목표이다.

02 물가지수 ★★★

1. 의미

$$물가지수 = \frac{비교시점\ 물가수준}{기준시점\ 물가수준} \times 100(\%)$$

① 기준시점의 물가를 100으로 하여 비교시점의 물가 변동 정도를 표시한 것이다.

② 100을 기준으로 100을 초과하면 비교시점의 물가가 높고, 100 미만이면 비교시점의 물가가 낮다.

2. 물가상승률

$$전월(년) 대비 물가상승률 = \frac{금월(년)물가지수 - 전월(년)물가지수}{전월(년)물가지수} \times 100(\%)$$

① 물가지수의 변화율로 표현한 것이다.
② 0을 기준으로 (+)이면 물가상승, (−)이면 물가하락이다.

3. 물가지수의 종류

구 분	소비자물가지수	생산자물가지수	GDP 디플레이터
작성목적	• 일상적인 소비 생활과 밀접한 관련이 있는 재화와 서비스의 가격 변동을 종합적으로 측정하는 물가지수	• 기업들이 생산을 위하여 구매하는 재화와 서비스의 가격 변동을 종합적으로 측정하는 물가지수	• 명목GDP와 실질GDP를 이용하여 사후적으로 구함 • $\frac{명목GDP}{실질GDP} \times 100$
포괄범위	• 가계의 소비지출 대상인 모든 재화와 서비스 • 원자재, 자본재, 주택가격 등 제외 • 수입품가격, 주택임대료 포함	• 기업 간 거래되는 재화와 서비스 • 원자재, 자본재, 소비재 포함 • 수입품가격, 주택임대료, 주택가격 제외	• GDP에 포함되는 모든 재화와 서비스 • 국내에서 생산된 최종생산물 모두 포함 • 주택임대료, 신규 주택가격 포함 • 수입품가격 제외
이용범위	• 소비자의 생계비 변동 파악, 노사 간 임금조정 기초자료 등	• 시장동향분석, 예산편성 및 심의, 자산재평가 등	• 기술구조 또는 생산성의 변화, 실질GDP, 경제성장률 등
작성기관	• 통계청	• 한국은행	• 한국은행

4. 물가지수 작성방식

구 분	라스파이레스 방식 (LPI; Laspeyres Price Index)	파셰 방식 (PPI; Paasche Price Index)
가중치	• 기준연도의 거래량(Q_0)을 가중치로 사용	• 비교연도의 거래량(Q_t)을 가중치로 사용
측정방법	• $LPI = \frac{\Sigma P_t \times Q_0}{\Sigma P_0 \times Q_0} \times 100$ (P_t : 비교연도 물가, Q_0 : 기준연도 거래량)	• $PPI = \frac{\Sigma P_t \times Q_t}{\Sigma P_0 \times Q_t} \times 100$ (P_0 : 기준연도 물가, Q_t : 비교연도 거래량)
특 징	• 작성이 비교적 간편하다. • 일반적(물가상승 시)으로 과대평가되는 경향 • 신상품을 물가에 반영하지 못한다.	• 비교연도의 가중치와 대상품목을 매년 조사하여야 하는 번거로움이 있다. • 비교적 정확한 물가지수를 나타낸다.
사용지수	• 소비자물가지수나 생산자물가지수	• GDP 디플레이터

5. 물가지수의 용도

(1) 화폐의 구매력을 측정하는 수단

물가가 상승하게 되면 화폐의 구매력은 떨어지게 된다.

핵심 Plus+

최근의 인플레이션

- 에코플레이션(Ecoflation)
환경(Ecology)과 인플레이션(Inflation)의 합성어로 환경적 요인으로 발생하는 인플레이션을 의미. 환경기준 강화나 기후변화로 인한 가뭄, 산불, 허리케인의 잦은 발생으로 기업의 제조원가가 상승해 결과적으로 소비재 가격이 인상되는 것

- 애그플레이션(Agflation)
농업(Agriculture)과 인플레이션(Inflation)을 합성한 신조어로 농산물 가격이 오르면서 일반 물가도 오르는 현상을 말함

- 아이언플레이션(Ironflation)
철(Iron)과 인플레이션(Inflation)의 합성어로 철강재 가격이 올라 철강의 후방산업인 자동차, 조선 등 제조업체들의 원가가 상승하고 뒤따라 소비자 물가도 오르는 것

- 차이나플레이션(Chinaflation)
중국(China)과 인플레이션(Inflation)의 합성어로 중국발 인플레이션을 의미함

(2) 경기동향의 판단 지표로 사용

일반적으로 경기가 좋아지면 수요가 증가하여 물가가 상승하고 경기가 나빠지면 수요가 감소하여 물가가 하락한다.

(3) 전반적인 상품의 수급 동향을 판단하기 위한 자료

물가지수에는 상품 종류별로 작성된 부문별 지수도 있어 재화 및 서비스의 종류별 물가 동향을 파악할 수 있다.

(4) 명목국내총생산을 실질국내총생산으로 환산하는 데 쓰이는 지수로 이용

명목국내총생산을 실질국내총생산으로 환산하는 데 쓰이는 물가지수를 GDP 디플레이터라 한다.

03 인플레이션 ★★★

1. 의미

물가가 지속적으로 상승하는 현상을 말한다. 물가가 지속적으로 하락하는 것은 디플레이션이라고 한다.

2. 인플레이션의 종류

(1) 수요견인 인플레이션

① 총수요의 증가로 나타나는 인플레이션이다.
② 고전학파와 통화주의자는 화폐에 의해 나타난다고 본다. $MV = PY$에서 V는 지불습관에 의해 고정되고 Y는 완전고용 산출량수준으로서 일정하므로 결국, 물가(P)의 지속적 상승(인플레이션)은 통화량(M)의 증가가 원인이 된다고 본다. 대책으로 안정적 통화공급(EC방식)을 주장한다.
  - **프리드만의 k% 준칙** : 통화량 증가율을 매년 경제성장률에 맞추어 일정하게 유지하면, 인플레이션의 방지가 가능하다. 만약 7~8%의 경제성장률(실질GDP 성장률)이 예측될 경우 통화량 증가율도 7~8%에 고정시켜 놓으면 인플레이션 없는 적절한 통화공급이 가능하다고 본다.
③ 케인즈는 소비나 투자의 증가 등을 통한 실물부분의 변동(투자나 정부지출 증가 등 확대재정정책으로 인한 총수요곡선의 우측이동)때문에 나타난다고 보며 대책으로 소비억제, 긴축재정 등 총수요억제를 주장한다.

(2) 비용인상 인플레이션

① 임금인상, 이윤인상, 석유파동 등 공급충격으로 생산비가 상승하여 AS곡선이 좌상방으로 이동해 나타나는 인플레이션이며, 임금인상 인플레이션, 이윤인상 인플레이션, 공급충격 인플레이션이 있다.
② 인플레이션과 함께 산출량감소로 인한 실업률도 동시에 상승하게 되어 스태그플레이션이 나타난다.
③ 총공급능력을 증가시키기 위한 정책(AS 곡선의 우측이동)과 노동생산성을 증가시키기 위한 훈련(기술향상, 교육훈련 등)이 필요하다.

3. 인플레이션의 사회적비용

(1) 예상된 인플레이션

① 피셔가설 : 명목이자율 = 실질이자율 + (예상)인플레이션율
② 은행에 자주 가서 자산을 바꿔야하는 구두창비용, 메뉴판을 자주 교체해야 하는 메뉴비용 발생
- **구두창비용** : 인플레이션이 예상되고 있을 때 사람들은 가능한 현금보유를 줄이고 금융자산이나 실물자산으로 바꿔 보유하려는 태도를 보이는데, 이렇게 보유하게 된 금융자산이나 실물자산을 한꺼번에 현금화하지 않고 필요할 때마다 조금씩 현금화하기 위해 더욱 잦은 발걸음을 하게 됨으로 인한 거래비용을 말한다.
- **메뉴비용** : 물가변동으로 인해 가격이 인쇄된 카탈로그를 새것으로 바꾸는데 비용이 들기도 하고, 가격을 변경한 결과 단골손님을 잃을 위험도 있다. 이러한 메뉴비용은 완벽하게 예상된 인플레이션의 경우에도 발생하게 마련이다.

(2) 예상되지 못한 인플레이션

① 부와 소득의 재분배
채권자로부터 채무자에게 부가 재분배되고, 급여생활자·연금생활자가 불리하게 소득이 재분배된다.
② 경제의 불확실성 증대
장기계약 회피, 단기성 위주의 자금대출 등의 경향이 생기게 된다. 모두 단기계약만을 선호한다면, 때로는 기업이 긴 안목에서 장기 투자계획을 실행에 옮길 필요가 있을 텐데, 장기대출이 불가능해 자금조달을 할 수 없다면 기업들은 머지않아 경쟁력을 상실하게 될 것이다.
③ 투기의 성행
경험적으로 보면 인플레이션하에서 상품별 가격상승률 격차가 상당한 것을 알 수 있다. 따라서 가격이 더 많이 오를 것이라고 생각되는 부동산, 골동품, 금 등에 대한 투기가 성행하게 된다.

핵심 Plus

피셔가설

채권자와 채무자 사이에 명목이자율을 결정할 때 인플레이션율을 반영한다는 것으로서, 실질이자율이 일정하게 됨. 따라서 돈을 빌려주는 사람이 인플레이션 때문에 손해를 보는 일은 일어나지 않으므로 예상된 인플레이션의 사회적 비용은 별로 크지 않고, 부의 재분배 효과도 미미함. 예를 들어 실질이자율이 1% 감소하고, 기대물가상승률이 2% 증가한다면, 피셔효과에 의해 명목이자율은 1% 상승함. 그러나 아무리 완벽하게 예상된 인플레이션이라도 어떤 형태의 사회적 비용이 발생할 수 있는 한계를 가지고 있음

토빈세

단기성 외환거래에 부과하는 세금. 단기성 외환거래에 부과하는 세금을 말하는데, 이는 국제 투기자본을 규제하기 위한 방안임

제3절 | 실업

핵심 Check ✓ 실업

고용지표	• 실업률 • 취업률 • 경제활동 참가율 • 고용률
실업의 종류	• 마찰적 실업 • 구조적 실업

01 실업통계 ★★★

1. 실업통계

(1) 실업의 의미

일할 의사와 능력이 있음에도 불구하고 일자리를 가지지 못한 상태를 말한다.

(2) 실업자

조사대상기간 중 주간에 수입 있는 일에 전혀 종사하지 못한 자로서, 적극적으로 구직활동을 하고, 즉시 취업이 가능한 자를 말한다. 30일 이내에 새로운 직장에 들어갈 것이 확실한 취업 대기자는 구직활동 여부에 관계없이 실업자로 분류한다.

(3) 취업자

① 조사대상기간 중 주간에 수입을 목적으로 1시간 이상 일한 자
② 자기에게 직접적으로는 이득이나 수입이 오지 않더라도 자기 가구에서 경영하는 농장이나 사업체의 수입을 높이는 데 도운 가족종사자로서 주당 18시간 이상 일한 자 (무급가족종사자)
③ 직장 또는 사업체를 가지고 있으나 조사대상기간 중 주간에 일시적인 병, 일기불순, 휴가 또는 연가, 노동쟁의 등의 이유로 일하지 못한 일시휴직자

핵심 Plus⁺

실업률 통계의 문제점
- 실망실업자(Discouraged Workers)같은 '직장을 구하기 위하여 노력하였으나 마땅히 일자리를 구하지 못해 구직활동을 포기한 노동자'는 비경제활동인구에 속하므로 실업률 통계에 포함되지 않아 과소평가되는 경향이 있음
- 실업률 통계를 작성할 때는 1주일에 수입을 목적으로 1시간 이상만 일하더라도 취업자로 분류되기 때문에 어떤 근로자가 해고되어 사실상 실업상태이나 생계를 위해 어쩔 수 없이 1주일에 3~4시간씩 시간제로 근무자로 근무할 경우 취업자로 분류함

2. 취업자와 실업자의 분류

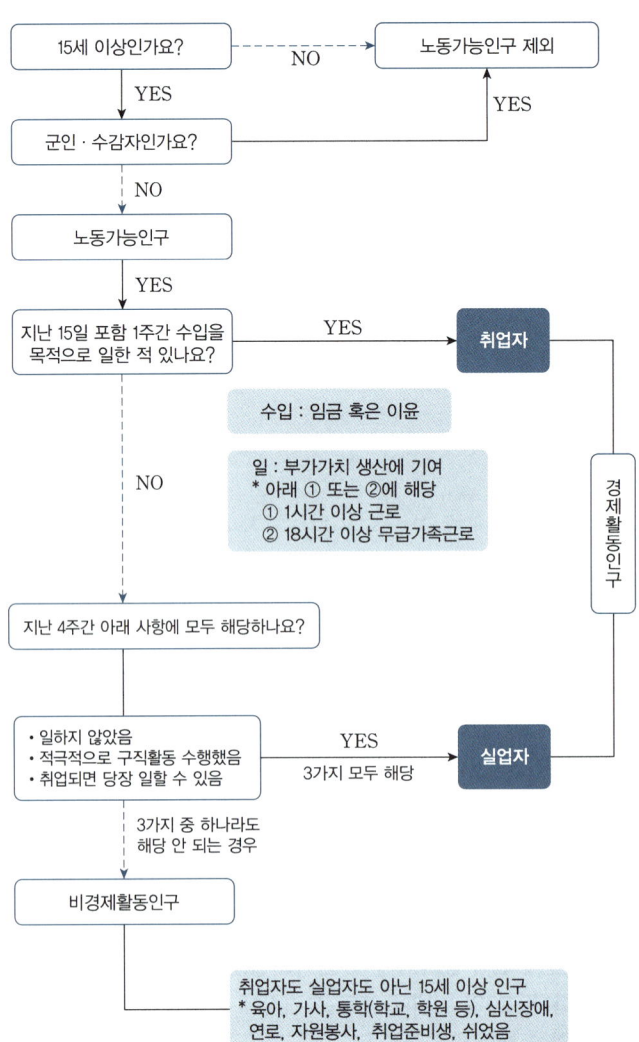

3. 실업 관련지표

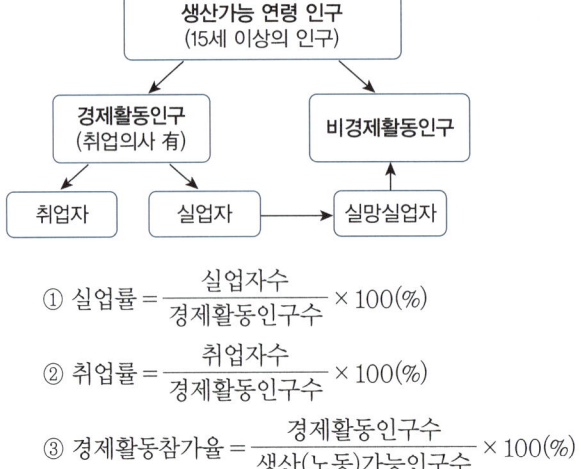

① 실업률 = $\dfrac{\text{실업자수}}{\text{경제활동인구수}} \times 100(\%)$

② 취업률 = $\dfrac{\text{취업자수}}{\text{경제활동인구수}} \times 100(\%)$

③ 경제활동참가율 = $\dfrac{\text{경제활동인구수}}{\text{생산(노동)가능인구수}} \times 100(\%)$

④ 고용률 = $\dfrac{\text{취업자수}}{\text{생산(노동)가능인구수}} \times 100(\%)$

⑤ 실업률이 고용상태를 적절히 반영하지 못하는 점을 보완하기 위한 지표가 고용률이다. 우리나라는 실업률은 선진국에 비해 양호하지만, 고용률은 선진국에 비해 열악하다.

시험문제 미리보기!

다음 표는 갑국의 인구 구성 자료이다. 갑국의 실업률을 계산하면?

- 전체 인구 : 6,000만 명
- 15세 미만 인구 : 1,000만 명
- 비경제활동인구 : 1,000만 명
- 취업자 수 : 3,500만 명

① 2.5%   ② 5%   ③ 10%   ④ 12.5%   ⑤ 25%

정답 ④

해설 실업률(%) = (실업자 ÷ 경제활동인구) × 100으로 계산하면 되는데, 갑국의 인구 구성에서 전체 인구 6,000만 명에서 15세 미만 인구 1,000만 명과 비경제활동인구 1,000만 명을 제외한 4,000만 명이 경제활동인구가 된다. 실업자는 4,000만 명 가운데 취업자 3,500만 명을 제외한 500만 명이므로 실업률은 (500만 명 ÷ 4,000만 명) × 100 = 12.5%이다.

02 실업의 종류와 대책 ★

실업의 종류		의미	대책
자발적 실업	마찰적 실업	직장 이동 과정에서 일시적으로 생기는 실업	취업 정보 제공
	탐색적 실업	더 나은 일자리를 찾는 과정에서 생기는 실업	
비자발적 실업	경기적 실업	불경기로 노동 수요가 부족하여 생기는 실업	공공사업, 경기부양
	구조적 실업	산업구조나 기술의 변동 속에서 생기는 실업 (최저임금으로 생기는 실업도 포함)	기술교육, 인력개발

03 실업의 학파별 대책 ★

1. 고전학파

노동시장이 완전신축적이므로 자발적 실업만 존재한다. 만약 비자발적 실업이 발생한다면 이는 노동조합이나, 최저임금제, 실업수당 같은 정부개입에 의한 제도적인 원인들 때문이다.

2. 케인즈학파

경기적 실업과 같은 비자발적실업을 중시한다.

(1) 실업원인

① 명목임금의 하방경직성과 노동시장의 경직성
    한 가계가 살아가기 위해서는 일정금액 이상의 생활비가 필요하며 이는 소득이 없더라도 반드시 필요한 돈이다. 만약 시장의 균형임금이 써야 할 돈보다 낮은 상황이라면 노동자는 노동을 포기하게 된다.

② 임금 하방경직성의 원인
- **화폐환상(케인즈)**: 임금이나 소득의 실질가치는 변화가 없는데도 명목단위가 오르면 임금이나 소득이 올랐다고 받아들이는 것을 말한다. 예컨대 노동자가 물가 상승과 동일한 비율로 임금이 상승했는데도 임금이 올랐다고 생각하면 그는 화폐환상에 빠져 있는 셈이다.
- **효율성임금이론(새 케인즈학파)**: 생산활동에 대한 노동자의 기여를 상회하는 임금을 지불함으로써 노동자로 하여금 노동효율을 높이도록 유도하는 임금제도이다.
- **내부자·외부자이론(새 케인즈학파)**: 새로운 저임금의 노동자(외부자)가 현재의 노동자(내부자)를 대체할 것을 두려워하여 현재의 노동자가 새로운 노동자와 협력하거나 새로운 노동자를 훈련시키지 않는다.

(2) 실업대책

총수요 확대정책(확대재정·금융정책)

3. 통화주의자 & 새고전학파

(1) 실업

모든 실업은 기본적으로 자발적 실업(대부분 탐색적 실업)으로 결국 실업을 줄이기 위해 확대적인 정책을 실시하더라도 장기에는 인플레이션율만 상승한다. 따라서 적극적인 정책실시를 반대한다.

(2) 실업원인

실업은 자발적 실업만 존재하므로 합리적 선택의 결과일 뿐이라고 주장한다.

(3) 실업대책

실업수당을 감소시켜 탐색비용 인상하면 적극적으로 일자리를 찾을 것이고, 직업정보 제공을 하게 되면 실업이 줄어든다고 주장한다.

(4) 자연실업률 가설

장기에 정부의 안정화정책에 관계없이 **자연실업률 수준은 변하지 않는다**. 굳이 총수요관리정책을 실시하더라도 자연실업률 수준을 낮추지는 못할 뿐만 아니라, 물가상승만 초래한다.

핵심 Plus

완전고용(Full-Employment)
- 한 나라 경제에 경기적 실업이 0인 상태를 의미함. 따라서 실업률이 0인 상태를 말하는 것이 아니라 정상적이면서도 자연스러운 상태(총수요, 경기변동에 영향을 받지 않은 상태)에서도 발생하는 실업이 존재함
- 완전고용상태의 실업률을 자연실업률이라고 함
- 고전학파에서는 명목임금이 신축적이므로 비자발적 실업은 발생하지 않는다고 봄

제4절 | 필립스곡선

> **핵심 Check ✓ 필립스곡선**
>
> | 필립스곡선 | • 총수요측면 성립
• 총공급측면 성립 안 함 |
> |---|---|
> | 자연실업률 가설 | • 정부지출은 물가만 올릴 뿐 실업과는 관련이 없음 |

01 필립스곡선의 의미 ★★

1. 의미

물가와 실업은 반비례(상충관계)이므로 물가 안정과 완전 고용을 동시에 달성하는 것은 불가능하다.

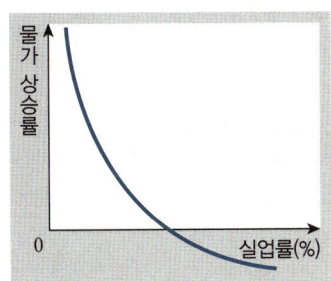

$$\pi = -\alpha(U - U_N)$$
- π : 인플레이션율
- U : 실업률
- U_N : 자연실업률
- $\alpha > 0$

2. 케인즈학파의 해석

필립스곡선이 우하향하므로 물가 안정과 완전 고용을 동시에 달성하는 것은 비록 불가능하나, 재량적인 재정·금융정책을 통하여 사회 후생이 극대화될 수 있다고 해석한다.

3. 미세조정(Fine-Tuning)

재정정책과 금융정책을 적절하게 사용함으로써 경제를 안정된 상태로 유지시키려는 정책이다. 기본적으로 케인즈학파는 미세조정을 통해 경제를 안정시키는 것이 가능하다고 본다.

4. 오쿤의 법칙과 희생비율

(1) 오쿤의 법칙

미국의 경우 실업률이 1%포인트 증가하면 국내총생산이 2%포인트 정도 감소한다는 내용의 경험법칙으로서, 실업에 따른 산출량의 손실을 보여주고 있다.

(2) 희생비율(Sacrifice Ratio)

인플레이션율을 1%포인트 낮추기 위해 GDP가 몇 %포인트 감소하는지를 의미한다.

예 긴축정책으로 인플레이션율이 5% 낮아졌으나, GDP가 20% 감소했다면 희생비율 s = 4로 측정된다.

$$s = \frac{GDP\ 감소율}{인플레이션율\ 하락율}$$

02 총수요 & 총공급곡선의 이동과 필립스곡선 ★★★

1. 총수요곡선의 이동과 필립스곡선

① 우하향의 필립스곡선은 우상향의 총공급곡선과 밀접한 관계이다.
② 총공급곡선상에서의 이동은 필립스곡선상에서의 이동에 대응한다. 따라서 총공급곡선을 다르게 표현한 것이다.

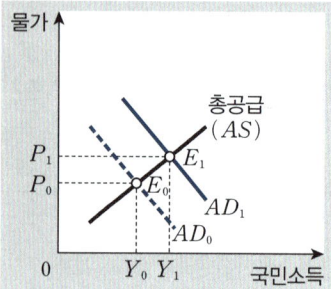
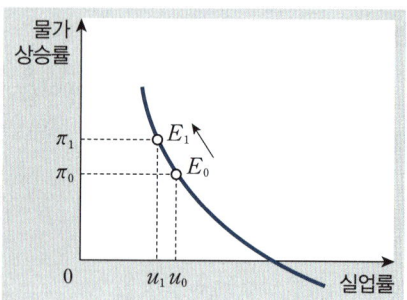

2. 스태그플레이션과 필립스곡선

① 1970년대에 들어와 인플레이션율도 높아지고 경기도 침체하는 스태그플레이션 현상이 발생함에 따라 필립스곡선이 우상방으로 이동하고, 이에 따라 필립스곡선이 안정적이라고 생각하던 기존의 견해가 붕괴되었다.
② **물가와 실업의 비례관계가 성립**

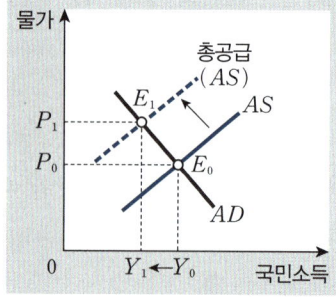
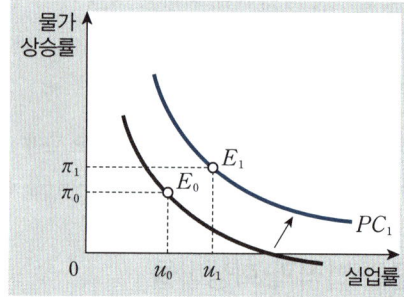

03 자연실업률 가설 ★★★

1. 개념

① 프리드먼(Friedman)과 펠프스(Phelps)에 의해 제기되었다.
② 프리드먼과 펠프스는 경제주체들의 예상 인플레이션율이 변하면 필립스곡선이 이동한다고 보고 기대 부가 필립스곡선을 도입하였다.
  - 실제 인플레이션율에서 기대 인플레이션율을 빼면 예상치 못한 인플레이션율이 된다.
  - 기대 부가 필립스곡선은 예상치 못한 인플레이션율과 실업률 간에 음의 관계가 있다고 본다.
③ 장기에서는 경제주체들이 물가 상승률을 정확히 예상하므로 장기 필립스곡선은 수직선으로 도출된다.
④ 따라서 **장기적으로는 확대 재정정책을 실시하더라도 실업률을 자연실업률 이하로 낮추는 것은 불가능하며 결국 물가만 상승하게 된다는 것인 자연실업률 가설의 내용이다.**

$$\pi = \pi^e - \alpha(U - U_N)$$
- π : 물가상승률
- π^e : 기대물가상승률
- U : 실업률
- U_N : 자연실업률
- $0 < \alpha < 1$

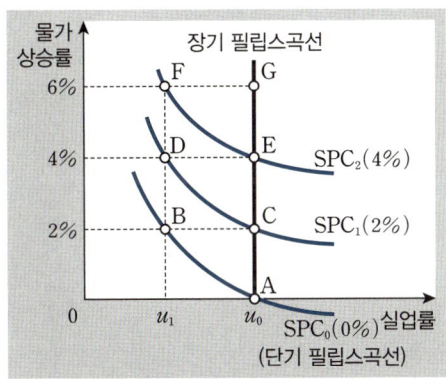

- 최초에 A점에서 실업을 줄이기 위해 확대 정책을 시행하면 단기적으로 B점으로 이동하여 물가가 상승하고 실업률이 하락한다.
- 시간이 흘러 노동자들이 물가가 2% 상승했다는 사실을 알게 되면 기대 물가가 2%로 상향 조정된다.
- 기대 물가가 상향 조정되면 임금의 상승으로 인해 공급곡선이 좌측으로 이동하고 실업률은 다시 상승하게 된다.
- 따라서 장기 필립스곡선은 자연실업률 수준에서 수직선의 형태로 도출된다.

핵심 Plus

완전고용 = 자연실업률

적응적 기대 (Adaptive Expectation)
과거의 자료를 바탕으로 예상오차를 조금씩 수정하여 미래를 예측하는 것

합리적 기대가설
통화공급의 체계적 변화에 의해 산출량을 변화시킬 수 없다고 봄. 통화당국이 통화공급을 체계적으로 변화시키면 사람들은 이러한 정책을 충분히 인지하여 물가나 임금수준의 결정에 충분히 반영할 것이므로 결국 체계적인 통화정책인 실업수준이나 산출수준에 아무런 영향을 주지 못하게 되는 것임. 사람들이 예상하지 못하는 방법으로 통화공급을 변화시키는 경우에만 민간경제주체의 정보부족으로 인하여 실업과 산출수준에 영향을 줄 수 있으며 이것을 정책무력성의 명제라 함

시험문제 미리보기!

다음 내용에서 빈칸 (A) ~ (C)에 들어갈 말로 적절한 것은?

> 실업과 인플레이션 사이에 총수요측면의 변동에서는 (A)가 성립한다. 그래서 필립스곡선은 (B) 수준에서 수직선이 된다. 실업과 인플레이션 사이의 상충 관계는 (C)에만 존재해 총수요가 증가하면 실업률이 하락한다.

	(A)	(B)	(C)
①	비례관계	물가상승률	장기
②	반비례관계	자연실업률	장기
③	비례관계	통화증가율	장기
④	반비례관계	자연실업률	단기
⑤	비례관계	물가상승률	단기

정답 ④

해설 필립스곡선은 단기적으로 실업률과 인플레이션율은 반비례이다. 하지만 장기적으로는 인플레이션율과 실업률 사이에 상충관계는 존재하지 않는다.

fn.Hackers.com
금융·자격증 전문 교육기관 **해커스금융**

출제예상문제

> 출제예상문제의 중요도를 ★~★★★으로 구분하였습니다. 난이도가 가장 높은 고등급 문제는 S등급 표시하였으니, S등급을 목표로 하신다면 반드시 학습하시기 바랍니다.

01 ★★ 갑은 문구점을 운영하여 매달 300만 원의 소득을 얻는다. 하지만 이번 달은 가족 여행으로 인해 소득이 250만 원으로 줄었다. 이때 항상소득가설에 따른 갑의 소비는 어떻게 될까?

① 소득이 50만 원 줄었지만 소비는 변함이 없다.
② 소득이 50만 원 줄었지만 소비는 오히려 증가한다.
③ 소득이 50만 원 줄었으므로 소비도 50만 원 줄어든다.
④ 소득이 50만 원 줄었지만 소비는 50만 원 이상 줄어든다.
⑤ 소득과 소비는 항상 관련이 없다.

02 ★★ 어떤 기업이 기계를 살지 말지를 고민하고 있다. 기계를 사면 2년간 돌릴 수 있고 예상 수익은 1년 차에 110억 원, 2년 차에 121억 원이다. 이 기업은 기계 가격이 얼마 이하일 때 투자를 결정할까? (단, 할인율은 10%라고 가정한다)

① 110억 원 ② 200억 원 ③ 242억 원 ④ 342억 원 ⑤ 352억 원

03 ★★ 다음 중 물가수준을 상승시키는 원인을 고르면?

<보기>
ㄱ. 순수출 증가
ㄴ. 국제유가 하락
ㄷ. 기대인플레이션율의 상승
ㄹ. 생산 기술의 발달

① ㄱ, ㄴ ② ㄱ, ㄷ ③ ㄴ, ㄷ ④ ㄴ, ㄹ ⑤ ㄷ, ㄹ

04 ★★ 물가지수와 관련된 설명 중 옳은 것은?

<보기>
ㄱ. 새로 지어 분양한 아파트는 GDP 디플레이터에 포함된다.
ㄴ. 생산자물가지수(PPI)는 비교연도의 수량을 가중치로 이용한다.
ㄷ. 소비자물가지수(CPI)는 수입재 가격 변동이 반영된다.
ㄹ. GDP 디플레이터는 명목GDP에서 실질GDP를 차감한 것에 100을 곱해 산출한다.

① ㄱ, ㄴ ② ㄱ, ㄷ ③ ㄴ, ㄷ ④ ㄴ, ㄹ ⑤ ㄷ, ㄹ

05 다음 지문을 통해 총수요곡선과 총공급곡선의 변화를 옳게 추론한 것은?

> 가. 소비자심리지수가 북미관계 개선에 따른 남북경협 기대감, 주가 상승 등의 영향으로 3개월 연속 상승세를 이어갔다. 25일 한국은행은 소비자들의 경제상황에 대한 심리를 종합적으로 나타내는 2월 소비자심리지수(CCSI)가 전월대비 2.0p 상승한 99.5를 기록했다고 발표했다.
>
> 나. 향후 국내유가는 더욱 오를 전망이다. 국제유가가 상승하고 있기 때문이다. 4월 셋째 주 두바이유 평균 가격은 배럴당 70.7달러로 전주 대비 0.4달러 올랐다. 한국석유공사는 "국제유가는 미국 원유재고 감소, 리비아 정치불안 지속 등의 영향으로 상승했다"고 밝혔다.

① 총수요곡선과 총공급곡선 모두 이동하지 않는다.
② 총수요곡선과 총공급곡선 모두 왼쪽으로 이동한다.
③ 총수요곡선과 총공급곡선 모두 오른쪽으로 이동한다.
④ 총수요곡선은 왼쪽으로, 총공급곡선은 오른쪽으로 이동한다.
⑤ 총수요곡선은 오른쪽으로, 총공급곡선은 왼쪽으로 이동한다.

06 자연실업률가설과 관련한 다음 설명 중 옳지 않은 것은?

① 프리드먼과 펠프스에 의해 제기되었다.
② 장기 필립스곡선은 수직이다.
③ 기대 물가상승률이 0%인 경우 단기 필립스곡선은 수직이 된다.
④ 전통적 필립스곡선에 물가상승률에 대한 기대치를 부가한 기대부가 필립스곡선을 도입하였다.
⑤ 자연실업률 이하로 실제 실업률을 낮추려는 정책은 장기적으로 물가상승률만을 높게 만든다.

정답 및 해설

01 ①
항상소득가설은 임시소득은 소비에 영향을 미치지 못하고 항상소득만 소비에 영향을 미친다는 것이다. 가게를 열지 못하는 상황은 일시적 상황이므로 소비에 영향을 미치지 못할 것이다.

02 ②
투자를 하려면 편익이 비용보다 커야 한다. 따라서 투자로 인한 편익을 현재가치로 환산하면 $\frac{110}{1+0.1} + \frac{121}{(1+0.1)^2} = 100 + 100 = 200$ 이다. 따라서 투자금은 200억 이하일 때 가능하다.

03 ②
물가는 총수요와 총공급의 균형에 의해 결정된다. 소득세를 인하하면 소비가 늘어나 총수요 증가, 순수출 증가는 총수요 증가, 국제유가 하락은 총공급 증가, 생산 기술 발달은 총공급 증가, 기대인플레이션율의 상승은 현재 소비를 늘릴 것이므로 총수요가 증가한다. 따라서 생산기술 발달과 국제유가 하락은 물가를 하락시키고 나머지는 물가를 상승시킨다.

04 ②
그 해에 생산된 것이 새로 지어 분양한 아파트이므로 GDP로 측정하는 물가지수인 GDP 디플레이터에 포함된다. 소비자물가지수(CPI)는 수입재 가격 변동이 반영되지만 GDP 디플레이터에는 반영되지 않는다.

[오답노트]
ㄴ. 생산자물가지수(PPI)는 기준연도의 수량을 가중치로 이용한다.
ㄹ. GDP 디플레이터는 $\frac{명목GDP}{실질GDP}$ 에 100을 곱해 산출한다.

05 ⑤
소비자 심리지수가 올라가면 소비 증가로 총수요 증가, 원유가격 상승은 총공급 감소로 나타난다.

06 ③
기대물가상승률이 0%인 경우에도 단기 필립스곡선은 여전히 우하향의 형태이다. 장기 필립스곡선이 수직이 된다.

07 다음 그래프는 어느 나라의 한때 경제 상황을 나타낸다. 이에 대한 설명으로 옳은 것은?

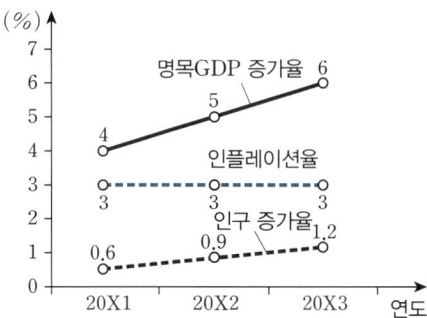

① 물가가 상승하고 있다.
② 총수요가 감소하고 있다.
③ 실질GDP가 감소하고 있다.
④ 1인당 명목GDP는 변함이 없다.
⑤ 1인당 실질GDP가 감소하고 있다.

08 한국은행 통계에 따르면 2010년을 기준연도로 한 1980년의 GDP 디플레이터는 약 25로 측정되었다. 이는 2010년에 200원인 상품이 1980년에는 평균 얼마에 거래됐다는 의미일까?

① 2원　② 5원　③ 20원　④ 50원　⑤ 80원

09 다음은 인플레이션의 원인에 대한 설명이다. 이를 읽고 학생들이 나눈 대화 중 옳은 것을 모두 고르면?

인플레이션은 ㉠ 총수요가 증가하여 나타나는 인플레이션과 ㉡ 총공급이 감소하여 나타나는 인플레이션으로 구분할 수 있다. 두 현상의 특징과 대책에 대해 이야기해보자.

<보기>
갑 : ㉠의 경우 정부 지출을 늘리면 물가가 더욱 불안해집니다.
을 : ㉠의 경우 긴축재정을 펼치면 실업률을 낮출 수 있습니다.
병 : ㉡의 경우 스태그플레이션 현상이 나타납니다.
정 : ㉡의 경우 통화공급을 늘리면 경기가 회복되고 물가가 안정됩니다.

① 갑, 을　② 갑, 병　③ 을, 병　④ 을, 정　⑤ 병, 정

10 A국의 명목GDP가 20X1년 500억 원에서 20X2년에는 600억 원으로 증가했다고 한다. 같은 기간에 GDP 디플레이터는 100에서 120으로 상승했다. 20X2년 실질GDP는 20X1년에 비해 얼마나 변동했나?

① 5억 원 증가 ② 10억 원 증가 ③ 50억 원 증가
④ 100억 원 증가 ⑤ 변화 없음

11 인플레이션에 의해 나타날 수 있는 현상으로 보기 어려운 것은?

① 경기호전의 가능성 ② 메뉴비용 발생 ③ 구두창비용 발생
④ 총요소생산성 상승 ⑤ 단기적인 실업률 하락

정답 및 해설

07 ①
주어진 자료는 명목GDP 값이 지속적으로 커졌음을 보여주고 있다. 명목GDP 증가율이 인플레이션율보다 높으므로 실질GDP 또한 커지고 있음을 알 수 있으며, 인구 증가율이 실질GDP 증가율보다 크지 않으므로 1인당 실질GDP도 증가하였다.
인플레이션율, 즉 물가상승률이 지속적으로 양(+)의 값을 기록하고 있으므로 물가는 상승하였다.

오답노트
② 명목GDP 증가율과 인플레이션율의 관계를 통해 실질GDP의 값도 지속적으로 증가하였음을 파악할 수 있다. 실질GDP와 명목GDP의 크기가 지속적으로 증가하였으므로 총수요는 증가하였다.
③ 실질GDP는 증가하였다.
④⑤ 1인당 명목GDP 및 실질GDP는 증가하였다.

08 ④
GDP 디플레이터는 물가수준 지표로 명목GDP를 실질GDP로 나누고 100을 곱한 값이다. GDP 디플레이터는 1980년에 25, 2010년 100이다. 물가상승률은 물가지수의 변화율이므로 ($\frac{100-25}{25}$) × 100 = 300으로 물가가 300% 상승했음을 알 수 있다. 물가가 300% 상승했다는 말은 4배 상승한 것이다. 따라서 50원이다.

09 ②
긴축재정은 정부지출을 줄이는 것으로 총수요가 감소한다. 이로 인해 물가는 안정되지만 실업은 증가할 수 있다. 총공급이 감소한 상태는 물가와 실업이 동시에 높은 상태이므로 통화공급을 늘리면 물가가 더 상승한다.

10 ⑤
문제에서 20X1년 GDP 디플레이터는 100, 명목GDP는 500억 원이었으니 GDP 디플레이터 공식을 이용하여 실질GDP도 500억 원이라는 것을 알 수 있다. 20X2년 GDP 디플레이터는 120, 명목GDP는 600억 원이니 실질GDP는 500억 원이다. 따라서 실질GDP에는 변화가 없었다.

11 ④
인플레이션으로 발생할 수 있는 사회적 비용에는 구두창비용, 메뉴비용, 자원 배분의 왜곡 등이 있다. 인플레이션으로 총요소생산성이 상승하기는 매우 어렵다. 왜냐하면 총요소생산성은 총공급적 요소인 기술개발과 관련되어 있기 때문이다.

12. 다음 중 인플레이션 비용이 아닌 것은?

<보기>
ㄱ. 슈퍼마켓에서 가격표를 자주 변경해야 한다.
ㄴ. 화폐가 가치척도로서의 기능을 하기 어려워진다.
ㄷ. 명목임금이 상승해 실업률이 오른다.
ㄹ. 미래에 대한 불확실성이 커져 자금의 대차거래가 잘 이루어진다.

① ㄱ, ㄴ   ② ㄱ, ㄷ   ③ ㄴ, ㄷ   ④ ㄴ, ㄹ   ⑤ ㄷ, ㄹ

13. 인플레이션은 경제에 여러 영향을 끼치므로 통화당국은 과도한 인플레이션이 생기지 않게 노력한다. 다음 중 인플레이션의 부정적 영향으로 볼 수 있는 것은?

<보기>
ㄱ. 인플레이션은 기업의 가격조정 비용을 야기한다.
ㄴ. 기대된 인플레이션은 채무자와 채권자 사이에 부를 재분배시킨다.
ㄷ. 인플레이션은 상대가격을 혼란시켜 자원의 효율적 배분을 저해한다.
ㄹ. 인플레이션이 심해지면 현금 보유를 줄이기 위해 노력하는 과정에서 비용이 발생한다.

① ㄱ, ㄴ   ② ㄱ, ㄷ   ③ ㄴ, ㄷ   ④ ㄱ, ㄷ, ㄹ   ⑤ ㄴ, ㄷ, ㄹ

14. 아래 표에서 은행 예금자들에게 가장 유리했던 시기(A)와 월급 생활자들에게 가장 불리했던 시기(B)로 옳은 것은?

연 도	물가상승률	명목임금상승률	명목이자율
20X1	12%	16%	8%
20X2	9%	14%	8%
20X3	6%	11%	11%
20X4	13%	13%	12%
20X5	10%	17%	10%

① A : 20X1년, B : 20X4년
② A : 20X3년, B : 20X1년
③ A : 20X3년, B : 20X4년
④ A : 20X5년, B : 20X2년
⑤ A : 20X5년, B : 20X4년

15 다음 표에서 기준연도인 T년 대비 (T + 1)년의 GDP 디플레이터 변화에 대한 설명으로 옳은 것은? (단, A국은 X와 Y재 두 상품만 생산한다)

구 분	T년		(T + 1)년	
	생산량(개)	시장가격(원)	생산량(개)	시장가격(원)
X재	50	200	60	250
Y재	70	100	80	90

① 11.0% 상승
② 11.0% 하락
③ 9.9% 상승
④ 9.9% 하락
⑤ 변화 없음

정답 및 해설

12 ⑤
인플레이션은 여러 가지 비용을 발생시킨다. 화폐의 실질가치가 떨어짐으로써 경제주체들이 현금 보유를 줄이는 구두창비용과 메뉴비용이 발생한다. 인플레이션은 상대가격을 왜곡해 소비자의 의사결정과 시장 자원배분의 왜곡을 초래할 수 있다.

[오답노트]
ㄷ. 명목임금과 실업률은 관계가 없고 실질임금과 관련이 있다.
ㄹ. 미래에 대한 불확실성이 커져 자금의 대차거래가 잘 이루어지지 않는다.

13 ④
인플레이션은 경제에 여러 가지 비용을 야기한다. 위의 문제에서 언급했듯이 구두창비용, 메뉴비용, 자원배분 왜곡이 있다. 더불어 예상치 못한 인플레이션에서는 채권자, 실물보유자, 수입업자가 유리해진다. 그러나 예상된 인플레이션은 그 이전에 조정하는 경향이 강하므로 채무자와 채권자 사이에 부의 재분배가 일어나기 어렵다.

14 ③
물가상승률이 높을수록 임금생활자가 불리하다. 왜냐하면 실질임금이 감소하기 때문이다. 명목임금상승률 − 물가상승률 = 실질임금상승률, 명목이자율 − 물가상승률 = 실질이자율 공식을 이용하면 된다. 지문에서 실질이자율은 20X3년에 연 5%로 가장 높고, 실질임금 상승률은 20X4년에 0%로 가장 낮다.

15 ①
GDP 디플레이터는 명목GDP/실질GDP × 100이다.
T + 1년의 명목GDP는 (60 × 250) + (80 × 90) = 15,000 + 7,200 = 22,200이고 T + 1년의 실질GDP는 (60 × 200) + (80 × 100) = 20,000이므로 22,200/20,000 × 100 = 111, 즉 11% 상승하였다.

16 다음 표는 A국의 명목GDP와 실질GDP의 추이를 나타낸 것이다. 이에 대한 설명으로 옳은 것은? (단, 물가지수는 GDP 디플레이터로 측정한다)

구 분	20X1년	20X2년	20X3년
명목GDP	400억 달러	400억 달러	400억 달러
실질GDP	300억 달러	400억 달러	500억 달러

* GDP 디플레이터 = (명목GDP/실질GDP) × 100

① 20X1년의 물가지수는 75이다.
② 20X2년의 물가는 전년도와 같다.
③ 20X3년의 물가는 전년도에 비해 하락했다.
④ 20X2년과 20X3년의 물가상승률은 같다.
⑤ 삶의 질이 점점 좋아지고 있음을 알 수 있다.

17 통화량, 인플레이션과 고용에 대한 설명으로 옳은 것은?

① 구직을 포기한 자의 수가 증가하면 실업률은 증가한다.
② 총수요관리를 통한 경기안정화정책은 자연실업률을 낮추기 위한 것이다.
③ 통화의 중립성은 통화량의 증가가 주요 명목변수에 영향을 미치지 못함을 말한다.
④ 예상된 인플레이션이라고 해도 비용은 발생한다.
⑤ 통화량의 증가로 인해 인플레이션이 발생하면 실업은 증가하는 경향이 있다.

18 다음은 A국, B국, C국의 고용에 관한 통계이다. 이에 대한 분석으로 옳은 것은?

구 분	노동(생산)가능인구(명)	경제활동참가율(%)	실업률(%)
A국	10,000	75	6
B국	12,000	60	7
C국	9,000	80	8

① 비경제활동인구는 A국이 가장 많다.
② 경제활동인구는 B국이 가장 많다.
③ 취업자 수는 B국이 가장 많다.
④ 실업자 수는 C국이 가장 많다.
⑤ 물가는 A국이 가장 높다.

19 그림에 대한 분석으로 옳은 것은? (단, 15세 이상 인구는 일정하다)

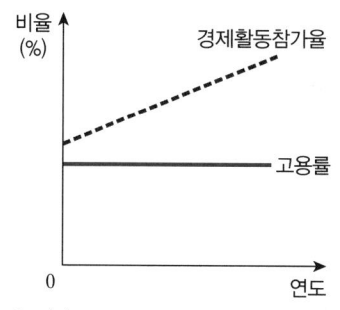

* 고용률(%) = 취업자 수/15세 이상 인구 × 100

① 취업률은 높아졌다.
② 취업자의 수는 증가하였다.
③ 비경제활동인구는 증가하였다.
④ 취업률과 고용률의 격차는 확대되었다.
⑤ 경제활동인구와 실업자수는 같은 크기로 증가하였다.

정답 및 해설

16 ③
GDP 디플레이터로 표현하면 20X1년은 약 133, 20X2년은 100, 20X3년은 80이다.
20X3년의 물가는 전년도에 비해 하락했다. GDP 디플레이터의 증가율이 물가상승률이다. 전년에 비해 GDP 디플레이터가 감소했으므로 물가상승률은 (–)이다.

오답노트
① 20X1년의 물가지수는 133이다.
② 20X2년의 물가는 기준연도와 같다.
④ 20X2년과 20X3년의 처음 수치와 나중 수치의 차이가 모두 다르므로 물가상승률은 다르다. (스스로 해보는 것을 권하나 시험을 볼 때는 크기만으로 파악할 수 있어야 한다.)
⑤ 삶의 질은 알 수 없다.

17 ④
예상된 인플레이션이라고 해도 메뉴비용, 구두창비용 등의 비용은 발생한다.

오답노트
① 구직포기자는 실망실업자로서 비경제활동인구에 해당한다. 따라서 구직포기자가 증가하면 실업률은 하락하여 실업률이 과소평가되는 문제점을 야기한다.
② 확장적 총수요관리정책은 일시적으로 실제실업률을 자연실업률 이하로 낮출 수 있지만 장기적으로는 실제실업률이 자연실업률 수준으로 복귀하기 때문에 자연실업률 자체를 변화시킬 수는 없다. 자연실업률을 감소시키기 위해서는 노동시장의 유연성 제고, 실업보험의 축소, 장기적인 인력정책 등이 이뤄져야 한다.
③ 통화의 중립성이란 통화량의 증가가 실질변수에는 아무런 영향을 주지 못하고 단지 명목변수만 비례적으로 증가시키는 현상을 말한다.

18 ④

구 분	노동(생산)가능 인구(명)	경제활동 참가율(%)	경제활동 인구	비경제활동 인구	실업률(%)	실업자	취업자
A국	10,000	75	7,500	2,500	6	450	7,050
B국	12,000	60	7,200	4,800	7	504	6,696
C국	9,000	80	7,200	1,800	8	576	6,624

오답노트
① 비경제활동인구는 B국이 가장 많다.
② 경제활동인구는 A국이 가장 많다.
③ 취업자 수는 A국이 가장 많다.
⑤ 물가는 알 수 없다.

19 ⑤
15세 이상 인구와 고용률의 변동이 없는 상태에서 경제활동참가율이 높아지면 실업자수는 증가한다. 취업자수가 일정하므로 실업자수가 증가한 만큼 경제활동인구가 증가한다.

> **TIP**
> ・고용률 일정 = 취업자수 일정
> ・취업자수 일정인데 경제활동참가율 ↑일 경우 : 실업자수 ↑, 취업률 ↓
> ・취업률 + 실업률 = 100%에서 '실업률 ↑' 유추 가능
> ・공식의 유기적 연결성 중시

20. 한국 경제의 자연실업률과 현재 실업률이 일치한다고 할 때 자연실업률 가설에 의하면 지금 상태에서의 재정지출 확대는 다음 중 어떤 결과를 초래할 것인가?

―――――――――――――――――<보기>―――――――――――――――――
ㄱ. 단기적으로는 실업률이 증가할 것이다.
ㄴ. 장기적으로는 실업률이 동일할 것이다.
ㄷ. 단기적으로는 인플레이션율이 하락할 것이다.
ㄹ. 장기적으로는 인플레이션율이 상승할 것이다.

① ㄱ, ㄴ ② ㄱ, ㄷ ③ ㄴ, ㄷ ④ ㄴ, ㄹ ⑤ ㄷ, ㄹ

21. 다음 사례에 나타난 실업의 종류를 순서대로 옳게 나열한 것은?

- 미래에 자율주행 택시가 일반화되면 택시기사는 택시회사에서 일자리를 잃을 것이다.
- 네일 숍에서 일하던 은정은 새 회사로 옮기기 전 여름 한 달간 집에서 쉬고 있다.

① 자발적 – 경기적 ② 마찰적 – 구조적 ③ 마찰적 – 자발적
④ 구조적 – 마찰적 ⑤ 구조적 – 계절적

22. 인플레이션율과 실업률 간의 관계에 관한 설명 중 옳은 것은?

―――――――――――――――――<보기>―――――――――――――――――
ㄱ. 인플레이션율과 실업률 간의 단기 관계와 장기 관계는 동일하다.
ㄴ. 인플레이션율과 실업률 간의 관계를 필립스곡선이라고 부른다.
ㄷ. 정부가 높은 인플레이션을 감수할 의사가 있다면 낮은 실업률을 장기적으로 달성할 수 있다.
ㄹ. 인플레이션이 심해지면 기대 인플레이션율이 상승해 실업률 하락 없이도 인플레이션율이 높아질 수 있다.

① ㄱ, ㄴ ② ㄱ, ㄷ ③ ㄴ, ㄷ ④ ㄴ, ㄹ ⑤ ㄷ, ㄹ

23 물가상승률과 실업률 사이의 관계에 대한 다음 설명 중 옳은 것은?

<보기>
ㄱ. 실업률과 물가상승률 간 상충관계를 나타낸다.
ㄴ. 예상 물가상승률이 낮아지면 필립스곡선은 아래로 이동한다.
ㄷ. 합리적 기대 아래에서 예상치 못한 통화팽창은 단기적으로 실업률에 영향을 미칠 수 없다.
ㄹ. 물가상승률을 어느 정도 높은 수준에서 유지할 용의가 있다면 실업률을 매우 낮은 상태에서 장기간 유지할 수 있다.

① ㄱ, ㄴ　　② ㄱ, ㄷ　　③ ㄴ, ㄷ　　④ ㄴ, ㄹ　　⑤ ㄷ, ㄹ

정답 및 해설

20 ④
자연실업률이란 경기의 흐름과는 관계없이 구조적으로 존재하는 장기균형상태에서의 실업률을 말한다. 다시 말해 경기침체 기간에 발생하는 경기적실업이 0일 때의 실업률이다. 자연실업률 가설은 인플레이션이 얼마가 되든 장기적으로 실업률은 자연실업률로 되돌아간다는 주장이다. 자연실업률은 완전고용GDP와 관련되는데 지금 충분히 다 생산하고 있으므로 정부지출의 증가는 인플레이션율을 증가시킬 것이다.

21 ④
문제에서 택시기사는 새로운 기술이 등장하여 일자리를 잃었으므로 구조적 실업에 해당하며, 직장을 옮기기 전 은정은 일시적으로 마찰적실업 상태에 있다고 볼 수 있다.

22 ④
인플레이션율과 실업률 간의 관계를 나타내는 그래프를 필립스곡선이라고 한다. 그런데 장기일 때 필립스곡선은 인플레이션율에 상관없이 실업률이 일정한 모양(수직선 형태)을 띤다. 정부가 물가를 끌어올리는 경기부양책(총수요 확장 정책)을 쓰면 단기적으로는 실업률을 낮출 수 있겠지만 장기적으로는 실업률을 떨어뜨릴 수 없다는 뜻이다.

오답노트
ㄱ. 인플레이션율과 실업률 간의 단기 관계와 장기 관계는 다르다.
ㄷ. 정부가 높은 인플레이션을 감수할 의사가 있다 해도 낮은 실업률을 장기적으로 달성할 수 없다.

23 ①
필립스곡선은 물가상승률이 높아지면 실업률은 하락하고 낮아지면 실업률이 상승하는 상충관계를 나타낸 곡선이다. 이는 정부의 정책을 통해 단기에 실업과 물가 중 하나는 조절이 가능하다는 의미이다. 장기에 걸쳐 필립스곡선은 수직이므로 물가상승률이 아무리 높아져도 낮은 실업률을 장기간 유지할 방법은 없다.

오답노트
ㄷ. 합리적 기대 아래에서 예상치 못한 통화팽창은 단기적으로 실업률에 영향을 미칠 수 있다.
ㄹ. 물가상승률을 어느 정도 높은 수준에서 유지할 용의가 있다면 실업률을 매우 낮은 상태에서 장기간 유지할 수 없다.

24 다음 중 일반적인 필립스곡선에서 볼 수 있는 실업률과 인플레이션과의 관계에 대해 가장 거리가 먼 설명은?

① 장기적으로는 인플레이션과 실업률 사이에 특별한 관계가 없다.
② 자연실업률 가설에 의하면 장기적으로 정책당국이 실업률을 통제할 수 없다.
③ 단기적으로는 인플레이션율과 실업률이 반대 방향으로 움직이는 경우가 대부분이다.
④ 인플레이션에 대한 높은 기대때문에 인플레이션이 나타난 경우에도 실업률은 하락한다.
⑤ 1970년대 스태그플레이션은 필립스곡선의 불완전성을 입증했다.

25 다음은 20X1년 이후 한국의 GDP 디플레이터에 관한 표이다. 이 표와 관련된 설명으로 옳지 않은 것은?

(단위 : 1,000억 원)

연 도	20X1	20X2	20X3	20X4	20X5
GDP 디플레이터	99.4	100.0	99.9	101.9	104.9

―<보기>―
ㄱ. GDP는 저량 개념으로 측정된다.
ㄴ. 20X3년은 전년에 비해 화폐가치가 상승하였다.
ㄷ. 중고 자동차의 가격은 GDP 디플레이터에 포함된다.
ㄹ. 20X2년의 명목GDP와 실질GDP는 같다.

① ㄱ, ㄴ ② ㄱ, ㄷ ③ ㄴ, ㄷ ④ ㄴ, ㄹ ⑤ ㄷ, ㄹ

26 스태그플레이션에 대한 설명으로 옳은 것만 모두 고른 것은?

―<보기>―
ㄱ. 1930년대 미국의 대공황은 대표적인 스태그플레이션의 사례이다.
ㄴ. 생산요소 가격상승에 따른 비용인상 인플레이션은 스태그플레이션을 초래한다.
ㄷ. 물가상승과 경기침체가 동시에 일어나는 불황 속의 인플레이션을 말한다.

① ㄱ, ㄴ ② ㄱ, ㄷ ③ ㄴ, ㄷ ④ ㄱ, ㄴ, ㄷ ⑤ 없음

27 아래와 같은 경우 20X1년을 기준연도로 한 20X2년 GDP 디플레이터는?

연 도	명목생산 금액(원)	생산량(개)	디플레이터
20X1	10,000	100	100.0
20X2	14,400	120	?

① 105 ② 110 ③ 115 ④ 120 ⑤ 125

정답 및 해설

24 ④
인플레이션 기대나 원자재 가격 상승 때문에 물가가 상승할 때는 실업률이 하락하지 않을 수 있다. 1970년대 미국 경제가 물가와 실업률이 동시에 높게 나타난 스태그플레이션이 발생했는데 그 이유는 높은 인플레이션 때문에 사람들이 물가상승률에 대한 기댓값을 높게 조정한 데다 오일쇼크가 있었기 때문이다. 원자재 가격 상승으로 인한 총공급의 감소는 기업의 채산성을 악화시키기 때문에 물가뿐 아니라 실업률도 상승시킨다.

25 ②
GDP 디플레이터는 GDP로 표현한 물가지수로 100을 기준으로 100보다 크면 물가상승, 100보다 작으면 물가하락을 의미한다. GDP 디플레이터는 명목GDP/실질GDP × 100으로 측정되며 100보다 크면 명목GDP가 크고 100보다 작으면 실질GDP가 더 크다.
ㄱ. GDP는 유량 개념으로 측정된다.
ㄷ. 중고자동차의 가격은 생산활동이 아니므로 GDP에 포함되지 않으므로 GDP 디플레이터에 포함되지 않는다.

26 ③
스태그플레이션은 물가와 실업이 동시에 높은 상태를 의미한다. 이는 정부가 총수요통제에 개입하는 것이 의미 없음을 보여준다. 총공급의 감소인 비용인상 인플레이션이 지속되면 스태그플레이션이 나타날 수 있다.

[오답노트]
ㄱ. 1970년대 석유파동이 대표적인 스태그플레이션의 사례이다.

27 ④
GDP 디플레이터는 명목GDP/실질GDP × 100으로 나타내는데 기준연도는 100의 값을 가진다. 명목GDP는 측정시점의 가격, 실질GDP는 기준연도의 가격으로 나타낸 것이다. 문제에서 20X1년이 기준연도이므로 명목 = 실질이다. 문제에서 20X2년 물가(가격)는 명목생산금액 14,400원을 생산량 120개로 나눈 120원이고 20X1년 물가(가격)는 10,000원 ÷ 100개 = 100원이다. 따라서 GDP 디플레이터는 (120 ÷ 100) × 100 = 120이다.

28
다음에서 <보기 1>은 1960년대 이전 C국에서의 물가상승률과 실업률 간의 관계를 나타낸 것이고, <보기 2>는 1980년 C국의 경제 상황을 설명한 것이다. <보기 1>과 <보기 2>에 대한 분석으로 옳은 것은?

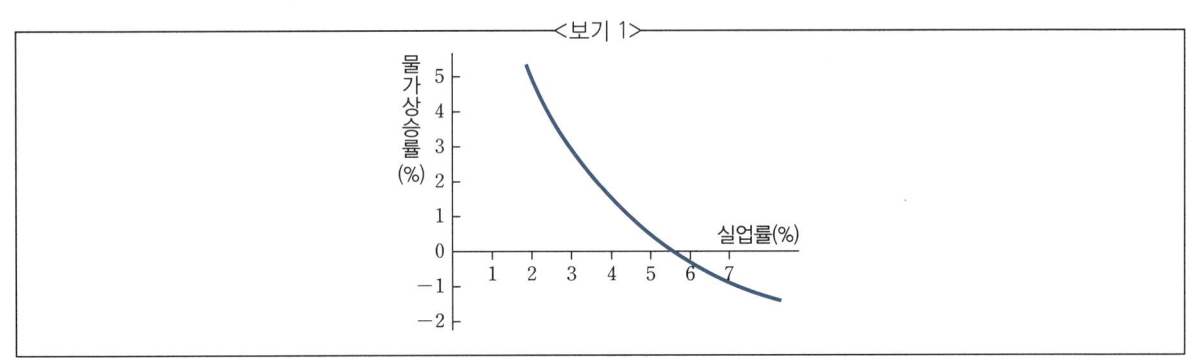

<보기 2>
1970년대의 오일 쇼크로 세계 경제가 수년간 저성장과 고물가 상황에 처했었다. C국도 이 여파로 1980년에 스태그플레이션 현상을 경험하였다.

① <보기 1>에서 C국이 긴축정책을 시행하면 물가는 안정되고 실업률은 낮아진다.
② <보기 2>는 C국의 물가상승률과 실업률 간의 음(−)의 상관관계를 나타내고 있다.
③ <보기 2>의 경제 상황을 <보기 1>의 물가상승률과 실업률 간의 관계로 설명하기에는 어려움이 따른다.
④ C국의 중앙은행이 금리를 낮추면, <보기 1>과 <보기 2>의 경우에 물가상승률이 낮아진다.
⑤ C국의 필립스곡선의 형태는 단기적으로 수직으로 도출될 것이다.

29
자연실업에 대한 설명 중 옳지 않은 것은?

① 자연실업률과 물가상승률은 관계가 없다.
② 임금이 신축적으로 작동해도 발생하는 실업이다.
③ 자연실업에는 마찰적 실업과 경기적 실업이 포함된다.
④ 자연실업률은 완전고용수준에 도달되었을 때의 실업률이다.
⑤ 어떤 나라의 실업률이 장기적으로 자연실업률보다 낮아질 수는 없다.

30
다음 중 인플레이션 세금에 대한 옳은 설명은?

① 정부가 공식적으로 징수하는 세금이다.
② 중앙은행이 정부와 분리될 때 나타나는 현상이다.
③ 해외로부터 수입되는 인플레이션을 방지하기 위해 국제 자본이동에 부과하는 세금이다.
④ 통화 증발로 인한 물가의 상승은 소득을 국민으로부터 정부로 이전하는 효과를 가져온다.
⑤ 예상하지 못한 인플레이션으로 파산한 금융회사를 정부가 도와주는 것을 의미한다.

31 그림은 어떤 나라의 실물에 대한 화폐 가치 변동을 나타낸 것이다. 이에 대한 설명으로 가장 적절한 것은?

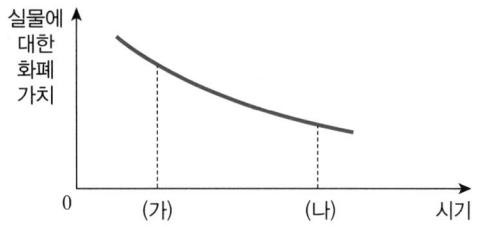

① (가) 시기에 구입한 부동산의 가치는 (나) 시기에 하락하였다.
② (가) 시기에 일정금액을 빌려준 채권자는 (나) 시기에 더 유리해졌다.
③ (가) 시기에 비해 (나) 시기에 디플레이션이 더 심하게 나타났다.
④ 노동자들의 임금 인상 요구는 (가) 시기에 비해 (나) 시기가 더 약할 것이다.
⑤ 명목이자율이 일정하다면 (가) 시기보다 (나) 시기의 실질이자율이 더 낮을 것이다.

정답 및 해설

28 ③
필립스곡선에 관련된 문제이다. 스태그플레이션은 불황속의 인플레이션을 의미한다.
스태그플레이션은 물가와 실업이 높은 상태이므로 물가와 실업은 반비례한다는 <보기 1>의 필립스곡선의 예외이다.

오답노트
① 긴축정책을 실시하면 총수요를 감소시키는 것이므로 물가는 안정될 수 있지만 실업은 높아질 것이다.
② C국은 물가와 실업이 동시에 높은 상태이므로 정비례, 즉 양의 상관관계를 나타내고 있다.
④ 중앙은행이 금리를 낮추면 총수요가 증가하므로 물가는 상승할 것이다.
⑤ C국의 필립스곡선의 형태는 장기적으로 수직으로 도출될 것이다.

TIP

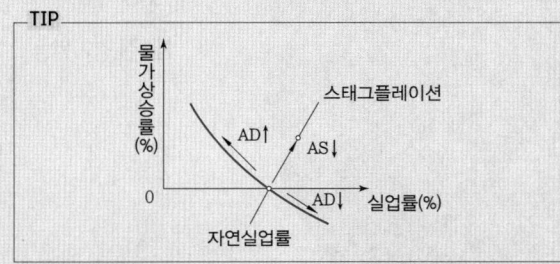

29 ③
자연실업이라는 것은 마찰적 실업만 존재하는 상태로 완전고용상태로 본다. 자연실업률과 물가상승률은 관계가 없으며 임금이 신축적으로 작동되면 마찰적 실업만 존재하게 된다. 따라서 언제나 존재하는 실업이 자연적 실업이다.

30 ④
인플레이션 세금은 정부가 국채를 발행하여 재정적자가 존재하는 채무자로 존재할 때 물가가 상승하게 되면 빌린 돈의 가치가 감소하게 된다. 즉, 물가상승은 결국 정부가 국민들에게 갚을 빚이 줄어들게 하므로 인플레이션 세금이라고 부른다.

오답노트
① 정부가 공식적으로 징수하는 세금이 아니라 채무 부담을 더는 것이다.
③ 해외로부터 수입되는 인플레이션을 방지하기 위해 국제 자본이동에 부과하는 세금은 토빈세에 가깝다.

31 ⑤
실물에 대한 화폐 가치가 지속적으로 하락하고 있음을 통해 물가상승, 즉 인플레이션이 발생하였음을 알 수 있다. 인플레이션 발생으로 물가상승률이 높아지면 실질이자율은 명목이자율에 비해 더 낮아진다.

오답노트
① 부동산은 실물인데 실물의 가치는 상승하였다.
② 인플레이션이 발생하면 채권자는 불리해진다.
③ 물가가 상승한 인플레이션이 발생하였다.
④ 물가가 상승하면 노동자들의 실질임금이 줄어 임금 인상 요구가 더 강해진다.

TIP
화폐가치와 물가는 반비례한다.

제4장 경기변동과 안정화정책

📘 학습전략

경기변동과 경제성장의 기본에 대해서 묻는 파트이다. 경제학에서는 경제성장이론이 상당히 중요하게 다루어지나, TESAT에서는 경제성장이론보다는 경기를 판단하는 경기지수의 개념을 정확히 알고 있는지를 더 중요하게 다룬다.
한 나라 경제의 전반적인 수준을 경기라고 한다. 일반적으로 총수요 증가에 따른 물가상승, 국내총생산 증가, 실업감소를 호경기로 보며 이와는 반대로 총수요 감소에 따른 물가하락, 국내총생산 감소, 실업증가를 불경기로 본다. 미시영역은 인간의 합리적 선택을 기반으로 하므로 경제학자들의 이견이 없다. 그러나 거시영역은 재정정책이 이자율 상승을 가져와 효과가 없다는 구축효과와 통화정책이 이자율을 낮추는 것은 기본으로 하는데 유동성함정이 일어나므로 효과가 없다는 학파들 간의 대립이 나타난다.

📘 출제비중

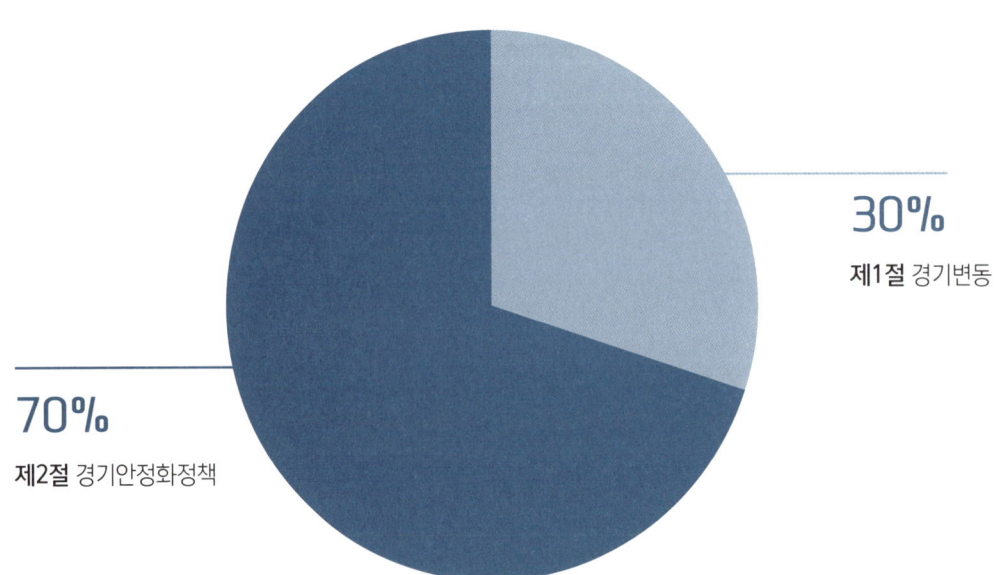

30%
제1절 경기변동

70%
제2절 경기안정화정책

출제유형

경기지수의 구분, 호경기와 불경기의 경기안정화정책 등은 "경제이론"으로 출제된다. 시사적으로 경제지표를 보여주고 여기에 해당하는 경제정책을 적용하는 것은 "응용복합" 영역으로 출제된다. 특히 구축효과와 유동성함정에 대해서 이해하는 것에 초점을 두어야 한다.

학습구성

구 분	출제포인트	중요도
제1절 경기변동	01 경기변동과 경기순환의 의미	★
	02 경기변동원인	★
	03 경기예측방법	★★★
제2절 경기안정화정책	01 재정정책	★★★
	02 금융정책	★★★
	03 통화정책에 대한 견해차	★★
	04 경기안정화정책	★★★
	05 경제학에서 사용하는 기대의 종류	★
	06 새고전학파의 정책무력성정리	★
	07 새고전학파 최적정책의 동태적 비일관성	★

제1절 | 경기변동

핵심 Check ✓ 경기변동

경기지수	• 선행지수 • 동행지수 • 후행지수
설문조사에 의한 방법	• BSI 100기준 • PMI 50기준 • ISM 50기준

01 경기변동과 경기순환의 의미

1. 경기변동(Business Cycle)

총체적인 경제활동수준을 측정하는 지표인 생산, 투자, 고용, 소비 등이 주기적으로 상승과 하강을 반복하는 현상을 말한다.

2. 종류

(1) 장기파동

50 ~ 60년 주기의 경기변동으로. 기술 혁신으로 전쟁, 신자원의 개발 등이 원인이며 콘트라티에프(Kondratiev)파동이라고도 한다.

(2) 중기파동

8 ~ 10년을 주기로 하는 경기변동으로 기업의 설비 투자의 변동으로 발생하며 쥬글러(Juglar)파동이라고도 한다.

(3) 단기파동

3 ~ 5년을 주기로 하는 경기변동으로 통화공급이나 이자율의 변동, 기업의 재고 변동 등이 원인으로 작용하며 키친(Kitchin)파동이라고도 한다.

핵심 Plus⁺

커플링(Coupling)현상
동조화 현상으로서 한 국가의 경제상황이 다른 국가의 경제상황과 동일한 방향으로 움직이는 것

디커플링(Decoupling)
비동조화로서 한 나라의 경제가 인접한 다른 국가나 보편적인 세계경제의 흐름과 달리 독자적인 경제흐름을 보이는 현상을 의미

3. 경기순환

호경기, 후퇴기, 불경기, 회복기의 네 국면이 일정한 주기로 반복되는 현상을 말한다.

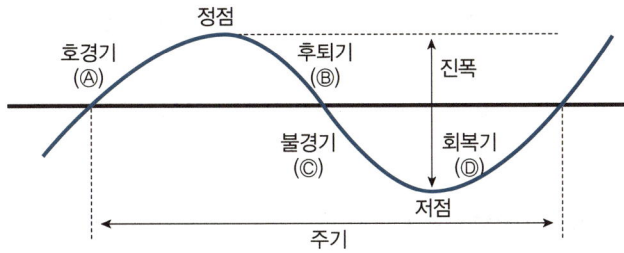

구분	생산	투자	물가	고용(실업)	소비	재고
Ⓐ	최고	최고	최고	최고(최저)	최고	최저
Ⓑ	↓	↓	↓	↓(↑)	↓	↑
Ⓒ	최저	최저	최저	최저(최고)	최저	최고
Ⓓ	↑	↑	↑	↑(↓)	↑	↓

02 경기변동원인 ★

1. 총수요의 변동

가계 소비, 기업 투자, 정부 지출, 순수출 등의 변동이 원인이다.
　① 총수요 증가 ⇨ GDP 증가 (고용 증가, 실업 감소), 물가 상승 ⇨ 경기 활성화
　② 총수요 감소 ⇨ GDP 감소 (고용 감소, 실업 증가), 물가 하락 ⇨ 경기 침체

2. 총공급의 변동

원자재 가격, 임금 등 생산비 변동 등이 원인이다.
　① 총공급 증가 ⇨ GDP 증가(고용 증가, 실업 감소), 물가 하락 ⇨ 경기 활성화
　② 총공급 감소 ⇨ GDP 감소(고용 감소, 실업 증가), 물가 상승 ⇨ 경기 침체

03 경기예측방법 ★★★

1. 개별지표에 의한 방법

국내총생산의 분기별 변화 또는 수출입 관련 지표 등 단일 지표로 파악하는 방법이다.

2. 종합경제지표에 의한 방법

경기종합지수나 경기동향지수 등 여러 개의 개별 경제 지표를 종합한 것이다.

3. 설문조사에 의한 방법

기업경기실사지수나 소비자태도지수 등 개별 경제 주체들의 심리적 변화 측정에 유용하다.

(1) 기업경기실사지수(BSI; Business Survey Index)와 소비자 동향지수(CSI; Consumer Survey Index)

각각 기업인과 가계를 대상으로 한 설문을 통해 경기동향을 판단한다. 기준은 100으로 100을 초과하면 경기낙관, 100미만은 경기비관, 100은 현재와 동일을 뜻한다.

(2) 구매관리자지수(PMI; Purchasing Managers index)

기업의 구매 담당자들을 대상으로 설문조사를 통해 작성하는 경기지표이다. 50이 기준점으로 50을 초과하면 경기상승, 50미만이면 경기하강을 뜻한다.

(3) ISM지수

미 공급관리협회(Institute for Supply Management)가 기업 구매 담당자를 대상으로 조사한 결과를 종합해 산출한 지수이다. 50이 기준점으로 50을 초과하면 경기상승, 50미만이면 경기하강을 뜻한다.

4. 경기종합지수

① 경기선행지수 : 보통 3~6개월 후의 경기 동향을 예측하는 지표
② 경기동행지수 : 조사 시점의 경기 수준을 나타내는 지표
③ 경기후행지수 : 조사 시점으로부터 3~6개월 전의 경기 상황을 나타내는 지표

[경기지수의 구성]

경기선행지수	경기동행지수	경기후행지수
• 재고순환지표	• 비농림어업취업자수	• 취업자수
• 소비자기대지수	• 광공업생산지수	• 생산자제품재고지수
• 기계류 내수출하지수 (선박 제외)	• 서비스업생산지수 (도소매업 제외)	• 소비자물가지수변화율
• 건설수주액(실질)	• 소매판매액지수	• 소비재수입액(실질)
• 수출입물가비율	• 내수출하지수	• 기업어음유통수입률
• 코스피지수	• 건설기성액(실질)	• 도시가계소비지출
• 장단기금리차	• 수입액(실질)	

핵심 Plus

경기지수
- 경제변수가 경기변동의 기준지표인 실질GDP와 같은 방향으로 변하는 경우를 경기 순응적, 실질GDP와 반대방향으로 변하는 것을 경기 역행적이라고 표현
- 실질GDP보다 먼저 변하는 변수를 경기선행적, 실질GDP와 동시에 변하는 변수를 경기동행적, 실질GDP가 변화고 나서 변하는 변수를 경기 후행적이라고 함
- 경기변동 모형의 적합성 여부는 위에서 설명한 경제변수의 움직임을 얼마나 잘 설명하는지에 의해 결정
- 경기종합지수는 경제활동의 변화방향, 전환점 및 진폭을 동시에 나타내는 종합적인 경기지수로서 각종 경제변수 중에서 경기와 밀접한 관련이 있는 변수를 선행·동행·후행지수로 구분하여 이들을 종합적으로 판단하여 작성

시험문제 미리보기!

경기변동에 관련된 설명으로 적절한 것은?

① 코스피지수는 경기후행지표이다.
② 경기가 호황이면 장·단기 금리 차이가 작아진다.
③ 대외 수입이 커지면 총수요가 늘어나 진작되어 경기 호황이 온다.
④ 저축이 투자보다 커야 경기호황이다.
⑤ 소비와 투자 모두 경기변동에 민감하지만 투자가 소비보다 더 민감하게 반응하는 것이 일반적이다.

정답 ⑤
해설 소비와 투자 모두 경기변동에 민감하지만 투자가 소비보다 더 민감하게 반응하는 것이 일반적이다.

오답노트
① 코스피지수는 경기선행지표이다.
② 호황기에는 장·단기 금리차가 커진다.
③ 대외 수입이 증가하면 총수요가 감소하여 생산이 감소하게 된다. 따라서 경기불황가능성이 커진다.
④ 투자가 더 많아야 경기호황이다.

제2절 | 경기안정화정책

핵심 Check ✓ 경기안정화정책

통화정책 비판	• 유동성함정
재정정책 비판	• 구축효과
호경기 시	• 흑자재정 • 이자율, 지급준비율, 재할인율 높임 • 국·공채 매각
불경기 시	• 적자재정 • 이자율, 지급준비율, 재할인율 낮춤 • 국·공채 매입

01 재정정책 ★★★

1. 정의

정부지출과 조세를 변화시켜 총수요를 조절함으로써 경제성장, 물가안정, 완전고용, 국제수지균형, 공평분배 등의 정책목표를 달성하려는 경제정책을 의미한다.

2. 정부의 예산제약식

$$정부지출(G) = 국·공채 발행(DB) + 중앙은행 차입(DM) + 조세수입(T)$$

3. 재정정책의 종류

① 확대 재정정책을 실시하는 방법에는 크게 다음 3가지로 나눈다.
  - 조세를 증가하여 정부지출을 증가시키는 방법
  - 국·공채를 발행하여 정부지출을 증가시키는 방법
  - 중앙은행으로부터 차입을 통하여 통화공급을 늘려 정부지출을 증가시키는 방법

② 통화공급 증가 측면에서 보면 금융정책이고 정부지출 증가 측면에서 보면 재정정책이므로 금융정책과 재정정책의 혼합정책이라 할 수 있다. 이를 통화증발이라 한다.

③ 일반적으로 확대 재정정책이란 정부가 국·공채 발행을 통하여 정부지출(G)을 증가시키는 정책을 의미한다.

02 금융정책 ★★★

1. 금융정책체계

금융정책의 체계는 최종목표, 중간목표, 운영목표, 정책수단으로 이루어져 있다.

(1) 최종목표
금융정책이 달성하고자 하는 국민경제상의 목표로서 물가안정, 완전고용 달성, 경제성장 등이 있다.

(2) 중간목표
금융정책의 최종 목표를 달성하기 위하여 금융정책 당국이 조정 가능한 지표로 이자율과 통화량이 있다.

(3) 운영목표(Operating Target)와 정책수단
① **운영목표**: 설정된 중간목표의 달성을 위해 중앙은행이 직접 영향을 미치는 경제변수로 금융기관 간 초단기 금리, 본원통화 또는 지준총액 등이 있다.
② **정책수단**: 금융정책의 중간목표인 이자율과 통화량을 조정하기 위한 정책도구로 공개시장조작·지급준비율정책·대출(재할인율)정책 등이 있다.

[금융정책의 전달경로]

정책수단	운영목표	중간목표	최종목표
• 공개시장조작정책 • 대출(재할인율)정책 • 지급준비율정책 • 대출한도제 • 이자율규제	• 단기금리(콜금리) • 본원통화 • 지준총액	• 장기금리 • 통화량 • 환율	• 물가안정 • 완전고용 • 경제성장 • 국제수지균형

2. 일반적인 금융정책수단(양적 금융정책)

(1) 공개시장조작정책

① **개념**
중앙은행이 기관투자자(은행 등)를 대상으로 국·공채(RP, 통화안정증권 등)를 매입하거나 매각함으로써 통화량과 이자율을 조정하는 정책을 의미한다. 금융정책수단은 주로 공개시장조작정책을 의미한다.

② **효과**
- 중앙은행이 국·공채를 매입 ⇨ 본원통화가 증가 ⇨ 통화량이 증가 ⇨ 이자율은 하락
- 중앙은행이 국·공채를 매각 ⇨ 본원통화가 감소 ⇨ 통화량이 감소 ⇨ 이자율은 상승

(2) 재할인율(대출)정책

① **개념**
중앙은행이 예금은행에 빌려주는 자금의 금리인 재할인율을 조정함으로써 통화량과 이자율을 조정하는 정책을 의미한다.

핵심 Plus+

물가안정목표제

• 의미
사전에 정해진 기간 내에 달성하고자 하는 인플레이션 목표를 설정한 후, 원칙적으로 중간목표 없이 공개시장조작정책, 재할인율 정책 등의 정책수단을 이용하여 인플레이션 목표를 직접달성하는 통화정책 운용체계를 말함 ⇨ 금리, 환율, 자산가격 등 다양한 정보변수 활용됨

• 도입효과
중앙은행의 목표가 '물가안정'으로 단일화됨에 따라 중앙은행의 통화정책에 대한 신뢰도가 높아짐

• 목표
2006년까지 근원 인플레이션율을 물가안정목표로 설정하였으나, 2007년부터는 소비자물가상승률을 물가안정목표로 설정하고 있음

② 효과
- 중앙은행이 재할인율을 인하 ⇨ 예금은행의 차입이 증가 ⇨ 본원통화 증가 ⇨ 통화량 증가 ⇨ 이자율은 하락
- 중앙은행이 재할인율을 인상 ⇨ 예금은행의 차입이 감소 ⇨ 본원통화 감소 ⇨ 통화량 감소 ⇨ 이자율은 상승
- 단, 예금은행이 초과지준금을 보유하고 있다면 재할인율정책은 효과가 없다.

(3) 지급준비율정책

① 개념
중앙은행이 예금은행의 법적지불준비금을 변화시켜 통화량과 이자율을 조정하는 정책을 의미한다.

② 효과
- 중앙은행이 지급준비율을 인하 ⇨ 통화승수 커짐 ⇨ 통화량이 증가 ⇨ 이자율 하락
- 중앙은행이 지급준비율을 인상 ⇨ 통화승수 작아짐 ⇨ 통화량이 감소 ⇨ 이자율 상승

3. 선별적 금융정책수단(질적 금융정책)

① **대출한도제** : 국내여신(대출)에 대해 최고한도 설정 ⇨ 통화량 증가 억제
② **이자율규제 정책** : 예금은행의 이자율 상한설정 ⇨ 이자율 상승 억제
③ **창구규제** : 금융기관들의 행동 지도·규제 ⇨ 예금과 대출에 영향을 미침

03 통화정책에 대한 견해차 ★★

1. 케인즈학파

① 통화정책은 이자율 변화를 통해 투자에 영향을 주게 되는데 통화정책의 전달경로가 너무 길고 불확실해 별로 믿을 수 없다. 금융 시장이 유동성함정에 빠져 있는 상황에서는 통화량을 아무리 늘려도 이자율이 좀처럼 떨어지지 않는다.
② 재정정책의 효과는 한층 더 직접적이고 확실함 ⇨ 정부 지출의 증가는 곧바로 총수요의 증가로 이어지며 조세의 감면은 가처분소득을 늘려 소비지출 증가를 확실히 가져옴
③ **유동성함정** : 경제주체들이 돈을 가지고 있으나 쓰려고 하지 않는 것을 말한다.

2. 통화주의자

① 화폐는 교환의 매개 수단으로 사용되기 때문에 화폐 공급량의 변화는 이자율의 변화를 거치지 않고도 국민 경제의 총거래량을 직접적으로 변화시킨다.
② 재정 지출을 늘리는 것은 구축효과 때문에 경기를 활성화시키는 데 별 효과를 거두지 못한다.
③ **구축효과** : 경제학에서 정부 지출 증가 때문에 발생하는 민간 부문의 소비 및 투자 감소를 의미한다. 세금 증대로 정부 지출을 늘리면, 늘어난 세금은 민간 소비를 줄어들게 한다. 대신 세금에 의한 정부 지출이 아니라면, 늘어난 정부 지출을 충당하기 위한 정부 차입은 이자율을 올려 민간 투자를 줄이는 결과를 낳는다.

핵심 Plus⁺

자동안정화정책
경기 변동에 따라 자동적으로 경기 안정 효과를 발휘하는 제도적 장치
- 누진세 제도, 실업 보험 제도 등
- 경기 과열 시 세금과 보험료를 많이 내게 되어 경기를 진정시키는 효과가 있음
- 경기 침체 시 소득 감소로 세금은 적게 내고, 실업자가 된 경우에는 보험금을 받게 되어 경기를 부양시키는 효과가 있음

3. 재정정책과 통화정책이 이자율에 미치는 영향(IS-LM모형)

(1) IS와 LM의 의미
① 생산물시장의 균형 : IS 곡선
   IS란 투자(Investment)와 저축(Saving)의 약자로 IS곡선은 생산물시장의 균형을 나타내는 이자율과 국민소득 간의 관계곡선이다.
② 화폐시장의 균형 : LM 곡선
   LM이란 화폐수요(Liquidity Preference)와 화폐공급(Money Supply)의 약자로 LM곡선은 화폐시장의 균형을 나타내는 이자율과 국민소득 간의 관계곡선이다.
③ 생산물시장과 화폐시장의 동시균형으로 인해 균형이자율과 균형국민소득이 결정된다.

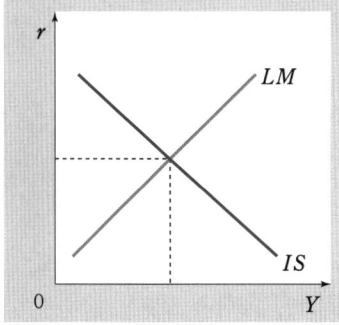

(2) IS곡선의 이동에 따른 이자율의 변화
① $Y=C+I+G+X-M$으로 이루어지며 이때 $I=I_0-br$이다. (I_0는 기초투자이며 투자는 이자율에 반비례하므로 우하향의 형태)
② 이를 일반형으로 나타내면 $r=-\dfrac{1-c(1-t)+m}{b}Y+\dfrac{1}{b}(C_0-cT_0+I_0+G_0+X_0-M_0)$ 이다. (t : 세율, c : 한계소비성향, b : 투자의 이자율탄력성, m : 한계수입성향)
③ 절편이 변동하는 경우 IS곡선이 이동한다. 정부지출이 증가하면 IS곡선이 우측으로 이동하여 이자율이 상승한다.

(3) LM곡선의 이동에 따른 이자율의 변화
① 케인즈의 화폐수요는 $\dfrac{M^D}{P}=kY-hr$ (k : 화폐수요의 소득탄력성, h : 화폐수요의 이자율탄력성)
② 이를 이자율에 대하여 풀면 $r=\dfrac{k}{h}Y-\dfrac{1}{h}\times\dfrac{M_0}{P_0}$이다.
③ 절편이 변동하는 경우 LM곡선이 이동한다. 따라서 통화량이 증가하거나, 물가가 하락하면 LM곡선이 우측으로 이동하여 이자율이 하락한다.

(4) 케인즈학파와 통화주의자의 견해차
① 케인즈 학파는 IS곡선이 급경사이고 LM곡선이 완경사이므로 재정정책이 효과가 있다고 본다.
② 통화주의자는 IS곡선이 완경사이고 LM곡선이 급경사이므로 통화정책이 효과가 있다고 본다.

04 경기안정화정책 ★★★

1. 재정정책

정부가 조세(세율)와 정부 지출(세출)을 통해 경제의 성장과 성장을 도모하는 정책을 말한다.
① 경기 과열 시 : 세율 인상, 정부 지출 축소(긴축 재정)
② 경기 침체 시 : 세율 인하, 정부 지출 확대(확장 재정)

2. 금융정책

중앙은행이 통화량이나 이자율(금리)을 조절하여 경제의 안정적 성장을 도모하는 정책을 말한다.
① **경기과열 시** : 통화량 감소 ⇨ 이자율 상승 ⇨ 소비 감소, 투자 위축 ⇨ 생산 위축, 실업 증가 ⇨ 물가 하락(안정)
② **경기침체 시** : 통화량 증가 ⇨ 이자율 하락 ⇨ 소비 증가, 투자 증가 ⇨ 생산 확대, 고용 증대 ⇨ 물가 상승
③ **호경기에는 지급준비율, 재할인율, 이자율을 올리고 국·공채는 매각하여야 하고, 불경기에는 지급준비율, 재할인율, 이자율을 내리고 국·공채는 매입하여야 함**

재할인율 정책	의 미	중앙은행이 일반은행에 대출 이자율(재할인율)과 대출 규모를 조정하여 통화량을 조절하는 정책
	영 향	재할인율 인상(인하) ⇨ 은행 대출 감소(증가) ⇨ 통화량 감소(증가)
지급준비율 정책	의 미	시중은행의 고객 인출을 대비하는 법정 지급 준비금 비율을 조절하는 정책
	영 향	지급준비율 인상(인하) ⇨ 대출 감소(증가) ⇨ 통화량 감소(증가)
공개 시장 조작 정책	의 미	중앙은행이 국·공채 또는 통화 안정 증권을 매입 또는 매각하여 통화량을 조절하는 정책
	영 향	매각(매입) ⇨ 통화량 감소(증가)

핵심 Plus+

테일러 준칙

사전적으로(Preemptive) 금리 수준을 인플레이션율에 맞춰 조정하는 것이 경제 안정에 가장 중요하다는 이론으로, 1992년 존 테일러 스탠퍼드대 교수가 처음 제시. 실질 균형금리에 평가기간 중 인플레이션율을 더한 수치에 평가기간 중 인플레이션율에서 목표 인플레이션율을 뺀 수치에 정책반응계수(물가 이외의 성장 등 통화당국의 정책 의지를 나타내는 계량 수치)를 더함. 그리고 평가 기간 중 경제성장률에 잠재성장률을 뺀 값에 정책반응계수를 곱한 후 모두 더해 산출. 전 세계 중앙은행이 통화정책의 기본 모델로 채택. 미국의 '경제대통령'으로 불리던 앨런 그린스펀 전 FRB 의장도 테일러 준칙에 의거해 금리를 조정함

05 경제학에서 사용하는 기대의 종류 ★

구분	개념	사용학파
완전예견 (Perfect Foresight)	• 기대치(P^e_t)와 실제치(P_t)가 항상 일치하는 것으로 비현실적인 가정이다.	• 고전학파
정태적 기대 (Static Expectation)	• 현재의 상태(P_{t-1})가 미래(P^e_t)에도 그대로 될 것으로 예상하는 고정된 기대로 예측의 정확성이 낮다.	• 케인즈
적응적 기대 (Adaptive Expectation)	• 기대를 형성할 때 경제주체들은 과거의 기대 가운데 잘못된 것이 있으면 그것을 반영하여 다음 기에 대한 기대를 형성한다는 것이다. • 과거의 경제상황을 가중 평균하여 미래의 경제상황을 예상하며 단기적으로는 체계적 오류를 범하나 장기적으로는 정확한 예측이 가능하다.	• 케인즈학파 • 통화주의학파
합리적 기대 (Rational Expectation)	• 경제주체들이 기대를 형성할 때 현재이용 가능한 모든 관련 정보를 활용하여 경제변수를 예상한다는 것이다. • 경제주체들은 평균적으로 정확히 경제상태를 예상하여 체계적 오류는 범하지 않으나 입수·처리된 정보와는 무관한 오류인 확률적 (예측)오류는 발생한다.	• 새고전학파 • 새케인즈학파

06 새고전학파의 정책무력성정리 ★

1. 예상된 정책의 경우

① 정부의 예상된 정책은 경제주체들이 합리적 기대를 이용하여 물가를 정확히 예상하면($P = P^e$) 수직의 총공급곡선이(Y_N = 자연산출량 수준) 도출되어 안정화정책이 불필요해지는 것을 정책무력성정리라고 한다.

물가를 정확히 예상하면($P = P^e$) 수직의 총공급곡선이(Y_N = 자연산출량 수준) 도출되어 예상된 확장적 재정정책은 총수요곡선을 AD_0에서 AD_1으로 이동하여 물가만 상승시킬 뿐 국민소득은 단기에도 전혀 증가시키지 못함 ⇨ 시장청산 ⇨ 정책무력성 정리 성립

2. 예상되지 못한 정책의 경우

① 정부의 예상하지 못한 정책은 경제주체들이 물가를 정확히 예상하지 못하면($P > P^e$) 일반적인 총공급곡선인 우상향의 AS가 도출된다.
② 즉, 안정화정책을 예상하지 못한 경우에만 단기적으로 효과가 있다.
③ 그러나 예상하지 못한 정책은 효력을 갖더라도 오래 지속되지 않는다. 민간의 물가예상이 실제물가에 반영되는 즉시, 총공급곡선이 이동하여 효과가 사라진다.

3. 그래프분석

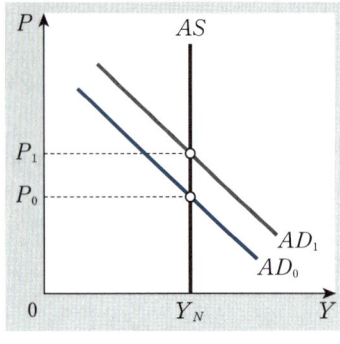

<예상된 총수요관리정책>
⇨ 효과없음

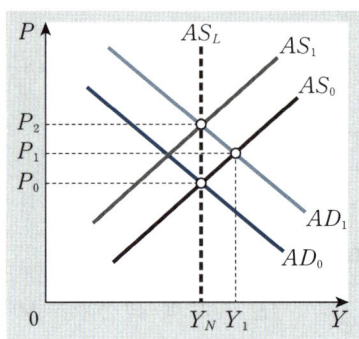

<예상치 못한 총수요관리정책>
⇨ 단기적으로 효과가 있으며
장기적으로는 효과가 없음

07 새고전학파 최적정책의 동태적 비일관성 ★

1. 개념

① 경제정책은 독립적인 일회적사건이 아니라 여러 기간에 걸쳐 정책당국과 합리적인 경제주체 사이에 벌이는 동태적게임으로 볼 수 있다.
② 현재시점에서 수립된 최선의 정책이 미래에도 최선의 정책이라면 이러한 정책은 동태적 일관성이 있다고 한다. 그러나 현재시점에서 수립한 최선의 미래정책이 미래가 도래했을 때 최선의 정책이 아니라면 동태적 일관성이 없는 것이다.

2. 내용

현재시점에서 수립한 최선의 미래경제정책은 독립적인 일회적사건이 아니므로 미래가 도래했을 때 이미 이전의 정책은 최선이 아니기 때문에 최선의 정책이 바뀌게 된다.
따라서 이렇게 민간경제주체들이 정책의 비일관성을 합리적으로 예상하는 상황에서는 정책당국이 최적정책을 변경해도 원하는 효과를 얻지 못하고 오히려 사회후생을 감소시킨다.

3. 사례

화폐금융정책에서 인플레이션 억제정책(축소 화폐금융정책)을 공표한 후 물가가 안정되면 통화당국은 고용량을 증가시키는 것이 현시점의 최적정책이 되어 확장적 화폐금융정책을 사용하려는 유인을 가진다. 실제로 통화당국이 정책을 수정한다면 정책은 동태적 일관성을 상실하게 된다.

시험문제 미리보기!

최근 A국 국민들의 생각은 경기가 좋지 않다는 생각이 지배적이다. 이 같은 상황에서 정부가 경기부양을 위해 취할 수 있는 정책으로 볼 수 있는 것은?

① 기준금리 인상
② 정부지출 축소
③ 국·공채 매입
④ 법정 지급준비율 인상
⑤ 기업에 대한 세금 인상

정답　③
해설　불경기를 전환시키기 위해서는 총수요를 늘리기 위한 정부정책이 필요하다. 시중통화량을 늘리기 위해선 중앙은행이 금융회사가 보유한 채권을 사주거나, 지급준비율을 내리거나, 금융사에 대한 대출을 확대하는 방법이 동원된다.

출제예상문제

> 출제예상문제의 중요도를 ★~★★★으로 구분하였습니다. 난이도가 가장 높은 고등급 문제는 [S등급] 표시하였으니, S등급을 목표로 하신다면 반드시 학습하시기 바랍니다.

★★
01 경기흐름을 판단하는 주요 지표의 하나로 기업경기실사지수라는 것이 있다. 다음의 설명 중 옳지 않은 것은?

<보기>
ㄱ. 0에서 200까지 값을 가진다.
ㄴ. 지수가 92에서 99로 증가하였다면 경기를 낙관적으로 보고 있는 사람이 더 많다는 것이다.
ㄷ. 주관적 요소보다는 객관적 지표를 이용해 경기를 진단하는 방법이다.
ㄹ. {(긍정적 응답 – 부정적 응답)/전체응답)} × 100 + 100 으로 구한다.

① ㄱ, ㄴ   ② ㄱ, ㄹ   ③ ㄴ, ㄷ   ④ ㄴ, ㄹ   ⑤ ㄷ, ㄹ

★
02 다음 경제 지표 중 우리나라 경기선행지수에 포함되지 않는 것은?

① 주가지수
② 제조업 경기전망지수
③ 수출입 물가비율
④ 장단기금리차
⑤ 광공업 생산지수

★★
03 통계청은 매달 경기 선행지수, 동행지수, 후행지수를 조사해 발표한다. 다음 중 경기 선행 – 동행 – 후행지수 조사의 대상이 되는 지표를 순서대로 나열한 것은?

<보기>
ㄱ. 건설수주액 – 소매판매액지수 – 생산자제품재고지수
ㄴ. 소비자 기대지수 – 광공업 생산지수 – 도시가계소비지출
ㄷ. 수입액 – 회사채 유통수익률 – 금융기관 유동성
ㄹ. 소매판매액지수 – 제조업 가동률지수 – 생산자제품재고지수

① ㄱ, ㄴ   ② ㄱ, ㄹ   ③ ㄴ, ㄷ   ④ ㄴ, ㄹ   ⑤ ㄷ, ㄹ

04 경기 판단과 관련한 다음 설명 중 옳은 것은?

<보기>
ㄱ. 경기선행지수가 하락하면 가까운 장래의 경기가 악화될 가능성이 높다.
ㄴ. PMI가 50을 초과하면 기업인들이 느끼는 경기가 좋다고 볼 수 있다.
ㄷ. CSR은 경기를 판단할 수 있게 해주는 지표다.
ㄹ. 경기동행지수를 구성하는 경제지표에는 소매판매액지수, 광공업생산지수 등이 포함된다.

① ㄱ, ㄴ   ② ㄱ, ㄹ   ③ ㄴ, ㄷ   ④ ㄱ, ㄴ, ㄹ   ⑤ ㄴ, ㄷ, ㄹ

정답 및 해설

01 ③
기업경기실사지수(BSI; Business Survey Index)란 경기동향에 대한 기업가들의 판단이나 예측을 통해 경기흐름을 파악하는 지표다. 따라서 주관적 지표로 0 ~ 200까지의 값을 가지며 100을 넘으면 경기를 긍정적으로 보는 업체가 많고 100 미만이면 경기를 부정적으로 보는 업체가 많다는 의미다.
ㄴ. 아직 100을 넘지 못했으므로 부정적 응답이 더 많다.
ㄷ. 설문조사와 같은 주관적인 방법을 이용하는 것이다.

02 ⑤
경기선행지수는 3 ~ 6개월 후의 경기흐름을 가늠하는 지표로 지수가 전월보다 올라가면 경기 상승, 내려가면 경기 하강을 의미한다. 제조업 경기전망지수와 재고순환지표, 장·단기 금리차, 수출입 물가비율, 자본재 재고지수, 주가지수 등이 그것이다. 광공업 생산지수는 현재 경기 상황을 보여주는 경기동행지수를 산출할 때 사용하는 지표다.

03 ①
선행지수는 가까운 장래의 경기 동향 예측으로 건설수주액, 소비자기대지수, 코스피지수 등의 개별지표를 가공해 산출하며, 동행지수는 현재의 경기상태로 광공업 생산지수, 소매판매액지수 등이다. 후행지수는 경기변동을 사후에 확인하는 지표로 상용근로자 수, 생산자제품재고지수, 도시가계소비지출 등을 가공해 산출한다.

04 ④
[오답노트]
ㄷ. CSR은 기업의 사회적 책임을 의미한다. 경기판단과는 관련이 없다.

05 세계 각국 경기에 대한 신문기사를 읽고 추론한 것 중 옳은 것을 모두 고르면?

- 유로존의 구매관리자지수(PMI)가 53.5로 전달 54.0보다 하락했다.
- 미국의 공급관리협회(ISM) 제조업지수는 3월(47.5)보다 오른 48.1을 기록했다.
- 한국의 소비자동향지수(CSI)는 97로 전보다 상승한 것으로 집계됐다.
- 한국의 제조업 기업경기실사지수(BSI)는 95로 전달보다 5포인트 올랐다.

<보기>
ㄱ. 유로존 국가들의 경기는 침체 상태로 평가할 수 있다.
ㄴ. 미국 제조업의 경기는 다소 좋아지는 모습을 보이고 있지만 침체에선 벗어나지 못하고 있다.
ㄷ. 한국의 경우 경기를 낙관하는 가계가 비관하는 가계보다 적다.
ㄹ. 국내 제조업체의 95%가 경기를 좋게 보고 있다.

① ㄱ, ㄴ   ② ㄱ, ㄷ   ③ ㄴ, ㄷ   ④ ㄱ, ㄷ, ㄹ   ⑤ ㄴ, ㄷ, ㄹ

06 경기변동 과정에서 여러 변수는 함께 움직인다. 이때 총생산과 같은 방향으로 움직이면 경기순행적이라 하고, 반대 방향으로 움직이면 경기역행적이라고 한다. 다음 중 경기변동상의 변화가 대체로 같은 경제 변수끼리 모여 있는 경우로 볼 수 있는 것을 모두 고르면?

<보기>
ㄱ. 총투자, 총소비   ㄴ. 총고용, 실업률   ㄷ. 총투자, 주가   ㄹ. 주가, 명목이자율

① ㄱ, ㄴ   ② ㄱ, ㄹ   ③ ㄴ, ㄷ   ④ ㄱ, ㄷ, ㄹ   ⑤ ㄴ, ㄷ, ㄹ

07 경제주체들의 미래에 대한 예측은 정부가 경제정책을 펴는 데 매우 중요한 참고자료일 뿐 아니라 각 경제주체들이 미래 경제상황에 대비하도록 하는 데도 의미가 있다. 아래 보기 중 호경기로 예측하는 것을 모두 고르면?

<보기>
ㄱ. 지난 분기에 비해 PMI가 55로 높아졌다.
ㄴ. 각종 연구소와 기관이 낮은 경제성장률을 예고하고 있다.
ㄷ. 지난 분기에 87이었던 소비자동향지수가 103으로 상승했다.
ㄹ. 금융회사 단기 이자율 인하를 유도한다는 통화금융정책이 발표되었다.

① ㄱ, ㄴ   ② ㄱ, ㄷ   ③ ㄴ, ㄷ   ④ ㄱ, ㄷ, ㄹ   ⑤ ㄴ, ㄷ, ㄹ

08 국민 경제가 B와 같은 위치로 변동되었을 때 나타나는 경제현상으로 옳은 것은?

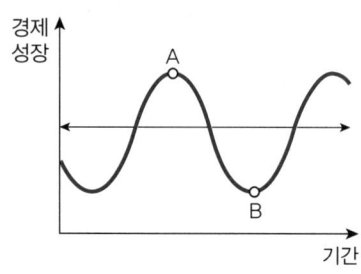

① 이자율 상승
② 재고 감소
③ 소비와 투자 증가로 인한 물가 상승
④ 실업 증가
⑤ 생산 및 고용 증가

정답 및 해설

05 ③
PMI와 ISM는 50을 기준으로, CSI는 100을 기준으로 경기 상황을 판단한다. 모두 설문조사를 통해 지수를 구하는데 각각 기준 이상이면 경기가 확장한다는 의견이 많고, 기준 이하이면 경기가 나쁘다는 의견이 많다는 의미이다.

[오답노트]
ㄱ. 유로존 국가들의 경기는 50 이상이므로 침체 상태를 벗어나고 있다고 평가할 수 있다.
ㄹ. 국내 제조업체의 95%가 경기를 좋게 보고 있는 것은 아니다. 100보다 낮으면 부정적으로 보는 사람이 많은 것이므로 경기를 나쁘게 보는 제조업체가 좋게 보고 있는 제조업체보다 많다.

06 ④
총소비, 총투자, 주가, 명목이자율, 주택투자, 재고투자 등은 경기순행지표에 해당하며 총생산이 늘어나면 함께 상승 또는 증가한다. 실업률은 경기역행지표로 총생산이 늘어날 때 하락한다.

07 ②
ㄱ. PMI(=제조업구매관리자지수)는 50보다 커질수록 경기가 좋아지는 것이다.
ㄷ. 소비자 동향지수는 100보다 크면 경기를 긍정적으로 보는 사람이 많다는 의미이다. 지난 분기에 87이었던 소비자동향지수(Consumer Survey Index)가 103으로 상승했다는 것은 경기 호황을 의미한다.

[오답노트]
ㄴ. 각종 연구소와 기관이 낮은 경제성장률을 예고한다는 것은 경기가 좋지 않다는 것이다.
ㄹ. 경기가 불황이기 때문에 이자율을 낮추는 것이다.

08 ④
그래프의 A는 호경기, B는 불경기다. 불경기 때는 총수요가 감소하여 재고가 증가하고 생산량이 줄어들며 실업이 증가한다. 반면 호경기 때는 총수요가 증가하여 재고 감소, 생산 및 고용 증가, 물가와 이자율 상승 등의 현상이 나타난다.

09 다음은 중앙은행이 이자율을 인하하는 경우, 총수요에 영향을 미치는 여러 경로를 나타낸 것이다. ㉠ ~ ㉢의 변화로 옳은 것은? (단, 유동성함정이 존재하지 않고, 각 경제주체는 경제를 낙관적으로 예상한다)

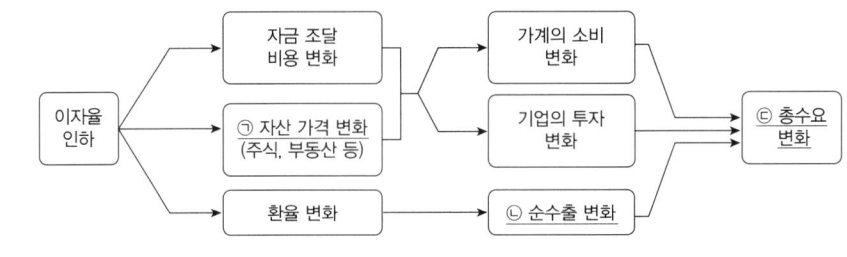

	㉠	㉡	㉢
①	상승	증가	증가
②	상승	감소	증가
③	하락	감소	감소
④	하락	증가	감소
⑤	하락	하락	하락

10 밑줄 친 '정책'으로 적절한 것을 <보기>에서 모두 고른 것은?

> 현재 갑국은 소비와 투자의 감소로 경기침체가 심화되고 있다. 이에 정부와 중앙은행은 경기 활성화를 위한 정책을 시행하기로 하였다.

<보기>
ㄱ. 소득세율 인하　　ㄴ. 기준금리 인하　　ㄷ. 지급준비율 인상　　ㄹ. 국·공채 매각

① ㄱ, ㄴ　　② ㄴ, ㄷ　　③ ㄷ, ㄹ　　④ ㄱ, ㄴ, ㄹ　　⑤ ㄴ, ㄷ, ㄹ

11 아래와 같은 현상이 심화되었을 때 이에 대한 정부의 적절한 대처로 올바른 것은?

> • 총수요가 총공급을 초과　　• 재고 감소와 활발한 생산활동

① 정부는 적자예산을 편성하여 물가를 내리도록 한다.
② 정부는 지급준비율을 인상하여 대출이 쉽게 되도록 유도한다.
③ 정부는 흑자예산을 편성하여 신규투자를 유도한다.
④ 정부는 이전지출을 늘려서 저소득층에 대한 지원을 강화한다.
⑤ 정부는 긴축재정을 운용하여 총수요를 억제한다.

12 표는 갑국의 경제 지표 추이를 나타낸 것이다. 이와 같은 추세가 지속되어 문제가 발생될 때 갑국이 취할 정책으로 가장 적절한 것은?

구 분	20X1년	20X2년	20X3년	20X4년
명목GDP 증가율(%)	5	9	13	16
실질GDP 증가율(%)	1	3	5	6

① 세율 인하 ② 국·공채 매입 ③ 재할인율 인하 ④ 정부 지출 축소 ⑤ 해외투자 증가

13 재정지출의 재원으로 세금을 걷는 대신 국채를 발행함으로써 민간소비 감소를 피하고 경기를 부양할 수 있다는 경제학적 견해가 존재했다. 다음 중 이러한 견해와 달리 세금 대신 국채를 발행하여 재정지출 재원을 마련해도 민간소비가 감소할 것이라고 주장하는 내용은?

① 유동성함정 ② 리카도의 등가정리 ③ 오버슈팅 이론
④ 솔로우 모형 ⑤ 구축효과

정답 및 해설

09 ①
이자율이 인하되면 비금융권 투자가 늘어나게 된다. 따라서 ㉠ 수요 증가로 인한 가격이 상승한다. 이자율이 하락하면 국내의 외화가 더 높은 이자율이 있는 곳으로 떠나게 되어 외화의 공급이 줄어든다. 따라서 ㉡ 환율이 상승하여 수출이 증가한다. 투자와 순수출이 증가하면 ㉢ 총수요는 증가한다.

10 ①
소비와 투자가 감소한 상황은 총수요의 감소로 인한 불경기라고 볼 수 있다. 따라서 경기활성화를 위한 대책은 총수요를 증가시키는 것이다. ㄱ. 소득세율 인하, ㄴ. 기준금리 인하는 총수요 증가를 위한 정책이다.
오답노트
ㄷ. 지급준비율을 인상하면 이자율이 높아져 저축이 많아지고 소비가 줄어들어 총수요가 감소한다.
ㄹ. 국·공채를 매각하면 중앙은행으로 통화가 들어오므로 시중의 자금이 줄어든다. 따라서 이자율이 상승하여 총수요가 감소한다.

11 ⑤
경기안정화정책에 관련된 문제이다. 총수요가 총공급을 초과하고 재고가 감소하므로 총수요가 증가하여 물가가 상승한 것이 문제가 된 상황이다.
오답노트
① 정부는 적자예산을 편성하면 총수요가 증가하여 물가가 상승한다.
② 정부가 지급준비율을 인상하면 이자율이 상승하여 대출이 어렵다.
③ 정부는 흑자예산을 편성하는 것은 맞지만 신규투자는 총수요를 증가시킨다.
④ 정부가 이전 지출을 늘리는 것은 총수요와 직접적인 관계는 없다.

12 ④
명목GDP증가율 − 물가상승률 = 실질GDP증가율이다.

구 분	20X1년	20X2년	20X3년	20X4년
명목GDP증가율(%)	5	9	13	16
실질GDP증가율(%)	1	3	5	6
물가상승률(%)	4	6	8	10

표에서 물가가 지속적으로 상승하고 있으므로 총수요를 줄여야 한다. 따라서 정부지출을 축소하여야 한다.

13 ②
위의 문제는 리카도의 등가정리를 설명하고 있다.
오답노트
① 유동성함정은 통화정책의 무력성을 말한 이론이다.
③ 오버슈팅 이론은 상품이나 금융자산의 시장가격이 일시적으로 폭등·폭락하였다가 장기균형수준으로 수렴해 가는 현상이다.
④ 솔로우 모형은 경제성장모형이다.
⑤ 구축효과는 재정정책의 무력성을 말한 이론이다.

14 다음 중 재정지출 확대에 따른 구축효과 우려가 적은 경우는?

① 금리가 상승하고 있는 경우
② 자본시장에 자본이 부족한 경우
③ 노동시장이 완전고용에 가까운 경우
④ 정부 지출이 인적자원 양성에 쓰여 생산성을 높이는 경우
⑤ 민간 투자와 정부 지출이 대체 관계에 있는 경우

15 정부가 경기 진작을 위해 소득세를 감면하고 정부 부채를 증가시켰다고 하자. 이런 정책의 효과가 커질 수 있는 조건이 아닌 것은?

<보기>
ㄱ. 소득에 대한 한계소비성향이 낮다.
ㄴ. 소비자들이 정부 부채 증가를 미래에 조세 증가로 메울 것으로 기대한다.
ㄷ. 소비자들이 먼 미래를 생각하지 않고 현재 중심으로 소비에 임한다.
ㄹ. 신용제약에 걸려 은행으로부터 차입하기 어려운 소비자들이 존재한다.

① ㄱ, ㄴ　② ㄱ, ㄷ　③ ㄴ, ㄹ　④ ㄱ, ㄷ, ㄹ　⑤ ㄴ, ㄷ, ㄹ

16 다음 중 케인즈의 경제 정책과 관련이 가장 큰 것은?

① 이자율이 낮을 때는 재정정책보다 금융정책이 유효하다.
② 단기에는 시장의 자율적인 균형이 가능하지만, 장기에는 정부 개입이 필요하다.
③ 경기가 침체된 경우에는 정부가 적극적으로 유효수요를 창출해야 한다.
④ 세금 감면이 재정 지출보다 더 유효하므로, 감세정책을 확대해야 한다.
⑤ 소비는 상대소득에 비례하므로, 경기 침체기에는 소비도 감소한다.

17 다음 중 경제정책과 거시경제에 대한 설명으로 옳은 것은?

<보기>
ㄱ. 유동성함정에 빠지면 통화정책이 무력해지고 재정정책이 의미를 갖는다.
ㄴ. 성장, 물가, 국제수지 등 세 가지 거시경제 운용 목표는 상충관계를 보이기도 한다.
ㄷ. 국민소득은 소비, 투자, 수출입 차이를 더해서 구하며 정부 지출은 포함하지 않는다.
ㄹ. 글로벌 금융위기 이후 추진된 규제개혁의 주요 과제는 경기순응성을 강화하는 것이었다.

① ㄱ, ㄴ   ② ㄱ, ㄹ   ③ ㄴ, ㄷ   ④ ㄴ, ㄹ   ⑤ ㄷ, ㄹ

18 정부가 경기부양을 위해 지출을 늘렸을 때 효과가 가장 잘 나타나는 경우는?

① 물가가 올랐다.
② 소득세율이 높다.
③ 이자율이 하락했다.
④ 외국 상품의 수입이 늘었다.
⑤ 소비자들의 한계소비성향이 낮다.

정답 및 해설

14 ④
구축효과는 정부의 지출 확대가 민간의 소비·투자를 쫓아내는 현상이다. 정부 지출의 증가로 시중금리가 오르면 가계의 소비와 기업의 투자가 감소하고 총수요가 줄어들게 된다. 이렇게 되면 경기를 살리기 위한 정부의 지출 확대가 무력해진다.
하지만 금리가 하락하는 경우와 정부 지출이 인적자원 구축을 통해 생산성을 높이는 경우에는 구축효과 발생 우려가 적다. 반면 경제가 완전고용에 가까울수록, 정부 지출이 민간 투자를 대체할수록 구축효과가 커진다.

15 ①
소득세 감면과 재정지출 증가는 불경기를 인식한 정부의 경기 부양을 위한 확대 재정정책에 해당한다.
ㄱ. 소득에 대한 한계소비성향이 낮으면 정부지출승수가 낮아져서 경기부양에 나쁘다.
ㄴ. 소비자들이 정부 부채 증가를 미래에 조세 증가로 메울 것으로 기대하게 되면 소비가 감소하고 저축이 증가하게 되므로 경기부양에 좋지 않다.

오답노트
ㄷ. 소비자들이 먼 미래를 생각하지 않고 현재 중심으로 소비에 임하면 저축이 적어 소비가 많으므로 한계소비성향이 커서 경기부양에 좋다.
ㄹ. 신용제약에 걸려 은행으로부터 차입하기 어려운 소비자들이 존재하면 정부지출로 인한 소득증가가 소비로 이어지므로 정부지출승수가 커진다.

16 ③
케인즈는 완전고용을 실현하기 위해서는 소비와 투자, 즉 '유효수요'를 창출하기 위한 정부의 공공지출이 필요하다고 주장했다.

오답노트
① 이자율이 낮을 때는 금융정책보다 재정정책이 유효하다.
② 장기에는 시장의 자율적인 균형이 가능하지만, 단기에는 정부 개입이 필요하다.
④ 재정 지출이 조세 감면보다 더 유효하므로, 재정정책을 확대해야 한다.
⑤ 소비는 절대소득에 비례하므로, 경기 침체기에는 소비도 감소한다.

17 ①
유동성함정에 빠지면 재정정책이 더 효과적이며 성장, 물가, 국제수지 등 세 가지 거시경제 운용 목표는 상충관계를 보이기도 한다.

오답노트
ㄷ. 국민소득은 소비, 투자, 정부지출, 수출입 차이를 더해서 구한다.
ㄹ. 글로벌 금융위기 이후 추진된 규제개혁의 주요 과제는 불경기에 따라가는 경기순응성을 강화하는 것이 아닌 완화하는 것이었다.

18 ③
정부지출을 늘렸을 때 기대했던 효과가 나타나지 않는 것은 구축효과가 나타났기 때문이다. 구축효과의 대표적인 것은 정부지출을 늘렸을 때 시중의 자금을 사용함으로써 이자율을 상승시켜 소비와 투자가 감소하는 것이다. 따라서 이자율이 하락하면 구축효과가 일어나지 않아 경기부양에 도움이 된다.

제4장 경기변동과 안정화정책

19 밑줄 친 ㉠ ~ ㉢에 대한 분석 및 추론으로 옳은 것은?

> 갑국 정부는 지난 몇 년 동안 ㉠ 경기 과열에 따른 인플레이션을 해결하기 위해 ㉡ 재정정책을 시행하였다. 그러나 갑국 정부는 각종 경제 지표의 분석을 통해 앞으로 ㉢ 경기가 침체기에 접어들 것으로 판단하여 경기 부양을 위한 재정정책을 시행하고자 한다. 갑국의 중앙은행 역시 경기를 부양하기 위한 ㉣ 금융정책을 모색하고 있다.

<보기>
ㄱ. 총수요 증가는 ㉠의 요인이다.
ㄴ. ㉡은 확대 재정정책이다.
ㄷ. 투자 지출 증가는 ㉢의 근거가 될 수 있다.
ㄹ. ㉣에는 국·공채 매입이 포함될 수 있다.

① ㄱ, ㄴ ② ㄱ, ㄹ ③ ㄴ, ㄷ ④ ㄴ, ㄹ ⑤ ㄷ, ㄹ

20 그림의 (가)는 갑국의 경기 변동 상황을 나타내고, (나)는 특정 시기에 갑국이 실시한 경제 정책에 관한 자료이다. 이에 대한 옳은 설명을 <보기>에서 고른 것은?

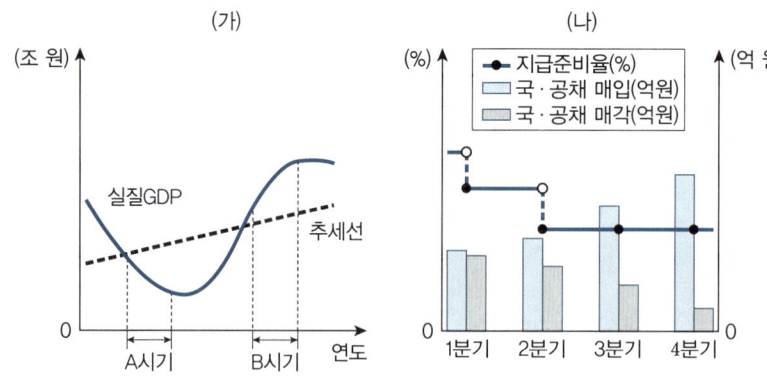

<보기>
ㄱ. (가)의 A시기에는 경제 규모가 지속적으로 성장하였다.
ㄴ. 총공급이 일정한 상태에서의 총수요 증가는 (가)의 B시기와 같은 경기 변동을 초래하는 요인이 될 수 있다.
ㄷ. (나)에 나타난 정책은 인플레이션에 대응하기 위해 시행된다.
ㄹ. (나)에 나타난 정책은 (가)의 B시기보다 A시기에 필요하다.

① ㄱ, ㄴ ② ㄱ, ㄷ ③ ㄴ, ㄷ ④ ㄴ, ㄹ ⑤ ㄷ, ㄹ

21 다음은 갑 ~ 병국의 경기 안정을 위한 정책이다. 이에 대한 설명으로 옳은 것은?

> • 갑국 중앙은행은 재할인율을 인하하였다.
> • 을국 중앙은행은 공개시장에서 국채의 매각을 늘렸다.
> • 병국 정부는 소득세율과 법인세율을 인하하였다.

① 갑국에서는 긴축 통화 정책을 실시하였다.
② 을국에서는 통화량을 증가시키는 정책을 실시하였다.
③ 병국에서는 경기 과열에 대처하기 위한 정책을 실시하였다.
④ 을국과 달리 갑국에서는 이자율이 하락하는 정책을 실시하였다.
⑤ 갑국과 달리 병국에서는 물가 상승을 유발할 수 있는 정책을 실시하였다.

정답 및 해설

19 ②
  오답노트
  ㄴ. 경기과열 시 총수요를 줄여야 하므로 ⓒ은 긴축 재정정책이 되어야 한다.
  ㄷ. 투자 지출 감소는 ⓒ의 근거가 될 수 있다.

20 ④
  ㄴ. 총수요가 증가하면 실질GDP가 증가한다. B시기는 확장기로 실질GDP가 빠른 속도로 증가한다.
  ㄹ. 확대 통화정책은 경기 확장기보다는 수축기에 필요한 정책이다.
  오답노트
  ㄱ. A시기는 수축기에 해당하며 경제 규모(실질GDP)가 축소되었다.
  ㄷ. (나)의 정책은 지급 준비율 인하, 국·공채 순매입 등으로 확대 통화정책이다. 확대 정책은 경기 회복을 위해 실시된다.

TIP
• 실질GDP 하강 시 경기축소
• 실질GDP 상승 시 경기확장
• 지급준비율 ↑ ⇨ 이자율 ↑ ⇨ AD ↓
• 지급준비율 ↓ ⇨ 이자율 ↓ ⇨ AD ↑
• 국·공채매입 ⇨ 통화량 ↑ ⇨ 이자율 ↓ ⇨ AD ↑
• 국·공채매각 ⇨ 통화량 ↓ ⇨ 이자율 ↑ ⇨ AD ↓

21 ④
갑국 중앙은행은 재할인율 인하를 통한 확대 통화정책, 을국 중앙은행은 국채 매각을 통한 긴축 통화정책을 실시하였다. 병국 정부는 세율 인하를 통한 확대 재정정책을 실시하였다.
  오답노트
  ③ 세율 인하는 경기를 부양하기 위한 정책이다.
  ⑤ 갑국과 병국은 모두 물가 상승을 유발할 수 있는 정책을 실시하였다.

22 다음 중 확대적인 통화정책의 전달 경로로 옳은 것은?

① 화폐공급 증가 → 이자율 상승 → 투자 감소 → 총수요 감소 → 국민소득 증가
② 화폐공급 증가 → 이자율 상승 → 투자 감소 → 총수요 감소 → 국민소득 감소
③ 화폐공급 증가 → 이자율 하락 → 투자 감소 → 총수요 증가 → 국민소득 증가
④ 화폐공급 증가 → 이자율 하락 → 투자 증가 → 총수요 증가 → 국민소득 증가
⑤ 화폐공급 증가 → 이자율 하락 → 투자 증가 → 총수요 감소 → 국민소득 감소

23 경기가 불황일 때 정부는 여러 가지 수단을 통해 경기회복을 시도한다. 정부지출을 통해 총수요가 직접적으로 증가하는 것은?

<보기>
ㄱ. 공무활동을 위해 필요한 사무용품 구매를 서두른다.
ㄴ. 지방자치단체 주관으로 낡은 하수관을 새로 교체한다.
ㄷ. 대형 토목공사 즉, 고속도로 등을 건설한다.
ㄹ. 경기 활성화를 위해 국민 1인당 20만 원의 현금을 격려금으로 지급한다.

① ㄱ, ㄴ ② ㄱ, ㄹ ③ ㄱ, ㄴ, ㄷ ④ ㄱ, ㄴ, ㄹ ⑤ ㄴ, ㄷ, ㄹ

24 다음 중 정부 재정정책의 효과가 커질 수 있는 상황은?

① 이자율이 매우 높은 상태에서 벗어나기 힘들다.
② 기업들의 생산 여력이 많으나 총수요가 부족하다.
③ 기업들의 투자가 이자율에 매우 민감하게 반응한다.
④ 소득이 증가함에 따라 화폐에 대한 수요가 크게 늘어난다.
⑤ 현재의 상태가 자연실업률과 유사한 실업률의 상태이다.

25. 다음 중 재정정책의 효과가 크게 나타나는 경우는?

<보기>
ㄱ. 한계수입성향이 높은 경우
ㄴ. 한계저축성향이 높은 경우
ㄷ. 유동성함정이 나타나는 경우
ㄹ. 정부가 발행한 국채를 중앙은행이 바로 인수하는 경우

① ㄱ, ㄴ　　② ㄱ, ㄷ　　③ ㄴ, ㄷ　　④ ㄴ, ㄹ　　⑤ ㄷ, ㄹ

정답 및 해설

22 ④
확대적인 통화정책은 화폐 공급을 늘리는 것을 말한다. 돈이 시중에 풍부해지면 이자율이 낮아지고 이자율이 하락하면 새로운 공장을 건설하거나 기계장비를 구입하려는 기업들의 자금 수요가 늘어난다. 즉, 투자 지출이 늘어나게 된다. 투자의 증가는 총수요의 증가를 가져오고 이는 다시 국민 소득을 증가시키는 요인으로 작용한다.

23 ③
경기불황 시 정부는 지출을 늘려 경기를 부양할 수 있다.

오답노트
ㄹ. 정부 지출이 아니라 이전 지출이다. 이전 지출은 재화와 서비스 생산에 전혀 기여하지 않으면서 단순히 자금이 이동하는 것을 말한다. 이전 지출은 가계 소득에는 영향을 주지만 지출국민소득에 포함되지 않아 GDP에 주는 영향은 없다.

24 ②
재정정책의 효과가 커지려면 구축효과가 일어나지 않은 상황이어야 한다. 구축효과가 일어나지 않으려면 이자율이 매우 낮거나, 기업들의 생산여력이 많은 경우에는 재정정책에 따른 투자의 구축효과가 적다. 기업들의 투자가 이자율에 매우 민감하게 반응하면 조금만 이자율이 올라가도 승수효과가 줄어들며, 소득이 증가함에 따라 화폐 수요가 크게 늘어나면 정부지출에 비해 소비가 작아져 승수가 작아질 수 있다.

25 ⑤
재정정책은 승수효과를 통해 재정지출액보다 더 많은 국민소득 증가를 가져오려는 것을 의미한다.

오답노트
ㄱ. 한계수입성향은 수입의 증가분/국민소득의 증가분을 의미한다. 한계수입성향이 크다면 정부지출이 외국 제품의 구입에 많이 쓰일 것이므로 국내에서의 국민소득이 크게 나타나는 데 방해가 된다.
ㄴ. 한계저축성향이 높은 경우는 한계소비성향이 작다는 것을 의미한다.

해커스 TESAT 2주 완성

금융·자격증 전문 교육기관 **해커스금융**
fn.Hackers.com

PART 3

국제경제

제1장 / 무역

제2장 / 국제수지

제3장 / 환율

제1장 무역

📘 학습전략

국제무역이론은 절대우위와 비교우위를 구분하여야 한다. 절대우위는 각국이 잘하는 것이 존재하는 것이고 비교우위는 A국이 다 잘하지만 B국이 상대적으로 더 잘하는 것을 하는 것이다. 더 잘하는 것은 기회비용이 최소화된 것을 의미하고 이를 특화해서 모두 이익을 얻을 수 있다는 것이다.

자유무역을 통해 수출국의 공급자와 수입국의 수요자의 잉여가 증가한다. 따라서 전체적으로는 잉여가 증가하기 때문에 세계화 찬성론자들의 자유무역 찬성에 대한 근거가 된다. 그러나 수입국의 공급자는 손해를 보게 되어 산업기반 자체를 잃을 수 있으므로 보호무역을 실시하기도 한다. 이에 대표적인 방법이 관세부과이다. 관세는 유치산업보호와 수입억제의 효과를 가져오나 후생손실이 발생한다.

📘 출제비중

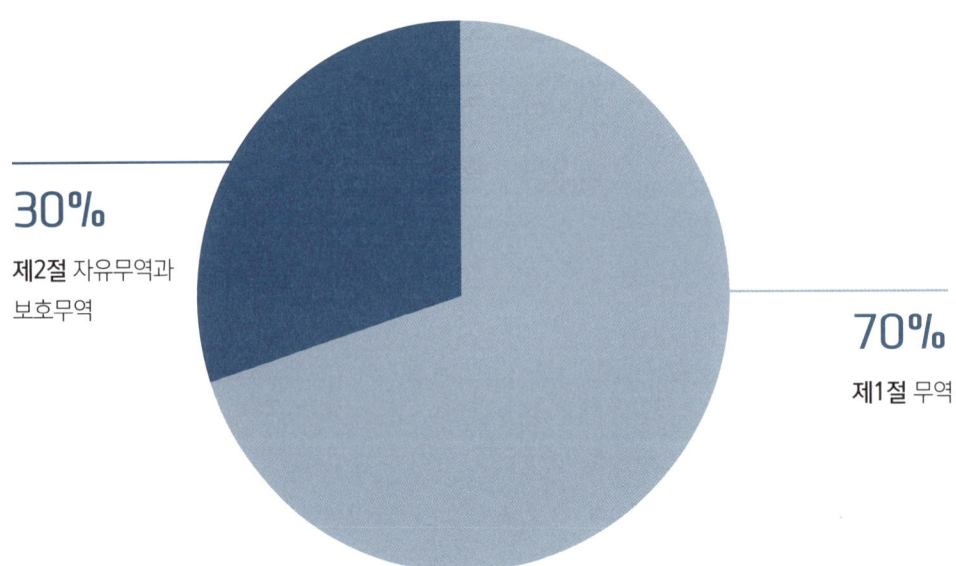

30% 제2절 자유무역과 보호무역

70% 제1절 무역

📋 출제유형

기본적인 절대우위와 비교우위를 구분하는 것이 "경제이론" 영역에서 출제된다. 관세 그래프를 통해 잉여의 면적을 구하는 부분, 절대우위와 비교우위를 표와 그래프를 통해 직접 구하는 문제 등이 "응용복합" 영역에서 출제된다. 가끔은 무역의 찬성·반대의 지문분석도 중요하니 참고하여야 하며 "시사경제" 영역으로 무역과 관련된 국제기구나 협정 등을 묻는 문제가 출제되므로 관련 상식을 꾸준히 쌓아야 한다.

📋 학습구성

구 분	출제포인트	중요도
제1절 무역	01 국제거래	★
	02 절대우위론	★★★
	03 비교우위론	★★★
	04 부존자원과 비교우위	★
	05 현대적 무역이론	★
	06 산업 내 무역	★
제2절 자유무역과 보호무역	01 자유무역	★★★
	02 보호무역	★
	03 경제통합의 유형	★
	04 우루과이라운드(UR)와 WTO	★

제1절 | 무역

핵심 Check ✓ 무역	
무역의 특화	기회비용이 작은 것
절대우위	동일한 자원을 사용했을 때 생산성이 높은 것을 이용하는 무역(각각 잘하는 것이 존재)
비교우위	동일한 자원을 사용했을 때 생산성이 모두 높지만 더 잘하는 것을 선택하여 무역(한 국가가 다 잘함)
자유 무역 시	수출국의 생산자와 수입국의 소비자에게 유리
관 세	국내생산 증가, 수입 감소, 후생손실 발생

01 국제거래 ★

1. 의미
국가 간의 모든 경제적 거래를 의미한다.

2. 발생원인
재화 생산에 유리한 자연 환경, 부존자원, 기술 수준의 차이로 발생한다.

3. 국제거래의 장단점

(1) 장점
생산의 효율성 향상, 규모의 경제 실현, 소비자의 다양한 선택 기회, 부존자원과 기술의 취약을 해결, 기술과 정보의 축적 등이 있다.

(2) 단점
경쟁력 없는 유치산업의 도태, 국내 경제 정책의 자율성 침해, 실업의 발생 등이 있다.

02 절대우위론 ★★★

1. 정의 - A. Smith
각국이 절대적으로 생산비가 싼 재화의 생산에 특화하여 그 일부를 교환함으로써 상호이익을 얻을 수 있다는 이론이다.

핵심 Plus⁺

교역조건
- 개념 : 수출상품 1단위와 교환되는 수입상품의 수량 ⇨ 수입상품으로 표시한 수출상품의 교환가치
- 순상품교역조건
  $= \dfrac{수출단가지수}{수입단가지수} \times 100$

2. 생산비 측면 사례분석

구 분	갑 국	을 국
직물 1단위	10명	11명
포도주 1단위	12명	8명

* 1단위 생산에 필요한 노동을 의미하며 교역조건은 1 : 1을 가정한다.

① 노동 투입량은 작을수록 좋음
② 갑국은 직물에 을국은 포도주에 절대우위가 있음 : 각각 노동비가 상대국에 비해 적다.
③ 갑국과 을국이 스스로 생산할 경우와 무역 후 차이

구 분	스스로 직물과 포도주를 각각 1단위씩 생산할 경우	스스로 각각 생산할 자원으로 절대우위에 있는 항목을 특화 생산할 경우	교역조건 1 : 1로 교역했을 때 얻는 이익(무역의 이익)
갑 국	직물(10명) + 포도주 (12명) = 22명	22명 ⇨ 직물 2개(20명) + 직물 $\frac{2}{10}$개(2명)	직물 1개 + 포도주 1병 + 직물 $\frac{2}{10}$개(2명)
을 국	직물(11명) + 포도주(8명) = 19명	19명 ⇨ 포도주 2병(16명) + 포도주 $\frac{3}{8}$병(3명)	직물 1개 + 포도주 1병 + 포도주 $\frac{3}{8}$병(3명)

양국은 직물과 포도주를 각각 1단위씩 스스로 생산할 자원으로 갑국은 직물을 특화하고 을국은 포도주에 특화하여 2단위씩 생산한 후 남는 1단위씩을 교환하면 서로에게 이득이 된다. (갑국은 직물 0.2단위, 을국은 포도주 0.375단위의 무역 이익 획득)

3. 생산물 측면 사례분석

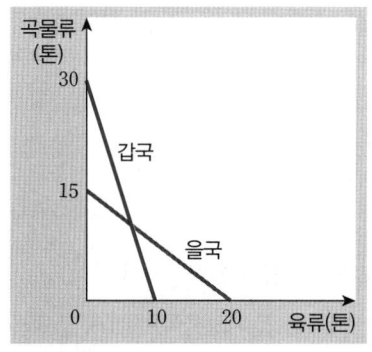

① 생산량은 많을수록 좋음
② 갑국은 곡물에 을국은 육류에 절대우위가 있음 : 각국의 특화 시 생산량이 상대국에 비해 많다.
③ 무역의 이익 : 특화 품목만 생산하여 1 : 1로 교역할 경우 생산가능곡선이 확장되어 더 많은 소비가 가능해진다.

* 교역조건은 1 : 1을 가정한다.

4. 의의와 한계

① 의의 : 자유 무역의 근거를 최초로 제시했다.
② 한계 : 양국 중 한 나라가 모든 재화에 절대우위가 있을 때 무역이 발생하지 않는다.

03 비교우위론 ★★★

1. 정의 - D. Ricardo

한 나라가 두 재화 생산에 있어 모두 절대우위 혹은 절대열위에 있더라도 양국이 상대적으로 생산비가 낮은 재화 생산에 특화하여 무역을 할 경우 양국 모두 무역으로부터 이익을 얻을 수 있다는 이론이다. ⇨ 기회비용이 작은 쪽을 특화하여 무역한다.

2. 가정

① 노동만이 유일한 생산요소이다.
② 모든 노동의 질은 동일하다.
③ 재화 1단위를 생산하는 데 필요한 노동량은 재화의 생산량과 관계없이 일정하다.
④ 생산요소의 국가 간 이동은 없다.

3. 비교우위의 결정요인

각국의 부존 자원, 노동·자본·기술 수준, 특화의 역사로 인한 학습 효과 등이 있다.

4. 비교우위의 효과

각국의 자원이 효율적으로 이용되고 세계적으로는 국제 분업의 효과가 극대화되는 결과를 가져온다.

5. 생산비 측면 사례분석

구분	갑국	을국
의류(1단위)	10명	9명
기계(1단위)	12명	8명

* 생산에 필요한 노동을 의미하며 교역조건은 1 : 1을 가정한다.

① 노동 투입량은 작을수록 좋음
② 갑국은 의류에 을국은 기계에 비교우위가 있음 : 비교우위 상품이 기회비용이 작다.
  ⇨ 기회비용을 계산하면 의류의 기회비용은 갑국이 기계 $\frac{10}{12}$대, 을국이 기계 $\frac{9}{8}$대로 갑국이 작아 갑국이 의류를 특화하며 기계의 기회비용은 갑국이 의류 $\frac{12}{10}$벌이고 을국이 의류 $\frac{8}{9}$벌로 을국이 작아 을국이 기계를 특화하게 된다. 이를 표현하면 다음과 같다.
- 갑국은 두 재화 모두 노동비가 많이 들어가므로 의류와 기계에 절대열위에 있다.
- 을국은 두 재화 모두 노동비가 적게 들어가므로 의류와 기계에 절대우위에 있다.
- 갑국은 을국에 비해 의류의 기회비용이 작고 기계의 기회비용이 크다. ⇨ 갑국은 을국에 비해 의류에 비교우위가 있고 기계에 비교열위에 있다.
- 을국은 갑국에 비해 의류의 기회비용이 크고 기계의 기회비용이 작다. ⇨ 을국은 갑국에 비해 의류에 비교열위가 있고 기계에 비교우위에 있다.

핵심 Plus+

상품 생산에 비효율적인 국가도 수출할 수 있는 이유

현실 경제에서 중국이 미국보다 비효율적이지만 비교우위를 갖는 직물 및 신발을 수출할 수 있는 것은 임금이 미국보다 낮기 때문. 그런데 중국의 임금이 평균적으로 미국 임금의 5%에 불과하다고 할 때, 중국이 미국으로 모든 상품을 수출하지 못하는 이유는 중국의 화학 제품과 기계류 등에서의 노동 생산성이 미국의 3% 내지 4%에 불과하기 때문에 중국 생산자가 미국 생산자에 비해 단위당 노동 비용의 우위를 갖지 못하기 때문임

- 갑국과 을국이 스스로 생산할 경우와 무역을 할 경우의 이익

구 분	스스로 의류와 기계를 각각 1단위씩 생산할 경우	스스로 각각 생산할 자원으로 비교우위에 있는 항목을 특화생산할 경우	교역조건 1:1로 교역했을 때 얻는 이익 (무역의 이익)
갑 국	의류(10명) + 기계(12명) = 22명	22명 ⇨ 의류 2벌(20명) + 의류 $\frac{2}{10}$벌(2명)	의류 1벌 + 기계 1대 + 의류 $\frac{2}{10}$벌(2명)
을 국	의류(9명) + 기계(8명) = 17명	17명 ⇨ 기계 2대(16명) + 기계 $\frac{1}{8}$대(1명)	의류 1벌 + 기계 1대 + 기계 $\frac{1}{8}$대(1명)

갑국은 의류와 기계를 각각 1단위씩 스스로 생산할 자원으로 갑국은 의류를 특화하고 을국은 기계에 특화하여 2단위씩 생산한 후 남는 1단위씩을 교환하면 서로에게 이득이 된다. (갑국은 의류 0.2단위, 을국은 기계 0.125단위의 무역 이익 획득)

③ **특화품목의 기회비용은 커짐** : 스스로 생산할 때보다 무역을 통해서 더 많은 것을 얻을 수 있으므로 특화품목의 교환가치가 높아진다.

④ **양국이 무역의 이익을 얻는 교역조건** : 한 재화의 생산에 대하여 양국의 기회비용(상대가격) 사이에서 무역이 이루어질 경우 양국이 무역의 이익을 얻는다.

예 기계 $\frac{10}{12}$대 < 의류 1벌 < 기계 $\frac{9}{8}$대 / 의류 $\frac{8}{9}$벌 < 기계 1대 < 의류 $\frac{12}{10}$벌이므로 1:1의 교역조건이면 양국 모두 무역의 이익을 얻음

6. 생산물 측면 사례분석

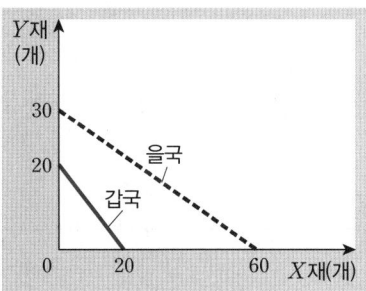

① 생산량은 많을수록 좋음
② 갑국은 동일한 자원으로 20X = 20Y가 성립하여 각각의 기회비용으로 표현하면 X = Y, Y = X
③ 을국은 동일한 자원으로 60X = 30Y가 성립하여 각각의 기회비용으로 표현하면 X = $\frac{1}{2}$Y, Y = 2X
④ 특화는 기회비용이 작은 것을 특화하므로 갑국은 Y재, 을국은 X재를 특화함
⑤ 양국 간 이익이 발생하는 범위 내에서 교역을 한다면 교역 조건의 범위는 'X재 1개 < Y재 1개 < X재 2개'에서 결정됨

7. 의의와 한계

① **의의** : 절대우위론에 의해 불가능한 무역발생을 설명하게 된다.
② **한계** : 생산비의 차이가 어떻게 발생하는가에 대해 설명을 하지 못한다.

04 부존자원과 비교우위 ★

1. 핵셔-올린 정리

① 생산기술이 동일하더라도 무역이 발생한다.
② 각국은 자국에 상대적으로 풍부한 부존요소를 집약적으로 사용하는 재화생산에 비교우위가 있다. 따라서 노동풍부국은 노동집약재, 자본풍부국은 자본집약재 생산에 비교우위가 있다.
③ **생산요소가격 균등화 정리** : 자유무역이 이루어지면 비록 생산요소가 직접 이동하지 않더라도 국가 간에 생산요소의 가격이 균등화된다.

2. 스톨퍼-사무엘슨 정리

① 어떤 재화의 상대가격이 상승하면 그 재화에 집약적으로 사용되는 생산요소 소득은 증가하고, 다른 생산요소 소득은 감소한다는 것을 말한다.
② 노동집약재인 X재 가격이 상승하면 노동의 실질소득은 증가하는 반면 자본의 실질소득은 감소한다.

3. 립진스키 정리

한 생산요소의 부존량이 증가하면 그 생산요소를 집약적으로 사용하는 재화의 생산량은 증가하고 다른 재화의 생산량이 감소한다는 정리이다.

4. 레온티에프 역설

핵셔-올린 정리와는 달리 상대적으로 자본풍부국인 미국이 자본집약재를 수입하고, 노동집약재를 수출하는 현상이다.

05 현대적 무역이론 ★

1. 제품 생애주기이론 - R. Vernon

신제품이 출현하고 시간의 경과에 따라 그 제품이 성숙 단계와 표준화 단계를 거치는 과정을 무역의 동태적 변화에 따라 적용한 이론이다.

(1) 신제품 단계

고도의 기술을 가진 고급 노동력에 의해 소규모 생산이 이루어지는 단계이다. 제품을 개발한 선진국이 제품을 생산·수출한다.

(2) 성숙 단계

대량생산이 이루어지는 단계로 신제품 개발국뿐만 아니라 여타 선진국도 생산하는 단계이다. 신제품 개발국의 비교우위는 점차 사라지고 모방 제품을 생산하는 여타 선진국들의 수출이 증가한다.

(3) 표준화 단계

생산 기술이 완전히 표준화되어 미숙련 노동자에 의한 대량 생산이 가능한 단계이다. 저임금의 노동자가 풍부한 후진국이 비교우위를 갖게 되어 오히려 후진국에서 선진국으로 수출이 이루어진다.

2. 기술격차이론

특정 국가가 개발한 기술을 다른 국가가 습득하기까지는 모방 시차가 존재하며, 이러한 기술 격차로 인해 산업 내 무역이 일어난다고 보는 이론이다.

3. 규모의 경제이론

양국에서 생산요소의 부존도에 차이가 없는데도 무역이 발생한다면 그 이유는 규모의 경제 때문이다.

4. 국제 독점적경쟁시장이론

독점적경쟁하에서는 동일 산업 내에서도 차별적 상품을 생산한다. 이때 동일 산업 내에도 해당 기업들은 규모의 경제에 따른 무역이득을 얻기 위해 더욱더 차별화된 상품생산에 특화하게 된다.

5. 대표적 수요이론

제조업 부분에서 한나라의 비교우위는 국내수요가 상대적으로 큰 나라의 대표적 수요에 의해 결정되고, 대표적 수요는 그 나라의 1인당 국민소득 수준에 의해 결정된다.

06 산업 내 무역 ★

1. 산업 내 무역

(1) 개념
동일 산업 내에서 수출과 수입이 이루어지는 것이다.

(2) 무역의 발생원인
규모의 경제와 독점적경쟁 등이 있다.

(3) 경제발전의 정도가 유사한 국가 간에 주로 발생
 선진국 A에서는 소형승용차를, 선진국 B에서는 대형승용차를 수출하는 것

(4) 무역이익의 원천
시장의 확대로부터 발생한다.

2. 산업 내 무역과 산업 간 무역의 비교

구분	산업 내 무역	산업 간 무역
개념	• 동일한 산업 내의 수출·수입	• 서로 다른 산업 간에 생산되는 재화의 수출·수입
발생원인	• 규모의 경제, 독점적경쟁(제품의 차별화)	• 비교우위, 자원부존의 차이
발생국가	• 경제발전 정도가 비슷한 국가	• 경제발전 정도가 상이한 국가
사례	• 일본이 미국에 소형자동차를 수출하고 대형자동차를 수입하는 경우	• 우리나라가 중국에 휴대폰을 수출하고 마늘을 수입하는 경우
비고	• 주로 제조업 분야에서 발생 • 국제 간 분쟁소지 작음 • 시장확대로 규모가 커지면 재화가격 하락하여 무역 이익발생	• 소득 재분배 발생 • 국제 간 분쟁소지 많음 • 상대가격이 변화하여 무역 이익 발생

시험문제 미리보기!

한국과 중국은 TV와 의류를 모두 생산하고 있다. 한국이 중국보다 두 재화 모두 더 싼 값으로 생산하고 있지만 특히 TV생산에서 상대적인 생산성이 더 높다. 두 나라가 생산하는 재화의 품질이 동일하다고 할 때, 리카도의 비교우위설을 적용한다면 다음 중 옳게 설명하고 있는 것은?

① 한국이 TV와 의류 모두 수출하는 것이 유리하다.
② 한국은 의류, 중국은 TV를 수출하는 것이 유리하다.
③ 두 나라 간의 자발적 교역은 이루어질 수 없다.
④ 교역이 일어나더라도 협상능력이 약한 국가는 교역으로 인해 손실을 본다.
⑤ 두 재화 간의 일정한 교환비율을 벗어날 경우 두 나라 간의 교역은 이루어지지 않는다.

정답 ⑤
해설 한국이 중국보다 두 재화 모두에 더 싼 값으로 생산하고 있다는 말은 한국이 두 재화 모두에 절대우위를 가지고 있다는 것이다. 그러나 한국은 TV생산에 생산성이 더 높으므로 한국은 TV에 대해 비교우위를 가지고 중국은 의류생산에 비교우위가 있으므로 한국은 TV를 생산하여 수출하고, 중국은 의류를 수출하는 것이 유리하므로 자발적 교역이 이루어진다. 다만 교역조건은 두 나라의 국내가격비 사이에서 결정되어야 한다.

제2절 | 자유무역과 보호무역

핵심 Check ✓ 자유무역과 보호무역

자유무역 시	• 수출국의 생산자와 수입국의 소비자에게 유리
관 세	• 국내생산 증가 • 수입 감소 • 후생손실 발생
국제수지	• 경상수지 • 상품수지, 서비스수지, 본원소득수지, 이전소득수지 • 자본금융계정

01 자유무역 ★★★

1. 특징

① 동일한 종류의 재화라 할지라도 나라마다 독특한 특징이 있으므로, 각국의 소비자에게 다양한 소비 기회를 제공한다.
② 비교우위의 재화를 수출할 경우 생산량이 크게 늘어나 규모의 경제를 통해 생산비를 절감할 수 있다.
③ 자유무역은 경제를 활성화(진입 장벽 낮춤 ⇨ 독과점의 폐해 방지)시켜 경제 전체의 후생 수준을 높인다.
④ 기술 이동, 아이디어 전파 등을 통해 각국의 기술 개발을 촉진하는 긍정적 파급 효과를 가진다.
⑤ 대부분의 경제학자들이 자유무역을 옹호하고 있지만, 자유무역을 할 경우 모든 나라, 모든 사람의 후생이 증가하는 것이 아니라 일부 나라, 일부 계층은 불리해지는 현상이 발생하기도 한다.

2. 자유무역 그래프 분석

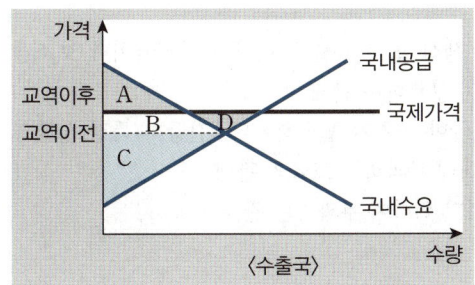

구분	교역 이전	교역 이후	변화
소비자잉여	A + B	A	−B
생산자잉여	C	B + C + D	+(B + D)
총잉여	A + B + C	A + B + C + D	+D

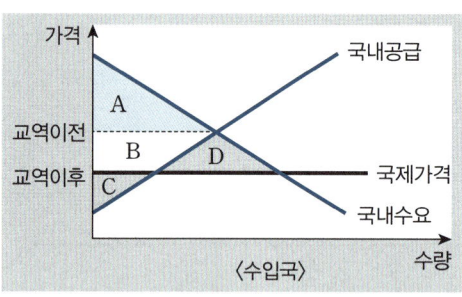

〈수입국〉

구분	교역 이전	교역 이후	변화
소비자잉여	A	A + B + D	+(B + D)
생산자잉여	B + C	C	−B
총잉여	A + B + C	A + B + C + D	+D

02 보호무역 ★

1. 의미와 필요성

(1) 의미
관세와 같은 정책을 이용하여 자유무역 시 피해를 보는 산업을 없애고 자국의 산업을 발전시키는 것을 말한다.

(2) 필요성
자국민의 실업방지, 유치산업보호, 불공정 무역대응, 국가안보를 위해 필요하다.

2. 보호무역정책수단
무역을 통해 거래되는 재화에 부과되는 조세인 관세가 대표적이다.
① **반덤핑관세** : 특정 국가의 상품이 정상가격 이하로 수입되는 덤핑행위에 대하여 부과하는 관세
② **상계관세** : 수출국에서 직·간접적으로 생산 또는 수출에 대하여 장려금이나 보조금을 지급하였을 때 이를 상쇄하기 위하여 부과하는 관세
③ **긴급관세** : 국내산업 보호를 위하여 긴급한 조치가 필요하거나, 긴급히 특정 상품의 수입을 억제하기 위하여 특정 상품에 대해 부과하는 고율의 관세
④ **재정관세** : 국가의 관세수입을 증대시키기 위하여 부과하는 관세

핵심 Plus⁺

비관세장벽
- **수량할당(Quota)** : 특정상품의 수입을 일정량 이상은 금지시키는 제도로 비관세장벽 중에서 가장 많이 이용되는 제도
- **수출자율규제(VER)** : 수입국이 수출국에 압력을 가해 수출국이 자율적으로 수출물량을 일정수준으로 줄이도록 하는 정책
- **수입과징금** : 수입억제를 위하여 수입상품의 일부 내지는 전부를 대상으로 일종의 조세를 부과하는 것
- **수출보조금** : 수출재 생산에 대하여 보조금을 지급하는 것
- **수입허가제** : 수입품목에 대하여 정부의 허가를 받도록 하는 제도

⑤ 할당관세 : 특정 상품의 수입에 대하여 일정량을 정해놓고 정해진 수량 이내의 수입품에 대하여는 낮은 관세를 부과하지만, 정해진 수량 이상의 수입에 대해서는 고율의 관세를 부과하는 것

3. 관세 그래프 분석(소국인 경우)

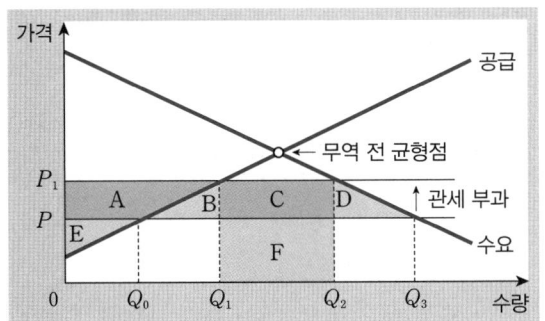

- P : 국제가격
- P_1 : 관세 부과 후 국내가격
- $Q_3 - Q_0$: 관세 부과 이전 수입량
- $Q_2 - Q_1$: 관세 부과 이후 수입량

① 관세 부과 후 줄어드는 소비자잉여 : A + B + C + D
② 관세 부과 후 늘어나는 생산자잉여 : A
③ 관세수입 : C
④ 관세로 인한 후생손실 : B + D
⑤ 위의 그래프를 통해 알 수 있는 관세의 효과
  - 생산 증가 효과 : 관세 부과로 국내 생산량이 증가
  - 소비 억제 효과 : 관세 부과로 국내 수요량이 감소
  - 재정 수입의 증대 : 수입량에 따른 관세 부과는 정부의 재정 수입을 늘려주게 됨
  - 국제수지 개선 효과 : 관세를 부과하면 국제수지가 개선되는 효과를 가져올 수 있음
  - 소비자후생 및 사회적후생의 손실 : 소비자잉여는 감소하고, 사회 전체의 후생이 줄어듦

4. 수입품에 대한 관세 부과

① 대국(Large Country)의 수입품 관세 부과가 국제시장에 미치는 영향 : 대국의 수입물량 감소로 이어져 국제 시장에서 수입품의 초과공급이 발생한다. 이때 수입품의 국제가격이 하락하여 교역조건이 개선된다.
② 대국(Large Country)의 수입품 관세 부과가 자국에 미치는 영향 : 수입물량이 감소하므로 경상수지가 개선된다.

03 경제통합의 유형 ★

1. 유형

(1) 자유무역지역(자유무역협정)
가맹국 간에는 관세 및 비관세장벽을 철폐하고 비가맹국에 대하여는 각 가맹국이 독립적으로 관세 및 비관세장벽을 유지한다.

스파게티볼 효과
여러 나라와 동시다발적으로 FTA를 체결하게 되면 각 나라마다 다른 원산지 규정, 통관절차, 표준 등을 확인하는데 시간과 인력, 비용 등이 다량으로 투입되어 협정체결로 기대되었던 거래비용 절감이라는 효과가 반감되는 현상

(2) 관세동맹
가맹국 간에는 관세 및 비관세장벽을 철폐하고 비가맹국에 대하여는 모든 가맹국이 동일한 관세를 부과한다.

(3) 공동시장
가맹국 간에는 관세 및 비관세장벽을 철폐하고 노동과 자본 등 생산요소의 자유로운 이동을 보장하며 비가맹국에 대하여는 모든 가맹국이 동일한 관세를 부과한다.

(4) 경제동맹
공동시장에 추가로 경제정책에도 상호협력하고 공동보조를 맞춘다.

(5) 경제완전통합
경제면에서 한 국가로 행동한다.

2. 경제통합의 특성 및 기구

통합유형	관세철폐	비가맹국 공동관세	생산요소이동	경제정책협조	통합기구
자유무역지역	○				NAFTA
관세동맹	○	○			
공동시장	○	○	○		CACM
경제동맹	○	○	○	△	EU
경제완전통합	○	○	○	○	

3. 경제통합의 경제적 효과

(1) 무역창출 효과
① 개념 : 관세동맹 이전에는 무역이 없었지만 관세동맹으로 인하여 새로운 무역기회가 생겨나는 효과를 말한다.
② 예시 : 한국의 자동차가 아세안 자국이 생산하는 자동차보다 가격대비 성능이 우수하나 아세안 국가들이 고율의 관세를 부과하여 한국이 수출할 수 없었다. 그러나 한국과 아세안 국가가 관세동맹이나 자유무역협정을 맺으면 관세가 없어지므로 한국이 아세안 여러 나라에 새로이 자동차를 수출할 수 있게 된다.
③ 평가 : 무역창출 효과는 재화의 공급이 비효율적인 국가(아세안)에서 효율적인 국가(한국)로 이동되므로 국제적 자원 배분의 효율성이 높아진다.

(2) 무역전환 효과
① 개념 : 관세동맹 이전에는 저비용의 국가에서 수입하던 재화를 관세동맹 이후에는 고비용의 역내국가(관세동맹국가)로 수입선이 전환되는 효과를 말한다.
② 예시 : 한국의 냉장고가 멕시코가 생산하는 냉장고보다 가격대비 성능이 우수하여 미국은 냉장고를 한국에서 주로 수입하였다. 그러나 미국이 멕시코와 관세동맹을 맺어 관세가 철폐되면 멕시코산 냉장고의 가격대비 성능이 높아지므로 미국의 수입선이 한국에서 멕시코로 전환된다.

③ 평가 : 무역전환 효과는 재화의 공급이 효율적인 국가(한국)에서 비효율적인 국가(멕시코)로 전환되므로 국제적 자원 배분의 효율성이 낮아진다.

04 우루과이라운드(UR)와 WTO ★

1. GATT와 WTO

GATT(General Agreement on Tariffs and Trade)는 일반협정에 불과하여 협정위반국에 대한 제재조치가 불가능하기 때문에 우루과이라운드에서 UR협정을 관할하고 국제무역분쟁을 해결할 국제기구인 국제무역기구(WTO; World Trade Organization)를 설립하였다.

2. 주요 다자간 무역협상

(1) GATT 체제

우루과이라운드(제8차 협상 : 1986~1993) : 관세 및 비관세철폐, 농산물, 서비스, 지적소유권 분야를 다룬다. WTO를 설립하였다.

(2) WTO 체제

도하개발아젠다(DDA) : WTO체제하에서 서비스 시장, 농수산물 시장 개방 등의 협상을 했다.

3. WTO 주요내용

(1) 공산품 분야

관세율을 33% 인하하고 철강, 건설장비, 의료기기, 가구 등 일부 공산품에 대하여 무관세화를 실시한다.

(2) 농산물 분야

모든 농산물의 무역에 있어서 관세 이외의 수입장벽을 인정하지 않는 예외 없는 관세화 원칙을 제정하였다. 또한 농산물 완전 관세화의 충격을 줄이기 위하여 일정기간 관세화를 연기해 주었으나 이 기간에도 일정량을 수입하여야 하는데 이를 최소시장접근(MMA)이라 한다.

(3) 서비스 시장 분야

무역 가능한 모든 서비스업, 지적재산권, 투자조치도 규율대상에 포함시켰다.

(4) 반덤핑 분야

반덤핑조치의 발동기준과 부과절차를 규정하였다.

(5) 분쟁해결기구 설치

국가 간 무역분쟁해결을 전담할 분쟁해결기구인 DSB를 설치하였다.

(6) 보조금

수출에 왜곡을 가져오는 금지 보조금은 3년 내 폐지하고 수입국에 심각한 피해가 생길 것으로 추정되는 상계 가능 보조금에 대해 보복조치를 취할 수 있도록 허용하였다.

핵심 Plus

환태평양경제동반자협정 (TPP; Trans Pacific Partnership)

아시아·태평양 지역 국가들의 다자간 자유무역협정으로, 무역장벽 철폐와 시장개방을 통한 무역자유화를 목적으로 함

(7) 긴급수입제한조치(Safeguard)

긴급수입제한조치의 발동요건과 발동기간을 구체적으로 명시하였다.

[GATT와 WTO 비교]

구 분	GATT	WTO
설립연도	• 1947년	• 1995년
성 격	• 국제협정(Agreement)	• 국제기구(Organization)
규제대상	• 주로 공산품	• 공산품, 농산물, 서비스, 지적재산권
권 한	• 위반국에 대한 제재능력 부재	• 위반국에 대한 강제적 집행능력 보유
분쟁해결	• 양국 간 분야별 쌍무협상	• 분쟁해결기구인 DSB를 설치
무역규범	• 보조금의 정의와 반덤핑조치에 대하여 애매한 규제	• 보조금의 정의를 분명히 하고 반덤핑조치에 구체적 요건 명시 • 긴급수입제한조치의 발동요건과 발동기간을 구체적으로 명시

시험문제 미리보기!

다음 그림은 교역 전 소비재 X에 대한 두 나라의 시장 상황을 나타낸다. 교역 후 두 나라의 X재 생산자와 소비자에게 무역이 미치는 영향을 가장 옳게 연결한 것은? (단, 교역에 따른 거래 비용은 없다고 가정한다)

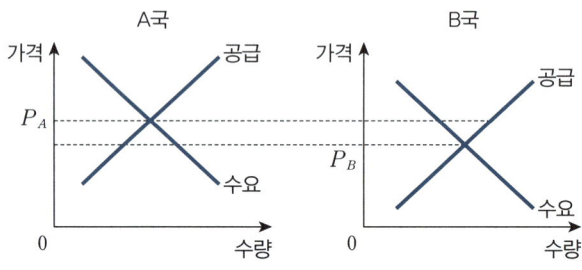

	A국 생산자	A국 소비자	B국 생산자	B국 소비자
①	이득	이득	이득	이득
②	불리	불리	이득	이득
③	이득	이득	불리	불리
④	불리	이득	이득	불리
⑤	이득	불리	불리	이득

정답 ④
해설 수입국의 소비자, 수출국의 생산자가 유리하고, 수입국의 생산자, 수출국의 소비자가 불리하다. A국은 국내가격보다 국제가격이 낮으므로 수입국이고, B국은 국제가격이 국내가격보다 높으므로 수출국이 될 것이다.

fn. Hackers.com
금융·자격증 전문 교육기관 **해커스금융**

출제예상문제

> 출제예상문제의 중요도를 ★~★★★으로 구분하였습니다. 난이도가 가장 높은 고등급 문제는 S등급 표시하였으니, S등급을 목표로 하신다면 반드시 학습하시기 바랍니다.

01 ★★

다음은 A국과 B국이 각각 신발과 전화기를 1단위씩 생산하는데 투입한 노동량을 비교한 것이다. 이에 대한 설명으로 옳은 것만을 <보기>에서 모두 고른 것은? (단, 두 나라 간에 생산요소 이동은 없고, 생산비에는 노동량만 포함된다고 가정한다)

구 분	A국	B국
신발(1단위)	7명	6명
전화기(1단위)	9명	5명

<보기>
ㄱ. 절대우위론에 따르면 두 국가 간의 무역은 이루어지지 않는다.
ㄴ. 신발 생산에 대한 절대우위와 비교우위는 B국에 있다.
ㄷ. B국은 신발 생산에 절대우위가, 전화기 생산에 절대우위와 비교우위가 있다.

① ㄱ ② ㄴ ③ ㄱ, ㄴ ④ ㄱ, ㄷ ⑤ ㄱ, ㄴ, ㄷ

02 ★★

아래 표는 갑과 을의 시간당 최대 생산량을 나타낸 것이다. 이에 대한 옳은 설명은?

구 분	갑	을
사 과	8	4
배	8	6

① 을은 사과 생산에 비교우위가 있다.
② 을은 사과 생산에만 절대우위가 있다.
③ 갑은 사과 생산에 비교우위가 있다.
④ 갑은 배 생산에만 절대우위가 있다
⑤ 사과 생산은 을이 담당하는 것이 합리적이다.

03 다음 자료에 대한 분석으로 옳은 것은?

아래 표는 갑국과 을국이 최대로 생산할 수 있는 X재 또는 Y재의 생산량을 나타낸 것이다. 양국은 두 재화 중 비교우위에 있는 재화만을 생산하여 이익이 발생할 경우에만 교역하기로 하였다. 단, 양국 모두 노동만을 생산요소로 투입한다. 또한 양국이 보유한 노동량은 동일하고, 각국의 노동 1단위당 생산량은 일정하다.

구 분	X재	Y재
갑 국	5단위	40단위
을 국	20단위	40단위

① 갑국은 X재 3단위와 Y재 20단위를 동시에 생산할 수 있다.
② X재 1단위 추가 생산의 기회비용은 을국이 갑국의 4배이다.
③ 을국은 X재 생산에 절대우위, Y재 생산에 비교우위가 있다.
④ 교역 후 갑국은 Y재를 최대 80단위까지 소비할 수 있다.
⑤ 교역 후 을국의 X재 1단위 소비에 따른 기회비용은 교역 전보다 증가한다.

정답 및 해설

01 ④

B국이 신발과 전화기 모두 생산비가 작으므로 신발과 전화기 모두에 절대우위가 있고 A국은 두 재화 모두 절대열위에 있다. 절대우위론은 각각 잘하는 것이 존재할 때 각각 잘하는 것을 특화하여 무역을 한다는 이론이다. 따라서 절대우위론에 의하면 두 국가 간 교역이 이루어지지 않는다. 비교우위에 따른 각 국의 두 재화의 기회비용은 아래와 같다.

구 분	A국 - 기회비용	B국 - 기회비용
신발(1단위)	7명 - 전화기 7/9개	6명 - 전화기 6/5개
전화기(1단위)	9명 - 신발 9/7개	5명 - 신발 5/6개

기회비용을 비교하면 A국은 신발에 비교우위, 전화기에 비교열위에 있으며, B국은 신발에 비교열위, 전화기에 비교우위가 있다.

오답노트
ㄴ. 신발 생산에 대한 절대우위는 있지만 비교열위에 있는 것이 B국이다.

02 ③

갑이 사과와 배 생산 모두 절대우위에 있으므로 절대우위가 아닌 비교우위에 의한 무역이 발생한다. 갑의 사과 1개 생산의 기회비용은 배 1개이고, 을의 사과 1개 생산의 기회비용은 배 1.5개이므로 갑은 사과 생산에, 을은 배 생산에 비교우위가 있다.

오답노트
① 을은 배 생산에 비교우위가 있다.
② 을은 사과와 배 모두 절대열위가 있다.
④ 갑은 사과와 배 모두 절대우위가 있다
⑤ 사과 생산은 갑이 담당하는 것이 합리적이다.

03 ⑤

오답노트
① 갑국이 X재를 3단위 생산할 경우 Y재는 16단위까지 생산할 수 있다.
② X재 1단위 추가 생산의 기회비용은 갑국이 Y재 8단위, 을국이 Y재 2단위이므로 갑국이 을국의 4배이다.
③ 을국은 X재 생산에 절대우위와 비교우위가 있다.
④ 교역 후 갑국은 비교우위가 있는 Y재를 40단위까지만 생산할 수 있으므로 80단위를 소비할 수 없다.

04 그림은 동일한 양의 노동력을 이용하여 자동차와 컴퓨터를 생산하는 갑국과 을국의 생산가능곡선을 나타낸다. 이에 대한 분석으로 옳지 않은 것은? (단, 두 나라가 생산하는 자동차와 컴퓨터의 품질은 동일하며 교역에 따른 비용은 발생하지 않는다)

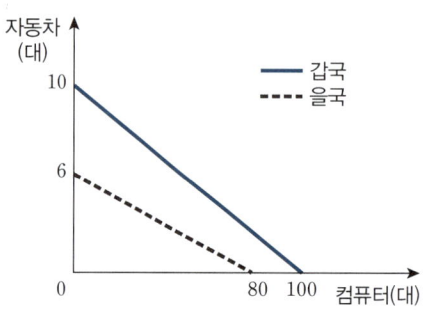

① 갑국이 을국에 대해서 두 재화 모두 절대우위에 있다.
② 컴퓨터 1단위 생산에 따른 기회비용은 갑국이 을국보다 작다.
③ 갑국의 자동차 10대 생산에 따른 기회비용은 컴퓨터 100대이다.
④ 갑국은 자동차 1대당 컴퓨터 0.5대의 교역조건이라면 무역을 하지 않을 것이다.
⑤ 절대우위론하에서는 무역이 발생하지 않는다.

05 갑국, 을국, 병국이 노동만을 생산요소로 하여 X재와 Y재 중 한 재화만 생산할 때 최대 생산량은 다음 표와 같다. 이에 대한 설명으로 옳은 것은? (단, 각국의 생산가능곡선은 직선이다)

구 분	X재	Y재
갑 국	20	20
을 국	6	10
병 국	40	40

① X재 생산에 갑국은 을국보다 절대우위와 비교우위를 가지고 있다.
② X재 생산에 을국은 병국보다 비교우위를 가지고 있다.
③ X재 1단위 생산의 기회비용은 병국이 갑국보다 크다.
④ 병국은 X재와 Y재 생산에 모두 을국보다 절대우위를 가지고, 갑국에 대해서는 절대우위를 가지지 않는다.
⑤ 세 나라 모두 무역에 참여하여 얻는 이익이 없으므로 무역에 참여하지 않을 것이다.

06

다음 표는 갑국과 을국이 노동 1단위를 투입하여 생산할 수 있는 X재와 Y재의 수량을 나타낸 것이다. 이에 대한 분석으로 옳은 것은? (단, 필요 생산요소는 노동뿐이고, 양국이 보유한 노동의 양은 같다)

국가 \ 재화	X재	Y재
갑 국	5개	5개
을 국	4개	2개

① 갑국은 X재 생산에, 을국은 Y재 생산에 비교우위가 있다.
② 을국에서 X재 1개 생산의 기회비용은 Y재 2개이다.
③ Y재 1개를 더 생산할 때 포기해야 하는 X재는 갑국이 을국보다 크다.
④ 양국이 비교우위 재화를 특화하여 무역을 할 때, 양국의 특화 상품 1개 소비의 기회비용은 무역 이전보다 커진다.
⑤ 갑국이 둘다 절대우위에 있으므로 무역은 발생하지 않는다.

정답 및 해설

04 ②

생산가능곡선을 이용한 무역문제이다. 상대적으로 많이 생산하는 품목에 대해 특화가 이루어져야 한다.
갑은 컴퓨터 100대 = 자동차 10대, 을은 컴퓨터 80대 = 자동차 6대이므로 컴퓨터로 환산하면 컴퓨터 1대당 갑은 자동차 0.1, 을은 3/40 = 0.075에 해당한다. 따라서 갑국의 기회비용이 더 크다.

오답노트
① 갑국이 컴퓨터와 자동차 생산량이 많으므로 둘 다 절대우위에 있다.
④ 특화품목을 생산한 후에 교역조건에 의해 무역을 하면 소비점이 줄어들기 때문에 무역을 하지 않을 것이다.

TIP
- 갑국 컴퓨터 100대 = 자동차 10대
  - 컴퓨터 1대 : 자동차 $\frac{1}{10}$대
  - 자동차 1대 : 컴퓨터 10대 ⇨ 특화
- 을국 컴퓨터 80대 = 자동차 6대
  - 컴퓨터 1대 : 자동차 $\frac{3}{40}$대 ⇨ 특화
  - 자동차 1대 : 컴퓨터 $\frac{40}{3}$대

05 ①

문제는 생산가능곡선을 말하고 있다. 생산량은 많을수록 좋다.
X재 생산에 갑국은 을국보다 많이 생산할 수 있으므로 절대우위를 가지고 있다. 비교우위는 기회비용을 생각해야 하는데 X재 생산의 기회비용은 갑국이 20X = 20Y이므로 X = Y이고 을국이 6X = 10Y이므로 X = $\frac{5}{3}$Y이다. 따라서 갑국은 X재에 절대우위와 비교우위를 모두 가지고 있다.

오답노트
② X재 생산의 기회비용은 을국이 X = $\frac{5}{3}$Y이고 병국이 X = Y이므로 을국은 병국보다 비교열위를 가지고 있다.
③ X재 1단위 생산의 기회비용은 X = Y로 동일하다.
④ 병국은 X재와 Y재 생산에 모두 갑국과 을국보다 생산량이 많기 때문에 절대우위를 가진다.
⑤ 비교우위에 따른 무역을 함으로써 이익을 얻을 수 있다.

TIP
그래프를 생산가능곡선으로 표현하면 다음과 같다.

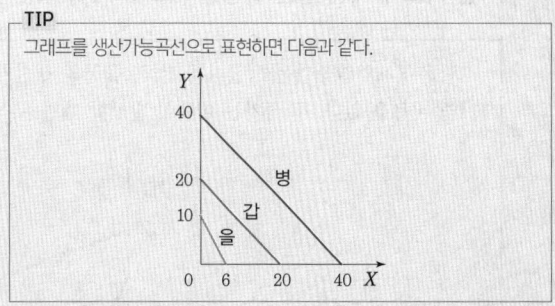

06 ④

위의 표는 생산가능곡선을 통한 비교우위를 구하는 문제이다. 생산비로 풀면 오류이다. 갑국은 5X = 5Y, 을국은 4X = 2Y로 기회비용을 구해야 한다. 각국은 전보다 더 많은 것을 특화품목을 통해서 얻어야만 무역을 할 것이다. 이는 특화품목의 가치가 높아지는 것을 의미하므로 무역 후에는 특화품목의 기회비용이 커질 것이다.

오답노트
① 갑국은 Y재에 을국은 X재에 비교우위가 있다.
② Y재 $\frac{1}{2}$개이다.
③ 갑국이 1Y = 1X, 을국이 1Y = 2X이므로 을국이 더 크다.
⑤ 비교우위에 입각하여 무역할 것이다.

07 그림은 쌀과 밀만을 생산하는 A국과 B국의 교역 전 최대 생산 가능량을 나타낸 것이다. 이에 대한 설명으로 옳은 것은? (단, 두 나라의 생산요소는 노동뿐이고 총 노동량은 동일하며, 생산물 단위는 톤이다)

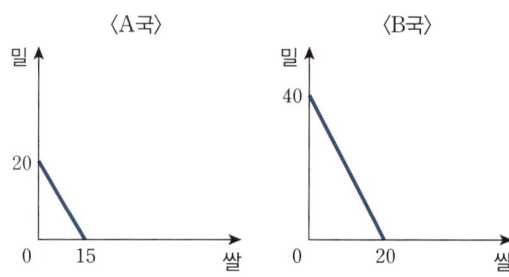

① A국은 밀 생산에, B국은 쌀 생산에 비교우위가 있다.
② B국의 밀 1톤 생산에 대한 기회비용은 쌀 2톤이다.
③ 쌀과 밀 생산에 있어 A국은 기술 수준이 더 높다.
④ B국은 A국에 비해 쌀과 밀 생산 모두에서 절대우위에 있다.
⑤ 양국이 무역의 이익을 얻으면 특화품목의 기회비용은 작아진다.

08 다음 자료에 대한 옳은 설명을 <보기>에서 고른 것은?

그림은 X재와 Y재만을 생산하는 갑국, 을국의 생산가능곡선을 나타낸다. (단, 양국의 생산요소의 양은 같으며, 무역에 따른 거래 비용은 없다. 두 국가는 이득이 발생할 때만 무역에 참여한다)

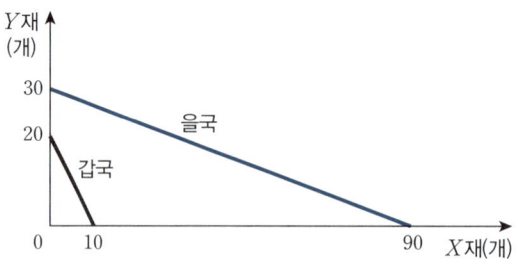

<보기>
ㄱ. X재 생산의 기회비용은 갑국이 을국의 3배이다.
ㄴ. Y재 생산의 기회비용은 을국이 갑국의 6배이다.
ㄷ. 갑국은 무역 후 Y재 소비에 따른 기회비용이 감소한다.
ㄹ. X재와 Y재의 교환 비율이 2 : 3이라면 양국은 무역에 참여할 것이다.

① ㄱ, ㄴ   ② ㄱ, ㄷ   ③ ㄴ, ㄷ   ④ ㄴ, ㄹ   ⑤ ㄷ, ㄹ

09 다음 조건들을 토대로 한 추론으로 옳은 것은?

- X재와 Y재만 생산하는 갑국과 을국의 생산가능곡선은 직선이다.
- 갑국의 경우, X재 1단위 생산의 기회비용은 Y재 3단위로 을국보다 작다.
- 양국은 이익이 발생할 때에만 비교우위에 있는 재화를 특화하여 생산한 후 서로 교환한다.

① 갑국은 Y재 생산에 비교우위를 가진다.
② 갑국에서 단위당 생산비는 X재가 Y재보다 작다.
③ X재로 나타낸 Y재 생산의 기회비용은 갑국보다 을국이 크다.
④ 교역 전 갑국이 한 재화만을 생산할 때 Y재보다 X재를 더 많이 생산할 수 있다.
⑤ 갑국이 X재를 1단위 수출하면 Y재를 3단위보다 많이 수입할 수 있다.

정답 및 해설

07 ④
비교우위의 문제이다. B국이 둘 다 더 많이 생산할 수 있으므로 쌀과 밀 모두 절대우위에 있다.

오답노트
① 쌀 1단위 생산의 기회비용은 A국은 밀 $\frac{4}{3}$, B국은 밀 2이고, 밀 1단위 생산의 기회비용은 A국이 쌀 $\frac{3}{4}$, B국이 쌀 $\frac{1}{2}$이다. 따라서 기회비용이 작은 쪽을 특화하므로 A국은 쌀 B국은 밀을 특화하게 된다.
② 쌀 $\frac{1}{2}$이다.
③ 기술수준이 높다면 더 많은 생산이 이루어져야 한다. 따라서 많은 양을 생산할 수 있는 B국이 기술수준이 더 높다.
⑤ 양국이 무역의 이익을 얻으면 특화품목의 기회비용은 커진다.

08 ④
생산가능곡선과 무역의 이익

구 분	기회비용	
	X재(1개)	Y재(1개)
갑 국	Y재 2개	X재 $\frac{1}{2}$개
을 국	Y재 $\frac{1}{3}$개	X재 3개

오답노트
ㄷ. 갑국은 Y재에 비교우위가 있으므로 Y재 소비에 따른 기회비용이 증가한다.

09 ⑤
X재 1단위를 수출한 대가로 Y재를 3단위보다 많이 받아야만 갑국은 이익을 얻을 수 있다.

오답노트
① 갑국은 X재 생산에, 을국은 Y재 생산에 비교우위가 있다.

TIP
- 기회비용이 작은 것을 특화하므로 갑국은 X재를 특화한다.
- 이익이 발생하기 위해서는 기회비용의 사잇값에 있어야 한다.

10 갑과 을은 레트로 게임 동호회에서 만나 패밀리 게임기와 재믹스 게임기를 만든다. 갑과 을이 하루에 만들 수 있는 게임기의 개수는 다음 표와 같다. 만약 갑과 을이 각자 만든 장난감을 거래한다면 패밀리 게임기 1개당 거래되는 재믹스 게임기의 개수로 옳은 것은?

(단위 : 개)

구 분	갑	을
패밀리	8	4
재믹스	6	2

① 1　　　　　② $\frac{1}{2}$ 미만　　　　　③ $\frac{3}{4}$ 이상

④ $\frac{3}{4}$과 $\frac{1}{2}$ 사이　　　　　⑤ $\frac{4}{3}$와 2 사이

11 A국과 B국은 기계와 의류를 생산하고 있다. 이 두 나라가 기계와 의류를 생산하기 위해 필요한 단위 노동 투입량은 다음과 같다. 생산요소가 노동밖에 없다고 보고 다음 <보기> 중 옳은 것은?

(단위 : 대, 벌)

구 분	A국	B국
기 계	70	60
의 류	100	50

<보기>
ㄱ. A국은 두 상품에 대해 절대우위를 가지고 있다.
ㄴ. A국은 기계에 대해 비교우위를 가지고 있다.
ㄷ. A, B국이 무역을 한다면 B국은 기계를 수입할 것이다.
ㄹ. A, B국이 무역을 한다면 A국은 두 상품을 모두 수입해야 한다.

① ㄱ, ㄴ　　　② ㄴ, ㄷ　　　③ ㄷ, ㄹ　　　④ ㄱ, ㄴ, ㄷ　　　⑤ ㄴ, ㄷ, ㄹ

12

표는 갑, 을, 병 3개국이 일정한 생산비를 투입하여 최대로 생산할 수 있는 TV와 휴대전화의 생산량 조합을 나타낸 것이다. 이에 근거한 추론으로 가장 타당한 것은?

(단위 : 만 대)

구 분	품 목	생산량의 조합					
갑	TV	5	4	3	2	1	0
	휴대전화	0	1	2	3	4	5
을	TV	10	8	6	4	2	0
	휴대전화	0	1.6	3.2	4.8	6.4	8
병	TV	10	8	6	4	2	0
	휴대전화	0	3	6	9	12	15

① 갑은 을과 병에 대해 두 재화 모두 절대우위에 있다.
② TV로 표시한 휴대전화 1대의 기회비용은 을보다 갑이 크다.
③ 을과 병의 교역에서 을은 휴대전화에 특화하는 것이 유리하다.
④ 을과 병이 TV와 휴대전화를 1 : 1로 교역하면 양국 모두 무역 이익을 얻는다.
⑤ 갑이 TV 생산을 늘릴수록 휴대전화로 표시한 TV 1대의 기회비용은 커진다.

정답 및 해설

10 ④
교환에서 교환비율(무역에서는 교역조건)은 양자의 상대가격인 기회비용의 사이에서 결정된다. 패밀리 1대의 거래 비율이므로 갑의 $\frac{3}{4}$재믹스와 을의 $\frac{1}{2}$재믹스 사이에서 거래되면 된다.

11 ②
A국은 기계와 의류에 필요한 단위 노동량이 B국보다 크므로 둘 다 절대열위에 있고 B국은 절대우위에 있다.
A국 기계 생산의 기회비용은 의류 $\frac{70}{100}$벌이고 의류 생산의 기회비용은 $\frac{100}{70}$대이다. 반면 B국의 기계생산의 기회비용은 의류 $\frac{60}{50}$벌이고 의류 생산의 기회비용은 기계 $\frac{50}{60}$대이다. 따라서 A국은 기계를, B국은 의류를 특화하면 된다.

12 ④
을국의 TV 1단위와 병국의 휴대전화 1단위를 교환하면 을국은 휴대전화 $\frac{1}{5}$대에 해당하는 이익을 얻고, 병국은 TV $\frac{1}{3}$대에 해당하는 이익을 얻게 된다.

[오답노트]
⑤ 갑국이 TV 생산을 1단위 늘릴 때마다 포기해야 하는 휴대전화의 양은 일정하다.

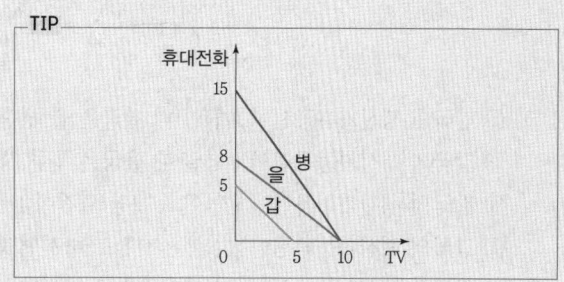
TIP

13 표는 갑국과 을국이 쌀 1kg과 고기 1kg을 생산하는 데 드는 비용을 나타낸 것이다. 이에 대한 옳은 설명을 <보기>에서 고른 것은?

구 분	갑 국	을 국
쌀 1kg	10달러	20달러
고기 1kg	12달러	15달러

<보기>
ㄱ. 갑국은 쌀과 고기 생산에 모두 절대우위가 있다.
ㄴ. 쌀 1kg과 고기 1kg을 교환하는 조건일 때, 을국의 쌀에 대한 고기의 기회비용은 감소한다.
ㄷ. 갑국은 고기를, 을국은 쌀을 특화하는 것이 유리하다.
ㄹ. 갑국과 을국이 교역할 경우, 고기 1kg의 교역 조건은 쌀 0.75kg과 1.2kg 사이에서 결정된다.

① ㄱ, ㄴ ② ㄱ, ㄹ ③ ㄴ, ㄷ ④ ㄴ, ㄹ ⑤ ㄷ, ㄹ

14 다음 그림은 갑국과 을국이 동일한 생산요소를 투입하여 최대로 생산 할 수 있는 두 재화의 조합을 나타낸 것이다. 이에 대한 분석으로 옳지 않은 것은?

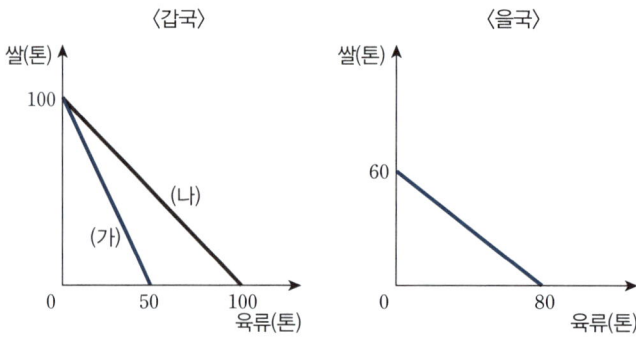

① 갑국의 생산가능곡선이 (가)일 때 갑국은 쌀 생산에 절대우위가 있다.
② 갑국의 생산가능곡선이 (나)일 때 을국은 육류 생산에 특화하는 것이 유리하다.
③ 갑국의 생산가능곡선이 (가)이고 교역 조건이 1:1이라면 양국 모두 무역 이익을 얻는다.
④ 갑국의 생산가능곡선이 (가)에서 (나)로 바뀌면 육류 1톤 생산의 기회비용이 작아진다.
⑤ 갑국의 생산가능곡선이 (가)에서 (나)로 바뀌면 갑국과 을국의 비교우위 품목이 변한다.

15 다음 중 자유무역협정을 옹호하는 논리를 모두 고르면?

> ㄱ. 무역으로 인해 숙련 노동자의 임금이 더 상승한다.
> ㄴ. 무역으로 인해 특화가 가능해지고 비용이 하락한다.
> ㄷ. 무역으로 다양한 상품의 선택이 가능해진다.
> ㄹ. 무역이 행해진다는 것은 교역 쌍방이 모두 이득을 보고 있기 때문이다.

① ㄱ, ㄴ　　② ㄱ, ㄹ　　③ ㄴ, ㄷ　　④ ㄱ, ㄴ, ㄹ　　⑤ ㄴ, ㄷ, ㄹ

정답 및 해설

13 ②
ㄱ. 갑국은 쌀과 고기 생산에 모두 절대우위가 있다.
ㄹ. 갑국과 을국이 교역할 경우, 고기 1kg의 교역 조건은 을국의 국내교환 비율인 쌀 0.75kg과 갑국의 국내교환 비율인 쌀 1.2kg 사이에서 결정된다.

오답노트
ㄴ. 무역 전 을국은 고기 1kg과 쌀 0.75kg을 교환할 수 있는데, 쌀 1kg과 고기 1kg을 교환하는 조건일 경우 을국의 쌀에 대한 고기의 기회비용은 쌀 0.75kg에서 쌀 1kg으로 증가한다.
ㄷ. 갑국은 쌀을, 을국은 고기를 특화하는 것이 유리하다.

14 ⑤
갑국의 생산가능곡선이 (가)에서 (나)로 바뀌어도 갑국은 쌀 생산에, 을국은 육류 생산에 비교우위가 있다.

오답노트
① 갑국의 생산가능곡선이 (가)일 때, 갑국의 쌀 최대 생산량은 100톤이고, 을국은 60톤이다. 따라서 갑국의 쌀 단위당 생산비가 을국보다 적게 든다. 갑국은 쌀 생산에 절대우위가 있다.
② 갑국의 생산가능곡선이 (나)일 때, 갑국의 육류 1톤 생산의 기회비용은 쌀 1톤이다. 을국의 육류 1톤 생산의 기회비용은 쌀 3/4톤이다. 을국이 육류 생산에 비교우위가 있다.
④ 갑국의 생산가능곡선이 (가)일 때, 육류 1톤 생산의 기회비용은 쌀 2톤이다. (나)일 때, 육류 1톤 생산의 기회비용은 쌀 1톤이다.

15 ⑤
자유무역을 통해 시장이 커지면 몇 가지 상품에 특화할 수 있고 규모의 경제(생산 규모가 클수록 비용이 줄어듦)에 따라 비용이 하락한다. 또 무역이 활발해지면 여러 나라의 상품이 수입되고 각국의 다양한 상품을 선택할 수 있다.

오답노트
ㄱ. 무역이 활발해진다고 해서 숙련 노동자의 임금이 더 상승하는 것은 아니다.

16 다음 글에 부합하는 진술로 가장 적절한 것은?

> 공정 무역은 저개발 국가의 가난한 생산자에게 정당한 가격을 보장하기 위해 시작되었다. 이것이 성공하기까지는 소비자의 선택이 큰 역할을 하였다. 공정 무역에서는 낙후된 지역에 마을 학교, 공동 우물 등을 공급하는 비용까지 소비자가 부담한다. 좀 더 가격을 지불하더라도 저개발 국가의 빈곤 극복에 도움을 주겠다는 의지가 반영된 것이다. 이를 공감한 선진국의 기업들도 공정 무역에 참여하기 시작하였다.

① 공정 무역은 생산자보다 소비자에게 이익이 된다.
② 소비자 행동으로 기업 활동을 변화시키기 어렵다.
③ 기업이 노력해야 소비자의 의식 개선이 이루어진다.
④ 소비자는 윤리적 가치도 고려하여 소비활동을 한다.
⑤ 무역 관계의 변화를 위해서는 정부의 개입이 요구된다.

17 그림은 A국의 X재에 대한 국내수요와 국내공급을 나타낸 것으로 자유무역을 실시하기 전 E점에서 균형을 이루고 있다. A국이 시장을 전면 개방할 경우, 국내의 X재 시장에 미치는 영향에 대한 설명으로 옳지 않은 것은? (단, X재의 국제 시장가격은 P_1이고, A국은 이 가격을 주어진 것으로 받아들이며, 이 가격에서 X재를 얼마든지 수입할 수 있다)

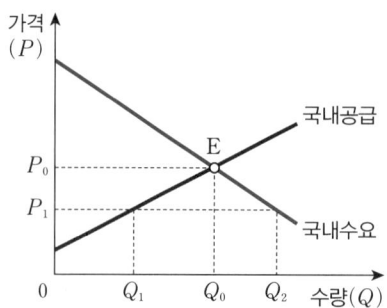

① 시장균형가격은 하락한다.
② 소비자잉여는 증가한다.
③ 사회적잉여는 감소한다.
④ 국내 생산자의 국내 판매수입은 감소한다.
⑤ A국 정부는 이득을 보지 않는다.

18. 최근 수입 연어의 무관세 수입 여부를 둘러싸고 사회적 논란이 벌어졌다. 관세와 관련한 다음 설명 중 맞지 않는 것은?

<보기>
ㄱ. 관세를 부과하는 목적으로는 국가 재정수입 확대와 국내 산업 보호, 물가안정 등을 꼽을 수 있다.
ㄴ. 관세는 부과 기준에 따라 수입품의 가격에 대해 일정 비율로 부과하는 종량세와 수입품의 수량에 대해 일정액을 물리는 종가세로 나눌 수 있다.
ㄷ. 수입물품에 적용하는 관세율은 크게 기본관세율, 양허관세율, 탄력관세율이 있으며 할당관세는 탄력관세율의 일종이다.
ㄹ. 세계무역기구(WTO)의 도하라운드 협상이 교착 상태를 보이면서 세계 교역상품에 부과되는 평균관세율은 최근 상승 추세다.

① ㄱ, ㄴ   ② ㄱ, ㄹ   ③ ㄴ, ㄷ   ④ ㄴ, ㄹ   ⑤ ㄴ, ㄷ, ㄹ

정답 및 해설

16 ④
공정 무역은 생산자에게 정당한 가격을 보장하여 생산자와 소비자가 더불어 사는 세상을 만들기 위한 운동으로, 소비자는 윤리적 가치도 고려하여 소비활동을 한 것으로 볼 수 있다.

17 ③
자유무역을 하게 되면 가격이 P_1으로 내려가고 거래량은 증가하므로 소비자잉여는 증가하고 생산자잉여는 감소한다. 이때 소비자잉여의 증가분이 생산자잉여의 감소분보다 크다. 따라서 사회적잉여는 증가한다.

[오답노트]
① P_0에서 P_1으로 감소한다.
② 소비자잉여는 증가, 생산자잉여는 감소한다.
④ 가격이 떨어지고 수입량이 증가함으로써 국내 판매수입은 감소한다.
⑤ 자유무역이 이루어지면 관세가 없으므로 이익을 보지 않는다.

18 ④
WTO체제는 자유무역을 지향하고 있다. 따라서 관세는 세계무역을 위축시키고 성장을 가로막는 걸림돌로 작용함에 따라 WTO체제에서 대폭적인 관세 인하가 이루어지고 있다.
ㄴ. 관세는 부과 기준에 따라 수입품의 가격에 대해 일정 비율로 부과하는 종가세와 수입품의 수량에 대해 일정액을 물리는 종량세로 나눌 수 있다.
ㄹ. 세계무역기구(WTO)의 도하라운드 협상이 교착 상태를 보이면서 세계 교역상품에 부과되는 평균 관세율은 최근 하락 추세다.

19 다음 상황에서 관세 부과 후에 예상되는 갑국의 변화로 옳지 않은 것은?

> 자동차를 자유무역으로 수입하고 있던 갑국에서 단위당 $P_1 - P_0$만큼의 관세를 부과하였다. 관세부과 전 자동차의 국제가격은 P_0였다. 이 나라는 국제가격에 전혀 영향을 미칠 수 없고, 자동차는 국제가격으로 이 나라에 얼마든지 공급할 수 있다.

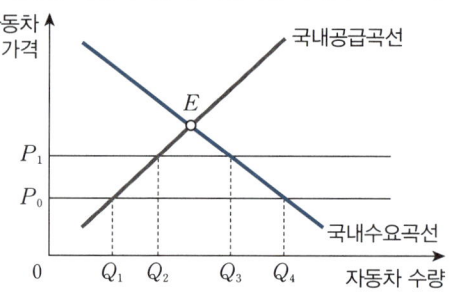

① 자동차의 국내 생산량은 Q_2이다.
② 자동차의 국내 수요량은 Q_3이다.
③ 정부의 관세 수입은 $P_1 \times (Q_3 - Q_2)$이다.
④ 자동차의 국내 생산량이 $Q_2 - Q_1$만큼 증가한다.
⑤ 관세부과로 인해 사회적 후생손실이 발생한다.

20 다음 그림은 개도국의 유망 산업에 관세가 부과된 상황을 보여준다. D는 국내 수요곡선이고 S는 국내 공급곡선이다. 관세가 부과되기 전 국내가격 P_1은 국제가격 P^*와 같다. 그러나 관세가 부과되면 국내가격은 $(1+t)P^*$와 같아진다. 다음 중 관세의 단기적 효과로서 순후생손실에 해당하는 것은? (단, t는 관세율이다)

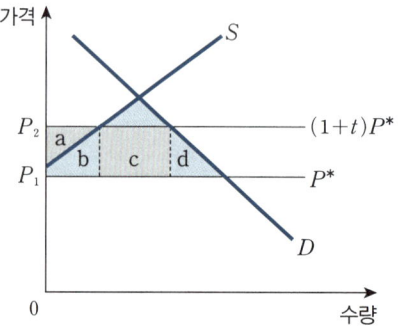

① a ② b+c+d ③ d
④ b+d ⑤ a+b+c+d

21 X, Y 두 재화의 생산가능곡선이 아래와 같은 나라에서 다른 나라와의 교역이 시작된 후 생산이 A점에서 B점으로 이동했다고 할 때 옳은 것을 모두 고른 것은?

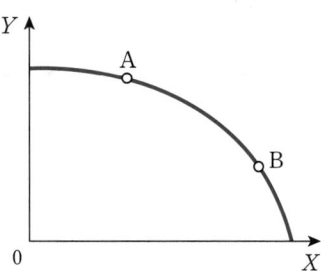

ㄱ. 이 나라는 X재를 수출하고 Y재를 수입한다.
ㄴ. A, B점 모두에서 고용된 생산요소의 총량은 변함이 없다.
ㄷ. 이 나라는 X재에 비교우위가 있는 나라와 교역을 하여 교역의 이득을 얻는다.
ㄹ. 교역의 이득이 발생할 경우 생산가능곡선의 우측 바깥쪽에서 소비가 이루어질 수 있다.

① ㄱ, ㄴ   ② ㄱ, ㄹ   ③ ㄴ, ㄷ   ④ ㄱ, ㄴ, ㄹ   ⑤ ㄴ, ㄷ, ㄹ

정답 및 해설

19 ③
관세수입은 관세 × 수입량이다. 수입량은 $Q_3 - Q_2$이나 관세는 P_1이 아닌 $P_1 - P_0$이다. 따라서 관세수입은 $(P_1 - P_0) \times (Q_3 - Q_2)$가 된다.

20 ④
관세 부과로 국내가격이 P_2로 높아지면 소비자잉여는 a + b + c + d 만큼 줄어든다. 이 가운데 a는 생산자잉여가 된다. 또 c는 정부의 관세수입으로 후생을 증가시킨다. 국내가격 P_2가 공급곡선(S)과 만나는 점의 수량을 초과한 만큼은 수입될 것이므로 이 수량에 관세를 곱한 c가 관세수입이기 때문이다. 결국 순후생손실은 b와 d를 합친 것이다.

21 ④
생산가능곡선은 주어진 생산요소와 기술을 사용해 최대한 생산할 수 있는 산출물의 조합을 나타낸 곡선이다. 생산가능곡선이 늘어난 쪽을 특화한 것이므로 이 나라는 X를 특화하여 타국과 교역의 이득을 얻는다.

제2장 국제수지

📖 학습전략

국제수지는 1년간 한 나라가 수취한 외화의 차액이며, 경상수지, 자본·금융계정, 오차 및 누락 등으로 구성되어 있다. 또한 외화의 수취와 외화의 지급이 같을 때 국제수지는 균형을 이룬다.

경상수지는 다시 상품수지와 서비스수지, 본원소득수지, 이전소득수지로 구분된다. 이러한 경상수지는 환율과 그 영향을 주고 받는데, 경상수지가 흑자일 때 환율은 하락하고, 적자일 때 환율은 상승한다.

📖 출제비중

100%
제1절 국제수지

출제유형

국제지수의 각 항목을 구분하여 계산하는 문제가 "경제이론" 영역에서 출제된다. 국제수지의 변화를 통해 환율과 연결하거나 경기판단을 하는 지표로 쓰이는 문제 등이 "응용복합" 영역에서 출제된다.

학습구성

구 분	출제포인트	중요도
제1절 국제수지	01 국제수지의 의미와 구성	★★★
	02 국제수지의 균형	★
	03 경상수지와 환율	★

제1절 | 국제수지

핵심 Check ✓ 국제수지	
국제수지	• 경상수지 : 상품수지, 서비스수지, 본원소득수지, 이전소득수지 • 자본·금융계정

01 국제수지의 의미와 구성 ★★★

1. 의미
1년간 한 나라가 수취한 외화와 지불한 외화의 차액으로 경상수지, 자본·금융계정, 오차 및 누락 등으로 구성된다.

2. 경상수지

(1) 의미
재화, 서비스, 생산요소 등의 거래(경상거래)에 따른 외화의 수취와 지급의 차액으로 상품수지, 서비스수지, 본원소득수지, 이전소득수지의 합으로 이루어진다.

(2) 상품수지
상품의 수출액과 수입액의 차이를 기록함 ⇨ 경상수지에서 가장 큰 비중을 차지한다.

(3) 서비스수지
외국과의 서비스 거래로 수취한 돈과 지급한 돈의 차이를 기록한다.

(4) 본원소득수지
거주자와 비거주자 간에 근로의 대가로 지급된 급료 및 임금수지와 배당금·이자로 지급된 투자 소득수지를 기록한다.

(5) 이전소득수지
거주자와 비거주자 간에 대가 없이 이루어진 무상 원조·증여성 송금 등 이전 거래 내역을 기록한다.

핵심 Plus+

준비자산 증감
외화의 순유입 시에는 음(-)의 값으로, 외화의 순유출 시에는 양(+)의 값으로 나타남. 국제수지표의 특성상 준비자산의 증가는 음(-)으로, 준비자산의 감소는 양(+)으로 나타냄

지적 재산권(지식 재산권)
지적 창작물에 대한 권리로 법률에 의해 일정 기간 배타적 지배권을 보호받음. 지적 재산권은 저작권과 산업 재산권으로 구분하는데 산업 재산권으로는 특허권, 상표권, 의장권, 실용신안권 등이 있음

경상수지와 자본·금융계정의 관계
일반적으로 경상수지가 흑자이면 자본·금융계정은 음(-)의 값을 가지며, 경상수지가 적자이면 자본·금융계정은 양(+)의 값을 가지게 됨. 경상 거래의 결과 모자라는 외화는 외국에서 빌려와야 하며, 남는 돈은 해외 투자가 가능하기 때문

3. 자본·금융계정

(1) 자본수지

자산 소유권의 무상 이전, 채권자에 의한 채무 면제 등을 기록하는 자본 이전과 브랜드 네임, 상표 등 마케팅 자산과 기타 양도 가능한 무형 자산의 취득과 처분을 기록하는 비생산·비금융 자산으로 구분된다.

(2) 금융계정

거주자와 비거주자 간에 기업에의 경영 참여를 목적으로 하는 직접 투자, 주식과 채권 거래를 나타내는 증권 투자, 파생 금융 상품 거래를 계상하는 파생 금융 상품, 기타 투자 및 준비 자산으로 구분된다.

4. 오차 및 누락

경상수지 및 자본수지의 합계와 금융계정 금액이 같지 않을 경우, 이를 조정하기 위한 항목이다.

02 국제수지의 균형

1. 균형

① 외화의 수취 = 외화의 지급
② 흑자나 적자가 없는 상태를 말한다.
③ 현실적으로 매번 달성하는 것은 불가능하지만 중장기적 균형을 추구한다.

2. 국제수지 흑자

① 수취 > 지급
② 장점 : 소득증가, 고용확대, 외채상환, 국가 신인도 상승, 원자재 안정적 공급, 외국인 투자 확대, 해외 직접 투자 확대
③ 단점 : 통화량 증대, 물가 상승, 무역 마찰

3. 국제수지 적자

① 수취 < 지급
② 단기적 적자를 무조건 손해라고 볼 필요는 없다.
③ 만성적 적자, 경기 침체 지속, 통화량 감소, 외채 증가, 국가 신인도 하락, 외환위기 발생

핵심 Plus

쌍둥이 적자

총저축이 국내총투자를 상회하면 경상수지는 흑자가 됨. 정부가 재정적자를 시현하면 정부저축이 (−)가 되어 총저축이 감소하고 결과적으로 경상수지 적자로 귀결되기 쉬움. 재정적자와 경상수지 적자가 동시에 발생할 가능성이 있음. 이 경우 민간저축이 충분히 큰 경우에는 경상수지 적자는 발생하지 않을 수 있음. 국제수지가 균형에 있다고 가정하고 식으로 쓰면 다음과 같음. $Y = C + S + T$, $Y = C + I + G + NX$에서 두 식을 정리하면 $S + T - G = I + NX$(S는 민간저축, $T - G$는 재정흑자 즉, 정부저축). 따라서 미국경제는 낮은 국민저축 = 높은 투자 + 마이너스 순수출로 균형을 이루고 있음. $S = I + NX$(S는 국민저축으로 민간저축과 정부재정흑자의 합)

03 경상수지와 환율 ★

1. 경상수지가 환율에 미치는 영향

(1) 경상수지 흑자
외화의 유출액(외화 수요)에 비해 외화의 유입액(외화 공급)이 많아 환율이 하락한다.

(2) 경상수지 적자
외화의 유입액(외화 공급)에 비해 외화의 유출액(외화 수요)이 많아 환율이 상승한다.

2. 환율이 경상수지에 미치는 영향

(1) 환율 상승
원화 가치의 하락으로 수출이 증가하고, 수입 상품의 원화 가격이 상승하여 수입은 감소한다.
⇨ 경상수지 개선

(2) 환율 하락
원화 가치의 상승으로 수출이 감소하고, 수입 상품의 원화 가격이 하락하여 수입은 증가한다.
⇨ 경상수지 악화

fn.Hackers.com
금융·자격증 전문 교육기관 **해커스금융**

출제예상문제

> 출제예상문제의 중요도를 ★~★★★으로 구분하였습니다. 난이도가 가장 높은 고등급 문제는 S등급 표시하였으니, S등급을 목표로 하신다면 반드시 학습하시기 바랍니다.

01 ★ 다음 빈칸에 들어갈 개념에 대한 설명으로 옳은 것은?

> 국제수지표는 교역 내용을 세부적이고 체계적으로 분류하여 작성하며 경상수지와 (　　　　　)으로 구분한다.

① 상품과 서비스의 수출입 등 경상 거래의 결과로 나타나는 외화와 수취의 지급을 표시한다.
② 외국과의 서비스 거래를 통해 벌어들인 외화와 지급한 외화의 차이를 표시한다.
③ 투자 등 자본 거래의 결과로 나타나는 외화의 수취와 지급을 표시한다.
④ 아무런 대가 없이 주고받는 외화의 수취와 지급의 차이를 표시한다.
⑤ 통계 과정에서 발생하는 잘못이나 누락으로 인해 발생하는 불일치를 조정하기 위한 항목이다.

02 ★★★ 20X2년 A국의 경상 거래 전부가 다음과 같을 때, A국의 국제수지에 대한 설명으로 옳은 것은? (단, 20X1년 A국의 경상수지는 0이며, 모든 연도의 오차 및 누락은 0이다)

> • A국 기업의 상품 수출 20억 달러
> • A국 국민의 해외 직접 투자를 통한 배당 소득 50억 달러 수취
> • A국 기업이 사용한 해외 저작권 사용료 50억 달러 지급
> • B국 국민이 A국 여행에 150억 달러 지출
> • C국의 지진 피해에 대한 응급 복구 비용 100억 달러 지원
> • D국 기업으로부터 원자재 수입 30억 달러

① 서비스수지는 음(-)의 값을 갖는다.
② 본원소득수지와 이전소득수지의 합은 0이다.
③ 상품수지는 20X1년 대비 10억 달러 감소하였다.
④ 자본·금융계정은 20X1년 대비 40억 달러 감소하였다.
⑤ 경상수지는 적자이다.

03 다음 표는 A국의 경상수지를 나타낸 것이다. 이에 대한 설명으로 가장 적절한 것은?

(단위 : 억 달러)

구 분	20X1년	20X2년
상품수지	100	110
서비스수지	200	210
(가)	10	−20
이전소득수지	−20	10

① 20X2년 A국의 상품 수출액 증가율이 상품 수입액 증가율보다 크다.
② A국은 상품의 수출입 규모보다 외국과의 서비스 거래 규모가 더 크다.
③ A국의 정부가 외국에서 채권을 발행하고 지급한 이자는 (가)에 포함된다.
④ A국은 외국의 원조를 받는 나라에서 외국에 원조를 해주는 나라가 되었다.
⑤ A국은 경상수지를 통해 외국에 투자할 여지가 없어졌음을 알 수 있다.

정답 및 해설

01 ③
빈칸에 들어갈 내용은 자본·금융 계정이다. 자본·금융 계정은 투자 등의 자본 거래 결과로 나타나는 외화의 수취와 지급을 표시한 것이다.

오답노트
① 상품수지에 대한 설명이다.
② 서비스수지에 대한 설명이다.
④ 이전소득수지에 대한 설명이다.
⑤ 오차 및 누락에 대한 설명이다.

02 ④
A국의 국제수지는 다음과 같다.
• A국 기업의 상품 수출 20억 달러 ⇨ 상품수지 +20억 달러
• A국 국민의 해외 직접 투자를 통한 배당 소득 50억 달러 수취 ⇨ 본원소득수지 +50억 달러
• A국 기업이 사용한 해외 저작권 사용료 50억 달러 지급 ⇨ 서비스수지 −50억 달러
• B국 국민이 A국 여행에 150억 달러 지출 ⇨ 서비스수지 +150억 달러
• C국의 지진 피해에 대한 응급 복구 비용 100억 달러 지원 ⇨ 이전소득수지 −100억 달러
• D국 기업으로부터 원자재 수입 30억 달러 ⇨ 상품수지 −30억 달러
따라서 20 + 50 − 50 + 150 − 100 − 30 = 40억 달러 흑자이다. 국제수지의 균형을 이루기 위해서는 경상수지만큼 자본수지가 적자여야 하므로 40억 달러 적자이다.

오답노트
① 서비스수지는 50억 달러 흑자이다.
② 본원소득수지와 이전소득수지의 합은 −50억 달러이다.
③ 상품수지가 어떠한 수치를 가졌었는지는 이 자료를 통해 알 수 없다.
⑤ 경상수지는 40억 달러 흑자이다.

03 ③
A국의 정부가 외국에서 채권을 발행하고 지급한 이자는 본원소득수지이므로 (가)에 포함된다.

오답노트
①② 경상수지는 단순히 합만을 표시하고 있으므로 구체적으로 수치를 알 수 없다.
④ 이전소득수지로 원조 여부를 판단할 수 없다.
⑤ 경상수지가 흑자이므로 외국에 투자할 여력을 가지게 되었다.

04 다음 표는 우리나라의 국제수지 중 경상수지를 나타낸 것이다. ㉠ ~ ㉤에 해당하는 사례 중 옳지 않은 것은?

구 분		외화 수취	외화 지급
경상수지	상품수지	㉠	
	서비스수지	㉡	
	본원소득수지		㉢
	이전소득수지	㉤	㉣

① ㉠ - 국내 김 생산 업체가 일본에 김을 수출하고 대금을 받았다.
② ㉡ - 외국계 금융회사의 한국 금융시장 진출이 증가하고 있다.
③ ㉢ - 네팔에서 온 외국인 노동자들이 본국의 가족에게 자신이 받은 급료를 송금하였다.
④ ㉣ - 국내 한 고등학교 학생들이 아프리카 어린이들에게 후원금을 보냈다.
⑤ ㉤ - 우리나라에 일어난 산불로 인해 외국에서 성금을 보냈다.

05 빈칸 (가)에 들어갈 내용으로 옳은 것은?

> 국내 투자자가 런던 주식시장에서 영국 기업 주식을 샀다. 이는 우리나라 국제수지표에서 (가) 항목에 해당한다.

① 경상수지의 수취　　　　　　　② 경상수지의 지급
③ 본원소득수지의 수취　　　　　④ 자본·금융계정의 수취
⑤ 자본·금융계정의 지급

[S등급]

06 (가)와 (나)는 우리나라의 20X1년 국제수지 통계 자료라고 가정할 때 괄호 안을 적절히 추론한 것은? (단, 오차 및 누락은 0이다)

(가) 경상수지
(단위 : 억 달러)

항 목	금 액
상품수지	+100
서비스수지	(　　　)
본원소득수지	-20
이전소득수지	-30

(나) 자본·금융계정은 금융기관 해외대출, 증권투자 등으로 총 50억 달러가 해외로 나가고 대외준비자산이 50억 달러 늘어 마이너스 100억 달러를 기록했다.

① -50　　　② -20　　　③ +20　　　④ +50　　　⑤ +100

07 다음은 우리나라 경상수지에 대한 설명이다. 옳은 것은?

<보기>
ㄱ. 경상수지 흑자 규모는 외환보유액 증가 규모와 그대로 일치한다.
ㄴ. 경상수지는 한 나라 실물경제의 저축과 투자의 차이라고 할 수 있다.
ㄷ. 경상수지는 수출이 부진하더라도 흑자를 보이는 경우가 있을 수 있다.
ㄹ. 일반적으로 대미 달러 환율과 경상수지 간에는 상관관계가 없다.

① ㄱ, ㄴ   ② ㄱ, ㄹ   ③ ㄴ, ㄷ   ④ ㄴ, ㄹ   ⑤ ㄷ, ㄹ

08 다음 중 외환보유액이 늘어나는 경우는?

① 수출이 200만 달러 증가하고, 수입도 200만 달러 증가
② 수출이 200만 달러 증가하고, 외국인의 국내 주식시장에 대한 투자가 200만 달러 증가
③ 수입이 200만 달러 증가하고, 외국인의 국내 주식시장에 대한 투자가 200만 달러 증가
④ 수입이 200만 달러 증가하고, 내국인의 외국 주식시장에 대한 투자가 200만 달러 증가
⑤ 내국인의 외국 주식시장에 대한 투자가 200만 달러 증가하고, 외국인의 국내 주식시장에 대한 투자가 200만 달러 증가

정답 및 해설

04 ②
외국계 금융회사의 한국 금융시장 진출이 증가하는 것은 금융계정에 해당하므로 옳지 않다.

05 ⑤
문제의 지문은 해외 주식 시장에서 외국 기업 주식을 산 것으로 증권투자이고, 주식 구입 대금을 해외에 지급하므로 자본·금융계정의 외화지급 항목에 해당한다. 외국에서 자금을 빌리거나 외국에 빌려주는 직접투자, 주식투자 등의 자본거래는 자본·금융계정에 기록한다.

06 ④
국제수지에서 오차 및 누락이 0일 경우 경상수지와 자본·금융계정의 합은 0이다. (나)에서 자본·금융계정이 100억 달러 적자이므로 경상수지는 100억 달러 흑자여야 한다. 따라서 서비스수지는 50억 달러 흑자이다.

07 ③
국제수지는 일정기간 동안 한 나라와 외국 간 모든 경제적 거래를 기록한 것으로 크게 경상수지와 자본·금융계정으로 구분된다.
ㄴ. $Y = C + I + G + X - M$에서 $X - M$이 경상수지이므로 $X - M = Y - C - I + G$이다. 여기에서 T를 더해주고 빼주면 $X - M = (Y - C - T) - I + (T - G)$이다. 국민소득 삼면등가의 법칙에 따라 $Y = C + S + T$이므로 결국 $Y - C - T = S$가 되어 $X - M = (S - I) + (T - G)$로 한 나라 실물경제의 저축과 투자의 차이라고 할 수 있다.
ㄷ. 경상수지는 수출이 부진하더라도 수입이 더 감소하는 경우 흑자를 보이는 경우가 있을 수 있다.

오답노트
ㄱ. 경상수지 흑자 규모는 외환보유액 증가 규모와 그대로 일치하지 않는다. 자본·금융계정도 고려해야 하기 때문이다.
ㄹ. 일반적으로 환율이 상승하면 자국상품의 가격 경쟁력이 생기므로 수출이 증가한다. 따라서 대미 달러 환율과 경상수지 간에는 상관관계가 존재한다.

08 ②
외환보유액은 한 나라가 비상사태에 대비해 비축한 외화자금이다. 경상수지와 자본·금융계정이 모두 흑자인 경우 국내로 외화자금이 유입돼 외환보유액은 증가한다. 따라서 ②의 경우 총 400만 달러가 증가한다.

오답노트
① 변화 없음
③ 변화 없음
④ 400만 달러 감소
⑤ 변화 없음

09 밑줄 친 ㉠을 옳게 이해한 학생을 <보기>에서 고른 것은?

"A국 경제 호황, 수출 증가 속에 ㉠ 상품수지 흑자 폭 축소"

<보기>
갑 : A국 통화의 가치가 하락했기 때문이야.
을 : 상품 수입이 수출보다 더 큰 폭으로 늘어났군.
병 : 상품수지가 흑자이니 상품 수출이 수입보다 많겠네.
정 : A국 국민이 해외여행에서 사용한 경비가 많아졌기 때문이야.

① 갑, 을   ② 갑, 병   ③ 을, 병   ④ 을, 정   ⑤ 병, 정

10 표는 갑국의 연도별 국제수지를 나타낸다. 이에 대한 설명으로 옳은 것은? (단, 준비 자산과 오차 및 누락은 없다)

(단위 : 억 달러)

구 분		20X1년	20X2년
경상수지	상품수지	70	90
	서비스수지	−20	20
	본원소득수지	10	−10
	이전소득수지	10	−20
자본수지		−20	−10
금융계정		−50	−70

① 20X2년 상품 거래액은 전년에 비해 증가하였다.
② 20X2년 해외 지식 재산권 사용료가 포함된 항목은 적자이다.
③ 20X1년 갑국의 해외 무상 원조 금액이 포함된 항목은 적자이다.
④ 20X2년 갑국 거주자의 외국 기업 채권 매입액이 포함된 항목은 유출액이 유입액보다 많다.
⑤ 20X2년 경상수지는 갑국의 물가 하락 요인이다.

11 표는 우리나라의 국제수지표이다. 이에 대한 설명으로 옳은 것은? (단, 오차 및 누락은 0이다)

구 분		수 취	지 급
㉠	상품수지		
	서비스수지	㉡	
	본원소득수지		㉢
	이전소득수지		
자본·금융계정	자본수지	㉣	
	금융계정		

① ㉠이 흑자라면 자본·금융 계정도 흑자이다.
② ㉠의 적자가 지속되면 국내 통화량이 증가하여 인플레이션의 우려가 높다.
③ 국내 기업이 보유하고 있는 특허권을 외국 기업에 팔면 ㉡이 감소한다.
④ 국내 기업의 주식을 보유한 외국인이 배당금을 해외로 송금하면 ㉢이 증가한다.
⑤ 한국은행이 국내 외환 시장에서 달러화를 매각하면 ㉣이 감소한다.

정답 및 해설

09 ③
자료에서 추론할 수 있는 핵심 내용은 수입이 큰 폭으로 증가했으며, 그 증가 폭이 수출의 증가 폭보다 크다는 것이다. 그 결과로 상품수지 흑자 폭이 감소하였다. 또한 비록 상품수지 흑자 폭이 감소했으나 여전히 흑자를 기록하고 있으므로 상품 수출이 상품 수입보다 큰 상황이다.

오답노트
- 갑 : A국 통화의 가치 하락, 즉 환율이 상승하면 일반적으로 수출은 증가하고 수입은 감소한다. 이는 수입의 큰 폭 상승이라는 자료 내용과 모순된다.
- 정 : A국 국민이 해외여행에서 사용한 경비는 상품수지가 아니라 서비스수지를 구성하는 요소이다.

10 ④
갑국 거주자의 외국 기업 채권 매입액은 금융계정 항목에 포함되며, 20X2년 금융계정은 적자로 유출액이 유입액보다 많다.

오답노트
① 20X1년과 20X2년의 상품 거래액은 알 수 없다.
② 해외 지식 재산권 사용료는 서비스수지 항목에 포함되며, 20X2년 서비스수지는 흑자이다.
③ 해외 무상 원조 금액은 이전소득수지에 포함되며, 20X1년 이전소득수지는 흑자이다.
⑤ 20X2년 경상수지는 80억 달러 흑자로 갑국의 물가 상승 요인이다.

11 ④
외국인이 받은 배당금은 본원소득수지에 포함되는 항목이다. 따라서 이를 해외로 송금하면 ㉢이 증가하게 된다.

오답노트
① 경상수지(㉠)가 흑자이면 자본·금융계정은 적자가 된다.
② 경상수지 적자가 지속되면 외화의 순유출로 국내 통화량이 감소할 수 있다.
③ 특허권 매매는 서비스수지에 해당하며, 판매 시 ㉡이 증가한다.
⑤ 한국은행이 국내 외환 시장에서 달러화를 매각한다고 해서 외화의 유출입이 발생하지는 않으므로 자본수지에 대한 영향은 없다.

제3장 환율

학습전략

환율은 자국화폐와 타국화폐의 교환비율이다. 환율은 외환 시장에서 거래되는데 외환의 공급과 수요에 의해 결정되고, 이로 인해 유리해지는 경제주체와 불리해지는 경제주체가 있다. 단적으로 말하면 화폐가치가 상승하면 수출을 제외하고 모두 유리하다. 환율 결정이론으로는 빅맥지수를 활용한 구매력평가설, 이자율을 이용한 이자율평가설이 있다.

출제비중

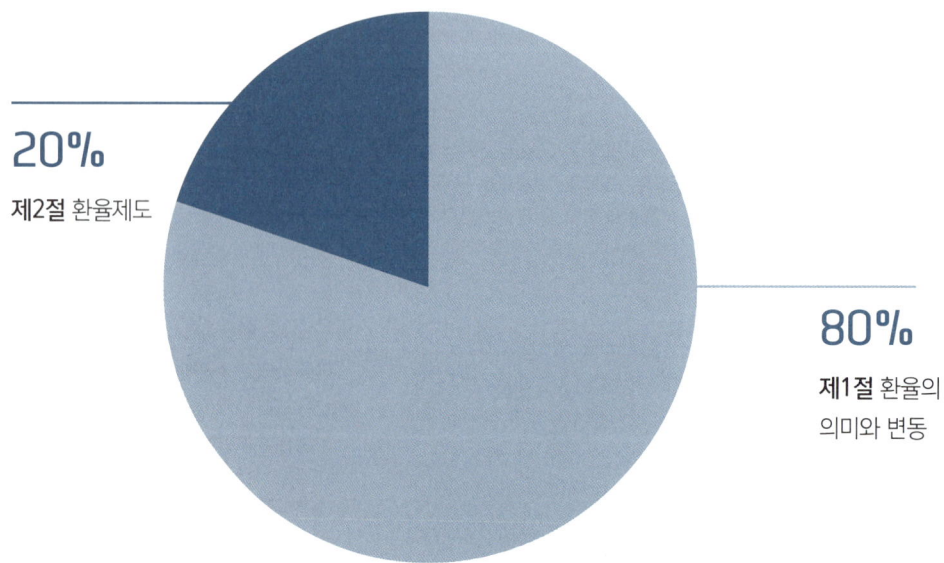

20% 제2절 환율제도

80% 제1절 환율의 의미와 변동

🔲 출제유형

환율의 변동요인인 외화의 수요와 공급을 구분, 환율변화로 유리·불리한 사람을 구분하는 문제가 "경제이론" 영역에서 주로 출제된다. 최근 세계화 시대에 따라 외국과의 교류가 많아지고 이에 따라 환율문제는 필수가 되었다. 다양한 표와 그래프 시사자료를 통해 경기를 파악하고 대책을 내놓는 문제에 환율이 반드시 포함되며 이런 형태의 문제가 "응용복합" 영역에서 출제된다.

🔲 학습구성

구 분	출제포인트	중요도
제1절 환율의 의미와 변동	01 외환 시장과 환율의 의미	★★★
	02 환율의 종류	★★
	03 환율의 표시방법과 변동	★★★
	04 환율의 결정	★★★
	05 환율결정이론	★★★
	06 환율과 경상수지	★★
제2절 환율제도	01 금본위제도	★
	02 브레턴우즈 체제	★
	03 스미소니언 체제	★
	04 킹스턴 체제	★
	05 플라자 합의	★
	06 환율제도의 종류	★★

제1절 | 환율의 의미와 변동

핵심 Check ✓ 환율의 의미와 변동

외화의 수요	자국민이 외화를 사는 것
외화의 공급	외국에서 외화가 들어오는 것
화폐 가치가 높아지면 환율하락	수출 빼고 다 유리
구매력평가설	환율상승률 = 국내물가상승률 − 외국물가상승률
이자율평가설	환율상승률 = 국내이자율 − 외국이자율

01 외환 시장과 환율의 의미 ★★★

1. 외환 시장

(1) 의미

외환의 수요자와 공급자가 외환을 거래하는 추상적인 시장을 말한다.

(2) 기능

① 재화나 서비스의 국제 거래에 대한 지불 수단인 외환을 교환해주는 역할을 한다.
② 투자 활동과 관련하여 외환을 활용할 수 있는 기회를 제공한다.

2. 환율

(1) 의미

자국 화폐와 외국 화폐의 교환 비율(자국 화폐에 대한 외화의 가격)을 말한다.

(2) 특징

① 기본적인 환율은 외환 시장의 수요와 공급에 의해 결정된다. 그러나 물가상승률, 국내외 금리 차이, 정치·사회의 안정성 등 복합적인 요인에 의해 영향을 받는다.
② 환율은 수출입되는 재화와 서비스 가격에 직접적으로 영향을 미친다. 따라서 물가, 총생산(= 산출량), 국제수지 등의 결정에 중요한 요인으로 작용한다.
③ 환율은 명목환율과 실질환율로 구분할 수 있는데, 명목환율은 다시 현물환율과 선물환율로 구분된다.

핵심 Plus +

외환 시장의 참가자
- 기업이나 개인 고객: 해외여행자, 수출입자, 국제 투자자 등
- 외국환 은행: 외환의 수요자와 공급자 사이를 연결하여 국제적인 자금의 결제나 이동의 중재자 역할을 함
- 외환 당국(중앙은행): 환율을 일정하게 유지하거나 환율의 변동을 일정한 범위 내로 한정시키기 위하여 외환 시장에 개입함
- 외환 시장은 시장 참가자가 누구냐에 따라 은행 간에 거래가 이루어지는 은행 간 시장과 개인, 기업 등 고객과 은행 사이에 거래가 이루어지는 대고객 시장으로 나누어지는데 보통 외환 시장이라고 하면 은행 간 시장을 말함

02 환율의 종류 ★★

1. 명목환율과 실질환율

(1) 명목환율

자국화폐와 외국화폐의 교환비율로 현재 우리가 쉽게 쓰는 환율을 말한다.
예) 1달러 = 1,000원(원/달러)

(2) 실질환율

한 나라의 재화와 서비스가 다른 나라의 재화와 서비스와 교환되는 비율로 두 나라의 물가를 고려한 환율을 말한다. (일종의 물물교환의 형태라고 생각하는 것이 이해하기 쉬움)

예) 실질환율 $e = \dfrac{e \times P_f}{P}$ (e : 명목환율, P_f : 외국물가, P : 국내물가)

2. 현물환율과 선물환율

(1) 현물환율

① 현물환거래에 적용되는 환율을 말하며, 일반적으로 환율이라 하면 현물환율을 말한다.
② **현물환거래** : 외환의 매매계약과 동시에 외환의 인도와 대금결제가 이뤄지는 외환거래를 말한다. 계약일로부터 통상 2영업일 이내에 결제가 이루어지게 된다.

(2) 선물환율

① 선물환거래에 적용되는 환율을 말하며, 선물환율은 거래시점에서 미리 정해진다.
② **선물환거래** : 외환의 매매계약일로부터 일정기간이 경과한 후 특정일에 계약시점에서 합의된 환율(선물환율)로 외환인도와 대금결제를 약정하는 거래를 말한다.

03 환율의 표시방법과 변동 ★★★

1. 명목환율 표시방법

① 대부분 자국통화표시환율(지급환율)을 사용한다. 예) 원/달러 환율 1$ = 1,200원
② 환율계산에서 기준은 외국화폐이며 그 중에서도 특히 미국 달러화가 가장 기준이 된다. 이렇게 기준이 되는 외국화폐를 '기축통화'라고 한다.
③ 일반적으로 기축통화는 외환거래에 가장 중심이 되는 통화들을 의미하며 주로 USD($)/유로(€)/엔화(¥) 등을 의미한다.

2. 환율변동

① 원/달러 환율 상승(평가절하) : 달러화에 대해 원화의 가치가 떨어짐 (상대적)
② 원/달러 환율 인하(평가절상) : 달러화에 대해 원화의 가치가 높아짐 (상대적)

핵심 Plus+

화폐가치의 상대성

환율을 이해할 때 우리의 화폐를 기준으로 생각하지 말고, 다른 나라의 화폐를 기준으로 생각하는 것이 좋음. 예를 들어 원/달러 환율의 상승은 달러를 기준으로 해서 생각을 정리하는 것이 편함. 즉, '원/달러의 환율상승 = 달러가치의 상대적 상승 & 원화가치의 상대적 하락'을 의미. 여기서 중요한 것은 '상대적'이라는 의미인데, 환율의 상승은 상대적인 것을 따질 때, 다음과 같은 3가지 경우로 나누어 생각해볼 수 있음
① 달러가치 ↑ = 원화가치 불변
② 달러가치 불변 = 원화가치 ↓
③ 달러가치 ↑ = 원화가치 ↓
이 세 가지 경우 모두를 '원/달러의 환율상승'이라고 표현할 수 있음. 우리가 환율계산을 헤매는 가장 큰 이유임. 이 3가지를 구분해서 생각해야 환율을 제대로 이해했다고 할 수 있음

기축통화(Key Currency)

금과 더불어 국제 외환 시장에서 금융거래 또는 국제결제의 중심이 되는 통화

04 환율의 결정 ★★★

1. 외환 시장
① 외화의 수요자와 공급자가 만나 거래가 이루어지는 추상적 시장을 말한다.
② 외환 시장에서 외화의 수요와 공급에 의해 균형 환율을 결정한다.

2. 외환의 수요와 공급

(1) 외환의 수요
① 환율이 상승하면 원화로 표시한 외국제품의 가격상승으로 수입이 감소하므로 외환수요량도 감소한다.
② 환율이 상승하면 외환의 수요량이 감소하므로 외환의 수요곡선은 우하향의 형태로 도출된다.
③ 외환의 수요는 외국의 재화나 서비스 구입 등을 위해 외환을 필요로 하는 것이다.
　예 상품 수입, 유학, 해외여행, 해외투자, 외채상환, 국내 투자된 외국자본 철수, 중앙은행의 외환매입

(2) 외환의 공급
① 환율이 상승하면 달러로 표시한 수출품의 가격하락으로 수출이 증가하므로 외환공급량이 증가한다.
② 환율이 상승하면 외환의 공급량이 증가하므로 외환의 공급곡선은 우상향의 형태로 도출된다.
③ 외환의 공급은 보유하고 있는 외환을 원화로 환전하기 위해 외환 시장에 내놓는 것이다.
　예 상품 수출, 외국인의 국내투자, 해외차관의 도입, 중앙은행의 외환매각

(3) 환율변동의 영향
① 외환수요의 변화요인으로 국민소득, 국내물가, 해외물가 등이 있으며 국민소득이 증가하거나 국내물가가 상승하거나 해외물가가 하락하면 수입증가로 외환액의 수요가 증가한다.

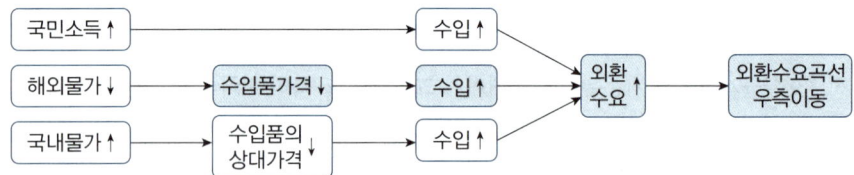

② 외환공급의 변화요인으로 해외의 국민소득, 국내물가, 해외물가 등이 있으며 해외의 국민소득이 증가, 해외물가가 상승하거나 국내물가가 하락하면 수출증가로 외환공급이 증가한다.

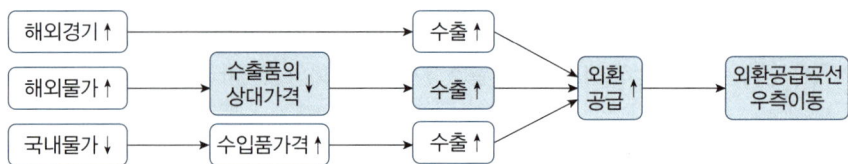

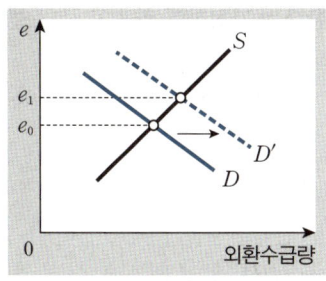
<외환수요의 증가>

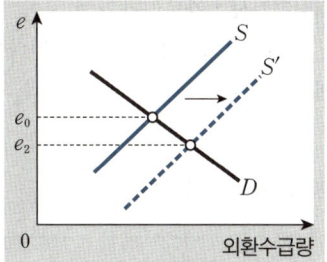
<외환공급의 증가>

구 분	환율하락(원화 평가절상)	환율상승(원화 평가절하)
수 출	• 국산재화의 외화 표시가격 상승 ⇒ 수출 감소	• 국산재화의 외화 표시가격 하락 ⇒ 수출 증가
수 입	• 외국산 재화의 원화 표시가격 하락 ⇒ 수입 증가	• 외국산 재화의 원화 표시가격 상승 ⇒ 수입 감소
외자도입 기업	• 원화 환산외채 감소(= 외채 상환부담 감소)	• 원화 환산외채 증가(= 외채 상환부담 증가)
경상수지	• 수출 감소, 수입 증가로 상품수지 악화 • 해외여행 경비의 감소로 해외여행 증가, 국내 여행 경비 증가로 외국인의 국내 여행 감소 ⇒ 서비스수지 악화	• 수출 증가, 수입 감소로 상품수지 개선 • 해외여행 경비의 증가로 해외여행 감소, 국내 여행 경비 감소로 외국인의 국내 여행 증가 ⇒ 서비스수지 개선
통화량	• 수출액 감소와 수입액 증가 ⇒ 외화 순유입액 감소 - 통화량 감소 요인	• 수출액 증가와 수입액 감소 ⇒ 외화 순유입액 증가 - 통화량 증가 요인
국내물가	• 수입재화, 원자재 가격 하락으로 물가 안정 • 원유 및 국제 원자재의 국내 가격 하락으로 생산비가 낮아져 물가하락	• 수입재화, 원자재 가격 상승으로 물가 상승 • 원유 및 국제 원자재의 국내 가격 상승으로 생산비가 높아져 물가상승

05 환율결정이론 ★★★

1. 구매력평가설(경상수지 초점)

(1) 개념

① 재화와 서비스의 거래, 즉 경상거래가 환율결정에 가장 중요한 역할을 한다고 본다.
② '국제적 일물일가의 법칙'에 이론적 바탕을 두고, 만약 국제무역에 있어서 수송비, 거래수수료, 정보획득비용, 보호무역장벽 등 일체의 거래비용이 없다고 가정하면, 통화 1단위의 실질가치가 모든 나라에서 동일하도록 환율이 결정된다는 이론이다.
③ 환율은 양국 통화의 구매력이 같아지는 수준에서 결정(환율의 결정)되며, 양국의 물가상승률에 차이가 생기면 구매력에 차이가 생기므로 환율이 변한다. (환율의 변동)
  예) 빅맥지수

핵심 Plus+

빅맥지수
각국의 통화가치가 적정 수준인지 살피기 위해 각국의 맥도날드 빅맥 햄버거의 현지 통화가격을 달러로 환산한 가격. 이와 유사한 지수는 아이폰 지수, 갤럭시 지수 등이 있음

비교역재
강사의 강의, 미용사의 미용서비스와 같이 무역거래가 되지 않는 품목

캐리 트레이드(Carry Trade)
원래는 보유한 주식을 담보로 자금을 차입한 후, 보다 수익성 높은 주식에 투자하여 차입비용을 상환하고도 추가 수익을 실현하는 투자행위를 말하는 용어. 지금은 저금리로 자금을 차입해 상품이나 주식 등 자산에 투자하는 기법을 지칭하는 용어로 자주 사용됨. 저금리가 오랫동안 지속될 때 성행하여 자산에 거품을 초래함. 한편, 이때 투자한 유가증권의 수익률이 차입금리보다 높을 경우 '포지티브 캐리(Positive Carry)'라 하고, 그 반대를 '네거티브 캐리(Negative Carry)'라고 함. 또한 캐리 트레이드는 저금리 국가의 자금을 빌려(캐리) 고금리 국가의 자산에 투자하는(트레이드) 것을 뜻함. 예를 들어 기준금리가 사실상 제로인 일본에서 엔화 자금을 연 1%의 조건으로 빌려 1년 만기 금리가 연 4%대인 한국의 채권에 투자하면 돈을 바꾸면서 들어가는 비용을 제외할 경우 연 3%의 이자 수익을 얻을 수 있게 됨. 캐리 대상이 되는 자금은 엔화(엔-캐리 트레이드) 외에도 역시 금리가 낮은 미국 달러화(달러-캐리 트레이드), 유럽의 유로화(유로-캐리 트레이드) 등이 있음

④ **절대적 구매력평가설** : 일물일가의 법칙이 성립한다는 가정하에 환율이 국내 물가수준과 외국 물가수준의 비율에 의해 결정된다는 이론이다.
⑤ **상대적 구매력평가설** : 국내 물가상승률과 외국 물가상승률의 차이만큼 환율이 변동된다는 이론이다.

(2) 일반화(상대적 구매력평가설)

$$\frac{\Delta e}{e}(\text{환율상승률}) = \frac{\Delta P}{P}(\text{자국의 물가상승률}) - \frac{\Delta P_f}{P_f}(\text{외국의 물가상승률})$$

(3) 문제점과 평가

① **문제점**
생산하는 상품이 동질적일 수 없으므로 일물일가의 법칙이 성립하지 않고, 수많은 비교역재가 존재한다.
② **평가**
단기적인 환율의 움직임은 잘 나타내고 있지 못하고 있으나 장기적인 환율의 변화추세에는 잘 반영하는 것으로 평가되고, 거래비용이 낮은 선진국들 사이에서는 구매력평가설이 잘 적용되는 것으로 나타난다.

2. 이자율평가설(자본수지 초점)

(1) 개념

국가 간 자본이동이 완전하므로 양국에서의 투자수익률이 동일하고 거래비용이 존재하지 않는다고 가정하면 이자율이 높은 곳으로 외화가 이동하여 환율을 변화시킨다는 입장이다.

(2) 일반화

$$\frac{\Delta e}{e}(\text{환율상승률}) = r(\text{국내이자율}) - rf(\text{해외이자율})$$

(3) 평가

① 자본통제와 같은 제도적 제약이 존재하거나 거래비용으로 인해 국가 간 자본이동성이 완전하지 못하면 이자율평가설이 성립하지 않는다.
② 이자율평가설의 현실 부합성 여부는 두 나라 간 자본이동이 얼마나 자유로운지, 금융자산이 얼마나 동질적인지에 따라 결정된다.

06 환율과 경상수지 ★★

1. J곡선 효과

평가절하(환율인상)를 하면 국제수지가 개선되는데 이때 즉시 개선되지 않고 단기적으로는 악화되었다가 시간이 경과함에 따라 서서히 증가하는 현상으로 그래프가 J곡선 모양으로 그려진다.

(1) 단기
평가절하(환율인상) ⇨ 수출가격 하락 ⇨ 경상수지 악화

(2) 장기
평가절하(환율인상) ⇨ 수출량 증가 ⇨ 경상수지 개선

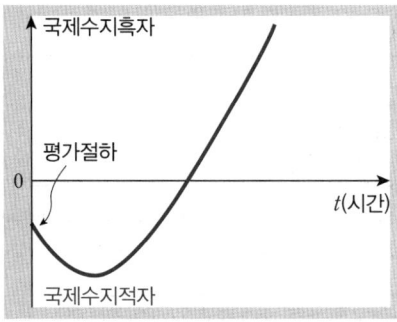

2. 마샬-러너조건(Marshall-Lerner Condition)

평가절하를 실시할 경우 국제수지가 개선될 조건은 다음과 같다.
① (자국의) 수입수요의 가격탄력성 + (자국의) 수출공급의 가격탄력성 > 1
② (자국의) 수입수요의 가격탄력성 + (외국의) 수입수요의 가격탄력성 > 1

시험문제 미리보기!

> 환율은 기본적으로 외환의 수요와 공급에 의해 결정된다. 다음 중 우리나라 외환 시장에서 외환 수요를 감소시키는 요인으로 옳은 것은?
>
> ① 수출 감소 ② 여행수지 적자
> ③ 외화 차입 감소 ④ 해외 직접투자 감소
> ⑤ 이전수입 감소
>
> **정답** ④
> **해설** 수출 감소, 여행수지 적자, 외화 차입 감소 등은 외환 공급의 감소요인이다. 반면 해외 직접투자 감소는 투자에 필요한 외화를 외환 시장에서 사야 하므로 외환 수요의 감소요인이다.

제2절 | 환율제도

> **핵심 Check ✓ 환율제도의 변천**
>
> | 환율제도의 변천 | • 브레턴우즈 체제 : 고정환율제도
• 킹스턴 체제 : 변동환율제도 |
> |---|---|

01 금본위제도

1. 개요
각국이 자국통화와 금과의 교환비율(금평가)을 고정시키는 제도를 말한다.

2. 특징
① 고정환율제도이다.
② 금의 유출입에 따라 국제수지가 자동적으로 조정된다.
③ 국제수지 불균형이 조정되는 과정에서 국내물가가 불안정해진다.

02 브레턴우즈 체제

1. 브레턴우즈 협정
1944년 체결한 협정으로 단기국제금융기구인 IMF와 장기국제금융기구인 국제부흥개발은행이 설립되었다.

2. 주요 내용

(1) 금환본위제
미국의 달러화를 기축통화로 하는 금환본위제도로서 달러화에 대해 금태환 의무를 부여하고 각국은 달러화의 교환비율을 일정하게 유지한다.

(2) 조정가능 고정환율제도
각국은 국제수지의 구조적 불균형이 발생하는 경우 자국통화의 환율을 1% 범위 내에서 조정이 가능하다. (예외적으로 기초적인 국제수지 불균형이 일어날 경우에는 IMF의 승인을 얻어 10%까지 조정가능)

(3) 특별인출권(SDR; Special Drawing Rights)
국제유동성 부족을 해소하기 위하여 국제통화인 특별인출권을 창출하였다.

3. 문제점
① 기초적인 국제수지 불균형이 발생하더라도 환율조정이 원활하게 이루어지지 못한다.
② 유동성 딜레마
국제 경제규모가 커지면 기축통화인 달러공급의 증가가 필요하나 그러기 위해서는 미국의 국제수지 적자가 필수적이다. 그러나 미국의 국제수지 적자가 지속되면 달러의 신뢰도가 하락하여 기축통화의 기능이 저하된다. 기축통화인 달러의 공급을 증가시키면서 달러의 신뢰도를 유지하는 것이 불가능한 유동성 딜레마, 즉 트리핀의 역설이 발생한다.

03 스미소니언 체제

1. 개요
브레턴우즈 체제가 붕괴하면서 고정환율제도로 복귀하고자 체결된 협정으로서 브레튼우즈 체제와 동일하게 미국의 달러화를 기축통화로 하는 금환본위제도이다.

2. 내용
미국 달러화의 가치 평가절하, 환율의 변동폭 확대, 각국 통화를 미국 달러화에 대해 평가절상하는 것이 기본골자이다.

04 킹스턴 체제

1. 개요
1976년 자메이카의 킹스턴에서 열린 IMF회의에서 현존하는 통화체제를 인정함에 따라 킹스턴 체제가 성립되었다.

2. 내용
① 회원국에게 독자적인 환율제도를 선택할 수 있는 재량권을 부여했다.
② 금의 공정가치가 폐지되었다. ⇨ 금달러본위에서 SDR본위로 이행하였다.
③ SDR의 사용범위가 확대되었다.
④ IMF의 신용공여를 확대하고 이용조건도 대폭 완화되었다.

핵심 Plus

특별인출권(SDR)
국제통화기금(IMF)이 국제금융시장에서 달러화와 금의 한계를 보완하기 위해 1969년에 마련한 가상의 국제통화이며, IMF와 각국 정부·중앙은행 간 거래에 사용됨. SDR의 가치는 스탠더드 바스켓(Standard Basket) 방식으로 산정. 스탠더드 바스켓 방식이란 단위바스켓 중에 5개 주요국통화를 적당한 단위 수로 넣어 놓고 매일 변화하는 각국 통화의 가치를 당일의 외국환시장의 비율(Rate)에 상응한 달러로 환산, 이것으로부터 역산하여 각국 통화표시의 SDR의 가치를 정하는 것임

05 플라자 합의 ★

1985년 플라자 협정의 결과로 마르크와 엔의 가치가 상승하고 달러의 가치가 하락하였다.

06 환율제도의 종류 ★★

구분	고정환율제도	변동환율제도
의미	• 환율이 정부에 의해 일정 수준에서 고정되어 있는 제도	• 외화의 수요와 공급에 의해 환율이 시장에서 자유롭게 결정되는 제도
장점	• 환율 변동의 위험 부담이 적어 무역과 투자 등 국제 거래 추진 유리 • 수출입 기업의 장기 계획 수립이 용이	• 외환 시장 및 경상수지 불균형의 자동 조절 • 국내 경제문제를 해결하기 위한 독자적인 통화 정책 가능
단점	• 환율 고정에 따른 부담으로 독자적인 통화 정책 곤란 • 외환 시장 개입이 필요한 외환의 보유에 따른 비용 발생	• 환율의 불안정한 변동으로 인해 국내 경제의 불안정 초래 • 수출입 기업의 장기 계획 수립 곤란

핵심 Plus+
환율제도와 유로존 사례
포르투갈, 이탈리아, 아일랜드, 그리스, 스페인이 유로존에 가입하고 유로를 단일 화폐로 사용하게 되면서 환율 변동의 위험이 줄고 상대적으로 높은 이자율로 인해 북유럽의 자본이 급격히 유입됨. 그런데 유로존에 재정 위기가 확산되면서 이들 국가에 유입된 자본이 급격하게 유출되고 있지만 독자적인 환율 정책을 사용할 수 없어 경제문제 해결에 어려움을 겪고 있음

시험문제 미리보기!

국제통화제도에 대한 설명으로 옳지 않은 것은?

① 금본위제도는 전형적인 고정환율제도이다.
② 킹스턴 체제는 회원국들이 독자적인 환율제도를 선택할 수 있는 재량권을 부여하고 있다.
③ 브레턴우즈 체제는 달러화를 기축통화로 하는 변동환율제도 도입을 골자로 한다.
④ 스미소니언 협정에서는 고정환율제도를 사용하며 8개국 통화가 기축통화로 사용되었다.
⑤ 1985년 플라자 협정의 결과로 달러화의 가치가 하락하였다.

정답 ③
해설 브레턴우즈 체제는 고정환율제도를 이용하며 달러가 기축통화이다.

[오답노트]
금본위제도(고정환율제) ⇨ 브레턴우즈(1944, 고정환율제도, 환율변동폭은 상하 1% 허용, 달러가 기축통화로 사용) ⇨ 스미소니언 협정(1971, 고정환율제도 환율변동폭 2.5%, 8개국 통화가 기축통화로 사용) ⇨ 킹스턴 체제(1976, 변동환율제도. SDR의 역할 증진) ⇨ 플라자 합의(1985, 달러화 가치 하락)

fn.Hackers.com
금융·자격증 전문 교육기관 **해커스금융**

출제예상문제

> 출제예상문제의 중요도를 ★~★★★으로 구분하였습니다. 난이도가 가장 높은 고등급 문제는 S등급 표시하였으니, S등급을 목표로 하신다면 반드시 학습하시기 바랍니다.

★
01 다음의 경제 행위 중 외환의 공급이 발생하는 경우로 옳은 것은?

① 상품의 수입
② 내국인의 해외이주 증가
③ 외국 증권회사의 국내 진출
④ 한국 사람이 미국 공장부지를 매입하는 경우
⑤ 한국인의 미국 관광 증가

★★
02 다른 모든 경제 상황은 변동하지 않고 오직 우리나라의 명목환율만 1달러에 1,100원에서 1,400원으로 상승하였다고 한다. 명목환율의 상승과 관련한 설명으로 옳지 않은 것은?

① 수출 기업의 경쟁력은 높아질 것이다.
② 우리나라에서 달러의 가치가 상승할 것이다.
③ 우리나라 상품의 교역조건은 개선될 것이다.
④ 우리나라 상품의 국제가격은 하락할 것이다.
⑤ 우리나라의 화폐가치는 하락하게 될 것이다.

★★★
03 그림은 환율의 변화를 나타낸다. 이에 대한 옳은 설명은? (단, 환율 이외의 다른 요인은 고려하지 않는다)

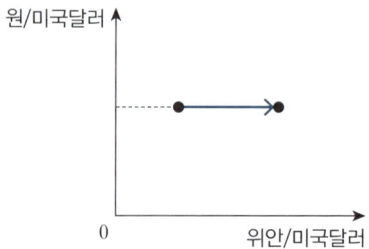

① 원화 대비 미국 달러화의 가치는 상승한다.
② 중국산 제품의 미국 달러화 표시 가격은 하락한다.
③ 한국인의 중국 여행 경비 부담이 증가한다.
④ 미국 시장에서 중국산 제품과 경쟁하는 한국산 제품의 가격 경쟁력이 강화된다.
⑤ 원/위안 환율은 상승할 것이다.

04 <보기>는 갑국의 환율 시세의 변동을 나타낸 것이다. 이에 대한 설명으로 가장 옳은 것은? (단, 환율 시세는 갑국 화폐로 표시한다)

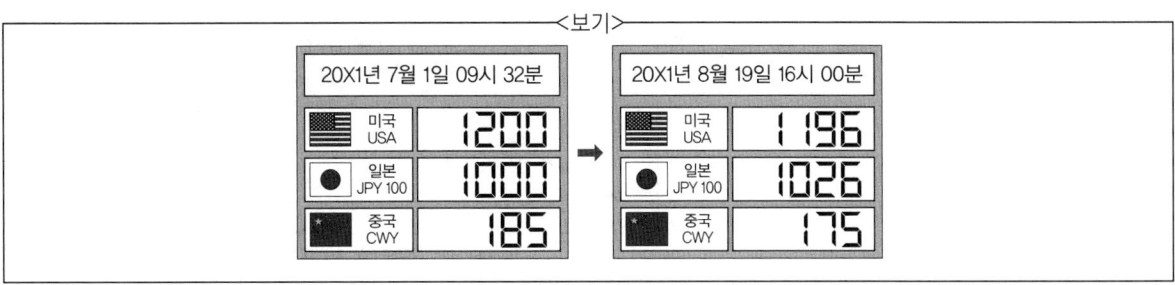

① 갑국 화폐 대비 미국 달러화의 가치가 상승하였다.
② 자녀가 일본 유학 중인 갑국 부모의 경제적 부담이 커졌다.
③ 갑국 화폐 대비 중국 화폐가치가 상승하였다.
④ 갑국 국민의 미국 여행 경비 부담이 증가하였다.
⑤ 중국 국민이 일본여행을 가기에 유리해졌다.

정답 및 해설

01 ③
상품 수입, 해외이주, 해외 자산 매입, 해외 관광을 할 때는 달러화가 필요하기 때문에 외환의 수요가 증가하는 경우이다. 외국 회사가 국내에 진출할 때는 국내에 투자해야 하기 때문에 원화가 필요하며, 자국의 화폐 또는 달러화를 국내로 가지고 와서 원화와 교환해야 한다. 이는 외환의 공급이 증가하는 경우이다.

02 ③
교역조건은 수출품 한 단위를 팔아서 벌어들인 달러로 구입할 수 있는 수입품 단위수를 말한다. 교역조건 = $\frac{수출가격}{수입가격}$ × 100 우리나라 통화가치가 하락하면 같은 자국화폐의 가격이 저렴해지므로 교역조건은 악화된다.

03 ②
원/달러 환율은 일정한데 위안/미국달러환율은 상승하였다. 따라서 위안화의 가치가 하락한 것을 알 수 있다. 이로 인해 중국산 제품의 미국 달러화 표시가격은 하락한다.

오답노트
① 원화 대비 미국 달러화의 가치는 변화가 없다.
③ 원화가치가 위안화의 비해 상승하였으므로 한국인의 중국 여행 경비 부담이 감소한다.

④ 미국 시장에서 중국산 제품과 경쟁하는 한국산 제품의 가격 경쟁력이 약화된다.
⑤ 원화가치 상승으로 원/위안 환율은 하락할 것이다.

04 ②
미국의 화폐가치는 하락, 일본의 화폐가치는 상승, 중국의 화폐가치는 하락하였다. 수출을 제외하고 화폐가치가 오를수록 유리하다. 일본의 화폐가치가 상승하였기 때문에 자녀가 일본 유학 중인 갑국 부모의 경제적 부담이 커졌다.

오답노트
① 갑국 화폐 대비 미국 달러화의 가치가 하락하였다.
③ 갑국 화폐 대비 중국 화폐가치가 하락하였다.
④ 갑국 국민의 미국 여행 경비 부담이 감소하였다.
⑤ 중국 화폐는 가치가 하락하고 일본 화폐는 가치가 상승하였으므로 중국 국민이 일본여행 가기에 불리해졌다.

TIP
- 갑국 기준이므로 '갑국 화폐/외화'이다.
- 환율↑(↓) ⇨ 갑국 화폐가치 ↓(↑), 외화가치 ↑(↓)
- 화폐가치 ↑ ⇨ 수출 빼고 다 유리함
- 화폐가치 ↓ ⇨ 수출 빼고 다 불리함

05 다음 그림은 한국의 외환 시장에서 미국 달러의 공급곡선을 나타낸 것이다. 외환 시장의 균형점을 E에서 A로 이동시키는 요인으로 옳은 것은? (단, 외환 시장은 수요와 공급의 법칙을 따른다)

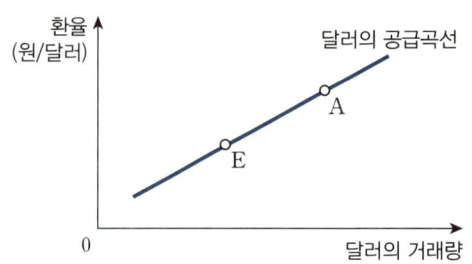

① 한국의 이자율 상승
② 미국 상품에 대한 한국의 수입 증가
③ 미국의 경기 침체로 인한 미국 소비자의 소비 심리 위축
④ 한국 상품에 대한 미국 소비자의 선호도 증가
⑤ 미국 국민들의 한국 여행 증가

06 다음 그림과 같은 국내 외환 시장의 변화에 대한 설명으로 옳은 것은? (단, D와 S는 각각 달러에 대한 수요곡선과 공급곡선이다)

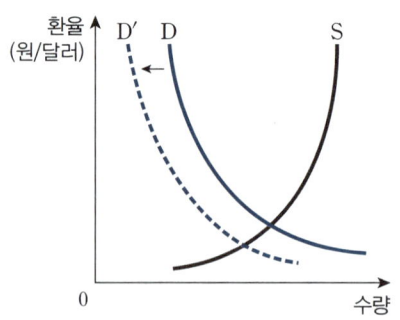

① 국내 물가의 상승 요인으로 작용한다.
② 대미수출이 증가할 때 나타날 수 있다.
③ 달러화에 대한 원화의 가치가 하락하게 된다.
④ 내국인의 미국 국채 매입 감소가 한 요인일 수 있다.
⑤ 미국인의 국내 투자 증가가 원인이 될 수 있다.

07 다음과 같은 환율의 변동 추세가 지속될 때 나타날 수 있는 영향으로 가장 적절한 것은? (단, 다른 조건은 일정하다고 가정한다)

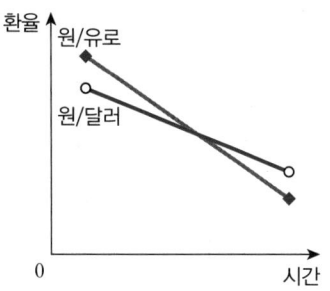

① 달러화 자금을 차입한 한국 기업의 상환부담이 감소할 것이다.
② 유럽을 여행하는 우리나라 사람들의 여행비 부담은 증가할 것이다.
③ 국내 수입 자동차 시장에서 유럽산 자동차보다 미국산 자동차의 가격경쟁력이 더 높아질 것이다.
④ 국내 물가의 인상 압력이 높아질 것이다.
⑤ 유럽을 여행하는 미국인들의 부담이 증가했을 것이다.

정답 및 해설

05 ②
외화의 수요 증가 시에 나타나는 현상이다. 수요가 증가하면 수요곡선이 E에서 A로 이동한다.
미국 상품에 대한 한국의 수입 증가는 결제 시 달러가 필요하므로 수요 증가요인이다.

오답노트
① 한국의 이자율 상승은 외화의 공급 증가요인이다.
③ 미국의 경기 침체로 인한 미국 소비자의 소비 심리 위축은 수출감소로 인한 외화 공급감소 요인이다.
④ 한국 상품에 대한 미국 소비자의 선호도 증가는 수출증가로 인한 외화 공급 증가요인이다.
⑤ 미국 국민들의 한국 여행 증가는 외화의 공급 증가요인이다.

06 ④
외화의 수요가 감소하고 있어, 환율이 하락함을 알 수 있다.

오답노트
① 환율이 하락하면 수출이 불리해지고 수입이 유리해지므로 경기가 악화되고 수입물가가 낮아질 수 있다. 따라서 물가의 하락요인이다.
② 대미수출이 증가하는 것은 외화의 공급 증가요인이다.
③ 원/달러 환율의 하락은 원화의 가치를 상승시킨다.
⑤ 미국인의 국내투자 증가는 외화의 공급 증가요인이다.

07 ①
원/유로, 원/달러 환율의 하락으로 원화의 가치는 상승하고 있다. 원화의 가치를 기준으로 달러보다 유로의 가치가 더 하락하였으므로, 유로/달러 환율은 상승할 것이다. (원 > 달러 > 유로)
원화의 가치가 상승하였으므로 외화 상환에 유리하다.

오답노트
② 원화의 가치가 높으므로 여행비 부담은 감소한다.
③ 원/유로 환율과 원/달러 환율 모두 하락하고 있기 때문에 우리나라에서 유럽산 자동차나 미국산 자동차의 원화 표시 가격은 모두 하락한다. 그런데 원/유로 환율의 하락 속도가 더 빠르기 때문에 미국산 자동차보다 유럽산 자동차의 가격 경쟁력이 더 높아진다.
④ 환율이 하락하면 수입품의 원화 표시 가격이 하락하기 때문에 국내 물가는 안정된다. 그리고 수입품의 가격 인하 이외에도 통화량이 감소하여 물가 안정에 도움이 된다.
⑤ 달러가 유로에 비해 상대적으로 가치가 상승하였으므로 미국인의 유럽여행 비용 부담은 감소한다.

> **TIP**
> · 원가치 > 유로가치
> · 원가치 > 달러가치
> · 정도를 고려하면 원 > 달러 > 유로

08

그림은 미국달러 대비 A국, B국, C국의 통화가치 변동률이다. 이와 같은 상황이 장기간 지속될 경우, 예상되는 변화에 대한 설명으로 옳은 것은? (단, 다른 조건은 일정하다)

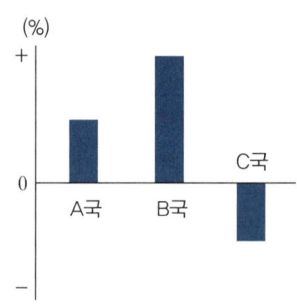

① B국에 대한 미국의 수출이 장기적으로 감소할 것이다.
② C국의 자국통화의 미국달러 표시 환율은 지속적으로 하락할 것이다.
③ B국으로 여행할 미국 사람은 B국 통화로 미리 환전해 두는 것이 유리하다.
④ B국의 부품을 미국달러로 결제하여 수입하는 A국 제조 기업의 생산비는 인하될 것이다.
⑤ A국 국민들이 C국에 여행가는 데 부담을 많이 느낄 것이다.

09

국제수지와 환율에 대한 다음 설명 중 옳은 것은?

<보기>
ㄱ. 실질환율은 서로 다른 나라 화폐 간의 교환비율이다.
ㄴ. 국제수지는 경제적 거래의 형태에 따라 크게 경상수지와 금융계정으로 나눌 수 있다.
ㄷ. 국민소득 항등식에 의하면 국내저축이 국내투자보다 크면 순수출은 항상 0보다 크다.
ㄹ. 명목환율은 우리나라에서 생산한 재화 한 단위가 다른 나라에서 생산한 재화 몇 단위와 교환되는지를 나타낸다.

① ㄱ, ㄴ ② ㄱ, ㄹ ③ ㄴ, ㄷ ④ ㄱ, ㄴ, ㄹ ⑤ ㄴ, ㄷ, ㄹ

10

다음은 환율 결정 이론의 하나인 구매력평가설에 대한 설명이다. 옳지 않은 것은?

<보기>
ㄱ. 일물일가의 법칙이 국제 시장에도 적용된다.
ㄴ. 비교역재가 많이 있는 경우 실제 환율과 구매력평가 환율은 차이가 날 수 있다.
ㄷ. 환율의 단기적인 변동 추세를 잘 설명해준다.
ㄹ. 통화공급을 늘리면 물가가 상승하여 통화가치가 오른다.

① ㄱ, ㄴ ② ㄱ, ㄹ ③ ㄴ, ㄷ ④ ㄴ, ㄹ ⑤ ㄷ, ㄹ

11 원화 환율이 오직 구매력평가설에 의해 결정되는 경우 지난 1년 동안 한국 물가가 7% 오르고 미국 물가가 9% 상승했다면 원화 환율(원/달러) 변동폭은 얼마가 될까?

① 2% 하락 ② 2% 상승 ③ 7% 하락
④ 9% 상승 ⑤ 16% 하락

12 구매력평가설에 따르면 미국 물가가 20% 상승하고 한국 물가는 15% 오를 경우, 원/달러 환율의 변화로 옳은 것은?

① 원/달러 환율 5% 하락 ② 원/달러 환율 5% 상승
③ 원/달러 환율 25% 절하 ④ 원/달러 환율 25% 절상
⑤ 환율엔 변화 없음

정답 및 해설

08 ③
B국 화폐가치가 올라가는 추세라면 더 오르기 전에 B국 통화로 바꾸는 것이 유리하다.

오답노트
① 화폐가치가 높아질수록 수출품의 가격이 비싸지므로 수출이 불리하다. 따라서 화폐가치가 높아진 B국의 수출은 불리해지고 미국은 수출이 유리해질 것이다.
② 화폐가치가 낮아지면 환율은 상승한다.
④ A국 화폐가치가 B국 화폐가치보다 낮아졌으므로 B국에 대한 수입이 불리해져 생산비는 인상될 것이다.
⑤ 화폐가치가 올라가면 수출 빼고는 모두 유리하므로 A국 국민이 C국에 여행가는 것이 유리할 것이다.

09 ③
국제수지는 국민소득과 사후적으로 항상 같게 된다. 이를 식으로 나타내면 Y(국민소득) = C(소비) + I(투자) + G(정부지출) + NX(순수출) = C(소비) + S(민간 저축) + T(세금)이다. 투자로 정리하면 I = S + (T − G) − NX이다. 즉, 국내투자는 국내저축 − 국외저축(순수출)으로 국내저축이 국내투자보다 크면 순수출은 항상 0보다 크다.

10 ⑤
구매력평가설은 일물일가의 원칙을 이용하여 환율이 두 나라 통화의 구매력에 의해 결정된다는 이론이다.

오답노트
ㄷ. 구매력평가설은 장기간 환율의 움직임을 잘 설명해주는 이론이다. 물가가 오르면 해당 국가 화폐가치는 하락하고, 반대로 물가가 내려가면 화폐가치가 상승한다.
ㄹ. 어떤 나라가 통화공급을 늘려 물가가 상승하면 그 나라 통화가치는 떨어지게 된다.

11 ①
구매력평가설 공식은 환율변화율 = 한국의 물가상승률 − 미국의 물가상승률이다. 따라서 7% − 9% = −2%이다. 따라서 환율은 2% 하락하여야 한다.

12 ①
구매력평가설 공식은 '환율변화율 = 한국의 물가상승률 − 미국의 물가상승률'이다. 따라서 15% − 20% = −5%이다.
따라서 화폐의 구매력이 동일해지기 위해서는 달러화가 원화에 대해 5% 절하(즉, 원화 가치가 달러화에 대해 5% 절상)된다.

13 다음 글에서 밑줄 친 기준에 맞는 1년 후 환율 수준으로 옳은 것은?

> 원화로 대출받으면 대출 금리가 연 20%인 반면, 같은 금액을 달러로 대출받으면 금리가 연 10%이다. 단, 달러로 대출받을 때엔 만기 때 반드시 달러로 갚아야 한다. 현재 원화와 달러 사이의 환율은 1달러당 1,000원이다. 홍길동은 두 대출 조건이 같다고 생각한다. (단, 환전 수수료는 감안하지 않는다.)

① 1달러당 900원　　② 1달러당 1,000원　　③ 1달러당 1,050원
④ 1달러당 1,100원　　⑤ 1달러당 1,150원

14 한국과 미국의 내년 예상 물가상승률이 각각 9%와 4%라고 하자. 현재 환율은 1,000원/달러이다. 구매력평가설에 따르면 장기적으로 원/달러 환율은 약 얼마로 예측할 수 있을까?

① 1달러당 950원　　② 1달러당 1,020원　　③ 1달러당 1,030원
④ 1달러당 1,040원　　⑤ 1달러당 1,050원

15 우리나라의 교역조건에 대한 설명 중 옳은 것은?

<보기>
ㄱ. 환율이 상승하면 교역조건이 개선된다.
ㄴ. 국제 유가가 오르면 교역조건은 악화된다.
ㄷ. 교역조건이 개선되면 우리나라 사람들의 생활수준은 악화된다.
ㄹ. 수출상품 가격이 수입품 가격에 비해 하락하면 교역조건이 악화된다.

① ㄱ, ㄴ　　② ㄱ, ㄹ　　③ ㄴ, ㄷ　　④ ㄴ, ㄹ　　⑤ ㄷ, ㄹ

16 명목환율이 달러당 1,000원일 때 선풍기 한 대의 가격이 우리나라에서는 12만 원, 미국에서는 600달러라고 하면 달러에 대한 원화의 실질환율은?

① 0.5　　　② 0.1　　　③ 1.5　　　④ 2.5　　　⑤ 5

17 다음 중 구매력평가설(PPP)을 이용하여 원/달러 환율이 상승하는 이유를 옳게 설명한 것은?

① 한국의 이자율이 미국보다 상대적으로 낮아졌다.
② 미국의 총지출이 한국보다 상대적으로 많아졌다.
③ 한국의 물가 수준이 미국보다 상대적으로 높아졌다.
④ 미국의 1인당 국민소득이 한국보다 상대적으로 많아졌다.
⑤ 미국 소비자의 구매력 수준이 한국보다 상대적으로 낮아졌다.

정답 및 해설

13 ④
원화 또는 달러로 대출 시 이자율 차이가 없으려면 환율의 변화가 필요하다.
원/달러 환율 상승률 = 원화로 대출 시 이자율(20%) - 달러로 대출 시 이자율(10%) = 10%
따라서 원/달러 환율은 1,100원이 되어야 한다.

14 ⑤
구매력평가설은 환율이 각국 화폐의 구매력, 즉 물가수준의 비율에 따라 결정된다는 이론이다.
한국의 환율상승률(5%) = 한국의 물가상승률(9%) - 미국의 물가상승률(4%)이므로 1,050원이 된다.

15 ④
교역조건 = $\frac{수출가격}{수입가격}$ × 100이다. 교역조건은 수출품 한 단위에서 벌어들인 외화로 살 수 있는 수입품의 단위 수를 말한다. 따라서 수출품 가격이 오르거나 수입품 가격이 하락하면 교역조건이 개선된다. 환율이 상승하면 수입물가가 올라 교역조건은 악화되고, 환율이 오르면 수출이 늘어나지만 교역조건은 악화된다는 점에 유의해야 한다.

오답노트
ㄱ. 환율이 상승하면 수출가격이 하락하고 수입가격이 상승하므로 교역조건이 악화된다.
ㄷ. 교역조건이 개선되면 더 많은 상품을 구입할 수 있으므로 우리나라 사람들의 생활수준은 좋아질 수 있다.

16 ⑤
실질환율 = 명목환율(원/달러) × $\frac{해외가격}{국내가격}$ 이다.
따라서 1,000 × $\frac{600}{120,000}$ = 5이다.

17 ③
구매력평가설은 두 나라의 물가차이가 환율을 결정한다는 환율이론이다.
원/달러 환율 상승률 = 한국의 물가상승률 - 미국의 물가상승률이다. 따라서 원/달러 환율이 상승한다는 건 원화가치가 떨어진다는 뜻이고, 미국의 물가 수준이 한국보다 낮아졌다는 얘기이다.

18 환율에 대한 다음 설명 중에서 옳은 것을 모두 고르면? (단, 환율은 달러당 원화 비율임)

<보기>
ㄱ. 물가가 상승하면 명목환율은 하락, 이자율이 상승하면 명목환율은 상승한다.
ㄴ. 명목환율이 상승하면 국내에서 생산된 재화의 달러 표시 상대가격이 상승하여 수출이 감소하게 된다.
ㄷ. 환율은 자국화폐와 외국화폐의 교환비율인 명목환율과 두 나라의 물가를 감안하여 조정한 실질환율이 있다.
ㄹ. 구매력평가설에 따르면 일물일가의 법칙이 국제 시장에서도 적용되기 때문에 한 나라의 화폐가 어느 나라에서도 동일한 구매력을 가지는 수준에서 환율이 결정된다.

① ㄱ, ㄴ   ② ㄱ, ㄹ   ③ ㄴ, ㄷ   ④ ㄴ, ㄹ   ⑤ ㄷ, ㄹ

19 표는 지난해 8월 대비 올해 8월의 미국 달러에 대한 각국의 통화 가치 변동률이다. 이 기간 동안의 변화에 대해 옳게 설명한 것만을 <보기>에서 있는 대로 고른 것은?

〈아시아 3개국 통화 가치 변동률〉

국가(화폐 단위)	변동률(%)
한국(원)	−20.3
중국(위안)	9.1
일본(엔)	6.2

*단, 무역 결제 수단은 달러이며, 환율 이외의 변동 요인은 없다고 가정한다.

<보기>
ㄱ. 원/달러 환율은 상승하고, 엔/달러 환율은 하락하였다.
ㄴ. 중국에서 한국 상품의 가격 경쟁력이 일본 상품에 비해 강화되었다.
ㄷ. 달러로 환전하여 일본 유학을 가려는 중국 유학생의 부담은 증가하였다.
ㄹ. 작년 8월에 대출받은 엔화 자금을 상환하는 국내 거주 한국인은 환율의 변동으로 이익을 보았다.

① ㄱ, ㄴ   ② ㄴ, ㄹ   ③ ㄷ, ㄹ   ④ ㄱ, ㄴ, ㄷ   ⑤ ㄴ, ㄷ, ㄹ

20 다음 자료에 대한 분석 추론으로 가장 적절한 것은?

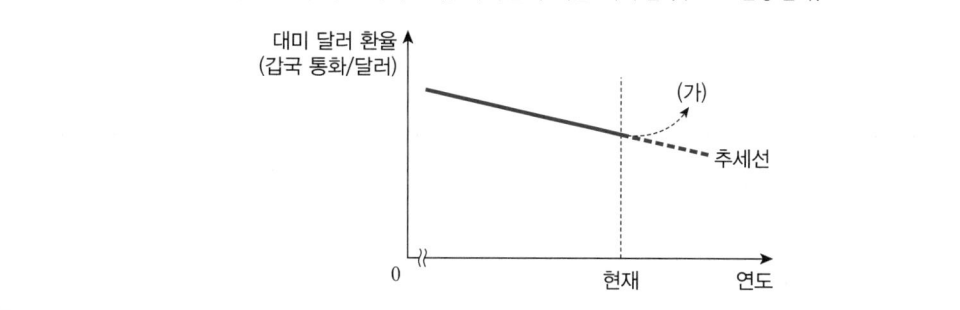

그림은 갑국의 대미 달러 환율의 변화 추세를 나타낸다. 이러한 추세는 지속될 것으로 전망된다.

① 갑국의 달러화 대비 통화 가치는 하락할 것이다.
② 미국 시장에서 갑국 재화의 가격 경쟁력은 높아질 것이다.
③ 미국과의 국제 거래에서 갑국의 경상수지는 개선될 것이다.
④ 갑국 기업은 수출 대금으로 받은 달러의 환전을 미룰수록 유리할 것이다.
⑤ 갑국의 중앙은행이 환율의 변화 추세를 (가) 방향으로 바꾸고자 한다면 외환 시장에서 달러를 매입할 것이다.

정답 및 해설

18 ⑤

오답노트
ㄱ. 구매력평가설에 따르면 물가가 오르면 환율이 상승한다. 또한 이자율평가설에 따르면 이자율이 상승하면 외화의 공급이 증가하므로 명목환율은 하락한다.
ㄴ. 명목환율이 상승하면 국내에서 생산된 재화의 달러 표시 상대가격이 하락하여 수출이 증가하게 된다.

19 ①
표는 미국 달러에 대한 각국의 통화 가치 변동률로서 원화는 가치가 하락하고(환율 상승), 위안화와 엔화는 가치가 상승(환율 하락)하였다.
ㄱ. 원/달러 환율은 20.3% 상승하고, 엔/달러 환율은 6.2% 하락하였다.
ㄴ. 무역 결제 수단이 모두 달러로 이루어지기 때문에 중국에서 달러로 표시되는 한국 제품의 가격은 낮아져 달러 표시 가격이 높아지는 일본 상품에 비해 가격 경쟁력이 강화되었다.

오답노트
ㄷ. 위안화의 가치가 상승하였으므로 달러로 환전하여 일본 유학을 가려는 중국 유학생의 부담은 감소하였다.
ㄹ. 엔화의 가치는 상승하고 원화의 가치는 하락하였으므로 대출받은 엔화 자금을 상환하는 국내 거주 한국인은 환율의 변동으로 손해를 보았다.

TIP
ㄷ의 유학 비용과 ㄹ의 상환 비용 모두 달러로 결제한다는 점을 고려해야 한다.

20 ⑤
외환 시장에서의 갑국 중앙은행의 달러화 매입은 대미 달러 환율의 상승 요인이다. 따라서 갑국의 중앙은행이 대미 달러 환율을 (가)와 같은 방향으로 변동시키고자 한다면 외환 시장에서 달러를 매입할 것이다.

오답노트
① 갑국의 대미 달러 환율이 하락하면 갑국의 통화 가치는 상승한다.
② 갑국의 대미 달러 환율이 하락하면 미국 시장에서 갑국 재화의 가격 경쟁력은 낮아진다.
③ 갑국의 대미 달러 환율이 하락하면 대미 수출은 감소하고, 대미 수입은 증가한다. 따라서 미국과의 국제 거래에서 갑국의 경상수지는 악화될 것이다.
④ 대미 달러의 가치가 지속적으로 하락할 것이기 때문에 수출 대금으로 받은 달러의 환전을 미룰수록 갑국 기업은 손해를 본다.

TIP
- 추세선 : 갑국 화폐가치 ↑
- (가) : 갑국 화폐가치 ↓

21 환율 변동에 관한 다음의 설명 중 가장 적절하지 않은 것은?

<보기>
ㄱ. 비교역재가 많을수록 구매력평가에 의한 환율 결정이 현실의 환율 변화를 잘 설명할 수 있다.
ㄴ. 구매력평가에서는 각 국가의 물가 수준이 고려된다.
ㄷ. 금본위제도와 브레턴우즈 체제는 변동환율제도의 대표적인 예이다.
ㄹ. 사람들의 기대심리 때문에 환율이 변동할 가능성이 있다.

① ㄱ, ㄴ　　② ㄱ, ㄷ　　③ ㄴ, ㄷ　　④ ㄴ, ㄹ　　⑤ ㄷ, ㄹ

22 그림의 A, B는 앞으로 예상되는 환율의 변화 방향을 나타낸다. 이에 대한 설명으로 적절한 것은?

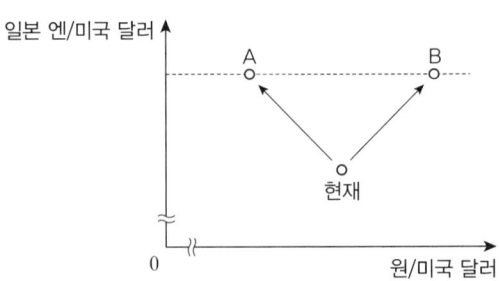

① A의 경우 일본 엔화 대비 원화의 교환 비율은 상승한다.
② A의 경우 미국 시장에서 한국산 제품의 가격 경쟁력이 상승할 것이다.
③ B의 경우 미국으로 자녀를 유학 보낸 일본 학부모의 학비 부담이 감소할 것이다.
④ A와 달리 B의 경우 엔화를 달러화로 환전하는 일본 관광객의 부담이 감소할 것이다.
⑤ 일본산 부품을 사용하여 한국에서 제품을 생산하는 기업은 B보다 A의 경우에 생산 비용이 적게 든다.

23 다음 글의 괄호 안에 들어갈 용어로 적절한 것은?

> 1944년 미국, 영국, 프랑스 등 선진국은 미국 뉴햄프셔 브레턴우즈에서 기존의 금 대신 미국 달러화를 국제결제에 사용하도록 하는 (　　　　)를 탄생시켰다. 이 협정에 따라 각국은 국제결제를 위해 달러화를 일정 규모 보유해야 했다. 국제통화와 금융제도 안정을 위해 국제통화기금(IMF)과 세계은행도 이 체제에 맞춰 설립됐다.

① 보스턴 체제
② 워싱턴 체제
③ 킹스턴 체제
④ 브레턴우즈 체제
⑤ 샌프란시스코 체제

정답 및 해설

21 ②
구매력평가에서는 각 국가의 물가 수준이 고려되어 물가가 상승할수록 화폐가치가 떨어진다. 사람들의 기대심리는 외화의 수요를 변동시킬 수 있기 때문에 환율이 변동할 가능성이 있다.
ㄱ. 대표적인 환율결정이론이 구매력평가설이다. 구매력평가설은 일물일가의 원칙을 이용하는데 비교역재가 많다는 것은 일물일가가 잘 성립하지 않으므로 비교역재가 많을수록 구매력평가에 의한 환율 결정이 현실의 환율 변화를 잘 설명할 수 없다.
ㄷ. 금본위제도와 브레턴우즈 체제는 고정환율제도의 대표적인 예시이고 킹스턴 체제가 대표적인 변동환율제도이다.

22 ⑤
A의 경우 엔/달러 환율은 상승하고 원/달러 환율은 하락한다. B의 경우 엔/달러 환율과 원/달러 환율 모두 상승한다. 엔화 가치 대비 원화 가치는 A가 B보다 높다. 따라서 원/엔 환율은 A보다 B가 높다. 따라서 일본산 부품을 사용하여 한국에서 제품을 생산하는 기업의 생산비는 A가 B보다 적다.

오답노트

① A의 경우 미국 달러화 대비 엔화 가치는 하락하고 원화 가치는 상승한다. 따라서 일본 엔화 대비 원화의 교환 비율, 즉 원/엔 환율은 하락한다.
② A의 경우 원/달러 환율이 하락하므로 미국 시장에서 한국산 제품의 가격 경쟁력은 하락하게 된다.
③ B의 경우 엔/달러 환율은 상승하므로 미국으로 자녀를 유학 보낸 일본 학부모의 학비 부담은 증가하게 된다.
④ A와 B 모두 엔/달러 환율은 상승하므로 엔화를 달러화로 환전하는 일본 관광객의 부담은 A의 경우와 B의 경우 모두 증가한다.

TIP
· A : 엔/달러 환율 ↑ & 원/달러 환율 ↓
  ⇒ 화폐가치 : 원 > 달러 > 엔
· B : 엔/달러 환율 ↑ & 원/달러 환율 ↑
  ⇒ 화폐가치 : 달러 ↑, 나머지 화폐는 비교 불가

23 ④
브레턴우즈 체제는 제2차 세계대전 이후 1944년 미국 뉴햄프셔주 브레턴우즈에서 연합국 대표가 모여 만든 세계 경제질서다. 무역 자유화, 통화가치(환율) 안정, 개발도상국의 경제 개발 지원 등이 주요 내용이다.

24 한국은행이 외환 시장에 개입하여 달러를 매각했다고 하자. 한국은행은 이때 원칙적으로 불태화 정책을 사용한다고 한다. 이 과정을 가장 정확하게 설명한 것은?

① 보유한 달러를 이용하여 미국의 국채를 매입한다.
② 화폐공급 감소에 대응하여 통화안정채권을 매입한다.
③ 화폐공급 증가에 대응하여 통화안정채권을 매입한다.
④ 화폐공급 감소에 대응하여 통화안정채권을 매각한다.
⑤ 화폐공급 증가에 대응하여 통화안정채권을 매각한다.

25 다음 J커브 효과에 대한 설명 중 옳은 것을 모두 고르면?

<보기>
ㄱ. 원화가 달러당 1,000원에서 1,100원이 되면 한국 상품 수출경쟁력은 올라간다.
ㄴ. 원화가치가 하락하는 추세에 있다면 한국 수출기업은 당장 수출물량을 더 늘리려고 할 것이다.
ㄷ. 일본 엔화에 대한 원화가치가 하락하면 가격측면만 볼 때 대일 수출은 늘고 대일 수입은 줄어야 한다.
ㄹ. 일본 엔화에 대한 원화가치가 하락해도 중간 부품이나 자본재의 대일 의존도가 높아 대일 수입은 줄지 않는다.

① ㄱ, ㄴ   ② ㄱ, ㄷ   ③ ㄴ, ㄷ   ④ ㄱ, ㄷ, ㄹ   ⑤ ㄴ, ㄷ, ㄹ

26 다음 중 외환당국이 시장에 개입하여 원화 가치를 끌어올리려고 할 때 불필요한 통화량의 변화를 방지하기 위해 취해야 할 불태화 정책으로 옳지 않은 것은?

<보기>
ㄱ. 국채의 매입
ㄴ. 국채의 매각
ㄷ. 정부지출의 축소
ㄹ. 외화표시 자산의 매각

① ㄱ, ㄴ   ② ㄱ, ㄷ   ③ ㄴ, ㄷ   ④ ㄴ, ㄹ   ⑤ ㄷ, ㄹ

27 다음은 20~21세기에 있었던 세계 금융위기와 관련된 사건들이다. 먼저 일어난 사건부터 순서대로 옳게 짝지어진 것은?

| 가. 브레턴우즈 체제 성립 | 나. 플라자 합의 |
| 다. 서브프라임 모기지 사태 | 라. 달러화 금태환 정지 |

① 가 – 다 – 나 – 라 ② 가 – 라 – 나 – 다
③ 가 – 라 – 다 – 나 ④ 라 – 다 – 가 – 나
⑤ 라 – 다 – 나 – 가

정답 및 해설

24 ②
불태화 정책은 해외 부문으로부터 발생한 외자 유출입이 국내 통화량 및 물가에 미치는 영향을 상쇄하려는 정책이다. 따라서 한국은행이 통화안정채권을 매입해 시중 자금을 유통함으로써 통화량을 일정하게 유지하고 인플레이션을 억제시킨다.

25 ④
환율이 상승(원화가치는 하락)해도 단기적으로 수출은 늘지 않고, 수입은 늘어나면서 무역수지가 악화되다 중장기적으로 개선되는 것을 'J커브 효과'라고 한다.

오답노트
ㄴ. 원화가치가 하락하는 추세라면 수출기업으로서는 수출을 서두를 필요가 없다. 달러당 원화 환율이 1,000원에서 1,050원으로 갈 때 수출해서 수출대금(1달러당 1,050원)을 받는 것보다 1,100원으로 갈 때까지 기다려서 수출대금을 받는 것이 유리하기 때문이다.

26 ③
원화가치를 끌어 올리려면 외환을 매각해 원화가치를 높이면서 외환 매각으로 인해 줄어든 원화통화량을 늘려야 한다. 이를 위해서는 국채의 매입이 필요하다.
ㄴ. 국채를 매각하면 통화량의 감소가 발생한다.
ㄷ. 정부지출의 축소는 재정정책이므로 관계가 없다.

27 ②
브레턴우즈 체제 성립(1944년), 달러화 금태환 정지(브레턴우즈 체제 종식 1971년), 미국의 무역적자가 누적되자 엔화와 독일 마르크화의 강세를 유도하기로 합의한 플라자 합의(1985년), 서브프라임 모기지 사태(2007년) 순으로 나열할 수 있다.

해커스 TESAT 2주 완성

금융·자격증 전문 교육기관 **해커스금융**
fn.Hackers.com

PART 4

경영 & 금융

제1장 / 회사

제2장 / 회계

제3장 / 금융

제1장 회사

📖 학습전략

경영파트에서는 회사의 종류, 주주총회와 이사회의 구분, 증자와 감자, 인수합병 등에 대해 다룬다.

회사는 개인기업부터 주식회사까지 다양하다. 유한책임사원과 무한책임사원의 유무로 나누어지는데 유한책임사원은 자신의 출자범위 내에서 책임을 지는 반면 무한책임사원은 모든 것을 책임지는 사원이다. 주식회사는 주주총회, 이사회, 감사로 구성되며, 유한책임사원으로만 이루어진다. 주주총회는 회사의 주인으로서 경영에 대하여 자신이 투자한 만큼 참여할 수 있다. 결정사항은 가장 중요한 인수합병, 이사, 감사의 해임 등을 결정한다. 이사회는 업무집행기관으로 주주총회 소집권, 지점의 설치 이전권 등을 가진다. 감사는 이사회와 대표이사를 견제하는 기능을 한다. 증자는 자본을 늘리는 것으로 유상증자와 무상증자로 나누어지고, 감자는 유상감자와 무상감자로 나누어진다. 특히 유상증자는 회사의 자본금을 늘리며 신규자금을 조달할 수 있고 무상감자는 경영진에 대한 책임을 묻는 기능을 한다.

인수합병은 영업망 확보, 규모의 경제실현 등의 장점이 있지만 경영문화의 차이, 레버리지를 이용한 무리한 인수합병 등의 원인으로 부실기업화 되는 단점도 가지고 있다.

📖 출제비중

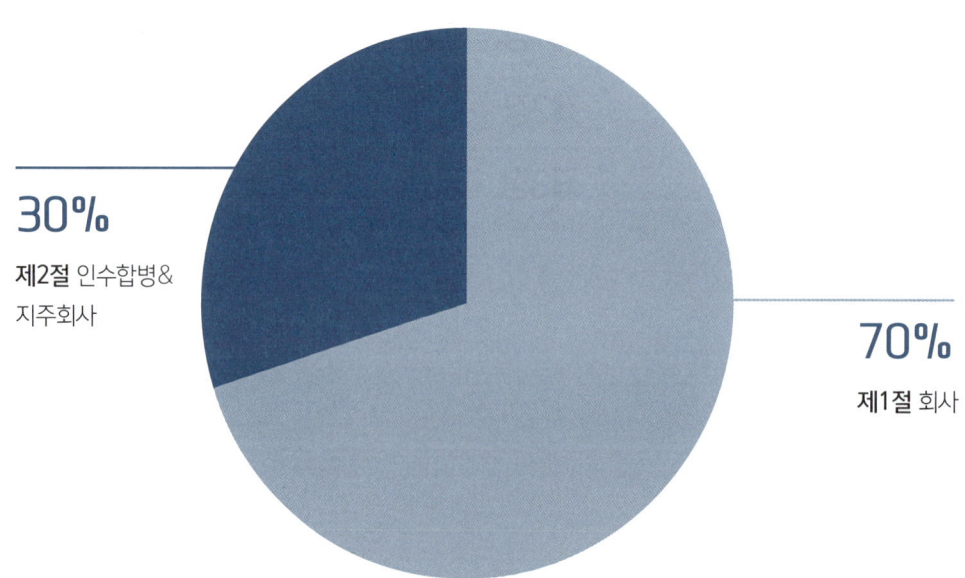

30%
제2절 인수합병&
지주회사

70%
제1절 회사

출제유형

회사의 종류, M&A의 공격과 방어방법이 "시사경제" 영역에서 주로 출제된다. 이사회와 주식회사의 역할 등이 "응용복합"으로 출제된다.

학습구성

구 분	출제포인트	중요도
제1절 회사	01 기업과 회사의 의미	★
	02 회사의 종류	★★★
	03 주식과 주주	★★
	04 주식회사의 기관	★★★
	05 주식회사의 자본조달	★★★
	06 자본의 감소와 법정관리	★★
	07 법정관리와 워크아웃	★
제2절 인수합병 & 지주회사	01 인수합병(M&A)	★★★
	02 지주회사제도와 기업분할	★

제1절 | 회사

핵심 Check ✓ 회사	
회사의 종류	• 개인, 합명, 합자, 유한, 주식회사
회사의 기관	• 주주총회, 이사회, 감사
회사의 자금조달	• 유·무상 증자 • 채권 중 특수채(코코본드, 전환사채)

01 기업과 회사의 의미 ★

1. 기업

① 경제문제를 해결하는 실질적인 주체를 말한다.
② 필요한 자원을 선택해 가장 저렴한 비용으로 시장이 원하는 재화와 서비스를 만들어 소비자에게 배분하는 주체이다.

2. 회사

상행위나 그 밖의 영리를 목적으로 하여 설립한 법인을 말한다. (상법 제169조)

02 회사의 종류 ★★★

1. 합명 & 합자회사

① 경영은 무한책임사원이 맡아 하므로 이들 사원 간 신뢰가 매우 중요한 인적회사이다.
② 합명회사의 예 : 변호사, 회계사들이 모여 설립한 법무법인, 회계법인
③ 합자회사의 예 : 특허 기술을 가진 기술자가 무한책임사원이 되어 외부 자금주를 유한책임사원으로 모집할 때 활용 가능하다.

2. 유한 & 주식회사

① 경영은 전문경영인이 하고 유한책임사원으로 구성된 물적회사이다.
② **유한회사와 주식회사의 차이점** : 주식회사는 여러 사람을 상대로 주식이나 채권을 공개적으로 발행할 수 있어 대규모 회사에 적합하고, 유한회사는 공개적으로 주식 채권을 발행할 수 없으므로 중·소규모 회사에 적합하다.

핵심 Plus ➕

법인
법인은 '법이 인정한 사람'이란 의미. 즉, 회사는 사람처럼 권리·의무의 주체가 될 수 있음. 다른 회사나 사람과 거래하고 소송이 벌어지면 소송의 주체도 될 수 있음

무한책임사원과 유한책임사원
회사가 파산했을 때 회사와 거래한 제3자에 대해 책임을 지느냐, 아니면 출자금만 손실을 보고 추가 책임을 지지 않느냐에 차이가 있음. 회사 거래처 대해 책임을 지지 않은 사원은 유한책임사원, 회사 거래처가 입은 모든 손실에 대해 책임을 지는 사원은 무한책임사원이라고 함

합명회사와의 차이점
주식회사의 이런 기관 분리는 사원(출자자)이 곧 기관이 되는 합명회사, 합자회사 등 인적 회사와 다른 큰 특징. 주식회사는 소유주인 주주와 경영인인 이사회 대표이사가 분리될 수 있음

③ 주식회사의 장단점
- 장점 : 대규모 자본조달에 유리하다.
- 단점 : 채권자에 대해 책임을 지지 않으므로 도덕적 해이가 발생 가능하다.

[상법상 회사의 종류]

구분	합명회사	합자회사	주식회사	유한회사	유한책임회사
사원의 책임	무한	무한/유한	유한	유한	유한
사원의 수	2인 이상	무한/유한 각각 1인 이상	1인 이상	1~50인	1인 이상
특징	인적회사	인적회사	물적회사	물적회사	물적회사
사례	법무법인, 회계법인 등	벤처회사	일반 민간 기업	소규모 농업법인 등	소규모 기업

03 주식과 주주 ★★

1. 주식

주식회사 자본금의 구성단위로 자본금은 '액면가 × 발행주식수'로 계산되고 주주는 회사에 대해 주식보유비율(지분율)만큼 주주권을 갖는다.

2. 주주의 권리

(1) 자익권
주주가 경제적 이익을 받을 권리로, 이익배당청구권, 회사청산 시 잔여재산분배청구권 등이 있다.

(2) 공익권
주주가 회사의 경영에 관여할 수 있는 권리를 말한다. 의결권, 주주총회 소집청구권, 대표소송권 등이 있다.

(3) 지분율이 희석되지 않을 권리
회사가 증자를 할 때 주주는 자신의 지분율에 해당하는 만큼 신주를 인수할 수 있다.

3. 주주의 의무

출자한도 내에서 유한책임을 지는 의무를 가진다.

4. 권리락과 배당락

(1) 기준일과 주주명부 폐쇄
주식의 거래가 빈번하여 주주명부를 항상 등록할 필요는 없지만 회사에 대해 권리를 행사하기 위해 주주명부에 이름을 등록해야 한다. 따라서 일정시점을 기준으로 확정하는 것을 주주명부 폐쇄라고 하고 권리를 행사할 주주명부상 주주를 확정하는 날을 기준일이라고 한다.

(2) 권리락과 배당락

① **권리락** : 기준일이 지나면 신주인수권이 없어져, 주가가 소폭 하락하는 것
② **배당락** : 권리락 중 배당을 받을 권리가 없어지는 12월 마지막 거래일의 주가하락

5. 주식 자유양도의 원칙과 예외

(1) 원칙
상장회사는 정관에서도 주식양도를 제한할 수 없다.

(2) 예외
법률상 제한되는 주식 양도로는 자기주식의 취득 제한, 주식 상호 소유의 제한, 금산분리의 원칙 등을 들 수 있다.

시험문제 미리보기!

다음 중에서 유한책임만을 지는 회사를 고르면?

① 합명회사 ② 지주회사 ③ 사원회사
④ 주식회사 ⑤ 합자회사

정답 ④
해설 유한회사와 주식회사는 유한책임만을 진다. 주식회사의 주주들은 보유지분 한도 내에서만 회사에 책임을 진다. 지주회사는 다른 회사의 주식을 소유함으로써 사업활동을 지배하는 것을 주된 사업으로 하는 회사다.

---

04 주식회사의 기관 ★★★

1. 기관

(1) 의미
특정한 목적을 수행하기 위해 법에 의해 설치된 회사 조직이다.

(2) 주식회사의 기관구성
의결기관인 주주총회, 업무 집행기관인 이사회와 대표이사, 감사기관인 감사와 감사위원회로 구성된다.

2. 주주총회

(1) 의미
주주총회는 주주들의 모임으로 회사의 기본적 사항을 결정하는 주식회사의 최고 의결기관이다.

(2) 주주총회의 소집권한

원칙적으로 이사회가 소집하나, 3% 이상의 소수주주, 법원, 감사도 때에 따라 소집가능하다.

3. 주주총회에서 의결해야 할 사항

(1) 회사 경영진의 임면

이사·감사의 선임과 해임 및 그들의 보수 결정 등을 한다.

(2) 회사 운영의 기본 방향

회사 재무제표의 승인, 정관의 변경, 합병, 영업양도, 영업양수, 자본금의 감소, 주식 분할, 회사의 해산 등이 있다.

(3) 주주이익에 관한 내용

스톡옵션 부여 등이 있다.

4. 보통결의와 특별결의

(1) 보통결의

　① 출석 의결권의 과반수와 발행주식 총수의 4분의 1 이상의 찬성이 필요하다.
　② 이사·감사 선임, 그들의 보수 및 회사 재무제표의 승인 등은 보통결의를 거쳐야 한다.

(2) 특별결의

　① 출석 의결권의 3분의 2 이상과 발행 주식 총수의 3분의 1 이상의 찬성이 필요하다.
　② 정관의 변경, 합병 등은 특별결의를 거쳐야 한다.

5. 이사회

(1) 의미

주주총회에서 선임된 이사들과 이사 중에서 한 명 또는 여러 명이 이사회에서 대표이사로 선임되며, 이사회는 업무 집행기관으로 업무 집행과 관련된 의결권을 가진다.

(2) 이사회의 의결사항

주주총회 소집권, 대표이사 선임권, 은행 지점장 같은 지배인의 선임과 해임권, 지점의 설치 이전권 등을 가진다.

6. 대표이사

대내적으로는 회사 업무를 수행하고 대외적으로는 회사를 대표한다. 이사 임기는 3년을 초과하지 못한다.

7. 감사와 감사위원회

(1) 기능

이사회와 대표이사를 견제하는 기능을 갖는다.

핵심 Plus

집중투표제
이사를 선임할 때 1주에 한 개의 의결권을 주는 것이 아니라 이사 수만큼의 의결권을 부여한 후 그 의결권을 후보자 1인에게 집중적으로 투표할 수 있도록 한 제도

내부자거래와 내부거래
- 내부거래 : 같은 기업집단에 속한 회사(계열사) 간에 상품이나 서비스를 사고파는 거래 행위
- 내부자거래 : 기업과 특수관계에 있는 사람이 그의 직무 또는 지위에 의해 얻은 정보를 이용, 불공정한 주식매매를 하는 행위

(2) 감사위원회
이사회 내에 설치되어 사외이사 비중이 높은 점이 특징이다. 자산총액 2조 원 이상 상장회사는 반드시 감사위원회를 설치해야 한다.

시험문제 미리보기!

상법상 주주총회의 권한에 속하지 않는 것은?

① 재무제표 승인권 ② 다른 회사와의 합병 승인권
③ 회사 임직원에 대한 인사권 ④ 정관의 변경
⑤ 영업양도

정답 ③
해설 주주총회는 이사 선출, 이사 보수 결정, 재무제표 승인, 배당, 합병, 정관의 변경, 영업양도 등 회사의 주요 정책을 결정한다. 회사 임직원들에 대한 인사권은 주주들이 전문경영인에 위임한 권한이다.

05 주식회사의 자본조달 ★★★

1. 자금조달방식

(1) 간접금융
은행으로부터 차입하여 자금을 조달하는 방식이다.

(2) 직접금융
은행을 거치지 않고 투자자들에게 직접 주식·채권을 발행해 자금을 조달하는 방식이다.

2. 주식회사의 자금조달방식

(1) 신주 발행 : 자기자본
① 의미
회사가 주식을 발행해 자금을 조달하는 것으로 회사가 정한 발행 주식총수 안에서 의사회 결의로 가능하다.
② 신주배정
원칙적으로 주주배정 유상증자이나, 예외적으로 3자 배정 유상증자가 가능하다.
③ 유상증자
주주들에게 돈을 받고 신주를 유상으로 발행하는 것을 말한다.
④ 무상증자
회사가 이익잉여금을 자본금으로 돌리는 방식으로 기존 주주들에게 돈을 받지 않고 신주를 무상으로 발행하거나 기존 주식을 나누어 주는 것을 말한다.

핵심 Plus+

3자 배정 유상증자를 할 수 있는 경우
정관에 주주 이외 제3자에게 신주를 발행할 수 있다는 규정을 정해 놓거나, 기존 주주들이 신주 인수를 포기하면 회사는 신주를 다른 제3자나 일반인에게 팔 수 있음

전환사채와 신주인수권부사채의 차이점
전환사채와 달리 신주인수권을 행사할 때 신주인수대금을 별도로 납부해야 함

코코본드
일정한 조건(Contingent)에서 채무내용을 바꿀 수 있는(Convertible) 채권(Bond)이라는 의미

(2) 사채 발행 : 타인자본

① 의미

회사가 발행하는 채권을 회사채 또는 사채라고 한다. 사채는 회사가 대량의 자금을 조달하기 위해 부채로써 발행하는 유가증권이다.

② 특수사채
- 전환사채(CB) : 주식으로 전환할 수 있는 권리가 부여된 사채
- 신주인수권부사채(BW) : 발행회사의 **신주를 인수할 권리**가 붙은 사채
- 이익참가부사채 : 이자가 지급되는 동시에 회사가 이익이 나면 **이익 분배에도 참가**할 수 있는 사채
- 교환사채(EB) : 발행회사가 보유하고 있는 **상장회사 주식과 교환**할 수 있는 권리가 부여된 사채
- 상환사채 : 만기 전에 채권의 일부 또는 전부를 **상환**할 수 있는 권리(콜옵션)가 발행회사에 부여된 사채
- 조건부자본증권(코코본드) : 회사가 어려워졌을 때 사채를 주식으로 전환하거나 원금을 상각(상환거부)할 수 있는 권리가 부여된 사채. 조건부자본증권은 회사채지만 부채가 아닌 **자본으로 인정됨**

시험문제 미리보기!

A씨는 회사를 차리면서 은행을 통한 대출을 통해 사업 자금을 모으려고 한다. 이를 위해 필요한 금융 시장과 은행의 종류를 바르게 연결한 것은?

① 직접금융 - 투자은행
② 간접금융 - 상업은행
③ 직접금융 - 상업은행
④ 간접금융 - 투자은행
⑤ 장기금융 - 상업은행

정답 ②
해설 기업이 은행 등 금융회사를 거쳐 자금을 조달하는 것을 간접금융이라고 한다. 주식이나 채권 등의 인수 및 판매 등은 투자은행과 관련되어 있으며 일반대출은 상업은행에 관련되어 있다.

06 자본의 감소와 법정관리 ★★

1. 자본감소(감자)

(1) 자본의 구성
자본 = 자본금(주주들이 주식을 매입) + 자본잉여금(주식가격의 상승분) + 이익잉여금(영업의 결과로 누적된 이익) + 당기순이익(그 해 이익)

(2) 자본감소 방식
① 주로 발행 주식수를 줄이는 방식을 사용한다.

핵심 Plus

자본충실의 원칙
주주 유한책임제도로 인해 주식회사의 채권자들이 피해를 입지 않도록 회사 재산이 자본보다 항상 많아야 한다는 원칙

금산분리의 원칙(현 은행법)
금융기관이 다른 회사 주식을 20% 이상 취득하지 못하도록 하고 있음. 반대로 비금융회사는 은행 주식을 4%(시중은행) 또는 15%(지방은행) 초과해서 소유할 수 없음

자사주 취득
회사가 자사주를 취득하면 발행 주식 수가 줄어들어 주당 가치가 높아짐. 자사주를 취득하면 자사주는 자본금에서 차감하는 형식으로 기록되므로 감자 효과가 나타남

② 엄격한 절차가 필요하고, 자본을 줄일 경우 주주총회를 열어 특별결의를 얻고 채권자들의 동의를 구해야 한다.

2. 실질적 감자(유상감자)

(1) 의미

회사가 주주들에게 돈을 주고 주식을 사들여 소각하는 방법을 말한다.

(2) 배경

① 투자자가 투자금을 회수하는 수단이다.
② 회사가 발행 주식수를 줄임으로써 주식 가격을 높이는 수단으로 자사주 취득이 있다.

3. 형식적 감자(무상감자)

(1) 의미

주주들에게 아무런 보상을 하지 않고 자본금을 줄이는 방식이다. 회사가 불가피한 상황이 아니면 시행하지 않는다.

(2) 배경

보통 자본잠식으로 신규 자금을 조달하려면 누적결손금을 없애는 수단밖에 없을 때 사용한다.

> **핵심 Plus+**
>
> **누적결손금**
> 자본금이 100억 원인 회사의 누적결손금이 90억 원이라면 이 회사의 자본, 즉 순자산은 10억 원밖에 되지 않음. 이는 액면가액이 5,000원인 주식이 500원에 거래된다는 의미

07 법정관리와 워크아웃 ★

1. 법정관리

(1) 의미

대주주가 경영을 맡아 회사를 부실하게 만든 후 회사를 회생시켜 달라고 **법원에 신청하는 것을 말한다.**

(2) 방법

법원은 회사가 회생 가능성이 있으면 신청을 받아들이는데 이때 회사 자본이 잠식됐다면 법원은 강제로 대주주가 보유한 주식을 무상소각(감자방식) 후 대주주 또는 다른 새로운 투자자에게 신주를 발행해 자금을 조달함으로써 회사가 회생할 수 있도록 한다.

2. 워크아웃

(1) 의미

회사와 회사 채권단이 자율적으로 마련하는 회사 재건 협약으로 보통 재정위기에 처한 기업이 법정관리에 들어가기 전에 선택하는 재무구조 개선작업을 말한다.

(2) 워크아웃 기업 채권단의 역할

기존 대출금의 만기 연장이 필요하면 신규 자금으로 워크아웃 기업에 지원한다.

시험문제 미리보기!

다음은 주식배당을 실시한 기업에 대한 직접적인 효과를 열거한 것이다. 옳은 것은?

① 유동자산의 증가 ② 자본금의 증가 ③ 부채비율의 증가
④ 자본잉여금의 증가 ⑤ 타인자본의 증가

정답 ②
해설 주식배당은 잉여금을 자본금으로 전입하는 것이다. 따라서 자본금은 늘어나는 반면 이익잉여금은 줄어든다. 자기자본에는 변화가 없다. 즉, 주식배당은 자기자본, 부채비율, 타인자본의 증감과는 관계가 없다.

제2절 | 인수합병 & 지주회사

핵심 Check ✓ M&A 전략

M&A 전략	• 공격전략 : 곰의 포옹 등 • 방어전략 : 포이즌 필 등

01 인수합병(M&A) ★★★

1. 의미
M&A(Mergers & Acquisitions)란 다른 기업을 인수하거나 합병하는 것을 말한다.

2. 장단점

(1) 장점
투자비용 절감, 영업망 및 기술력 확보에 유리하고, 규모의 경제 발생가능성이 높다.

(2) 단점
인수 시 막대한 자금이 소요되고, 조직통합에 많은 노력이 필요하며, 동반부실화 가능성 등이 존재한다.

3. 분류

(1) 매수 성격에 의한 분류
① **우호적인 M&A** : 상대 기업과 협의해서 주식을 인수한다.
② **적대적인 M&A** : 상대 기업의 의사와 관계없이 주식을 인수한다.

(2) 결합방식에 의한 분류
① **수평적 인수합병** : 시장점유율, 규모의 경제를 실현하기 위해 동종업계의 타사를 인수합병하는 것을 의미한다.
② **수직적 인수합병** : 원료의 조달, 생산, 판매 등 동일분야에 있으나 단계가 다른 인수합병을 의미한다.

(3) 다각화를 위한 인수합병
서로 다른 분야에 속하는 기업 간의 결합을 의미한다.

4. 적대적 M&A의 공격기법

(1) 공개매수(TOB; Take Over Bid)
시장에서 공개적으로 주식을 높은 가격에 매수하는 것이다.

(2) 그린메일
경영권이 취약한 기업의 주식을 사들인 뒤 대주주에게 M&A 포기 대가로 높은 가격에 지분을 되살 것을 요구하는 행위이다.

(3) 곰의 포옹
마치 곰이 몰래 껴안듯이 공포 분위기를 조성하면서 매수 조건을 제시하는 것이다.

5. 방어기법

(1) 포이즌 필
공격받는 기업이 기존 주주들에게 시가보다 싼 값에 주식을 살 수 있는 권리이다.

(2) 황금낙하산
인수대상 기업 임원이 회사의 인수 또는 합병으로 사임할 경우 거액의 퇴직금과 스톡옵션 등을 받을 권리를 고용계약에 기재하는 것이다.

(3) 황금주
특정 사안에 대해 보유주식 수와 관계없이 거부권을 행사할 수 있는 주식이다.

(4) 초다수 의결규정
주주총회의 의결조건을 강화하는 것이다.

(5) 왕관의 보석
경영권을 지키기 위해 가장 핵심적인 자산을 매각해 버리는 것이다.

(6) 백기사
적대적 인수의 공격을 받을 때 경영진에게 우호적인 제3자에게 기업을 인수시킴으로써 적대적 인수를 방어하고 경영자의 지위를 유지하는 방법이다.

(7) 팩맨방어
인수대상 기업이 오히려 적대적 인수기업의 주식을 매수함으로써 정면 대결하는 방어전략이다.

핵심 Plus⁺

경영자매수

MBO는 경영진과 임직원이 중심이 되어 기업의 전부 또는 일부를 인수하는 구조조정의 한 방법. 외부의 제3자가 아닌 회사 경영진과 임직원에 의해 M&A가 이루어진다는 점에서 한계사업을 자연스럽게 정리하면서 인원을 정리할 수 있는 이점이 있음. 임직원 입장에서는 명예퇴직이나 실업의 공포에서 벗어나 회사의 주인으로서 새로운 도전의 기회를 가질 수 있는 장점이 있음

02 지주회사제도와 기업분할 ★

1. 지주회사

(1) 순수지주회사

통상적인 의미의 지주회사이다. 다른 회사를 지배, 관리하는 것을 유일한 업무로 한다.

(2) 사업지주회사

다른 회사를 지배하면서 자체사업을 하는 회사다.

2. 기업분할

(1) 물적분할

분할된 신설회사의 주식을 분할 전 회사가 100% 가진다.

(2) 인적분할

분할된 신설회사의 주식을 분할 전 회사의 주주들이 지분 비율대로 가진다. 상법상 회사분할은 인적분할을 의미한다.

핵심 Plus⁺

지주회사의 요건
- 자산총액 1,000억 원 이상
- 자산총액 중 자회사 주식가액 합계의 비율이 50% 이상
- 부채비율은 200% 미만
- 인적분할의 방법으로 설립해야 함

순환출자
A기업이 B기업에, B기업이 C기업에, C기업은 A기업에 다시 출자하는 식으로 3개 회사 이상이 돌려가며 출자하는 것을 말함. 한 계열사가 부실해지면 출자한 다른 계열사까지 부실해지는 악순환이 발생할 수 있음

시험문제 미리보기!

다음 보기 중 적대적 인수합병(M&A) 시도에 대한 방어수단이 아닌 것은?

① 팩맨　　　　② 그린메일　　　　③ 백기사
④ 왕관의 보석　⑤ 황금낙하산

정답 ②
해설 그린메일은 지분을 다시 재구매하도록 유도하는 것이다.

fn.Hackers.com
금융·자격증 전문 교육기관 **해커스금융**

출제예상문제

> 출제예상문제의 중요도를 ★~★★★으로 구분하였습니다. 난이도가 가장 높은 고등급 문제는 S등급 표시하였으니, S등급을 목표로 하신다면 반드시 학습하시기 바랍니다.

01 ★

2명이 동업한다고 가정할 때 사업을 중단할 경우 한 명의 유한책임사원과 한 명의 무한책임사원으로 구성되는 회사형태로 옳은 것은?

① 익명조합　　② 협동조합　　③ 합명회사
④ 합자회사　　⑤ 유한회사

02 ★★

다음 <보기>에서 유한회사의 특징으로 옳은 것은?

―――――<보기>―――――
ㄱ. 설립이 주식회사보다 어렵다.
ㄴ. 유한회사의 감사는 상설기관이기 때문에 절대성을 가진다.
ㄷ. 주식회사와 동일하게 유한책임사원으로만 구성된다.
ㄹ. 설립비용이 소액인 동시에 주식회사보다도 그 조직이 간단하고 공개의무도 없는 것이 특징이다.

① ㄱ, ㄴ　　② ㄱ, ㄷ　　③ ㄴ, ㄷ　　④ ㄴ, ㄹ　　⑤ ㄷ, ㄹ

03 ★★

다음 중 주식회사의 특징을 모두 고르면?

―――――<보기>―――――
ㄱ. 회사는 그 구성원과는 아주 별개의 존재인 자본체
ㄴ. 회사에 출자한 사원(주주)의 지위는 출자액을 한도로 하는 유한책임
ㄷ. 사회적 가치를 우선 추구
ㄹ. 출자 지분의 자유 양도성

① ㄱ, ㄴ　　② ㄱ, ㄷ　　③ ㄴ, ㄹ　　④ ㄱ, ㄴ, ㄹ　　⑤ ㄴ, ㄷ, ㄹ

04 주주총회에서 결정해야 하는 것으로 옳은 것은?

<보기>
ㄱ. 재무제표의 승인
ㄴ. 지점의 이전 또는 설치
ㄷ. 대표이사의 선임
ㄹ. 인수합병의 승인

① ㄱ, ㄴ   ② ㄱ, ㄹ   ③ ㄴ, ㄷ   ④ ㄱ, ㄴ, ㄹ   ⑤ ㄴ, ㄷ, ㄹ

05 다음은 이사에 대한 설명이다. 옳은 것을 모두 고른 것은?

<보기>
ㄱ. 이사, 상무, 전무, 사장 등 회사의 중요 결정을 내리는 사람을 임원이라고 부른다.
ㄴ. 상법상 회사 임원은 크게 등기이사와 집행이사로 구분된다.
ㄷ. 집행이사는 이사회에 주요 업무를 보고하고 감독을 받는다.
ㄹ. 등기이사 중 일부만 집행이사이기 때문에 집행이사가 더 적다.

① ㄱ, ㄴ   ② ㄱ, ㄹ   ③ ㄴ, ㄷ   ④ ㄱ, ㄴ, ㄷ   ⑤ ㄴ, ㄷ, ㄹ

정답 및 해설

01 ④
합자회사는 무한책임사원과 유한책임사원으로, 합명회사는 무한책임사원으로만 구성된다.

02 ⑤
1인 이상의 유한책임사원이 출자액에 한하여 책임을 지는 회사를 말한다. 이 회사는 소규모의 주식회사라고 할 수 있다. 이것은 합명회사와 주식회사의 장점을 절충한 것이라 할 수 있다.

[오답노트]
ㄱ. 설립이 주식회사보다 용이하다.
ㄴ. 유한회사의 감사는 임의기관이기 때문에 절대성이 없다.

03 ④
주주의 출자로 이루어지며, 권리·의무의 단위인 주식으로 나눠진 일정한 자본금을 갖는 회사이다.

[오답노트]
ㄷ. 회사가 사회적 책임을 해야 한다는 이해관계자 중심주의, 주주의 이익만 챙기면 된다는 주주 중심주의로 나누어 볼 수 있다.

04 ②
주주총회는 주식회사의 최고의결기관으로 재무제표의 승인, 인수합병의 승인 등을 추구한다.

[오답노트]
ㄴ, ㄷ. 이사회의 결정사항이다.

05 ④

[오답노트]
ㄹ. 집행이사 중 일부만 등기이사이고 나머지 집행이사는 미등기이사일 수 있으므로 등기이사가 더 적다.

06 주식회사 주주에 관한 다음 설명 중 옳지 않은 것은?

<보기>
ㄱ. 주주는 회사가 청산할 때 채권자보다 우선하여 잔여재산을 분배받는다.
ㄴ. 사원의 공익권으로서는 회사활동의 기초인 의결권이 있다.
ㄷ. 주주는 자신의 원하는 시점에서 언제든지 주식회사의 지분을 양도할 수 없다.
ㄹ. 주주는 원칙적으로 신주인수권이 보장된다.

① ㄱ, ㄴ   ② ㄱ, ㄷ   ③ ㄴ, ㄷ   ④ ㄱ, ㄴ, ㄷ   ⑤ ㄴ, ㄷ, ㄹ

07 다음 중 지주회사에 대한 설명으로 옳지 않은 것은?

① 타 기업의 주식을 보유함으로써 기업을 지배·관리하는 것을 순수지주회사라 한다.
② 다른 사업을 하면서 타 기업 주식을 보유하며 지배·관리하는 혼합지주회사(사업지주회사)라고 한다.
③ 지주회사는 기업집단 내 구조조정, 자회사별 책임경영을 촉진하여 경영효율성을 높이는 장점이 있다.
④ 경제력 집중을 심화시키는 부작용도 발생할 수 있다.
⑤ 우리나라는 지주회사의 자금흐름을 원활하게 하려고 은행을 소유하도록 권장하고 있다.

08 다음 글이 설명하는 경제용어는?

경쟁에서는 이겼지만 승리를 위하여 과도한 비용을 치름으로써 오히려 위험에 빠지게 되거나 커다란 후유증을 겪는 상황을 뜻하는 말이다. M&A 또는 법원 경매 등의 공개입찰 때 치열한 경쟁에서 승리하였지만 이를 위하여 지나치게 많은 비용을 지불함으로써 위험에 빠지는 상황을 가리키는 말이다.

① 포이즌 필   ② 정부 실패   ③ 승자의 저주
④ 레온티에프 역설   ⑤ 레버리지 바이아웃

09 주식회사에 대한 다음 설명 중 옳은 것은?

<보기>
ㄱ. 주주총회는 임원 보수 결정, 재무제표 승인, 대표이사 선임 등의 권한을 갖는다.
ㄴ. 이사회는 정관의 변경, 이사의 직무 집행에 대한 감독권 등의 권한을 갖는다.
ㄷ. 감사 결과 분식회계가 적발될 경우 해당 상장사는 상장 폐지될 수 있다.
ㄹ. 여러 사람으로부터 사업에 필요한 자금을 쉽게 조달할 수 있는 시장경제체제의 대표적인 기업형태이다.

① ㄱ, ㄴ   ② ㄱ, ㄷ   ③ ㄷ, ㄹ   ④ ㄱ, ㄴ, ㄷ   ⑤ ㄴ, ㄷ, ㄹ

10 직접금융 시장에 대한 설명으로 옳은 것은?

① 직접금융 시장은 기업이 발행한 주식이나 회사채를 자금 공급자가 은행으로부터 공급하는 시장이다.
② 직접금융 시장은 금융중개기관이 시중에서 조달한 자금을 기업에 공급하는 시장이다.
③ 증권 시장은 자금의 수요자와 공급자를 연결해주는 가교역할을 하는 직접금융 기능을 담당한다.
④ 주식을 발행하여 자금을 조달할 경우 기업은 금융비용이 발생한다.
⑤ 최근까지 직접금융 시장의 규모는 점차적으로 축소되는 경향을 보이고 있다.

11 다음 중 적대적 M&A(인수합병)의 방어수단이 아닌 것은?

① 팩맨전략(Pac Man)
② 그린메일(Green Mail)
③ 황금주(Golden Share)
④ 포이즌 필(Poison Pill)
⑤ 황금낙하산(Golden Parachute)

정답 및 해설

06 ②
주주는 주식을 소유함으로써 주식회사의 사원인 지위를 가진 자를 말한다. 주주는 지분증권인 주식을 보유하고 있으므로 회사의 기본 사항에 대한 의결권을 보유하고 있으며 지분율을 유지할 수 있도록 신주인수권이 보장되고 있다.
ㄱ. 주주는 회사가 청산할 때 채권에 비해 후순위로 잔여재산을 분배 받을 수 있다.
ㄷ. 주주는 자신의 원하는 시점에서 언제든지 주식회사의 지분을 양도할 수 있다.

07 ⑤
지배회사 또는 모회사라고도 하며 산하에 있는 종속회사, 즉 자회사의 주식을 전부 또는 일부 지배가 가능한 한도까지 매수함으로써 기업합병에 의하지 않고 지배하는 회사를 말한다.
우리나라는 금산분리법에 의해 지주회사가 은행을 소유하지 못하게 하고 있다.

08 ③
승자의 저주는 M&A 또는 법원 경매 등의 공개입찰 때 치열한 경쟁에서 승리하였지만 이를 위하여 지나치게 많은 비용을 지불함으로써 위험에 빠지는 상황을 가리키는 말이다.

오답노트
④ 자본이 가장 풍부한 국가(미국)가 노동집약적인 재화를 수출하고, 자본집약적인 재화를 수입한다는 실증분석 결과를 말한다.
⑤ 레버리지 바이아웃은 부채를 통해서 기업을 인수합병한 것을 의미한다.

09 ③
주주총회는 주식회사의 최고 의사결정기관이다. 주주총회에선 이사·감사·청산인의 선임과 해임, 임원 보수의 결정, 결산 서류의 승인, 합병, 정관의 변경, 영업권의 양도, 자본의 감소(감자), 회사의 해산 등을 논의하고 결정한다.

오답노트
ㄱ. 대표이사 선임은 이사회의 권한이다.
ㄴ. 정관의 변경은 주주총회의 권한이다.

10 ③

오답노트
①② 간접금융 시장에 대한 설명이다.
④ 금융비용이 발생하지 않는다.
⑤ 직접금융 시장의 규모는 점차적으로 확대되는 경향을 보이고 있다.

11 ②
그린메일은 투기성 자본이 경영권이 취약한 기업의 지분을 매집한 뒤 해당 기업의 경영진을 교체하겠다고 위협하거나, 대주주에게 M&A 포기 대가로 높은 가격에 지분을 되사줄 것 등을 요구하는 행위다.

12 다음은 자본 시장과 관련한 용어다. 순서대로 옳게 짝지은 것은?

> 가. 기업의 임원이 직무수행 중 알게 된 미공개 정보를 활용해 주식을 거래하는 것을 의미한다.
> 나. 기업을 분할하는 방식으로 모회사 주주들이 지분율대로 신설법인의 주식을 나눠 갖는 것을 말한다.

① 내부자거래 – 인적분할 ② 내부거래 – 인적분할 ③ 내부거래 – 물적분할
④ 시세조종 – 물적분할 ⑤ 내부자거래 – 시세조종

13 다음 대화 내용 중 밑줄 친 기업의 내부거래와 관련이 없는 것을 고르면?

> 공정거래위원장은 17일 "<u>40대 대기업집단을 대상으로 실시한 내부거래 실태조사</u>를 조속히 마무리하겠다"고 밝혔다.
> 위원장은 이날 국회 정무위원회 전체회의에 출석, "조사결과 총수일가의 위법한 사익편취 행위가 확인되면 의법조치할 것"이라면서 "시장경쟁을 촉진해 우리 경제에 창의와 혁신이 발현될 수 있도록 하겠다"고 말했다.
> 공정위는 올해 2월부터 주요 대기업집단 40곳을 대상으로 직전 1년간의 내부거래 금액과 유형, 거래 명세 등 자료를 넘겨받아 서면 실태조사를 벌이고 있다.
> 위원장은 대·중소기업 간 불공정 관행과 관련해서는 "가맹점주의 민원이 빈발하는 분야를 중심으로 가맹본부의 위법행위에 대해 감시를 강화하고, 유통계에서 기본장려금 폐지 이후 비용전가행위가 발생하는지도 집중 점검하겠다"고 말했다.

<보기>
가. 우리나라 기업들의 내부거래의 주된 이유는 수직계열화를 통해 제품의 국제 경쟁력을 높이기 위한 것이다.
나. 부당한 내부거래의 경우 제품 경쟁력이 떨어져 해당 기업은 시장에서 도태될 수 있다.
다. 내부거래는 다른 기업집단에 속한 회사 내에 상품이나 서비스를 사고파는 행위이다.
라. 내부거래는 부실 계열회사를 도와주는 것은 불가능하다.

① 가, 나 ② 가, 다 ③ 나, 다 ④ 나, 라 ⑤ 다, 라

14 다음 중 부당한 내부거래가 아닌 것은?

① 제품가격·거래조건 등에서 계열회사에 특혜를 주는 차별거래
② 임직원에게 자사 제품을 사거나 팔도록 강요하는 사내판매 강요행위
③ 기업 내부의 거물이 직위로 인해 얻은 내부정보를 이용하여 부당 이득을 취하는 것
④ 납품업체에 자기 회사 제품을 사도록 떠맡기는 거래강제
⑤ 정당한 이유 없이 비계열사와의 거래를 기피하는 거래거절

15 적대적 인수·합병(M&A)과 관련한 방어 및 공격수단에 대한 다음의 설명 중 옳은 것을 모두 고르면?

<보기>
ㄱ. '새벽의 기습'은 대상기업의 주식을 상당량 매입해 놓고 기업인수 의사를 대상기업 경영자에게 전달하는 방법이다.
ㄴ. 공개매수는 특정기업의 경영권 획득을 목적으로 주식의 매입기간·가격·수량 등을 미리 광고 등을 통해 제시하고 증권시장 밖에서 불특정다수인을 상대로 매수하는 것이다.
ㄷ. 팩맨전략은 적대적 M&A의 방어전략으로, 역매수전략 또는 역공개매수라고도 한다.
ㄹ. 황금낙하산이나 임원의 임기 분산, 포이즌 필 등은 공격수법의 하나다.

① ㄱ, ㄴ ② ㄱ, ㄷ ③ ㄴ, ㄷ ④ ㄱ, ㄴ, ㄷ ⑤ ㄴ, ㄷ, ㄹ

정답 및 해설

12 ①
내부거래는 기업 내부에서 거래를 하는 것을 의미한다. 인적분할은 기존 회사 주주들이 지분율대로 신설법인 주식을 나눠 갖고, 물적분할은 기존 회사가 새로 만들어진 회사 주식을 소유하는 방식의 기업분할이다.

13 ⑤
내부거래는 같은 기업집단에 속한 회사(계열사) 간에 상품이나 서비스를 사고파는 거래행위를 말한다. 기업들이 내부거래를 하는 주된 이유는 기본적으로 수직계열화를 이뤄 경쟁력을 높이기 위함이다. 공정거래법에는 '부당지원행위'로 규정돼 있다.
다. 내부거래는 같은 기업집단에 속한 회사 간에 상품이나 서비스를 사고파는 행위이다.
라. 내부거래는 부실 계열회사를 도와주는 것도 하나의 이유가 될 수 있다.

14 ③
기업 내부의 거물이 직위로 인해 얻은 내부정보를 이용하여 부당 이득을 취하는 것은 내부자거래이다. 증권거래법은 '회사내부자가 직무와 관련해 알게 된 미공개 중요정보(내부 정보)를 이용해 유가증권을 매매하거나 다른 사람에게 정보를 제공하는 하는 행위'를 내부자거래로 규정하고 있다.

[오답노트]
①②④⑤ 부당한 내부거래이다.

15 ④
ㄱ. '새벽의 기습'은 '곰의 포옹'과 유사한 방법으로 M&A의 공격기법이다.

[오답노트]
ㄹ. 황금낙하산이나 임원의 임기 분산, 포이즌 필 등은 방어수법의 하나다.

제2장 회계

📖 학습전략

회계는 기업에 투자하려는 사람에게 기업의 정보를 공개하는 것이므로 투명하게 쓰여야 한다. 재무제표 중에서 가장 중요한 것은 재무상태표이다. 차변은 자산으로 대변은 부채와 자본으로 구성되며 차변과 대변은 일치하여야 한다. 회계적 거래는 반드시 자산, 부채, 자본의 변동이 일어나야 한다. 단순히 고지서를 받거나 고용계약을 맺는 것은 해당하지 않는다. 그러나 분실하거나 화재로 소실되는 것 등 실제로 거래가 일어나지 않지만 회계에는 들어가는 것도 존재한다.

재무비율은 각종 정보를 알려준다. 도산 가능성을 알려주는 안정성, 기업의 이윤창출 능력을 알려주는 수익성, 기업의 활성화 정도를 알려주는 활동성, 기간대비 생산량을 측정할 수 있는 성장성비율 등이 있다. 공식이 많으나 공식을 외울 때 막연히 외우는 것보다는 기출된 부채비율이나 자기자본이익률을 반드시 기억하고 나머지 것도 지속적으로 숙지하여 여러분의 것으로 만들려는 노력을 해야 할 것이다.

📖 출제비중

100%
제1절 회계

해커스 TESAT 2주 완성

📋 출제유형

회계적 거래에 들어가는 것과 들어가지 않는 것, 재무비율의 공식이 의미하는 것 등이 "시사경제" 영역에서 출제되며, 뉴스를 통해 내용을 분석하는 것이 "응용복합" 영역에서 출제된다. 직접 분개하거나 정확히 계산하는 문제는 출제되지 않는다.

📋 학습구성

구 분	출제포인트	중요도
제1절 회계	01 회계의 의미와 공준	★
	02 5대 재무제표	★★★
	03 회계적 거래	★★
	04 재무비율분석	★★★

제1절 | 회계

핵심 Check ✓ 회계	
회계상의 거래가 아닌 것	• 직원채용, 상품의 주문 및 계약, 고지서 수취 등
IFRS	• 대다수 국가의 공동 작업을 통해 제정되는 기준 • 원칙중심의 기준체계 • 연결재무제표 중심 • 공정가치(합리적인 판단력과 거래의사가 있는 독립적 당사자 사이의 거래에서 자산이 교환되거나 부채가 결제될 수 있는 금액)평가
재무비율분석	• 안정성, 성장성, 수익성, 활동성비율 등

01 회계의 의미와 공준

1. 의미

회사가 이해관계자를 위해 정기적으로 회사의 재무상황과 사업실적을 공지하는 과정으로 일정한 양식에 따라 공표되는 회계정보가 재무제표이다.

2. 회계공준(기본적 가정)

(1) 기업실체의 공준
주주나 경영자의 입장이 아니라 기업 그 자체의 입장에서 본다.

(2) 계속기업의 공준
기업은 거의 영구적으로 존재한다고 가정한다.

(3) 회계기간의 공준
회계연도를 인위적으로 설정한다.

(4) 화폐가치 일정의 공준
화폐가치의 변동을 무시할 순 없지만 일정한 것으로 본다.

02 5대 재무제표 ★★★

1. 재무상태표

① 회계연도 말(보통 12월 말) 회사의 재무상태를 보여준다.
② 구성
  왼쪽은 자산, 오른쪽은 부채와 자본으로 '자산 = 부채 + 자본'이다. 회사의 자산이 어떤 자금으로 구성됐는지를 부채와 자본이 설명한다.
③ 자산
  회사가 보유하고 있는 재산으로 매출채권, 특허권 등이 있다. 자산은 회사의 수익 창출의 원천으로 매출을 올리는 수단이다.
④ 부채와 자본
  - **부채** : 타인자본으로 수년 내 외부에 지급해야 할 의무이다.
  - **자본** : 자기자본으로 회사를 청산했을 때 출자자에게 지급해야 하는 의무이다.
⑤ 재무상태표의 기록 원칙
  - 자산은 취득원가로 기록, 유동자산을 먼저 적고 비유동자산을 나중에 기록한다.
  - 부채는 유동부채를 먼저, 1년 후에 갚는 비유동부채를 나중에 기록한다.
  - 자본은 자본금, 자본잉여금, 이익잉여금으로 기록한다.

차변(투자결정)	대변(자본조달결정 & 배당결정)
자산(유동자산, 비유동자산)	부채(유동부채, 비유동부채)
	자본(자본금, 잉여금)

> **핵심 Plus+**
> **유동자산과 비유동자산**
> 1년을 기준으로 1년 내에 현금화 할 수 있으면 유동자산, 불가능하면 비유동자산

2. 손익계산서

1년 동안 이익이 얼마나 났는지를 보여준다.

3. 현금흐름표

1년 동안 영업·재무·투자 등 부문별 현금 유출입 현황을 보여준다.

4. 자본변동표

자본의 변동 내역을 보여준다.

5. 주석

재무상태표나 손익계산서에는 나타나지 않지만 소송 등 회사에 중요한 영향을 미치는 내용을 서술한다.

03 회계적 거래 ★★

1. 의미
자산·부채·자본 등 재무상태에 영향을 미치는 거래만 반영한다.

2. 회계거래인 것
제품을 판매하거나 종업원에게 급료 지급, 감가상각, 화재로 인한 소실 등이 있다.

3. 회계거래가 아닌 것
제품을 판매하기로 한 계약, 영수증 수령 등이 있다.

4. 재무제표 작성 원칙

(1) 발생주의 회계처리 원칙
현금주의와 대응되는 개념으로 수익이나 비용을 현금이 들어오고 나갔을 때 인식하는 것이 아니라 발생했을 때 인식한다는 원칙이다.

(2) 수익·비용 대응 원칙
비용은 수익에 대응시켜야 한다는 원칙이다. 고정자산을 구입했을 때 지출대금을 구입 연도의 비용으로 처리하지 않고 고정자산이 수익이 발생하는 기간 동안 나눠 비용으로 처리하는 감가상각제도가 대표적 예이다.

(3) 보수주의 회계처리 원칙
회사 채권자를 보호해야 하는 회사법의 기본 정신에 바탕을 둔다. 자산은 되도록 작게 표시하고, 수익은 되도록 늦게 인식한다는 원칙이다.

5. 한국채택 국제회계기준(K-IFRS)

(1) 의미
국제 사회에서 통용되는 회계기준은 유럽 국가들이 중심이 돼 만든 국제회계기준(IFRS)이다. K-IFRS는 한국회계기준원 회계기준위원회가 국제회계기준에 따라 제정한 회계기준이다.

(2) 특징
① 개별재무제표가 아니라 연결재무제표를 기본으로 한다.
② 주식과 같은 금융 자산이나 부채를 취득원가가 아닌 공정가치(시장가치)로 평가한다.
③ 기존의 회계기준은 법과 같이 엄격한 반면 국제회계기준은 회계 담당자가 회사의 경제적 실질을 감안해 회계 처리 방식을 자율적으로 선택할 수 있다.

핵심 Plus+

발생주의와 현금주의의 예
친목회 총무가 20X2년에 받아야 할 회원 한 명의 회비 1만 원을 20X1년에 받았을 때 단순히 20X1년 수입으로 기록하면 현금주의고 20X2년 수입으로 기록하면 발생주의 회계임

감가상각
유형자산의 감가상각대상금액을 그 자산의 내용연수에 걸쳐 합리적이고 체계적인 방법으로 각 회계기간에 배분하는 과정을 말함 ⇨ 자산의 평가과정이 아닌 취득원가 배분과정임

시험문제 미리보기!

다음 중 회계상 거래에 해당하지 않은 것은?

<보기>
ㄱ. 5억 원의 상당의 매출계약을 체결하였다.
ㄴ. 20만 원 전기사용료에 대한 고지서를 수령하였다.
ㄷ. 2억 원짜리 기계에 1년 동안 발생한 감가상각 200만 원을 처리하였다.
ㄹ. 화재가 발생하여 300만 원어치 물품의 손실이 발생하였다.

① ㄱ, ㄴ   ② ㄱ, ㄷ   ③ ㄷ, ㄹ
④ ㄱ, ㄴ, ㄹ   ⑤ ㄴ, ㄷ, ㄹ

정답 ①
해설 제품을 판매하기로 한 계약, 영수증 수령 등은 회계상 거래에 해당하지 않는다. 오히려 도난, 분실, 감가상각 등은 계약이 아니나 회계상 거래에 해당한다.

04 재무비율분석 ★★★

1. 재무비율

안정성비율 (부도가능성)	• 유동비율 = $\frac{유동자산}{유동부채} \times 100$ (표준비율은 200% 이상) • 당좌비율(당좌자산 = 유동자산 − 재고자산) = $\frac{당좌자산}{유동부채} \times 100$ (표준비율은 100% 이상) • 부채비율 = $\frac{총부채(타인자본)}{자기자본} \times 100$ (표준비율은 200% 이하) • 고정비율 = $\frac{고정자산}{자기자본} \times 100$ • 이자보상비율 = $\frac{영업이익}{이자비용}$ (높을수록 좋음) • 유보율 = $\frac{잉여금}{납입자본금}$ (비율이 높을수록 불황에 대한 기업의 적응력이 높음)
수익성비율	• 총자산순이익률(ROA; Return On Assets) = $\frac{순이익}{총자산} \times 100$ • 자기자본이익률(ROE; Return On Equity) = $\frac{순이익}{자기자본} \times 100$ • 매출액순이익률 = $\frac{당기순이익}{매출액} \times 100$ • 주당순이익 = $\frac{당기순이익}{발행주식수}$ • 배당성향 = $\frac{배당금}{당기순이익} \times 100$ • 배당수익률 = $\frac{주당배당액}{주가} \times 100$

핵심 Plus⁺

좀비기업
3년 연속 이자보상비율이 1 미만으로 회생가능성이 크지 않은 기업

활동성비율	• 총자본(자산)회전율 = $\dfrac{\text{매출액}}{\text{총자본 or 총자산}}$ • 재고자산회전율 = $\dfrac{\text{매출액}}{\text{재고자산}}$
생산성비율	• 부가가치율 = $\dfrac{\text{부가가치}}{\text{매출액}} \times 100$ • 노동생산성 = $\dfrac{\text{부가가치}}{\text{종업원 수}}$ • 자본생산성 = $\dfrac{\text{부가가치}}{\text{총자본}} \times 100$
성장성비율	• 총자산증가율 = $\dfrac{\text{당기총자산증가액}}{\text{전기말총자산}} \times 100$ • 매출액증가율 = $\dfrac{\text{당기매출증가액}}{\text{전기매출액}} \times 100$ • 주당순이익증가율 = $\dfrac{\text{당기순이익증가액}}{\text{전기순이익}} \times 100$
시장가치비율	• 토빈의 q비율 = $\dfrac{\text{자산의 시장가치}}{\text{자산의 대체원가}} \times 100$
손익분기점	• 공헌이익 = 매출액 − 변동비 • 손익분기점 판매량 = $\dfrac{\text{총고정원가}}{\text{단위당 공헌이익}}$ • 손익분기점매출액 = $\dfrac{\text{총고정원가}}{\text{공헌이익률}}$

2. 감사의견

(1) 의미

감사의견은 감사인(공인회계사)이 기업을 감사하여 그 내용이 회계 정보로서 적절한 가치를 지니는지에 관해 감사보고서에서 표명하는 의견을 말한다.
상장회사는 정기 주주총회 일주일 전까지 사업보고서에 첨부될 감사보고서를 공시해야 한다. 만약 법정 기한이 지났는데도 감사보고서를 공시하지 않고 있다면 일단 상장폐지 가능성을 의심해 볼 필요가 있다.

(2) 종류

① **적정의견**: 기업이 회계기준에 따라 사업보고서를 공정하게 작성한 경우에 표명한다.
② **한정의견**: 특정감사사항(주로 재무제표에 큰 영향을 미치지 않는)에 대해 합당한 증거를 제공받지 못한 경우로, 한정의견 이하를 받으면 회사가 부실이 늘어날 가능성이 크다.
③ **부적정의견**: 기업이 회계기준을 위배하여 사업보고서를 작성한 경우에 표명한다.
④ **의견거절**: 감사를 하는 데 필요한 충분한 정보를 제공받지 못해 감사 자체가 불가능한 경우 또는 기업의 존속가능성에 심각한 의문이 들 정도의 정보를 발견한 경우에 해당한다.

시험문제 미리보기!

A기업은 20X1년 말 현재 부채가 100억 원, 자산은 300억 원이다. 이 기업의 부채비율은 얼마인가? (단, 부채비율은 부채를 자본으로 나눈 비율을 말한다)

① 25%   ② 30%   ③ 50%
④ 75%   ⑤ 100%

정답 ③

해설 20X1년 말 현재 A기업의 자산은 300억 원, 부채는 100억 원이니 자본은 200억 원이다. 자본은 자산에서 부채를 빼서 구한다. 따라서 이 기업의 20X1년 말 현재 부채비율은 100억 원(부채)÷200억 원(자본)에 100을 곱한 50%다.

출제예상문제

> 출제예상문제의 중요도를 ★~★★★으로 구분하였습니다. 난이도가 가장 높은 고등급 문제는 S등급 표시하였으니, S등급을 목표로 하신다면 반드시 학습하시기 바랍니다.

01 ★

특정시점 현재 기업이 보유하고 있는 자산(경제적 자원)과 부채(경제적 의무), 자본의 잔액에 대한 정보를 보고하는 보고서를 무엇이라 하는가?

① 현금흐름표　　② 재무상태표　　③ 자본변동표
④ 연결재무제표　　⑤ 포괄손익계산서

02 ★★

제조 기업의 현금흐름을 영업활동, 투자활동, 재무활동으로 구분해 현금흐름표를 작성할 경우 다음 중 재무활동에 의한 현금흐름으로 분류될 가능성이 가장 높은 것은?

<보기>
ㄱ. 현금흐름표상의 이자지급
ㄴ. 어음 발행
ㄷ. 생산설비구입
ㄹ. 주식채권 발행

① ㄱ, ㄴ　　② ㄱ, ㄷ　　③ ㄴ, ㄹ　　④ ㄱ, ㄴ, ㄷ　　⑤ ㄴ, ㄷ, ㄹ

03 ★★

다음은 국제회계기준(IFRS)에 대한 설명이다. 옳은 것은?

<보기>
ㄱ. 종속회사가 있는 경우, 연결재무제표를 기본으로 하고 있다.
ㄴ. 금융자산, 부채, 유·무형자산 및 투자부동산에까지 공정가치 측정을 의무화 또는 선택 적용할 수 있도록 하고 있다.
ㄷ. 미국이 가장 적극적으로 실행하고 있다.
ㄹ. 우리나라는 2015년부터 전면 도입되었다.

① ㄱ, ㄴ　　② ㄱ, ㄷ　　③ ㄴ, ㄹ　　④ ㄱ, ㄴ, ㄷ　　⑤ ㄴ, ㄷ, ㄹ

04 기업의 규모를 자산총액 기준으로 측정해 순위를 매길 경우 순위를 높이기 위한 단기적 처방으로 효과적인 방법이 아닌 것은?

① 유상증자를 통해 현금을 유입시킨다.
② 보유한 주식 중 가격이 오른 주식을 판매하여 현금을 확보한다.
③ 생산에 필요한 설비를 외상으로 구입한다.
④ 장기차입금을 보유한 현금으로 즉시 상환한다.
⑤ 임차해 사용하던 건물을 2년 후에 대금을 지급하는 조건으로 매수 계약을 체결한다.

정답 및 해설

01 ②
재무상태표를 의미한다.

오답노트
① 현금흐름표는 일정기간 기업의 현금 유·출입 내용을 알려주는 보고서로 영업·투자·재무활동으로 구분해 현금의 유입과 유출을 기록한 것이다.
③ 자본변동표는 한 회계기간 동안 자본의 변화 내역을 보여주는 재무보고서이다.
④ 포괄손익계산서는 일정기간 동안 기업이 달성한 경영성과를 보여주기 위해 한국채택 국제회계기준에서 요구하는 재무제표이다.

02 ③
이자지급은 영업활동으로 인한 현금흐름에 속한다. 손익계산서상 이자지급은 영업외비용으로 계상되지만 현금흐름표상의 이자지급은 영업활동에 포함된다는 점을 유의하자. 현금흐름표상 영업활동은 공장건설 등 투자활동이나 주식 채권 발행 등 재무활동을 제외한 모든 활동을 의미하기 때문이다.

03 ①
국제회계기준(IFRS)은 기업 실적을 담은 손익계산서와 자산·부채·자본 현황이 들어있는 대차대조표의 작성 기준으로 유럽이 주도하고 있다. IFRS는 사업보고서 등 모든 공시서류가 연결재무제표 중심으로 작성된다. 또한 자본 시장의 투자자에게 기업의 재무상태 및 내재가치에 대한 의미 있는 투자정보를 제공하기 위해 금융자산, 부채, 유·무형자산 및 투자부동산까지 공정가치 측정을 의무화 또는 선택 적용할 수 있도록 하고 있다.

오답노트
ㄷ. 미국은 미국식 회계기준(US - GAPP)을 사용하고 있으며 IFRS에 적극적이지 않다.
ㄹ. 우리나라는 2011년부터 전면 도입되었다.

04 ④
자산총액은 자본 + 부채로 구성되므로 자본과 부채가 증가하여야 한다. 장기차입금을 보유한 현금으로 즉시 상환하여 부채가 현금자산으로 바뀌면 자산총액에는 변동이 없다.

05 다음은 ㈜갑의 20X1년(회계연도) 1월 1일과 12월 31일 회계정보이다. 만일 20X1년 중 유상증자로 500억 원이 들어오고 배당금으로 200억 원의 현금이 주주들에게 지급됐다고 할 때 ㈜갑의 당기순이익은?

- 20X1년 초 자산 2,700억 원, 자본 2,100억 원
- 20X1년 말 자산 3,300억 원, 자본 2,900억 원

① 0원   ② 100억 원   ③ 200억 원
④ 300억 원   ⑤ 500억 원

06 부채비율은 부채총액을 자본총액으로 나누어 계산한다. 자산총액이 900억 원인 A기업의 기말 예상 부채비율은 200%이다. 기말의 현금예금 보유액이 충분한 것으로 가정하면 부채비율 100%를 달성하기 위해 얼마의 부채 상환이 필요한가?

① 100억 원   ② 125억 원   ③ 300억 원
④ 350억 원   ⑤ 500억 원

07 다음 중 기업의 부채비율을 높이는 거래를 모두 고르면?

<보기>
ㄱ. 주주의 요구에 의해 기업이 현금배당을 실시했다.
ㄴ. 유휴자산을 장부가액보다 높은 가액으로 매각했다.
ㄷ. 기업이 자금마련을 위해 회사채를 발행했다.
ㄹ. 보유자금으로 사업 확장을 위한 건물을 취득했다.

① ㄱ, ㄴ   ② ㄱ, ㄷ   ③ ㄴ, ㄹ   ④ ㄱ, ㄴ, ㄷ   ⑤ ㄴ, ㄷ, ㄹ

08 여러 가지 경영지표를 계산하는 방식으로 옳지 않은 것은?

<보기>
ㄱ. 배당성향 = (배당금 ÷ 자본금) × 100
ㄴ. 부채비율 = (부채 ÷ 자산) × 100
ㄷ. 주가수익비율(PER) = 주가 ÷ 주당순이익
ㄹ. 주가순자산비율(PBR) = 주가 ÷ 주당순자산

① ㄱ, ㄴ   ② ㄱ, ㄷ   ③ ㄴ, ㄹ   ④ ㄱ, ㄴ, ㄷ   ⑤ ㄴ, ㄷ, ㄹ

09 다음 중 재무비율 분석 중 안정성비율과 관련이 없는 것은?

① 유동비율　　　　② 부채비율　　　　③ 이자보상배율
④ 토빈의 q비율　　⑤ 자기자본비율

10 재무비율 분석 중 수익성 지표로 볼 수 없는 것은?

① 유동비율　　　　② 주가수익비율　　③ 매출액이익률
④ 배당성향　　　　⑤ 자기자본이익률

정답 및 해설

05 ⑤
기말자본은 기초자본에 유상증자와 당기순이익을 더한 금액에서 주주들에게 나누어준 배당금을 빼서 구한다. 따라서 2,900억 원(기말자본) = 2,100억 원(기초자본) + 500억 원(유상증자) + 당기순이익 - 200억 원(배당금)으로 당기순이익은 500억 원이다.

TIP
기말자본 = 기초자본 + 유상증자 + 당기순이익 - 배당금

06 ③
자산은 자본과 부채의 합이다. 따라서 자산총액이 900억 원인 A기업의 기말 예상 부채비율이 200%라면 부채는 600억 원, 자본은 300억 원이다. A기업이 부채비율을 100%로 낮추기 위해 상환할 부채를 x억 원이라 하면 (600 - x) ÷ 300 × 100 = 100%가 되어야 한다. 이를 계산하면 x는 300억 원이 된다. 따라서 부채 300억 원을 추가 상환해야 한다.

07 ②
ㄱ. 주주의 요구에 의해 기업이 현금배당을 실시하면 자기자본이 감소하므로 부채비율이 늘어난다.
ㄷ. 기업이 자금마련을 위해 회사채를 발행했다.

오답노트
ㄴ. 유휴자산을 장부가액보다 높은 가액으로 매각하면 자기자본이 증가하므로 부채비율이 줄어든다.
ㄹ. 보유자금으로 사업 확장을 위한 건물을 취득하면 자산의 항목만 변할 뿐 부채비율에는 변화가 없다.

08 ①
자기자본이익률(ROE)은 기업의 수익성을 나타내는 지표로 주주가 가진 지분에 대한 이익의 창출 정도를 나타낸다. 공식을 쉽게 기억하는 방법은 앞에 먼저 나열하는 것이 분자, 뒤에 나열하는 것이 분모이다.
ㄱ. 배당성향 = (배당금 ÷ 당기순이익) × 100
ㄴ. 부채비율 = (부채 ÷ 자기자본) × 100

09 ④
안정성 비율에는 유동비율(유동자산/유동부채), 부채비율(부채/자기자본), 이자보상배율(영업이익/지급이자), 자기자본비율(자기자본/자산) 등이 있다. 토빈의 q비율은 실물투자 여부를 결정하는 지표이다.

10 ①
재무비율 분석은 재무제표를 활용, 기업의 재무상태와 경영성과를 진단하는 것으로, 안정성, 수익성, 성장성지표 등이 있다. 안정성 지표는 부채를 상환할 수 있는 능력을 나타낸다. 유동비율(유동자산/유동부채)은 안정성비율이다.

11 거래 은행에서 허용된 대출 계약에 의해 30만 원을 초과 인출한 상태인 예금주가 당일 50만 원을 현금으로 입금한 경우 은행의 회계처리를 올바르게 설명한 것은?

① 예금 부채가 20만 원 증가한다.
② 예금 부채가 40만 원 증가한다.
③ 현금 자산이 30만 원 증가한다.
④ 대출금 자산이 10만 원 증가한다.
⑤ 대출금 자산이 20만 원 감소한다.

12 외부회계감사를 통한 감사의견에서 기업이 회계기준을 위배하여 사업보고서를 작성한 경우에 해당하는 감사의견은?

① 적정의견　　② 한정의견　　③ 부적정의견
④ 의견거절　　⑤ 강력거절

13 다음 재무상태표에서 부채비율을 구하면?

재무상태표 20X1년 12월 31일 현재 (단위 : 원)			
자산	20억	부채	12억
현금		차입금	
상품		외상매입금	
건물			
기계장치		자본	8억
		자본금	
		자본잉여금	
		이익잉여금	
자산총계	20억	부채와 자본총계	20억

① 20%　　② 40%　　③ 60%　　④ 67%　　⑤ 150%

14 다음 재무상태표를 바탕으로 계산한 경영비율 중 옳지 않은 것은?

재무상태표
20X1년 12월 31일 현재 (단위 : 원)

유동자산	30억	부채	30억
현금	9억	유동부채	15억
매출채권	15억	비유동부채	15억
재고자산	6억		
		자본	30억
비유동자산	30억	자본금	20억
유형자산	20억	자본잉여금	10억
무형자산	10억	이익잉여금	10억
		(당기순이익 3억 포함)	
자산총계	60억	부채와 자본총계	60억

① 부채비율은 50%이다.
② 유동비율은 200%이다.
③ 자기자본비율은 50%이다.
④ 총자산순이익률(ROA)은 5%이다.
⑤ 자기자본순이익률(ROE)은 10%이다.

정답 및 해설

11 ①
은행 입장에서 예금은 부채이다. 언젠가 다시 돌려줘야 할 자금이기 때문이다. 따라서 30만 원을 초과 인출한 상태인 예금주가 50만 원을 현금으로 입금한 경우 은행 입장에서는 현금 자산과 예금 부채가 각각 20만 원씩 증가한다.

12 ③
부적정의견: 기업이 회계기준을 위배하여 사업보고서를 작성한 경우
오답노트
① 적정의견: 기업이 회계기준에 따라 사업보고서를 공정하게 작성한 경우
② 한정의견: 특정감사사항(주로 재무제표에 큰 영향을 미치지 않는)에 대해 합당한 증거를 제공받지 못한 경우
④ 의견거절: 감사를 하는 데 필요한 충분한 정보를 제공받지 못해 감사자체가 불가능한 경우 또는 기업의 존속가능성에 심각한 의문이 들 정도의 정보를 발견한 경우
⑤ 강력거절: 이러한 감사의견은 없음

13 ⑤
부채비율은 $\frac{부채}{자기자본} \times 100$이다. 따라서 $\frac{12억}{8억} \times 100$이므로 150%이다.

14 ①
부채비율은 부채를 자본으로 나눈 것이다. 따라서 $\frac{30}{30} \times 100 = 100\%$이다.
오답노트
② 유동비율 = $\frac{유동자산}{유동부채}$이므로 200%이다.
③ 자기자본비율 = $\frac{자기자본}{총자산}$이므로 50%이다.
④ 총자산순이익률(ROA) = $\frac{당기순이익}{총자산}$이므로 5%이다.
⑤ 자기자본순이익률(ROE) = $\frac{당기순이익}{자기자본}$이므로 10%이다.

15 다음 중 부채비율을 높이는 거래에 해당하는 것은?

<보기>
ㄱ. 외상매입 채권을 현금으로 상환한 경우
ㄴ. 자금확보를 위해 유상증자를 실시한 경우
ㄷ. 자금확보를 위해 회사채를 다량으로 발행한 경우
ㄹ. 공사 계약을 체결하고 선수금을 수령한 경우

① ㄱ, ㄴ　　② ㄱ, ㄷ　　③ ㄷ, ㄹ　　④ ㄱ, ㄴ, ㄹ　　⑤ ㄴ, ㄷ, ㄹ

16 다음 중 재무상태표에 대한 설명으로 옳은 것은?

<보기>
ㄱ. 일정기간 동안 기업의 경영성과를 보여준다.
ㄴ. 일정기간 기업의 현금 유·출입 내용을 알려주는 보고서로 영업·투자·재무활동으로 구분해 현금의 유입과 유출을 기록한 것이다.
ㄷ. 오른쪽에는 기업의 자금 조달과 관련된 사항들을 기록한다.
ㄹ. 1년 이내에 현금화될 수 있는 자산은 유동자산으로 분류한다.

① ㄱ, ㄴ　　② ㄱ, ㄷ　　③ ㄷ, ㄹ　　④ ㄱ, ㄴ, ㄹ　　⑤ ㄴ, ㄷ, ㄹ

17 재무제표분석에서 사용되는 재무비율에 대한 다음 설명 중 타당한 것을 모두 고르면?

<보기>
ㄱ. 기업 경영성과를 나타내는 수익성 비율 중 하나인 자기자본이익률(ROE)은 보통주 및 우선주 등 주식 발행을 통해 출자된 모든 자본이 얼마나 효율적으로 운용되었는지를 나타내는 재무비율이다.
ㄴ. 장기채무의 변제 능력을 측정하는 레버리지비율 중 하나인 부채비율은 높을수록 채권자 투자 위험이 증가한다고 볼 수 있다.
ㄷ. 단기채무 변제능력을 측정하는 유동비율은 기업의 연중 유동성을 측정하는 지표로서 유동비율이 높을수록 기업 경영이 효율적이라고 판단할 수 있다.
ㄹ. 자산의 효율적 이용을 평가하는 자산효율성비율 중 하나인 총자산회전율은 자산 한 단위의 이용이 기업에 가져오는 매출액을 나타내는 재무비율로 총자산회전율이 높을수록 자산이 효율적으로 이용된다고 판단할 수 있다.

① ㄱ, ㄴ　　② ㄱ, ㄷ　　③ ㄴ, ㄹ　　④ ㄱ, ㄴ, ㄹ　　⑤ ㄴ, ㄷ, ㄹ

18 자산총액 120억 원, 부채총액 70억 원인 상황에서 투자확대를 위해 10억 원을 추가로 차입하면 차입 후의 부채비율은 얼마인가?

① 60%　　② 100%　　③ 150%　　④ 160%　　⑤ 180%

S등급

19 다음은 A사의 경영지표다. 이를 보고 **배당률**(액면배당률), **배당수익률**(시가배당률), **배당성향**을 순서대로 옳게 구한 것은?

- 영업이익 100억 원
- 배당금 10억 원
- 액면가 4,000원
- 당기순이익 50억 원
- 주당 배당금 1,000원
- 주가 1만 원

① 20% − 10% − 50%　　② 25% − 20% − 50%　　③ 25% − 10% − 20%
④ 40% − 20% − 100%　　⑤ 100% − 10% − 100%

정답 및 해설

15 ③
부채비율은 부채를 자본으로 나눈 비율이다. 부채비율을 낮추려면 자본을 늘려서 분모를 키우든지, 부채를 상환해 분자를 작게 하면 된다.
ㄷ. 채권은 부채이므로 자금확보를 위해 회사채를 다량으로 발행한 경우 부채비율이 높아진다.
ㄹ. 공사 계약을 체결하고 선수금을 수령한 경우는 선수금은 부채이므로 부채비율이 높아진다.

[오답노트]
ㄱ. 외상매입 채권을 현금으로 상환한 경우, 부채와 자산이 동시에 줄어든다.
ㄴ. 자금확보를 위해 유상증자를 실시한 경우는 현금자산이 확보되므로 부채비율이 감소한다.

16 ③
일정 시점에서 기업 실체가 보유하고 있는 경제적 자원인 자산과 경제적 의무인 부채, 그리고 자본에 대한 정보를 제공하는 보고서를 말한다.

[오답노트]
ㄱ. 일정기간 동안 기업의 경영성과를 나타내기 위한 재무제표 양식은 손익계산서이다.
ㄴ. 현금흐름표는 일정기간 동안 해당기업의 현금이 어떻게 조달되고 사용되는지 나타내는 표이다.

17 ⑤
ㄴ. 부채비율은 장·단기 부채 상환능력을 측정하는 지표로서, 투자위험을 평가하는 지표로 자주 사용된다.
ㄷ. 유동비율이 높으면 기업의 유동성이 높으므로 기업경영이 효율적이라고 할 수 있다.
ㄹ. 총자산회전율은 매출액을 평균 총자산으로 나누어 측정하며, 총자산이 효율적으로 수익 창출에 기여했는지 여부를 나타낸다.

[오답노트]
ㄱ. 자기자본이익률은 보통주 소유자에 의해 출자된 자본의 효율적 이용을 측정하는 척도로 당기순이익에서 우선주 배당을 제외한 금액을 우선주를 제외한 평균 자기자본으로 나누어 계산하게 된다.

18 ④
부채비율은 $\frac{\text{부채}}{\text{자본}} \times 100$이다. 자산은 부채와 자본의 합이므로 120(자산) = 70(부채) + 50(자본)이다. 여기에 10억 원을 추가로 차입하면 부채가 증가하여 부채비율은 $\frac{80}{50} \times 100 = 160\%$이다.

19 ③
배당률은 주당 배당액을 주식액면가로 나눈 비율이므로 1,000원(주당 배당금) ÷ 4,000원(액면가) × 100 = 25%다.
배당수익률은 주당 배당액을 주가, 즉 주당투자금액으로 나눈 값이므로 1,000원(주당배당금) ÷ 1만 원(주가) = 10%다.
배당성향은 현금 배당액을 당기순이익으로 나눈 비율이므로 배당성향을 구하면 10억 원(배당금) ÷ 50억 원(당기순이익) = 20%이다.

제3장 금융

📘 학습전략

금융 시장으로는 은행의 유무에 따라 직접금융 시장과 간접금융 시장으로 나뉜다. 금융 시장에는 다양한 금리가 존재한다. 특히 주택담보대출기준금리로는 코픽스가 존재한다. 주식은 기업이 발행한 증서로 자기자본이다. 주식투자를 하기 위해서는 여러 지표를 분석하여 신중하게 투자해야 한다. 그중 대표적인 지표로는 주가수익비율인 PER, 주당순자산인 PBR이 있다. 주식 시장은 눈에 보이지 않는 기업 가치를 평가하므로 급등과 급락을 할 수 있다. 이러한 불안정성을 막기 위해 서킷브레이커와 사이드카 등이 존재한다.

채권은 법률이 정한 단체가 발행하는 채무증서이다. 신용도가 높지 않은 기업이 발행하여 조달하는데 한계가 있다. 따라서 다른 무언가의 혜택을 주어야 하는데 이 때문에 만들어진 것이 신종채권이다. 예로 전환사채, 신주인수권부사채, 교환사채 등이 있다.

파생상품은 고수익 고위험 상품이다. 선물과 옵션이 대표적인데 선물은 정해진 가격으로 미리 거래할 것을 결정하는 것이고 옵션은 권리만을 사는 것이다. 선물은 반드시 이행해야 하지만, 옵션은 권리를 행사하지 않으면 옵션프리미엄만 지불하면 된다. 매수자와 매도자가 어떤 이익과 손해를 얻는지 잘 알아두어야 한다.

📘 출제비중

100%
제1절 금융

📰 출제유형

예금자 보호제도, 금리의 구분, PER, PBR, 특수채권의 구분, 파생상품의 종류와 계산 등이 "시사경제" 영역에서 출제된다. 콜옵션과 풋옵션을 구입하여 볼 수 있는 이익과 손해에 대한 문제가 "응용복합" 영역에서 출제된다.

📰 학습구성

구 분	출제포인트	중요도
제1절 금융	01 금융 시장	★★
	02 주식관련지표	★★★
	03 우리나라의 증권 시장	★★
	04 채권	★★★
	05 파생상품	★★★
	06 펀드	★★★
	07 리츠	★
	08 기타투자상품	★★

제1절 | 금융

핵심 Check ✓ 금융

볼커룰	• 상업은행이 위험투자를 못하도록 하는 것
내부거래	• 같은 기업집단
내부자 거래	• 기업과 특수관계
바젤 III	• 8%
주식투자지표	• PER, PBR
채권가격	• 이자율과 반비례
전환사채	• 부채비율 낮춤
신주인수권부사채	• 새로 발행하는 주식을 살 수 있는 권리를 줌
코코본드	• 은행이 자기자본을 확보하는 데 도움
국제채권	• 외국채, 유로채
파생상품	• 선물 • 콜옵션, 풋옵션 • 스왑
펀드	• 인덱스 펀드 등
부동산 관련지표	• DTI, LTV

01 금융 시장 ★★

1. 금융 시장의 구조

(1) 직접금융 시장
자금의 수요자와 공급자가 직접 만나 거래하는 시장으로, 자기신용을 바탕으로 증권(채권이나 주식)을 발행해 자금을 모으는 것을 말한다.

(2) 간접금융 시장
금융기관의 중개기능을 통하여 자금 공급자와 수요자들 간의 자금 이전이 이루어지는 경우로, 금융사에서 빌리는 것을 의미한다.

핵심 Plus⁺

효율적 시장 가설
주식 시장은 정보를 신속하게 반영하므로 어떤 투자자도 정보를 활용해 초과수익을 누릴 수 없다는 것

2. 상업은행과 투자은행

(1) 상업은행(Commercial Bank)

예금과 대출이 기본업무이며, 예금과 금리차이가 수익이다.
예 신한·우리·KB국민·하나은행 등

(2) 투자은행(Investment Bank)

불특정 다수로부터 예금은 받을 수 없고 증권 등 금융투자상품을 매개로 자금을 중개하는 은행을 말한다.
예 대우·삼성·우리투자·한국투자·현대증권 등

(3) 볼커룰

은행의 자기매매, 즉 고수익을 올리기 위하여 자사의 자산이나 차입금으로 채권과 주식, 파생상품 등에 투자하는 행위를 제한하는 데 있다. 이에 따르면 은행이 헤지펀드, 사모펀드를 소유·투자하는 것도 금지된다. 이는 상업은행이 투자은행 업무를 하지 못하도록 막는 규제책이다.

3. 바젤 Ⅲ와 금융기관의 자본건전성

(1) 개요

바젤은행 감독위원회에서 금융위기 재발을 막기 위해 내놓은 개혁안이다. 대형 은행의 자본확충 기준을 강화하는 등 금융기관에 대한 규제를 강화하여 위기 시에도 손실을 흡수할 수 있도록 새롭게 고안한 은행규제법이다.

(2) 자기자본비율

총자산 중에서 자기자본이 차지하는 비중을 나타내는 지표로 기업 재무구조의 건전성을 가늠하는 지표이다.

(3) 특징

BIS(국제결제은행 : Bank for International Settlements) 자기자본비율강화로 8% 이상으로 유지한다.

4. 금리 : 돈을 빌리는 대가

(1) 지표금리

시장의 실세이자율을 가장 잘 반영하는 금리를 말하며, 우리나라에는 주로 국고채(3년물)와 회사채금리가 지표금리로 사용된다.

(2) 기준금리

금리 체계의 기본이 되는 금리를 말한다. 중앙은행은 정기 또는 특별 회의를 통해 기준금리 목표치를 정하여 여기에 맞게 통화량을 조절한다. 우리나라의 경우 환매조건부채권(RP) 7일물금리가 기준금리이다.

(3) 콜금리
금융기관 간 영업활동 과정에서 남거나 모자라는 자금을 30일 이내의 초단기로 빌려주고 받는 것을 '콜'이라 하며, 이때 은행·보험·증권업자 간에 이루어지는 초단기 대차에 적용되는 금리를 말한다. 금융회사 간 일시적 자금 과부족을 조절하는 역할을 한다.

(4) 예대금리차
대출 금리에서 예금 금리를 뺀 것이다. 즉, '예금 및 대출 금리차'를 말한다. 예대마진이라고도 한다.

(5) CD(Certificate of Deposit)금리
시장에서 양도가 가능한 정기예금증서를 말한다. 예금자 보호법의 적용을 받지 않는다. 은행은 자금 조달을 위해 CD를 발행하고 투자자는 투자를 목적으로 정기예금증서인 CD를 매입하게 된다.

(6) 코픽스(COFIX; Cost Of Funds Index)
은행연합회가 매달 한 번씩 9개 은행(농협, 신한, 우리, SC제일, 하나, 기업, 국민, 외환, 한국씨티)으로부터 정기예금, 정기적금, 상호부금, 주택부금, CD, 환매조건부채권, 표지어음, 금융채 등 자본조달 상품관련 비용을 취합해 산출하는 은행의 자본조달 비용을 반영한 주택담보대출 기준금리를 말한다.

5. 금융상품의 종류

범위	손실비율 = 0	0% < 손실비율 ≤ 100%	100% < 손실비율
	원본보전형	원본손실형	추가지급형
상품	예금, 보험	증권	파생상품

6. 포트폴리오이론

(1) 개념
① **단어적 의미** : '서류가방' 또는 '자료수집철'을 말한다.
② **투자적 의미** : 주식 투자에서 여러 종목에 분산 투자함으로써 한 곳에 투자할 경우 생길 수 있는 위험을 피하고 투자수익을 극대화하기 위한 방법이다.

(2) 구분
주식편입비율에 따라 성장형, 안정성장형, 안정형 등으로 구분한다.
① **성장형** : 주식에 70% 이상을 투자하고 나머지는 안정적인 채권에 투자함으로써 위험이 있지만 고수익을 기대하는 투자자들이 주로 이용하는 방법이다.
② **안정형** : 주식에 30% 이하를 투자함으로써 고소득보다는 안정 위주로 투자하는 방법이다.

시험문제 미리보기!

다음 설명에 알맞은 금융용어를 가, 나, 다의 순서대로 짝지은 것은?

> 가. 대한민국 내 9개 은행들이 제공한 자금조달 관련 정보를 기초로 하여 산출되는 자금조달비용지수
> 나. 은행이 주택·상가·빌딩 등을 담보로 잡고 돈을 빌려줄 때 담보 물건의 실제 가치 대비 대출금액 비율
> 다. 총자산 중에서 자기자본이 차지하는 비중을 나타내는 지표로 기업 재무구조의 건전성을 가늠하는 지표

① CD, LTV, BIS비율
② CD, DTI, 미 국채금리
③ 코픽스, DTI, BIS비율
④ 코픽스, DTI, 미 국채금리
⑤ 코픽스, LTV, BIS 비율

정답 ⑤
해설 총부채상환비율(DTI)은 총소득 대비 부채의 연간 원리금 상환액 비율이다.

02 주식관련지표 ★★★

1. 주가지수

(1) 다우존스식

$$\frac{\text{비교시점의 수정주가평균}}{\text{기준시점의 수정주가평균}} \times 100$$

(2) 시가총액식

$$\frac{\text{비교시점의 시가총액}}{\text{기준시점의 시가총액}} \times 100$$

* 우리나라의 주가지수 : 시가총액식 주가지수, 기준연도를 100으로 한다.
예) 코스피(1980년 기준), 코스닥(1996년 기준)

2. 주식투자지표

(1) PER(주가수익비율)

기업의 주식 1주가 벌어들이는 수익력에 대한 시장에서의 평가를 의미한다.

$$PER = \frac{P(\text{주가})}{EPS(\text{주당순이익})}$$

핵심 Plus⁺

다우지수
미국의 다우존스(Dow Jones)사가 뉴욕증권 시장에 상장된 우량기업 주식 30개 종목을 표본으로 하여 시장가격을 평균하여 산출하는 세계적인 주가지수

어닝 서프라이즈와 어닝 쇼크
시장의 예상치를 훨씬 뛰어넘는 깜짝 실적을 말함. 예상치를 뛰어넘는 실적이 발표되면 주가가 큰 폭으로 상승할 가능성이 큼. 반대로 예상치를 훨씬 밑도는 실적이 발표되어 주가에 충격을 줄 때는 어닝 쇼크(Earning Shock)라고 함

이해관계자 자본주의
기업의 사회적 책임과 공헌이 강조되면서 '스테이크홀더'의 중요성이 커지고 있음. 주주(Stockholder)에 대응하는 단어로 종업원, 고객, 노동자, 하청업자 등 회사의 이해관계자를 통칭. 스테이크홀더 자본주의(유럽), 주주 자본주의(미국)로 구분하기도 함

EBITDA (Earnings Before Interest, Taxes, Depreciation and Amortization)
회사가 영업활동으로 창출할 수 있는 현금흐름. 영업이익에 상각비를 더해서 계산할 수 있음. 할인율은 비슷한 사업구조의 상장 동종업계 회사의 주가와 EBITDA를 비교해 추정. 즉 동종 상장회사의 EBITDA를 그 회사 기업가치(EV)로 나눈 비율로 계산. 실제로는 EV/EBITDA 비율을 활용

(2) PBR(주가순자산비율)

1이면 기업의 순자산가치에 맞게 형성되어 있다는 것을 의미한다.

$$PBR = \frac{P(주가)}{BPS(주당순자산)}$$

3. 기업가치평가법

(1) 자산가치법(= 현금흐름할인법)

장부에 적힌 원가를 기준으로 평가하되 건물·토지 등 고정자산은 시장가격을 반영한다. 이 방법은 가격을 객관적으로 측정할 수 있다는 장점이 있으나 회사 성장성을 반영하지 못하는 단점이 있다.

(2) 수익가치법

회사가 미래 벌어들일 예상 현금흐름을 현재 가치로 환산해 평가하는 방식이다. 수익가치법은 미래 현금흐름과 할인율을 어떻게 측정하느냐가 중요하다.

(3) 자산-수익 절충법

자산가격과 수익가격을 가중 평균해서 계산하는데 상장을 준비하는 회사가 주식을 공모할 때 공모가격으로 사용한다.

4. 유동성지표

(1) 회전율

거래의 활발한 정도를 측정함으로써 인기도나, 경기를 반영한다고 볼 수 있다.
예 상장주식회전율, 시가총액회전율

(2) 거래형성률

거래가 성립된 종목이 증권 시장에 상장되고 있는 종목수와 관련하여 어떤 정도의 비율인지를 나타내는 것으로 거래형성률에 활성화도는 비례한다. 그러나 너무 높으면 내려갈 가능성이 높으므로 매도시점으로 판단해야 한다.

5. 시장관련지표 : 신용거래잔고

신용거래로 주식거래 시에 일정기간 안에 변제를 하여야 하는데 변제하지 않은 주권의 수량이나 현금액을 의미한다. 신용거래 매수잔고는 잠재적 매도세력, 신용거래 매도잔고는 잠재적인 매수요인이 될 것임을 예상 가능하다.

6. 투자판단지표

(1) 배당수익률

당기에 전기와 같이 동일한 배당률로 배당이 실현된다는 가정에서 현재의 가격으로 주식을 매입하여 결산까지 보유한다고 할 때 어느 정도의 수익을 얻는가를 측정하는 지표를 말한다.

$$배당수익률 = \frac{1주당\ 배당금}{주가} \times 100$$

(2) 배당성향

기업이 당기순이익 중에서 주주에게 배당금으로 지급한 총액을 나타내준다.

시험문제 미리보기!

다음은 A사의 경영지표다. 이를 보고 배당성향과 배당률(액면배당률), 배당수익률(시가배당률)을 순서대로 옳게 구한 것은?

- 영업이익 100억 원, 당기순이익 50억 원, 배당금 10억 원
- 주당 배당금 1,000원, 액면가 5,000원, 주가 1만 원

① 10% − 10% − 20% ② 10% − 20% − 10%
③ 20% − 10% − 20% ④ 20% − 20% − 10%
⑤ 50% − 10% − 20%

정답 ④
해설 '배당률' = 주당 배당금/주식액면가×100, '배당수익률' = 주당 배당금/주가×100, '배당성향'은 현금배당금/당기순이익×100을 의미한다.

03 우리나라의 증권 시장 ★★

1. 유가증권 시장(KOSPI : 대기업중심)

① **운영주체/매매대상** : 한국거래소/상장종목
② **매매거래시간** : 정규시간은 09:00 ~ 15:30, 단 반드시 정규시간에만 매매 가능한 것은 아니다.
③ **매매단위** : 일반적으로 10주나 50,000원 이상의 고가주는 거래의 편의를 위해 단주매매가 가능하다.
④ **매매방법** : 단일가매매 및 접속매매 등
⑤ **신용거래 허용**

2. 시장안정을 위한 제도

(1) 서킷 브레이커(Circuit Breakers)

① **1단계** : 최초로 종합주가지수가 전일에 비해 8% 이상 하락한 경우 발동된다. 1단계 발동 시 모든 주식거래가 20분간 중단되며, 이후 10분간 단일가매매로 거래가 재개된다.

핵심 Plus+

단일가매매
투자자 주문을 일정시간 동안 모아 일시에 하나의 가격으로 체결하는 방식

접속매매
주식의 가격이 처음 결정된 직후부터 가격 및 시간 우선 원칙에 따라 매도 호가와 매수 호가의 경쟁에 의하여 유리한 호가 간에 계속적으로 매매 거래를 성립하여 가는 매매. 복수 가격에 의한 개별 경쟁 매매 방법

롱쇼트전략
본질가치보다 싼 주식은 사고, 동시에 비싼 주식은 팔아 수익을 추구하는 것

IPO(Initial Public Offering)
비상장기업이 유가증권 시장이나 코스닥 시장에 상장하기 위해 그 주식을 법적인 절차와 방법에 따라 주식을 불특정 다수의 투자자들에게 팔고 재무내용을 공시하는 것

② **2단계** : 전일에 비해 15% 이상 하락하고 1단계 발동지수대비 1% 이상 추가 하락한 경우에 발동된다. 2단계 발동 시 1단계와 마찬가지로 20분간 모든 거래가 중단되며, 이후 10분간 단일가매매로 거래가 재개된다.

③ **3단계** : 전일에 비해 20% 이상 하락하고 2단계 발동지수대비 1% 이상 추가 하락한 경우 발동되며, 발동시점을 기준으로 모든 주식거래가 종료된다.

(2) 프로그램 매매호가관리제도(Side Car)

시장상황이 급변할 경우 프로그램 매매가 주식 시장에 미치는 충격을 줄이기 위해 있는 제도로, 선물 시장의 기존종목의 가격이 기준가 대비 5% 이상 변동하여 1분 이상 지속되는 경우 5분 동안 호가의 효력이 정지되게 한다.

(3) 가격제한폭제도

일변 가격제한폭을 30%로 설정하여 초과변동을 불가능하게 한다.

3. 코스닥 시장(KOSDAQ : 벤처기업중심)

성장성과 기술력 있는 벤처기업의 자금 조달 시장으로 주식의 매매최소수량이 1주이다.

4. 코넥스 시장

코스닥 시장 상장요건을 충족시키지 못하는 벤처기업과 중소기업이 상장할 수 있도록 개장한 중소기업 전용 주식 시장을 말한다.

5. K-OTC 시장

프리보드 시장을 확대 개편한 장외 시장으로, 비상장대기업, 중견기업주식이 새롭게 시장에 편입되었다. 매매수량단위는 1주이며 가격제한폭은 30%이다.

시험문제 미리보기!

투자자가 보유한 채권을 일정시일 경과 후 발행회사가 보유 중인 다른 회사 유가증권으로 교환할 수 있는 권리가 있는 사채를 의미하는 용어는?

① 교환사채 ② 커버드본드
③ 전환사채 ④ 코코본드
⑤ 상장주식

정답 ①
해설 전환사채(CB)는 동일회사의 주식으로 교환해주는 것이고 교환사채(EB)는 타 기업의 주식으로 교환할 수 있는 채권이다.

오답노트
② 커버드본드는 금융기관이 중장기자금 조달을 위해 주택자금대출채권, 공공기관대출채권 등 우량자산을 담보로 발행하는 채권이다.
④ 유사 시 투자 원금이 주식으로 강제 전환되거나 상각된다는 조건이 붙은 회사채를 말한다.

04 채권 ★★★

1. 의미

정부 및 지방단체, 기업과 같이 법률로 정해진 기관과 회사가 불특정 다수에게 비교적 장기의 자금을 조달하기 위해서 발행한 차용증서로서 채무를 표기한 유가증권이다.

예 국채, 지방채, 특수채, 금융채, 회사채 등

2. 주식과의 비교

(1) 기한부증권

주식은 기간이 주어져 있지 않지만 채권은 정해져 있다.

(2) 이자지급증권

주식은 배당을 받고, 채권은 이자를 받는다.

(3) 확정이자증권

발행기관의 수익률과 관계없이 받을 돈이 정해져 있다.

(4) 안정성, 유동성, 수익성

안정성과 유동성은 비교적 높은 편이나 수익성은 주식에 비하여 낮다.

3. 채권수익률

(1) 채권가격과 반비례한다.

(2) 채권수익률의 결정요인

① 기업외적요인 : 명목이자율에 비례한다.
② 기업내적요인 : 채무의 만기가 길수록, 신용등급과 관련된 채무 불이행 위험과 비례한다.

4. 채권의 등급결정

(1) 평가기관

무디스, S&P, 피치사

(2) 투자적격 최저

무디스(Baa 3), S&P(BBB-), 피치사(BBB-) 이상이 되어야 한다.

5. 신종채권

(1) 전환사채(Convertible Bonds)

발행당시에는 순수한 회사채의 형태로 발행되나 일정기간이 경과한 후 채권보유자의 청구에 의해 발행회사의 주식으로 전환할 수 있는 권리가 붙어있는 사채로, 주식으로 전환되면 부채비율이 낮아진다.

(2) 신주인수권부사채(BW; Bond with Warrant)
채권을 가지고 있는 사람에게 일정한 기간 후에 일정한 가격(행사가격)으로 발행회사의 신주를 인수할 수 있는 권리를 부여한 채권을 말한다.

(3) 교환사채(Exchange Bond)
회사채의 일종으로서 사채권자가 교환청구기간 내에 사전에 합의된 조건으로 발행회사가 보유하고 있는 상장유가증권으로 교환을 청구할 수 있는 권리가 부여된 채권이다.

(4) 환매조건부 채권(Repurchase Agreements)
금융기관이 일정기간 후 확정금리를 보태어 되사는 조건으로 발행하는 채권이다.

(5) 우선주
일반적으로 주식으로 분류되지만 채권과 마찬가지로 우선주가 미리 정해진 배당금의 지급을 약속하기 때문에 포함시키기도 한다. 그러나 우선배당이 지급되지 않으면 우선주주들에게도 부분적인 의결권을 주게 된다.

핵심 Plus⁺
주택저당증권(MBS)
자산유동화증권(ABS)의 일종으로 주택·토지를 담보물로 발행되는 채권을 말함. 간단한 흐름을 보면, 은행 등의 금융회사가 주택매입자에게 빌려준 주택자금채권을 유동화 회사에 양도하고 이를 매입한 채권유동화 회사는 주택저당채권을 일반 투자자에게 발행

(6) 자산유동화증권(ABS; Asset Backed Securities)
부동산, 매출채권, 유가증권, 주택저당채권, 기타 재산권 등과 같은 유형·무형의 유동화자산(Underlying Asset)을 기초로 하여 발행된 증권이다.

(7) 커버드본드
은행 등 금융기관이 보유하고 있는 주택담보대출채권을 담보로 발행하는 유동화 채권이다.

(8) 코코본드(Contingent Convertible Bond)
유사 시 투자원금이 주식으로 강제 전환되거나 상각된다는 조건이 붙은 회사채이다.

(9) 국제채권
① **외국채** : 채권이 발행되는 국가 이외의 나라에 국적을 둔 채무자에 의해 발행되는 채권으로 표시 통화국 정부의 규제를 받는다.
　예 한국인 : 미국에서 달러 채권 발행(양키본드), 일본에서 엔화 채권 발행(사무라이본드)
② **유로채** : 채권이 발행되는 국가 이외에 나라에 국적을 둔 채무자에 의해 발행되는 채권으로 대부분 유럽에서 발행된다. 표시 통화국 정부의 규제를 받지 않는다.
　예 · 한국인 : 미국에서 엔화 채권 발행(쇼군본드)
　　 · 일본인 : 미국에서 원화 채권 발행(김치본드)

구분	국제채권	
	외국채(현지통화표시)	유로채(비현지통화표시)
한국	아리랑본드	김치본드
일본	사무라이본드	쇼군본드
중국	판다본드	-
홍콩	-	딤섬본드
영국	불독본드	-
호주	캥거루본드	-

(10) 주식과 채권의 차이

구 분	주 식	채 권
발행자	주식회사	정부, 지자체, 특수법인, 주식회사
자본조달방법	자기자본	타인자본
증권소유자의 지위	주주	채권자
소유로부터의 권리	결산 시 사업이익금에 따른 배당을 받을 권리	확정이자 수령권리
증권 존속기간	발행회사와 존속을 같이하는 영구증권	기한부증권(영구채권 제외)
원금상환	없다	만기 시 상환
가격변동위험	크다	작다

시험문제 미리보기!

다음 중 국제채권에 해당하지 않는 것은?

① 판다본드　　② 딤섬본드　　③ 정크본드
④ 불독본드　　⑤ 사무라이본드

정답　③
해설　정크본드는 국제채가 아니라 신용등급이 낮은 기업이 발행하는 채권을 뜻한다.

05 파생상품 ★★★

1. 의미

통화, 주식, 채권 등의 기초자산을 근간으로 만들어진 새로운 금융상품으로 기초금융자산의 가치변동에 의해 결정되는 금융계약으로 선도계약, 선물, 옵션, 스왑 등이 있다.

2. 효과

(1) 헤지 효과

부를 결정하는 변수의 값이 변동하더라도 일정한 수준의 부를 확보하는 것으로 위험을 감소하거나 제거하는 효과 ⇨ 위험제거 효과

(2) 레버리지(Leverage, 지렛대) 효과

위험의 크기를 더 크게 만드는 효과로 더 큰 위험을 부담하더라도 더 높은 수익을 도모하는 투기적 거래를 의미한다. 파생상품은 적은 계약금으로 거래가 가능하기 때문이다. (계약금이 10%면 100만 원으로 1,000만 원의 거래가 가능)

핵심 Plus+

선도계약
미래 약정일에 미리 정한 가격으로 자산을 사거나 팔아야 하는 의무가 부여되는 계약. 표준화되어 있지 않아 계약자들의 계약에 따라 다름. 채무불이행 위험이 강함

반대매매
반대매매란 고객이 증권사의 돈을 빌리거나 신용 융자금으로 주식을 매입했는데, 빌린 돈을 약정한 만기 기간 안에 변제하지 못할 경우 고객의 의사와 상관없이 주식을 강제로 일괄 매도 처분하는 매매

선물의 포지션
선물가격이 현물가격보다 높은 것을 콘탱고(Contango), 선물가격이 현물가격보다 낮은 것을 백워데이션(Backwardation)이라고 함
매입 포지션(Long Position)은 만기일에 상품을 매입하기로 약정한 것을 뜻함. 거꾸로 매도 포지션(Short Position)은 만기일에 상품을 매도하기로 약정한 것

청산소
선물은 실제 매매가 이뤄지는 것이 아니고 미래의 약속을 주고받는 것. 대금의 수수가 이뤄지지 않기 때문에 채무 불이행의 위험이 존재할 수 있음. 이러한 위험을 제거하기 위해 존재하는 것이 청산소임. 청산소는 선물의 매입자와 매도자 각각의 상대방이 되어 거래이행을 보증하고 거래 종료 시까지 각각의 계약을 관리함으로써 선물거래의 가장 중요한 기능을 수행. 청산소의 주요 기능을 요약하면, 선물계약의 이행보장 기능, 일일 정산 기능, 청산 기능, 현물 인수도 기능 등이 있음

3. 선물거래

(1) 의미

미래 약정기일에 미리 정한 가격으로 자산을 사거나 팔아야 하는 의무가 부여되는 계약을 말한다. 표준화되어 있어 조직화된 거래소에서 거래되어 유동성이 높다. 이익도, 손해도 제한이 없지만 청산소를 통한 일일정산을 통해 거래의 안정성을 높인다.

(2) 특징

① 거래조건의 표준화 : 가격과 거래제한이 있음
② 대부분 만기일 이전에 반대매매
③ 결제소 보증에 의한 간접거래 : 다수의 거래자

4. 옵션

(1) 의의

특정의 기초자산을 약정된 또는 그 기일에 미리 약정된 가격으로 일정량을 사거나 팔 수 있는 권리를 부여하는 계약을 의미한다.

(2) 매수자와 매도자

① 매수자 : 옵션프리미엄을 주고 옵션을 구입한 사람으로, 자신이 유리한 경우에는 권리를 행사하고 불리한 상황에서는 권리를 포기한다. 이익은 무제한이지만, 손해는 옵션가격인 옵션프리미엄만 본다.
② 매도자 : 옵션프리미엄을 받고 옵션을 판 사람으로, 옵션의 매수자가 권리를 행사하면 그 권리에 합당한 의무를 지는 사람이다. 이익은 옵션프리미엄만 얻지만, 손해는 무제한이다.

(3) 콜옵션

① 의미 : 옵션 소유자가 기초자산을 살 수 있는 권리이다.
② 매수자 : 기초자산의 가격이 오를수록 이익이고, 내렸을 때 권리 행사 안 하고 옵션프리미엄만 손해를 본다.
③ 매도자 : 기초자산의 가격이 오를수록 손해이고, 내렸을 때 위험프리미엄을 획득한다.

(4) 풋옵션

① 의미 : 옵션 소유자가 기초자산을 팔 수 있는 권리이다.
② 매수자 : 기초자산의 가격이 내릴수록 이익이고, 올랐을 때 권리 행사 안 하고 옵션프리미엄만 손해를 본다.
③ 매도자 : 기초자산의 가격이 내릴수록 손해이고, 올랐을 때 위험프리미엄을 획득한다.

5. 스왑(Swap)

(1) 의미

미래의 특정일 또는 특정기간 동안 어떤 상품 또는 금융자산(부채)을 상대방의 상품이나 금융자산과 교환하는 거래를 말한다.

핵심 Plus

CDS(신용부도스왑, Credit Default Swap)

부도의 위험만 따로 떼어내어 사고파는 신용파생상품. 예를 들면, A은행이 B기업의 회사채를 인수한 경우에 B기업이 파산하면 A은행은 채권에 투자한 원금을 회수할 수 없게 됨. A은행은 이러한 신용위험을 피하기 위하여 C금융회사에 정기적으로 수수료를 지급하는 대신, B기업이 파산할 경우에 C금융회사로부터 투자원금을 받도록 거래하는 것임. 따라서 상품을 통하여 부도위험이 은행에만 집중되는 것이 아니라 여러 투자자에게 분산되는 이점이 있음. 그러나 금융업체가 파산이 나는 경우에는 은행마저도 파산위험에 처하게 될 수도 있음. 2008년에 미국의 금융위기가 글로벌금융위기로 확산된 이유는 CDS의 원인이 가장 크다고 볼 수 있음

공매도

주식이나 채권, 외환 가격이 하락할 것으로 예상되는 경우 해당 금융상품을 가지고 있지 않은데도 빌려서 팔고 나중에 되사들여 갚는 것

(2) 종류

① 통화스왑 : 특정 통화의 지급과 여타 통화의 지급을 교환하는 것을 내용으로 한다.

② 이자율스왑 : 동일한 통화로 표시된 특정 이자지급과 다른 이자지급을 교환하는 것을 내용으로 한다.

(3) 통화스왑

국가 간 통화스왑 협정은 두 나라가 자국통화를 상대국 통화와 맞교환하는 방식으로, 외환위기가 발생하면 자국통화를 상대국에 맡기고 외국통화를 단기 차입하는 중앙은행 간 신용계약이다. 스왑을 요청하는 쪽이 일정액의 수수료를 부담한다. 모든 통화가 허용되는 것은 아니다.

시험문제 미리보기!

> 수입업체인 ㈜호성은 앞으로 환율이 상승할 것으로 보고 수입 시 1,000달러가 필요하므로 행사가격이 1,100원인 달러 콜옵션 1,000계약을 계약당 50원에 매수했다. 옵션 만기일에 원/달러 환율이 1,200원이 됐다고 가정할 경우 옵션거래에 따른 ㈜호성의 손익은? (단, 원/달러 환율이 현재 1,100원이다)
>
> ① 이익 5만 원   ② 이익 7만 원   ③ 이익 10만 원
> ④ 손실 5만 원   ⑤ 손실 1만 원
>
> **정답** ①
> **해설** 콜옵션을 매수하는데 1,000계약을 계약당 50원에 구입하면 5만 원이 든다. 수입시점에서 환율이 상승하였으므로 콜옵션을 행사해 달러당 1,100원에 1,000계약을 매각하면 달러당 100원씩 10만 원이 이익이다. 여기에서 옵션 매수비용 5만 원을 차감하면 5만 원의 이익이 남는다.

06 펀드 ★★★

1. 의미

다수의 대중으로부터 소액의 자금을 끌어 모아 그 금액을 주식이나 채권 등에 투자하여 얻은 수익실적에 따라 배당하는 금융상품이다. 일반적으로 금융상품이 섞여 있으며 안정적일수록 채권의 투자비율이 높고 위험할수록 주식의 투자비율이 높다.

2. 종류

(1) 인덱스펀드

지수수익률을 추적하도록 편입주식의 바스켓을 구성한 펀드를 말한다.

(2) 시스템펀드

펀드매니저의 주관적 판단마저 배제한 채 미리 정해진 매매조건에 따라 자동주문 시스템을 이용해 이루어진다.

핵심 Plus⁺

헤지펀드
단기이익을 목적으로 국제시장에 투자하는 개인모집 투자신탁. 투자지역이나 투자대상 등 당국의 규제를 받지 않고 고수익을 노리지만 투자위험도 높은 투기성자본임

사모펀드
비공개로 소수 투자자의 자금을 모아 주식이나 채권에 투자하는 펀드로 고수익기업투자펀드라고도 함

국부펀드(SWF; Sovereign Wealth Fund)
국가가 달러 유로화 등 보유 중인 외환으로 외국의 부동산이나 증권에 투자하기 위해 설립한 기관 또는 그 기관이 운영하는 투자자금을 말함.
아부다비 투자청(ADIA), 싱가포르 투자청(GIC), 쿠웨이트 투자청, 중국 투자공사(CIC), 러시아연방 안정화 기금, 싱가포르의 테마섹 홀딩스가 국부 펀드를 많이 운영하고 있는 기관들임. 한국은 한국투자공사가 국부펀드를 운용함

(3) 펀드오브펀드(재간접펀드)
서로 다른 투자목적을 지닌 여러 종류의 펀드에 동시에 투자하므로 위험분산 효과가 크다.

(4) 멀티클래스펀드
투자기관과 투자금액에 따라 수수료를 달리하는 펀드를 말한다.

(5) 크라우드펀드
자금이 없는 사람들이 자신의 아이디어나 프로젝트를 인터넷에 공개하고 익명의 다수로부터 투자를 받아 자금을 마련하는 것을 말한다.

(6) 하이일드펀드
자산의 50% 이상을 신용등급이 BB+ 이하인 투기등급채권과 B+ 이하의 기업어음에 투자하는 펀드이다. 수익률이 높은 대신에 그만큼 위험도도 높아 원금을 날릴 수도 있다. 신용도가 낮은 정크본드에 투자하는 것이라 '그레이펀드' 또는 '투기채권펀드'라고도 한다.

(7) 액티브펀드
시장수익률을 초과하는 수익을 올리는 것을 목표로 펀드매니저들이 적극적인 운용전략을 펴는 펀드이다. 액티브펀드는 특정 테마의 강세가 예상될 때 적극 비중을 조절하며 대응할 수 있어 중·소형주, 배당주 등이 강세를 보일 때 좋은 성과를 내는 경향이 있다.

07 리츠

1. 리츠(부동산 투자신탁)의 의미
부동산 투자를 전문으로 하는 뮤추얼펀드로 투자자들로부터 자금을 모아 부동산이나 부동산 관련 대출에 투자하여 발생한 수익을 투자자에게 배당하는 회사나 투자신탁으로 증권의 뮤추얼펀드와 유사하여 '부동산 뮤추얼펀드'라고도 한다.

2. 부동산 관련지표
① DTI(Debt To Income) : 소득대비 총부채 상환비율을 말한다.
② LTV(Loan To Value) : 주택시가에 대한 대출금의 비율을 말한다.
③ 활용 효과 : DTI, LTV 한도를 높이면 부동산 시장을 활성화시키는 효과를 기대할 수 있다.

08 기타투자상품

1. 주가지수 연계증권(ELS; Equity Linked Securities)

(1) 의미
개별 주식의 가격이나 주가지수에 연계되어 투자수익이 결정되는 유가증권으로 자산을 우량채권에 투자하여 원금을 보존하고 일부를 주가지수 옵션 등 금융파생 상품에 투자해 고수익을 노리는 금융상품이다.

핵심 Plus+

개인종합자산관리계좌 (ISA; Individual Savings Account)

하나의 통장으로 예금이나 적금은 물론 주식·펀드·ELS등 파생상품 투자가 가능한 통합계좌. 투자자 성향별로 금융회사가 제시하는 몇 가지 정형화된 모델 포트폴리오를 골라 가입함. 유형은 운용 지시를 가입자가 직접하는 신탁형과 전문가에게 운용을 맡길 수 있는 일임형으로 나뉨

(2) 특징

미리 약속된 금액을 보장받지만, 중도해지가 불가능하다.

2. 주가지수 연계펀드(ELF; Equity Linked Fund)

(1) 의미

펀드를 통해 ELS에 간접투자 하는 것이다.

(2) 특징

원금보전 추구형으로 채권의 운영성과에 따라 원금보전을 결정한다.

3. 주식워런트 증권(ELW; Equity Linked Warrant)

(1) 의미

특정 대상물(기초자산)을 사전에 정한 미래의 시기(만기일 혹은 행사기간)에 미리 정한 가격(행사가격)으로 살 수 있거나(콜) 팔 수 있는(풋) 권리를 갖는 유가증권을 말한다.

(2) 특징

레버리지를 통한 고수익 달성과 소액투자 가능하지만, 위험성이 높고 상품구조가 복잡하다.

4. 랩어카운트(Wrap Account)

고객이 예탁한 자산에 대해 증권회사의 금융자산관리사가 고객의 투자성향에 따라 적절한 운용배분과 투자종목 추천 등의 서비스를 제공하고 그 대가로 일정률의 수수료(Fee)를 받는 상품이다.

5. 상장지수펀드(ETF; Exchange Traded Fund)

(1) 의미

특정지수를 모방한 포트폴리오를 구성하여 산출된 가격을 상장시킴으로써 주식처럼 자유롭게 거래되도록 설계된 지수상품을 말한다.

(2) 특징

거래소에 상장돼 일반 주식처럼 자유롭게 사고 팔 수 있으며 거래비용이 저렴하다.

6. 기업어음(CP; Commercial Paper)

(1) 의미

기업이 자금조달을 목적으로 발행하는 어음형식의 단기 채권이다.

(2) 특징

기업과 투자자 사이의 자금 수급관계 등을 고려하여 금리를 자율적으로 결정한다는 점이 가장 큰 특징이다.

출제예상문제

> 출제예상문제의 중요도를 ★~★★★으로 구분하였습니다. 난이도가 가장 높은 고등급 문제는 S등급 표시하였으니, S등급을 목표로 하신다면 반드시 학습하시기 바랍니다.

01 ★★
다음 중 우리나라의 예금보험제도에 대해 옳게 설명한 것은?

<보기>
ㄱ. 보통예금, 정기적금, 주식형 펀드는 예금자보호 대상 금융상품이다.
ㄴ. 은행, 보험사, 저축은행, 금융투자회사 등은 예금보험제도 대상이다.
ㄷ. 예금 대지급에 쓰이는 자금은 모두 예금보험공사에서 조달한다.
ㄹ. 금융회사 파산 시 예금 대지급 한도는 1인당 5,000만 원으로 이자까지 포함한다.

① ㄱ, ㄴ   ② ㄱ, ㄷ   ③ ㄴ, ㄷ   ④ ㄴ, ㄹ   ⑤ ㄷ, ㄹ

02 ★★
기훈이는 아파트 구입을 위해 아파트를 담보로 은행에서 돈을 빌리려고 한다. 아래의 정보를 이용해 기훈이의 주택담보대출금리를 구하면?

- CD금리 연 5%
- 코픽스(COFIX) 연 4%
- 기훈이의 신용상태 등에 따른 가산금리 연 1%

① 연 2.5%   ② 연 3.0%   ③ 연 3.5%   ④ 연 4.0%   ⑤ 연 5%

03 ★
선물가격이 전일 종가 대비 5% 이상 변동(등락)한 시세가 1분간 지속될 경우 주식 시장의 프로그램 매매 호가는 5분간 효력이 정지되는데 이런 조치를 무엇이라고 하는가?

① 가격제한폭제도   ② 로스컷   ③ 사이드카
④ 왝더독   ⑤ 서킷브레이커

04 다음 글이 설명하는 금융상품은?

> 금융기관이 중장기자금 조달을 위해 주택자금대출채권, 공공기관대출채권 등 우량자산을 담보로 발행하는 채권을 말하며 '우량자산 담보 채권'이라고도 한다.

① 정크본드 ② 커버드본드 ③ 전환사채(CB)
④ 주택저당증권(MBS) ⑤ 자산유동화증권(ABS)

정답 및 해설

01 ⑤
금융회사 파산 시 예금 대지급 한도는 금융회사당 원금과 이자를 합쳐 1인당 5,000만 원이다. 예금 대지급에 쓰이는 자금은 일반적으로 예금보험공사가 대신 지급한다.

오답노트
ㄱ. 주식형펀드는 예금자보호 대상이 아니다.
ㄴ. 예금보험에 가입한 금융회사는 은행, 보험사, 저축은행 등이다. 새마을금고나 신용협동조합, 지역 농협과 수협 등은 자체기금으로 예금을 보호한다. 금융투자회사는 해당하지 않는다.

02 ⑤
코픽스(COFIX)는 2010년에 처음 도입된 주택담보대출 기준금리다. 문제에서 코픽스는 연 4%이고 기훈이의 신용상태 등에 따른 가산금리가 연 1%라고 했으므로 기훈이의 주택담보 대출금리는 연 5%다.

03 ③

오답노트
② 로스컷 : 손해를 보고 판매하는 것
④ 왝더독 : 주식 시장에서는 흔히 선물 시장(꼬리)이 현물 시장(몸통)을 좌우할 때 '왝더독'이란 말을 씀
⑤ 서킷브레이커 : 한국종합주가지수(KOSPI)가 직전거래일의 종가보다 8%/15%/20% 이상 하락한 경우 매매거래 중단의 발동을 예고할 수 있으며, 이 상태가 1분간 지속되는 경우 주식 시장의 모든 종목의 매매거래를 중단하게 되는 제도

04 ②
커버드본드 : 은행 등 금융회사가 주택담보대출(모기지), 국·공채 등 우량자산을 담보로 발행하는 담보부채권의 하나.

오답노트
① 정크본드 : 정크(Junk)란 쓰레기를 뜻하는 말로 정크본드를 직역하면 쓰레기 같은 채권이다. 기업의 신용등급이 아주 낮아 회사채 발행이 불가능한 기업이 발행하는 회사채로 고수익채권 또는 열등채라고도 한다.
③ 전환사채(CB) : 전환사채란 일정한 조건에 따라 채권을 발행한 회사의 주식으로 전환할 수 있는 권리가 부여된 채권을 말한다.
④ 주택저당증권(MBS) : 주택저당증권이란 자산유동화증권(ABS)의 일종으로 주택, 토지를 담보로 발행되는 채권을 말한다.
⑤ 자산유동화증권(ABS) : 자산유동화증권이란 부동산, 매출채권, 유가증권, 주택저당채권, 기타 재산권 등과 같은 유형·무형의 유동화자산(Underlying Asset)을 기초로 하여 발행된 증권을 말한다.

05 다음 중 통화선물거래(Currency Futures)의 특징이 아닌 것은?

<보기>
ㄱ. 계약 단위가 거래자들마다 상이하다.
ㄴ. 거래소를 통해 매일 가격 정산이 이뤄진다.
ㄷ. 어떤 통화도 가능하고 만기일에 제한이 없다.
ㄹ. 거래소에서 경쟁입찰방식에 의해 거래 및 결제가 이루어진다.

① ㄱ, ㄴ ② ㄱ, ㄷ ③ ㄴ, ㄷ ④ ㄴ, ㄹ ⑤ ㄷ, ㄹ

06 수출업체인 A상사는 앞으로 환율이 하락할 것으로 보고 행사가격이 1,000원인 달러 풋옵션 2,000계약을 50원에 매수했다. 옵션 만기일에 달러당 1,300원이 됐다고 가정할 경우 옵션거래에 따른 A상사의 손익은 얼마인가?
(단, 외환시장에서 현재 달러당 1,000원이다)

① 이익 10만 원 ② 이익 5만 원 ③ 손실 10만 원
④ 손실 5만 원   ⑤ 손실 15만 원

07 최근 정부는 지역과 대출기관에 상관없이 담보인정비율(LTV)은 50%, 총부채상환비율(DTI)은 50%로 각각 단일화하는 등 주택담보대출 규제를 강화했다. 이와 관련한 다음 보기 중 옳지 않은 것은?

<보기>
ㄱ. LTV는 주택 시가에 대한 대출금의 비율을 말한다.
ㄴ. DTI와 LTV제도는 부동산 투기를 막기 위한 것으로 금융회사 경영 부실 방지와는 관련이 없다.
ㄷ. 정부가 DTI와 LTV 한도를 하향 조정하면 부동산 대출이 늘어나 부동산 시장엔 호재다.
ㄹ. 정부가 DTI와 LTV 한도를 올리면 자칫 가계부채가 늘어나는 부작용이 발생할 수 있다.

① ㄱ, ㄴ ② ㄱ, ㄹ ③ ㄴ, ㄷ ④ ㄴ, ㄹ ⑤ ㄷ, ㄹ

08 적극적이고 과감한 종목 선정과 운영방식을 통해 시장 초과 수익률을 추구하는 펀드는?

① 인덱스펀드   ② 액티브펀드   ③ 사모펀드(PEF)
④ 상장지수펀드(ETF) ⑤ 재간접펀드(펀드오브펀드)

09 다음 글이 설명하고 있는 증권 상품은?

> 개별 주식의 가격이나 주가지수에 연계하여 사전에 정해진 수익구조에 따라 손익이 결정되며 상환금액의 지급을 발행사에서 보장하는 금융상품이다. 2013년 2월 증권거래법 시행령 개정으로 유가증권으로 지정되었다.

① RP ② CD ③ EB ④ ELS ⑤ ETF

정답 및 해설

05 ②
통화선물은 현 시점에서 매매계약을 체결하고 장래에 거래가 이행된다는 점에서 선물환계약과 유사하나 운용면에서 큰 차이가 있다. 즉, 선물환계약은 은행과 고객 간에 직접 결제가 이루어지고 계약 건별로 거래조건이 결정되나, 통화선물은 거래소에서 경쟁입찰방식에 의해 거래 및 결제가 이루어지고 거래상품, 인도기일, 거래단위, 매매조건 등이 표준화되어 있으며 대부분 반대매매에 의해 결제된다.
ㄱ. 계약 단위가 표준화되어 있다.
ㄷ. 많이 쓰이는 화폐만 쓰이므로 어떤 통화든 가능한 것은 아니다.

06 ③
수출업체는 수출시점에서 달러가격이 하락하면 피해를 보기 때문에 풋옵션을 구입한 것이다. 풋옵션 매입비용은 50원 × 2,000 = 10만 원이다. 그런데 옵션 만기일에 예측과 다르게 달러가격이 상승하여 달러당 1,300원이 됐으므로 권리를 포기해야 한다. 따라서 손실은 옵션 매수비용인 10만 원이다.

TIP
1) 풋옵션은 '팔 수 있는 권리'이므로 가격이 상승해야 이익이다.
2) 콜옵션은 '살 수 있는 권리'이므로 가격이 내려가야 이익이다.
- 매도자는 옵션가격인 옵션프리미엄으로만 돈을 번다.
- 매수자는 1), 2)와 같은 상황이면 돈을 번다.

07 ③
LTV는 금융회사에서 주택을 담보로 대출받을 때 적용하는 담보가치 대비 최대 대출 가능 한도다. DTI는 총소득에서 부채의 연간 원리금 상환액의 비율이다.
ㄴ. LTV와 DTI 한도는 부동산 대출과 연관되며 각각의 비율이 높으면 대출이 쉬워져 금융회사 경영이 부실화될 수 있다.
ㄷ. 정부가 DTI와 LTV 한도를 하향 조정하면 부동산 대출이 줄어들어 부동산 시장엔 악재다.

08 ②

오답노트
① 인덱스펀드 : 주가지표의 변동과 동일한 투자성과의 실현을 목표로 구성된 포트폴리오로 구성된 펀드를 말한다.
③ 사모펀드(PEF) : 비공개로 소수 투자자의 자금을 모아 주식이나 채권에 투자하는 펀드로 고수익기업투자펀드라고도 한다.
④ 상장지수펀드(ETF) : 증권 시장에 상장돼 주식처럼 자유롭게 사고팔 수 있는 펀드다. 수수료가 싸고 환금성이 높은 것이 특징이다.
⑤ 재간접펀드(펀드오브펀드) : 투자자가 불특정 개인이나 기업(단체)이 아닌 일반펀드로 구성된 펀드를 말한다.

09 ④
지문은 주가연계증권(ELS)을 설명하고 있다.

오답노트
① RP : 환매조건부채권
② CD : 양도성 예금증서
③ EB : 교환사채
⑤ ETF(Exchange Traded Fund) : 인덱스펀드를 거래소에 상장시켜 투자자들이 주식처럼 편리하게 거래할 수 있도록 만든 상품이다.

10 주식 콜옵션에 대한 설명으로 옳은 것은?

① 주식을 특정 가격에 살 수 있는 권리다.
② 만기에 도달하면 반드시 옵션을 사용해야만 한다.
③ 주가가 올라갈수록 주식 콜옵션 가치는 낮아진다.
④ 옵션의 매수자가 얻을 수 있는 것은 옵션프리미엄이다.
⑤ 선물거래와 달리 권리가 아닌 의무를 거래하는 것이다.

11 펀드에 대한 설명 중 옳지 않은 것은?

<보기>
ㄱ. 전문가들에게 돈의 운용을 맡기는 대표적 간접 투자상품의 하나이다.
ㄴ. 채권형펀드는 운용대상에 주식(주식관련 파생상품 포함)이 포함되지 아니하고 채권 및 채권 관련 파생상품에 신탁재산의 60% 이상을 투자하는 상품이다.
ㄷ. 인덱스펀드는 분산투자를 중시하는 펀드로 수익률은 높지만 수수료가 비싼 편이다.
ㄹ. 사모펀드는 공모펀드와는 공통적으로 운용에 제한이 없어 자유로운 운용이 가능하다.

① ㄱ, ㄴ ② ㄱ, ㄷ ③ ㄴ, ㄷ ④ ㄴ, ㄹ ⑤ ㄷ, ㄹ

12 다음 글이 가리키는 금융 용어를 순서대로 연결한 것은?

(가) 후원, 기부, 대출, 투자 등을 목적으로 웹이나 모바일 네트워크 등을 통해 다수의 개인으로부터 자금을 모으는 행위를 말한다.
(나) 은행 등 금융회사가 주택담보대출(모기지), 국·공채 등 우량자산을 담보로 발행하는 담보부채권의 하나이다.

① 사모펀드 – 커버드본드
② 커버드본드 – 크라우드펀딩
③ 크라우드펀딩 – 커버드본드
④ 시스템 트레이딩 – 커버드본드
⑤ 크라우드펀딩 – 프로젝트 파이낸싱

13 금융 상품 A ~ C의 일반적인 특징에 대한 설명으로 옳은 것은?

- A ~ C는 각각 은행 요구불예금, 채권, 주식 중 하나이다.
- A는 B, C에 비해 안전성은 높으나 수익성이 낮다.
- C는 만기가 없다.

① A는 예금자 보호제도의 적용을 받는다.
② B를 보유할 경우 주주로서의 지위를 가진다.
③ 기업과 달리 정부는 C의 발행 주체가 될 수 있다.
④ A와 C는 모두 이자 수익을 얻을 수 있다.
⑤ 배당금은 A, B, C 모두 받을 수 있다.

정답 및 해설

10 ①
주식을 특정 가격에 살 수 있는 권리는 콜옵션이다.

[오답노트]
② 옵션은 권리만을 취득하므로 만기에 도달하면 항상 옵션을 포기할 수도 있다.
③ 주가가 올라갈수록 먼저 정한 가격에 살 수 있으므로 주식 콜옵션 가치는 높아진다.
④ 옵션의 매도자가 얻을 수 있는 것이 옵션프리미엄이다.
⑤ 옵션은 사거나 팔 수 있는 권리를 거래하는 것이다.

11 ⑤
ㄷ. 인덱스펀드는 분산투자를 중시하는 펀드로 수수료가 상대적으로 저렴한 것이 장점이다.
ㄹ. 공모펀드는 불특정 다수에게 투자의 기회를 열어둔다. 주식으로 말하면 누구라도 주식을 살 수 있는 것이다. 반면 사모펀드(PEF; Private Equity Fund)는 소수의 투자자들에게 돈을 모으는 것이다. 고수익기업투자펀드라고도 하는데, 공모펀드와는 달리 운용에 제한이 없어 자유로운 운용이 가능하다.

12 ③
크라우드펀딩과 커버드본드를 말하고 있다.

[오답노트]
- 사모펀드 : 투자자로부터 모은 자금을 주식·채권 등에 운용하는 펀드. 고수익기업투자펀드라고도 한다.
- 시스템 트레이딩 : 일정한 조건에서 매도나 매입을 판단하도록 컴퓨터 프로그램을 이용해 주식을 운용하는 것
- 프로젝트 파이낸싱 : 은행 등 금융기관이 사회간접자본 등 특정사업의 사업성과 장래의 현금흐름을 보고 자금을 지원하는 금융기법

13 ①
A는 요구불예금이며, 채권과 달리 주식은 만기가 없으므로 B는 채권, C는 주식으로, 예금자 보호제도는 예금을 대상으로 한다.

[오답노트]
② 주식 보유자만이 주주로서의 지위를 가진다.
③ 주식의 발행 주체는 주식회사이다.
④ 예금, 채권과 달리 주식은 이자 수익을 얻을 수 없다.
⑤ 배당금은 주식의 특성이다.

14 다음 글에 해당하는 금융기관이나 회사로 옳은 것은?

<보기>
ㄱ. 지주회사 : 다른 회사의 주식을 소유함으로써, 사업활동을 지배하는 것을 주된 사업으로 하는 회사. 넓은 뜻으로는 지배관계의 유무에도 불구하고 타 회사에 대한 자본참가를 주목적으로 하는 회사를 말하는 것으로 증권투자회사 등도 속한다.
ㄴ. 예탁결제원 : 증권투자회사의 위탁을 받아 그 자산을 운용하는 업무를 행하는 회사
ㄷ. 금융감독원 : 금융기관에 대한 감사·감독 업무를 수행하는 감독기관
ㄹ. 중앙청산소 : 장외파생상품거래의 결제위험을 인수해 거래상대방의 신용위험이 집중되도록 하고, 더 나아가 회원자격의 제한, 포지션과 증거금 관리 등의 역할을 수행하는 시스템 또는 기관을 말한다.

① ㄱ, ㄴ   ② ㄱ, ㄷ   ③ ㄴ, ㄷ   ④ ㄱ, ㄴ, ㄷ   ⑤ ㄱ, ㄷ, ㄹ

15 갑은 이직하면서 1년 뒤에 행사 가능한 스톡옵션을 제안받았다. 제안받은 옵션은 주식을 주당 2만 원에 3만 주를 살 수 있는 콜옵션이다. 그러나 1년이 지난 뒤 이 기업의 주가는 14,000원으로 떨어졌다. 1년 뒤 스톡옵션에 따른 갑의 손익은 얼마인가?

① 0원
② 4,000만 원 손실
③ 4,000만 원 이익
④ 2억 원 손실
⑤ 2억 원 이익

16 다음은 우리나라 주식 시장에 대한 설명이다. 옳은 것은?

<보기>
ㄱ. 코스피와 코스닥지수 모두 시가총액가중평균방식에 의해 시가총액에 따라 가중치를 두고 평균값을 계산하기 때문에 시가총액이 큰 종목의 주가변동이 지수에 큰 영향을 미친다.
ㄴ. 우리나라의 주식 유통 시장은 유가증권 시장, 코스닥, 코넥스, 프리보드 시장 등으로 구분된다.
ㄷ. 코스닥 시장 상장 요건을 충족시키지 못하는 벤처기업과 중소기업이 상장할 수 있는 중소기업 전용 주식 시장을 코넥스 시장이라 한다.
ㄹ. KTOP30지수는 코스닥 시장을 대표하는 30개 종목을 대상으로 산출하는 주가지수이다.

① ㄱ, ㄴ   ② ㄱ, ㄷ   ③ ㄴ, ㄷ   ④ ㄱ, ㄴ, ㄷ   ⑤ ㄴ, ㄷ, ㄹ

17 중국의 채권시장에서 외국의 정부나 기업이 발행하는 위안화 표시 채권으로, 미국의 양키본드(Yankee Bond), 영국의 불독본드(Bulldog Bond)와 함께 국제 금융 시장에서 거래되는 대표적 국제채권을 무엇이라 하는가?

① 사무라이본드　　② 쇼군본드　　③ 판다본드
④ 양키본드　　⑤ 불독본드

정답 및 해설

14 ⑤

오답노트
ㄴ. 예탁결제원이 아닌 자산운용회사에 대한 설명이다.
예탁결제원 : 주식이나 채권 등 유가증권의 집중 예탁업무를 담당하는 기관
자산운용회사 : 증권투자회사의 위탁을 받아 그 자산을 운용하는 업무를 행하는 자로서 증권투자법 제33조 제1항의 규정에 의하여 금융감독위원회에 등록한 자

15 ①
스톡옵션은 회사가 임직원에게 일정기간 후 특정 가격에 자기 회사 주식을 매입할 수 있도록 부여한 권리로 행사할 의무는 없다. 따라서 주가가 행사 가격보다 낮아 이득을 얻지 못할 경우 권리를 행사하지 않는다.

16 ④

오답노트
ㄹ. 코스닥 시장에서 대표성이 있는 30개 종목으로 구성된 스타지수가 있다. KTOP30지수는 유가증권 시장과 코스닥의 30개 우량 종목으로 구성되는 지수이다.

17 ③

오답노트
① 사무라이본드 : 일본 채권 시장에서 비거주자인 외국 정부나 기업이 발행하는 엔화 표시 채권을 말한다.
② 쇼군본드 : 일본 채권 시장에서 일본에 거주하지 않는 자가 엔화 이외의 통화로 발행하는 채권을 말한다.
④ 양키본드 : 외국채의 일종으로 미국 시장에서 비거주자가 발행하여 유통되는 미 달러채권을 말한다.
⑤ 불독본드 : 영국의 채권 시장에서 외국의 정부나 기업이 발행하는 파운드화 표시 채권을 말한다.

18 다음은 증시지표에 대한 설명이다. 옳은 것을 모두 고르면?

<보기>
ㄱ. PER : 주가를 주당순이익으로 나눈 것이다. 이 지표가 낮을수록 주가는 고평가된 것으로 볼 수 있다.
ㄴ. ROE(Return On Equity) : 투입한 자기자본이 얼마만큼의 이익을 냈는지를 나타내는 지표로 우리말로는 '자기자본이익률'이라고 한다.
ㄷ. EPS(주당순이익, Earning Per Share) : 기업이 벌어들인 순이익(당기순이익)을 그 기업이 발행한 총 주식수로 나눈 값이다.
ㄹ. PBR : 주가와 1주당 순자산을 비교하여 나타낸 비율(PBR = 주가/주당 순자산가치). 즉, 주가가 순자산(자본금과 자본잉여금, 이익잉여금의 합계)에 비해 1주당 몇 배로 거래되고 있는지를 측정하는 지표이다.

① ㄱ, ㄴ   ② ㄱ, ㄷ   ③ ㄴ, ㄷ   ④ ㄱ, ㄴ, ㄹ   ⑤ ㄴ, ㄷ, ㄹ

19 다음 지문에서 밑줄 친 기관과 성격이 다른 기관을 고르면?

국채 가격 상승을 의미하는 금리 하락은 유로존 탈퇴와 국가부도 선언 직전까지 갔던 그리스 경제가 다시 정상 궤도에 올랐다는 의미다. 실제로 국가부도 위기가 한창이던 2012년 3월 그리스 국채 금리는 37.10%까지 치솟아 정크본드 수준을 넘어서기도 했다. 지난 3월 IMF는 보고서를 통해 "그리스가 경제 성장기에 접어들었다"고 밝혔다. 국제 신용평가사 무디스는 지난달 그리스 신용등급을 B1로 2단계 상향 조정했다.

① NICE   ② 피치   ③ S&P
④ 골드만 삭스   ⑤ 한국기업평가

20 아래 제시문의 상황에서 가장 많은 투자손실을 본 투자자는 누구인가?

지난 2월 14일, 주식 시장 마감이 임박했을 때 외국인들의 엄청난 매물 출회로 장이 폭락했다. 코스피 지수는 전일대비 무려 100.12 포인트가 빠진 1,824.74에 마감을 하였다.

① 콜옵션 매수자   ② 콜옵션 매도자   ③ 풋옵션 매수자
④ 풋옵션 매도자   ⑤ 주식현물 매수자

21
CFO(최고재무책임자)는 투자자들에게 HS상사 주식을 3만 원에 살 수 있는 권리를 줄 경우 주주들만 이익을 볼 수 있다며 반대했다. 그러면서 그 이유를 옵션 그래프를 그리며 설명했다. 주주가 얻을 수 있는 이익을 그린 그래프는? (단, 옵션프리미엄은 존재한다)

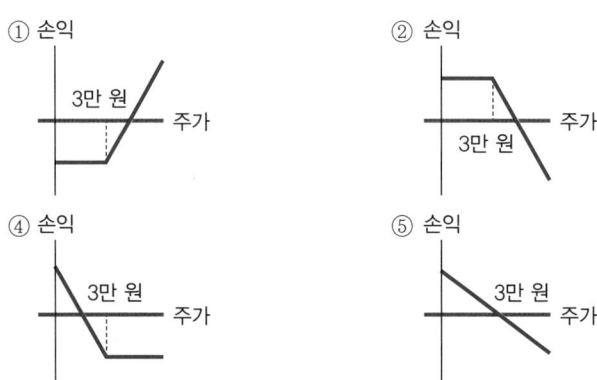

정답 및 해설

18 ⑤

오답노트
ㄱ. PER : 주가를 주당순이익으로 나눈 것이다. 이 지표가 높을수록 주가는 고평가된 것으로 볼 수 있다.

19 ④
무디스는 S&P, 피치와 함께 세계3대 신용 평가기관으로 불린다. 골드만 삭스는 투자 및 증권 업무와 기타 종합금융 서비스를 제공하는 대표적 미국계 다국적 투자은행이다.

20 ④
풋옵션이란 일정시점에서 일정가격으로 팔 수 있는 권리를 말하며 '풋옵션 매도자'의 경우는 '풋옵션 매수자'가 '팔겠다는 권리'를 행사할 경우 무조건 사줘야 할 의무가 있다. 따라서 주가 상승 시 옵션 가격만큼의 이익을 얻지만 주가가 하락하면 무한대의 손실을 볼 수 있다.

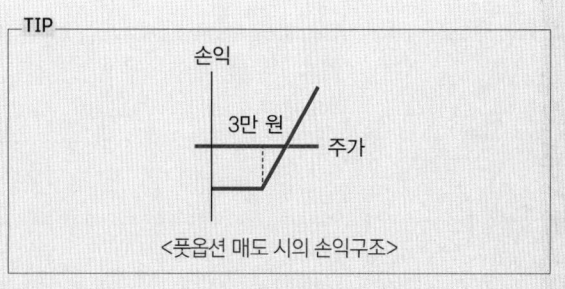

<풋옵션 매도 시의 손익구조>

21 ①
3만 원에 살 수 있는 권리는 콜옵션의 매수를 의미한다. 매수자는 3만 원 이상으로 올라가야 수익을 얻을 수 있으며 옵션 프리미엄만큼 지난 후에 손익이 (+)가 됨을 알 수 있다.

TIP
살 수 있는 권리이므로 콜옵션이다. 따라서 3만 원 이상부터 상승한다.

해커스 TESAT 2주 완성

금융·자격증 전문 교육기관 **해커스금융**
fn. Hackers.com

시사용어

250선

시사용어 250선

01 30-50클럽
1인당 국민소득 3만 달러 이상, 인구 5,000만 명 이상의 조건을 모두 만족하는 국가를 가리키는 용어. 현재 이 클럽에 해당하는 국가는 일본, 미국, 영국, 독일, 프랑스, 이탈리아, 한국을 포함한 7개국에 불과함

02 AEC (아세안경제공동체)
2015년 12월 말 출범한 아세안(동남아국가연합) 10개국의 경제공동체

03 AIIB (Asian Infrastructure Investment Bank)
아시아 인프라 투자은행의 약자로, 아시아 개도국들이 사회간접자본을 건설할 수 있도록 자금 등을 지원함

04 CMR (Convenient Meal Replacement)
별도로 데우거나 조리하지 않아도 곧바로 먹을 수 있는 식사대용 식품

05 CRB지수
국제 원자재 및 선물 조사회사인 CRB(Commodity Research Bureau)가 발표하는 국제 원자재 가격지수. 곡물, 원유(WTI), 천연가스, 산업용 원자재, 귀금속 등 주요 원자재 가격이 대상. CRB지수가 상승하면 인플레이션을 예고한다고 해서 '인플레이션 지수'라고도 함

06 CSR (Corporate Social Responsibility) ✽
기업의 사회적 책임을 의미하며 기업 활동과 영향을 주고받는 직·간접적 이해관계자에 대해 법적, 경제적, 윤리적 책임을 감당하는 경영 기법

07 DID
탈중앙화 신원증명(Decentralized IDentify)의 약자로, 정부기관에 의해 통제되는 기존 신원증명 방식과 달리 개인들이 자신의 정보를 직접 관리하는 기술. 블록체인 기술을 기반으로 신뢰성을 보장받으며, 기존의 공인인증서 발급 방식에 비해 절차가 간단하다는 장점이 있음

08 DSR (Debt Service Ratio) ✽
대출을 받으려는 자의 소득대비 전체 금융부채의 원리금 상환액 비율. 대출에는 주택담보대출, 신용대출, 카드론 등 모든 대출이 포함됨. DSR을 낮추면 대출이 억제되어 부동산 시장의 수요를 감소시켜 가격안정에 도움이 됨

09 ESG 투자 ✽
환경(Environmental)과 사회(Social)에 긍정적인 영향력을 행사하고 건전한 지배구조(Governance)를 갖춘 기업을 대상으로 하는 투자

10 ETF (Exchange-Traded Fund)
KOSPI200이나 특정 자산을 추종하도록 설계된 상장지수펀드. 해당 주가지수에 편입된 주식의 바스켓(10개 이상의 주식 조합)과 동일하게 펀드를 구성하며, 거래소에 상장해 주식처럼 매매가 가능함

11 FDI (Foreign Direct Invserstment)
외국인이 다른 나라에 설립된 기존 사업체를 인수하거나 신규 사업체를 설립해 실질적인 영향력을 행사하는 투자로, 외국인직접투자라고도 함

12 FOMO (Fear Of Missing Out)
타인과 비교해 자신이 뒤처지거나 소외되어 있는 것 같은 두려움을 가지는 증상. 최근 전 세계적인 경기부양책으로 통화량이 급속도로 증가하여 자산가치 상승으로 소득이 높아지는 사람을 보면서 자신도 이에 동참하지 않으면 안 된다는 불안감을 나타내는 용어로 쓰임

13 FTSE Global All Cap
파이낸셜타임스와 런던증권거래소가 설립한 FTSE인터내셔널이 발표하는 글로벌 주가지수로, 선진국 및 이머징마켓의 대표적인 종목 7,400여 개 기업이 포함돼 있음. 최근 국내 하림지주, 오스코텍 등 9개 종목이 편입됨

14 IFA (Internationale Funk Ausstellung)
독일 베를린에서 매년 1주간의 일정으로 열리는 유럽 최대 디지털 오디오 비디오(AV) 멀티미디어 전시회. 전 세계 40여 개국 1,000여 개 업체들이 참가해 PDP·LCD TV, 홈시어터, 셋톱박스, MP3 플레이어, 노트북, 모바일기기 등을 전시하여 전 세계 전자제품 동향을 파악할 수 있음

15 IRP (Individual Retirement Pension) ✽
근로자가 자신 명의의 계좌에 퇴직금을 적립해 바로 사용하지 않고 은퇴할 때까지 보관·운용할 수 있도록 한 개인형 퇴직연금

16 ITC (국제무역위원회) ✽
주로 정부보조금을 받거나 덤핑으로 미국에 수입된 상품들이 자국 산업에 피해를 주었는지의 여부를 판정하는 일을 담당하는 미국 정부기구

17 K-ICS (Korea-Insurance Capital Standard)
2021년부터 새로운 보험 국제회계기준(IFRS 17) 도입으로 보험금 지급여력(RBC)제도를 대신할 신지급여력제도의 공식 명칭

18 KIKO (Knock-In Knock-Out)
파생금융상품으로, 환율하락에 따른 환차손 위험을 줄이기 위해 수출기업과 은행 간 맺는 일종의 계약. 금융위기 당시 환율의 급속한 상승으로 인해 흑자기업이 도산하는 사태를 맞기도 함

19 K-OTC
비상장주식의 원활한 매매를 위해 한국금융투자협회가 개설·운영하는 장외시장

20 KRX300
유가증권시장과 코스닥시장의 통합지수. 거래소는 코스피와 코스닥을 통틀어 시가총액 상위 700개 기업 가운데 거래 규모가 상위 80%인 종목들을 대상으로 심사를 거쳐 코스피 237종목과 코스닥 68종목을 선정해 총 305종목으로 구성된 지수를 개발함

21 KSM
한국거래소 스타트업 마켓(KRX Startup Market)의 줄임말로, 우량한 스타트업 주식을 거래할 수 있는 비상장주식 거래 플랫폼

22 K자형 경기회복
코로나 사태로 인해 급속한 경기하락을 겪은 후 회복하는 과정으로 기술기업, 대기업 부유층은 경제성장을 하는 반면, 소기업 빈곤층, 블루 칼라 등은 여전히 경기가 안 좋은 것으로 형태가 K자와 같이 양 갈래로 나타남

23 MaaS (Media as a Service)
개별 이동수단을 소유하지 않고 서비스로 소비한다는 개념으로, 개인 교통수단은 물론 열차, 택시, 버스, 차량 공유, 자전거에 이르기까지 모든 교통수단의 정보를 통합해 서비스로 제공

24 MSCI지수 ★
MSCI Barra가 작성해 발표하는 세계 주가 지수로 전 세계를 대상으로 투자하는 대형 펀드. 특히 미국계 펀드 운용의 중요한 기준임

25 MVNO (Mobile Virtual Network Operator)
가상이동통신망사업자라고도 하며, 이동통신서비스를 제공하기 위해 필수적인 주파수를 보유하지 않고, 주파수를 보유하고 있는 이동통신망사업자(MNO; Mobile Network Operator)의 망을 통해 독자적인 이동통신서비스를 제공하는 사업자를 의미

26 NFT (Non-Fungible Token) ★
대체 불가능한 토큰의 줄임말로, 블록체인 기술을 활용하여 소유권과 판매 이력 등의 관련 정보가 모두 저장되어 최초 발행자 확인이 언제든지 가능해 위조 등이 불가능하고, 별도의 고유한 인식 값을 담고 있어 서로 교환이 불가능함

27 O4O (Online for Offline)
기업이 온라인을 통해 축적한 서비스나 데이터, 기술을 오프라인으로 사업을 확대하는 차세대 비즈니스 모델

28 OTT (Over-The-Top) ★
개방된 인터넷을 통하여 방송 프로그램, 영화 등 미디어 콘텐츠를 제공하는 서비스

29 P2P대출
기존의 금융회사를 거치지 않고 온라인 플랫폼을 이용해 개인과 개인이 돈을 빌려주고 이자를 받는 새로운 방식으로 소셜론(Social Loan)이라고 불리며 서비스를 제공하는 플랫폼은 자금의 중개에 대한 수수료만 취할 뿐 대출금에 대한 납부를 보증할 의무를 지지 않음

30 PIIGS
유로존에 속한 5개국(포르투갈, 아일랜드, 이탈리아, 그리스, 스페인)을 지칭하며, 2007 ~ 2010년 재정적자 등으로 경제 위기를 겪었다는 공통점이 있음

31 PIR (Price to Income Ratio)
가구소득 대비 주택가격 비율로 주택가격 변동을 측정할 때 소득 수준의 변화를 함께 고려하기 위해 고안된 지표

32 P플랜 (P-Plan)
법정관리와 워크아웃의 장점을 결합한 사전회생계획제도(Pre-Packaged Plan)의 줄임말로 법원이 강제 채무조정을 통해 해당 기업의 재무구조를 개선한 뒤 채권단이 필요한 자금을 지원하는 구조조정 방식

33 RCEP
아세안 10개국과 한국, 호주, 뉴질랜드, 인도 등 15개국이 참여하는 중국 주도의 다자간 협정. 미국 주도의 FTA에 맞서는 성격을 가짐

34 RE100 (Renewable Energy 100%) ★
기업이 사용하는 전력의 100%를 태양광, 풍력 등 재생에너지로 충당하겠다는 글로벌 캠페인

35 RED (Renewable Energy Directive)
EU에서 시행하고 있는 재생에너지지침. 회원국은 RED가 규정한 재생에너지 보급 목표 달성을 위해 자국 상황에 맞는 실행 계획을 마련해야 함

36 SDR (특별인출권)
국제통화기금(IMF)이 국제금융시장에서 달러화와 금의 문제점 보완을 위해 1969년에 마련한 가상의 국제통화. IMF와 각국 정부·중앙은행 간 거래에 사용됨

37 TPP
미국, 일본, 호주, 싱가포르 등 아시아·태평양 지역 12개국 간 자유무역협정(FTA). 2015년 10월 협상이 타결됨

38 TRS (총수익스와프)
기초자산의 위험을 모두 이전하는 대가로 수수료를 받는 거래 방식을 말함. 자산운용사가 증권사에 증거금을 내고 자산을 매입해 손익을 이전받음

39 T-커머스
TV 시청 중에 원하는 제품을 리모컨을 사용해 구매할 수 있는 서비스 및 TV 전자상거래

40 USMCA
2018년 10월 1일(현지시간) 미국과 캐나다, 멕시코가 기존의 북미무역협정(NAFTA)을 대체하기 위해 합의한 협정체제로, '신(新) 나프타'로도 불림

41 가치주 (Value Stock)
현재 가치에 비해 상대적으로 저평가돼 낮은 가격에 거래되는 주식. 가치주는 성장주에 비해 영업실적과 자산가치가 우수함

42 개인종합자산관리계좌 (ISA; Individual Savings Account) ★
하나의 계좌로 여러 상품에 투자할 수 있으며 총이익에서 총손실을 차감해 통산이익을 계산하고 이를 기준으로 세금을 매김. 의무가입기간 5년 이내에 해지하거나 돈을 인출할 경우 비과세 혜택을 받을 수 없음

43 개츠비 곡선
크루거 교수가 소설 '위대한 개츠비'에서 주인공 이름을 인용해 만든 이론. 크루거 교수는 부의 불평등 정도가 심각할수록 사회·경제적으로 계층 간 이동이 어려워진다고 주장함

44 거시건전성
개별 금융사의 부실 방지를 목적으로 하는 미시건전성 정책과 달리 경제 전체의 금융 안정을 위해 시스템 리스크를 억제하는 정책

45 건화물지수
세계 해운업계의 경기상황을 나타내는 대표적인 지수로 실물경제가 활성화되어 해상운송 물량이 증가하면 운임 단가가 높아지므로 지수가 상승함

46 경기조정주가수익비율 (CAPE)
노벨경제학상을 수상한 로버트 실러 교수가 창안한 주식가치 평가지표로, S&P500지수와 주당순이익 10년 치의 평균값으로 산출한 주가수익비율

47 경제고통지수 (Economic Misery Index) ★
국민들이 직접 느끼는 경제적인 삶의 질을 수치로 나타낸 것으로 미국의 경제학자 오쿤이 착안했음. 물가상승률(인플레이션율)과 실업률을 합해 계산함

48 고용탄성치 (고용탄력성)
'취업자 증가율 ÷ 국내총생산(GDP) 증가율'로 산출되며, 한 산업의 성장이 창출하는 고용의 양을 측정하는 지표. 고용탄력성이 높을(낮을)수록 산업성장에 비해 취업자 수가 많다(적다)는 것을 의미함

49 공포지수 (VIX) ★
시장상황에 대한 정보 수급과 함께 주가에 영향을 미치는 요소 중의 하나인 투자자들의 투자심리를 수치로 나타낸 지표로, 예를 들어 VIX 30(%)이라고 하면 앞으로 한 달간 주가가 30%의 등락을 거듭할 것이라고 예상하는 투자자들이 많다는 것을 의미

50 과밀부담금
일정 규모 이상의 판매시설에 대해 사업비(토지비와 건축비 등)의 일정액에 상당하는 금액을 부담금으로 부과해 수도권 집중을 억제하는 것

51 구글세
구글, 애플, 아마존 등 다국적 기업이 세율이 높은 국가에서 얻은 수익을 지식재산권 사용료, 이자 등의 명목으로 세율이 낮은 국가의 자회사로 넘겨 세금을 회피하는 것을 막을 목적으로 부과하는 세금

52 구독경제 ★
소비자가 기업의 회원으로 가입하고 매달 일정 금액을 지불하여 정기적으로 물건을 배송 받거나 서비스를 이용하는 경제 모델

53 구인배율
노동시장의 수급 상황을 나타내는 지표로, 일자리 수를 취업 희망자 수로 나누어 구함. 예를 들어 구인배율이 0.7이라면 취업 희망자 10명당 7개의 일자리가 있다는 의미로 구인배율이 높아질수록 인력을 구하기 어려워지고, 낮아질수록 취직하기가 어려워짐을 알 수 있음

54 국민부담률 (Total Tax Revenue [% of GDP])
국민이 내는 세금과 국민연금, 산재보험, 건강보험 등 사회보장성 기금을 합한 금액이 국내총생산(GDP)에서 차지하는 비율로 조세부담률에 사회보장부담률을 합한 것

55 규제 샌드박스 ★
신규 산업에 대해 일정 기간 규제를 풀어주는 제도. 최근 정부는 4차 산업혁명 등 신산업을 육성하기 위해 이 제도를 도입함

56 그로서란트 (Grocerant)

식재료를 뜻하는 그로서리와 음식점을 뜻하는 레스토랑의 합성어로 마트에서 구입한 식재료를 마트에서 바로 조리해 먹을 수 있는 복합 공간

57 그로스 해킹 (Growth Hacking)

성장(Growth)과 해킹(Hacking)의 합성어로 상품 및 서비스의 개선 사항을 점검하고 반영함으로써 사업 성장을 추구하는 마케팅 방법론

58 그리드 패리티 (Grid Parity)

전기를 생산하는 데 있어서 화력 발전의 단가와 태양광 등 신재생 에너지의 발전 단가가 같아지는 균형점

59 근로장려세제

일정액 이하 저소득층 근로자가 일을 할 경우에만 정부가 장려금을 지급하는 제도로 2008년부터 시행되고 있음

60 글로벌 가치사슬 (Global Value Chain) ★

상품 및 서비스의 설계, 생산, 유통, 사용, 폐기 등 전 범위에 이르는 활동이 세계화되면서 기업 활동이 국제적으로 분업화되는 현상

61 금융연관비율

실물자산에 대한 금융자산의 비율로 경제성장과 금융구조의 관련을 파악하는 자료로 이용됨

62 기저 효과 ★

경제지표 평가 시 기준시점과 비교시점의 상대적인 수치에 따라 그 결과에 큰 차이가 날 수 있음을 말함. 호황기 경제 상황을 기준 시점으로 현재 경제 상황을 비교할 경우, 경제지표는 실제보다 위축한 모습을 보임

63 긴축발작

양적완화축소(테이퍼링)를 시사한 뒤 신흥국 통화가치와 주가, 채권값이 대폭락하는 등 금융시장이 요동치는 현상을 말함. 미국이 기준금리를 인상하면 자금이 미국으로 유출되기 때문에 신흥국들의 통화가치, 증시 등이 급락하는 사태임

64 나고야 의정서

국가 간에 유전자원(Genetic Resources)을 활용해 생기는 이익을 공유하기 위한 지침을 담은 협약

65 낙수 효과

부유층의 투자·소비 증가가 저소득층의 소득 증대로까지 영향을 미쳐 전체 국가적인 경기 부양효과로 나타나는 현상

66 내생적 성장이론

폴 로머 교수가 주장한 이론으로 기업의 노하우와 연구개발(R&D) 결과물, 지식 등 내생적 가치가 경제성장의 주요 동력이 된다는 이론. 내생적 가치는 자본과 달리 축적될수록 한계생산성이 증가하며, 긍정적 외부성을 발생시킴

67 넛지마케팅 (Nudge Marketing)

기존의 마케팅이 상품의 특성을 강조하고 소비자가 그 상품을 구매할 수 있도록 집중하는 것과 달리 소비자가 선택을 함에 있어서 좀 더 유연하고 비강제적인 방식으로 접근하는 마케팅

68 네덜란드병

천연자원에 의존해 급성장한 국가가 환율 및 물가가 상승함으로써 제조업 경쟁력을 잃고 경제가 침체되는 현상. 자원의 저주라고 불리기도 함

69 네오 뱅크 (Neo Bank)

오프라인 지점 없이 모바일이나 인터넷만으로 금융 서비스를 제공하고, 디지털이나 소셜네트워크서비스(SNS) 등을 기반으로 고객과의 접근 방식을 넓힌 인터넷 은행을 의미

70 달러 인덱스 (Dollar Index) ★

6개국 통화 유로(EUR), 일본 엔(JPY), 영국 파운드(GBP), 캐나다 달러(CAD), 스웨덴 크로네(SEK), 스위스 프랑(CHF)에 대한 달러 가치를 지수화한 것으로, 1973년 3월을 기준점(100)으로 하여 미국 연방준비제도이사회(FRB)에서 발표함

71 대기업 집단지정제도

공정거래위원회가 재벌들의 독점과 문어발식 기업 확장 등 경제력이 집중되는 것을 억제하기 위해 자산총액이 많은 순으로 30개 그룹을 지정하여 관리하는 것. 기업집단에 들면 소속회사 간 상호출자가 전면 금지됨. 또한 신규로 채무보증을 할 수 없으며 기존 채무보증은 다음 해 3월 말까지 모두 해소해야 함

72 대외경제협력기금 (EDCF)

개발도상국에 자금을 협력하고 경제개발을 지원하여 경제협력을 증진하고, 우리나라의 국제적 지위 향상에 상응하는 역할을 수행하기 위하여 1987년 6월 1일 설립된 정부의 개발원조자금

73 더블딥 (Double Dip)

경기침체 후 잠시 회복기를 보이다가 다시 침체에 빠지는 이중침체 현상

74 덤벨경제

헬스 관련 사업이 호황을 맞은 상황을 일컫는 용어로, 삶의 질 향상과 건강관리에 대한 관심이 높아지면서 관련 소비가 증가하는 것

75 데스 밸리 (Death Valley)
창업한 기업들이 3년쯤 지나면 자금난에 빠지는 현상. 창업기업들은 사업화 과정에서 자금조달, 시장진입 등 어려움을 겪게 되는데 통상 3 ~ 7년 차 기간에 주저앉는 경우가 많음

76 데카콘 (Decacorn)
머리에 뿔이 10개 달린 유니콘을 의미하며 기업가치가 100억 달러 이상인 스타트업을 칭하는 용어

77 도하개발아젠다 (DDA)
2001년 11월 카타르의 도하에서 개최된 세계무역기구(WTO)로 제4차 각료회의에 채택된 새로운 다자간 무역협상

78 디엠 (Diem)
페이스북에서 개발한 결제용 암호화폐로, 기존의 암호화폐와 달리 가격 변동성이 거의 없는 스테이블 코인(Stable Coin). 원래 명칭은 리브라였으나 2020년 12월 디엠으로 바뀜

79 디파이 (Decentralized Finance) ★
블록체인 기술을 바탕으로 한 정부나 기업 등 중앙기관의 통제 없이 인터넷 연결만 하면 금융서비스를 제공받는 탈중앙화 금융을 말함

80 디폴트 (Default) ★
공·사채나 은행융자 등은 계약상 원리금 변제시기·이율·이자 지불시기 등이 확정되어 있으나 채무자가 사정에 의해 이자 지불이나 원리금 상환을 계약에 정해진 대로 이행할 수 없는 상황에 빠진 것으로 '채무불이행'이라고도 함

81 딥페이크 (Deepfake)
인공지능 기술을 이용해 특정 인물의 신체나 얼굴을 원하는 영상에 정교하게 합성한 편집물이나 편집기술. 연예인과 정치인 등 유명인부터 일반인까지 편집 대상에 제약을 받지 않아 사회적 문제가 되고 있음

82 라스트마일 (Last Mile)
상품이 목적지까지 전달되는 모든 과정과 필요 요소를 의미함. 최근에는 서비스 차별화를 위해 속도보다 배송품질에 대한 경쟁이 치열해지고 있음

83 라이센싱 (Licensing)
어떤 회사가 외국에 있는 다른 회사에 자사의 생산기술, 특허, 등록상표 등을 쓸 수 있는 권리를 부여하고, 그 대가로 사용료를 받는 것

84 래플마케팅 (Raffle Marketing)
상품은 제한적인 데 비해 구매하고 싶어 하는 사람이 많을 경우 추첨 형식으로 판매하는 방식

85 레몬법 (맥너슨-모스 보증법)
불량인 자동차나 전자제품으로부터 소비자를 보호하기 위한 법안. 구매한 자동차나 전자제품에서 동일한 고장이 반복될 경우 일정 기간 내에 교환 또는 환불을 받을 수 있음을 법으로 표기한 것

86 로빈후드 효과
소득 불평등의 해소를 위해 부를 재분배 하였을 때, 일하는 사람이 줄어들어 오히려 사회 전체의 부가 축소되는 현상

87 로우볼 (Low-Vol)
낮은 변동성(Low Volatility)의 줄임말로 증시의 변동성이 심할 때 상대적으로 주가 변동성이 낮은 종목을 중심으로 투자해 분산 투자하는 전략

88 롱테일 효과 (Long-Tail Effect)
주목받지 못한 사소한 다수가 핵심 소수보다 더 큰 가치를 창출하는 현상

89 루이스 전환점
개발도상국에서 농촌의 잉여노동력을 확보하는 데 한계에 도달해 임금이 상승하기 시작하고, 이로 인해 고성장이 둔화되는 현상

90 리니언시 (Leniency)
담합 자진신고자 감면제도. 즉, 담합행위를 스스로 신고한 기업에게 과징금을 감면이나 면제해 주는 것 또는 그 제도를 말함

91 리디노미네이션 (Redenomination)
한 나라에서 통용되는 통화의 액면을 동일한 비율의 낮은 숫자로 변경하는 것

92 리볼빙 (Revolving)
카드사 고객이 사용한 카드대금 중 일정 비율을 결제하면 나머지 금액은 대출 형태로 전환되어 자동 연장되는 결제방식

93 리세션 (Recession)
경기후퇴를 의미하는 용어로 미국립경제연구소(NBER)는 국내총생산(GDP) 성장률이 2분기 연속 감소하면 경기후퇴로 정의함

94 리테일테크 (Retailtech)
소매 또는 소매점을 뜻하는 리테일(Retail)과 기술(Technology)의 합성어로, 편의점·마트 등의 소매점에 첨단 정보통신기술(ICT)을 접목한 것

95 리픽싱 (Refixing)
주가가 낮아질 때 전환사채의 전환가격을 낮춰 가격을 재조정할 수 있도록 하는 계약. 전환가격은 전환사채를 주식으로 바꿀 때의 가격으로, 발행사는 전환가격을 낮춰 투자자 이익을 보장함으로써 투자를 유도할 수 있음

96 립스틱 효과 (Lipstick Effect)

경기 불황기에 가성비가 좋은 기호품·사치품 판매량이 늘어나는 현상

97 마이크로 LED (Micro LED)

컬러 필터 없이 스스로 빛을 내는 발광물질로, 크기·형태·해상도에 제약이 없다는 장점이 있음

98 마일스톤 징크스 (Milestone Jinx)

이정표 또는 획기적인 사건을 의미하는 용어. 증권시장에서 주가지수가 큰 단위로 바뀌는 것에 대한 두려움으로 지수가 하락하는 현상을 의미함

99 메디치 효과 (Medici Effect)

서로 다른 분야의 지식이 새롭게 결합해 혁신적인 아이디어가 나타나는 현상으로, 이탈리아 메디치 가문이 문학 예술가, 철학자, 상인 등 다양한 분야의 전문가들을 교류시켜 르네상스라는 혁신을 주도했다는 점에서 메디치 효과라고 함

100 메르코수르 (Mercosur)

브라질, 아르헨티나, 우루과이, 파라과이 등 남미 4개국이 무역장벽을 없애기 위해 1991년 창설한 남미공동시장이자 경제공동체. 2012년 베네수엘라가 정식 가입해 정회원국이 5개국으로 증가함

101 메이커 운동

미국 IT출판사 오라일리의 공동창업자 데일 도허티가 만든 용어. 디지털 제조업 기술의 발전으로 일반인도 쉽게 접근해 스스로 상품을 만들어 낼 수 있어 미래형 제조업 형태라고도 함. 3D프린터 기술의 대중화가 대표적인 사례임

102 메자닌 (Mezzanine)

건물 1, 2층 사이에 있는 라운지 공간을 의미하는 이탈리아어로 채권과 주식의 중간 위험 단계에 있는 전환사채(CB)와 신주인수권부사채(BW)에 투자하는 것

103 메타버스 (Metaverse)

현실세계를 의미하는 'Universe'와 가공 또는 추상을 의미하는 'Meta'의 합성어로 현실세계에서 확장되어 사회·경제·문화 활동이 이뤄지는 3차원 가상세계를 일컫는 말

104 모라토리엄 (Moratorium)

통상적으로 외채를 지불할 수 없는 상황을 맞은 국가가 상환 의사는 있으나 일시적으로 채무 상환을 연기하는 방침을 대외적으로 선언하는 것을 말함. 하지만 단기적으로는 한 국가의 지불 능력이 없음을 나타내는 것이어서 사실상 국가 부도를 뜻함

105 모방 효과 (Imitation Effect)

기업이 광고를 할 때 인기 있는 연예인들을 기용하거나 드라마 속 간접광고(PPL)를 함으로써 브랜드에 대한 친밀감이 높아지고 소비자로 하여금 무의식적으로 광고 속 인물을 모방하여 제품을 사도록 자극하는 것

106 무역확장법 232조

미국의 산업을 보호하기 위해 만들어진 조항으로, 외국산 수입 제품이 미국의 국가 안보에 위협이 될 때 추가 관세 부과나 수입 물량 제한, 세이프가드 등을 발동할 수 있는 근거가 됨

107 미닝아웃 (Meaning Out)

신념을 뜻하는 미닝(Meaning)과 벽장 속에서 나온다는 뜻의 커밍아웃(Coming Out)의 합성어로, 과거에는 남들에게 잘 드러내지 않았던 정치적·사회적 신념이나 가치관을 소비 행위를 통해 적극적으로 표출하는 것

108 민스키 모멘트 (Minsky Moment)

과도하게 부채 확대에 기댄 경기호황이 끝난 뒤 은행 채무자의 부채상환 능력이 나빠져 채무자가 결국 건전한 자산까지 내다 팔아 금융시스템이 붕괴하는 시점을 말함

109 바나듐 (Vanadium)

차세대 에너지저장장치(ESS)로 각광받고 있는 배터리 소재로 기존 소재와 비교해 수명이 길고 화재 위험이 작다는 장점이 있음

110 바이백 (Buy-Back)

국채나 회사채를 발행한 국가나 기업이 만기 전에 채권시장에서 채권을 사들임으로써 미리 돈을 갚는 것

111 바이오시밀러 (Bio-Similar)

특허기간이 끝난 오리지널 바이오 의약품을 본떠 만든 비슷한 효능의 복제약

112 바젤협약

유해폐기물에 대한 국가 간 이동 및 처리에 관한 국제협약

113 박스권 (Box Pattern)

주가가 일정 범위 안에서 등락을 반복하는 것

114 방카슈랑스 (Bancassurance)

은행과 보험사가 상호 제휴하고 업무를 협력하여 종합금융서비스를 제공하는 새로운 금융 결합 형태

115 배드뱅크 (Bad Bank)

금융기관의 방만한 운영으로 발생한 부실자산이나 채권만을 사들여 별도로 관리하면서 전문적으로 처리하는 구조조정 전문기관

116 백지신탁
재임 중인 공직자가 대리인을 통해 재산을 관리하게 하고 본인은 간섭하지 못하도록 하는 제도. 고위 관료, 국회의원들에게 주식 투자 등 개인 재산 관리의 길을 열어줌과 동시에 공정성 문제를 해결해주는 방식으로 블라인드 트러스트라고도 불림

117 뱅크런 (Bank-Run)
은행이 부실해질 것을 두려워한 예금자들이 돈을 찾기 위해 은행으로 달려간다는 데서 유래된 은행의 대규모 예금 인출 사태

118 버핏지수 (Buffett Indicator)
GDP 대비 시가총액 비율로 주식시장 과열 정도를 측정하기 위한 지표

119 벌처펀드 (Vulture Fund)
파산한 기업이나 자금난에 부딪쳐 경영 위기에 처한 기업을 싼 값에 인수하여 경영을 정상화시킨 후 비싼 값으로 되팔아 단기간에 고수익을 올리는 자금으로 고위험·고수익이 특징임

120 베이지 북 (Beige Book)
미(美) 연준(FED)이 매년 8월 정기적으로 발행하는 미국 경제동향 보고서. 민간은 이를 통해 연준의 금리정책 기조 향방을 예측할 수 있음

121 분수 효과
저소득층의 소비 증대가 경기 활성화로 이어져 전체 경기를 부양시키는 현상

122 불쾌한 골짜기 (Uncanny Valley)
인간이 인간이 아닌 존재를 볼 때 인간과 더 많이 닮을수록 호감도가 높아지지만 일정 수준에 다다르면 오히려 불쾌감을 느낀다는 이론

123 블랙스완 (Black Swan)
진귀하거나 절대로 존재하지 않을 것이라고 생각했으나 실제 발생하거나 발견되는 현상. 브렉시트가 여기에 해당됨

124 블록체인 (Block Chain) ✱
온라인 금융 거래에서 해킹을 막는 기술. 누적된 거래 내역 정보가 특정 금융회사의 서버에 집중되지 않고 거래 참여자의 컴퓨터에 동일하게 저장되는 특징이 있음. 비트코인의 거래를 위한 보안 기술로 활용됨

125 비스타 (VISTA)
베트남(Vietnam), 인도네시아(Indonesia), 남아프리카공화국(South Africa), 튀르키예(Türkiye), 아르헨티나(Argentina)의 5개국 첫 글자를 따서 만든 용어. 이들은 2000년 이후 정치적 안정 속에 풍부한 천연자원을 바탕으로 연간 6 ~ 7%에 이르는 높은 GDP 성장률을 기록함

126 빅배스 (Big Bath)
경영진 교체시기에 앞서 부실요소들을 한 회계연도에 모두 반영하여 잠재부실이나 이익규모를 그대로 드러내는 회계기법

127 빅블러 (Big Blur)
변화의 속도가 빨라지면서 기존에 존재하던 것들의 경계가 융화되는 현상

128 상환전환우선주 (RCPS)
일정조건하에 채권처럼 만기에 투자금 상환을 요청할 수 있는 상환권과 우선주를 보통주로 전환 선택이 가능한 전환권이 있는 주식으로, 국제회계기준(IFRS)에서는 상환의무가 있는 RCPS를 부채로 분류함

129 섀도우보팅 (Shadow Voting)
주주가 주주총회에 참석하지 않아도 투표한 것으로 간주하여 다른 주주들의 투표 비율을 의안 결의에 그대로 적용하는 의결권 대리행사 제도

130 성장회계 (Growth Accounting) ✱
생산에 필요한 투입요소들 각각의 경제 성장 기여도를 확인하는 방법

131 세계경제포럼 (WEF; World Economic Forum) ✱
세계적인 기업가, 경제학자, 저널리스트, 정치인들이 참석해 경제에 대해 토론하는 모임. 매년 1 ~ 2월 스위스 다보스에서 개최되어 다보스포럼이라고도 불림

132 세계잉여금 (歲計剩餘金)
정부의 재정 집행 결과 당초 목표 세수를 초과해 징수됐거나 세출예산보다 적게 지출이 이루어진 경우 남는 금액

133 세이프가드 (Safeguard)
특정 상품의 수입급증으로부터 국내 산업의 피해발생이 우려되는 경우 국내 산업을 보호하기 위해서 취하는 긴급수입제한조치

134 셧다운 (Shutdown) ✱
미국 연방정부 업무를 일시 정지하는 제도. 의회에서 새해 예산안이 통과되지 않으면 업무가 중단되는데 국방, 경찰, 소방, 기상예보, 우편, 항공, 전기, 수도 등 필수 업무는 유지됨

135 소프트 패치 (Soft Patch)
경기 회복 국면에서 성장세가 일시적인 어려움을 겪는 상황

136 숏커버링 (Short Covering)
주식시장에서 빌려서 팔았던 주식을 되갚기 위해 다시 사는 환매수. 대체로 공매도는 주가하락을 유발하지만 숏커버링은 주식을 다시 구매하는 것이므로 주가상승의 요인이 될 수 있음

137 슈퍼그리드 (Super Grid)

거대한 규모의 전력망(그리드)이란 의미로, 대륙 간 또는 국가 간에 생산된 전력을 연결하여 서로 융통하는 에너지 수송 네트워크

138 슈퍼사이클 (Super-Cycle) ★

원자재 등 공급이 제한된 상품의 장기적인 가격 상승 추세

139 스노볼 (Snowball)

환율 변동에 따른 기업의 환차손익을 다루는 상품 중 하나로, 키코(KIKO)와 달리 한 달 단위로 행사 가격이 바뀜

140 스토킹 호스 (Stalking Horse)

사냥꾼이 몸을 숨기고 사냥감에 접근하기 위해 위장한 말을 의미, 회생 기업이 공개 입찰 전에 인수의향자를 수의계약으로 미리 선정하는 방식

141 스톡옵션 (Stock Option) ★

기업이 경영자 및 종업원들에게 장래의 일정한 기간(권리행사기간) 내에 일정한 가격(권리행사가격)으로 일정 수량의 자사주를 매입할 수 있는 권리를 부여하는 제도

142 스튜어드십 코드 (Stewardship Code)

연기금과 자산운용사 등 기관투자가들의 의결권 행사 지침. 기관투자가의 역할을 단순히 주식 보유와 그에 따른 의결권 행사에 한정하지 않고 기업과 적극적인 대화를 통한 기업의 지속가능 성장에 기여하고 이를 바탕으로 고객의 이익을 극대화하는 것을 목적으로 하는 연성규범

143 스트레스 테스트 (Stress Test)

예외적이지만 일어날 가능성이 있는 시나리오를 가정하여 금융시스템의 잠재적 취약성을 측정하고 재무건전성을 평가하는 것

144 스파게티볼 효과

여러 국가와 동시다발적으로 FTA(자유무역협정)를 체결하면 국가마다 다른 원산지규정, 통관절차, 표준 등의 복잡하고 난해한 규정과 활용절차를 이해하고 대처해야 하는데 이는 FTA를 활용하려는 기업에게 지나친 부담이 되어 FTA 활성화에 걸림돌이 될 수 있음. 이를 접시에 담긴 스파게티면이 복잡하게 엉켜 있는 모습과 비슷하다 하여 생겨난 표현

145 스프레드 (Spread) ★

국제금융 거래의 기준이 되는 런던은행 간 금리(Libor)와 실세금리와의 차이

146 스피어 피싱 (Spear Phishing)

특정 개인들이나 회사를 대상으로 한 피싱(Phishing)공격으로 해커가 금전적 목적이나 회사의 기밀 등을 노리는 목적으로 시행함

147 스필오버 효과

어떤 요소의 생산활동이 그 요소의 생산성 외에 다른 요소의 생산성을 증가시켜 경제 전체의 생산성을 올리는 효과

148 신기후변화협약

세계 196개국이 2015년 12월 파리에서 열린 제21차 UN 기후변화협약 당사국총회(COP21)에서 채택한 국제협약으로 '파리협약(Paris Agreement)'이라고도 부름. 2021년부터 적용되고 있으며, 지구온난화 주범인 온실가스를 선진국과 개도국이 함께 참여해 자발적으로 줄이는 내용을 담고 있음

149 신지급여력제도

자산과 부채를 기존 원가 평가에서 시가평가로 전환해 리스크와 재무건전성을 평가하는 자기자본제도로 지급여력비율은 보험사에 노출된 리스크양인 '요구자본' 대비, 손실흡수에 사용할 수 있는 '가용자본'의 비율로 산출함

150 신파일러 (Thin Filer)

금융거래정보가 거의 없는 사람으로, 신용평가에서 불이익을 받을 가능성이 높음

151 아비트리지 (Arbitrage)

동일한 채권이 지역에 따라 수익률이나 가격이 다를 경우, 이들 채권을 매매하여 수익을 얻는 것

152 안심전환대출

연 2.5 ~ 2.6%대 금리의 전환대출용 상품. 안심전환대출은 변동금리 또는 이자만 부담하는 주택담보대출자가 2%대 고정금리, 분할상환 대출로 변경하기 위한 상품임

153 알고리즘트레이딩 (Algorithmic Trading)

일정한 논리 구조에 따라 이뤄지는 컴퓨터 시스템 거래로 대상은 주식, 주가지수선물, 옵션 등으로 다양함

154 암묵적 계약이론

실질임금의 경직성에 대한 이론으로 단기적 경제 침체일 때 고용량은 민감하게 반응하지만 실질임금은 크게 변동하지 않는다는 주장

155 애자일 (Agile)

'민첩한'이라는 뜻을 가진 단어로 원래 IT 산업에서 정해진 계획보다 고객이나 시장의 피드백을 빨리 반영해 신속하고 유연하게 소프트웨어 제품을 개발하는 방식을 의미함. 최근에는 기업들이 조직 체계를 개편하고 운영하는 데 반영하고 있음

156 액면분할
한 장의 증권을 여러 개의 소액증권으로 분할하는 것

157 앰부시마케팅 (Ambush Marketing)
스포츠 이벤트에서 공식적인 후원업체가 아니면서도 광고 문구 등을 통해 올림픽과 관련이 있는 업체라는 인상을 주어 고객의 시선을 끌어모으는 판촉전략으로, 앰부시는 매복의 의미를 지니고 있음

158 양자컴퓨터
데이터를 0 또는 1로만 나타낼 수 있었던 기존의 컴퓨터와 달리 0과 1을 동시에 쓸 수 있는 컴퓨터. 현재의 슈퍼컴퓨터가 수백 년이 걸려도 풀기 어려운 문제를 몇 초 이내의 속도로 풀 수 있을 것으로 전망됨

159 언택트마케팅 (Untact Marketing) ★
챗봇과 VR쇼핑 등을 이용해 고객에게 비대면으로 정보를 제공하여 상품이나 서비스를 판매하는 마케팅 기법으로 최근 대형마트, 백화점, 뷰티산업을 중심으로 확산되고 있음

160 업틱룰 (Up-Tick Rule)
공매도를 할 때 직전 거래가격보다 낮은 가격으로 호가를 낼 수 없도록 하는 규정으로 이는 공매도를 하더라도 주가를 떨어뜨리면서 주식을 매도할 수 없게 해 공매도로 인한 주가 하락을 제한하는 효과가 있음

161 에너지저장시스템 (ESS) ★
전력 사용량이 적은 시간에 전기를 저장했다가 사용량이 많은 시간에 공급해 에너지 효율을 높이는 시스템

162 에스크로 (Escrow)
원래 '조건부 양도증서'를 의미하는 법률 용어로, 구매자와 판매자 사이에 신용관계가 불확실할 때 신뢰할 수 있는 제3자가 상거래가 원활히 이뤄질 수 있도록 중개하는 매매 보호 서비스

163 에어드롭 (Airdrop)
항공기나 낙하산에서 식량을 투하한다는 의미로, 가상화폐 거래에서는 특정 가상화폐를 보유한 사람에게 추가로 코인을 배분해주는 활동을 말함

164 에코 버블 (Echo Bubble)
메아리처럼 반복된 거품이라는 뜻으로, 경기침체와 금융위기가 진행되는 가운데 단기간의 금리 급락과 유동성의 증가로 주식시장이 반등한 후, 다시 증시가 폭락하는 경우

165 연말정산
연간 총급여액에 대한 근로소득세액을 소득세법에 따라 계산하고 간이세액표에 의해 원천징수한 근로소득세와 비교하여 다음해 차액을 돌려주는 제도

166 영국병
1970년대 영국에서 과도한 사회복지와 노조의 막강한 영향력으로 인한 지속적인 임금상승, 그리고 생산성의 저하로 경제가 전반적으로 침체되어 고복지·고비용·저효율이 나타나면서 생긴 용어. 이로 인해 영국은 1976년에 IMF의 금융지원을 받는 상황에 몰리게 됨

167 영업용순자본비율 (NCR; Net Capital Ratio)
은행의 BIS비율처럼 증권회사의 재무건전성을 나타내는 대표적인 지표로, 부담하고 있는 위험의 규모가 증권사의 유동성에 비춰 적합한지를 판단하는 지표로 활용됨. 영업용순자본을 총위험액으로 나누어 백분율로 표기함

168 영포티 (Young Forty)
젊고 멋있게 사는 40대를 칭하는 말로 노후보다는 현재를 즐기며 자기관리에 힘쓰는 세대를 의미

169 예비타당성조사 ★
사회간접자본(SOC), R&D, 정보화 등 대규모 재정 투입이 예상되는 신규 사업에 대해 정책적·경제적 타당성 등을 검토해 사업성을 판단하는 절차

170 오퍼레이션 트위스트 (Operation Twist)
장기국채를 매입하고 단기국채를 매도하여 장기금리를 끌어내리고 단기금리를 올리는 통화정책. 중앙은행이 장기국채를 매입하면 장기금리가 하락하여 내수가 활성화되는 효과가 발생하게 됨. 단기국채 매도는 동시에 이루어지는 장기국채 매입으로 인해 증가하는 통화량에 대한 억제효과가 있음

171 용적률
건축물 총면적(연면적)의 대지면적에 대한 백분율을 말함. 용적률을 높이면 건물을 높이 지을 수 있음

172 우회상장
비상장기업이 상장을 위한 심사나 공모주청약 등 절차를 밟지 않고, 증권거래소나 코스닥시장에 상장된 기업과 합병을 통해 곧바로 상장되는 것

173 윈도 드레싱 (Window-Dressing Settlement)
기관투자가들이 결산기를 앞두고 보유종목의 종가관리를 통해 펀드수익률을 끌어올리는 것. 보통 특정 종목을 집중 매수해 가격을 끌어올리는 방법으로 진행함

174 윔블던 효과 (Wimbledon Effect)
국내시장에서 외국기업보다 자국기업의 활동이 부진한 현상 또는 시장 개방 이후 국내시장을 외국계 자금이 대부분 차지하는 것을 가리킴

175 유효구인배율

전국 공공직업안정소에 신청된 구직자 수에 대한 구인 수의 비율로 전전월(60일간)부터의 총 구직자 수(유효구직자 수)를 같은 기간의 구인 수(유효구인 수)로 나누어 계산함. 1을 넘으면 일자리가 남는 것이고, 1보다 낮으면 일자리가 적은 것임

176 인사이트 펀드 (Insight Fund)

정부가 아닌 민간투자회사가 전 세계를 대상으로 투자대상에 제한을 두지 않고 투자하는 고위험·고수익 펀드를 말함

177 인슈어테크 (Insurtech)

보험(Insurance)과 기술(Technology)을 합친 신조어로 데이터 분석, 인공지능 등의 IT 기술을 활용한 보험 혁신 서비스

178 인플루언서 마케팅 (Influencer Marketing)

소셜네트워크(SNS)상에서 영향력 있는 사람들을 활용한 마케팅 기법. 인기 BJ나 유튜버를 통해 신제품이나 이벤트 등을 자연스럽게 홍보하거나 제품 이미지를 제고하는 효과가 있어 기업들이 적극적으로 활용하고 있음

179 일대일로 (一帶一路)

중국 중서부, 중앙아시아, 유럽을 경제권역으로 하는 '육상실크로드 경제벨트(일대)'와 중국 남부, 동남아시아의 바닷길을 연결하는 '해상실크로드(일로)'를 통해 아시아 경제 공동체를 건설하자는 구상. 2013년 시진핑 중국 국가주석의 제안으로 시작함

180 임금피크제

동일한 인건비하에서 고용을 중시하는 방안으로 종업원의 계속고용을 위해 노사가 합의하여 일정 연령을 기준으로 생산성에 맞추어 임금을 하락하도록 조정하는 대신 소정의 기간 동안 고용을 보장해주는 제도

181 임베디드 금융 (Embedded Finance)

비금융회사가 금융회사의 금융상품을 중개·재판매 하는 것을 넘어서 자사플랫폼에 핀테크 기능을 내장하는 것을 뜻함. 예시로 테슬라가 자동차 시스템을 통해 수집한 정보로 자동차 보험을 제공하는 것을 들 수 있음

182 자산디플레이션

부동산과 같은 실물자산의 가치와 주식과 같은 금융자산의 가치가 동반 하락하는 현상

183 자유무역협정 (FTA)

국가 간 상품의 자유로운 이동을 위해 모든 무역 장벽(관세 및 비관세 장벽)을 제거하거나 완화하는 협정

184 잠재성장률

잠재GDP의 변화율을 뜻함. 잠재GDP는 추가적인 인플레이션을 유발하지 않고 한 국가가 달성할 수 있는 최대 생산수준이며, 장기적 관점에서 일국의 성장잠재력을 평가하는 유용한 지표로 이용됨

185 적정임금제

입찰과정에서의 가격덤핑, 원도급-하도급 등을 거치는 도급과정에서 발생할 수 있는 근로자의 임금 삭감을 방지하기 위해 발주자가 정한 금액 이상으로 임금을 보장하는 제도

186 제로 레이팅 (Zero Rating)

특정 앱이나 인터넷 서비스를 이용할 때 발생하는 데이터 비용을 사업자가 부담하는 방식

187 조세부담률

국민들이 소득 중에서 얼마만큼을 세금으로 부담하느냐를 나타내주는 지표로 세금(국세 + 지방세) 대비 국내총생산의 비중을 의미함

188 조세피난처

법인의 실제 발생소득의 전부 또는 상당 부분에 대하여 조세를 부과하지 않거나 그 법인의 부담세액이 실제 발생소득의 15/100 이하인 국가나 지역. 즉, 법인세·개인소득세에 대해 전혀 원천징수를 하지 않거나, 과세를 하더라도 아주 낮은 세금을 적용함으로써 세제상의 특혜를 부여하는 장소를 가리킴

189 주택구입부담지수 (K-HAI)

중간소득을 가진 도시근로가구가 표준대출을 받아 중위 가격 주택을 구입할 때의 상환부담을 뜻하는 지표

190 중립금리

경기를 지나치게 부양하지도, 지나치게 냉각시키지도 않고 잠재성장률 수준의 성장을 할 수 있도록 하는 금리 수준

191 중앙청산소 (CCP)

기존에는 거래소 장내시장에서만 거래된 상품에 제공되는 중앙청산결제 서비스를 장외파생상품까지 확대한 시스템 또는 기관

192 증권거래세

유가증권인 주식을 매도할 때 부과되는 세금으로 거래의 유동성을 높이려면 증권거래세를 인하해야 함

193 지대추구 (Rent-Seeking)

기득권의 울타리 안에서 자기 이익을 위해 비생산적 활동을 경쟁적으로 하는 현상으로 이는 자원 배분의 왜곡을 가져옴

194 징벌적 손해배상제도
잘못된 경영 활동으로 발생한 손해에 상응하는 금액만 보상하는 전보적 손해배상제도와 달리 행위 자체에 대한 처벌적 성격과 재발 방지 목적으로 더 큰 금액을 배상하는 추가적 손해배상제도

195 차등의결권제도
의결권을 차등적으로 부여하여 보유한 지분율 이상의 의결권을 행사할 수 있는 제도로, 이 제도하에서는 황금주 등을 발행하여 한 주만으로도 주주총회 의결사항에 대해 절대적 거부권을 행사할 수 있음

196 차이니스 월 (Chinese Wall)
이해충돌의 문제가 발생할 수 있어 고객 자산 운용 부서와 회사 자산 운용 부서를 한 사무실에 모아놓고 일을 시키는 것을 금지하는 장치

197 채찍 효과 (Bullwhip Effect)
공급사슬 하류(소비자 방향 또는 전방)의 소규모 수요변동이 공급사슬의 상류(공급업체 방향 또는 후방)로 갈수록 그 변동폭이 점점 증가해 가는 모습을 묘사적으로 명명한 것으로, 수요왜곡의 정도가 증폭되어 가는 현상을 의미함

198 초과이익 공유제
대기업이 해마다 설정한 목표 이익치를 초과하는 이익이 발생했을 경우, 대기업에 협력하는 중소기업의 기여도 등을 평가하여 초과이익의 일부를 나누어 주는 제도

199 초과이익 환수제
재건축으로 얻는 초과이익을 최대 50%까지 환수하는 제도

200 초광대역
매우 넓은 대역폭(3.1~10.6GHz)을 사용하는 무선통신 기술로 근거리 통신을 주목적으로 하며, 소비전력이 적고 통신 속도가 빠른 것이 장점

201 초국적기업
거대한 규모를 가지고 본국의 기반을 바탕으로 자본 축적을 세계적 규모에서 수행하며, 이러한 축적을 가능하게 하는 전략과 조직을 갖고 있는 세계중심주의의 다국적기업

202 추가경정예산 ✯
한 국가의 1년 예산이 성립해 유효하게 된 연후에 나중에 생긴 부득이한 사유로 인하여 이미 성립된 예산에 추가 편성하는 예산

203 카니발리제이션 (Cannibalization)
한 기업에서 새로 출시하는 상품으로 인해 그 기업에서 기존에 판매하던 다른 상품의 판매량이나 수익, 시장점유율이 감소하는 현상

204 캐시카우 (Cash Cow)
수익창출원, 즉 계속적으로 현금흐름을 발생시켜 확실히 돈벌이가 되는 상품이나 사업을 의미

205 커버드콜 펀드 (Covered Call Fund)
주식을 보유하면서 현재 주가보다 높은 행사가격의 콜옵션을 팔아 차익을 발생시키는 금융상품으로 주가 급등 시 일정 수익을 포기하는 대신 주가가 완만하게 상승하거나 하락할 때 콜옵션 매도를 통해 추가 수익을 낼 수 있음

206 커촹반 (科创板)
상하이증권거래소에 개설된 고도 기술 관련 전문 주식 거래소. 중국판 나스닥 시장, 과학혁신판으로 불림

207 쿼드 (Qaud) ✯
미국·인도·일본·호주 등 4개국이 참여하고 있는 비공식안보협의체로 최근 코로나사태 이후 경제회복 등도 함께 논의하고 있음

208 키오스크 (Kiosk) ✯
본래 옥외에 설치된 대형 천막이나 현판을 뜻하는 튀르키예어(또는 페르시아어)에서 유래된 말로, 업무의 무인자동화를 위해 대중이 편리하게 이용할 수 있도록 공공장소에 설치된 무인단말기를 뜻함

209 타임오프제 (Time-Off)
노동조합의 노무관리적 성격이 있는 필수 활동에 한해 노동조합 전임자에게 임금을 지급하면서 근로시간을 면제해 주는 제도

210 탄소중립 ✯
이산화탄소의 실질적인 배출량을 0으로 만든다는 개념으로 기업이나 개인의 이산화탄소 배출량만큼 흡수량도 늘림으로써 이산화탄소 총량을 중립 상태로 만드는 것

211 테이퍼링 (Tapering) ✯
출구전략의 일종으로 미국 중앙은행(FED)이 통화유동성 확보를 위해 양적완화 정책의 규모를 점진적으로 축소해나가는 것

212 테크래시 (Tech-lash)
기술(Tech)과 역풍(Backlash)의 합성어로, IT기업이 성장하면서 사회에 부정적인 영향을 미치게 되자 IT기업에 대해 반발심을 드러내는 것

213 토지공개념
토지의 사유권은 인정하되, 토지의 공공성과 합리적 사용을 위해 필요한 경우에 정부가 토지 소유주에게 적절한 제한을 가할 수 있다는 개념

214 투자자 예탁금
투자자가 금융투자상품 매수를 위해 일시적으로 투자매매업자 또는 투자중개업자에게 맡겨놓은 자금

215 투자자-국가 간 소송 (ISD; Investor-State Dispute)
기업이 외국에 투자할 때 유치국 정부의 불합리적 정책·법 또는 협정위반 등으로 인해 금전적 피해를 입는 것을 보호하기 위한 장치

216 특허괴물 (Patent Troll)
개인이나 기업이 보유하고 있는 특허를 사들인 뒤 특허료를 받거나 특허를 침해했다고 판단되는 기업에 소송을 제기해 이익을 얻는 회사

217 티핑포인트 (Tipping Point)
'갑자기 뒤집히는 점'이라는 뜻으로, 어떠한 현상이 서서히 진행되다가 작은 요인으로 한순간 퍼지거나 유행하게 되는 것

218 파킹 (Parking) ★
기업을 매수함에 있어 주식매집자가 매집사실을 감추기 위해 주식을 그의 브로커(또는 증권회사)에게 맡겨 놓은 것

219 팔라듐 (Palladium)
자동차 배기가스용 촉매제로 전 세계적으로 자동차 배기가스 규제가 강화되면서 자동차 매연저감장치 수요가 급증해 팔라듐의 가격이 백금보다 비싸짐

220 패스트 트랙 (Fast Track) ★
교섭단체 간 이견으로 법안 통과가 어려운 경우, 상임위원회 5분의 3 이상 의원의 동의를 바탕으로 법안을 신속하게 처리하는 제도

221 포지티브 규제
법률·정책상으로 허용하는 것을 구체적으로 나열하고 나머지는 모두 금지하는 방식의 규제로 법률·정책상으로 금지한 행위가 아니면 모든 것을 허용하는 네거티브 방식보다 규제 강도가 훨씬 강함

222 포퍼의 열린사회
개인의 자유와 권리가 확보된 사회이며 개인이 그의 이성에 입각해서 스스로 판단을 내리고 책임을 지는 사회. 이때 자유란 다수와 의견을 달리하고 자기 자신의 길을 갈 수 있는 인간 진보의 원천으로서의 자유이며, 권리란 자신의 지배자를 비판할 수 있는 권리로 규정됨

223 포획이론
정부 규제정책과 관련된 이론이기 때문에 '규제의 포획이론'이라고도 함. 보호를 필요로 하는 경제주체들이 이익집단을 형성하고 정부를 설득하여 자기네에 유익한 각종 규제정책을 이끌어내는 것

224 표준특허
어떤 제품이나 상품을 만드는 데 그 특허를 사용하지 않으면 안 되는 특허

225 풀필먼트 (Fulfillment Service) ★
물류 전문업체가 위탁을 받아 주문에 맞춰 제품을 선택하고 포장한 뒤 배송까지 마치는 방식. 즉, '검수 ⇨ 선택 ⇨ 포장 ⇨ 배송 ⇨ 환불과 교환'까지 한 업체가 담당하는 것을 의미함

226 풋백옵션 (Put-Back Option)
기업의 인수·합병(M&A)에서 재무적 투자자가 자신의 보유 지분을 약정한 날짜나 가격에 되팔 수 있는 권리

227 프로토콜 경제 (Protocol Economy) ★
프로토콜은 일종의 약속, 규약을 의미하며 프로토콜 경제는 탈중앙화를 통해 여러 경제주체를 연결하는 새로운 형태의 경제모델을 의미함. 플랫폼 경제는 유튜브 등과 같이 중앙집권적 회사가 플랫폼만을 제공하고 이를 나머지 수요자와 공급자가 이용하지만 프로토콜 경제는 플랫폼을 거치지 않고 여러 경제주체들이 활동하므로 거래수수료, 사용수수료 등을 지불하지 않아도 됨

228 프레카리아트 (Precariat)
이탈리아어 '불안정하다(Precario)'와 영어 '프롤레타리아트(Proletariat)'의 합성어. 인간의 노동이 대부분 AI로 대체된 미래 사회에서 임시 계약직 또는 프리랜서 형태의 단순 노동에 종사하며 저임금으로 근근이 살아가는 계층을 의미함

229 프롭테크 (PropTech) ★
부동산(Property)과 기술(Technology)의 합성어로, 인공지능, 빅데이터 분석, VR(가상현실) 등 첨단 정보 기술을 기반으로 하는 부동산 서비스

230 플라시보 효과 (Placebo Effect)
약효가 전혀 없는 거짓 약을 진짜 약으로 가장하여 환자에게 복용토록 했을 때 심리적 요인으로 인해 환자의 병세가 호전되는 효과

231 플라자 합의
1985년 미국, 프랑스, 독일, 일본, 영국(G5) 재무장관이 뉴욕 플라자호텔에서 외환시장에 개입해 미 달러를 일본 엔과 독일 마르크에 대해 절하시키기로 합의한 것을 말함

232 플랫폼노동 ★
디지털 플랫폼에서 나타나는 노동을 의미함. 주업이 아니더라도 남는 시간을 쪼개 일할 수 있는 우버이츠, 배민라이더스 등의 배달 서비스가 대표적임

233 피셔 효과 (Fisher Effect)
물가상승률(또는 물가상승률 기대감)과 명목이자율의 1대1 대응관계를 나타내는 식으로, 통상 '명목이자율 = 실질이자율 + 물가상승률'로 표현됨

234 핀테크 (Fintech) ✦
금융(Finance)과 기술(Technology)의 합성어로 금융과 IT가 융합된 금융서비스 및 산업의 변화를 통칭한 용어

235 필터버블 (Filter Bubble)
인터넷 정보기술 업체가 개인의 성향에 맞춘 정보를 개별 사용자에게 제공하여 유사한 성향의 이용자를 편향된 정보에 가두는 현상

236 하얀 코끼리
규모가 큰 스포츠 이벤트 이후 유지비는 많이 들어가지만 막상 활용할 곳이 없는 쓸모없는 시설물

237 하이브리드 마케팅 (Hybrid Marketing)
서로 다른 업종의 기업들이 함께 협력해 공동 마케팅을 전개하는 것. 협업을 통해 동일한 타깃 고객층을 공략하므로 마케팅 비용을 줄이고 소비자의 흥미를 불러일으켜 브랜드 가치 제고 효과를 얻는 마케팅 기법

238 하이에크의 자생적 질서
인간의 행위를 규제 또는 구성하는 몇 가지의 규칙이 존재하고 그러한 규칙이 인간 행위의 의도하지 않는 결과로서 자연 발생적이고 관습적으로 생성되는 사회 상태를 하이에크는 자생적 질서라고 하였음

239 한계기업 ✦
재무구조가 부실해 영업활동을 통해 벌어들인 이익으로 이자(금융비용)도 감당하지 못하는 등 상대적 경쟁력을 상실하여 더 이상 성장에 어려움을 겪는 기업. 좀비기업이라고도 함

240 한계출산율
한 여성이 가임기간(15~49세) 동안 낳을 것으로 예상되는 평균 자녀의 수

241 항셍지수 (Hang Seng Index)
홍콩 증권거래소에 상장된 우량종목을 대상으로 산출한 주가지수

242 해커톤 (Hackathon)
해킹(Hacking)과 마라톤(Marathon)의 합성어로, 마라톤처럼 일정한 시간과 장소에서 프로그램을 해킹하거나 개발하는 행사. 여기서 해킹은 '난이도 높은 프로그래밍'을 뜻함

243 해피콜 (Happy Call)
소비자가 충분히 이해하고 금융상품을 매입할 수 있도록 판매과정에서 상품 설명이 제대로 됐는지 사후 점검하는 제도. 그동안 보험사만 의무적으로 실시해왔으나, 증권사를 포함한 금융회사 모두 전반적으로 해피콜 제도가 적용됨

244 헥시트 (HK-Exit)
2019년 3월 '범죄인 인도법'에 반발해 시작된 홍콩시위가 격화됨에 따라 불안을 느낀 외국인 자본이 홍콩 금융시장에서 이탈하는 현상을 뜻함. '홍콩(HK; Hong Kong)'과 '퇴장'(Exit)을 합쳐 만든 신조어

245 헨리 조지의 토지단일세
개인 노력의 결과물이 아닌 토지에 귀속되는 지대를 세금으로 전액환수하고 재정에 충당함으로써 배분 불평등 문제를 해결하게 되면, 사회적으로 비진보적인 분쟁비용이 제거되고 인간의 선한 잠재력이 진보적인 협동으로 유도되어 지속발전하게 된다는 이상향을 제시함

246 홍콩 H지수
회사의 등록지는 중국이지만 홍콩에 상장한 기업을 대상으로 산출한 주가지수

247 확장실업률
체감실업률을 제대로 반영하기 위해, 고용의 질적인 면을 실업률 통계에 반영해 만든 지표. 구체적으로, 시간관련 추가 취업가능자(근로 시간이 주당 36시간 이하이면서 추가로 취업을 원하는 사람)와 잠재경제활동인구(구직활동 유무에 관계없이 취업을 희망하고 취업이 즉시 가능한 사람)를 포함해 산출함

248 회색 코뿔소
개연성이 높고 파급력이 커 충분히 예상할 수 있지만 사람들이 쉽게 간과하는 위험

249 후광 효과 (Halo Effect)
어떤 대상이 보유하고 있는 두드러진 특성이 그 대상의 다른 특성을 평가하는 데도 영향을 미치는 현상

250 히든 챔피언 (Hidden Champion)
대중에게는 잘 알려져 있지는 않지만 특정 분야에서 세계적인 경쟁력을 보유한 강소기업(强小企業)을 지칭하는 말

fn. Hackers.com
금융·자격증 전문 교육기관 **해커스금융**

출제예상문제

> 출제예상문제의 중요도를 ★~★★★으로 구분하였습니다. 난이도가 가장 높은 고등급 문제는 S등급 표시하였으니, S등급을 목표로 하신다면 반드시 학습하시기 바랍니다.

★
01 다음과 관련된 효과로 옳은 것은?

> 아마존은 독자 서평과 추천기능, 그리고 관련분야의 책들을 자동으로 소개하는 기능으로 일반 서점에서 천대받던 책들을 판매하는 효과를 거두었다.

① 롱테일 효과　　　② 파레토 최적　　　③ 프로슈머
④ 티핑포인트　　　⑤ 80/20법칙

★★
02 출구전략의 일종으로 미국 중앙은행(FED)이 통화유동성 확보를 위해 양적완화 정책의 규모를 점진적으로 축소해 나가는 것을 의미하는 용어는?

① 티핑포인트　　　② 예비타당성조사　　　③ 모라토리엄
④ 딥페이크　　　⑤ 테이퍼링

★★★
03 다음 ㉠에 들어갈 용어로 적절한 것은?

> 연소득 이내로 제한된 신용대출 한도가 내년 1월부터 결혼·장례·출산·수술 목적의 긴급 실수요에 한해 추가로 늘어난다. 이미 신용대출 한도를 채웠더라도 부여받은 특별한도를 통해 연소득의 0.5배(최대 1억 원 이내)에서 추가 대출이 가능하다. 다만 ㉠ 규제도 함께 강화되기 때문에 기대출이 많은 차주는 예외상황이 있다고 해도 추가 대출이 쉽지 않을 것이란 지적도 나온다.

① ESG　　　② DSR　　　③ FDI
④ IFA　　　⑤ KSM

04 대체 불가능한 토큰으로, 블록체인 기술을 활용하여 소유권과 판매 이력 등의 관련 정보가 모두 저장되어 최초 발행자 확인이 언제든지 가능해 위조 등이 불가능하고, 별도의 고유한 인식 값을 담고 있어 서로 교환이 불가능한 것을 가리키는 용어는 무엇인가?

① NFT ② NFC ③ ETF
④ NTC ⑤ ETN

05 다음 ㉠에 들어갈 용어로 적절한 것은?

> 소비자 물가는 두 달째 3%대의 높은 상승률을 보이고 있다. 10월에는 1년 전 정부가 펼친 '통신비 2만 원' 지원 효과 때문에 물가가 높아 보이는 ㉠가 발생했다. 그러나 11월에는 이 ㉠가 사라졌는데도 기름값, 먹거리 등의 가격이 크게 오르며 고물가를 견인했다.

① 프레이밍 효과 ② 낙수 효과 ③ 채찍 효과
④ 로빈후드 효과 ⑤ 기저 효과

정답 및 해설

01 ①
몇 개의 히트 상품이 엄청난 위력을 발휘했던 시장의 법칙이 바뀌고 꼬리에 있던 틈새 상품들의 힘이 점점 거세지고 있다. 이것에 집중하는 것을 롱테일 효과라고 한다.

오답노트
② 하나의 효용이 증가할 때 다른 쪽의 감소가 반드시 일어나야 하는 경우를 의미한다.
③ 생산자와 소비자의 경계가 허물어지는 것을 의미한다.
④ 어떠한 현상이 서서히 진행되다가 작은 요인으로 한순간 폭발하는 것을 말한다.
⑤ 20%의 제품이 전체 매출이나 이익의 80% 이상을 차지하고 전체 고객 중 핵심 고객 20%가 매출의 80% 이상을 소비하는 현상을 의미한다.

02 ⑤
테이퍼링에 대한 설명이다.

오답노트
① 티핑포인트 : '갑자기 뒤집히는 점'이라는 뜻으로 어떠한 현상이 서서히 진행되다가 작은 요인으로 한순간 퍼지거나 유행하게 되는 것
② 예비타당성조사 : 사회간접자본(SOC), R&D, 정보화 등 대규모 재정투입이 예상되는 신규 사업에 대해 정책적·경제적 타당성을 검토해 사업성을 판단하는 절차
③ 모라토리엄 : 통상적으로 외채를 지불할 수 없는 상황을 맞은 국가가 상환의사는 있으나 일시적으로 채무 상환을 연기하는 방침을 대외적으로 선언하는 것
④ 딥페이크 : 인공지능 기술을 이용해 특정 인물의 신체나 얼굴을 원하는 영상에 정교하게 합성한 편집물이나 편집기술

03 ②
DSR(총부채원리금상환비율)은 대출을 받으려는 사람의 소득대비 전체 금융부채의 원리금 상환액 비율로 대출에는 주택담보대출, 신용대출, 카드론 등 모든 대출이 포함된다.

04 ①
NFT에 대한 설명이다.

오답노트
② NFC(Near Field Communication) : 가까운 거리에서 사용하여 무선 데이터를 주고받을 수 있는 통신 기술
③ ETF(Exchange-Traded Fund) : KOSPI200이나 특정 자산을 추종하도록 설계된 상장지수펀드. 거래소에 상장되어 주식처럼 매매가 가능함
④ NTC(Non-Trade Concerns) : 비교역적 고려요소로, 농업이 가지고 있는 고유한 비교역적 기능을 총칭하는 용어
⑤ ETN(Exchange-Traded Note) : 상장지수채권으로, 거래소에 상장되어 쉽게 팔거나 살 수 있는 채권

05 ⑤
기저효과는 경제지표를 평가하는 데 있어 기준시점과 비교시점의 상대적인 수치에 따라 그 결과에 큰 차이가 날 수 있음을 말하는 것이다.

06 대기업 및 부유층의 소득이 증대되면 더 많은 투자가 이루어져 경기가 부양되고, 전체 GDP가 증가하면 저소득층에게도 혜택이 돌아가 소득의 양극화가 해소된다는 논리의 이론은?

① 낙수 효과　② 풍선 효과　③ 분수 효과　④ 기저 효과　⑤ 자산 효과

07 시장상황에 대한 정보 수급과 함께 주가에 영향을 미치는 요소 중의 하나인 투자자들의 투자심리를 수치로 나타낸 지표를 무엇이라고 하는가?

① 공포지수　② 경제고통지수　③ 건화물지수
④ 주택구입부담지수　⑤ 항생지수

08 다음 ㉠에 들어갈 용어로 적절한 것은?

> 온라인 플랫폼에 익숙한 2030세대가 부동산을 가장 중요한 재테크 수단으로 꼽으면서 ㉠ 시장도 폭발적으로 성장 중이다. (중략) 우리나라에서는 직방, 다방, 호갱노노, 밸류맵 등이 대표적인 ㉠ 업체로 꼽힌다.

① P2P대출　② 핀테크　③ 프롭테크　④ 리테일테크　⑤ 배드뱅크

09 여러 나라와 동시에 자유무역협정(FTA)을 체결하면 각 나라마다 다른 원산지 규정 적용, 통관절차, 표준 등을 확인하는 데 시간과 인력이 더 들어 거래비용 절감이라는 애초 기대 효과가 반감되는 현상을 가리키는 용어는?

① 스파게티볼 효과　② 넛지 효과　③ 디드로 효과
④ 윔블던 효과　⑤ 래칫 효과

10 다음 중 ㉠에 들어갈 말로 가장 적절한 것은 무엇인가?

> 1,200만 명 ㉠들이 금융의 새로운 블루오션으로 주목받는다. 이들은 금융이력 부족으로 신용카드 발급 등에 제약이 따랐으나 핀테크 기술 고도화로 신용도를 다각도로 측정할 수 있게 되면서 판도가 변했다는 진단이다.

① 그로서란트　② 메자닌　③ 슈퍼그리드　④ 영포티　⑤ 신파일러

11. 다음 중 ㉠에 들어갈 말로 가장 적절한 것은 무엇인가?

롯데그룹 화학군이 발표한 ESG 경영전략 'Green Promise 2030'에 따라 롯데케미칼은 ㉠ 및 친환경사업 확대를 중점 추진 중이다. 온실가스 배출규제 강화와 탄소배출권 가격 증가 등이 산업계의 이슈로 대두됨에 따라 이에 대한 근본적인 해결방안으로 롯데케미칼은 CO_2 포집·활용 기술을 적극 검토해왔다. 이번에 실증 완료한 기체분리막 기반의 탄소포집 설비는 화학성분의 흡수제를 사용한 습식·건식 포집 설비에 비해 환경오염이 적고 공정이 간단하며, 상대적으로 낮은 운영비와 작은 부지에도 설치가 가능한 것이 특징이다.

① 탄소세 비용 절감
② 탄소중립
③ 탄소 포인트제
④ 에코플레이션
⑤ 그린플레이션

정답 및 해설

06 ①
낙수 효과(Trickle Down Effect)는 대기업의 성장을 촉진하면 덩달아 중소기업과 소비자에게도 혜택이 돌아가 총체적으로 경기가 활성화된다는 경제 이론이다.

오답노트
② 어떤 부분에서 문제를 해결하면 또 다른 부분에서 새로운 문제가 발생하는 현상을 가리키는 말이다.
③ 저소득층의 소득 증대가 총수요 진작 및 경기 활성화로 이어져 궁극적으로 고소득층의 소득도 높이게 되는 효과를 가리키는 말이다.
④ 경제지표를 평가하는 과정에서 기준시점과 비교시점의 상대적인 수치에 따라 그 결과에 큰 차이가 나타나는 현상을 말한다.
⑤ 자산의 가치가 상승하면 소비도 증가하는 현상을 가리키는 말이다.

07 ①
공포지수(VIX)에 대한 설명이다.

오답노트
② 경제고통지수 : 국민들이 직접 느끼는 경제적인 삶의 질을 수치로 나타낸 것으로 미국의 경제학자 오쿤이 착안함
③ 건화물지수 : 세계 해운업계의 경기상황을 나타내는 대표적인 지수로 실물 경제가 활성화되어 해상 운송 물량이 증가하게 되면 운임 단가가 높아지므로 지수가 상승함
④ 주택구입부담지수(K-HAI) : 중간소득을 가진 도시근로가구가 표준대출을 받아 중위 가격 주택을 구입할 때의 상환부담을 뜻하는 지표
⑤ 항셍지수 : 홍콩 증권거래소에 상장된 우량종목을 대상으로 산출한 주가지수

08 ③
프롭테크는 부동산(Property)과 기술(Technology)의 합성어로, 인공지능, 빅데이터 분석, VR(가상현실) 등 첨단 정보 기술을 기반으로 하는 부동산 서비스를 말한다.

09 ①
스파게티볼 효과를 의미한다.

오답노트
② 강압하지 않고 부드러운 개입으로 사람들이 더 좋은 선택을 할 수 있도록 유도하는 방법을 뜻한다
③ 하나의 물건을 구입한 후 그 물건과 어울리는 다른 제품들을 계속 구매하는 현상이다.
④ 외국계 자본이 국내 금융 시장을 장악하는 현상을 가리키는 말이다.
⑤ 소득수준이 높았을 때의 소비성향을 소득수준이 낮아져도 그만큼 낮아지지 않게 하는 저지작용을 의미한다.

10 ⑤
신파일러는 금융거래정보가 거의 없는 사람으로, 신용평가에서 불이익 받을 가능성이 높다.

11 ②
탄소중립은 이산화탄소의 실질적인 배출량을 0으로 만든다는 개념으로 기업이나 개인의 이산화탄소 배출량만큼 흡수량도 늘림으로써 이산화탄소 총량을 중립상태로 만드는 것을 말한다.

금융·자격증 전문 교육기관 **해커스금융**
fn.Hackers.com

해커스 TESAT 2주 완성

실전모의고사

- 제1회 실전모의고사
- 제2회 실전모의고사
- 제3회 실전모의고사 S등급 대비
- 정답 및 해설
- OMR 답안지

 제한시간(100분)에 맞춰 실전처럼 모의고사를 풀어본 후, 정답 및 해설에 있는 바로 채점 및 성적 분석 서비스 QR코드를 스캔하여 응시 인원 대비 본인의 성적 위치를 확인해보세요.

제1회 | 실전모의고사

경제이론

01 그림은 민간 경제순환을 나타낸다. 이에 대한 설명으로 옳은 것은?

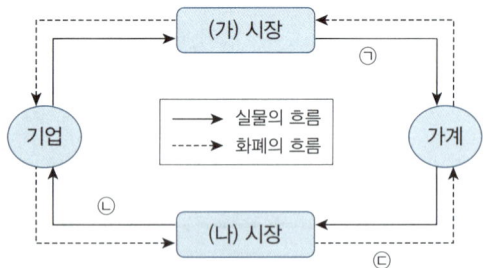

<보기>
ㄱ. 가계는 (가) 시장에 노동을 공급한다.
ㄴ. 기업은 (나) 시장에 서비스를 공급한다.
ㄷ. 아버지가 가족 여행을 위해 구매한 자동차는 ⓒ이 아닌 ㉠에 포함된다.
ㄹ. 정수기 업체에서 일하는 아버지가 받은 급여는 ⓒ에 포함된다.

① ㄱ, ㄴ ② ㄱ, ㄷ ③ ㄴ, ㄷ
④ ㄴ, ㄹ ⑤ ㄷ, ㄹ

02 자연실업률이 오르는 경우에 해당하는 것은?

① 생산 증가로 인해 물가가 상승하는 경우
② 정부가 실업자에게 주는 수당을 인하하는 경우
③ 정부가 고용을 유지하는 기업에 대해 보조금을 인상하는 경우
④ 경제 전반의 산업구조 재편이 이루어지고 있는 경우
⑤ 국제 경기 악화로 수출이 감소하는 경우

03 다음은 경기 상황별 경제안정화정책을 정리한 것이다. 옳은 것을 고르면?

정부와 중앙은행은 경기 상황별 안정화정책을 사용할 수 있다. 정부의 재정정책으로 경기 침체 시 (가)를, 경기 과열 시 (나)를 사용한다. 반면 중앙은행은 경기 침체 시 (다)를, 경기 과열 시 (라)를 사용한다.

① (가)에는 '지급준비율 인하'가 들어갈 수 있다.
② (나)에는 '세율 인하'가 들어갈 수 있다.
③ (다)에는 '국·공채 매입'이 들어갈 수 있다.
④ (가), (다)는 모두 통화량을 감소시키는 요인이다.
⑤ (가), (나)와 달리 (다), (라)는 총수요를 변동시키는 요인이다.

04 역선택에 관한 사례로 옳은 것은?

① 의료보험에 가입한 사람이 부주의하게 행동하여 부상 발생률이 증가하는 경우
② 주택의 임차인보다는 주택소유자가 집을 더 잘 관리하여 내부수리 비용이 적게 드는 경우
③ 중고차 시장에서 상태가 나쁜 자동차가 주로 거래되는 경우
④ 하천에 대한 재산권이 설정되지 않아 상류와 하류 지역 간 분쟁이 발생하는 경우
⑤ 정부가 이공계 육성을 위해서 공과대학의 증설을 결정하는 경우

05 시장실패에 관한 설명으로 옳지 않은 것은?

① 소수의 기업이 참여하는 시장에서 이윤극대화를 추구할 때 발생한다.
② 자연독점에 의한 불완전경쟁은 시장실패의 주요한 원인이 될 수 있다.
③ 사회적 비용이 사적 비용보다 클 경우, 기업의 사적 생산량은 사회적으로 효율적인 생산량보다 적다.
④ 경제주체들 간에 비대칭적 정보가 존재할 경우에 발생한다.
⑤ 무임승차 문제가 나타날 경우에 발생한다.

06 구매력평가설과 이자율평가설이 성립한다고 가정할 때, 한국과 미국의 명목이자율이 각각 5%, 6%이고, 한국의 예상 물가상승률이 3%일 경우 미국의 예상 물가상승률은?

① 3% ② 4% ③ 5%
④ 6% ⑤ 7%

07 다음 중 생산가능곡선을 이동시키는 요인을 모두 고른 것은?

<보기>
ㄱ. 자본량 증가
ㄴ. 기술진보
ㄷ. 청년실업 감소
ㄹ. 재화의 가격 상승

① ㄱ, ㄴ ② ㄱ, ㄷ ③ ㄴ, ㄹ
④ ㄱ, ㄴ, ㄷ ⑤ ㄴ, ㄷ, ㄹ

08 다음 설명 중 옳은 것을 모두 고른 것은?

<보기>
ㄱ. 수요곡선이 공급곡선보다 더 탄력적인 경우에 세금이 부과되면, 소비자가 생산자보다 세금을 적게 부담하게 된다.
ㄴ. 수요곡선과 공급곡선의 탄력성이 낮을수록 세금 부과 시 사회적 후생손실의 발생이 작아진다.
ㄷ. 석유에 대해 세금을 새로 부과하는 경우 단기보다 장기에 사회적 후생손실이 더 작다.
ㄹ. 최저임금제의 효과는 노동의 수요곡선보다는 노동의 공급곡선의 탄력성 크기에 달려있다.

① ㄱ, ㄴ ② ㄱ, ㄷ ③ ㄴ, ㄹ
④ ㄱ, ㄴ, ㄷ ⑤ ㄴ, ㄷ, ㄹ

09 다음은 합리적 선택에 관한 내용이다. 옳지 않은 것을 고르면?

① 기회비용이 동일하다면 편익이 큰 것을 선택해야 한다.
② 회계학적 비용이 아닌 암묵적 비용은 고려할 필요가 없다.
③ 매몰비용이 있다면 매몰비용은 고려할 필요가 없다.
④ 선택을 할 때 포기하게 되는 가치가 여러 개라면 그 중 가장 가치가 큰 것을 기회비용이라고 한다.
⑤ 경제학적 비용은 암묵적 비용을 포함하기 때문에 회계학적 비용보다 크다.

10 수요함수가 우하향하는 직선의 형태일 때, 수요의 가격탄력성에 대한 설명으로 옳은 것은?

① 필수재에 비해 사치재의 수요는 가격변화에 대해 보다 비탄력적이다.
② 수요의 가격탄력성이 1일 때 총지출은 최대가 된다.
③ 수요의 가격탄력성은 수요곡선의 어느 점에서 측정하더라도 같은 값을 가진다.
④ 수요곡선의 임의의 점에서 수요의 가격탄력성은 수요곡선 기울기의 역수로 계산된다.
⑤ 우하향의 직선이므로 수요의 가격탄력성이 완전 비탄력적임을 알 수 있다.

11 토지 공급의 가격탄력성이 완전히 비탄력적일 때, 토지 공급에 세금을 부과할 경우 미치는 영향에 대한 설명으로 옳은 것은? (단, 토지 수요는 수요법칙을 따른다)

① 토지 수요자가 실질적으로 세금을 모두 부담한다.
② 토지 공급자가 실질적으로 세금을 모두 부담한다.
③ 토지 수요자와 공급자가 모두 세금을 부담한다.
④ 토지 수요자와 공급자가 모두 세금을 부담하지 않는다.
⑤ 토지 수요자가 공급자보다 세금을 가중적으로 더 부담한다.

12 효용에 관한 설명 중 옳지 않은 것은?

① 음의 한계효용도 존재한다.
② 총효용이 증가했다는 것은 한계효용이 증가했다는 것을 의미한다.
③ X재 1원어치에 대한 한계효용이 Y재 1원어치에 대한 한계효용보다 클 때 X재를 더 구매하면 효용이 증가할 것이다.
④ 한계효용이 0이라는 것은 총효용의 증가분이 0이라는 것이고 이는 총효용이 최대에 이르렀음을 의미한다.
⑤ 한계효용은 일시적으로 증가할 수 있지만 궁극적으로 체감한다.

13 무차별곡선이론에 대한 설명으로 옳지 않은 것은?

① 효용의 주관적 측정 가능성을 전제한다.
② 무차별곡선과 예산제약선을 이용하여 소비자 균형을 설명한다.
③ 무차별곡선의 기울기는 한계기술대체율이다.
④ 무차별곡선은 우하향하며 원점에 대해 볼록하다.
⑤ 완전대체재의 무차별곡선은 우하향하는 직선이다.

14 수확체감의 법칙이 작용하고 있을 때 총생산물, 평균생산물, 한계생산물에 대한 설명으로 옳지 않은 것은?

① 총생산물은 감소할 수 있다.
② 평균생산물은 증가할 수 있다.
③ 한계생산물은 반드시 감소한다.
④ 총생산물, 평균생산물과 달리 한계생산물은 증가할 수 있다.
⑤ 한계생산물이 평균생산물보다 크다면 평균생산물은 반드시 증가한다.

15 처음 10명의 노동자가 의자를 생산할 때 평균생산량은 40개였다. 이때 1명의 노동자를 더 고용하자 평균생산량은 38개가 되었다. 이 경우 노동자의 한계생산량은 얼마인가?

① 16개 ② 17개 ③ 18개
④ 19개 ⑤ 20개

16 비용곡선에 관한 설명 중 옳지 않은 것은?

① 고정비용이 없는 경우 한계비용이 일정하면 평균비용과 한계비용은 일치한다.
② 노동이 유일한 가변요소인 단기에서 한계비용과 노동의 한계생산은 역의 관계에 있다.
③ 한계비용이 평균비용보다 작은 구간에서 생산량을 감소시키면 평균비용이 감소한다.
④ 장기평균비용곡선이 우하향하는 구간에서는 규모의 경제가 존재한다.
⑤ 한계비용곡선은 반드시 평균비용곡선의 최저점을 지나간다.

17 기업의 생산활동과 생산비용에 대한 설명으로 옳지 않은 것은?

① 평균비용이 증가할 때 한계비용은 평균비용보다 작다.
② 단기에 기업의 총비용은 총고정비용과 총가변비용으로 구분된다.
③ 낮은 생산수준에서 평균비용의 감소추세는 주로 급격한 평균고정비용의 감소에 기인한다.
④ 완전경쟁기업의 경우 단기에 평균가변비용이 최저가 되는 생산량이 생산중단점이 된다.
⑤ 고정비용이 존재할 경우 평균고정비용은 생산이 증가함에 따라 반드시 감소한다.

18 총비용함수가 TC = 100 + 20Q로 주어져 있다. 다음 중 옳지 않은 것은? (단, TC는 총비용이고 Q는 생산량이다)

① 생산량이 1일 때, 총고정비용은 100이다.
② 생산량이 2일 때, 총가변비용은 20이다.
③ 생산량이 3일 때, 평균가변비용은 20이다.
④ 생산량이 4일 때, 한계비용은 20이다.
⑤ 생산량이 5일 때, 총비용은 200이다.

19 한 기업이 여러 제품을 함께 생산하는 경우가 각 제품을 별도의 개별기업이 생산하는 경우보다 생산비용이 더 적게 드는 이유를 설명하는 것은?

① 범위의 경제
② 규모에 대한 수확체증
③ 규모의 경제
④ 비경합성
⑤ 실질적 외부성

20 독점시장에 관한 설명으로 옳은 것은? (단, 독점기업은 이윤극대화를 추구하고, 수요곡선은 우하향하는 직선이다)

① 독점기업은 시장수요곡선의 가격탄력성이 1보다 큰 구간에서 재화를 생산한다.
② 가격과 한계비용이 일치하는 점에서 균형이 발생한다.
③ 단기적으로 균형에서 가격이 평균비용보다 낮으면 이익이 발생한다.
④ 독점기업이 직면하는 한계수입곡선은 우상향한다.
⑤ 독점기업은 장기적으로 반드시 정상이윤을 가진다.

21 다음 환율에 대한 설명 중 틀린 것은 무엇인가?

① 원/달러 환율이 하락하면 원화 가치는 상승한다.
② 자국화폐의 가치는 타국의 영향을 받지 않는다.
③ 환율이란 흔히 외화 1단위를 우리 돈 얼마와 바꿀 것인가의 비율이다.
④ 원/달러 환율이 하락하면 달러로 표시된 한국 수출상품의 가격이 오르게 된다.
⑤ 환율이 균형 환율보다 높을 경우 외화의 초과 공급이 발생한다.

22 독점기업의 행동에 대한 설명으로 옳지 않은 것은?

① 독점기업은 수요가 비탄력적인 구간에서 생산한다.
② 독점기업은 한계수입과 한계비용이 일치하도록 생산한다.
③ 독점기업은 공급곡선을 갖지 않는다.
④ 독점기업에 대한 수요곡선은 우하향한다.
⑤ 독점기업은 완전경쟁에 비해 적은 양을 생산한다.

23 독점적 경쟁시장에 대한 설명으로 옳지 않은 것은?

① 진입장벽이 존재하지 않기 때문에 기업의 진입과 퇴출은 자유롭다.
② 개별기업은 차별화된 상품을 공급하며, 우하향하는 수요곡선에 직면한다.
③ 개별기업은 자신의 가격책정이 다른 기업의 가격 결정에 영향을 미친다고 생각하면서 행동한다.
④ 개별기업은 단기에는 초과이윤을 얻을 수 있지만, 장기에는 정상이윤을 얻는다.
⑤ 수요곡선이 수평이 아니므로 장기균형점에서 초과설비가 발생한다.

24 소득불평등도 지수에 관한 설명으로 옳지 않은 것은?

① 10분위 분배율은 0과 2의 값을 가지며 2에 가까울수록 소득분배가 균등해진다.
② 로렌츠곡선은 하위 몇 %에 속하는 사람들이 전체 소득에서 차지하는 비율을 나타내는 점들의 궤적이다.
③ 지니계수는 로렌츠곡선을 이용해서 계산할 수 있다.
④ 지니계수는 전체 인구의 평균적인 소득격차의 개념을 활용하고 있다.
⑤ 지니계수는 0 ~ 1의 값을 가지며 1에 가까워질수록 소득분배가 균등해진다.

25 코즈의 정리에 관한 설명으로 옳지 않은 것은?

① 정부가 소유권을 설정하면, 자발적 거래에 의하여 시장실패가 해결된다는 정리이다.
② 외부성이 있는 재화의 과다 또는 과소 공급을 해소하는 대책에 해당한다.
③ 외부불경제의 경우 이해당사자 중 가해자와 피해자를 명확하게 구분하지 않더라도 코즈의 정리를 적용할 수 있다.
④ 외부성 문제 해결에 있어서 효율성과 형평성을 동시에 고려하는 해결방안이다.
⑤ 코즈의 정리는 외부성 관련 당사자들이 부담해야 하는 거래비용이 작을 때 적용이 용이하다.

26 외부성이 존재할 때 나타나는 현상에 관한 설명으로 옳지 않은 것은?

① 외부불경제가 존재하는 경우 시장에 맡겨두면 보편적으로 사회적 최적 생산량보다 과소 생산되는 경향이 있다.
② 외부불경제가 존재하는 경우 사회적 최적 생산량이 일반적으로 0이 되는 것은 아니다.
③ 대기오염에 의한 외부불경제의 경우 어떤 오염물질이 어느 정도 피해가 되는지는 측정하기 어렵다.
④ 외부불경제가 존재하는 경우 사회적 최적 생산량은 사적 한계비용에 한계피해를 더한 사회적 한계비용과 사회적 한계편익이 일치하는 수준에서 결정된다.
⑤ 사회적 최적 산출량 수준에서는 효율성이 극대화된다.

27 공공재와 무임승차 문제에 관한 설명으로 옳지 않은 것은?

① 공공재에서 무임승차가 발생하는 원인은 비배제성 때문이다.
② 무임승차는 소비자가 공공재에 대한 자신의 선호를 정확히 표현할 때 나타난다.
③ 무임승차자로 인해 시장에서 효율적 생산이 이루어지지 못한다.
④ 공공재의 효율적 생산 수준은 각 개인의 수요를 수직으로 합한 수요곡선과 공공재 생산의 한계비용곡선이 만나는 곳에서 결정된다.
⑤ 각 개인의 수요를 수직적으로 합하여 공공재의 수요곡선을 도출하는 이유는 공공재의 비경합성 때문이다.

28 공공재의 성격과 관련된 설명 중 옳지 않은 것은?

① 소비의 비경합성이란 공공재의 소비에 추가적으로 새로운 소비자가 참여하여도 혼잡이 전혀 생기지 않는다는 것을 의미하므로, 추가적 소비자와 관련된 한계비용이 없다는 것이다.
② 순수공공재에 대해서는 정(+)의 가격을 설정하려고 해도 할 수 없으며, 만약 정의 가격 설정이 가능하다고 하더라도 그렇게 하는 것은 바람직하지도 않다.
③ 소비에 있어서 요금을 지불하지 않은 사람을 배제하는 것이 불가능하더라도 소비에 경합성이 작용한다면 시장에서 그러한 재화를 공급하는 것이 가능하다.
④ 시장수요함수를 수직으로 더해서 공공재의 수요함수를 구한다.
⑤ 공공재를 규정함에 있어서는 공급과 생산의 주체가 누구인지 여부로 판단하는 것은 옳지 않다.

29 화폐수량설에서 통화량이 7% 증가하고 화폐의 유통속도가 3% 증가하였다. 그리고 실질국민소득이 4% 증가하였다면 물가는 얼마나 상승하는가?

① 2%　② 6%　③ 7%
④ 10%　⑤ 12%

30 현재 환율은 1달러당 1,000원이고, 미국의 연간 이자율은 5%이다. 내년 환율은 1달러당 1,020원으로 변동할 것으로 예상된다. 이자율평가설이 성립한다고 가정할 때, 원/달러 환율시장의 균형을 달성시키는 국내이자율은?

① 5%　② 7%　③ 9%
④ 10%　⑤ 20%

시사경제

31 다음 중 자국화폐의 평가절상 요인으로 알맞은 것은?

① 자국 통화량의 증가
② 자국 재할인율 인하
③ 자국의 지급준비율 하락
④ 자국 기업의 해외투자 증가
⑤ 외국 관광객의 한국 여행 증가

32 우리나라 고용보험제도는 보험료를 일정기간 납부하면 실직 시 일정기간 실업급여를 지급한다. 이 제도의 경제적 효과로 옳은 것은?

① 구직활동을 하지 않게 한다.
② 일자리가 없는 전 국민이 모두 수령한다.
③ 도덕적 해이는 발생하지 않는다.
④ 경기가 좋아지면 실업급여의 지급이 늘어난다.
⑤ 기존 소득액과 비슷할수록 구직노력을 덜 하게 하는 유인이 발생한다.

33 정치인들이 자신의 임기 중에는 방사성 폐기물 처분장 건설 등 인기 없는 일을 하지 않으려는 것을 무엇이라고 하는가?

① 님비현상　② 핌피현상
③ 산타랠리　④ 리테일테크
⑤ 님트현상

34 원자재가격 상승으로 물가 수준이 상승하여 중앙은행이 기준금리를 인상하기로 결정하였다. 원자재가격 상승과 기준금리 인상의 경제적 효과를 단기 총수요-총공급 모형을 이용하여 분석한 것으로 옳은 것을 모두 고른 것은?

<보기>
ㄱ. 총수요곡선은 좌측으로 이동한다.
ㄴ. 총공급곡선은 좌측으로 이동한다.
ㄷ. 총생산은 대폭 감소한다.
ㄹ. 물가와 실업이 반비례한다는 것을 보여준다.

① ㄱ, ㄴ ② ㄱ, ㄷ ③ ㄴ, ㄷ
④ ㄱ, ㄴ, ㄷ ⑤ ㄴ, ㄷ, ㄹ

35 A재화가 거래되는 시장에서 정부가 시행한 최고가격제가 실효성을 가진다고 가정하자. 정부의 정책이 잉여에 미치는 효과로 옳은 것은?

① 일반적으로 소비자잉여와 사회적 효율성 모두 감소하였다.
② 일반적으로 생산자잉여와 사회적 효율성 모두 증가하였다.
③ 일반적으로 소비자잉여는 증가하였지만 사회적 효율성은 감소하였다.
④ 일반적으로 소비자잉여는 감소하였지만 사회적 효율성은 증가하였다.
⑤ 일반적으로 생산자잉여는 감소하였지만 사회적 효율성은 증가하였다.

36 X재와 Y재가 완전대체재일 경우 상품 Y재에 조세가 부과되면 조세부담은 누구에게 귀착되는가?

① Y재의 공급자에게 전부 귀착된다.
② X재와 Y재의 공급자에게 귀착된다.
③ X재의 공급자에게 전부 귀착된다.
④ X재의 수요자에게 전부 귀착된다.
⑤ X재와 Y재의 수요자에게 귀착된다.

37 비용인상 인플레이션의 원인을 모두 고르면?

<보기>
ㄱ. 기준금리 인하
ㄴ. 국제 원자재 가격 급등
ㄷ. 노동생산성을 초과한 과도한 임금 상승
ㄹ. 국민들의 합리적 기대를 통한 경제활동

① ㄱ, ㄴ ② ㄱ, ㄷ ③ ㄴ, ㄷ
④ ㄱ, ㄴ, ㄷ ⑤ ㄴ, ㄷ, ㄹ

38 케인즈는 재정정책이 금융정책보다 더 큰 효과를 가져온다고 주장하였다. 다음 중 재정정책의 효과가 커질 수 있는 경우로 옳은 것은?

① 투자가 이자율에 영향을 크게 받는 경우
② 재정지출의 증가로 이자율이 크게 상승하는 경우
③ 소비가 가처분소득 변화에 크게 영향을 받는 경우
④ 정부가 자본축적을 위해 저축을 장려하는 경우
⑤ 재정지출 확대에 대응한 조세 증가가 동시에 이루어지는 경우

39 경기 침체 상황에서 한 나라의 총수요를 증가시키는 방법이 아닌 것은?

① 정부지출을 늘린다.
② 법정지급준비율을 인하시킨다.
③ 중앙은행이 채권을 매입한다.
④ 투자세액공제를 실시하여 투자를 증가시킨다.
⑤ 수입상품에 대한 관세율을 하락시킨다.

40 다음 중 스톡옵션에 대한 옳은 설명을 모두 고른 것은?

<보기>
ㄱ. 임직원에게 일정기간이 지난 후 회사의 주식을 약정 당시의 가격으로 살 수 있는 권리를 주는 제도이다.
ㄴ. 임직원들에게 열심히 일할 수 있는 동기를 부여할 수 있다.
ㄷ. 이것을 받은 경우 옵션 행사가격이 주가보다 높더라도 반드시 행사해야 할 의무가 있다.
ㄹ. 이것을 받은 임직원은 미리 정해진 가격에 자기 회사 주식을 무한정으로 살 수 있다.

① ㄱ, ㄴ ② ㄱ, ㄷ ③ ㄴ, ㄷ
④ ㄱ, ㄴ, ㄷ ⑤ ㄴ, ㄷ, ㄹ

41 다음과 같은 상황에서 가장 많은 투자손실을 본 투자자는 누구인가?

20X1년 북미 관계가 어수선하다는 뉴스가 나오자 주식시장 마감이 임박했을 때 한국 주식시장의 불확실성으로 인하여 주가가 폭락했다.

① 콜옵션 매수자 ② 콜옵션 매도자
③ 풋옵션 매수자 ④ 풋옵션 매도자
⑤ 주식현물 매수자

42 다음 중 BIS비율에 대한 설명으로 옳은 것은?

<보기>
ㄱ. 은행 경영의 수익성을 보여주는 지표이다.
ㄴ. 국제결제은행이 일반 은행에 권고하는 자기자본 비율을 의미한다.
ㄷ. 이 기준에 따라 적용대상 은행은 위험자산에 대해 최소 8% 이상 자기자본을 유지하도록 했다.
ㄹ. 하이브리드 채권은 BIS비율을 높이려는 기업에게 인기가 높다.

① ㄱ, ㄴ ② ㄱ, ㄷ ③ ㄴ, ㄹ
④ ㄱ, ㄴ, ㄷ ⑤ ㄴ, ㄷ, ㄹ

43 지문의 (가)에 들어갈 내용으로 가장 적절한 것은? (단, 15세 이상 인구는 일정하고, 다른 요인은 고려하지 않는다)

오랫동안 구직활동을 했으나 취업에 성공하지 못해 구직을 포기한 사람이 크게 늘면서 (가)

① 고용률이 하락했습니다.
② 실업률이 상승했습니다.
③ 비경제활동인구가 감소했습니다.
④ 경제활동참가율이 하락했습니다.
⑤ 경제활동인구 중 취업자가 차지하는 비율이 하락했습니다.

44 원자재나 주가지수 등 기초자산의 가격 변동에 따라 수익을 낼 수 있도록 설계한 채권 형태의 상품으로, 거래소에 상장되어 쉽게 사고팔 수 있는 상장지수채권을 무엇이라고 하는가?

① ETN ② ELD ③ ELW
④ ETF ⑤ MMF

45 자사주(자기주식)에 대한 설명으로 옳은 것은?

① 자사주란 회사와 임원이 보유한 자사 발행주식을 의미한다.
② 의결권이 없고 배당금이 지급되지 않는다.
③ 상법에서는 자기주식의 취득을 원칙적으로 인정하고 있다.
④ 발행주식 수에는 포함되지 않지만 유통주식 수에는 인정된다.
⑤ 이익으로 소각 처리하더라도 자본금이 감소하지 않는다.

46 다음 기사에 해당하는 적대적 M&A의 방어수단인 (A)에 해당하는 것은?

> 정부가 비상장 벤처기업의 (A) 도입을 추진한다. 벤처기업이 성장 과정에서 창업주의 경영권 희석에 대한 우려 없이 대규모 투자를 받아 '유니콘 기업'(기업가치 1조 원이 넘는 기업)으로의 성장 발판을 마련해준다는 취지다. 다만 창업주의 편법 경영권 승계 등 악용될 우려를 고려해 발행요건과 절차 등을 강화키로 했다.

① 차등의결권 ② 곰의 포옹 ③ 포이즌 필
④ 순환출자   ⑤ 황금낙하산

47 중앙은행이 은행의 법정지급준비율을 낮추었다고 할 때 다음 중 기대되는 효과로 옳은 것은?

① 수입이 증가하여 무역적자가 감소할 것이다.
② 저축률이 증가할 것이다.
③ 기업의 투자가 증가할 것이다.
④ 실업률과 인플레이션율이 모두 상승할 것이다.
⑤ 호경기 대책으로 물가하락 효과를 가져올 것이다.

48 표는 갑국의 경제 지표를 나타낸다. 이에 대한 옳은 분석을 모두 고른 것은?

구 분	20X1년	20X2년	20X3년
명목GDP(억 달러)	100	110	120
경제성장률(%)	3	5	5

* 기준연도는 20X1이고, 물가 수준은 GDP 디플레이터로 측정함
** 20X1 ~ 20X3년 갑국의 전년 대비 인구 증가율은 3%로 매년 동일함

<보기>
ㄱ. 20X2년과 20X3년의 전년 대비 실질GDP 증가액은 동일하다.
ㄴ. 20X2년의 GDP디플레이터는 100보다 크다.
ㄷ. 20X1년보다 20X3년의 1인당 실질GDP가 크다.
ㄹ. 20X2년, 20X3년 모두 전년보다 물가 수준이 상승하였다.

① ㄱ, ㄴ ② ㄱ, ㄷ ③ ㄴ, ㄹ
④ ㄱ, ㄴ, ㄷ ⑤ ㄴ, ㄷ, ㄹ

49 다음 중 주식가치를 평가할 때 활용하는 지표가 아닌 것은?

① PER ② PBR ③ GRI
④ EPS ⑤ ROA

50 다음 중 법인세율이 인상되면 일어날 일로 가장 거리가 먼 것은?

<보기>
ㄱ. 기업의 신규 채용 증가
ㄴ. 기업의 유보 이익 증가
ㄷ. 국내기업의 해외 투자
ㄹ. 국내기업의 생산시설 해외 이전

① ㄱ, ㄴ ② ㄱ, ㄷ ③ ㄴ, ㄹ
④ ㄱ, ㄴ, ㄷ ⑤ ㄴ, ㄷ, ㄹ

51 다음이 설명하는 우리나라 상법상의 회사를 순서대로 연결한 것은?

> • 무한책임사원은 경영을 맡고 유한책임사원은 출자를 하고 그 출자금에 대해 이익을 분배받는다.
> • 사원인 주주의 출자와 권리·의무의 단위인 주식으로 나누어진 일정한 자본을 가지고 모든 주주는 그 주식의 인수가액을 한도로 하는 출자의무를 부담할 뿐 회사 채무에 대하여 아무런 책임을 지지 아니하는 회사이다.

① 합명회사 - 주식회사
② 합자회사 - 주식회사
③ 주식회사 - 유한회사
④ 유한회사 - 합명회사
⑤ 지주회사 - 주식회사

52 아래 신문기사의 괄호 안에 들어갈 단어로 알맞은 것은?

> 해외 진출 기업의 '유턴(국내 복귀)'을 법률로 규정해 지원하는 국가는 우리나라가 유일하다. 미국, 일본 등 주요국들은 '(   )'(이)란 이름으로 국내로 돌아오는 기업에 세금 인하, 투자 유인책 등 혜택을 주고 있다. 특히 우리나라가 법에 유턴 기업의 기준을 명확히 정의한 것과 달리, 외국에선 '(   )' 기업을 폭넓게 규정해 지원한다.

① 이전거래 ② 리쇼어링
③ 리커플링 ④ 산업공동화
⑤ 오프쇼어링

53 채권의 종류에 대한 다음 설명 중 옳지 않은 것을 모두 고르면?

<보기>
ㄱ. 교환사채(EB)는 채권을 다른 회사의 주식과 교환해주는 성격을 지닌 유가증권이다.
ㄴ. 정크본드는 신용등급이 낮은 기업이나 국가가 발행하는 채권을 뜻한다.
ㄷ. 외국기업이 일본에서 엔화가 아닌 해외 통화로 발행하는 채권을 사무라이본드라고 한다.
ㄹ. 코코본드는 주택담보대출, 국·공채 등 우량 자산을 담보로 발행되는 담보부채권의 하나이다.

① ㄱ, ㄴ   ② ㄱ, ㄷ   ③ ㄷ, ㄹ
④ ㄱ, ㄴ, ㄷ   ⑤ ㄴ, ㄷ, ㄹ

54 상품 광고방송을 일방적으로 편성하는 기존 TV홈쇼핑과 달리 소비자가 상품을 검색해 골라 살 수 있는 양방향 쇼핑을 지칭하는 용어는?

① SNS   ② T-커머스
③ 파이어 월   ④ V-커머스
⑤ 정보 비대칭 시장

55 기업의 채권단이 부도 위기에 처한 기업을 회생시키기 위해 해당 기업과의 합의를 통해 출자전환, 이자 감면, 상환유예와 같은 지원을 해주는 제도는?

① 법정관리   ② 인수합병
③ 워크아웃   ④ 리엔지니어링
⑤ 리스트럭처링

56 단기 외환거래에 부과하는 금융거래세를 통칭하며, 국제 투기자본 유출입 때문에 각국 통화가 급등락하는 것을 방지하기 위한 금융거래세는?

① 토빈세   ② 버핏세
③ 소로스세   ④ 핫머니세
⑤ 금융투기세

57 다음은 적대적 M&A와 관련된 다양한 수단이다. 보기에서 경영권 방어 수단이 아닌 것을 고르면?

① 그린메일   ② 파킹
③ 포이즌 필   ④ 백기사
⑤ 황금낙하산

58 다음 중 주주들의 의사를 반드시 물어야 하는 것을 모두 고르면?

<보기>
ㄱ. 영업 양도
ㄴ. 자본 감축
ㄷ. 인수합병
ㄹ. 집행임원의 선임

① ㄱ, ㄴ ② ㄱ, ㄷ ③ ㄴ, ㄹ
④ ㄱ, ㄴ, ㄷ ⑤ ㄴ, ㄷ, ㄹ

59 A기업 주식의 주가수익비율(PER)은 8배로 코스닥 시장 상장사 평균 PER을 크게 밑돌고 있다. 이에 대한 적절한 설명을 모두 고른 것은?

<보기>
ㄱ. PER은 주가를 주당순이익으로 나눠 구한다.
ㄴ. 주가가 올라가면 A주식의 PER은 더 하락할 가능성이 크다.
ㄷ. A주식은 벌어들이는 이익에 비해 주가가 저평가된 것으로 볼 수 있다.
ㄹ. A기업의 주가는 자산가치를 잘 반영하고 있다.

① ㄱ, ㄴ ② ㄱ, ㄷ ③ ㄴ, ㄹ
④ ㄱ, ㄴ, ㄷ ⑤ ㄴ, ㄷ, ㄹ

60 재무비율분석은 기업들이 발표하는 재무제표를 활용해 기업의 재무상태나 경영성적을 진단하는 것이다. 다음 중 안정성 지표로 볼 수 있는 것은?

<보기>
ㄱ. 유동비율
ㄴ. 매출액이익률
ㄷ. 매출액증가율
ㄹ. 이자보상비율

① ㄱ, ㄴ ② ㄱ, ㄹ ③ ㄴ, ㄹ
④ ㄱ, ㄴ, ㄷ ⑤ ㄴ, ㄷ, ㄹ

응용복합

61 그림은 갑국의 총수요와 총공급을 나타낸 것이다. 갑국의 국민경제 균형점 E_0를 E_1으로 이동시키는 요인으로 옳은 것은?

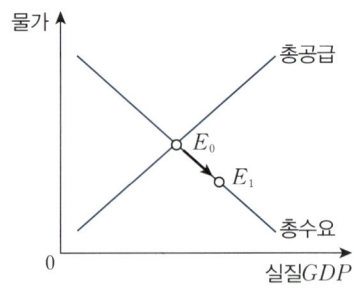

① 순수출이 증가하였다.
② 정부 지출을 확대하였다.
③ 지급준비율을 인상하였다.
④ 주력 산업에서 기술 혁신이 일어났다.
⑤ 주요 수입 원자재의 가격이 상승하였다.

62 표와 같은 환율 변동 추세가 지속될 경우에 대한 설명으로 옳은 것은?

(단위 : %)

구 분	20X1년	20X2년
원/달러 환율의 변동률	-1	-6
원/엔 환율의 변동률	2	5

① 원화 대비 엔화의 가치가 하락한다.
② 달러화 대비 원화의 가치가 하락한다.
③ 우리나라 대미 수출품의 달러화 표시 가격은 하락한다.
④ 우리나라 기업의 달러화 표시 외채 상환 부담은 감소한다.
⑤ 일본으로부터 원자재를 수입하는 우리나라 기업의 부담은 감소한다.

63. 폐쇄경제인 어떤 나라의 소비함수(C), 투자지출(I), 정부지출(G) 및 조세징수액(T)이 다음과 같이 주어져 있다고 한다. 균형국민소득은 얼마인가?

(단위 : 억 원)

- $C = 1{,}000 + 0.8(Y - T)$
- $G = 1{,}000$
- $I = 1{,}000$
- $T = 1{,}000$

① 8,000억 원   ② 8,800억 원
③ 1조 원   ④ 1조 1,000억 원
⑤ 1조 6,000억 원

64. 밑줄 친 ㉠과 ㉡에 대한 옳은 설명을 모두 고른 것은?

A국은 자동차세를 2회에 걸쳐 분납하는 것을 원칙으로 하지만 일시에 납부하는 사람들에게는 ㉠ 세액의 10%를 감면해 준다. 또한 정해진 기한 내에 납부하지 않는 사람들에게는 ㉡ 세액의 5%를 가산하는 제도도 운영하고 있다.

〈보기〉
ㄱ. ㉠은 자동차세 일시납을 감소시키는 유인이다.
ㄴ. ㉡은 자동차세를 기한 내에 납부하게 하는 유인이다.
ㄷ. ㉡과 달리 ㉠은 경제적 이익으로 동기를 부여한다.
ㄹ. ㉠과 달리 ㉡은 비용을 부과하여 특정 행위를 감소시키는 유인이다.

① ㄱ, ㄴ   ② ㄱ, ㄷ   ③ ㄴ, ㄹ
④ ㄱ, ㄴ, ㄷ   ⑤ ㄴ, ㄷ, ㄹ

65. 전직 강사인 어떤 농부가 있다. 이 농부는 강의로 시간당 5만 원을 벌 수 있다. 어느 날 이 농부가 10만 원어치 씨앗을 사서 10시간 파종하였는데 30만 원의 수확을 올렸다면, 이 농부의 회계학적 이윤(또는 손실)과 경제적 이윤(또는 손실)은 각각 얼마인가?

① 회계학적 이윤 30만 원, 경제적 이윤 30만 원
② 회계학적 이윤 20만 원, 경제적 손실 30만 원
③ 회계학적 손실 20만 원, 경제적 손실 30만 원
④ 회계학적 손실 20만 원, 경제적 이윤 10만 원
⑤ 회계학적 손실 20만 원, 경제적 이윤 30만 원

66. 다음 자료에 대한 분석으로 옳은 것을 모두 고르면?

X재 시장에서 공급이 증가하여 X재 가격이 1% 하락하였다. 표는 이에 따른 갑, 을, 병의 X재 수요량 증가율을 나타낸다.

구분	갑	을	병
수요량 증가율(%)	0	0.5	2

〈보기〉
ㄱ. 갑의 X재 수요는 가격에 대해 단위탄력적이다.
ㄴ. 을의 X재 소비 지출액은 감소한다.
ㄷ. 병의 X재 소비 지출액은 증가한다.
ㄹ. 갑, 을, 병의 X재 소비 지출액의 합은 감소한다.

① ㄱ, ㄴ   ② ㄱ, ㄷ   ③ ㄴ, ㄷ
④ ㄱ, ㄴ, ㄷ   ⑤ ㄴ, ㄷ, ㄹ

67. 다음 자료에 대한 분석 및 추론으로 옳은 것은?

표는 X재 시장의 가격 수준에 따른 수요량과 공급량을 나타낸다. 정부는 ㉠ X재의 가격 상한을 4,000원으로 규제하는 정책을 시행하려고 한다.

가격(원)	수요량(개)	공급량(개)
6,000	400	600
5,000	500	500
4,000	600	400
3,000	700	300

① ㉠은 공급자를 보호하기 위한 정책이다.
② ㉠ 시행 이전의 시장 거래량은 1,000개이다.
③ ㉠으로 인해 200개의 초과공급이 발생한다.
④ ㉠ 시행 이후 모든 가격 수준에서 수요량이 200개씩 증가한다면 시장 거래량은 500개가 된다.
⑤ ㉠ 시행 이후 모든 가격 수준에서 공급량이 400개씩 증가한다면 ㉠의 실효성은 없어진다.

68 A시의 택시회사가 적자상태에 있어 수입을 증대시킬 방안을 찾고 있다. A시의 대중교통과 직원은 택시 기본료 인상을 주장하는 데 반해, 시민단체는 택시 기본료 인하를 주장한다. 양측의 주장에 대한 설명으로 옳은 것은?

① 직원은 택시에 대한 수요가 가격탄력적이라고 생각하지만, 시민단체는 수요가 가격비탄력적이라고 생각한다.
② 직원은 택시에 대한 수요가 가격비탄력적이라고 생각하지만, 시민단체는 수요가 가격탄력적이라고 생각한다.
③ 직원과 시민단체 모두 택시에 대한 수요가 가격비탄력적이라고 생각하지만, 시민단체의 경우가 더 비탄력적이라고 생각한다.
④ 직원과 시민단체 모두 택시에 대한 수요가 가격탄력적이라고 생각하지만, 직원의 경우가 더 탄력적이라고 생각한다.
⑤ 직원과 시민단체 모두 택시 수요의 가격탄력성이 완전비탄력적이라고 생각한다.

69 20X1년 기상 여건이 좋아 배추와 무 등의 농산물 생산이 풍년을 이루었다. 그러나 농민들은 오히려 수입이 줄어 어려움을 겪는 현상이 발생하였다. 이러한 현상의 원인으로 옳은 것은?

① 가격의 하락과 탄력적 공급이 지나친 판매량 감소를 초래하였다.
② 가격의 하락과 비탄력적 공급이 지나친 판매량 감소를 초래하였다.
③ 공급의 증가와 탄력적 수요가 가격의 지나친 하락을 초래하였다.
④ 공급의 증가와 비탄력적 수요가 가격의 지나친 하락을 초래하였다.
⑤ 수요와 공급이 모두 증가하여 가격과 거래량 모두 예측이 불가능하기 때문이다.

70 X재와 Y재를 소비하는 갑의 소비량에 따른 한계효용이 다음 표와 같다. X재의 가격이 10, Y재의 가격이 20일 때 효용극대화 조건이 충족되는 갑의 소비 묶음은?

소비량	1	2	3	4	5	6
X재의 한계효용	10	9	8	7	6	5
Y재의 한계효용	10	8	6	5	3	1

	X재	Y재		X재	Y재
①	1	6	②	2	3
③	3	2	④	4	5
⑤	6	1			

71 갑은 매월 우산을 100개 팔고 있다. 갑의 월간 총비용은 100,000원이고, 이 중 고정비용은 20,000원이다. 갑은 단기적으로는 이 가게를 운영하지만 장기적으로는 폐업할 계획이다. 우산 1개당 가격의 범위는? (단, 우산 시장은 완전경쟁적이라고 가정한다)

① 600원 이상 700원 미만
② 800원 이상 1,000원 미만
③ 1,100원 이상 1,200원 미만
④ 1,300원 이상 1,400원 미만
⑤ 1,500원 이상 1,700원 미만

72 철수는 장롱 안에서 현금 100만 원을 발견하고 이를 A은행의 보통예금 계좌에 입금하였다. 이로 인한 본원통화와 협의통화(M1)의 즉각적인 변화는?

① 본원통화는 100만 원 증가하고, 협의통화는 100만 원 증가한다.
② 본원통화는 100만 원 감소하고, 협의통화는 100만 원 감소한다.
③ 본원통화는 변화가 없고, 협의통화는 100만 원 증가한다.
④ 본원통화는 100만 원 증가하고, 협의통화는 변화가 없다.
⑤ 본원통화와 협의통화 모두 변화가 없다.

73 다음은 20X1년 갑국 경제 상황을 나타내는 카드 뉴스이다. 이에 대한 분석으로 옳은 것은?

▲ 고용 : ㉠ 경기 호황 이어져 고용증가
▲ 물가 : ㉡ 급격한 물가 상승
▲ 통화정책 : ㉢ 물가 급등 해결을 위한 통화정책 시행

① 총수요의 감소는 ㉠의 요인이다.
② ㉡으로 인해 갑국 화폐의 실질 구매력은 상승하였다.
③ ㉢은 긴축 통화정책에 해당한다.
④ 중앙은행의 국·공채 매입은 ㉢의 수단에 해당한다.
⑤ 20X1년에 갑국에서는 스태그플레이션이 발생하였다.

74 다음 중 관세의 단기적 효과로서 순후생손실에 해당하는 것은? (단, D는 국내 수요곡선이고, S는 국내 공급곡선이다. 관세가 부과되기 전 국내가격 P_1은 국제가격 P^*와 같다. 그러나 관세가 부과되면 국내가격은 $(1+t)P^*$와 같아진다. t는 관세율에 해당한다)

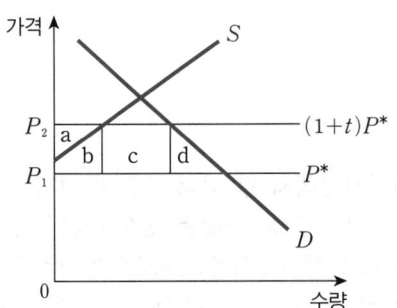

① a
② d
③ b + d
④ b + c + d
⑤ a + b + c + d

75 다음 자료에 대한 옳은 분석을 모두 고른 것은? (단, 양국이 보유한 노동량은 같고, 노동만을 생산요소로 사용한다. 또한 교역에 따른 거래비용은 없다)

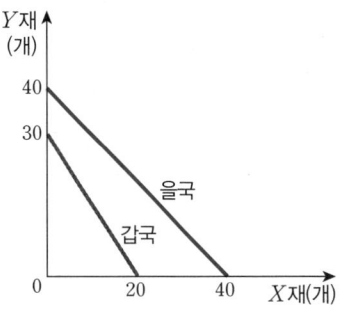

<보기>
ㄱ. 을국은 X재와 Y재 생산에 모두 절대우위를 가진다.
ㄴ. 을국은 X재 20개와 Y재 20개를 동시에 생산할 수 있다.
ㄷ. X재와 Y재의 교환 비율이 1:1일 경우 갑국은 교역에 응하려고 할 것이다.
ㄹ. Y재 생산에서 노동 1단위의 생산성은 갑국이 을국보다 높다.

① ㄱ, ㄴ
② ㄱ, ㄷ
③ ㄴ, ㄹ
④ ㄱ, ㄴ, ㄷ
⑤ ㄴ, ㄷ, ㄹ

76 기업이 제품 18개를 팔 때에는 개당 2만 원을 받을 수 있지만 21개를 팔 때에는 개당 1만 원을 받을 수 있다. 네 번째 노동의 한계수입생산은 얼마인가? (단, 기타 생산요소는 변하지 않는다고 가정한다)

노동(단위)	0	1	2	3	4	5
총생산(개)	0	8	14	18	21	23

① 1만 원
② 3만 원
③ 9만 원
④ 18만 원
⑤ 21만 원

77 신호등은 공공재이므로 이들 4명은 모두 무임승차를 하고 싶어 한다. 공공재인 신호등의 건설비용이 얼마일 때 갑은 무임승차를 포기하고 자신이 비용을 들여 직접 신호등을 설치할까? (단, 자료는 신호등 설치의 지불용의를 의미한다)

구분	갑	을	병	정
지불용의	1,200원	200원	300원	500원

① 100원
② 250원
③ 400원
④ 900원
⑤ 1,100원

78 다음 (가)와 (나)의 조세에 대한 설명으로 옳은 것은?

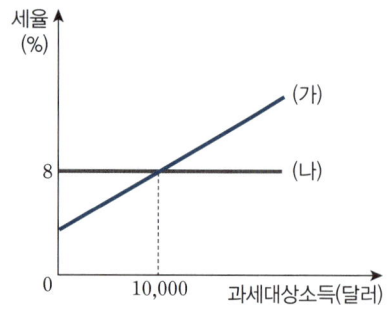

① 비례세는 (가)보다 소득재분배 효과가 크다.
② (가)는 (나)보다 조세 부담의 역진성이 크다.
③ (가)는 비례세 제도, (나)는 누진세 제도에 해당한다.
④ (나)보다 (가)를 시행할 경우의 조세 수입이 많을 것이다.
⑤ 과세대상소득이 12,000달러인 사람에게는 (가)보다 (나)가 유리할 것이다.

79 표는 생산활동에서 외부효과가 발생하고 있는 X재와 Y재의 시장 상황을 나타낸다. 이에 대한 설명으로 옳은 것은? (단, X재와 Y재는 수요와 공급 법칙을 따른다)

구분	사회적 최적 거래량	균형 거래량
X재 시장	Q_1	$Q_1 + 200$
Y재 시장	Q_2	$Q_2 - 150$

① X재 시장에서는 긍정적 외부효과가 발생하고 있다.
② X재 시장의 균형 가격은 사회적 최적 수준보다 높다.
③ Y재 생산에 따른 사적 비용은 사회적 비용보다 크다.
④ X재 소비에 대해 보조금을 지급하여 사회적 최적 거래량을 유도할 수 있다.
⑤ Y재 생산에 대해 세금을 부과하여 외부효과를 개선할 수 있다.

80 외환시장에서 원/달러 환율이 현재 1,000원이다. 수출업체인 ㈜해커스는 앞으로 환율이 하락할 것으로 보고 행사가격이 1,000원인 달러 풋옵션 1,000계약을 계약당 50원에 매수했다. 옵션 만기일에 원/달러 환율이 900원이 됐다고 가정할 경우 옵션거래에 따른 ㈜해커스의 손익은?

① 이익 3만 원
② 이익 5만 원
③ 이익 10만 원
④ 손실 3만 원
⑤ 손실 5만 원

제2회 | 실전모의고사

경제이론

01 다음을 토대로 한 진술로 가장 적절한 것은?

> 희소성 ⇨ 선택의 문제 발생 ⇨ 기회비용 발생

① 국제무역의 특화 원리는 선택의 문제와는 무관하다.
② 선택의 문제가 발생하면 기회비용이 발생할 수밖에 없다.
③ 희소성은 인간의 욕망과 관련되므로 수요 측면에 한정되어 발생한다.
④ 노동자에게 임금이 지급되는 과정에서는 기회비용이 발생하지 않는다.
⑤ 시장경제체제에서는 발생하지만 계획경제체제에서는 희소성이 발생하지 않는다.

02 그림은 민간 경제의 흐름을 나타낸 것이다. 이에 대한 설명으로 옳은 것은?

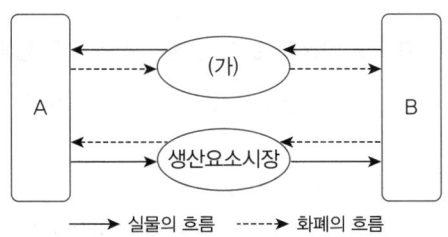

① (가)에서 기업은 공급자, 가계는 수요자이다.
② 임금은 (가)에서 결정된다.
③ A는 조세를 거둬들여 공공재를 생산한다.
④ B는 노동 시장에서 공급자이다.
⑤ B는 소비를 통해 만족의 극대화를 추구한다.

03 다음 사례에서 야구경기 관람의 기회비용은?

> 주유소에서 아르바이트를 하면 시간당 5,000원을 벌고 고기집에서 아르바이트를 하면 시간당 6,000원을 벌 수 있는 대학생이 아르바이트를 하는 대신에 4시간 동안 8,000원의 입장료를 내고 프로 야구경기를 관람하였다.

① 20,000원 ② 24,000원 ③ 28,000원
④ 32,000원 ⑤ 36,000원

04 소고기 국내 시장의 균형점이 (가)에서 (나)로 이동할 수 있는 적절한 상황을 <보기>에서 고른 것은?

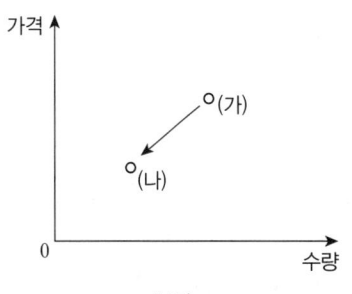

<보기>
ㄱ. 소의 사료 가격이 대폭 인상되었다.
ㄴ. 소비자들의 소고기에 대한 선호가 증가하였다.
ㄷ. 대체재인 돼지고기의 가격이 큰 폭으로 하락하였다.
ㄹ. 광우병 파동으로 소고기 소비가 급감하였고, 이 병이 발생한 국가로부터의 수입도 제한되었다. (단, 줄어든 소고기 수입량보다 급감한 소고기 소비량이 더 크다)

① ㄱ, ㄴ ② ㄱ, ㄷ ③ ㄴ, ㄷ
④ ㄴ, ㄹ ⑤ ㄷ, ㄹ

05 가격탄력성에 대한 설명으로 옳은 것은?

① 농산물의 수요는 가격 변동에 대해 탄력적이다.
② 수요의 가격탄력성은 0에서 1 사이의 값을 가진다.
③ 사치품에 대한 수요의 가격탄력성은 일반적으로 1보다 크다.
④ 수요의 가격탄력성이 1보다 크면 그 제품은 단위탄력적이라고 한다.
⑤ 수요의 가격탄력성이 1보다 크면 수요량은 가격 변동에 많은 영향을 받지 않는다.

06 무차별곡선이론에 대한 설명으로 옳지 않은 것은?

① 효용의 주관적 측정 가능성을 전제한다.
② 무차별곡선과 예산제약선을 이용하여 소비자 균형을 설명한다.
③ 무차별곡선의 기울기는 한계기술대체율이다.
④ 무차별곡선은 우하향하며 원점에 대해 볼록하다.
⑤ 소득이 동일한 사람들의 무차별곡선은 동일하지 않을 수 있다.

07 현재 20명의 노동자가 고용되어 있다고 하자. 이들의 평균생산물은 40이고, 21명째 노동자의 한계생산물은 38이다. 21명째 노동자를 고용할 경우 다음 중 사실인 것은?

① 한계생산물은 불변이다.
② 평균생산물은 불변이다.
③ 평균생산물은 증가한다.
④ 평균생산물은 감소한다.
⑤ 평균생산물과 한계생산물이 같아진다.

08 어떤 완전경쟁기업의 비용조건이 다음과 같이 주어져 있다. 총고정비용은 2,000원, 총비용은 7,000원이다. 만약 이 기업이 6,000개의 상품을 개당 1원에 판매하고 있다면 어떤 상태에 놓여 있는가?

① 기업은 손익분기점에 놓여 있다.
② 기업의 초과이윤을 증가시키기 위하여 생산을 줄여야 한다.
③ 기업의 생산량은 이윤극대화 생산량이며 이때 초과이윤을 누리고 있다.
④ 기업은 손실을 보고 있지만 생산을 계속해야 한다.
⑤ 기업은 정상이윤을 누리고 있으므로 생산을 계속해야 한다.

09 용의자의 딜레마 모형에 대한 설명으로 옳은 것은?

① 완전경쟁시장에서의 기업 간 관계를 잘 설명할 수 있다.
② 우월전략이 존재하지 않는다.
③ 용의자의 딜레마 상황이 무한 반복되는 경우 참가자들 간의 협조가 더 어려워진다.
④ 과점기업들이 공동행위를 통한 독점이윤을 누리기 어려운 이유를 잘 설명할 수 있다.
⑤ 용의자들은 합리적 판단을 통해 서로 최적의 결과를 찾아낼 수 있음을 알 수 있다.

10 다음 그림의 A ~ D는 경쟁 형태에 따라 시장을 분류한 것이다. A ~ D 시장에 대한 옳은 설명을 <보기>에서 고른 것은?

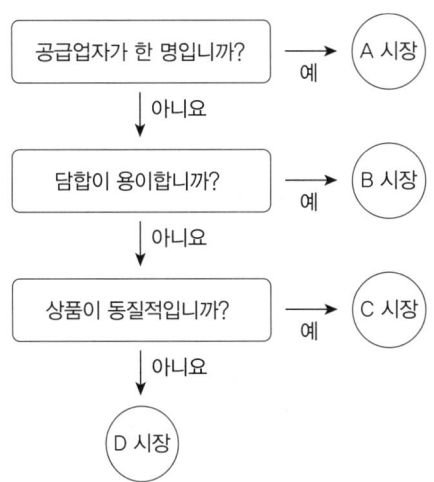

―――――<보기>―――――
ㄱ. A 시장은 공급자가 생산량을 조절하여 가격을 결정한다.
ㄴ. B 시장은 C 시장에 비해 시장 진입 장벽이 낮다.
ㄷ. C 시장의 수요자와 공급자 모두 가격 순응자이다.
ㄹ. D 시장은 C 시장에 비해 상품 차별화 전략을 적용하기 어렵다.

① ㄱ, ㄴ ② ㄱ, ㄷ ③ ㄴ, ㄷ
④ ㄴ, ㄹ ⑤ ㄷ, ㄹ

11 로렌츠곡선에 대한 설명으로 적합하지 않은 것은?

① 이 곡선이 대각선에 가까울수록 더욱 평등한 분배를 뜻한다.
② 균등한 분배가 바로 평등한 분배라고 암묵적으로 전제한다.
③ 두 로렌츠곡선이 교차할 경우 어느 쪽이 더 평등한지 판단할 수 없다.
④ 로렌츠곡선이 완전대각선일 때 앳킨슨 지수는 0이 된다.
⑤ 소득분배에 관한 가치판단이 내포되어 있다.

12 아무런 규제가 없는 완전경쟁시장에서 생산량에 비례하여 환경오염을 발생시키는 기업이 있다고 가정하자. 이를 사회적 관점에서 설명한 것으로 옳은 것만을 모두 고른 것은?

―――――<보기>―――――
가. 사회적으로 바람직한 수준보다 낮은 가격이 형성된다.
나. 기업의 사적 한계비용이 사회적 한계비용보다 높다.
다. 사회적으로 바람직한 수준보다 많이 생산을 한다.

① 가, 나
② 가, 다
③ 나, 다
④ 가, 나, 다
⑤ 모두 옳지 않음

13 역선택과 관련된 설명으로 옳은 것은?

① 소비자의 소득이 증가할수록 수요가 감소하는 재화가 있다.
② 화재보험에 가입한 건물주가 화재예방에 소홀히 한다.
③ 환경보호운동에 참여하지 않아도 그 운동효과를 볼 수 있다.
④ 다칠 위험이 높을 사람일수록 상해보험에 가입할 가능성이 크다.
⑤ 경제행위를 함에 있어서 선택의 역효과를 나타내는 용어이다.

14 공공재와 외부성에 대한 설명 중 옳지 않은 것은?

① 인류가 환경파괴적 행동을 계속하게 된다면 궁극적으로 지구의 파멸을 초래할 수 있다는 것은 공유지 비극의 한 예이다.
② 환경오염과 같은 부의 외부성이 존재하는 경우 사적 비용이 사회적 비용보다 크기 때문에 사회적으로 바람직한 수준보다 더 많은 환경오염이 초래된다.
③ 코즈의 정리란 외부성으로 인해 영향을 받는 모든 이해 당사자들이 자유로운 협상에 의해 상호간의 이해를 조정할 수 있다면 정부가 적극적으로 개입하지 않아도 시장에서 스스로 외부성 문제를 해결할 수 있다는 것이다.
④ 한 소비자가 특정 재화를 소비함으로써 얻는 혜택이 그 재화를 소비하는 다른 소비자들의 수요에 의해 영향을 받는 경우 네트워크 외부성이 존재한다고 한다.
⑤ 공공재는 경합성과 배제성이 존재하지 않아 막히지 않는 무료도로로 표현할 수 있다.

15 다음 중 투표의 역설을 가장 잘 설명하고 있는 것은?

① 다수결투표제가 사회구성원의 선호를 가장 잘 반영한다는 보장이 없다.
② 모든 사람을 만족시키는 투표제도는 존재하지 않는다는 역설적인 현상을 말한다.
③ 개인의 선호는 일관성을 갖더라도 사회 선호는 일관성을 갖지 않는 현상을 말한다.
④ 다수결투표제도하에서는 가장 많은 공공재를 원하는 사람의 선호가 가장 존중되는 현상을 말한다.
⑤ 점수투표제하에서도 투표의 역설이 발생할 가능성이 있다.

16 다음 그래프는 과세대상금액과 세율의 관계를 나타낸다. 이에 대한 옳은 설명을 모두 고른 것은?

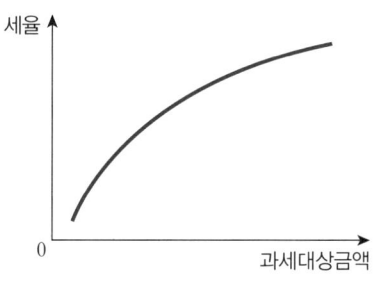

<보기>
ㄱ. 역진세의 성격이 강하다.
ㄴ. 과세 전에 비해 과세 후의 소득 격차가 작다.
ㄷ. 부가가치세 등에서 나타나는 세율 구조이다.
ㄹ. 비례세에 비해 조세의 소득재분배 효과가 크다.

① ㄱ, ㄴ   ② ㄱ, ㄷ   ③ ㄴ, ㄷ
④ ㄴ, ㄹ   ⑤ ㄷ, ㄹ

17 본원통화에 대한 설명으로 옳은 것은?

① 중앙은행이 콜금리 인하를 위해 개입을 실시하면 본원통화가 감소한다.
② 본원통화는 중앙은행의 자산이며, 고성능 화폐라고도 한다.
③ 본원통화는 현금통화와 예금은행의 중앙은행에 대한 지준예치금의 합으로 나타낼 수 있다.
④ 중앙은행이 환율하락을 위한 외환시장 개입을 실시하면 본원통화가 감소한다.
⑤ 예금은행이 지급준비예치금을 증가시키면 본원통화의 크기는 감소한다.

18 통화량 증가율은 연 10%, 실질GDP 증가율은 연 -2%, 인플레이션율은 연 2%이다. 화폐수량설이 성립할 때, 연간 화폐유통속도 증가율은?

① -12%   ② -10%   ③ 0%
④ 10%   ⑤ 12%

19 경기동향을 나타내는 기업경기실사지수와 소비자동향지수에 대한 설명으로 옳지 않은 것은?

① BSI는 기업 활동의 실적, 계획, 경기동향 등에 대한 기업가들의 의견을 직접 조사하여 이를 지수화 한 표이다.
② BSI는 다른 경기지표와는 달리 기업가의 주관적이고 심리적인 요소까지 조사가 가능하고, 정부정책의 파급 효과를 분석하는 데 활용되기도 한다.
③ CSI는 50을 기준치로 하여, 50을 초과할 경우는 앞으로 생활형편이 좋아질 것이라고 응답한 가구가 나빠질 것으로 응답한 가구보다 많다는 것을 의미한다.
④ BSI는 비교적 쉽게 조사하고 작성될 수 있지만 조사 응답자의 주관적인 판단이 개입될 가능성이 있다.
⑤ BSI가 85에서 97이 되었다는 것은 전에 비해 경기를 부정적으로 보는 사람이 줄었지만 전체적으로는 아직도 부정적으로 보는 사람이 많다는 것이다.

20 (가), (나)에 대한 설명으로 옳은 것은?

> (가) 우리나라 국민의 미국 유학이 증가하였다.
> (나) 우리나라 기업의 특허권과 상표권 판매를 통한 달러 유입이 증가하였다.

① (가)는 원/달러 환율 상승 요인이다.
② (가)는 국내 외환시장에서 달러의 공급 감소 요인이다.
③ (나)는 우리나라의 국제수지 중 본원소득수지 변동 요인이다.
④ (나)로 인해 환율이 변동한다면 이는 미국에 대한 상품 수출에 유리하게 작용한다.
⑤ (가)와 (나)가 동시에 발생하면 원/달러 환율은 상승한다.

21 금융 시장에 대한 설명으로 옳은 것은?

① 직접금융 시장은 기업이 발행한 주식이나 회사채를 자금 공급자가 은행으로부터 공급하는 시장이다.
② 직접금융 시장은 금융중개기관이 시중에서 조달한 자금을 기업에 공급하는 시장이다.
③ 증권 시장은 자금의 수요자와 공급자를 연결해주는 가교역할을 하는 직접금융 기능을 담당한다.
④ 주식을 발행하여 자금을 조달할 경우 기업은 금융비용이 발생한다.
⑤ 최근까지 직접금융 시장의 규모는 점차적으로 축소되는 경향을 보이고 있다.

22 채권투자에 관한 다음의 설명 중 옳은 것은?

<보기>
가. 일반적으로 신용위험도가 높은 채권일수록 수익률이 높게 된다.
나. 금리가 상승할 것으로 예상되면 잔존기간이 적은 채권에 투자하는 게 좋다.
다. 채권가격이 상승하고 있다는 것은 채권수익률도 상승하고 있다는 것을 의미한다.
라. 채권가격은 금리수준에 따라 변동하는데 잔존기간이 긴 채권일수록 짧은 채권에 비해 가격 변동 폭이 작다.

① 가, 나   ② 가, 다   ③ 나, 다
④ 나, 라   ⑤ 다, 라

23 비용곡선에 대한 다음 설명 중 옳지 않은 것은?

① 한계비용이 평균비용보다 작은 구간에서 생산량을 감소시키면 평균비용이 증가한다.
② 고정비용이 없는 경우에 한계비용이 일정하면 평균비용과 한계비용은 일치한다.
③ 노동이 유일한 가변요소인 단기에서 한계비용과 노동의 한계생산은 역의 관계가 있다.
④ 고정비용이 증가하면 한계비용도 증가한다.
⑤ 장기평균비용곡선이 우하향하는 구간에서는 규모의 경제가 존재한다.

24 합리적 기대와 적응적 기대에 대한 다음 설명 중 옳지 않은 것은?

① 합리적 기대란 경제주체들이 어떤 변수를 예측할 때 현재 이용가능한 모든 정보를 말한다.
② 적응적 기대란 경제주체들이 어떤 변수를 예측할 때 최근에 실현된 변수 값을 근거로 기대를 형성하는 것을 말한다.
③ 미래의 변수 값에 대한 합리적인 기대를 형성하면 예측오차가 발생하지 않는다.
④ 경제주체들이 현재의 정부정책에 관한 정보를 기대형성에 활용하는 것은 합리적 기대의 한 예가 될 수 있다.
⑤ 노동자들이 올해의 인플레이션율이 작년과 동일할 것이라고 예상하는 것은 적응적 기대의 한 예가 될 수 있다.

25 경기종합지수 구성지표 중 경기동행지수를 고르면?

<보기>
ㄱ. 광공업 생산지수
ㄴ. 건설기성액
ㄷ. 생산자 제품재고지수
ㄹ. 구인구직비율

① ㄱ, ㄴ   ② ㄱ, ㄷ   ③ ㄴ, ㄷ
④ ㄴ, ㄹ   ⑤ ㄷ, ㄹ

26 다음 중 헤지펀드의 특징으로 옳지 않은 것을 모두 고르면?

<보기>
ㄱ. 시장 상황과 상관없이 꾸준한 수익을 내는 것이 목표이다.
ㄴ. 헤지는 울타리, 장벽, 방지책이란 뜻을 가지고 있다.
ㄷ. 투명성이 높아 각국의 규제를 받는 그림자 금융이다.
ㄹ. 선진국의 기초산업에 투자하여 세계 전체의 부흥에 기여한다.

① ㄱ, ㄴ   ② ㄱ, ㄷ   ③ ㄴ, ㄷ
④ ㄴ, ㄹ   ⑤ ㄷ, ㄹ

27 신용디폴트스왑(CDS)에 대한 설명으로 옳은 것을 모두 고르면?

<보기>
ㄱ. 신용위험을 전가하는 유용한 수단이다.
ㄴ. 준거자산의 신용도가 높을수록 CDS 프리미엄은 낮아진다.
ㄷ. 보장매입자의 신용도는 CDS 프리미엄은 비례한다.
ㄹ. 우리나라의 CDS 프리미엄은 국제금융위기 시에 낮아지는 경향을 보였다.

① ㄱ, ㄴ   ② ㄱ, ㄷ   ③ ㄴ, ㄷ
④ ㄴ, ㄹ   ⑤ ㄷ, ㄹ

28 외환 시장에서 원/달러 환율이 현재 1,120원이다. 수출업체인 ㈜남서방은 앞으로 환율이 하락할 것으로 보고 행사가격이 1,100원인 달러 풋옵션 3,000계약을 계약당 50원에 매수했다. 옵션 만기일에 원/달러 환율이 1,000원이 됐다고 가정할 경우 옵션거래에 따른 ㈜남서방의 손익은?

① 이익 5만 원   ② 이익 10만 원
③ 이익 15만 원   ④ 손실 10만 원
⑤ 손실 15만 원

29 갑국의 중앙은행이 20X3년 전년 대비 물가상승률을 0%에 고정시키고자 한다면 통화량의 전년 대비 증가율은 어느 수준에서 결정되어야 하는가? (단, 갑국은 X재만 생산하며. 고전학파의 화폐 수량설을 따라 통화량을 결정한다)

연도	통화량(M)	화폐유통속도(V)	물가(P)	실질GDP(Y)
20X1	2만 원	4	90	800
20X2	5만 원	4	100	1,000
20X3		4		1,100

① 0%   ② 2%   ③ 5%   ④ 10%   ⑤ 50%

30 다음의 갑, 을, 병에 대한 설명으로 옳은 것은?

- 갑은 ○○시가 발행한 채권을 매입하였다.
- 을은 □□ 증권 사이트에서 A회사가 발행한 주식을 매입하였다.
- 병은 △△ 은행의 정기예금에 가입하였다.

① 을은 간접금융 시장에서 금융 상품을 매입하였다.
② 갑보다 을이 매입한 금융 상품의 안전성이 더 높다.
③ 갑과 을이 매입한 금융 상품은 모두 이자 수익이 발생한다.
④ 갑이 매입한 금융 상품과 병이 가입한 금융 상품은 모두 만기가 있다.
⑤ 갑, 을이 매입하고, 병이 가입한 금융 상품은 모두 증권 상품에 해당한다.

시사경제

31 다음 그림은 GDP와 GNP의 변화를 나타낸 것이다. 이와 관련된 옳은 설명을 <보기>에서 고른 것은? (단, 숫자는 해당 영역의 크기이다)

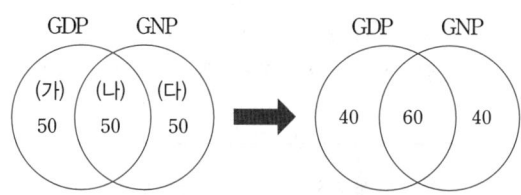

<보기>
ㄱ. 우리나라 영화시장에 진출한 외국 배우는 (가)의 사례이다.
ㄴ. (가)의 변화 원인으로 우리나라 노동자의 해외 진출 감소를 들 수 있다.
ㄷ. (나)의 변화 원인으로 자국 기업의 국내생산 설비 증설을 들 수 있다.
ㄹ. (다)의 변화 원인으로 외국 기업의 국내투자 감소를 들 수 있다.

① ㄱ, ㄴ   ② ㄱ, ㄷ   ③ ㄴ, ㄷ
④ ㄴ, ㄹ   ⑤ ㄷ, ㄹ

32 최근 실질국민총소득(GNI)의 증가율이 실질국내총생산(GDP) 증가율보다 낮아서 경제성장을 체감하기 어려워지고 있는데, 이 현상의 원인으로 알맞은 것은?

① 한국인들의 해외소득이 증가하였기 때문이다.
② 국제무역이 증가하였기 때문이다.
③ 해외재화의 수입단가가 높아졌기 때문이다.
④ 국내재화의 수출단가가 높아졌기 때문이다.
⑤ 국가 간의 자본투자가 증가하였기 때문이다.

33 다음 중 정부지출의 증가로 발생하는 승수효과에 대한 설명으로 옳은 것은? (단, 한계소비성향은 0.5, 정부지출의 증가분은 1억 원이라 가정한다)

① 승수효과는 정부지출의 증가로만 발생한다.
② 승수효과로 인하여 총국민소득이 4억 원 증가한다.
③ 한계소비성향이 낮을수록 승수효과가 커진다.
④ 연속적인 소비의 증가로 인한 국민소득증가분은 총 1억 원이다.
⑤ 국민소득 증가 및 저축의 증가로 기업의 투자가 늘어 국민소득을 더욱 커지게 한다.

34 표는 A국의 국내총생산(GDP)을 나타낸 것이다. 이에 대한 분석으로 옳지 않은 것은?

(20X1년 기준, 단위 : 억 원)

구 분	20X1년	20X2년	20X3년	20X4년
명목GDP	500	550	600	660
실질GDP	500	540	600	680

① 20X1년보다 20X2년에는 물가가 상승하였다.
② 20X2년의 실질 경제성장률은 8%이다.
③ 20X3년 물가수준은 20X1년 물가수준과 동일하다.
④ 20X3년보다 20X4년의 실질 경제성장률이 더 낮다.
⑤ 20X4년에는 20X3년보다 물가가 하락하였다.

35 다음 중 통화량을 증가시키는 요인은?

① 국제수지의 악화
② 국민들의 현금보유선호도의 감소
③ 중앙은행 재할인율의 인상
④ 공개시장에서의 채권매각
⑤ 지급준비율의 인상

36 다음의 상황을 타개하기 위해 정부가 취해야 할 재정정책과 금융정책으로 적합한 것은?

- 3 ~ 4%에 머물던 실업률이 7%로 높아졌다.
- 5% 미만에 머물던 기업의 재고 지수가 10% 이상으로 증가하였다.
- 매년 7 ~ 8%를 유지하던 경제성장률이 마이너스 성장률을 기록하고 있다.

	재정정책	금융정책
①	소득세 인하	이자율 인상
②	소득세 인상	재할인율 인하
③	법인세 인하	국채 매입
④	법인세 인상	재할인율 인상
⑤	조기예산집행	지급준비율 인상

37 환율이 달러당 1,200원으로부터 1,180원으로 하락하였다. 그 원인에 대한 설명으로 옳지 않은 것은?

① 외국인의 국내 주식투자가 증가하였다.
② 중국의 경기 호황으로 수출이 증가하였다.
③ 포드자동차가 국내 채권시장에서 자금을 조달하였다.
④ 미국 기업이 부산에 대규모 공장을 신축하였다.
⑤ 국내에 해외투자자본이 대규모로 들어오게 되었다.

38 주식 투자지표의 하나로 활용되는 PER(주가수익비율)에 대한 설명으로 옳은 것은?

① 주가를 순이익으로 나눈 것이다.
② 무상증자를 할 경우 PER이 높아지게 된다.
③ PBR(주가순자산비율)과 병행해서 사용하지 않는다.
④ 신기술 기업의 PER은 일반적으로 대기업의 PER보다 낮은 경향이 있다.
⑤ PER이 낮으면 주가가 고평가된 것으로, 높으면 주가가 저평가된 것으로 볼 수 있다.

39 다음에서 설명하는 금융상품은?

영어 약자로는 'EB'라고 부른다. 사채권자의 의사에 따라 주식 등 다른 유가증권으로 교환할 수 있는 사채를 의미한다.

① 이표채   ② 전환사채
③ 후순위채권   ④ 교환사채
⑤ 신주인수권부사채

40 아래 제시문의 상황에서 가장 많은 투자손실을 본 투자자는 누구인가?

지난 2월 14일, 주식시장 마감이 임박했을 때 외국인들의 엄청난 매물 출회로 장이 폭락했다. 코스피 지수는 전일대비 무려 98.7포인트가 빠진 2,147.25에 마감을 하였다.

① 콜옵션 매수자   ② 콜옵션 매도자
③ 풋옵션 매수자   ④ 풋옵션 매도자
⑤ 주식현물 매수자

41 다음은 M&A(기업 인수·합병)와 관련된 용어들이다. 이 중 성격이 다른 하나는?

① 백기사(White Knight)
② 포이즌 필(Poison Pill)
③ 차입매수((Leveraged Buyout)
④ 팩맨 방어(Pack-Man Defense)
⑤ 황금낙하산(Golden Parachute)

42 부채비율은 부채총액을 자본총액으로 나누어 계산한다. 자산총액이 2,000억 원인 A기업의 기말 예상 부채비율은 100%이다. 기말의 현금예금 보유액이 충분한 것으로 가정하면 부채비율 50%를 달성하기 위해 얼마의 부채 상환이 필요한가?

① 100억 원 ② 125억 원 ③ 250억 원
④ 375억 원 ⑤ 500억 원

43 다음 중 수익성 비율로 모두 묶인 것은?

<보기>
가. 재고자산 회전율
나. 매출액 순이익률
다. 자기자본 이익률
라. 총자산 증가율
마. 이자보상비율

① 가, 나 ② 나, 다 ③ 다, 마
④ 가, 나, 다 ⑤ 다, 라, 마

44 다음 경제학이론 설명 중 옳지 않은 것을 모두 고르면?

<보기>
ㄱ. 수요곡선이 공급곡선보다 더 탄력적인 경우에 세금에 부과되면 소비자가 생산자보다 세금을 적게 부담하게 된다.
ㄴ. 수요곡선과 공급곡선의 탄력성이 낮을수록 세금 부과 시 사회적 후생손실의 발생이 작아진다.
ㄷ. 이론적으로는 세율이 높아지면 정부의 세수입은 언제나 늘어난다는 것을 알 수 있다.
ㄹ. 최저임금제의 효과는 노동의 수요곡선보다는 노동의 공급곡선의 탄력성 크기에 달려있다.

① ㄱ, ㄴ ② ㄱ, ㄷ ③ ㄴ, ㄷ
④ ㄴ, ㄹ ⑤ ㄷ, ㄹ

45 노동만이 유일한 생산요소일 때 노동투입량과 총생산량 그리고 재화가격이 아래의 표와 같다. 노동량은 반드시 10명씩만 늘릴 수 있다고 가정할 때 임금이 4,000원이라면 요소의 이윤극대화 고용량은 얼마인가?

노동량	총생산량	재화가격
10	100	100
20	160	100
30	200	100
40	230	100
50	250	100

① 10 ② 20 ③ 30
④ 40 ⑤ 50

46 미국 달러에 대한 원화 환율(원/달러)이 하락하는 경우 혜택을 보는 경제 주체들만을 모두 고르면?

<보기>
ㄱ. 수입 원자재를 이용하지 않는 완제품을 미국에 수출하는 국내기업
ㄴ. 국내에서 원화로 임금을 받아 미국에 달러로 송금해야 하는 미국 근로자
ㄷ. 국내로 여행 오는 미국 관광객
ㄹ. 미국으로 어학연수를 떠나는 우리나라 학생
ㅁ. 미국 현지에 공장을 건설하려는 국내기업
ㅂ. 미국 채권을 가지고 있는 국내 투자자

① ㄱ, ㄷ, ㅂ ② ㄱ, ㄹ, ㅁ
③ ㄱ, ㄹ, ㅂ ④ ㄴ, ㄷ, ㅁ
⑤ ㄴ, ㄹ, ㅁ

47 갑국은 중앙은행이 사무실 이전을 위해 빌딩을 100억 원에 매입하였다. 이로 인해 갑국에서 신용 창조된 금액은 얼마인가? (단, 지급준비율은 20%이다)

① 100억 원 ② 200억 원 ③ 500억 원
④ 1,000억 원 ⑤ 2,000억 원

48 효율성임금이론은 균형임금보다 높은 효율성임금이 오히려 역선택과 도덕적 해이를 감소시키므로 기업의 생산성 향상에 도움을 준다는 이론이다. 이에 대한 설명으로 옳지 않은 것은?

① 기업은 자발적으로 균형임금보다 높은 임금을 지불한다.
② 기업이 근로자들의 이직을 원하지 않는 경우에 보다 높은 임금을 지급하는 것이 이에 해당한다.
③ 노동시장에 어느 정도의 실업이 존재하는 이유가 될 수 있다.
④ 노동시장에 노동이 초과공급상태에 있을 때는 높은 임금을 지불하는 것이 기업에게 불리하다는 의미를 함축하고 있다.
⑤ 근로자의 장기적인 업무안정성을 유지할 수 있는 요인이 될 수 있다.

49 민지는 연간 4,000만 원의 소득을 버는데 그 중 소득세로 500만 원을 내고 있다. 소득세제는 2단계 누진세율로, 첫 2,000만 원에 대해서는 10%의 한계세율이 적용된다고 할 때 2,000만 원을 초과하는 소득에 적용되는 한계세율은 몇 %인가?

① 5%   ② 10%   ③ 15%
④ 20%   ⑤ 25%

50 세계적인 경제 침체에 대응하여 각국은 정부지출을 증가시키고 있다. 다음 중 정부지출이 총수요에 미치는 효과를 더욱 크게 만들어주는 조건을 모두 고른 것은?

<보기>
ㄱ. 정부지출이 증가할 때 이자율이 크게 상승하는 경우
ㄴ. 정부지출이 증가할 때 이자율이 크게 반응하지 않는 경우
ㄷ. 소득이 증가할 때 소비가 크게 반응하여 증가하는 경우
ㄹ. 소득이 증가할 때 소비가 크게 반응하지 않는 경우

① ㄱ, ㄴ   ② ㄱ, ㄷ   ③ ㄱ, ㄹ
④ ㄴ, ㄷ   ⑤ ㄴ, ㄹ

51 구축효과에 관한 설명으로 옳은 것을 모두 고르면?

<보기>
ㄱ. 조세를 인하할 경우 총수요 증가효과가 이자율 상승으로 인한 민간투자의 감소로 상쇄되는 현상을 의미한다.
ㄴ. 조세를 인상할 경우 민간부문의 가처분소득이 감소하여 소비지출이 감소하는 현상을 의미한다.
ㄷ. 정부지출을 확대할 경우 민간부문의 투자지출이 감소하는 현상을 의미한다.
ㄹ. 통화공급량을 감소시킬 경우 이자율이 상승하여 민간부문의 투자지출이 감소하는 현상을 의미한다.

① ㄱ, ㄴ   ② ㄱ, ㄷ   ③ ㄴ, ㄷ
④ ㄴ, ㄹ   ⑤ ㄷ, ㄹ

52 다음 자료에서 변화의 영향에 대한 분석 및 추론으로 옳은 것은?

(가) 최근 미국 중앙은행이 금리인상을 시사하면서 외국 자본의 이동에 귀추가 주목되고 있다.
(나) 경기 침체에 대한 우려가 세계적으로 확산되면서 안전 자산이 선호됨에 따라 미국 국채에 대한 수요가 증가했다.

① (가)는 우리나라에 외국 자본이 유입되는 요인이다.
② (나)는 외환시장에서 원/달러 환율이 하락하는 요인이다.
③ (가)에 의한 환율 변화는 우리나라의 대미 수출이 감소하는 요인이다.
④ (나)에 의한 환율 변화는 우리나라 국민의 미국 여행 경비 부담이 증가하는 요인이다.
⑤ 이자율이 상승한다는 것은 자본의 유출을 가져와 환율을 하락시킨다.

53 다음 중 롱테일법칙이 적용된 사례로 옳은 것을 모두 고르면?

<보기>
ㄱ. 음식점에서 높은 가격의 저녁 메뉴보다 저렴한 가격의 점심 메뉴가 주 수입원이다.
ㄴ. 20%의 베스트셀러보다 소수의 사람들이 구입하는 80% 책의 판매량이 인터넷 서점 아마존의 주 수익을 책임진다.
ㄷ. 백화점에 진열된 전시품을 본 후에는 비싼 가격에 무감각해지는 것을 의미한다.
ㄹ. 한 기업의 20%에 해당하는 부서가 회사 전체 수입의 80%를 창출해낸다.

① ㄱ, ㄴ　② ㄱ, ㄷ　③ ㄴ, ㄷ
④ ㄴ, ㄹ　⑤ ㄷ, ㄹ

54 미국의 변동성지수인 VIX가 큰 폭으로 치솟아 상당 기간 지속할 경우 나타날 수 있는 현상을 모두 고른 것은?

<보기>
ㄱ. 주가가 상승 할 것이 예상되어 주식의 매입이 늘어난다.
ㄴ. 투자자 예탁금이 감소할 것이다.
ㄷ. 공매도는 감소할 가능성이 높다.
ㄹ. 증권투자자들의 투자심리가 나빠질 것이다.

① ㄱ, ㄴ　② ㄱ, ㄷ　③ ㄴ, ㄹ
④ ㄱ, ㄴ, ㄷ　⑤ ㄴ, ㄷ, ㄹ

55 코스닥에 상장된 기업의 대표가 증권사 애널리스트로 일하고 있는 친구에게 "조만간 우리 회사가 국책사업에 선정되었다고 발표할 예정"이라고 말해줬다가 처벌을 받았다. 대표는 어떤 위법행위를 저지른 것일까?

① 담합　② 순환출자
③ 분식회계　④ 내부거래
⑤ 내부자거래

56 각 회사의 재무상태가 다음과 같을 때 다른 영업 관련 사항이 동일하다고 가정하면 법인세가 가장 적게 나올 가능성이 높은 경우는?

① 자산(100) = 부채(20) + 자본(80)
② 자산(100) = 부채(95) + 자본(5)
③ 자산(100) = 부채(70) + 자본(30)
④ 자산(100) = 부채(40) + 자본(60)
⑤ 자산(100) = 부채(30) + 자본(70)

57 다음 중 회계장부에 반영해야 하는 회계상 거래가 아닌 것을 모두 고르면?

<보기>
ㄱ. 1억 원 상당의 기계가 화재로 소실되었다.
ㄴ. 거래처와 신제품 100억 원어치를 팔기로 합의했다.
ㄷ. 신입사원 공채를 통해 10명과 근로계약을 체결했다.
ㄹ. 신주 발행으로 들어온 대금 7억 원을 은행에 정기예금했다.

① ㄱ, ㄴ　② ㄱ, ㄷ　③ ㄴ, ㄷ
④ ㄴ, ㄹ　⑤ ㄷ, ㄹ

58 다음은 ㈜HS의 20X1년(회계연도) 1월 1일과 12월 31일 회계정보다. 만일 20X1년 중 유상증자로 200억 원이 들어오고 배당금으로 50억 원의 현금이 주주들에게 지급됐다고 할 때 ㈜HS의 당기순이익은?

- 20X1년 초 자산 800억 원, 자본 500억 원
- 20X1년 말 자산 1,000억 원, 자본 800억 원

① 50억 원　② 100억 원　③ 150억 원
④ 250억 원　⑤ 300억 원

59 다음 중 주주들의 의사를 묻지 않고 이사회 결의만으로 효력을 갖는 행위는?

① 결산 서류의 승인
② 회사의 해산
③ 자본 감축
④ 사채나 신주 발행
⑤ 이사의 보수 결정

60 다음은 우리나라의 외환시장에 영향을 주는 요인들이다. (가) ~ (라)의 현상이 독립적으로 나타났을 때 갑국 국민의 생활 모습에 대한 추론으로 가장 옳지 않은 것은? (단, 제시된 것 외에 다른 경제적 요인에는 변화가 없으며, 모든 거래는 달러로 이루어진다고 가정한다)

> (가) 국가 신용도 하락으로 외국인의 국내 투자가 지난해의 1/3 수준으로 감소하였다.
> (나) 국내 조류 독감 파동으로 달걀과 달걀 가공품의 수입이 지난해보다 5배 증가하였다.
> (다) 한류의 영향으로 문화 예술 저작권의 해외 판매액이 큰 폭으로 증가하였다.
> (라) 국민 총소득의 감소로 해외 상품에 대한 1인당 지출이 감소하였다.

① (가), (나) 현상이 동시에 나타나면 우리나라의 경상수지는 일시적으로 개선된다.
② (나), (다) 현상이 동시에 나타나면 우리 정부의 외채 상환 부담을 증가시킨다.
③ (다), (라) 현상이 동시에 나타나면 미국으로 수출하는 재화의 가격 경쟁력은 낮아진다.
④ (가)와 (다)는 외환의 공급 측면에, (나)와 (라)는 외환의 수요 측면에 영향을 미친다.
⑤ 위의 네 가지 현상은 한 국가에서 동시에 나타날 수 있다.

응용복합

61 다음 (가), (나)는 총수요, 총공급곡선의 이동을 통해 인플레이션의 종류를 나타낸 것이다. 이에 대한 설명으로 옳지 않은 것은?

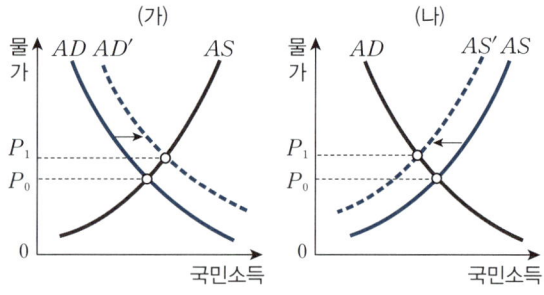

① (가) - 국민소득은 증가하게 된다.
② (가) - 소비, 투자, 정부지출, 수출 중 하나 이상이 갑자기 감소할 경우에 나타나는 현상이다.
③ (나) - 비용인상 인플레이션에 해당한다.
④ (나) - 임금의 급격한 상승은 이 인플레이션의 원인이 될 수 있다.
⑤ (나) - 경기 침체가 동시에 나타날 경우 스태그플레이션이라고 한다.

62 다음 글에서 인플레이션이 발생하면 나타날 수 있는 경제 현상으로 옳은 것은? (단, 환율의 변화는 없다)

> 인플레이션이란 물가가 전반적, 지속적으로 상승하는 현상을 말한다. 2 ~ 3% 정도의 통상적인 물가상승을 넘어서는 수준을 의미하며, 발생 원인에 따라 초과수요 인플레이션, 비용인상 인플레이션, 관리가격 인플레이션, 통화 인플레이션 등으로 구분할 수 있다.

<보기>
ㄱ. 수입은 증가하고 수출은 감소한다.
ㄴ. 채무자보다 채권자가 상대적으로 유리해진다.
ㄷ. 부동산 투기를 하려는 사람보다 저축을 하려는 사람이 줄어든다.
ㄹ. 금융 자산을 보유한 사람보다 실물 자산을 보유한 사람이 상대적으로 불리해진다.

① ㄱ, ㄴ   ② ㄱ, ㄷ   ③ ㄴ, ㄷ
④ ㄴ, ㄹ   ⑤ ㄷ, ㄹ

63 다음은 고용 상태를 조사하는 설문 과정을 도식화한 것이다. 이에 대한 설명으로 옳지 않은 것은?

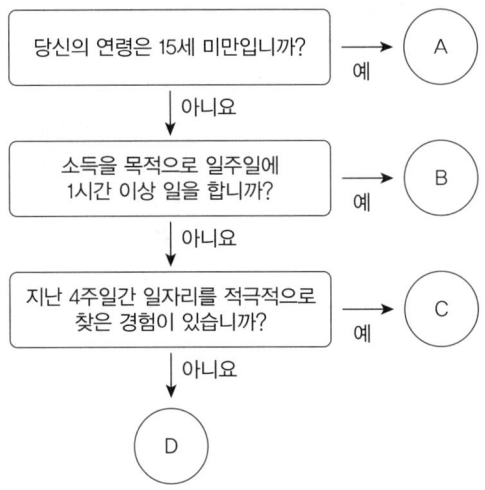

① B + C를 경제활동인구라고 한다.
② B + C + D를 노동가능인구라고 한다.
③ C/(B + C)×100을 실업률이라고 한다.
④ B에 속한 사람들이 C로 옮겨 가면 실업률이 증가한다.
⑤ 구직포기자는 C에 포함되기 때문에 공식적 실업률이 낮아진다.

64 다음 그래프는 동일한 양의 노동력을 이용하여 자동차와 컴퓨터를 생산하는 갑국과 을국의 생산가능곡선을 나타낸다. 이에 대한 분석으로 옳지 않은 것은? (단, 두 나라가 생산하는 자동차와 컴퓨터의 품질은 동일하며 교역에 따른 비용은 발생하지 않는다)

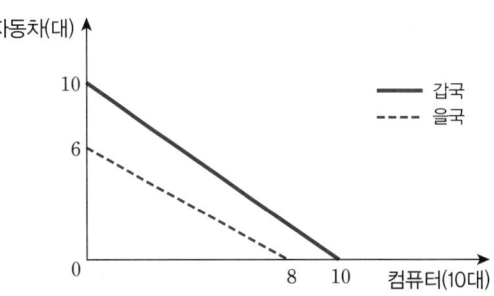

① 갑국은 자동차 생산에 있어 을국에 대해 절대우위에 있다.
② 자동차 1단위 생산에 따른 기회비용은 갑국이 을국보다 작다.
③ 갑국의 자동차 10대 생산에 따른 기회비용은 컴퓨터 100대이다.
④ 을국의 컴퓨터 20대 생산에 따른 기회비용은 자동차 2/3대이다.
⑤ 자동차와 컴퓨터의 교환 비율이 1 : 20으로 정해질 경우 을국은 갑국과의 교역에 응하지 않을 것이다.

65 다음은 교역 전 소비재 X에 대한 두 나라의 시장 상황을 나타낸다. 교역 후 두 나라의 X재 생산자와 소비자에게 무역이 미치는 영향을 가장 옳게 연결한 것은? (단, 교역에 따른 거래 비용은 없다고 가정한다)

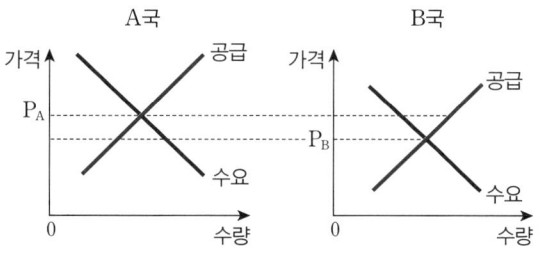

	A국 생산자	A국 소비자	B국 생산자	B국 소비자
①	이득	이득	이득	이득
②	불리	불리	이득	이득
③	이득	이득	불리	불리
④	불리	이득	이득	불리
⑤	이득	불리	불리	이득

66 다음 글을 참고할 때 경유차 시장에서 균형점 E의 이동을 바르게 나타낸 것은?

최근 들어서도 경유 가격이 계속 오르고 있다. 1월 5일 리터당 1,100원이었던 것이 한 달 만에 1,400원으로 올랐다. 이에 따라 무연 휘발유 가격과의 격차도 점점 줄어들고 있는 실정이다. 연료비가 적게 든다는 이유로 비싼 경유차를 샀으나, 그런 장점이 많이 사라진 지금에 와서는 후회한다는 사람들이 늘고 있다.

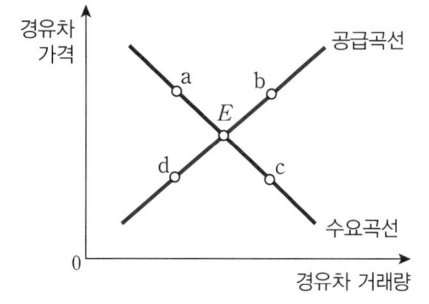

① a ② b ③ c
④ d ⑤ 이동 없음

67 어느 노동 시장에서 수요곡선은 $L^D = 1600 - w$, 공급곡선은 $L^S = -200 + 2w$라고 한다. 최저임금제 시행효과에 대한 옳은 설명으로 모두 묶인 것은? (단, w는 임금수준이다)

<보기>
ㄱ. 최저임금을 200원으로 정하면 노동공급이 감소한다.
ㄴ. 최저임금을 400원으로 정하면 초과수요가 발생한다.
ㄷ. 최저임금을 800원으로 정하면 실업이 발생한다.
ㄹ. 최저임금을 1,000원으로 정하면 노동수요는 변함이 없다.

① ㄱ, ㄴ ② ㄱ, ㄷ ③ ㄴ, ㄷ
④ ㄴ, ㄹ ⑤ ㄷ, ㄹ

68 호성과 미진은 X재와 Y재만을 소비한다. X재의 가격은 10, Y재의 가격은 20이다. 현재 소비점에서 X재, Y재 소비의 한계효용은 각각 다음과 같다. 다음의 설명 중 옳은 것은? (단, 한계효용은 체감한다)

구 분	X재 소비의 한계효용	Y재 소비의 한계효용
호 성	10	5
미 진	3	6

① 호성은 현재 소비점에서 효용극대화를 달성하고 있다.
② 호성은 X재 소비를 줄이고 Y재 소비를 늘려 효용을 증가시킬 수 있다.
③ 호성은 X재 소비를 늘리고 Y재 소비를 줄여 효용을 증가시킬 수 있다.
④ 미진은 X재 소비를 줄이고 Y재 소비를 늘려 효용을 증가시킬 수 있다.
⑤ 미진은 X재 소비를 늘리고 Y재 소비를 줄여 효용을 증가시킬 수 있다.

69 민성이는 차를 몰고 언덕을 올라가다 눈길에 미끄러져 더 이상 올라가지 못하게 되었다. 스노체인을 파는 행상이 이를 발견하고 50만 원에 스노체인을 팔겠다고 제의했다. 흥정 끝에 민성이는 시중 가격보다 훨씬 비싸다는 것을 알면서도 50만 원에 스노체인을 구매했다. 이 거래를 통한 행상과 민성이의 경제적 후생의 합은 어떻게 되는가?

① 두 사람 모두 증가
② 두 사람 모두 감소
③ 행상은 감소, 민성이는 증가
④ 행상은 증가, 민성이는 감소
⑤ 행상은 감소, 민성이는 변화없음

70 다음 사례의 자동차 보험회사의 상황에 대한 판단으로 옳은 것은?

> 자동차 보험회사는 시장 조사를 통해 앞으로 자동차 사고로 인해 잠재 고객의 반은 400만 원의 손실을, 나머지 반은 800만 원의 손실을 볼 것이라는 결론을 얻었다. 각 개인은 자신의 자동차 사고에 따른 손실에 대해 알고 있지만 자동차 보험회사는 전체적인 확률만을 알 뿐 누가 어느 쪽인지는 알지 못한다. 자동차 보험회사는 고객이 자동차 사고로 손실을 볼 경우 전액을 보상해 준다고 한다. 자동차 보험회사는 모든 고객의 평균 재산 손실을 600만 원으로 계산하고 보험을 판매한다.

① 자동차 보험회사는 보험을 판매하여 이익을 낼 것이다.
② 예상 손실액이 600만 원 이상인 잠재 고객은 이 보험에 가입하지 않을 것이다.
③ 보험료가 600만 원이면 보험회사는 이윤을 얻지 못하지만, 손실을 보지도 않는다.
④ 보험료가 600만 원이면 많은 고객들이 이를 공정하다고 판단하여 보험에 가입할 것이다.
⑤ 예상 손실액이 400만 원인 잠재 고객은 이 보험에 가입하지 않아 자동차 보험회사는 적자가 날 것이다.

71 다음 그래프는 총수요곡선이 우하향하고, 총공급곡선이 우상향하는 경우의 물가와 실업률 간의 관계를 나타낸다. 균형점 E의 이동에 대한 설명으로 옳지 않은 것은? (단, 균형점의 이동은 단기적 변동만 고려한다)

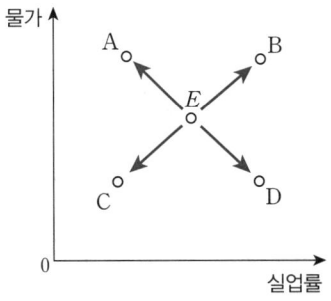

① 민간 소비 및 투자가 증가한다면 E에서 A로 이동할 것이다.
② 확대 재정정책을 시행한다면 E에서 D로 이동할 것이다.
③ 생산성 향상으로 각 물가 수준에서 공급 가능한 총생산물의 양이 증가한다면 E에서 C로 이동할 것이다.
④ 생산비용 증가로 각 물가 수준에서 공급 가능한 총생산물의 양이 감소한다면 E에서 B로 이동할 것이다.
⑤ 장기 필립스곡선에서는 자연실업률 상태로 유지된다.

72 갑국과 을국이 각각 꿀과 옷 중 한 재화만 생산할 때 최대 생산량은 아래 표와 같다. 이에 대한 설명으로 옳은 것은? (단, 생산요소는 노동뿐이고, 각국이 보유한 노동의 총량은 동일하며, 두 나라는 이익이 될 경우에 교역한다)

구분	생산물	
	꿀만 생산할 경우	옷만 생산할 경우
갑국	100병	100벌
을국	80병	40벌

① 옷 생산에 있어 비교우위는 갑국에게 있다.
② 꿀 생산에 있어 절대우위는 을국에게 있다.
③ 을국에서 꿀 1병 생산의 기회비용은 옷 2벌이다.
④ 기회비용을 고려할 때 을국은 옷 생산을 특화해야 한다.
⑤ 무역 이후 특화 품목의 기회비용은 작아진다.

73 국내 쌀 시장의 수요곡선과 공급곡선이 다음 그래프에서와 같이 주어졌다. 국제 시장의 쌀 가격이 10이고 국내 시장의 개방이 국제 시장 균형가격에 영향을 미치지 않는다고 할 때, 옳은 설명을 모두 고르면?

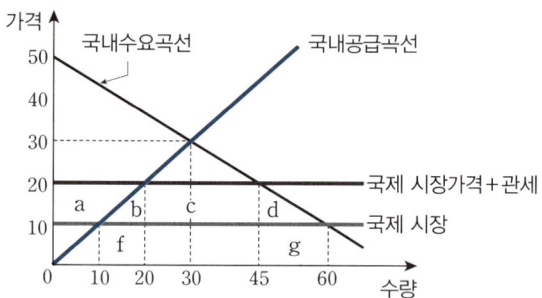

―――――――〈보기〉―――――――
ㄱ. 쌀 시장 개방 후 국내 소비자들의 쌀 소비량은 60이고 이 중에서 국내 균형 생산량 10을 뺀 나머지가 수입된다.
ㄴ. 쌀 시장 개방 후 10의 관세를 부과하면 국내 생산자잉여는 관세 부과 전보다 200 증가한다.
ㄷ. 쌀 시장 개방 후 10의 관세를 부과하면 관세 부과 전보다 125의 자중손실이 발생한다.
ㄹ. 10의 관세 대신 15의 수입할당을 하더라도 국내 소비자잉여는 동일하다.

① ㄱ, ㄴ ② ㄱ, ㄷ ③ ㄴ, ㄷ
④ ㄴ, ㄹ ⑤ ㄷ, ㄹ

74 투자 회사에 근무하는 갑은 다음 자료에 근거해서 A프로젝트의 시행을 회사에 건의하려고 한다. 갑이 예상한 A프로젝트 투자 자금 14억 원에 대한 연간 예상 수익률 ㉠의 최저 수준은? (단, 제시된 프로젝트의 기간은 1년이다)

구 분	A프로젝트	B프로젝트
총투자금	14억 원	5억 원
연간 예상 수익률	㉠	20%
회사 보유 현금	10억 원	10억 원
부족한 자금 조달 방법	대출 (연 5% 금리 적용)	해당 사항 없음
여유 자금 운영 방법	해당 사항 없음	예금 (연 4% 금리 적용)

① 4.0% ② 4.5% ③ 5.0%
④ 10.0% ⑤ 20.0%

75 다음은 신문 기사의 주요 제목들이다. 신문의 헤드라인에서 유추한 판단으로 옳지 않은 것을 모두 고르면?

・유럽 국가 신용등급 무더기 강등 – 달러 대비 유로화 가치 연일 약세
・불확실성에 빠진 세계 – 영국의 유로존 탈퇴 충격적으로 다가와

―――――――〈보기〉―――――――
ㄱ. 유럽 국가 발행 국채금리가 하락할 가능성이 크다.
ㄴ. 유럽 국가 국채의 신용부도스와프(CDS) 가산금리도 상승할 것으로 전망된다.
ㄷ. 우리나라 수출 기업의 경우 유럽보다 미국 시장의 비즈니스 환경이 상대적으로 불리하다.
ㄹ. 투자자들은 금, 달러, 엔화와 같은 안전자산에 투자할 가능성이 높아진다.

① ㄱ, ㄴ ② ㄱ, ㄷ ③ ㄴ, ㄷ
④ ㄴ, ㄹ ⑤ ㄷ, ㄹ

76 아래 그래프는 갑의 자산 보유 비중 변화를 보여준다. 이에 대한 올바른 설명을 고르면?

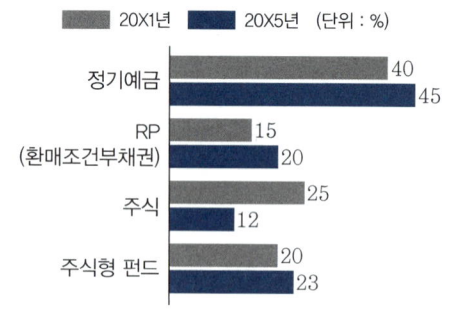

① 자산의 원금 손실 가능성이 높아졌다.
② 원금과 이자를 받는 자산의 비중은 증가했다.
③ 이익 배당을 받을 수 있는 자산의 비중은 증가했다.
④ 예금자보호를 받을 수 있는 자산의 비중은 감소했다.
⑤ 갑의 자산 총액은 증가했음을 알 수 있다.

77 다음 자료에 대한 분석으로 옳은 것을 모두 고르면? (단, 환율 이외의 변수는 고려하지 않는다)

○○ 기업은 미국에서의 X재 가격을 각 시기의 원/달러 환율로 환산하여 한국에서의 X재 가격을 결정한다. 표는 20X1 ~ 20X3년에 양국의 X재 가격을 나타낸다.

구 분	X재 가격	
	미 국	한 국
20X1	2달러	2,000원
20X2	2달러	2,400원
20X3	3달러	2,400원

<보기>
ㄱ. 20X1년에 원/달러 환율은 1,000원이다.
ㄴ. 달러화 대비 원화의 가치는 20X1년보다 20X2년에 낮다.
ㄷ. 미국 시장에서 한국산 제품의 가격 경쟁력은 20X1년보다 20X2년에 높다.
ㄹ. 한국 기업의 달러화 표시 외채 상환 부담은 20X2년보다 20X3년에 크다.

① ㄱ, ㄴ   ② ㄱ, ㄷ   ③ ㄴ, ㄹ
④ ㄱ, ㄴ, ㄷ   ⑤ ㄴ, ㄷ, ㄹ

78 다음 그래프는 가격 변화에 따른 A재와 B재의 판매 수입을 나타낸 것이다. 이에 대한 설명으로 옳은 것은? (단, A재와 B재는 수요의 법칙을 따른다)

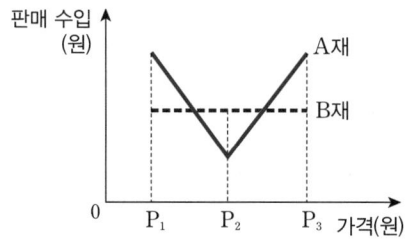

① B재 수요의 가격탄력성은 0이다.
② 가격이 P_2일 때의 판매량은 A재가 B재보다 많다.
③ 가격이 P_2에서 P_3로 상승할 때 A재의 판매량은 증가한다.
④ 가격이 P_2에서 P_1으로 하락할 때 가격 변화에 대한 A재의 수요는 탄력적이다.
⑤ A재와 B재 모두 공급의 가격탄력성이 탄력적이다.

79 다음 A제품에 대한 분석으로 가장 옳은 것은? (단, 갑, 을국의 수요의 가격탄력성은 탄력적, 비탄력적 중 하나이다)

<A제품에 대한 국가별 시장 조사 결과>

구 분	갑 국	을 국
현재 판매량	1,000개	500개
원화로 환산한 현재 가격	1만 원	1만 원
필수재로 인식하는 소비자의 비율	높 다	낮 다
가계의 소비 예산에서 차지하는 비중	작 다	크 다

① A제품을 판매하는 기업은 갑국에서 가격을 내리는 전략을 통해 기업의 판매 수입을 극대화할 것이다.
② 을국에서 A제품의 수요의 가격탄력성은 0보다 크고 1보단 작을 것이다.
③ A제품의 가격이 변화할 때 갑국의 수요량은 을국의 수요량보다 덜 민감하게 나타난다.
④ A제품은 을국보다 갑국에서 대체재가 더 많을 것이다.
⑤ A제품은 을국보다 갑국에서 공산품에 가까울 것이다.

80 다음은 기획재정부와 농림축산식품부가 추진하는 가격 규제 정책에 대한 설명이다. 자료에 대한 설명으로 가장 옳지 않은 것은?

> 최근 물가의 급등으로 인해 서민 경제가 어려워지자 기획재정부는 쌀 값 안정을 위한 가격 규제를 추진하고 있다. 반면 농림축산식품부는 쌀 재배에 따른 생산비 상승에 비해 쌀의 시장 가격이 낮게 형성되고 있어 적절한 쌀 가격 보전을 위한 가격 규제의 필요성을 요구하고 있다.

> 조건 1. 각 정부 부처는 (가) 또는 (나) 중 어느 하나를 가격 규제 정책으로 추진하고 있다.
> 조건 2. (가)는 P_1에서, (나)는 P_2에서 가격 규제가 이루어지고 있다.

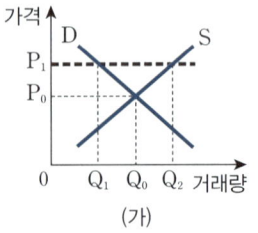
(가)

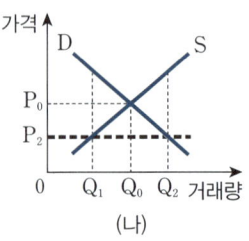
(나)

① 농림축산식품부는 (가)의 가격 규제 정책을, 기획재정부는 (나)의 가격 규제 정책의 실시를 요구하고 있다.
② 가격 규제 이후 시장에서 판매되는 쌀의 거래량은 (가)와 (나)가 같다.
③ 가격 규제 이후 시장에서 판매되는 쌀의 총거래액은 (가)가 (나)보다 더 크다.
④ (나)는 (가)와 달리 암시장이 형성될 수 있다.
⑤ 두 제도 모두 사회적 후생손실이 발생한다.

제3회 | 실전모의고사 S등급 대비

경제이론

01 어떤 재화의 시장수요곡선은 P = 300 − 2Q이고, 시장공급곡선은 P = 150 + Q일 때의 시장균형에 대한 설명으로 옳은 것은? (단, Q는 수량, P는 가격을 나타낸다)

① 사회적잉여는 3,750이다.
② 균형가격은 50이다.
③ 균형거래량은 30이다.
④ 생산자잉여는 2,500이다.
⑤ 소비자잉여는 1,250이다.

02 래퍼곡선에 관한 설명으로 옳은 것은?

① 세율을 높임에 따라 조세수입이 계속 증가한다는 것을 보여준다.
② 특정한 조세수입액에 대하여 한 개의 세율만 존재한다.
③ 세율을 가로축에, 조세수입을 세로축에 두고 래퍼곡선을 그리면 단조증가하는 형태가 된다.
④ 세율이 적정 수준보다 높아지는 경우에는 조세수입이 감소한다.
⑤ 조세의 효율성보다는 형평성과 관련된 논의이다.

03 X재에 대한 시장수요곡선과 시장공급곡선이 다음과 같을 때 옳지 않은 것은? (단, Q^D는 수요량, Q^S는 공급량, P는 가격이다)

- 시장수요곡선: $Q^D = 100 - P$
- 시장공급곡선: $Q^S = -20 + P$

① 균형 시장가격은 60이다.
② 균형 시장거래량은 40이다.
③ 소비자잉여는 800이다.
④ 생산자잉여가 소비자잉여보다 크다.
⑤ 총잉여는 1,600이다.

04 소득분배의 상태를 평가하기 위한 척도로서 지니계수가 널리 사용되고 있다. 어떤 국가의 소득이 국민 절반에게만 집중되어 있고 그들 사이에서는 균등하게 분포되어 있다면 지니계수의 값은?

① 0.2 ② 0.25 ③ 0.4 ④ 0.5 ⑤ 1

05 완전경쟁하에 있는 개별기업에 대한 설명으로 옳은 것은?

① 한계수입과 한계비용이 일치하는 점에서 이윤극대화 생산량을 결정하게 되고, 이 점에서 가격과 평균수입도 한계비용과 일치하게 된다.
② 단기의 공급곡선은 총비용곡선의 최저점보다 높은 단기한계비용곡선으로 나타나게 된다.
③ 장기의 공급곡선은 총비용곡선의 최저점보다 높은 장기한계비용곡선이 되며, 따라서 우상향하는 공급곡선을 가지게 된다.
④ 개별기업이 직면하는 시장수요곡선은 수요의 법칙이 성립되는 우하향의 곡선이 된다.
⑤ 완전경쟁하에 있는 개별기업은 언제나 양의 이윤을 가진다.

06 100원짜리 동전과 500원짜리 동전에 대한 소비자의 선호를 무차별곡선으로 나타내면 어떤 형태를 보이는가?

① 원점에 대하여 오목한 곡선
② 원점에 대하여 볼록한 곡선
③ L자형
④ 우하향하는 직선
⑤ 직각쌍곡선

07 갑은 주어진 돈을 모두 X재와 Y재 소비에 지출하여 효용을 최대화하고 있으며, X재의 가격은 100원이고 Y재의 가격은 50원이다. 이때 X재의 마지막 1단위이고 한계효용이 200이라면 Y재 마지막 1단위의 한계효용은?

① 50   ② 100   ③ 200   ④ 400   ⑤ 500

08 그림은 X재 시장을 나타내고 있다. 이에 대한 설명으로 타당한 것을 <보기>에서 모두 고른 것은?

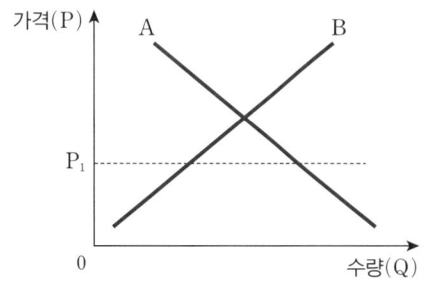

<보기>
ㄱ. 곡선 A의 경우 수량(Q)은 가격(P)의 함수이다.
ㄴ. 가격이 P_1이면, 가격 하락의 압력이 발생한다.
ㄷ. 가격(P)이 변동함에 따라 곡선 A, B는 좌우로 이동한다.
ㄹ. 대체재의 가격이 오를 경우 X재 가격은 P_1에서 점점 멀어진다.

① ㄱ, ㄴ   ② ㄱ, ㄷ   ③ ㄱ, ㄹ
④ ㄴ, ㄷ   ⑤ ㄴ, ㄹ

09 전기 수요의 가격탄력성은 0.6이고 도시가스 가격에 대한 전기 수요의 교차탄력성은 0.3이라고 하자. 정부가 전기 요금을 10% 인상하면서 전기 수요량을 종전과 같은 수준으로 유지하려면 도시가스 가격을 얼마만큼 변화시켜야 하는가?

① 5% 인하   ② 10% 인하   ③ 10% 인상
④ 20% 인상   ⑤ 변동 없음

10 X재와 Y재로 구성된 소비묶음을 가지고 무차별곡선을 그릴 때 무차별곡선이 원점에 대해 볼록하게 그려지는 이유로 가장 가까운 것은?

① X재 4개와 Y재 20개보다는 X재 6개와 Y재 22개를 더 선호한다.
② X재 4개와 Y재 20개보다는 X재 6개와 Y재 18개를 더 선호한다.
③ X재 4개, Y재 20개와 X재 4개, Y재 22개의 선호가 같다.
④ X재 4개, Y재 20개와 X재 2개, Y재 22개 가운데 어느 것을 선호하는지 알 수 없다.
⑤ X재 4개와 Y재 20개보다는 X재 2개와 Y재 18개를 더 선호한다.

11 완전경쟁시장에서 TV를 판매하는 H사의 TV 1대의 가격과 한계비용은 현재 각각 200만 원이다. 또 평균비용은 210만 원이지만 평균가변비용은 180만 원이라고 한다. 이 회사의 생산과정에 대한 설명으로 옳은 것은?

① 이 기업이 직면하는 수요곡선은 우하향한다.
② 가격이 평균가변비용보다 높으므로 이윤은 0보다 크다.
③ 이 회사는 현재 손실을 보고 있지만 생산을 중단할 필요는 없다.
④ 손익분기점은 180만 원에서 만나는 지점이다.
⑤ 이 회사는 양(+)의 이윤을 얻고 있으므로 생산을 그만 두어서는 안 된다.

12 총수요-총공급 모형에서 통화정책과 재정정책에 관한 설명으로 옳은 것은?

<보기>
ㄱ. 통화정책은 이자율의 변화를 통해 국민소득에 영향을 미친다.
ㄴ. 유동성함정에 빠진 경우 확장적 재정정책은 총수요를 증가시킨다.
ㄷ. 화폐중립성에 따르면, 통화량을 늘려도 명목임금이 변하지 않는다.
ㄹ. 구축효과란 정부지출 증가가 소비지출 증가를 초래한다는 것을 의미한다.

① ㄱ, ㄴ ② ㄱ, ㄷ ③ ㄴ, ㄷ
④ ㄴ, ㄹ ⑤ ㄷ, ㄹ

13 케인즈의 이론에 관한 설명으로 옳지 않은 것은?

① 노동시장에서 명목임금은 하방경직성을 갖는다.
② 투자는 기업가의 심리에 큰 영향을 받는다.
③ 경기침체 시에는 확대재정정책이 필요하다.
④ 공급은 스스로의 수요를 창조하므로 만성적인 수요부족은 존재하지 않는다.
⑤ 저축의 역설이라는 관점에서 '소비는 미덕, 저축은 악덕'이라고 주장한다.

14 합리적 기대이론에 관한 다음 설명 중 옳지 않은 것은?

① 경제주체는 완전한 정보에 근거하여 합리적으로 행동한다.
② 경제주체의 미래에 관한 전망이 경제모형 내에 명시적으로 고려되어야 한다.
③ 예측되는 정부정책의 변화는 민간부문의 대응으로 인해 무력화될 수도 있다.
④ 민간부문의 과거 행동에만 근거하여 수립된 정책은 그 결과가 의도한 바와 다르게 나타날 수도 있다.
⑤ 경제주체의 미래에 관한 예측이 사후적으로 틀릴 수는 있지만, 경제주체는 일관된 오류를 계속해서 범하지 않는다.

15 실업에 관련한 설명으로 옳지 않은 것은?

① 장기필립스곡선은 자연실업률 수준에서 수직이다.
② 자연실업률은 구조적 실업자가 경제활동인구에서 차지하는 비율이다.
③ 단기적으로 인플레이션과 실업 사이에는 상충관계가 있다.
④ 자연실업률 수준은 실업보험에 영향을 받는다.
⑤ 단기필립스곡선에서는 정부지출을 늘리면 실업이 줄어든다.

16 다음 ㉠ ~ ㉣에 들어갈 숫자 중 옳은 것으로만 묶은 것은?

- A국: 생산가능인구(노동인구) 10,000명 중 비경제활동인구가 40%일 때, 실업자가 (㉠)명이면 고용률은 (㉡)% 이다.
- B국: 실업률이 2%이고 실업자가 300명일 때, 생산가능인구가 (㉢)명이면 경제활동참가율은 (㉣)%가 된다.

	㉠	㉡	㉢	㉣
①	200	58	30,000	55
②	300	57	25,000	60
③	300	63	25,000	60
④	200	62	30,000	55
⑤	300	62	35,000	60

17 다음 중 환율상승 요인이 아닌 것은?

① 국내물가 상승
② 자본유출 증가
③ 해외경기 호황
④ 국내이자율 하락
⑤ 자국민의 해외여행 증가

18 공공재에 관한 설명으로 옳은 것은?

① 공공재 공급을 시장에 맡길 경우 무임승차자의 문제는 발생하지 않는다.
② 코즈의 정리에 따르면 일정한 조건하에서 이해당사자의 자발적 협상에 의해 외부성의 문제가 해결될 수 있다.
③ 비배제성이란 한 사람이 공공재를 소비한다고 해서 다른 사람이 소비할 수 있는 기회가 줄어들지 않음을 의미한다.
④ 공공재는 막히는 무료도로를 예로 들 수 있다.
⑤ 치안, 국방은 배제성은 있지만 경합성은 존재하지 않는다.

19 물가지수에 대한 설명으로 옳은 것은?

<보기>
ㄱ. 소비자물가지수는 재화의 품질변화를 반영하는 데 한계가 있다.
ㄴ. GDP 디플레이터는 실질GDP를 명목GDP로 나눈 것이다.
ㄷ. 소비자물가지수는 수입품의 가격변화를 파악할 수 있다.
ㄹ. GDP 디플레이터는 GDP로 평가한 물가지수이다.

① ㄱ, ㄴ ② ㄴ, ㄹ ③ ㄷ, ㄹ
④ ㄱ, ㄴ, ㄷ ⑤ ㄱ, ㄷ, ㄹ

20 인플레이션에 대한 설명으로 옳은 것은?

① 예상치 못한 인플레이션이 발생하면 채권자가 이득을 보고 채무자가 손해를 보게 된다.
② 피셔가설에 따르면 예상된 인플레이션의 사회적 비용은 미미하다.
③ 예상치 못한 인플레이션은 금전거래에서 장기계약보다 단기계약을 더 회피하도록 만든다.
④ 물가는 상승하지만 실업은 감소하는 것을 스태그플레이션이라고 한다.
⑤ 인플레이션 조세는 정부가 화폐공급량을 줄여 재정수입을 얻는 것을 의미한다.

21 의료보험의 도덕적 해이에 관한 설명으로 옳지 않은 것은?

① 의료보험에 가입하면 개인들은 건강관리를 철저히 하지 않는 경향이 있다.
② 민간 의료보험의 경우, 건강관리를 등한시하는 사람의 가입이 증가한다.
③ 의료보험에 가입하면 본인부담 진료비가 줄어들어 병원에 자주 간다.
④ 실손 민간 의료보험의 경우, 고가의 치료 방식을 선호하는 경향으로 인하여 보험금 지출이 늘어난다.
⑤ 의료서비스에 대한 실제 비용보다 환자가 지불한 보험료가 낮을 때 발생한다.

22 외부성의 해결방안 중 하나로 코즈의 정리가 있다. 이 정리의 현실적 적용이 어려운 이유로 타당하지 않은 것은?

① 현실에서는 거래비용이 큰 것이 일반적이다.
② 외부성의 측정이 어렵다.
③ 관련 당사자의 명확한 확인이 어렵다.
④ 투명한 정보 때문에 서로의 양보를 얻기가 어렵다.
⑤ 협상능력의 차이가 결과를 왜곡시킬 수 있다.

23 거시경제의 합리적 기대이론에 관한 설명으로 옳지 않은 것은?

① 가격과 임금이 완전히 신축적이라고 생각한다.
② 정부의 재정금융정책은 일반 국민이 예상하지 못한 경우에 효과를 갖는다.
③ 정부의 예상된 통화확대정책은 단기적으로 실업을 감소시킬 수 있지만 장기적으로는 실업을 감소시킬 수 없다고 본다.
④ 왈라스의 일반균형 개념에 기초하고 있다.
⑤ 합리적 인간이 주어진 정보를 모두 활용하는 것을 가정하고 있다.

24 다음 중 생애주기가설에 대한 설명으로 옳지 않은 것은?

① 일생 동안 소득수준은 일정하지 않고 변한다.
② 개인들의 나이에 따라 소비패턴이 달라진다.
③ 개인의 소비는 일생 동안에 발생할 수 있는 기대소득의 현재가치에 영향을 받는다.
④ 소득이 높은 시기에는 소비가 많고 소득이 낮은 시기에는 소비가 적다.
⑤ 일시적으로 소득이 증가하더라도 소비는 큰 변화가 없을 수 있다.

25 투자에 있어 레버리지에 대한 설명으로 옳지 않은 것은?

① 레버리지는 모자란 돈을 빌려서 투자해 수익률을 극대화하는 투자 방법을 일컫는다.
② 디레버리지는 부채를 줄이는 것이다.
③ 레버리지는 경기가 호황일 때, 디레버리지는 침체일 때 나타난다.
④ 레버리지는 경기가 호황일 때 투자수익률을 높일 수 있다.
⑤ 차입금 등의 금리 비용보다 낮은 수익률이 기대될 때는 타인자본을 적극적으로 활용해 투자를 하는 것이 유리하다.

26 다음 글이 설명하는 금융상품은 무엇인가?

<보기>
일정기간이 지난 후에 다시 매입하는 조건으로 채권을 매도하여 수요자가 단기자금을 조달하는 금융거래방식의 하나로써, 콜 자금과 같이 단기적인 자금수요를 충족시키기 위해 생긴 것이다.

① 콜   ② CD   ③ CP
④ CB   ⑤ RP

27 증시의 어닝 시즌과 관련한 다음 설명 중 옳은 것은?

<보기>
ㄱ. 어닝 시즌은 분기나 반기, 혹은 회계연도가 끝나고 상장사의 실적 발표가 이어지는 시기를 뜻한다.
ㄴ. 어닝 서프라이즈는 회사의 매출이나 영업 이익 등이 기대 이상일 경우, 반대로 어닝 쇼크는 기대 이하일 경우다.
ㄷ. 애널리스트들은 발표된 실적을 분석해 실적 발표 후 '매수', '매수 상태 유지', '매도' 등의 투자의견을 제시한다.
ㄹ. 어닝 서프라이즈와 어닝 쇼크의 기준은 전기 실적으로, 애널리스트들의 기대치인 시장 컨센서스와는 관련이 없다.

① ㄱ, ㄴ   ② ㄱ, ㄷ   ③ ㄴ, ㄷ
④ ㄱ, ㄴ, ㄷ   ⑤ ㄴ, ㄷ, ㄹ

28 다음은 여러 가지 채권에 대한 설명이다. 옳은 것은?

<보기>
ㄱ. 하이브리드채권은 채권처럼 매년 확정이자를 받을 수 있고, 주식처럼 만기가 없으면서도 매매가 가능한 신종자본증권으로, 주식과 채권의 중간적 성격을 띤다.
ㄴ. 판다본드는 외국 정부 또는 기관이 중국에서 발행하는 위안화 표시 채권이다.
ㄷ. 신용도가 아주 낮은 기업이나 나라가 발행하는 채권은 하이일드본드다.
ㄹ. 커버드본드는 은행이 부실해지면 강제로 주식으로 전환하거나 소각할 수 있는 채권이다.

① ㄱ, ㄴ   ② ㄱ, ㄷ   ③ ㄴ, ㄷ
④ ㄴ, ㄹ   ⑤ ㄷ, ㄹ

29 국내 증권 시장의 코스피지수가 오름세를 지속한다고 할 때 그 배경으로 볼 수 있는 것은?

① VIX지수의 상승
② 증권계좌의 감소
③ 투자자 예탁금의 증가
④ 유럽중앙은행의 양적완화 중지
⑤ 세계 각국 중앙은행의 기준금리 인상

30 완전경쟁시장에서 거래되는 어느 재화의 수요곡선과 공급곡선이 다음과 같다. 정부가 균형가격을 시장가격으로 설정하고 시장 거래량을 2로 제한할 때, 소비자잉여와 생산자잉여의 합은? (단, Q_D는 수요량, Q_S는 공급량, P는 가격이다)

- 수요곡선 : $Q_D = 10 - 2P$
- 공급곡선 : $Q_S = -2 + 2P$

① 2 ② 4 ③ 6 ④ 8 ⑤ 10

시사경제

31 정부가 소비자 보호를 위해 쌀 시장에 가격상한제를 적용하고 있다고 하자. 이런 상황에서 쌀농사에 유리한 기후 조건으로 쌀 공급이 증가했을 때 예상되는 현상이 아닌 것은? (단, 시장 균형가격은 여전히 규제된 가격보다 높다고 가정한다)

<보기>
ㄱ. 소비자잉여가 증가한다.
ㄴ. 공급자잉여가 증가한다.
ㄷ. 규제된 가격에서 쌀에 대한 수요가 증가한다.
ㄹ. 규제로 인한 자중후생손실이 사라진다.

① ㄱ, ㄴ ② ㄱ, ㄷ ③ ㄴ, ㄷ
④ ㄴ, ㄹ ⑤ ㄷ, ㄹ

32 다음은 갑국과 을국의 지니계수 추이를 나타낸 것이다. 이에 대한 설명이나 추론으로 적절하지 않은 것은?

구 분	20X1	20X2	20X3
갑국	0.403	0.452	0.506
을국	0.513	0.422	0.411

① 갑국과 을국의 지니계수는 0과 1 사이의 값을 가진다.
② 갑국은 소득불평등도가 심화되는 반면 을국은 소득불평등도가 줄어들고 있다.
③ 갑국이 소득불평등도를 줄이려면 부의 소득세제를 도입할 필요가 있다.
④ 을국의 로렌츠곡선은 45도 대각선에 점차 멀어지는 모습일 것이다.
⑤ 을국이 소득불균형을 해소하기 위해 과도하게 누진세를 도입했을 경우 근로의욕이 저하되는 문제점이 나타날 수 있다.

33 경기동향을 나타내는 기업경기실사지수(BSI)와 소비자동향지수(CSI)에 대한 설명으로 옳지 않은 것은?

① BSI는 기업 활동의 실적, 계획, 경기동향 등에 대한 기업가들의 의견을 직접 조사하여 이를 지수화한 지표이다.
② BSI는 다른 경기지표와는 달리 기업가의 주관적이고 심리적인 요소까지 조사가 가능하고, 정부 정책의 파급 효과를 분석하는 데 활용되기도 한다.
③ CSI는 50을 기준치로 하며, 50을 초과할 경우는 앞으로 생활형편이 좋아질 것이라고 응답한 가구가 나빠질 것으로 응답한 가구보다 많다는 것을 의미한다.
④ BSI는 비교적 쉽게 조사되고 작성될 수 있지만 조사 응답자의 주관적인 판단이 개입될 가능성이 있다.
⑤ BSI가 95에서 98이 되었다는 것은 아직도 경기를 나쁘게 보고 있는 사람이 많은 것이다.

34 재정의 자동안정화장치가 효과를 가장 잘 발휘할 수 있는 조건으로 가장 거리가 먼 것은?

① 중앙정부의 지방정부에 대한 교부세제도가 잘 확립되어 있다.
② 누진세 등이 발달되어 세수수입의 소득탄력성이 높다.
③ 정부예산의 조세의존도가 높고 국민경제에서 차지하는 비중이 크다.
④ 실업수당 등 사회보장제도가 잘 되어있다.
⑤ 사회보험료의 징수가 잘 이루어져야 한다.

35 표는 갑국의 20X1 ~ 20X3년 X재, Y재의 가격 및 생산량을 나타낸다. 이에 대한 분석으로 옳지 않은 것은? (단, 갑국은 X재와 Y재만 생산하며, 두 재화는 모두 최종생산물이다. 기준연도는 20X1년이다)

구 분	X 재		Y 재	
	가격	생산량	가격	생산량
20X1년	100원	10개	10원	100개
20X2년	150원	10개	10원	150개
20X3년	300원	10개	10원	300개

① 20X1년 실질GDP는 2,000원이다.
② 20X2년 명목GDP는 3,000원이다.
③ 20X3년 명목GDP는 6,000원이다.
④ 20X3년 경제성장률은 100%이다.
⑤ 20X3년 실질GDP는 20X2년 실질GDP보다 크다.

36 아래 신문기사에 추가로 포함될 수 있는 내용으로 적합하지 않은 것은?

> 한국은행은 '2월 중 통화 및 유동성'을 통해 지난달 광의통화 M2(평잔)가 전월 대비 0.2%(5조 8000억 원) 증가했다고 밝혔다. 1월 1.1%보다 증가세가 0.9%포인트(p) 둔화됐다. 지난해 9월 이후 가장 적게 늘어났다. 전년 동월 대비로는 6.2% 증가했다.

<보기>
ㄱ. M2의 이러한 추세는 저금리 상태가 오래 지속되고 있기 때문으로 풀이되고 있다.
ㄴ. M2 증가세가 둔화한 것은 가계부문을 중심으로 민간신용이 축소된 때문으로 추측되고 있다.
ㄷ. M2는 M1(현금통화, 요구불예금, 수시입출금식 저축성예금 등)에 국채, 지방채, 회사채 등 채권 발행을 합한 것을 말한다.
ㄹ. 우리나라의 경기가 호전되고 있음을 알 수 있다.

① ㄱ, ㄴ ② ㄱ, ㄹ ③ ㄴ, ㄷ
④ ㄴ, ㄹ ⑤ ㄷ, ㄹ

37 한국은행은 물가안정목표제를 채택하고 있다. 물가안정목표제에 대한 설명으로 거리가 먼 것은?

① 통화정책의 궁극적인 목표를 물가안정에 둔다.
② 특정 인플레이션 목표를 설정·공표한 후, 중간목표 없이 각종 통화정책수단을 통해 목표에 도달하려는 방식을 말한다.
③ 1998년부터 물가안정목표제를 도입했다.
④ 이를 달성하기 위해 기준금리 조정 등의 통화정책을 운영하고 있다.
⑤ 2016년 이후 물가안정목표는 소비자물가 상승률 (전년 동기 대비) 기준 3%이다.

38 다음 기사를 읽고 중국 경제의 상황을 잘못 추론한 것은?

> 리커창 총리는 15일 전국인민대회 폐막 기자회견에서 제조업과 다른 분야의 부가가치세를 4월 1일부터 인하한다고 밝혔다. 그는 기업이 부담하는 사회보험비도 5월 1일부터 내린다고 밝혔다. 리 총리는 "부가가치세와 사회보험비 인하로 2조 위안(약 340조 원) 가까운 혜택이 있을 것"이라면서 지급준비율도 낮출 수 있다고 말했다.

① 경제 하방압력에 선제적으로 대응하려는 것이다.
② 금융완화라기 보다는 실질경제를 지원하고자 하였다.
③ 일자리 확충이 사회적 과제가 되고 있다.
④ 소비자물가가 급등해 서민들의 생활이 어려워지고 있다.
⑤ 성장률이 정부가 정한 목표치(연 7%)를 밑돌 가능성이 있다.

39 다음 신문기사의 내용으로부터 유추해 볼 수 있는 대미 실질환율의 변동은?

> 2020년 1/4분기 한국의 물가상승률 평균은 3.3%로서 세계 최고 수준이었다. 국가별로는 1/4분기 미국의 물가상승률이 1.8%로 2006년 같은 기간의 2.9%보다 크게 낮은 수준으로 나타났다. 이때 대미 명목환율 변화는 8% 하락한 것으로 나타났다.

① 6.5% 상승 ② 13.1% 상승
③ 9.5% 하락 ④ 13.1% 하락
⑤ 3.9% 하락

40 다음은 미국 달러 대비 각국의 통화가치 절상률이다. 자료를 통해 추론한 내용으로 옳은 것은?

종류	한국	호주	유로	일본	중국
절상률(%)	7	8	9	2	3

① 한국기업은 중국기업에 비해 미국 시장에서의 가격경쟁력이 낮아질 것이다.
② 호주로부터 달러화로 재료를 수입하는 한국기업은 생산비의 하락으로 순수익이 증가할 것이다.
③ 각국의 통화절상으로 미국의 경상수지가 적자로 돌아갈 것이다.
④ 한국보다 영국을 여행하는 미국여행객이 증가할 것이다.
⑤ 일본 유학생 자녀를 둔 한국 가정의 경제적 부담이 더 커지게 되었다.

41 정부가 노동자보호를 위하여 최저임금제도를 실시하기로 결정하였다. 이때 정부가 책정한 최저임금 수준이 노동시장의 균형임금 수준보다 낮게 책정되어 있을 때 나타날 수 있는 효과는?

① 실업을 유발한다.
② 노동에 대한 초과수요를 유발한다.
③ 임금수준을 상승시킨다.
④ 노동시장에 아무런 영향을 주지 못한다.
⑤ 노동자들이 가져가는 총임금이 증가한다.

42 재정정책에 대한 설명으로 옳지 않은 것은?

① 일반적으로 금융정책에 비하여 내부시차가 짧다.
② 통화주의자는 재정정책이 통화정책에 비해 효과가 작다고 주장하였다.
③ 정부지출의 승수효과는 한계소비성향이 커지면 증가한다.
④ 재정확대는 이자율을 상승시켜 총수요 증가의 일부를 상쇄시킨다.
⑤ 재정정책은 일반적으로 국공채를 발행하여 자금을 조달하는 방법을 사용한다.

43 다음은 1년간 우리나라에서 발생한 국제거래 내용이다. 우리나라의 국제수지에 관한 설명으로 옳은 것은? (단, 제시된 것 외에는 고려하지 않는다)

- 현대차가 중국에 3,000만 달러를 투자하여 공장을 세웠다.
- 미국인이 국내에서 여행 경비로 500만 달러를 사용하였다.
- 북한 어린이 돕기 구호금으로 1,000만 달러를 보내주었다.
- 삼성전자가 중국에 스마트폰 2,000만 달러어치를 수출하였다.
- 해외의 근로자들이 100만 달러를 벌어 오고, 국내 외국인 근로자들이 본국에 800만 달러를 송금하였다.

① 상품수지는 2,000만 달러 적자이다.
② 자본수지는 3,000만 달러 흑자이다.
③ 경상수지는 800만 달러 흑자이다.
④ 서비스수지는 500만 달러 적자이다.
⑤ 본원소득수지는 700만 달러 흑자이다.

44 다음 (A)에 해당하는 용어는?

작년 9월 말 기준 우리나라 단기외채 비율과 단기외채 비중이 일제히 하락한 것으로 나타났다. 코로나 위기로 지난 3월 미국과 체결한 (A) 자금이 들어오면서 6월 말 집계 때는 단기외채가 일시적으로 늘었지만, 최근 이 자금을 다시 갚아 단기외채가 줄어든 것이다.

① 유동성함정 ② 환리스크
③ 기축통화   ④ 통화스왑
⑤ 구제금융

45 다음 (A)에 해당하는 용어는 무엇인가?

코스피 지수가 역대 최고치를 새로 쓰면서 2,600 시대를 열었다. 작년 초 신종 코로나바이러스 감염증(코로나19) 사태로 1,400대로 추락했던 코스피 지수는 풍부한 유동성 공급과 개인투자자의 주식 매수 열풍을 일컫는 (A)에 힘입어 V자 반등에 성공했고 이달 들어 외국인의 순매수세에 가파른 상승세를 보이며 사상 최고치를 기록했다.

① 동학개미운동   ② 코스피 운동
③ 공매도 운동   ④ 사모펀드 운동
⑤ 비주얼 머천다이징 운동

46 홍콩이 1997년 중국에 반환된 후에도 세계 금융허브의 위상을 지킨 것은 특정국가의 통화에 자국통화의 환율을 고정시키는 제도를 사용했기 때문이다. 이 제도를 무엇이라고 하는가?

① 네거티브존   ② 페그제
③ 전액준비제도   ④ 불태화 정책
⑤ 오퍼레이션 트위스트

47 금융자산의 선택과 관련된 용어로 옳은 것은?

<보기>
ㄱ. ROE : 경영자가 주주의 자본을 사용해 어느 정도의 이익을 올리고 있는가를 나타내는 것으로, 주주지분에 대한 운용효율을 나타내는 지표이다.
ㄴ. PBR : 주가를 주당순자산으로 나눈 비율이다. 순자산은 회사를 청산할 때 주주가 받을 수 있는 가치를 뜻한다.
ㄷ. PER : 주가를 주당순이익(EPS)으로 나눈 수치로 계산되며 주가가 1주당 주당순수익의 몇 배가 되는가를 나타낸다.
ㄹ. ROA : 기업의 일정기간 순이익을 자산총액으로 나누어 계산한 수치로, 특정 기업이 자산을 얼마나 효율적으로 운용했느냐를 나타낸다.

① ㄱ, ㄴ   ② ㄴ, ㄹ   ③ ㄷ, ㄹ
④ ㄱ, ㄴ, ㄷ ⑤ ㄱ, ㄴ, ㄷ, ㄹ

48 신용등급에 대한 다음 설명 중 옳은 것은?

<보기>
ㄱ. 신용등급은 기업이 회사채나 기업어음(CP)를 발행할 때 발행금리에 영향을 미치는 중요한 요인으로 작용한다.
ㄴ. 국가나 기업의 신용등급은 BBB를 기준으로 그 이상이면 투자등급으로 본다.
ㄷ. 국제적으로는 미국의 S&P, Moody's, 영국의 Fitch IBCA 등이 공인되는 신용평가기관이다.
ㄹ. 국가 신용등급의 경우 경제적 요소와 정치적 요소 등을 모두 고려한다.

① ㄱ, ㄴ ② ㄱ, ㄷ ③ ㄴ, ㄷ
④ ㄱ, ㄷ, ㄹ ⑤ ㄴ, ㄷ, ㄹ

49 자사주의 특징으로 옳지 않은 것은?

① 회사가 보유한 자사 발행 주식으로 의결권은 없다.
② 자사주가 늘어나면 기존 주주의 의결권 지분율은 낮아진다.
③ 자본시장법은 상장사가 주가 안정 등을 목적으로 매입할 수 있도록 하고 있다.
④ 자사주를 취득하려는 상장사는 증권관리위원회와 거래소에 자기주식 취득신고서를 제출해야 한다.
⑤ 회사에 의한 주식시세의 조작이나 내부자 거래에 이용되는 등 투기의 폐해를 조장할 수 있다.

50 기업이 은행으로부터 10억 원의 대출을 통해 자금을 조달하였다. 이 기업의 재무상태표에 미치는 영향으로 옳은 것은?

① 자산의 증가와 자본의 증가
② 자산의 증가와 부채의 증가
③ 자본의 감소와 부채의 증가
④ 자산의 감소와 부채의 감소 및 자본의 감소
⑤ 부채의 감소와 자본의 감소 및 비용의 증가

51 영업활동에서 창출된 현금흐름이 감소하는 경우는?

<보기>
ㄱ. 재고자산 기말잔액이 기초잔액보다 많은 경우
ㄴ. 외상매출금 기말잔액이 기초잔액보다 많은 경우
ㄷ. 외상매입금 기말잔액이 기초잔액보다 적은 경우
ㄹ. 당기분 유형자산처분이익이 계상되어 있는 경우

① ㄱ, ㄴ ② ㄴ, ㄹ ③ ㄷ, ㄹ
④ ㄱ, ㄴ, ㄷ ⑤ ㄴ, ㄷ, ㄹ

52 다음 (A)에 해당하는 것은?

SK바이오사이언스가 오는 29일 임시주주총회를 열고 주식 1주를 10주로 쪼개는 (A)을(를) 진행한다. 앞서 1주당 2주의 비율로 신주를 배정하는 방식으로 무상증자를 실시한 SK바이오사이언스는 이번 (A)(으)로 기존 주식이 30분의 1로 줄어드는 효과를 얻게 될 전망이다.

① 액면 병합 ② 액면 분할
③ 무상 증자 ④ 무상 감자
⑤ 권리락

53 다음 중 영업활동으로 인한 현금흐름으로 분류되지 않는 항목은?

① 이자의 지급
② 배당금 수령
③ 배당금 지급
④ 매출채권 회수
⑤ 선수금의 수령

54 회사의 주식 수를 줄이는 감자에 대한 설명 중 옳은 것은?

<보기>
ㄱ. 20대 1로 감자하면 자본금이 20분의 1로 줄어든다.
ㄴ. 누적결손으로 인해 자본금이 잠식됐을 경우 이 잠식분을 반영하기 위해 감자가 이뤄진다.
ㄷ. 회사 분할이나 합병, 신규투자자금 유치 등을 위해서도 감자가 실시될 수 있다.
ㄹ. 기업의 유동성을 높이기 위한 것이므로 이사회에서 결정할 사항이다.

① ㄱ, ㄴ ② ㄱ, ㄷ ③ ㄴ, ㄷ
④ ㄱ, ㄴ, ㄷ ⑤ ㄴ, ㄷ, ㄹ

55 다음 지문에서 설명하는 경제용어를 맞게 설명한 것을 바르게 짝지은 것은?

<보기>
ㄱ. 파이어 월 : 같은 기업의 부서나 계열사 간에 이뤄지는 불필요한 정보 교류를 차단하기 위한 장치나 제도를 가리킨다.
ㄴ. 집중투표제 : 기업이 2명 이상의 이사를 선임할 때 주주들에게 1주당 선출 이사 수만큼 의결권을 부여하는 제도이다. 소액주주들이 자신들의 권익을 보호할 수 있는 임원들을 쉽게 선출할 수 있도록 한 것으로 누적투표제라고도 한다.
ㄷ. 5% 룰 : 상장 기업의 주식을 일정 규모 이상 보유하게 된 사람은 이를 금융감독 당국에 보고해야 한다. 적대적 인수·합병(M&A)에 대한 방어책 마련 등의 기회를 주기 위해 도입한 제도이다.
ㄹ. 내부자거래 : 기업집단에 속한 회사(계열사) 간에 상품이나 서비스를 사고팔거나 인력을 지원하는 등의 거래행위를 말한다.

① ㄱ, ㄴ ② ㄱ, ㄷ ③ ㄴ, ㄷ
④ ㄱ, ㄴ, ㄷ ⑤ ㄴ, ㄷ, ㄹ

56 기업의 재무제표에 관한 다음 설명 중 옳은 것을 모두 고르면?

<보기>
ㄱ. 재무제표를 작성하는 목적은 기업의 이해관계자들에게 의사결정에 도움이 되는 재무정보를 제공하는 데 있다.
ㄴ. 재무상태표는 기업이 해당 기간에 수행한 수익창출 활동의 결과를 요약·보고하는 재무제표다.
ㄷ. 포괄손익계산서는 해당 기간 중 재무 성과를 보고하는 재무제표이며, 특히 이해관계자에게 유용한 순이익 정보를 제공한다.
ㄹ. 현금흐름표는 해당 기간 중 영업활동, 투자활동, 재무활동 결과로 발생하는 현금흐름상 변동 내용을 보고하는 재무제표다.

① ㄱ, ㄴ ② ㄱ, ㄷ ③ ㄴ, ㄹ
④ ㄱ, ㄷ, ㄹ ⑤ ㄴ, ㄷ, ㄹ

57 다음 중 다른 조건이 동일한 경우 자산총액을 감소시키는 거래가 아닌 것은?

<보기>
ㄱ. 연말에 외상매출금을 현금으로 지급받았다.
ㄴ. 연말에 단기차입금을 보유 현금으로 상환하였다.
ㄷ. 연말에 정가보다 낮은 가격으로 판매하였다.
ㄹ. 연말에 장기차입금을 주식발행을 통해 자본으로 전환하였다.

① ㄱ, ㄴ ② ㄱ, ㄷ ③ ㄱ, ㄹ
④ ㄱ, ㄴ, ㄹ ⑤ ㄴ, ㄷ, ㄹ

58 다음 중 회사의 순자산이 감소하는 경우는?

① 5억 원 상당의 매출채권을 현금으로 회수하였다.
② 7억 원 상당의 매입채무를 현금으로 상환하였다.
③ 주주총회의 결정에 따라 주주들에게 4억 원을 현금으로 배당하였다.
④ 전환사채 만기일에 사채권자의 요구에 따라 전환사채를 주식으로 전환하였다.
⑤ 자금난을 겪고 있는 회사가 액면가 8,000원 주식을 4,000원에 2만 주 할인발행하였다.

59 우상향하는 공급곡선과 우하향하는 수요곡선을 갖는 X재에 대하여 정부가 소비세를 부과하기로 결정하였다. 다음 중 소비세 부과의 효과에 대한 설명으로 옳은 것은?

① 수요곡선과 공급곡선의 가격탄력성이 비탄력적일 때는, 탄력적인 경우보다 소비세 부과로 인한 후생 순손실은 적어진다.
② 소비세를 부과하기 이전에 비하여 소비자는 더 높은 가격을 지불하지만, 공급자가 받는 가격에는 변화가 없다.
③ 소비자잉여와 생산자잉여의 감소가 발생하지만, 이는 정부의 세수 증가로 충분히 메워진다.
④ 공급곡선의 가격탄력성이 수요곡선의 가격탄력성보다 클 때, 공급자의 조세부담이 수요자보다 크다.
⑤ 중립세를 부과하더라도 사회적 후생손실이 발생한다.

60 정부가 최근 내놓은 부동산정책이 시장에 얼마나 영향을 미칠지 관심이다. 다음 설명 중 옳은 것을 모두 고르면?

<보기>
ㄱ. DTI는 총부채상환비율로 이 비율의 한도를 낮추면 소득대비 대출받을 수 있는 금액이 적어져 주택구입수요가 억제되는 효과가 있다.
ㄴ. LTV는 주택가격대비 담보인정비율로서 이 비율의 한도를 인하하면 주택구입수요가 억제된다.
ㄷ. 1가구 다주택 양도세 중과의 한시적 완화 정책은 현재 다주택자의 주택매도공급을 억제하는 효과가 있다.
ㄹ. DTI와 LTV 제도는 부동산 투기를 막기 위한 것으로 금융회사 경영 부실 방지와는 관련이 없다.

① ㄱ, ㄴ   ② ㄱ, ㄷ   ③ ㄴ, ㄷ
④ ㄴ, ㄹ   ⑤ ㄷ, ㄹ

응용복합

61 다음은 A국에서 생산하는 모든 최종재의 수량과 가격이다. 이 나라에 거주하는 갑의 20X2년도 명목소득은 120원이다. GDP 디플레이터를 이용해 산출한 20X1년도를 기준연도로 하는 20X2년도 갑의 실질소득은?

구 분	20X1년		20X2년	
종 류	가 격	산출량	가 격	산출량
X	20원	10개	30원	20개
Y	30원	20개	20원	20개

① 80원   ② 90원   ③ 100원
④ 120원   ⑤ 150원

62 A국과 B국은 철강과 자동차 2가지 재화만 생산한다. A국과 B국의 연간 1인당 철강 생산량은 각각 8톤과 6톤이며, A국과 B국의 연간 1인당 자동차 생산량은 각각 16대와 8대이다. 다음 설명 중 옳지 않은 것은?

① A국이 철강 1톤을 생산하는 기회비용은 자동차 2대이며, B국이 자동차 1대를 생산하는 기회비용은 철강 0.75톤이다.
② 철강 1톤이 자동차 1.6대로 교환되는 교역조건은 양국 모두에게 이익을 준다.
③ A국은 철강과 자동차 모두에게 절대우위를 갖는다.
④ A국은 철강 생산에서 비교우위를 갖고, B국은 자동차 생산에서 비교우위를 갖는다.
⑤ 무역이 발생한다면 양국 모두 특화품목의 기회비용은 커진다.

63 다음 사례를 통해 나타날 수 있는 환율의 변동 방향을 바르게 연결한 것은? (단, 주어진 조건 외에는 일정하며, 외화의 수요와 공급은 각각의 법칙을 따른다)

- 우리나라의 자동차 수출이 크게 증가하였다.
- 우리나라의 미국채권 구입이 크게 증가하였다.
- 위 조건의 변화량은 동일하다.

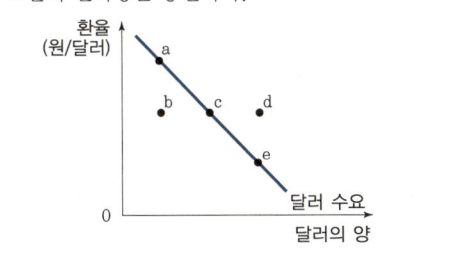

① a → c   ② a → e   ③ b → d
④ c → b   ⑤ e → d

64 시장에 갑, 을 두 기업이 존재하며, 기업 갑, 을은 S₁, S₂ 전략 중 최선의 의사결정을 하려 한다. 아래 표는 두 기업의 게임에 대한 보수를 나타낸 것이다. 이에 대한 설명으로 가장 옳지 않은 것은? (단, 괄호 안의 앞의 숫자는 기업 갑의 보수, 뒤의 숫자는 기업 을의 보수를 나타낸다)

구 분		을	
		S_1	S_2
갑	S_1	(10, 10)	(5, 20)
	S_2	(20, 5)	(8, 8)

① 갑, 을 모두에게 각각 우월전략이 존재한다.
② 균형에서 갑의 보수는 8이다.
③ 갑, 을 간 협조가 이루어질 수 있다면 파레토개선이 가능하다.
④ 위 게임의 균형은 우월전략균형일지는 몰라도 내쉬균형은 아니다.
⑤ 위 게임에서는 상대방을 배신할 수 있는 유인이 존재한다.

65 표는 갑이 구입하려는 노트북의 가격과 편익을 나타낸 것이다. C사 제품 선택의 기회비용은 얼마인가? (단, 갑은 노트북을 1대만 구입하고자 한다)

노트북	가 격	편 익
A사 제품	50만 원	90만 원
B사 제품	70만 원	120만 원
C사 제품	90만 원	150만 원

① 50만 원   ② 70만 원   ③ 140만 원
④ 210만 원   ⑤ 240만 원

66 다음은 가계, 기업, 정부로 구성된 케인즈 모형이다. 이때 투자지출은 120으로, 정부지출은 220으로, 조세수입은 250으로 각각 증가할 경우 균형국민소득의 변화는?

- 소비함수 : $C = 0.75(Y - T) + 200$
- 투자지출 : $I = 100$
- 정부지출 : $G = 200$
- 조세수입 : $T = 200$

① 10 감소   ② 10 증가   ③ 20 감소
④ 20 증가   ⑤ 변화 없음

67 표는 갑국의 경제지표이다. 이에 대한 분석으로 옳은 분석만을 <보기>에서 있는 대로 고른 것은? (단, 기준연도는 20X1년이고, 물가수준은 GDP 디플레이터로 측정한다)

구 분	20X1년	20X2년	20X3년
실질GDP	100	120	150
GDP디플레이터	100	120	150

<보기>
ㄱ. 20X1년의 물가상승률은 0%이다.
ㄴ. 20X1년의 명목GDP는 실질GDP와 동일하다.
ㄷ. 20X3년의 경제성장률과 물가상승률은 동일하다.
ㄹ. 경제성장률은 20X2년에 비해 20X3년에 상승했다.

① ㄱ, ㄴ   ② ㄱ, ㄷ   ③ ㄴ, ㄹ
④ ㄱ, ㄴ, ㄷ   ⑤ ㄴ, ㄷ, ㄹ

68 다음 중 총수요곡선의 이동요인이 아닌 것은?

① 소비가 증가하면 총수요곡선이 오른쪽으로 이동한다.
② 장래에 물가가 하락할 것으로 예상되면 총수요곡선이 오른쪽으로 이동한다.
③ 외국에서 우리나라 제품 수요가 증가하면 총수요곡선이 오른쪽으로 이동한다.
④ 투자가 증가하면 총수요곡선이 오른쪽으로 이동한다.
⑤ 정부가 경기부양을 위해 지출을 증가하면 총수요곡선이 오른쪽으로 이동한다.

69 현재 은행의 초과지급준비금이 1조 원일 경우, 법정지급준비율이 5%에서 10%로 상승한다면, 부가적인 예금창조액의 변화는?

① 6조 원 감소 ② 7조 원 감소
③ 8조 원 감소 ④ 9조 원 감소
⑤ 10조 원 감소

70 다음과 같은 케인즈의 경제모형을 가정할 때, 정부지출승수, 투자승수, 정액조세승수를 순서대로 바르게 배열한 것은? (단, Y는 국민소득, C는 소비지출, I는 투자지출, G는 정부지출, T는 정액조세를 나타낸다)

- $Y = C + I + G$
- $C = 0.75(Y - T) + 200$
- $I = 200$
- $G = 200$
- $T = 200$

① 3, 3, −3 ② 3, 4, −2
③ 4, 3, −2 ④ 4, 4, −3
⑤ 4, 3, −3

71 원자재가격 상승으로 물가수준이 상승하여 중앙은행이 기준금리를 인상하기로 결정하였다. 원자재가격 상승과 기준금리 인상의 경제적 효과를 단기 총수요-총공급 모형을 이용하여 분석한 것으로 옳은 것을 모두 고른 것은?

<보기>
ㄱ. 총수요곡선은 좌측 이동한다.
ㄴ. 총공급곡선은 좌측 이동한다.
ㄷ. 총생산은 대폭 감소한다.
ㄹ. 물가는 반드시 상승한다.

① ㄱ, ㄴ ② ㄴ, ㄹ ③ ㄷ, ㄹ
④ ㄱ, ㄴ, ㄷ ⑤ ㄱ, ㄷ, ㄹ

72 그림은 민간 경제의 흐름을 나타낸 것이다. 이에 대한 설명으로 옳은 것은?

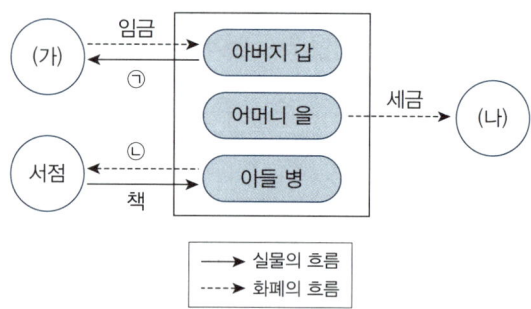

<보기>
ㄱ. (가)는 이윤의 극대화를 추구한다.
ㄴ. 갑은 생산요소시장의 수요자이다.
ㄷ. (나)는 공공서비스를 제공한다.
ㄹ. ㉠은 생산물시장에서 거래되며 ㉡은 투자에 해당한다.

① ㄱ, ㄴ ② ㄱ, ㄷ ③ ㄴ, ㄷ
④ ㄴ, ㄹ ⑤ ㄷ, ㄹ

73 그림은 X재의 수요량 또는 수요의 변동을 나타낸다. (가) 또는 (나)가 나타낼 수 있는 요인에 대한 설명으로 옳은 것은?

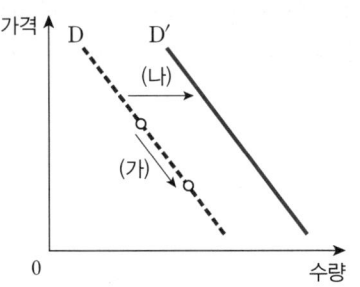

① X재 생산비의 상승은 (가)의 요인이 된다.
② X재의 보완재인 Y재 가격의 하락은 (가)의 요인이 된다.
③ X재 생산에 부과되는 세금의 증가는 (가)의 요인이 된다.
④ X재의 대체재인 Z재 가격의 상승은 (나)의 요인이 된다.
⑤ X재가 정상재이면 소비자들의 소득 감소는 (나)의 요인이 된다.

74 치킨 전문점에서 치킨과 맥주를 판매한다고 한다. 이 매장에서 판매하는 치킨과 맥주는 보완재라고 가정하자. 이 가게에서 한 달 동안 치킨 가격을 10% 인하해 판매하기로 하였다면 다음 중 옳은 것은? (단, 치킨은 수요법칙을 따른다)

<보기>
ㄱ. 치킨의 판매는 증가할지 감소할지 알 수 없다.
ㄴ. 맥주의 판매수입은 반드시 증가할 것이다.
ㄷ. 치킨 가격에 대한 맥주 수요의 교차탄력성이 0보다 작다.
ㄹ. 치킨 가격에 대한 맥주의 소득탄력성은 0보다 크다.

① ㄱ, ㄴ ② ㄱ, ㄷ ③ ㄴ, ㄷ
④ ㄴ, ㄹ ⑤ ㄷ, ㄹ

75 어떤 기업의 비용함수가 $TC(Q) = 100 + 20Q$로 주어져 있을 때 이 비용함수에 대한 설명으로 옳은 것은? (단, TC는 총비용, Q는 생산량을 의미한다)

<보기>
ㄱ. 한계비용이 증가하고 있음을 알 수 있다.
ㄴ. 생산활동에 고정비용이 소요된다.
ㄷ. 생산량이 10일 때 평균비용은 120이다.
ㄹ. 평균비용은 생산량이 늘어날수록 감소한다.

① ㄱ, ㄴ ② ㄱ, ㄷ ③ ㄴ, ㄷ
④ ㄴ, ㄹ ⑤ ㄷ, ㄹ

76 완전경쟁시장에서 한 기업의 단기비용곡선이 다음과 같다고 할 때 옳지 않은 것은? (단, AC는 평균비용, AVC는 평균가변비용, AFC는 평균고정비용, MC는 한계비용을 의미한다)

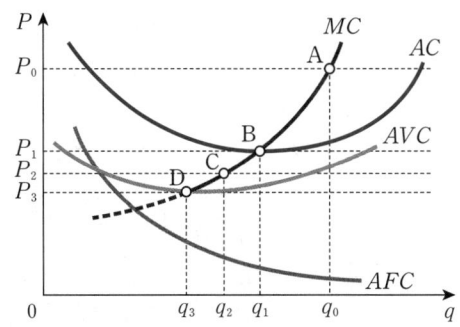

<보기>
ㄱ. A점에선 생산한다 해도 초과이윤을 얻을 수 없다.
ㄴ. 가격과 평균비용(AC)이 일치하는 B점은 손익분기점이다.
ㄷ. C점은 기업이 생산할 경우 손해를 보게 돼 공장 문을 닫는 게 더 낫다.
ㄹ. D점은 기업이 생산을 중단해야 하는 점이다.

① ㄱ, ㄴ ② ㄱ, ㄷ ③ ㄴ, ㄷ
④ ㄴ, ㄹ ⑤ ㄷ, ㄹ

77 도서관은 200의 비용이 들고 일단 지어지면 누구나 무료로 이용할 수 있다. 다음 중 옳지 않은 것은?

A도시	사회적 효용	B도시	사회적 효용
시민 A1	250	시민 B1	100
시민 A2	30	시민 B2	80
시민 A3	10	시민 B3	70
시민 A4	10	시민 B4	50

① 도서관이 지어졌을 때 사회적 효용은 두 도시가 같다.
② 도서관은 공공재이지만 A1의 효용이 건설비용보다 높기 때문에 A1이 지을 수 있다.
③ 정부의 개입이 없다면 A도시에서는 A1이 도서관을 건립하고 A2, A3, A4는 무임승차가 될 것이다.
④ 도시 시민들은 모두 도서관을 짓는 비용보다 적은 효용을 얻으므로 도서관을 짓지 않는 것이 사회 전체적으로 이득이다.
⑤ 정답 없음

78 법정지급준비율이 20%에서 50%로 인상되면 신규예금 2,000만 원으로 만들어질 수 있는 최대의 예금통화액은 얼마나 감소하는가? (단, 신규 예금을 포함하고 민간은 현금을 보유하지 않는다고 가정한다)

① 1,000만 원 감소　② 2,000만 원 감소
③ 3,000만 원 감소　④ 4,000만 원 감소
⑤ 6,000만 원 감소

79 아래 그림은 A국의 소고기 시장을 나타낸다. 자유무역체제 아래에서 국내 소고기 가격은 국제가격인 P_1 수준이었다. 하지만 수입 소고기에 관세가 부과되어 국내 판매가격이 P_1에서 P_2로 상승하였다. 이러한 관세 부과로 나타난 경제적 효과에 대한 설명 중 옳은 것은?

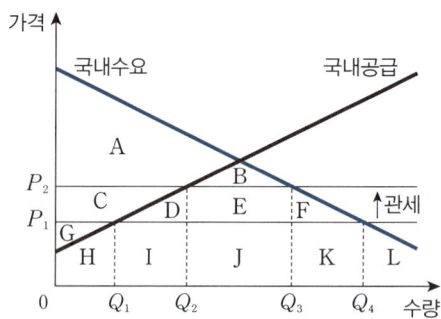

─〈보기〉─
ㄱ. 관세 부과로 재정수입은 E만큼 발생한다.
ㄴ. 관세 부과로 인한 생산자잉여 증가분은 C + D이다.
ㄷ. 관세 부과로 인한 소비자잉여 손실분은 C + D + E + F이다.
ㄹ. 관세 부과로 국내 생산은 Q_1에서 Q_2로 증가하고, 수입량은 $(Q_4 - Q_1)$에서 $(Q_3 - Q_2)$로 줄어든다.

① ㄱ, ㄴ　② ㄱ, ㄹ　③ ㄴ, ㄷ
④ ㄱ, ㄷ, ㄹ　⑤ ㄴ, ㄷ, ㄹ

80 한국의 이자율이 3% 포인트 인상되고 미국의 이자율이 1% 포인트 인하되었다면 원/달러 환율은 어떻게 예상되는가? (단, 물가는 고려하지 않으며, 한국의 이자율이 더 높다)

① 환율이 하락한다.
② 환율에는 영향을 미치지 않는다.
③ 환율이 상승하게 된다.
④ 원화의 공급량에 따라 달라진다.
⑤ 달러 수요가 늘어나 환율이 하락한다.

fn.Hackers.com
금융·자격증 전문 교육기관 **해커스금융**

정답 및 해설 | 제1회 실전모의고사

경제이론

01	⑤	02	④	03	③	04	③	05	③
06	②	07	①	08	①	09	②	10	②
11	②	12	②	13	③	14	④	15	③
16	③	17	①	18	②	19	①	20	①
21	②	22	①	23	②	24	⑤	25	④
26	①	27	②	28	③	29	②	30	②

시사경제

31	⑤	32	⑤	33	⑤	34	④	35	③
36	①	37	③	38	③	39	⑤	40	①
41	④	42	⑤	43	③	44	①	45	②
46	①	47	③	48	⑤	49	③	50	①
51	②	52	②	53	②	54	②	55	③
56	①	57	①	58	④	59	②	60	②

응용복합

61	④	62	④	63	④	64	③	65	②
66	③	67	⑤	68	②	69	④	70	⑤
71	②	72	⑤	73	②	74	③	75	④
76	②	77	⑤	78	②	79	③	80	②

경제이론

01 경제순환   정답 ⑤

(가) 시장은 생산물시장, (나) 시장은 생산요소시장이다.
ㄷ. 아버지가 가족 여행을 위해 구매한 자동차는 재화에 포함된다.
ㄹ. 정수기 업체에서 일하는 아버지가 받은 급여는 요소소득이므로 ⓒ에 포함된다.

오답노트
ㄱ. 가계는 생산요소시장에 노동을 공급한다.
ㄴ. 기업은 생산물시장에 서비스를 공급한다.

02 실업의 종류와 대책   정답 ④

자연실업률이란 경제의 산출량과 고용이 사실상 완전고용 수준을 유지하고 있는 중에서도 지속되는 실업률로 마찰적 실업과 구조적 실업만 존재하는 상태를 의미한다. 경제전반의 산업구조 재편이 이루어지고 있는 경우 인력조정 등이 이루어져 자연실업률이 상승한다.

오답노트
①③⑤ 자연적 실업에 영향을 미치지 않는다.
② 정부가 실업자에게 주는 수당을 인하하게 되면 일자리를 찾는 노력을 더하게 되므로 자연실업률은 하락한다.

03 경기안정화정책   정답 ③

경기 침체 상황에서 중앙은행이 취할 수 있는 확대 통화정책에는 국·공채를 매입하는 방법이 있다. '지급준비율 인하'는 (다)에, '세율 인하'는 (가)에 들어갈 수 있다.

오답노트
① (가)에는 정부지출 증가, (다)는 지급준비율 인하가 들어갈 수 있다.
② (나)에는 세율 인상이 들어갈 수 있다.
④ (가), (다)는 불경기의 대책이므로 모두 통화량을 증가시키는 요인이다.
⑤ (가), (나), (다), (라)는 모두 총수요를 변동시키는 요인이다.

04 정보의 비대칭성   정답 ③

역선택은 감추어진 속성을 파악하지 못할 때 나타난다. 대표적인 예가 나쁜 품질의 중고차이다.

오답노트
① 도덕적 해이에 대한 설명이다.
② 정보의 비대칭성과 관련이 없다.
④ 외부성에 대한 설명이다.
⑤ 사회적으로 외부경제를 가져올 가능성이 있다.

05 시장실패의 의미와 사례   정답 ③

사회적 비용이 사적 비용보다 큰 것은 생산에 있어 외부불경제가 발생할 때이다. 생산에 있어 외부불경제가 발생하면 시장기구에 의해서는 과잉생산이 이루어진다.

06 환율결정이론   정답 ②

이자율평가설에서 환율변화율 = 국내이자율 − 해외이자율이다. 즉, 5% − 6% = −1%이다. 따라서 원/달러 환율은 1% 하락할 것으로 예상된다. 구매력평가설에서 환율상승률 = 국내물가상승률 − 해외물가상승률이다. 즉, −1% = 3% − 해외물가상승률이므로 해외물가상승률은 4%이다. 따라서 미국의 예상 물가상승률은 4%이다.

07 기회비용과 합리적 선택   정답 ①

기술진보, 천연자원의 발견, 인구 증가, 경제성장 등을 통해 생산가능곡선 바깥쪽으로 이동할 수 있다.

[오답노트]
ㄷ. 청년실업 감소로 생산가능곡선 내부의 한 점에서 생산가능곡선에 가까운 점으로 이동한다.
ㄹ. 재화의 가격 상승은 재화의 생산점이 오른쪽으로 이동한다.

08 조세의 귀착   정답 ①

ㄱ. 세금부담은 공급곡선이 비탄력적일수록 크다. 따라서 공급곡선이 비탄력적일수록 공급자가 더 큰 세금을 부담하게 된다.
ㄴ. 후생손실인 초과부담 또는 자중손실은 탄력성에 비례하기 때문에 수요곡선과 공급곡선의 탄력성이 낮을수록 세금 부과 시 사회적 후생손실의 발생이 작아진다.

[오답노트]
ㄷ. 후생손실인 초과부담 또는 자중손실은 탄력성에 비례하기 때문에 석유에 대해 세금을 새로 부과하는 경우, 단기(비탄력적인 경우)보다 장기(탄력적인 경우)에 사회적 후생손실이 더 크다.
ㄹ. 최저임금제가 고용량과 노동자의 소득에 미치는 효과는 노동의 공급곡선보다는 노동의 수요곡선의 탄력성 크기에 달려있다.

09 기회비용과 합리적 선택   정답 ②

기회비용은 선택 시 포기하게 되는 가치 중에서 가장 큰 것을 의미한다. 또한 실제로 지불해야 하는 명시적 비용과 받을 수 있었던 암묵적 비용으로 구성된다. 때문에 경제학에서는 합리적 선택을 위해 암묵적 비용도 함께 고려한다.

10 수요의 가격탄력성   정답 ②

우하향의 수요직선에서 탄력적 구간은 가격이 하락, 비탄력적 구간은 가격이 상승하면 판매수입이 증가하며, 중점에서 판매수입이 극대화된다.

[오답노트]
① 필수재에 비해 사치재의 수요는 가격변화에 대해 보다 탄력적이다.
③ 우하향의 수요직선에서 중점은 단위탄력적이고, 중점 위는 탄력적이며, 중점 아래는 비탄력적으로 모든 점의 수요의 가격탄력도가 다르다.
④ 수요곡선의 임의의 점에서 수요의 가격탄력성은 수요곡선 기울기의 역수와 원점에서 그 점으로 이은 직선의 기울기 곱으로 계산된다.
⑤ 우하향의 직선인 수요곡선의 탄력성은 곡선의 위치의 점마다 다르게 나타난다.

[TIP]
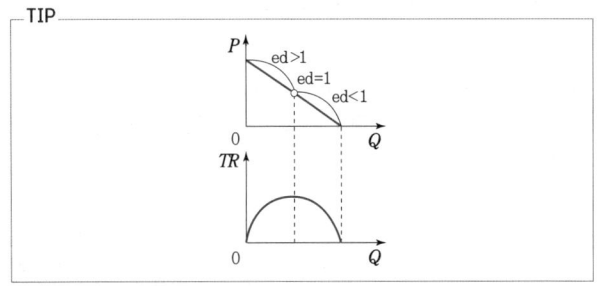

11 조세의 귀착   정답 ②

토지 공급의 가격탄력성이 완전히 비탄력적이면 공급곡선은 수직선이다. 따라서 토지 공급에 세금을 부과할 경우, 균형가격과 소비자 지불가격은 불변이고 조세 부과만큼 공급자 수취가격은 하락하기에 토지 공급자가 실질적으로 세금을 모두 부담한다.

12 한계효용이론   정답 ②

한계효용이 감소해도 그 값이 (+)이면 총효용은 증가한다. 따라서 총효용이 증가했다는 것이 반드시 한계효용이 증가했다는 것을 의미하는 것은 아니다.

[오답노트]
① 한계효용은 증가하다 일정 단위를 넘어서면 감소하여 0일 때 총효용은 극대화된다. 이후 음(−)의 한계효용이 나타난다.
③ X재 1원어치에 대한 한계효용이 Y재 1원어치에 대한 한계효용보다 클 때, Y재 구입을 줄이고 X재 구입을 늘리면 총효용이 증가한다.
④ 한계효용이 0일 때 총효용은 극대화된다.
⑤ 한계효용체감의 법칙에 대한 설명이다.

13 무차별곡선이론   정답 ③

무차별곡선의 기울기는 한계대체율이다. 한계기술대체율은 등량곡선의 기울기이다.

[오답노트]
① 효용의 기수적인 측정이 가능하다고 가정하는 한계효용이론과 달리 무차별곡선이론에서는 효용을 서수적으로만 측정이 가능하다고 가정한다.
② 무차별곡선과 예산제약선을 이용하여 소비자 균형을 설명한다.
④ 무차별곡선은 우하향하며 원점에 대해 볼록하다. 이는 한계대체율이 체감함을 의미한다.
⑤ 완전대체재는 만족감이 동일하므로 우하향하는 직선이다. 다만 효용이 동일하기 때문에 더 싼 것을 소비하면 된다.

14 단기생산함수 정답 ④

수확체감의 법칙은 가변요소 투입량이 증가하면 한계생산물이 감소하는 것이다. 수확체감의 법칙이 작용하고 있을 때 감소하는 한계생산물과 달리 총생산물, 평균생산물은 증가할 수도 있고 감소할 수도 있다.

> [오답노트]
> ⑤ 한계생산물이 평균생산물보다 크다면 평균생산물은 반드시 증가하고 그 반대로 한계생산물이 평균생산물보다 작다면 평균생산물은 반드시 감소한다.

15 생산과 장·단기 개념 정답 ③

10명의 노동자가 의자를 생산할 때 평균생산량이 40개이면 총생산물은 400개이다. 1명을 추가하여 11명의 노동자가 생산할 때 평균생산량이 38개이면 총생산물은 418개이다. 따라서 노동자가 10명에서 11명으로 증가할 때, 총생산물이 18개 증가하기 때문에 노동자의 한계생산량은 18개이다.

16 단기비용함수 정답 ③

한계비용이 평균비용보다 작은 구간에서 생산량을 증가시키면 평균비용이 감소한다.

17 단기비용함수 정답 ①

한계비용이 평균비용보다 크면 평균비용은 증가하기 때문에 평균비용이 증가하는 구간에서는 한계비용이 평균비용보다 크다.

> [오답노트]
> ② 단기란 고정요소가 존재하는 기간으로 단기에 기업의 총비용은 총고정비용과 총가변비용으로 구분된다.
> ③ 평균비용은 평균고정비용과 평균가변비용의 합이다. 평균가변비용보다 평균고정비용이 더욱 급격하게 감소하기 때문에 낮은 생산수준에서 평균비용의 감소추세는 주로 급격한 평균고정비용의 감소에 기인한다.
> ④ 완전경쟁기업의 경우 AVC곡선의 최저점은 생산하는 것과 생산을 하지 않는 것이 동일한 생산중단점이다. 따라서 단기에 평균가변비용이 최저가 되는 생산량이 생산중단점이 된다.
> ⑤ 고정비용은 생산량과 관계없이 총액이 정해져 있는 것이므로 생산이 증가함에 따라 수량으로 나누는 평균고정비용은 감소한다.

18 단기비용함수 정답 ②

생산량이 2일 때, 총가변비용은 40(TVC = 20 × 2)이다.

> [오답노트]
> ① 생산량이 1일 때, Q = 0이므로 총고정비용은 100이다.
> ③ 생산량이 3일 때, 총가변비용이 60이므로 평균가변비용은 20(= 60/3)이다.
> ④ 생산량이 4일 때, 20이 증가하였으므로 한계비용은 20이다.
> ⑤ 생산량이 5일 때, 총비용은 200(= 100 + 20 × 5)이다.

19 규모의 경제와 범위의 경제 정답 ①

한 기업이 여러 가지 재화를 동시에 생산하는 것이 여러 기업이 각각 한 가지의 재화를 생산할 때보다 생산비용이 적게 소요되는 것을 범위의 경제라 한다.

> [오답노트]
> ② 요소투입량이 k배 증가하면 생산량이 k배보다 크게 증가하는 것을 규모에 대한 수확(수익)체증이라 한다.
> ③ 생산량을 증가시킬 때 장기평균비용이 낮아지는 것을 규모의 경제라 한다.
> ④ 한 사람의 소비가 다른 사람의 소비를 제한하지 않는 속성을 비경합성이라고 한다.
> ⑤ 외부성은 이익이나 손해를 본 경우에 그에 대한 대가를 받지도 지급하지도 않는 경우를 의미한다.

20 독점의 총수입, 평균수입, 한계수입 정답 ①

독점기업은 완전경쟁과 달리 P > MC인 구간에서 생산되기 때문에 후생손실을 보인다. 또한 탄력적인 구간에서 한계수입이 (+)이기 때문에 탄력적인 구간에서 생산한다.

21 외환 시장과 환율의 의미 정답 ②

환율은 상대적 가치이다. 따라서 타국화폐의 가치에 따라 타국화폐의 가치에 대한 자국화폐의 가치가 변하게 된다.

22 독점(Monopoly)의 개념과 특징 정답 ①

독점기업은 완전경쟁과 달리 P > MC인 구간에서 생산되기 때문에 후생손실을 보인다. 또한 탄력적인 구간에서 생산한다.

> [오답노트]
> ② 독점기업은 한계수입과 한계비용이 일치하도록 생산한다.
> ③④ 우하향의 수요곡선상에서 가장 유리한 생산점을 선택할 수 있으므로 독점기업의 공급곡선은 존재하지 않는다.
> ⑤ 독점기업은 완전경쟁에 비해 적은 양을 생산한다.

23 독점적 경쟁시장 정답 ③

개별기업의 가격책정이 다른 기업의 가격결정에 영향을 미치는 것은 과점의 특징이다.

> [오답노트]
> ①② 독점적 경쟁의 경우 기업의 진입과 퇴출은 자유로우나, 가격인상 시 판매량이 감소하기 때문에 기업의 수요곡선은 우하향한다.

④ 개별기업은 단기에는 초과이윤을 얻을 수 있지만, 장기에는 정상이윤을 얻는다. 장기에는 진입과 퇴거가 자유로워 정상이윤만을 획득하고 독점보다는 작지만 초과설비를 보유하여 생산이 비효율적으로 이루어진다.
⑤ 완전경쟁시장을 제외하고는 수요곡선이 수평이 아니기 때문에 초과설비를 보유한다.

24 계층별 소득분배이론   정답 ⑤

지니계수는 0 ~ 1의 값을 가지며 0에 가까워질수록 소득분배가 잘 이루어진다.

25 코즈의 정리   정답 ④

코즈의 정리에 의하면 외부성과 관련된 소유권이 설정되면 외부성에 따른 시장실패가 해소되어 자원 배분이 효율적으로 된다. 코즈의 정리에서는 소유권이 누구에게 귀속되는 것이 바람직한지에 대해서는 다루지 않으므로 형평성 문제는 고려되지 않는다.

26 외부효과(외부성)   정답 ①

외부불경제가 존재하는 경우에는 시장기구에 맡겨두면 사회적인 최적 수준보다 과다 생산된다.

27 공공재   정답 ②

무임승차의 경우 소비자가 자신의 선호를 왜곡하기 때문에 나타나는 문제이다.

28 공공재   정답 ③

소비에 있어 배제가 불가능하다면 생산비를 부담하지 않더라도 소비가 가능하므로 누구도 생산비를 부담하지 않으려고 할 것이다. 그러므로 배제가 불가능한 재화는 시장에서 공급되기 어렵다.

29 화폐수량설   정답 ②

물가상승률 = 통화공급증가율 + 유통속도증가율 − 경제성장률이다. 따라서 물가상승률은 6%(= 7% + 3% − 4%)이다.

30 환율결정이론   정답 ②

이자율평가설에서 국내이자율 = 환율변화율 + 해외이자율이다. 환율이 1달러당 1,000원에서 1달러당 1,020원으로 변동하면 환율변화율은 2%이다. 미국의 연간 이자율은 5%이기 때문에 국내이자율은 7%(= 2% + 5%)이다.

시사경제

31 환율의 결정   정답 ⑤

자국화폐의 평가절상은 환율의 하락을 의미한다. 외국 관광객의 한국 여행 증가는 외화의 공급을 증가시켜 환율을 하락시킨다.

오답노트
① 자국 통화량의 증가는 자국화폐의 가치를 낮추는 요인이다.
②③ 이자율 하락으로 이어져 외화의 공급이 감소한다.
④ 자국 기업의 해외투자 증가는 외화의 수요를 증가시켜 환율이 상승한다.

32 실업의 학파별 대책   정답 ⑤

실업급여가 높을수록 생활이 좋아지므로 구직노력을 덜 하게 된다.

오답노트
① 구직활동을 하지 않으면 지급되지 않는다.
② 보험을 가입한 자만 수령 가능하다.
③ 실업급여 수급기간에는 실업급여를 받기 위해 구직활동을 하지만 실업보험이 없을 때와 비교하면 적극적으로 구직활동을 할 유인이 적다. 따라서 도덕적 해이가 발생할 가능성이 높다.
④ 경기가 좋아지면 실업자가 적으므로 실업급여의 지급이 줄어든다.

33 시사용어   정답 ⑤

님트현상(Not In My Term)을 의미한다.

오답노트
①② 지역이기주의를 말한다.
③ 연말에 보너스가 집중되고 소비가 늘어나면서 기업의 매출이 증대되어 크리스마스를 전후한 연말과 신년 초에 주가가 강세를 보이는 현상이다.
④ 소매업에 적용되는 무인정보시스템 등의 정보통신기술을 의미한다.

34 총수요 & 총공급곡선의 이동과 필립스곡선   정답 ④

원자재가격 상승으로 인한 총공급 감소로 물가수준이 상승하는 스태그플레이션 시, 중앙은행의 기준금리 인상은 통화량 감소에 의한 총수요감소로 총생산의 대폭 감소를 초래한다.

오답노트
ㄹ. 총수요의 변화는 물가와 실업이 반비례하지만, 총공급의 변화는 물가와 실업이 비례함을 보여준다.

35 가격통제   정답 ③

가격 상한제가 실효성이 있으므로 거래가격은 떨어지고 초과수요가 발생한다. 거래가 감소하고 가격은 하락하였으므로 일반적으로 소비자잉여는 증가하나, 경제적 순손실이 발생하여 사회적 효율성은 감소하게 된다.

36 조세의 귀착 정답 ①

X재와 Y재가 완전대체재인 경우 Y재에 물품세가 부과되었을 때 Y재 생산자가 가격을 인상하면 누구도 Y재를 구입하지 않을 것이므로 Y재 생산자는 가격을 전혀 인상할 수 없다. 그러므로 X재와 Y재가 완전대체재일 때 Y재에 대해 물품세가 부과되는 경우 물품세는 전부 Y재 생산자가 부담한다.

37 인플레이션 정답 ③

공급 측면에서 총공급의 감소로 인플레이션이 발생하는 경우를 비용인상 인플레이션이라 한다. 대표적인 요인으로 노동자의 과도한 임금 인상, 석유 파동 등과 같은 공급충격 등을 들 수 있다.

오답노트
ㄱ. 기준금리 인하는 수요견인 인플레이션의 원인이다.
ㄹ. 국민들의 합리적 기대를 통한 경제활동은 예상치 못한 경우가 아니면 인플레이션이 발생하지 않는다.

38 통화정책에 대한 견해차 정답 ③

케인즈의 재정정책의 핵심은 승수효과이다. 소비가 소득에 영향을 크게 받을수록 재정 승수효과로 인해 재정정책의 효과가 커진다. 즉, 정부 지출 증가 ⇒ 소득 증가 ⇒ 소비 증가 순으로 재정정책의 승수효과가 발생하면 소득 증가에 따라 소비는 크게 늘어난다.

오답노트
①② 이자율의 상승은 정부지출의 증가만큼 소비와 투자를 감소시키는 구축효과의 원인이 된다.
④ 저축을 장려하면 소비가 줄어들어 승수효과가 작아진다.
⑤ 조세는 승수효과를 줄이는 요소이다.

39 경기안정화정책 정답 ⑤

총수요를 증가시키기 위해서는 통화량 증가, 정부지출 증가(재정적자), 수입량 감소 등의 방법이 있다. 수입상품에 대한 관세율이 하락하면 수입이 증가해 총수요는 감소한다.

오답노트
①②③④ 총수요를 증가시키는 방법이다.

40 파생상품 정답 ①

스톡옵션은 기업이 임직원에게 일정기간이 지난 후에도 일정 수량의 주식을 일정한 가격에 살 수 있는 권한을 인정해 영업이익 확대나 상장 등으로 주식 값이 오르면 그 차익을 볼 수 있게 하는 보상제도이다.

오답노트
ㄷ. 옵션은 권리이므로 행사하지 않아도 상관 없다.
ㄹ. 미리 정해진 가격에 자기 회사 주식을 정해진 물량만큼 살 수 있는 것이지 주식을 무한정 살 수 있는 것은 아니다.

41 파생상품 정답 ④

옵션이란 일정시점에서 일정가격으로 팔 수 있는 권리를 말하며 풋옵션 매도자의 경우는 풋옵션 매수자가 팔겠다는 권리를 행사할 경우 무조건 사줘야 할 의무가 있다. 따라서 주가 상승 시 옵션 가격만큼의 이익을 얻지만 주가가 하락하면 무한대의 손실을 볼 수 있다.

42 금융 시장 정답 ⑤

국제결제은행 산하 바젤위원회가 1988년 은행의 파산을 막기 위해 은행 규제를 위한 최소한의 가이드라인을 제시한 것이 BIS비율이다. 이것은 은행 감독을 위한 국제 기준으로 은행이 위험자산 대비 자기자본을 얼마나 확보하고 있느냐를 나타내는 지표이다. 하이브리드 채권은 기존 채권처럼 매년 확정이자를 받을 수 있으면서도 주식처럼 거래할 수 있는 신종자기자본증권이다.

오답노트
ㄱ. 은행 경영의 안전성을 보여주는 지표이다.

43 실업통계 정답 ④

구직활동을 하던 사람이 구직활동을 포기하면 실업자 수는 줄고 비경제활동인구는 늘어나게 된다. 그러므로 경제활동참가율은 하락한다.

44 시사용어 정답 ①

상장지수증권(ETN; Exchange Trade Note)에 해당하는 설명이다.

오답노트
② ELD(Equity Linked Deposit) : 수익률이 코스피200지수에 연동되는 예금으로, 주로 시중은행에서 정기예금 형태로 판매한다.
③ ELW : 주식워런트증권으로 특정 대상물(기초자산)을 사전에 정한 미래의 시기(만기일 혹은 행사기간)에 미리 정한 가격(행사가격)으로 살 수 있거나(콜) 팔 수 있는(풋) 권리를 갖는 유가증권
④ ETF(Exchange Traded Fund) : 말 그대로 인덱스펀드를 거래소에 상장시켜 투자자들이 주식처럼 편리하게 거래할 수 있도록 만든 상품
⑤ 머니마켓펀드(MMF) : 단기금융상품에 집중투자하여 단기 실세금리의 등락이 펀드 수익률에 신속히 반영되도록 한 초단기공사채형 상품

45 자본의 감소와 법정관리 정답 ②

자사주는 이사에 의해 회사지배의 수단으로 악용될 수 있기 때문에 의결권이 없고 배당금이 지급되지 않는다.

오답노트
① 자사주란 회사가 보유한 자사 발행주식을 의미한다.
③ 상법에서는 자기주식의 취득을 원칙적으로 금지하고 있다.
④ 자사주의 경우 발행주식 수에는 포함되지만, 유통주식 수에는 제외된다.
⑤ 이익으로 소각하면 발행주식 총수의 감소로 자본금이 줄어들게 된다.

46 인수합병(M&A)   정답 ①

차등의결권이란 적대적 M&A(인수합병)에 대한 기업의 경영권 방어수단 가운데 하나로서 일부 주식에 특별히 많은 수의 의결권을 부여하여 일부 주주의 지배권을 강화하는 것이다.

오답노트

② 곰의 포옹 : 인수 대상 기업의 경영진에게 사전예고 없이 매수가격과 매수조건을 제시한 편지 등을 보내 신속하게 의사결정을 할 것을 촉구하는 행위를 표현하는 용어
③ 포이즌 필 : 적대적 M&A나 경영권 침해 시도가 발생하는 경우에 기존 주주들에게 시가보다 훨씬 싼 가격에 지분을 매입할 수 있도록 미리 권리를 부여하는 제도
④ 순환출자 : 한 그룹 내에서 A기업이 B기업에, B기업이 C기업에, C기업은 A기업에 다시 출자하는 식으로 그룹 계열사들끼리 돌려가며 자본을 늘리는 것
⑤ 황금낙하산 : 인수대상 기업의 이사가 임기 전에 물러나게 될 경우 일반적인 퇴직금 외에 거액의 특별 퇴직금이나 보너스, 스톡옵션 등을 주도록 하는 제도

TIP
- 정부지출승수 = 투자승수 = $\dfrac{1}{1-c}$ (c는 한계소비성향)
- 조세승수 = $\dfrac{-c}{1-c}$

47 신용창조   정답 ③

중앙은행이 은행의 법정지급준비율을 낮추면 통화량이 증가하여 이자율이 하락하기에 기업의 투자가 증가한다.

오답노트

① 중앙은행이 법정지급준비율을 낮추면 이자율이 하락하여 자본유출로 환율이 상승하고, 그로 인한 수출상품의 가격경쟁력 강화로 경상수지가 개선된다.
② 이자율이 하락하면 저축률이 감소한다.
④ 이자율하락으로 소비와 투자가 증가하여 총수요곡선이 우측으로 이동하기에 실업률은 감소하나 인플레이션율은 상승할 것이다.

48 평가방법에 따른 GDP   정답 ⑤

표를 바탕으로 실질GDP를 구하면 다음과 같다.

구 분	20X1년	20X2년	20X3년
명목GDP(억 달러)	100	110	120
경제성장률(%)	3	5	5
실질GDP	100	105	110.25

오답노트

ㄱ. 20X2년보다 20X3년의 전년 대비 실질GDP 증가액이 크다.

49 주식관련지표   정답 ③

GRI(Global Reporting Initiative)는 지속 가능 보고서에 대한 가이드라인을 제시하는 국제기구이다.

오답노트

①④ PER은 주가수익비율이다. 현재 주가를 주당순이익(EPS)으로 나눠 구한다.
② PBR은 주가순자산비율이다. 주가가 주당 순자산의 몇 배로 매매되고 있는지를 보기 위한 주가 기준의 하나로 주가를 주당 순자산(자본금과 자본잉여금, 이익잉여금의 합계)으로 나눠 구한다.
⑤ ROA(Return On Assets, 총자산순이익률)는 기업의 총자산에서 당기순이익을 얼마나 올렸는지를 가늠하는 지표이다.

50 조세의 종류   정답 ①

ㄱ. 기업의 이윤이 줄어들면 기업의 신규 채용은 줄어들 것이다.
ㄴ. 기업의 유보 이익은 법인세의 대상이 되므로 줄어들 것이다.

오답노트

법인세율이 인상되면 법인의 이윤에 많은 조세가 부과될 것이다.
ㄷ. 국내기업은 해외 투자로 눈을 돌릴 것이다.
ㄹ. 생산시설을 해외로 이전할 것이다.

51 회사의 종류   정답 ②

합자회사와 주식회사에 대한 설명이다.

오답노트

합명회사는 유한책임사원으로만 구성되며 유한회사는 사원이 회사에 대하여 출자금액을 한도로 책임을 질 뿐, 회사 채권자에 대하여 아무 책임도 지지 않는 사원으로 구성된 회사이다.

52 시사용어   정답 ②

리쇼어링은 해외에 나가 있는 자국기업들을 각종 세제 혜택과 규제 완화 등을 통해 자국으로 불러들이는 정책을 말한다. 반대의 뜻으로는 오프쇼어링이 있다.

오답노트

① 이전거래 : 거주자와 비거주자 사이에 무상으로 주고받는 거래
③ 리커플링 : 선진국과 신흥국의 경제가 다른 방향으로 움직이는 디커플링(Decoupling, 비동조화) 현상에서 벗어나 다시 같은 방향으로 움직이는 재동조화 현상
④ 산업공동화 : 산업의 해외 직접투자의 증가로 인해서 국내 생산여건이 저하되는 현상

53 채권   정답 ③

ㄷ. 외국기업이 일본에서 엔화가 아닌 해외 통화로 발행하는 채권을 쇼군본드라고 한다.

ㄹ. 코코본드는 유사 시 투자 원금이 주식으로 강제 전환되거나 상각된다는 조건이 붙은 회사채를 말한다. 주택담보대출, 국·공채 등 우량 자산을 담보로 발행되는 담보부채권은 커버드본드라고 한다.

54 시사용어 정답 ②

지문은 T-커머스에 대한 설명이다.

> 오답노트
> ③ 파이어 월 : 컴퓨터 네트워크에서 정보보호를 위해 인터넷으로부터의 접속을 한 군데에서만 하게 하고 거기에서 정보의 흐름을 통제하는 방법
> ④ V-커머스(Virtual Commerce) : 전자상거래보다 훨씬 빠르고 강력한 솔루션으로 기업 정책 수행 및 전자상거래를 위한 웹 사이트 설계를 보조하는 일종의 응용 프로그램 또는 서비스

55 법정관리와 워크아웃 정답 ③

워크아웃에 대한 설명이다. 가계 부채가 증가함에 따라 정부 차원에서 개인워크아웃을 활성화시키고 대형 건설사가 워크아웃을 신청하면서 워크아웃이라는 용어가 다시 세간의 주목을 받고 있다.

> 오답노트
> ① 부도를 내고 파산 위기에 처한 기업이 회생 가능성이 보이는 경우에 법원의 결정에 따라 법원에서 지정한 제3자가 자금을 비롯한 기업활동 전반을 대신 관리하는 제도이다.
> ④ 기업의 체질 및 구조와 경영방식을 근본적으로 재설계하여 경쟁력을 확보하는 경영혁신기법이다.
> ⑤ 경제변화에 대응하기 위한 구조조정을 의미한다.

56 시사용어 정답 ①

토빈세는 모든 국가가 외환거래에 대해 일정 세율로 거래세를 부과하면 국제 투기자본 유출입으로 각국 통화가 급등락하는 것을 막을 수 있다는 주장에서 출발하였다.

> 오답노트
> ② 미국에서 '투자의 귀재'로 불리는 워렌 버핏이 부유층에 대한 세금 증세를 주장한 방안이다.
> ④ 국제금융시장을 이동하는 단기자금뿐만 아니라 국내시장에서 단기적인 차익을 따라 이동하는 단기적인 투기자금도 핫머니라고 부른다. 이 핫머니에 대한 세금이 토빈세이다.

57 인수합병(M&A) 정답 ①

그린메일은 M&A 용어로서 경영권을 위협하는 수준까지 특정 회사의 주식을 대량으로 매집해 놓고 기존 대주주에게 M&A를 포기하는 조건으로 일정한 프리미엄을 얻어 주식을 매입하도록 요구하는 행위를 말한다.

> 오답노트
> ② 기업매수와 관련하여서는 주식매집자가 매집 사실을 감추기 위하여 주식을 그의 브로커(또는 증권회사)에게 맡겨 놓은 것을 말한다.
> ③ 포이즌 필은 적대적 M&A의 시도가 있을 때 기존 주주들에게 시가보다 싼 가격에 지분을 매수할 수 있도록 권리를 부여해 적대적 M&A 시도자의 지분 확보를 어렵게 만드는 것을 말한다.
> ④ 기업 간 적대적 M&A가 진행되는 경우 현 경영진의 경영권 방어에 우호적인 주주를 '백기사(White Knight)'라고 부른다.
> ⑤ 인수대상 기업의 이사가 임기 전에 물러나게 될 경우 일반적인 퇴직금 외에 거액의 특별 퇴직금이나 보너스, 스톡옵션 등을 주도록 하는 제도이다.

58 주식회사의 기관 정답 ④

주주총회는 대부분 보통결의(과반수 출석, 발행주식 총 수의 4분의 1 이상 찬성)가 적용되지만 정관 변경, 자본 감소(감자), 영업 양도, 이사 해임 등은 특별결의(과반수 출석, 출석주주의 3분의 2 이상의 찬성)가 필요하다.

59 주식관련지표 정답 ②

PER은 주가를 주당순이익으로 나눈 것이다. PER이 낮다면 회사의 수익가치에 비해 주가가 낮다는 의미이다.

> 오답노트
> ㄴ. 주가가 상승하면 PER도 상승할 가능성이 크다.
> ㄹ. PBR(주가순자산비율)이 자산가치를 반영한다고 볼 수 있다.

60 재무비율분석 정답 ②

재무비율분석은 재무제표를 활용, 기업의 재무상태와 경영성과를 진단하는 것이다. 안정성, 수익성, 성장성지표 등이 있다. 안정성지표는 부채를 상환할 수 있는 능력을 나타낸다. 유동비율(유동자산/유동부채), 부채비율(부채/자기자본), 이자보상비율(영업이익/지급이자) 등이 해당한다.

> 오답노트
> ㄴ. 매출액이익률은 수익성 지표이다.
> ㄷ. 매출액증가율은 성장성 지표이다.

응용복합

61 균형GDP의 결정 정답 ④

갑국의 국민 경제 균형점이 총수요곡선을 따라 우하향으로 이동하려면 총공급이 증가해야 한다. 기술 혁신은 총공급의 증가요인에 해당한다.

> 오답노트
> ①② 총수요 증가요인, ③ 총수요 감소요인, ⑤ 총공급 감소요인이다.

62 환율의 표시방법과 변동 정답 ④

원/엔 환율은 상승하고, 원/달러 환율은 하락하는 추세이다. 원/달러 환율이 하락하는 추세이므로 달러화 표시 외채 상환을 위해 준비해야 하는 원화의 양이 감소하게 된다.

[오답노트]
① 원화 대비 엔화의 가치가 상승한다.
② 달러화 대비 원화의 가치가 상승한다.
③ 환율하락으로 우리나라 대미 수출품의 달러화 표시 가격은 상승한다.
⑤ 환율상승으로 일본으로부터 원자재를 수입하는 우리나라 기업의 부담은 증가한다.

63 케인즈의 국민소득결정이론 정답 ④

균형국민소득 방정식은 Y = C + I + G이다. 박스에 있는 식과 수를 대입하면
Y = 1,000억 원 + 0.8(Y - 1,000억 원) + 1,000억 원 + 1,000억 원
Y = 1조 1,000억 원

64 조세의 종류 정답 ③

세액을 가산하는 제도는 비용을 부과하여 자동차세를 기한 내에 납부시키는 유인을 제공한다.

[오답노트]
ㄱ. ㉠은 자동차세 일시납을 증가시키는 유인이다.
ㄷ. ㉠, ㉡ 모두 경제적 이익을 통해 동기를 부여하는 수단이다.

65 기회비용과 합리적 선택 정답 ②

회계학적 이윤 = 총수입 - 명시적 비용이고, 경제적 이윤 = 총수입 - (명시적 비용 + 암묵적 비용)이다. 따라서 총수입은 30만 원이고 명시적 비용은 씨앗구입비 10만 원이고, 암묵적 비용은 강의로 벌 수 있었던 50만 원(= 10시간 × 5만 원)이다. 따라서 회계학적 이윤은 20만 원, 경제적 손실은 30만 원(= 30만 원 - 10만 원 - 50만 원)이 발생한다.

66 수요의 가격탄력성 정답 ③

가격의 변화율이 1%이고 수요량의 변화율을 보았을 때 갑은 완전비탄력적, 을은 비탄력적, 병은 탄력적이다. 비탄력적인 경우 가격 하락 시 판매수입이 감소하며, 탄력적인 경우 판매수입이 증가한다.

[오답노트]
ㄱ. 갑의 X재 수요는 가격에 대해 완전비탄력적이다.
ㄹ. 갑, 을, 병의 X재 소비 지출액의 합은 처음 가격과 수요량이 제시되어 있지 않으므로 알 수 없다.

[TIP]
- 수요량 증가율 제시 시 : 공식 사용
  수요량의 변화율 / 가격의 변화율
- 매출액 제시 시 : P ↑
  - 매출액 ↑ ⇨ 비탄력적
  - 매출액 ↓ ⇨ 탄력적
  - 매출액 동일 ⇨ 단위탄력적
  - 가격의 변화율 = 매출액의 변화율 ⇨ 완전비탄력적

67 가격통제 정답 ⑤

㉠은 최고가격제이다. 최고가격제의 실효성은 최고가격이 균형가격보다 낮을 때 실효성이 있다. 따라서 공급 증가로 인해 균형가격이 400보다 떨어지게 되므로 실효성이 없어진다.

[오답노트]
① 최고가격제는 일반적으로 수요자를 보호하기 위한 정책이다.
② ㉠ 시행 이전의 시장 거래량은 500개이다.
③ ㉠으로 인해 200개의 초과수요가 발생한다.
④ ㉠ 시행 이후 모든 가격 수준에서 수요량이 200개씩 증가하더라도 공급량은 변하지 않으므로 시장 거래량은 400개이다.

[TIP]
- 최고가격은 균형가격보다 낮을 때 실효성 있음
- 최저가격은 균형가격보다 높을 때 실효성 있음

68 수요의 가격탄력성 정답 ②

판매수입증대는 수요의 가격탄력도가 탄력적일 때는 가격 하락, 비탄력적일 때는 가격 상승을 통해 가능하다. 택시요금 인상을 주장하는 직원은 택시에 대한 수요가 가격비탄력적이라고 생각하지만, 택시요금 인하를 주장하는 시민단체는 수요의 가격탄력도가 탄력적이라고 생각한다.

69 공급의 가격탄력성 정답 ④

풍년기근 현상은 쌀 수요의 가격탄력성이 비탄력적이기에 공급 증가 시 총 판매액이 감소하는 현상이다. 공급 증가 시 비탄력적 수요가 거래량의 미미한 증가와 가격의 지나친 하락을 초래하였기 때문이다.

[오답노트]
①② 총판매액은 수요의 가격탄력성과 관련된다.
③ 풍년기근 현상은 비탄력적 수요와 관련이 있다.
⑤ 수요와 공급이 모두 증가할 경우 가격은 알 수 없지만 거래량은 증가한다.

70 한계효용이론에서의 소비자 선택   정답 ⑤

한계효용균등의 법칙을 이용한다. 두 재화 1원어치의 한계효용이 동일하여 더 이상의 총효용이 증가될 여지가 없어 총효용이 극대화되는 조건을 한계효용균등의 법칙이라 한다.
X재가 6이면 X재의 한계효용이 5이고, X재의 가격이 10이기 때문에 X재의 1원당 한계효용은 0.5이다. Y재가 1이면 Y재의 한계효용이 10이고, Y재의 가격이 20이기 때문에 Y재의 1원당 한계효용은 0.5이다. 따라서 X재가 6, Y재가 1이면 한계효용균등의 법칙에 따라 효용이 극대화된다.

71 완전경쟁시장   정답 ②

기업은 평균비용 > 가격 > 평균가변비용이면 단기적으로는 생산을 지속하나 장기적으로는 생산을 중단해야 한다. 단기적으로 총비용은 총고정비용과 총가변비용의 합이다. 즉, 총비용 100,000원은 총고정비용 20,000원과 총가변비용의 합이다. 따라서 총가변비용은 80,000원이다. 생산량이 100개이기에 평균비용은 1,000원이고, 평균가변비용은 800원이다. 따라서 우산 1개당 가격의 범위는 800원 이상 1,000원 미만이다.

72 통화량과 통화지표   정답 ⑤

현금 100만 원의 예금으로 현금통화의 예금통화로의 전환이 있을 뿐(협의)통화량은 불변이다. 또한 중앙은행으로부터 나온 추가적인 현금이 없기에 본원통화도 불변이다.

73 경기안정화정책   정답 ③

물가 급등을 막기 위해서는 통화량을 줄여야 한다. 따라서 긴축 통화정책을 실시하여야 한다.

> [오답노트]
> ① 총수요의 감소는 경기 침체의 요인이다.
> ② ㉡으로 인해 갑국 화폐의 실질 구매력은 하락하였다.
> ④ 중앙은행의 국·공채 매입은 확대 통화정책의 수단에 해당한다.
> ⑤ 20X1년 갑국에서는 경기 호황으로 고용이 증가하였으므로 스태그플레이션이 발생하였다고 보기 어렵다.

74 보호무역   정답 ③

관세 부과로 인해 가격이 상승하므로 관세수입은 c이고, 사중손실은 b+d에 해당한다.

> **TIP**
> 관세에서는 관세수입 양 옆의 삼각형이 후생손실이다.

75 비교우위론   정답 ④

표는 갑국과 을국이 X재 또는 Y재 1개를 생산하는 데 따른 기회비용이다.

구분	갑국	을국
X재 1개를 생산하는 데 따른 기회비용	Y재 3/2개	Y재 1개
Y재 1개를 생산하는 데 따른 기회비용	X재 2/3개	X재 1개

갑국은 Y재 생산에 비교우위를 가지고, 을국은 X재 생산에 비교우위를 가진다.

> [오답노트]
> ㄹ. Y재 생산에서 노동 1단위의 생산성은 갑국이 을국보다 낮다.

76 생산요소시장의 이윤극대화 원리   정답 ②

한계수입생산은 MR × MP이다. 따라서 3만 원(= 1만 원 × 3개)이다.

77 공공재   정답 ⑤

갑의 지불용의는 1,200원이므로 건설비용이 1,200원을 넘으면 설치하지 않을 것이다. 갑을 제외한 을, 병, 정의 지불용의의 합이 1,000원이므로 1,000원을 초과하면 갑을 제외한 나머지는 설치하려고 하지 않을 것이다. 따라서 갑이 설치하려는 건설비용은 1,000원보다 크고 1,200원보다 작아야 한다.

78 조세의 종류   정답 ⑤

과세대상소득이 12,000달러인 사람은 누진세율로 조세를 더 많이 부과받게 되므로 비례세 제도가 더 유리할 것이다.

> [오답노트]
> ① 누진세 제도는 비례세 제도보다 소득 재분배 효과가 크다.
> ② 누진세 제도는 비례세 제도보다 조세 부담의 역진성이 작다.
> ③ (가)는 누진세 제도, (나)는 비례세 제도에 해당한다.
> ④ 제시된 자료만으로는 갑국 조세 수입의 크기를 알 수 없다.

79 외부효과(외부성)   정답 ③

X재 시장에서는 부정적 외부효과, Y재 시장에서는 긍정적 외부효과가 발생하고 있다. 생산에서의 외부경제는 사적비용이 사회적 비용보다 크다.

> [오답노트]
> ② X재 시장의 균형가격은 사회적 최적 수준보다 낮다.
> ④ X재 소비에 대한 보조금 지급은 균형거래량의 증가요인이다.
> ⑤ Y재 생산에 대한 세금 부과는 과소 생산의 문제를 심화시키는 요인이다.

80 파생상품   정답 ②

1,000계약을 계약당 50원에 구입하면 5만 원이 든다. 옵션 행사일에 환율이 하락한 까닭에 풋옵션을 행사하는 게 이익이다. 풋옵션을 행사해 달러당 1,000원에 1,000계약을 매각하면 달러당 100원씩 10만 원이 이익이다. 여기서 옵션 매수비용 5만 원을 차감하면 5만 원의 이익이 남는다.

fn.Hackers.com
금융·자격증 전문 교육기관 **해커스금융**

정답 및 해설 | 제2회 실전모의고사

경제이론

01	②	02	①	03	④	04	⑤	05	③
06	③	07	④	08	④	09	④	10	②
11	⑤	12	②	13	④	14	②	15	③
16	④	17	④	18	②	19	③	20	①
21	③	22	①	23	②	24	⑤	25	①
26	⑤	27	①	28	③	29	④	30	④

시사경제

31	②	32	③	33	④	34	④	35	②
36	③	37	③	38	②	39	④	40	③
41	③	42	⑤	43	②	44	⑤	45	③
46	⑤	47	③	48	④	49	⑤	50	④
51	②	52	④	53	①	54	③	55	⑤
56	②	57	③	58	③	59	④	60	④

응용복합

61	②	62	②	63	⑤	64	④	65	④
66	④	67	⑤	68	③	69	①	70	⑤
71	②	72	①	73	④	74	⑤	75	④
76	②	77	④	78	④	79	③	80	④

경제이론

01 자원의 희소성   정답 ②

희소성이 발생하면 선택 또는 포기를 할 수밖에 없고, 이는 곧 기회비용이 발생함을 의미한다. 따라서 희소성의 발생과 선택의 문제 발생, 그리고 기회비용이 발생하는 것은 동일한 의미라고 할 수 있다.

> 오답노트
> ① 국제무역의 특화 원리는 자원의 희소성과 관련이 있다.
> ③ 존재량보다 욕구량이 많을 경우 희소성이 있다고 한다. 즉, 희소성은 존재량(공급 측면)과 욕구량(수요 측면)이 모두 반영되어 있는 개념이다.
> ④ 노동자에게 임금이 지급되는 것은 분배의 문제로, 이는 선택의 문제(경제적 문제) 중 하나이다.
> ⑤ 시장경제체제이든 계획경제체제이든 인간의 욕구자체는 부정되지 않는다. 따라서 희소성은 어느 경제체제에서나 발생한다.

02 경제순환   정답 ①

생산요소시장에 실물을 제공하는 A는 가계, B는 기업이다. (가)는 생산물시장이므로 기업은 공급자, 가계는 수요자이다.

> 오답노트
> ② 임금은 생산요소시장에서 결정된다.
> ③ 조세를 거둬들이는 곳은 정부이다.
> ④ 노동시장은 생산요소시장이므로 생산요소시장의 공급자는 가계인 A이다.
> ⑤ 만족의 극대화는 가계이다. 기업은 이윤의 극대화를 추구한다.

03 기회비용과 합리적 선택   정답 ④

기회비용은 포기한 가치 중에서 가장 큰 것으로 명시적 비용+암묵적 비용으로 구성된다. 따라서 기회비용은 명시적 비용인 8,000원과 시간당 비용이 큰 24,000원(=6,000원×4)을 합한 32,000원이다.

04 시장균형의 이동   정답 ⑤

균형점의 이동으로 보아 소고기의 수요가 감소하거나 공급 감소보다 수요 감소가 더 컸을 때의 상황이다.
ㄷ. 대체재인 돼지고기의 가격이 큰 폭으로 하락하면 소고기의 수요가 감소한다.
ㄹ. 수요와 공급이 동시에 감소하였으나 수요가 더 많이 감소하였으므로 가능하다.

> 오답노트
> ㄱ. 소의 사료 가격이 인상되면 소고기 공급만 줄어든다.
> ㄴ. 소고기에 대한 선호가 증가하면 수요가 늘어난다.

05 수요의 가격탄력성   정답 ③

사치품은 탄력적, 필수품은 비탄력적이다.

> 오답노트
> ① 농산물은 필수품이므로 수요의 가격탄력성은 비탄력적이다.
> ② 수요의 가격탄력성은 0에서 ∞ 사이의 값을 가진다.
> ④ 수요의 가격탄력성이 1일 때 그 제품은 단위탄력적이라고 한다.
> ⑤ 수요의 가격탄력성이 1보다 크면 수요량은 가격 변동에 큰 영향을 받는다.

06 무차별곡선이론   정답 ③

무차별곡선상의 한 점에서의 기울기는 그 점에서 소비자가 만족 수준을 일정하게 유지하면서 한 재화를 다른 재화로 대체할 때 교환되는 두 재화의 비율을 나타낸다. 그러므로 무차별곡선의 기울기는 이 비율인 한계대체율(MRS; Marginal Rate of Substitution)이며 이는 개인에 따라 다르게 나타난다.

07 단기생산함수   정답 ④

평균생산물 > 한계생산물이면 평균생산물 감소, 평균생산물 = 한계생산물이면 평균생산물 불변, 평균생산물 < 한계생산물이면 평균생산물 증가이다. 문제에서 한계생산물이 평균생산물보다 작으므로 평균생산물은 감소한다.

08 완전경쟁시장   정답 ④

고정비용이 존재하는 것으로 보아 단기임을 알 수 있다. 단기에서 가격이 평균가변비용보다 높으면 전체적으로 손해를 보지만 고정비용을 상쇄시킬 수 있으므로 생산해야 한다. 가격 1원 > 평균가변비용($\frac{5,000원}{6,000개}$)이므로 생산을 계속해야 한다.

09 게임이론   정답 ④

용의자의 딜레마는 각자 합리적 선택을 통한 우월전략이 파레토 최적이 되지 않음을 보여주는 것이다. 용의자의 딜레마를 통해 담합, 현실주의의 국제정치 등을 설명할 수 있다.

[오답노트]
① 상호의존적 과점기업의 카르텔 붕괴 논리를 설명하기에 유용하다.
② 두 사람 모두 자백하는 것이 우월전략이 된다.
③ 1회 상황에서는 참가자들 간의 협조가 어렵지만 동일상황의 무한반복에서는 서로 협력할 가능성이 더 높아진다.

10 시장의 개념과 구분   정답 ②

A시장은 독점시장, B시장은 과점시장, C시장은 완전경쟁시장, D시장은 독점적 경쟁시장에 해당한다.

[오답노트]
ㄴ. 과점시장은 독점시장과 더불어 진입 장벽이 높다.
ㄹ. 상품차별화 전략을 통해 다양한 상품을 제공하는 것은 대표적인 독점적 경쟁시장의 특징이다.

11 계층별 소득분배이론   정답 ⑤

로렌츠곡선은 가치판단을 고려하지 않는 상태에서 이루어진 것으로 대각선에서 멀어질수록 불평등도가 높아진다.

[오답노트]
④ 앳킨슨 지수는 0 ~ 1 사이이며, 그 값이 작을수록 소득분배가 균등함을 의미한다.

12 외부효과(외부성)   정답 ②

환경오염을 유발하는 재화의 경우에는 기업의 사적인 한계비용이 사회적인 한계비용보다 낮으므로 시장기구에 의해서는 과다하게 생산된다. 이는 시장기구에 맡겨두면 가격이 사회적인 최적수준보다 너무 낮은 수준으로 결정됨을 의미한다.

13 정보의 비대칭성   정답 ④

정보가 적은 쪽이 잘못된 선택을 하는 것을 역선택이라고 한다.

[오답노트]
① 열등재에 관련된 설명이다.
② 도덕적 해이에 대한 설명이다.
③ 무임승차에 대한 설명이다.
⑤ 역선택은 선택의 역효과가 아닌 정보의 불균형으로 인해 나타난다.

14 공공재   정답 ②

부의 외부성이 존재할 경우 사회적 비용이 사적 비용보다 크기 때문에 사회적으로 바람직한 수준보다 더 많은 환경오염이 초래된다.

15 중위투표자 정리, 투표의 역설   정답 ③

투표의 역설이란 다수결 투표제도하에서 개인들의 선호가 이행성을 충족하더라도 사회 선호가 이행성을 충족하지 않는 현상을 말한다.

[오답노트]
⑤ 점수투표제하에서는 가장 많은 점수를 얻은 대안이 선택되므로 투표의 역설이 발생하지 않는다.

16 조세의 종류   정답 ④

제시된 그래프는 과세 대상 금액이 증가함에 따라 세율이 높아지는 누진세율을 보여준다. 누진세율은 소득이나 재산이 많을수록 세율이 높아져 더 많은 세금을 내기 때문에 과세 전에 비해 과세 후의 소득격차가 작아진다. 따라서 비례세에 비해 조세의 소득재분배 효과가 크다.

[오답노트]
ㄱ. 역진세의 성격이 강한 것은 비례세이다.
ㄷ. 부가가치세는 과세대상금액에 관계없이 일정한 세율이 부과되는 비례세이다.

17 화폐의 공급   정답 ④

중앙은행이 환율하락 방지를 위해 외환시장에 개입하는 경우 달러를 매도하고 원화를 매입하기 때문에 본원통화가 감소하게 된다.

[오답노트]
② 본원통화는 자산이 아닌 부채이다.
③ 현금통화와 실제 지불준비금의 합으로 나타낼 수 있다.

18 화폐수량설   정답 ②

교환방정식을 증가율로 나타내면,
통화량 증가율 + 화폐유통속도 증가율 = 물가 증가율 + 실질GDP 증가율
10% + 화폐유통속도 증가율 = 2% + (−2%)
∴ 화폐유통속도 증가율 = −10% + 2% + (−2%) = −10%

19 경기예측방법   정답 ③

BSI는 기업가, CSI는 소비자에게 향후 경기예상을 묻는 것이다. 모두 100을 기준으로 100보다 크면 경기 호전, 100보다 작으면 경기 악화로 예상하고 있는 것이다.

20 환율의 결정   정답 ①

(가)는 외환의 수요로 인하여 환율이 상승하고, (나)는 외환의 공급 증가로 환율이 하락한다. (가)는 달러시장에서 수요 증가를 초래하므로 원/달러 환율 상승 요인이다.

[오답노트]
② (가)는 달러의 공급이 아닌 수요에 영향을 주는 요인이다.
③ (나)는 국제수지 중 자본수지 변동 요인이다.
④ (나)로 인해 나타날 수 있는 환율 변동은 환율 하락이다. 환율이 하락하면 대미 상품 수출에 불리하게 작용한다.
⑤ 달러 수요와 공급이 동시에 증가할 경우 수요와 공급의 변동 폭을 알아야 환율의 변동 방향을 판단할 수 있다.

21 금융시장   정답 ③

[오답노트]
①② 간접금융 시장에 대한 설명이다.
④ 금융비용이 발생하지 않는다.
⑤ 직접금융 시장의 규모는 점차적으로 확대되는 경향을 보이고 있다.

22 채권   정답 ①

신용도가 낮을수록 위험성이 높으며 수익성이 높다. 금리가 상승하면 채권의 가격이 하락하므로 남아있는 잔존기간이 짧을수록 유리하다.

[오답노트]
다. 채권가격이 상승하고 있으면 채권의 수익률은 하락한다.
라. 잔존기간이 길수록 변동성이 많으므로 가격 변동 폭이 크다.

23 규모의 경제와 범위의 경제   정답 ④

총비용 = 총고정비용 + 총가변비용이다. 이때 한계비용은 생산량이 증가할 때 추가적으로 들어가는 노동비용이다. 따라서 고정비용이 증가하더라도 한계비용은 가변비용에 들어가는 것이므로 일정하다.

24 경제학에서 사용하는 기대의 종류   정답 ③

합리적인 기대를 형성하더라도 예측오차는 발생한다.

[오답노트]
⑤ 현재의 상태가 미래에도 그대로 될 것으로 예상하는 정태적 기대는 적응적 기대의 단기에 관한 경우이다.

25 경기예측방법   정답 ①

경기선행지수
• 재고순환지표
• 소비자 기대지수
• 기계류 내수출하지수(선박 제외)
• 건설수주액(실질)
• 수출입물가비율
• 코스피지수
• 장단기금리차
경기동행지수
• 비농림어업취업자수
• 광공업 생산지수
• 서비스업 생산지수(도소매업 제외)
• 소매판매액지수
• 내수출하지수
• 건설기성액(실질)
• 수입액(실질)
경기후행지수
• 이직자수(제조업)
• 상용근로자수
• 생산자제품재고지수
• 도시가계소비지출(실질)
• 소비재수입액(실질)
• 회사채유통수익률

26 펀드   정답 ⑤

헤지펀드는 100명 미만의 투자가들로부터 개별적으로 자금을 모아 비과세 지역에 위장 회사를 세우고 자금을 운영하는 것이 일반적이다. 헤지펀드는 금융감독당국에 등록할 필요가 없으며 규제를 받지 않으므로 그 투명성이 낮다.

27 파생상품   정답 ①

CDS 프리미엄은 부도 위험을 사고파는 신용파생상품이다. 신용위험이 높을수록 CDS 프리미엄이 높아진다.

오답노트
ㄷ. 보장매입자의 신용도는 CDS 프리미엄은 반비례한다.
ㄹ. 우리나라의 CDS 프리미엄은 국제금융위기 시에 높아지는 경향을 보였다.

28 파생상품   정답 ③

풋옵션의 매수자는 정해진 가격에 팔 수 있는 권리를 구입했으므로 가격이 싸질수록 이익이다. 반면 풋옵션의 매도자는 매수자가 옵션의 권리를 포기했을 때 옵션프리미엄만 수익을 얻는다.
1,100원에 팔 수 있는 권리를 구입한 매수자는 1,000원이 되었을 때 계약당 100원의 차익을 남길 수 있으므로 옵션을 행사한다. 따라서 매수자가 얻는 수익은 (100원 × 3,000 계약) − (50원 × 3,000 계약)이므로 15만 원의 이익을 얻는다.

29 화폐수량설   정답 ④

이 문제는 고전학파의 화폐수량설 이해에 대한 문제이다. 통화량(M) × 화폐유통속도(V) = 물가(P) × 실질GDP(Y)가 일반적인 교환방정식이다. 이 교환방정식은 증가율의 개념으로 쓸 수 있는데 다음과 같이 표현된다.
통화량(M)의 증가율 + 화폐유통속도(V)의 증가율 = 물가(P)의 증가율(인플레이션) + 실질GDP(Y)의 증가율이다. 즉, X(M) + 0%(V) = 0%(P) + 10%(Y)이므로 통화량의 증가율은 10%가 된다.

30 금융 시장   정답 ④

채권과 정기예금은 정해진 기간이 있으나 주식은 기업의 영속성을 가정하므로 정해진 기간이 없다.

오답노트
① 을은 □□증권에 돈을 맡기고 □□증권이 A회사의 주식을 매입한 것이 아니라 을이 직접 A회사의 주식을 매입하였다. 즉, 을은 직접금융 시장에서 주식을 매입한 것이다.
② 일반적으로 공공기관이 발행한 채권보다 주식의 안전성이 낮다.
③ 채권은 이자 수익이 발생하지만 주식은 그렇지 않다.
⑤ 채권과 주식은 증권 상품에 해당하지만 정기예금은 예금 상품에 해당한다.

시사경제

31 평가방법에 따른 GDP   정답 ②

(가)는 외국인의 국내생산 (나)는 자국민의 국내생산, (다)는 자국민의 해외생산을 의미한다. 자국민의 국내생산은 늘었지만 나머지는 줄었다는 것을 알 수 있다.

오답노트
ㄴ. 우리나라 노동자의 해외 진출은 GNP의 영역인 (다)에 해당한다.
ㄹ. 외국인의 국내투자는 GDP의 영역으로 (가)에 해당한다.

32 국민총소득(GNI)   정답 ③

실질GNI는 실질GDP에 교역조건의 변화에 따른 실질무역손실과 실질국외순수취요소소득을 더한 값으로 정의된다. 원자재 가격 상승 등으로 해외재화의 수입단가가 높아지면 교역조건이 악화되면서 실질GNI의 증가율이 낮아지게 된다. 이 경우 소득이 감소하는 것과 같은 효과가 발생하여 경제성장과 체감경기 사이의 괴리가 발생한다.

33 케인즈의 국민소득결정이론   정답 ④

총국민소득증가분 2억 원 중 정부지출 증가분 1억 원 제외 1억 원이 연속적 소비 증가로 인한 것이다.

오답노트
① 승수효과는 고용량, 통화량, 소비, 투자, 조세 등의 경우에도 적용된다.
② 총국민소득증가분 Y = 1억 원(1 + (0.5) + (0.5)^2 + ⋯) = $\dfrac{1억 원}{1 - 0.5}$ = 2억 원
③ 한계소비성향이 클수록 승수효과는 커진다.
⑤ 승수효과는 정부지출과 국민소득 간의 연쇄상승효과로, 저축이나 투자와는 무관하게 이루어진다.

34 평가방법에 따른 GDP   정답 ④

20X3년의 경제성장률은 11%(= (600 − 540)/540 × 100)이고 20X4년은 13%(= (680 − 600)/600 × 100)이므로 20X3년이 더 낮다.

오답노트
① 20X1년보다 20X2년에는 명목GDP가 실질GDP보다 큰 것으로 물가가 상승하였음을 알 수 있다.
② 20X2년의 실질경제성장률은 8%(= $\dfrac{540 - 500}{500}$ × 100)이다.
③ 20X1년과 20X3년은 GDP 디플레이터가 100으로 일치한다.
⑤ 20X4년에는 GDP 디플레이터가 100보다 작으므로 20X3년보다 물가가 하락하였다.

35 화폐의 공급   정답 ②

국민의 현금보유선호도가 감소하면 통화승수가 증가하게 되고 그로 인해 통화량이 증가한다.

> [오답노트]
> 통화량 증가요인은 본원통화의 증가, 공채의 매입, 국제수지의 흑자, 지불준비율의 인하, 민간의 현금보유선호도의 감소이다.

36 경기안정화정책   정답 ③

경기 침체기에 나타나는 전형적인 현상들이다. 따라서 정부는 확대 재정정책을 통해 공공 지출을 늘려야 하므로 소득세·법인세를 인하하고, 예산을 조기에 집행해야 한다. 그리고 경기 침체기의 금융정책은 통화량을 늘려야 하므로 이자율과 재할인율은 인하하고, 지급준비율도 낮춰야 한다. 그리고 국채를 매입하여 시중에 유동성을 충분히 공급하여야 한다.

37 환율의 표시방법과 변동   정답 ③

포드자동차가 국내 채권시장에서 자금을 조달하면 외환수요가 증가하므로 외환수요곡선이 우측으로 이동하여 환율이 상승하게 된다.

38 주식관련지표   정답 ②

자본금을 늘리면(증자를 실시하면) 발행주식 총수가 늘어나고 주당순이익이 줄어들어 PER은 높아지게 된다.

> [오답노트]
> ① 주가를 1주당 순이익(EPS)으로 나눈 것이다.
> ③ PBR(주가순자산비율)과 병행해서 많이 사용된다.
> ④ 신기술 기업의 PER은 일반적으로 대기업의 PER보다 높은 경향이 있다.
> ⑤ PER이 낮으면 주가가 저평가된 것으로, 높으면 주가가 고평가된 것으로 볼 수 있다.

39 채권   정답 ④

> [오답노트]
> ① 이표채 : 액면가로 채권을 발행하고, 표면이율에 따라 연간 지급해야 하는 이자를 일정기간 나누어 지급하는 채권
> ② 전환사채 : 일정한 조건에 따라 채권을 발행한 회사의 주식으로 전환할 수 있는 권리가 부여된 채권
> ③ 후순위채권 : 채권 발행 기업이 파산했을 때 채무 변제순위에서 일반 채권보다는 뒤처지나 우선주나 보통주보다는 우선하는 채권
> ⑤ 신주인수권부사채 : 사채권자에게 일정기간이 경과한 후 일정가격으로 발행 회사의 일정 수의 신주를 인수할 수 있는 신주인수권이 부여된 채권

40 파생상품   정답 ④

풋옵션이란 일정시점에서 일정가격으로 팔 수 있는 권리를 말하며 풋옵션 매도자의 경우는 풋옵션 매수자가 팔겠다는 권리를 행사할 경우 무조건 사줘야 할 의무가 있다. 따라서 주가 상승 시 옵션 가격만큼의 이익을 얻지만 주가가 하락하면 무한대의 손실을 볼 수 있다.

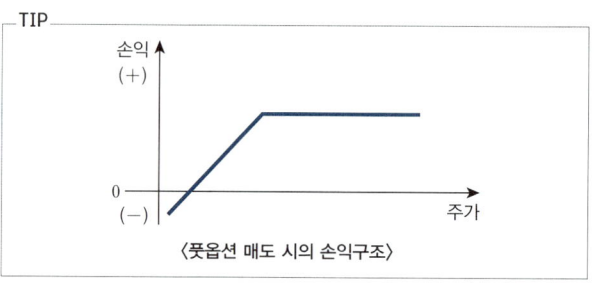

〈풋옵션 매도 시의 손익구조〉

41 인수합병(M&A)   정답 ③

차입매수를 제외한 나머지는 적대적 인수합병의 방어 전략이다.

42 재무비율분석   정답 ⑤

부채비율 = $\frac{부채}{자본} \times 100$이다. 부채비율이 100%이므로 자본 1,000억 원, 부채 1,000억 원으로 구성되어 있을 것이다. 부채비율 50%를 달성하기 위해서는 500억 원을 상환하면 된다.

43 재무비율분석   정답 ②

매출액 순이익률과 자기자본 이익률은 수익성 비율이다.

> [오답노트]
> 재고자산 회전율은 활동성 비율, 총자산 증가율은 성장성 비율, 이자보상 비율은 안정성 비율을 의미한다.

44 조세의 귀착   정답 ⑤

ㄷ. 이론적으로는 세율이 너무 높아지면 거래량이 크게 감소하므로 오히려 정부의 세수입이 줄어들 수 있다.
ㄹ. $\varepsilon_L < 1$일 때 임금이 상승하면 임금 상승률 > 고용량 감소율이므로 총 노동소득이 증가한다. 따라서 최저임금제나 최저가격제는 공급(노동)자 보호가 목적이므로 수요가 비탄력적이어야 효과적이다.

> [오답노트]
> ㄱ, ㄴ. 조세부담은 비탄력적일수록, 후생손실은 탄력적일수록 더 크다.

45 생산요소시장의 이윤극대화 원리   정답 ③

주어진 표에서 한계생산물과 한계생산물가치($VMP_L = MP_L \times P$)를 구하면 다음과 같다.

노동량	총생산량	한계생산량	한계생산물가치
10	100	100	10,000
20	160	60	6,000
30	200	40	4,000
40	230	30	3,000
50	250	20	2,000

요소시장의 이윤극대화조건인 요소가격(w) = VMP_L에 의해 노동량이 30일 때 위 식이 성립하므로 요소의 이윤극대화 고용량은 30단위이다.

46 환율의 표시방법과 변동   정답 ⑤

원화 환율이 하락하면 원화가치가 상승하여 수출을 제외한 나머지 항목은 모두 유리할 것이다.
ㄴ. 국내에서 원화로 임금을 받아 미국에 달러로 송금해야 하는 미국 근로자는 더 많은 달러를 얻을 수 있으므로 유리하다.
ㄹ. 미국으로 어학연수를 떠나는 우리나라 학생은 동일한 달러를 얻기 위해 더 적은 원화가 필요하므로 유리하다.
ㅁ. 미국 현지에 공장을 건설하려는 국내기업은 적은 비용으로 달러를 조달할 수 있으므로 유리하다.

[오답노트]
ㄱ. 수입 원자재를 이용하지 않는 완제품을 미국에 수출하는 국내기업은 상품가격의 상승으로 불리할 것이다.
ㄷ. 국내로 여행 오는 미국 관광객은 동일한 원화를 받기 위해서 더 많은 달러가 필요하므로 불리하다.
ㅂ. 미국 채권을 가지고 있는 국내 투자자는 동일한 달러로 더 적은 원화를 받으므로 불리하다.

47 신용 창조   정답 ③

중앙은행에서 발행된 본원통화는 처음 나온 금액보다 더 크게 통화량을 늘린다. 이것을 본원통화의 신용창조기능이라고 한다. 신용창조액 = 본원통화 증가분×신용승수이다. 신용승수 = $\frac{1}{\text{지급준비율}}$이므로 $\frac{1}{0.2}$ = 5이다. 따라서 100억 원의 본원통화는 신용창조를 통해 500억 원의 통화량 증가로 이어진다.

48 정보의 비대칭성   정답 ④

전통적인 임금이론에서는 근로자의 임금이 근로자의 생산성에 따라 결정된다고 보았지만 효율성임금이론에서는 임금의 크기가 근로자의 생산성을 결정한다고 보았다. 즉, 효율성임금이론은 근로자의 임금이 높으면 이직률이 감소하고, 직장의 유지를 위해 열심히 일하므로 역선택과 도덕적 해이를 감소시켜 자연히 생산성도 증가한다고 보았다.

49 조세의 종류   정답 ③

첫 2,000만 원에 대하여 10% 소득세를 내므로 200만 원을 낸다. 나머지 소득세 300만 원은 추가적인 2,000만 원에서 세금을 내므로 15%일 때 성립된다. 이를 식으로 나타내면 다음과 같다.
2,000만 원×10% + 2,000만 원×X = 500만 원
∴ X = 15%

50 재정정책   정답 ④

[오답노트]
ㄱ. 구축효과란 정부지출이 증가할 때 이자율이 상승하여 총수요가 감소되는 현상을 말하므로 정부지출 증가에 이자율이 크게 반응하지 않을수록 총수요는 크게 증가한다.
ㄹ. 승수효과란 일정한 경제순환의 과정에서 어떤 경제 요인의 변화가 다른 경제 요인의 변화를 유발하여 파급적 효과를 낳고 최종적으로는 처음의 몇 배의 증가 또는 감소로 나타나는 총효과를 말한다. 따라서 정부지출이 총수요에 미치는 효과가 더욱 커지기 위해서는 소득 증가에 따라 소비도 크게 증가해야 한다.

51 금융정책   정답 ②

구축효과는 확대 재정정책(조세인하, 국·공채발행)을 통한 정부지출 증가는 화폐시장에서 화폐의 수요 증가로 인하여 이자율을 상승시키므로 기업으로 하여금 자본의 차입을 어렵게 하여 결국 투자를 위축시킨다는 주장이다.

52 환율의 결정   정답 ④

미국의 금리인상과 미국 국채수요 증가는 미국으로 자본이동이 이루어질 것을 예상할 수 있다.
(나)에 의한 환율 변화는 원화가치를 하락시키므로 우리나라 국민의 미국 여행 경비 부담이 증가하는 요인이다.

[오답노트]
① (가)는 미국으로 자본이 이동하므로 우리나라의 외국 자본이 유출되는 요인이다.
② (나)는 외화의 공급이 감소하는 원인이므로 원화가치가 하락하여 원/달러 환율의 상승요인이다.
③ (가)에 의한 환율 변화는 원화가치를 하락시키므로써 우리상품의 가격 경쟁력을 강화시킨다. 따라서 우리나라의 대미 수출이 증가하는 요인이다.
⑤ 이자율 상승은 자본유입을 가져와 이자율 상승국의 화폐가치를 정상시키는 요인이다.

TIP
· 미국 이자율 ↑ ⇨ 미국 투자 증가 ⇨ 외화 수요 ↑, 외화 공급 ↓ ⇨ 환율 ↑
· 미국 국채 수요 ↑ ⇨ 국채 구입 자금 마련 ⇨ 외화 수요 ↑ ⇨ 환율 ↑

53 시사용어   정답 ①

롱테일법칙은 하위 80%가 전체 매출의 대부분을 만들어내는 것을 의미한다.

> **오답노트**
> ㄷ. 백화점에 진열된 전시품을 본 후에는 비싼 가격에 무감각해지는 것은 행태경제학에서의 닻내림 효과이다.
> ㄹ. 전체 결과의 80%가 전체 원인의 20%에서 일어나는 것은 파레토법칙이다.

54 시사용어   정답 ③

변동성지수가 크게 오르는 것은 주가지수가 하락할 가능성이 높다는 것을 의미한다. 이에 따라 투자자 예탁금은 감소하며 증권투자자들의 투자심리가 나빠질 것이다.

> **오답노트**
> ㄱ. 주가가 하락할 것이 예상된다.
> ㄷ. 공매도는 주식을 빌려서 팔거나 없는 주식을 팔고 나중에 주식을 구해주는 투자기법으로 주가가 하락할 것이기에 늘어날 가능성이 높다.

55 시사용어   정답 ⑤

내부자거래는 회사의 내부자가 자신의 직무 및 지위와 관련해 얻은 회사의 미공개 중요정보를 이용하여 회사증권을 거래하는 등의 부당이득을 취하는 불공정거래를 말한다.

56 재무비율분석   정답 ②

부채의 비율이 높아야 비용처리가 가능하여 법인세가 적게 나온다. 따라서 부채비율이 가장 높은 기업인 ②번이 법인세 부담이 가장 적다.

57 회계적 거래   정답 ③

회계상 거래로 인식되기 위해서는 회사의 재산 상태에 영향을 미쳐야 하고 그 영향을 금액으로 측정할 수 있어야 한다. 화재, 도난 등도 재산 상태에 영향을 미치므로 회계상의 거래이지만 근로계약체결, 고지서 수취, 계약의 단순합의는 회계상 거래에 포함되지 않는다.

58 재무비율분석   정답 ③

기말자본 = 기초자본 + 유상증자 + 당기순이익 - 배당금으로 이루어진다. 따라서 500억 원 + 200억 원 + X - 50억 원 = 800억 원이므로 당기순이익은 150억 원이다.

59 주식회사의 기관   정답 ④

주주총회에선 △이사·감사·청산인의 선임과 해임, △임원 보수의 결정, △결산 서류의 승인, △합병, △정관의 변경, △영업권의 양도, △자본의 감소(감자), △회사의 해산 등을 논의하고 결정한다. 이들 중요 안건은 주주총회에서 통과돼야 효력을 갖는다.
이사회는 △이사의 직무집행에 대한 감독권, △회사의 중요 자산 처분 및 양도, △주주총회의 소집, △대표이사의 선임, △사채나 신주 발행 등의 권한을 갖고 있다.

60 환율의 표시방법과 변동   정답 ②

(가) 투자 감소가 외환의 공급 감소로 이어지므로 환율 상승, (나) 수입 증가로 인한 외화의 수요 증가로 환율 상승, (다) 예술저작권 해외 판매 증가로 인한 외환의 공급 증가로 환율 하락, (라) 수입 감소로 인한 외화의 수요 감소로 환율 하락이 나타난다.
(나), (다) 현상이 동시에 나타나면 외화의 수요와 공급이 동시에 증가하므로 환율의 변화를 알 수 없다. 따라서 우리 정부의 외채 상환 부담을 반드시 증가시킨다고 볼 수 없다.

> **오답노트**
> ① (가), (나) 현상이 동시에 나타나면 환율이 상승하여 수출이 유리하고 수입이 불리하다. 따라서 우리나라의 경상수지는 일시적으로 개선된다.
> ③ (다), (라) 현상이 동시에 나타나면 환율이 하락하므로 우리 상품의 가격이 상승하여 미국으로 수출하는 재화의 가격 경쟁력은 낮아진다.
> ④ (가)는 공급 감소, (다)는 공급 증가, (나)는 수요 증가 (라)는 수요 감소에 해당한다.
> ⑤ 한 국가에서 동시에 나타날 수 있다.

TIP

외화 수요	외화 공급	환율	거래량
↑	↑	알 수 없음	↑
↑	↓	↑	알 수 없음
↓	↑	↓	알 수 없음
↓	↓	알 수 없음	↓

응용복합

61 인플레이션   정답 ②

(가)는 총수요의 증가로 나타나는 인플레이션이므로 수요견인 인플레이션이다. (나)는 총공급의 감소로 인해 나타나는 인플레이션이므로 비용인상 인플레이션이다. 소비, 투자, 정부지출, 수출 중 하나 이상이 증가하면 수요견인 인플레이션이 나타난다.

62 인플레이션   정답 ②

인플레이션의 효과를 묻고 있는 문제로 생산비 증가로 이어져 수출품의 가격이 비싸지게 된다. 따라서 수출은 감소하고 화폐가치가 떨어지기 때문에 현금 자산을 가진 사람이 불리해진다.

> **오답노트**
> ㄴ. 인플레이션상에서는 채무자가 유리하다.
> ㄹ. 자산의 가치가 오르므로 실물 자산을 가진 사람이 유리해진다.

> **TIP**
> • 예상한 인플레이션
>   - 실질이자율 = 명목이자율 - 물가상승률
> • 예상치 못한 인플레이션
>   - 유리 : 채무자, 실물보유자, 수입업자
>   - 불리 : 채권자, 화폐보유자, 수출업자

63 실업통계   정답 ⑤

C는 실업자로, 일자리를 가지려고 노력하는 사람들이다. 구직포기자는 실업자에 포함되지 않으므로, 경제활동 인구에도 포함되지 않는다.

64 비교우위론   정답 ④

을국이 컴퓨터 80대를 생산하기 위해서는 자동차 6대를 포기해야 하므로, 자동차 20대 생산에 따른 기회비용은 자동차 3/2대이다.

> **오답노트**
> ① 자동차 1대를 생산하기 위해 포기해야 하는 컴퓨터의 양은 갑국은 10대, 을국은 40/3대이다. 따라서 자동차 생산의 기회비용은 갑국이 을국보다 작다.
> ② 갑국은 자동차 생산에 있어 을국에 대해 절대우위와 비교우위에 있다.
> ⑤ 자동차와 컴퓨터의 교환 비율이 1 : 20으로 정해진다면 교역 전보다 소비할 수 있는 총량이 줄어든다. 따라서 을국은 갑국과의 교역에 응하지 않을 것이다.

> **TIP**
> • 생산가능곡선임을 유의한다.
> • 컴퓨터 10대임을 유의한다.

65 자유무역   정답 ④

수입국의 소비자와 수출국의 생산자가 유리하고, 수입국의 생산자와 수출국의 소비자가 불리하다. A국은 국내 가격보다 국제 가격이 낮으므로 수입국이고, B국은 국제 가격이 국내 가격보다 높으므로 수출국이 될 것이다.

66 시장균형의 이동   정답 ④

지문에서 경유의 가격이 오르고 있으므로 보완재의 경유차 수요가 감소하여 가격이 하락하고 거래량도 감소할 것이다.

67 생산요소시장의 이윤극대화 원리   정답 ⑤

노동수요와 공급이 균형일 때 임금이 600원, 노동량이 1,000이다.
ㄷ. 최저임금을 800원으로 정하면 균형가격보다 높으므로 노동의 초과공급인 실업이 발생한다.
ㄹ. 최저임금을 1,000원으로 정하더라도 노동수요는 변함이 없고 수요량에만 변화가 있다.

> **오답노트**
> ㄱ. 최저임금을 200원으로 정하면 노동공급에는 변함이 없다.
> ㄴ. 최저임금을 400원으로 정하면 최저임금보다 균형임금이 더 높으므로 최저임금제의 실효성이 없다. 따라서 600원이 적용된다.

68 한계효용이론   정답 ③

주어진 소득 수준(예산제약) 내에서 두 재화(X재, Y재)의 1원어치의 한계효용이 같아지는 선택은 효용이 극대화되는 소비자 균형점이다. 따라서 1원어치의 한계효용이 큰 재화를 더 소비하고 작은 재화를 덜 소비하면 된다.
호성은 $\frac{MU_X(10)}{P_X(10)} > \frac{MU_Y(5)}{P_Y(20)}$ 이다. 따라서 X재 소비를 늘리고 Y재 소비를 줄여 효용을 증가시킬 수 있고, 미진은 $\frac{MU_X(3)}{P_X(10)} = \frac{MU_Y(6)}{P_Y(20)}$ 이다. 따라서 현재 효용극대화가 되고 있으므로 조정할 필요가 없다.

69 잉여   정답 ①

합리적 경제인은 수요자나 공급자 모두 손해를 보지 않는 합리적 선택을 한다. 수요자는 편익이 최대지불용의보다 크므로 소비를 하는 것이고, 생산자는 최소비용보다 비싸게 팔 수 있으므로 거래를 하는 것이다. 이는 거래를 하지 않을 때보다 모두 잉여가 증가하는 것을 의미하므로 경제적 후생의 합은 모두 증가한다.

70 정보의 비대칭성   정답 ⑤

제시된 사례에서 보험회사가 보험료를 600만 원으로 산정하면, 자동차 사고로 인한 손실을 400만 원이라고 예상하는 사람은 가입하지 않고, 자동차 사고로 인한 손실을 600만 원 이상이라고 예상하는 사람만 가입을 하게 된다. 따라서 자동차 보험회사는 적자를 보게 될 것이다.

71 총수요 & 총공급곡선의 이동과 필립스곡선   정답 ②

확대 재정정책을 시행한다면 총수요곡선이 우측으로 이동하여 물가는 상승하고 생산이 늘어나 실업은 줄어들 것이다. 따라서 E에서 A로 이동할 것이다.

> **오답노트**
> ① 민간 소비 및 투자가 증가한다면 총수요곡선이 우측으로 이동하여 물가는 상승하고 생산이 늘어나 실업은 줄어들 것이다. 따라서 E에서 A로 이동할 것이다.

③ 생산성 향상으로 각 물가 수준에서 공급할 수 있는 총생산물의 양이 증가한다면 총공급곡선이 우측으로 이동하여 물가는 하락하고 생산은 늘어나 실업은 감소할 것이다. 따라서 E에서 C로 이동할 것이다.
④ 생산비용 증가로 각 물가 수준에서 공급할 수 있는 총생산물의 양이 감소한다면 총공급곡선이 좌측으로 이동하여 물가는 상승하고 생산은 줄어들어 실업은 증가할 것이다. 따라서 E에서 B로 이동할 것이다.
⑤ 장기 필립스곡선은 총수요 변동과 관계없이 자연실업률 상태로 유지되므로 필립스곡선은 수직이다.

72 비교우위론 　　　　　　　　　　　정답 ①

갑국이 꿀과 옷의 생산량이 많으므로 둘 다 절대우위에 있고, 을국은 둘 다 절대열위에 있다. 반면 갑국은 옷에 비교우위가, 을국은 꿀에 비교우위가 있다.
갑국의 옷 1벌 생산의 기회비용은 꿀 1병이고, 을국은 꿀 2병이므로 옷 생산에 있어 비교우위는 갑국에게 있다.

오답노트
② 꿀과 옷 생산 모두 절대우위는 갑국에 있다.
③ 을국에서 꿀 1병 생산의 기회비용은 옷 $\frac{1}{2}$벌이다.
④ 기회비용을 고려할 때 을국은 기회비용이 작은 꿀 생산에 특화해야 한다.
⑤ 무역의 이익이 발생할 때만 무역이 이루어지므로 특화 품목은 더 많은 상품을 얻을 때만 무역을 할 것이다. 따라서 특화 품목의 기회비용은 커진다.

73 보호무역 　　　　　　　　　　　정답 ②

자중손실은 그래프에서 b + d에 해당된다.
자중손실 = $\frac{1}{2}$ × 10 × 10 + $\frac{1}{2}$ × 10 × 15 = 125

오답노트
ㄴ. 쌀시장 개방 후 10의 관세를 부과하면 국내 생산자잉여는 관세 부과 전보다 10과 20의 평행선과 공급곡선에 둘러싸인 면적이므로 150 (= 200 − 50)만큼 증가한다.
ㄹ. 관세 부과 후 수입량이 25(= 45 − 20)이므로 10의 관세 대신 25의 수입할당을 하더라도 국내 소비자잉여는 동일하다.

74 기회비용과 합리적 선택 　　　　　　정답 ④

A프로젝트를 시행할 경우 부족한 4억 원에 대해 5%의 이자 비용, 즉 2,000만 원의 이자비용이 발생하는데, 이는 A프로젝트를 시행할 경우의 명시적 비용에 해당한다. 그리고 A프로젝트를 시행함으로써 B프로젝트를 시행했을 경우 얻을 수 있는 수익, 즉 5억 원의 20%에 해당하는 1억 원과 나머지 5억 원의 예금 이자 2,000만 원을 포기하게 된다. 즉 1억 2,000만 원의 암묵적 비용이 발생하게 되므로 기회비용은 1억 4,000만 원이다. 따라서 A프로젝트에 투자하여 1억 4,000만 원 이상의 수익을 얻으면 합리적 선택이 될 수 있으므로 갑은 연간 10% 이상의 수익을 예상하고 있다고 볼 수 있다.

TIP
- 기회비용 = 명시적 비용 + 암묵적 비용
- A프로젝트의 수익률은 B프로젝트 선택 시 기회비용에 영향을 준다.

75 경기안정화정책 　　　　　　　　　　정답 ②

유럽 국가들의 신용등급이 줄줄이 강등된 것은 재정적자 급증으로 국가부채 상환능력을 의심 받고 있기 때문이다. 국가 신용등급이 강등되면 해당 국가가 발행한 국채금리가 오르고 국채 CDS 가산금리(프리미엄)도 상승한다. 또한 영국의 유로존 탈퇴로 유로화의 가치가 낮아지고 안전자산인 금, 달러, 엔화 등에 투자할 가능성이 높아져 유로존의 수출이 유리해지고, 미국, 일본 등은 화폐가치가 높아져 수출이 어려워진다.

TIP
- 위험도 상승 시 금리 ↑
- 위험도 상승 시 CDS 프리미엄 ↑
- 위험도 상승 시 안전자산 수요 ↑

76 금융 시장 　　　　　　　　　　　정답 ②

갑의 자산 보유 비중을 살펴보면 정기예금, RP와 같이 원금과 이자를 받을 수 있는 자산의 보유 비중이 55%에서 65%로 증가한 것을 알 수 있다.

오답노트
① 자산의 원금 손실 가능성이 낮아졌다.
③ 이익 배당을 받을 수 있는 자산인 주식의 비중은 감소했다.
④ 예금자보호를 받을 수 있는 자산인 정기예금의 비중이 증가했다.
⑤ 갑의 자산 총액 증감 여부는 제시된 그래프만으로 알 수 없다.

77 환율의 결정 　　　　　　　　　　　정답 ④

제시된 자료를 통해 원/달러 환율은 20X1년에 1,000원, 20X2년에 1,200원, 20X3년에 800원임을 알 수 있다. 원화 가치는 20X2년에 가장 낮으며 가격 경쟁력이 가장 높다는 것을 알 수 있다.

오답노트
ㄹ. 한국 기업의 달러화 표시 외채 상환 부담은 화폐 가치가 가장 낮은 20X2년에 가장 높다.

78 수요의 가격탄력성 　　　　　　　　정답 ④

A재는 P_1에서 P_2로 갈 때 가격이 상승하면서 판매수입이 감소하므로 탄력적이고, P_2에서 P_3로 갈 때는 가격이 상승하면서 판매수입이 증가하므로 비탄력적이다. 반면 B재는 가격이 상승함에도 판매수입이 일정하므로 단위탄력적이다.
가격이 P_2에서 P_1으로 하락할 때 판매수입이 증가하므로 가격 변화에 대한 A재의 수요는 탄력적이다.

오답노트
① B재 수요의 가격탄력성은 1이다.
② 판매수입은 가격 × 수량인데 가격이 P_2로 일정할 때 B재의 판매수입이 높으므로 판매량은 B재가 A재보다 많다.
③ 가격이 P_2에서 P_3로 상승할 때 수요법칙에 따라 A재의 판매량은 감소한다.
⑤ 제시된 그래프로는 공급의 가격탄력성을 알 수 없다.

79 수요의 가격탄력성 정답 ③

A제품이 갑국에서는 필수재에 가깝고 소비에서 차지하는 비중이 작으므로 수요의 가격탄력성이 비탄력적이고, 을국에서는 탄력적이다.
A제품의 가격이 변화할 때 갑국은 비탄력적이므로 수요량은 을국의 수요량보다 덜 민감하게 나타난다.

오답노트
① A제품을 판매하는 기업은 갑국에서는 가격을 올리는 전략을 통해 기업의 판매 수입을 극대화할 것이다.
② 을국에서 A제품의 수요의 가격탄력성은 1보다 클 것이다.
④ A제품은 을국보다 갑국에서 대체재가 더 적을 것이다.
⑤ 공산품과 농산물은 공급의 가격탄력성과 관련이 되어있으므로 제시된 자료로는 알 수 없다.

80 가격통제 정답 ④

기획재정부는 쌀 값이 올라가는 것을 막기 위해 최고가격제를, 반면 농림축산식품부는 생산비 보전을 위해 최저가격제를 실시하려고 한다. 조건 2의 (가)는 최저가격제, (나)는 최고가격제이다. 암시장은 두 곳에서 모두 형성될 수 있다.

오답노트
② 가격 규제 이후 시장에서 판매되는 쌀의 거래량은 Q_1으로 (가)와 (나)가 같다.
③ 가격 규제 이후 시장에서 판매되는 쌀의 총거래액은 (가) $P_1 \times Q_1$, (나) $P_2 \times Q_1$이므로 (가)가 크다.

정답 및 해설 | 제3회 실전모의고사

경제이론

01	①	02	④	03	④	04	④	05	①
06	④	07	②	08	③	09	④	10	②
11	③	12	①	13	④	14	①	15	②
16	②	17	③	18	④	19	⑤	20	②
21	②	22	④	23	④	24	④	25	⑤
26	⑤	27	④	28	①	29	③	30	③

시사경제

31	⑤	32	⑤	33	③	34	①	35	④
36	⑤	37	⑤	38	⑤	39	③	40	①
41	④	42	①	43	④	44	②	45	①
46	②	47	⑤	48	④	49	②	50	②
51	④	52	②	53	④	54	④	55	③
56	④	57	③	58	⑤	59	①	60	①

응용복합

61	④	62	④	63	③	64	④	65	③
66	②	67	⑤	68	②	69	⑤	70	④
71	④	72	④	73	④	74	④	75	④
76	②	77	④	78	⑤	79	④	80	①

경제이론

01 잉여 정답 ①

시장수요함수와 시장공급함수를 연립해서 풀면 300 − 2Q = 150 + Q, 3Q = 150이므로 균형거래량 Q = 50이다. 이제 Q = 50을 시장수요함수 (혹은 시장공급함수)에 대입하면 균형가격 P = 200으로 계산된다. 소비자잉여는 2,500(= $\frac{1}{2}$ × 50 × 100)이고, 생산자잉여는 1,250(= $\frac{1}{2}$ × 50 × 50)임을 알 수 있다. 따라서 소비자잉여와 생산자잉여를 합한 사회 전체의 총잉여는 3,750이다.

02 조세의 귀착 정답 ④

래퍼곡선은 소득세율과 재정수입의 관계를 보여주는 곡선이다. 세율을 지속적으로 증가시킨다고 해서 조세수입이 반드시 증가하는 것이 아니라는 것을 보여준다. 즉, 세율이 너무 높은 경우에 세율을 감소시킨다면 조세수입이 증가할 수도 있다.

[오답노트]
① 세율을 높임에 따라 조세수입이 반드시 증가하지 않는다는 것을 보여준다.
② 조세수입이 최고가 되는 지점을 제외하고 특정한 조세수입액에 대하여 두 개의 세율이 존재한다.
③ 세율을 가로축에, 조세수입을 세로축에 두고 래퍼곡선을 그리면 증가하다가 감소하는 형태가 된다.
⑤ 조세수입에 관한 것이므로 조세의 효율성에 관련된 논의이다.

[TIP]
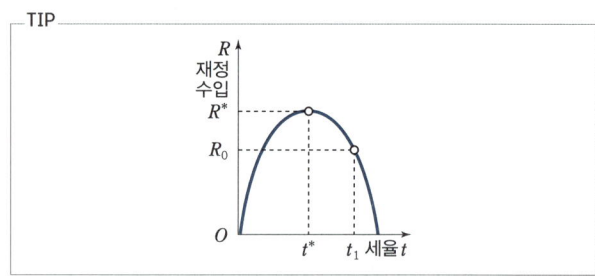

03 잉여 정답 ④

수요와 공급이 같을 때 균형이므로 100 − P = −20 + P ⇒ P = 60, Q = 40이다. 생산자잉여와 소비자잉여가 40 × 40 × $\frac{1}{2}$ = 800으로 동일하므로 총잉여는 1,600이다.

04 계층별 소득분배이론 정답 ④

소득이 국민 절반에게만 균등하게 배분되어 있다면 로렌츠곡선이 원점에서 인구누적비율의 50%까지는 x축과 겹치는 수평선이고 그 다음부터 일정하게 증가하므로 지니계수는 0.5가 된다.

05 완전경쟁시장 정답 ①

완전경쟁시장의 조건은 P = MR = MC = AR이다.

[오답노트]
② 이윤극대화 완전경쟁기업의 조업중단점은 평균가변비용의 최저점으로 이 이상의 MC가 공급곡선이다.

③ 개별기업의 장기공급곡선은 존재하지 않는다.
④ 시장수요곡선은 우하향하지만, 가격수용자인 개별기업이 직면하는 수요곡선은 수평이다.
⑤ 단기에는 양 또는 음의 기업이윤을 가지지만 장기에는 항상 경제적 이윤이 0이다.

06 무차별곡선이론   정답 ④

100원짜리 동전과 500원짜리 동전은 5:1로 교환되는 완전대체재이므로 우하향하는 직선형태의 무차별곡선으로 나타낼 수 있다.

07 무차별곡선이론에서의 소비자 균형   정답 ②

한계효용균등의 법칙은 두 재화의 1원당 한계효용이 같을 때 소비하는 것이 가장 합리적이라는 것이다.
$\frac{MU_X}{P_X} = \frac{MU_Y}{P_Y}$ 이므로 $\frac{200}{100} = \frac{Y재의 한계효용}{50}$, 즉 Y재의 한계효용은 100이다.

08 시장균형의 이동   정답 ③

균형가격보다 낮으므로 그래프는 초과수요를 보여주고 있다.
ㄱ. 곡선 A는 수요곡선으로 수량(Q)은 가격(P)의 함수이다.
ㄹ. 대체재 가격 인상시 수요가 증가하므로 X재 가격은 P1에서 멀어진다.

[오답노트]
ㄴ. 균형가격보다 낮으므로 가격 상승의 압박이다.
ㄷ. 가격의 변동은 곡선자체의 이동이 아닌 곡선 내 이동이다.

09 수요의 가격탄력성, 수요의 교차탄력성   정답 ④

정부가 전기 요금을 10% 인상하게 되면 수요의 가격탄력성이 0.6이므로 전기수요량이 6% 감소할 것이다. 따라서 처음 수요량을 지키기 위해서는 6%를 대체재인 도시가스의 가격을 상승시킴으로써 조정이 가능할 것이다. 즉, 교차탄력성이 0.3인 도시가스의 가격을 20% 인상하면 수요가 6% 증가하여 종전과 동일해진다.

10 무차별곡선이론   정답 ②

무차별곡선이 원점에 대해 볼록한 이유는 한계대체율체감의 법칙 때문이다. 한계대체율이란 Y재화 한 단위를 얻기 위해 포기해야 하는 X재화의 양(X재화의 감소량/Y재화 한 단위)이다. 이를 달리 말하면 무차별곡선을 따라서 아래쪽으로 이동할 때 한계대체율이 감소한다. 이는 한쪽으로 치우친 소비보다 골고루 소비하는 것이 바람직하다는 것을 보여준다.

[오답노트]
① X재 4개와 Y재 20개보다는 X재 6개와 Y재 22개를 더 선호하는 것은 두 재화의 소비량이 더 많기 때문이다.

③ X재 4개, Y재 20개보다 X재 4개, Y재 22개의 선호가 더 크다. X재가 동일하지만 Y재의 소비량이 더 많기 때문이다.
④ 무차별곡선이 볼록하다면 X재 4개, Y재 20개가 X재 2개, Y재 22개보다 더 선호될 것이다.
⑤ X재 4개와 Y재 20개보다는 X재 2개와 Y재 18개를 소비량이 더 적기 때문에 덜 선호한다.

[TIP]
- 두 재화의 개수를 각각 비교했을 때 X재, Y재가 각각 더 많으면 효용이 높다.
- 두 재화의 개수를 각각 비교했을 때 X재, Y재가 각각 더 적으면 효용이 낮다.
- 하나는 많고 하나는 적으면 비교가 불가능하다.

11 완전경쟁시장   정답 ③

완전경쟁시장에서 이윤극대화 조건은 한계수입과 한계비용이 일치하는 점이다. 또한 완전경쟁시장에서는 한계수입과 가격이 동일하므로 H사는 이윤극대화 생산을 하고 있음을 알 수 있다. 평균비용이 가격보다 높으므로 단기적으로 손해를 보고 있지만 평균고정비용인 30만 원 중 20만 원을 상쇄시키고 있으므로 H사는 장기적으로 생산하여야 한다.

[오답노트]
① 완전경쟁시장의 개별 기업의 수요곡선은 수평이다.
② 가격이 평균비용보다 높아야 이윤은 0보다 크다.
④ 손익분기점은 이윤이 0이어야 하므로 평균비용인 210만 원보다 높아야 한다.

12 재정정책, 금융정책   정답 ①

ㄱ. 통화정책은 이자율의 변화를 통해 국민소득에 영향을 미친다.
ㄴ. 유동성함정에 빠진 경우 통화정책은 효과가 없으며 확장 재정정책은 총수요를 증가시킨다.

[오답노트]
ㄷ. 화폐중립성에 따르면, 통화량을 늘릴 경우 물가가 상승하므로 명목임금은 상승한다.
ㄹ. 구축효과란 정부지출 증가가 이자율을 상승시켜 소비와 투자 감소를 초래한다는 것을 의미한다.

13 통화정책에 대한 견해차   정답 ④

케인즈는 세이의 법칙이 성립하지 않으며, 유효수요의 부족으로 인해 경기침체가 발생하는 것으로 본다.

14 경제학에서 사용하는 기대의 종류   정답 ①

합리적 기대에서는 이용 가능한 모든 정보를 이용해서 미래의 경제변수를 예측하지만 정보의 불완전성을 인정하고 있다. 즉, 합리적 기대를 이용하더라도 정보불완전성이 존재하므로 예측이 틀릴 수 있다.

15 자연실업률 가설   정답 ②

자연실업률은 구조적 실업만 존재하는 상태가 아니라 자발적(혹은 마찰적) 실업만 존재하는 상태에서의 실업률이다. 일반적으로 실업보험 혜택이 관대하면 자연실업률은 높아지는 경향이 있다.

16 실업통계   정답 ②

고용률은 취업자/생산가능인구이다. 생산가능인구는 경제활동인구 + 비경제활동인구로 이루어진다. 비경제활동인구가 40%이므로 경제활동인구는 6,000명이 된다. 따라서 실업자가 200명이면 취업자는 5,800이므로 고용률은 58%, 실업자가 300명이면 취업자는 5,700명이므로 고용률은 57%가 된다.
실업률은 실업자/경제활동인구 × 100이다. 실업률이 2%일 때 실업자가 300명이라면 300/경제활동인구 × 100 = 2%라는 뜻이므로 경제활동인구는 15,000명이 된다. 경제활동참가율은 경제활동인구/생산가능인구 × 100이다.
생산가능인구가 30,000명이면 비경제활동인구가 15,000명이 된다. 이 때 경제활동참가율은 50%가 된다. 생산가능인구가 25,000명이면 비경제활동인구는 10,000명이므로 경제활동참가율은 15,000/25,000 × 100이 되므로 60%가 된다.

TIP
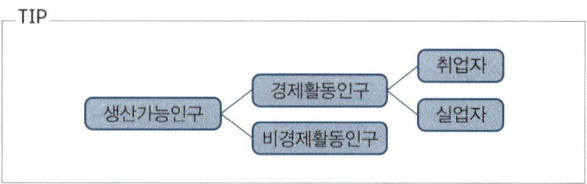

17 환율의 결정   정답 ③

환율이 상승하려면 외환에 대한 수요가 늘거나 공급이 감소해야 한다.
해외경기 호황 ⇨ 수출 증가 ⇨ 경상수지 개선 ⇨ 환율 하락

오답노트
① 국내물가 상승 ⇨ 순수출 감소 ⇨ 경상수지 악화 ⇨ 환율 상승
② 자본유출 증가 ⇨ 자본수지 악화 ⇨ 환율 상승
④ 국내이자율 하락 ⇨ 자본순유출 증가 ⇨ 자본수지 악화 ⇨ 환율 상승
⑤ 자국민의 해외여행 증가 ⇨ 외화유출 증가 ⇨ 환율 상승

18 코즈의 정리   정답 ②

코즈의 정리는 협상비용이 작거나 없다면 재산권 설정을 통해 외부성을 시장에서 해결할 수 있다는 것이다.

오답노트
① 공공재 공급을 시장에 맡길 경우 비배제성으로 인해 무임승차자의 문제가 발생한다.
③ 비경합성이란 한 사람이 공공재를 소비한다고 해서 다른 사람이 소비할 수 있는 기회가 줄어들지 않음을 의미한다.
④ 공공재는 막히지 않는 무료도로로 표현할 수 있다.
⑤ 치안, 국방은 배제성과 경합성 모두 존재하지 않는다.

19 물가지수   정답 ⑤

오답노트
ㄴ. GDP 디플레이터는 $\frac{명목GDP}{실질GDP} \times 100$으로 구한다.

20 인플레이션   정답 ②

피셔가설에 따르면 예상된 인플레이션에서 물가상승분만큼 명목이자율을 요구할 것이므로 사회적 비용은 미미하다.

오답노트
① 예상치 못한 인플레이션이 발생하면 채권자가 손해를 보고 채무자가 이익을 보게 된다.
③ 예상치 못한 인플레이션은 금전거래에서 단기계약보다 장기계약을 더 회피하도록 만든다.
④ 물가와 실업이 동시에 상승하는 것을 스태그플레이션이라고 한다.
⑤ 인플레이션 조세는 정부가 화폐공급량을 늘림으로써 인플레이션을 발생시켜 채무자인 정부를 유리하게 만드는 것을 의미한다.

21 정보의 비대칭성   정답 ②

도덕적 해이란 거래가 이루어진 이후 정보를 많이 가진 자가 바람직하지 못한 행동을 하거나 최선을 다하지 않는 현상으로서 거래 전후 행동이 변화하는 것을 말한다. 반면 역선택이란 정보가 부족한 거래 당사자가 사전적으로 바람직하지 못한 상대방과 거래할 가능성이 높아지는 현상이다. 보험가입 후 건강관리를 등한시하면 도덕적 해이이지만, 보험가입 전부터 건강관리를 등한시한 사람의 보험가입이 늘어나는 것은 역선택이다.

22 코즈의 정리   정답 ④

코즈의 정리는 몇 가지 조건이 충족되었을 때 자발적 협상에 따라 외부성을 해결할 수 있다는 것이다. 외부성과 관련된 정보가 투명하면 협상이 쉽게 이루어질 수 있다.

23 실업의 학파별 대책   정답 ③

새고전학파에 의하면 예상된 정책의 경우에는 단기적으로도 실업을 감소시킬 수 없다. 그러나 예상치 못한 정책의 경우에는 단기적으로 실업을 감소시킬 수 있다.

오답노트
① 고전학파와 동일하게 가격과 임금이 완전히 신축적이라고 생각한다.
② 개인이 합리적 기대를 가지고 예상하고 있으므로 정부의 재정금융정책은 일반 국민이 예상하지 못한 경우에 효과를 갖는다.
④⑤ 새고전학파의 기본적 가정에 해당한다.

24 소비의 결정요인   정답 ④

소득이 낮은 청년기, 노년기에는 소득수준에 비해 소비수준이 높아 음(-)의 저축이 발생하고, 소득이 높은 중장년기에는 소득수준이 소비수준보다 높아 양(+)의 저축이 발생한다.

25 파생상품   정답 ⑤

차입금 등의 금리 비용보다 높은 수익률이 기대될 때에 타인자본을 적극적으로 활용해 투자를 하는 것이 유리하다.

26 통화량과 통화지표   정답 ⑤

문제는 RP(환매조건부채권)에 대하여 설명하고 있다.

오답노트
CD는 양도성 예금증서, CP는 기업어음, CB는 전환사채를 의미한다.

27 금융시장   정답 ④

어닝 시즌은 분기나 반기 혹은 회계연도가 끝나고 상장사들의 실적 발표가 이어지는 시기를 뜻한다.

오답노트
ㄹ. 시장 컨센서스는 애널리스트가 상장사의 실적을 전망한 보고서이므로 어닝 시즌과 관련이 높다.

28 채권   정답 ①

오답노트
ㄷ. 신용도가 아주 낮은 기업이나 나라가 발행하는 채권은 정크본드다.
ㄹ. 커버드본드는 금융회사가 보유한 우량 자산을 담보로 발행하는 일종의 담보부채권이다. 은행이 부실해지면 강제로 주식으로 전환하거나 소각할 수 있는 채권은 코코본드다.

29 주식관련지표   정답 ③

투자자들이 주식을 사기 위해 증권사에 맡긴 돈이다. 고객예탁금은 주가등락의 지표로 이용된다. 예탁금이 늘면 흔히 주가가 올라갈 것으로 생각한다.

오답노트
① VIX는 Volatility Index의 약자로 변동성지수를 말한다. 변동성이 크면 주식 시장이 불안해져 지수 상승에 안 좋은 영향을 미친다.
② 증권계좌의 증가, ④ 유럽중앙은행의 양적완화 실시, ⑤ 세계 각국 중앙은행의 기준금리 인하 등이 오름세를 지속할 수 있는 지표이다.

30 완전경쟁시장   정답 ③

수요함수와 공급함수를 연립해서 풀면 10 - 2P = -2 + 2P이므로 균형가격 P = 3이고, P = 3을 수요함수(혹은 공급함수)에 대입하면 균형거래량 Q = 4이다. 만약 정부가 균형가격을 3으로 설정하고 시장거래량을 2로 제한한다면 소비자잉여는 아래 그림에서 A부분의 면적, 생산자잉여는 B부분의 면적이 된다.

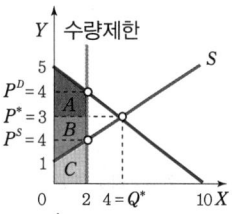

따라서 소비자잉여는 $3(= \frac{1}{2} \times (2+1)2)$, 생산자잉여는 $3(= \frac{1}{2} \times (2+1)2)$으로 계산된다.

시사경제

31 가격통제   정답 ⑤

시장가격보다 규제가격이 낮으므로 초과수요가 발생하게 되고, 거래량이 줄어들어 자중후생손실이 발생한다. 이때 공급이 증가하게 되면 거래량이 늘어나면서 소비자·공급자잉여가 모두 증가한다.
ㄷ. 규제 가격에서 수요곡선이 이동한 적이 없으므로 쌀 수요에는 변함이 없다.
ㄹ. 규제로 인한 자중후생손실이 사라지는 것이 아니라 감소한다.

TIP

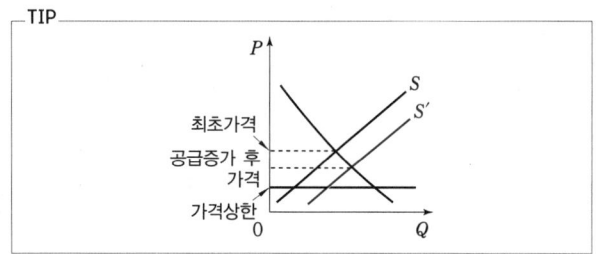

32 계층별 소득분배이론   정답 ④

모든 사람의 소득이 균등하다면 로렌츠곡선은 45도의 대각선을 나타낸다. 만일 한 사람이 모든 부를 독차지하고 있다면 로렌츠곡선은 횡축과 종축을 연결한 역 'L'자 형태가 될 것이다. 따라서 지니계수는 0 ~ 1 사이의 값을 갖고, 소득불균형이 심할수록 1에 가깝게 된다. 을국의 지니계수는 점차 작아지므로 로렌츠곡선이 대각선에 가까워진다고 할 수 있다.

33 경기예측방법   정답 ③

CSI, BSI는 100보다 크면 경기에 대해 긍정적으로 평가하는 수가 많고, 100보다 작으면 경기에 대해 부정적으로 평가하는 수가 많다.

34 재정정책, 금융정책   정답 ①

교부세란 중앙정부가 지방정부에게 재정적으로 지원하는 것이므로 자동안정화장치와는 관련이 없다.

> **오답노트**
>
> 국민들의 자발적 납세가 잘 이뤄지고, 누진세의 한계세율이 높을수록, 실업보험제도 및 사회보장제도가 잘 갖추어져 있을수록 자동안정화장치의 효과는 커진다.

35 평가방법에 따른 GDP   정답 ④

실질GDP는 명목GDP를 기준연도의 가격으로 계산한 것이다. X재는 매년 생산량이 동일하므로 실질GDP의 변화가 없다. Y재는 매년 물가 수준이 기준연도와 동일하므로 실질GDP와 명목GDP가 일치한다.
20X2년의 실질GDP는 X재 1,000원(= 10개 × 100원)과 Y재 1,500원(= 150개 × 10원)을 합쳐 2,500원이다. 20X3년의 실질GDP는 X재 1,000원(= 10개 × 100원)과 Y재 3,000원(= 300개 × 10원)을 합쳐 4,000원이다. 따라서 20X3년 경제성장률은 60%이다.

> **오답노트**
>
> ① 20X1년은 기준연도이므로 실질GDP와 명목GDP가 일치한다. 따라서 실질GDP는 2,000원(= 1,000원 + 1,000원)이다.
> ② 20X2년 명목GDP는 3,000원(= 1,500 + 1,500)이다.
> ③ 20X3년 명목GDP는 6,000원(= 3,000 + 3,000)이다.
> ⑤ 20X2년 실질GDP는 2,500원(= 1,000원 + 1,500원)이며 20X3년 실질GDP는 4,000원(= 1,000원 + 3,000원)이다.

> **TIP**
>
> | 구분 | 명목GDP | 실질GDP |
> |---|---|---|
> | 20X1 | (100 × 10) + (10 × 100) = 2,000 | 2,000(기준연도이므로) |
> | 20X2 | (150 × 10) + (10 × 150) = 3,000 | (100 × 10) + (10 × 150) = 2,500 |
> | 20X3 | (300 × 10) + (10 × 300) = 6,000 | (100 × 10) + (10 × 300) = 4,000 |

36 통화량과 통화지표   정답 ⑤

지문에서 본원통화가 증가하고는 있으나 둔화되었다는 표현에서 경기가 호전되지 않고 있음을 보여준다.
ㄷ. M2(광의통화) = M1 + 정기예적금 및 부금 + 시장형상품(CD, RP, 표지어음) + 실적배당형상품(금전신탁, 수익증권) + 금융채 + 기타(투신증권저축, 종금사 발행어음) 단, 만기 2년 이상 상품 제외이다. 국채, 지방채는 대부분 만기가 5년 이상으로 길다.
ㄹ. 기사의 자료만으로 경기가 호전되고 있다고 보기 어렵다.

> **TIP**
>
> · 통화량(M)과 물가는 비례관계
> · M2증가세 둔화 ⇨ 물가증가세 완화
> · 신용대출 증가 ⇨ 통화량 증가

37 재정정책, 금융정책   정답 ⑤

2016년 이후 물가안정목표는 소비자물가 상승률(전년 동기 대비) 기준 2% 이다.
물가안정목표제는 중앙은행이 일정기간 또는 장기적으로 달성해야 할 물가목표치를 미리 제시하고 이에 맞춰 통화정책을 수행하는 것이다. 환율이나 통화량 등 중간 목표를 조절해 최종 목표인 물가안정을 추구하는 방식과 다르다. 한국은행은 다양한 변수를 활용해 인플레이션을 예측하고 실제 물가상승률이 목표치에 수렴할 수 있도록 금리나 통화량을 조절한다.

38 경기안정화정책   정답 ④

지문은 불경기의 정책이다. 경기를 살리기 위해 중앙은행은 지준율 인하 등 금융정책을 쓴다. 지급준율을 내리면 통화승수가 커져 유동성이 늘어난다. 이자율이 낮아지면 총수요가 활발해져 물가가 상승할 수는 있으나 현재는 그렇지 않다.

> **TIP**
>
> · 부가가치세 ↓ ⇨ 가처분소득 ↑ ⇨ C ↑ ⇨ AD ↑
> · 지급준비율 ↓ ⇨ 통화량 ↑ ⇨ r ↓ ⇨ AD ↑

39 환율의 결정   정답 ③

실질환율변화율 = 명목환율 변화율 + 외국의 물가변화율 − 한국의 물가변화율이다. 즉, −9.5% = (−8%) + 1.8% − 3.3%이다.
따라서 9.5% 하락한 것을 알 수 있다.

40 경상수지와 환율   정답 ①

한국이 달러화 대비 상승률이 중국 기업에 비해 높고 이것은 곧 원화의 가치가 중국의 위안화 가치보다 더 커졌음을 의미한다. 따라서 미국 내 한국 상품의 가격경쟁력은 중국 상품보다 낮아질 수밖에 없다.

> **오답노트**
>
> ② 호주의 절상률이 한국의 절상률보다 높고, 달러로 재료를 구매하기 때문에 오히려 생산비가 증가하게 된다.
> ③ 모든 국가의 통화가 달러화 대비 화폐가치가 상승하였으므로 미국의 가격경쟁력은 상승하여 미국의 경상수지 흑자의 요인이 된다.
> ④ 한국의 절상률이 영국보다 낮아서 미국 여행객들은 영국여행에 더욱 큰 경제적 부담을 느끼고 상대적으로 한국여행을 선호할 것이다.
> ⑤ 한국의 절상률이 더 높아서, 상대적으로 원화의 가치가 엔화의 가치보다 커졌고 그만큼 경제적인 부담은 감소할 것이다.

41 가격통제   정답 ④

유효한 최저가격은 시장균형가격보다 높아야 한다. 문제의 경우에는 시장균형가격과 수량에서 거래된다.

[오답노트]
① 최저임금제가 실시되지 않으므로 실업이 유발되지 않는다.
② 최저임금제가 실시되지 않으므로 균형상태이다.
③ 최저임금제가 실시되지 않으므로 임금에 변화가 없다.
⑤ 최저임금제가 실시되지 않으므로 노동자들이 가져가는 총임금에 변화가 없다.

42 재정정책 정답 ①

금융통화위원회가 증감 여부를 결정하면 곧바로 통화량을 조정할 수 있으므로 금융정책은 내부시차가 짧다. 이에 비해 추가경정예산을 편성하거나 세율을 조정하는 경우에는 국회의 논의와 의결을 거쳐야 하므로 재정정책의 내부시차가 금융정책보다 훨씬 길다.

[오답노트]
② 통화주의자는 재정정책이 구축효과를 발생시키므로 통화정책에 비해 효과가 작다고 보았다.
③ 정부지출의 승수는 일반적으로 '1/1 - 한계소비성향'이므로 한계소비성향이 커지면 증가한다.
④ 구축효과에 대한 설명이다.
⑤ 정부지출 자금 확보를 위해 일반적으로 쓰이는 방법이다.

43 국제수지의 의미와 구성 정답 ③

경상수지는 500만 달러 + (-1,000만 달러) + 2,000만 달러 + 100만 달러 + (-800만 달러) = 800만 달러 흑자이다.

[오답노트]
① 삼성전자가 중국에 스마트폰 2,000만 달러를 수출한 것은 상품수지 흑자에 해당한다.
② 현대차가 중국에 3,000만 달러를 투자하여 공장을 세운 것은 자본수지 3,000만 달러 적자이다.
④ 미국인이 국내에서 여행 경비로 500만 달러를 사용한 것은 서비스수지 500만 달러 흑자이다.
⑤ 본원소득수지는 700만 달러 적자이다.

44 시사용어 정답 ④

통화스왑은 두 국가가 현재의 환율(양국 화폐의 교환 비율)에 따라 필요한 만큼의 돈을 상대국과 교환하고, 일정기간이 지난 후에 최초 계약 때 정한 환율로 원금을 재교환하는 거래를 말한다.

[오답노트]
① 유동성함정 : 금리 인하와 같은 통화정책이나 재정지출 확대와 같은 재정정책으로도 경기가 부양되지 않는 상태
② 환리스크 : 환율이 변동됨에 따라 발생하는 환차손
③ 기축통화 : 국제외환시장에서 금융거래 또는 국제결제의 중심이 되는 통화. 대표적으로 미국 달러가 이에 속함
⑤ 구제금융 : 기업, 은행, 국가, 개인 등이 도산 또는 지급불능 등의 위기에 처해있을 때 이들을 구제하기 위해 민간 및 공공 자금이 지원되는 것

45 시사용어 정답 ①

동학개미운동은 2020년 코로나19 사태에 외국인 투자자가 삼성전자를 필두로 한국 주식을 팔며 급락세가 이어지자 이에 맞서 개인투자자들이 적극 매수한 것을 말한다.

46 시사용어 정답 ②

페그(Peg)란 무언가를 고정시키는 '말뚝' 또는 '못'이라는 의미를 가지고 있다. 어떤 나라가 기축통화로 미국 달러를 채택했다면 그 나라의 통화와 미국 달러 간의 환율은 변하지 않는다.

[오답노트]
① 네거티브존 : 환율을 안정시키기 위해 설정한 통화가치 하락의 최저범위
③ 전액준비제도 : 은행권을 발행하는 발권은행이 그 은행권 발행량과 동액의 태환준비를 보유하도록 하는 제도
④ 불태화 정책 : 해외부문으로부터 외자유입이 늘어 국내 통화량이 증가하고 물가가 상승할 경우 이를 상쇄시키기 위해 취해지는 정책
⑤ 오퍼레이션 트위스트 : 장기국채를 사들이고 단기국채를 매도함으로써 장기금리를 끌어내리고 단기금리는 올리는 공개시장 조작방식

47 재무비율분석 정답 ⑤

모두 옳은 내용이다.

48 시사용어 정답 ④

신용등급이 높을수록 자금조달금리가 낮아지며, 국내와 국외에 신용평가사에 의해 측정된다. 신용은 여러 각도에서 판단된다.

[오답노트]
ㄴ. BBB - 이상 등급이 투자적격 등급이고 그 아래는 투자부적격 등급인 투기등급으로 분류된다.

49 자본의 감소와 법정관리 정답 ②

자사주가 늘어나면 기존 주주의 의결권 지분율은 높아진다.

50 5대 재무제표 정답 ②

부채항목의 차입금계정 10억 원과 자산항목의 현금계정 10억 원이 각각 재무상태표에서 표시된다. 따라서 자산과 부채가 10억 원씩 증가한다.

51 5대 재무제표 정답 ④

ㄱ. 재고자산 기말잔액이 기초잔액보다 많으면 영업활동에서 창출된 현금흐름을 감소시킨다.

ㄴ. 외상매출금 기말잔액이 기초잔액보다 많으면 영업활동에서 창출된 현금흐름을 감소시킨다.
ㄷ. 외상매입금 기말잔액이 기초잔액보다 적으면 영업활동에서 창출된 현금흐름을 감소시킨다.

> [오답노트]
ㄹ. 유형자산처분이익은 투자활동현금흐름에 속하고 손익계산서의 당기순이익을 증가시킨다.

52 시사용어   정답 ②

> [오답노트]
① 액면 병합 : 액면 분할의 상대적 개념으로, 액면가가 적은 주식을 합쳐 액면가를 높이는 것
③ 무상 증자 : 주주의 주금 납입 없이 기업이 준비금의 자본전입에 의하여 주식자본을 증가시키고 동액만큼의 신주를 발행하여 이를 주주에게 무상으로 할당하는 형태의 증자
④ 무상 감자 : 주식을 보유한 사람이 어떠한 보상도 받지 못한 채, 결정된 감자 비율만큼 주식수를 잃게 되는 것
⑤ 권리락 : 기준일 이후에 결제된 주식을 말하며, 넓은 의미에서는 증자 신주 등의 배정권리와 배당권리가 없어진 것

53 5대 재무제표   정답 ③

배당금 지급은 재무활동으로 인한 현금흐름이다.

54 자본의 감소와 법정관리   정답 ④

주식회사가 자본금을 줄이는 일로, 감자의 방법에는 주식금액의 감소, 주식의 감소, 주식금액과 주식수를 동시에 감소하는 혼합형이 있다.

> [오답노트]
ㄹ. 기존 주주들에게 큰 손해를 초래할 수 있는 사안이기 때문에 주주총회의 특별결의를 거쳐야만 시행할 수 있다.

55 시사용어   정답 ③

> [오답노트]
ㄱ. 차이니스 월에 대한 내용이다.
ㄹ. 내부자거래(Insider's Trading) : 기업과 특수관계에 있는 사람이 그의 직무·직위로 얻은 정보를 이용해 불공정한 주식매매 등을 하는 행위

56 5대 재무제표   정답 ④

재무제표는 기업과 관련된 다양한 이해관계자의 경제적 의사결정에 유용한 정보를 제공하는 것을 목적으로 한다. 재무제표는 재무상태표, 포괄손익계산서, 자본변동표, 현금흐름표, 주석을 포함한다.

> [오답노트]
ㄴ. 재무상태표는 일정 시점(기말)에 기업이 보유하고 있는 자산, 부채, 자본 등 구성내용을 표시하는 재무제표다.

57 5대 재무제표   정답 ③

자산은 부채+자본으로 이루어진다.
ㄱ. 연말에 자산 간 항목만 변화한다.
ㄹ. 연말에 장기차입금을 주식을 발행해 자본으로 전환하면 부채가 감소하고 자본이 늘어난다.

> [오답노트]
ㄴ. 연말에 단기차입금을 보유현금으로 상환하면 자산과 부채가 동시에 감소한다.
ㄷ. 연말에 정가보다 낮은 가격으로 판매하면 재고자산의 감소보다 현금자산의 증가가 적으므로 자산총액이 감소한다.

58 5대 재무제표   정답 ③

순자산 = 자산 − 부채이다. 주주총회의 결의에 따라 주주들에게 4억원을 현금으로 배당하면 현금자산이 줄어들어 순자산은 감소한다.

> [오답노트]
① 5억 원 상당의 매출채권을 현금으로 회수하면 채권이 현금으로 바뀐 것이므로 순자산의 변화는 없다.
② 7억 원 상당의 매입채무를 현금으로 상환하면 부채가 없어지고 현금자산이 감소하므로 순자산의 변화는 없다.
④ 전환사채 만기일에 사채권자의 요구에 따라 전환사채를 주식으로 변하면 순자산의 변화는 없다.
⑤ 자금난을 겪고 있는 회사가 액면가 8,000원 주식을 4,000원에 2만 주 할인발행하면 현금 자산이 증가한다.

59 조세의 귀착   정답 ①

조세를 부과하는 경우 탄력적일수록 후생손실이 커진다. 따라서 둘 다 비탄력적인 경우 소비세부과로 인한 후생순손실은 작다.

> [오답노트]
② 소비세를 부과하기 이전에 비하여 소비자는 더 높은 가격을 지불하고, 공급자는 조세를 제외한 가격을 받게 된다.
③ 소비자잉여와 생산자잉여의 감소가 발생하지만, 이는 정부의 세수 증가보다 크기 때문에 사회적 후생손실이 발생한다.
④ 조세부담은 비탄력적인 경우에 크므로 공급곡선의 가격탄력성이 수요곡선의 가격탄력성보다 작을 때(비탄력적일 때), 공급자의 조세부담이 수요자보다 크다.
⑤ 중립세를 부과하면 상대가격의 변화가 없기 때문에 사회적 후생손실이 발생하지 않는다.

60 리츠   정답 ①

DTI는 총소득 중에서 원리금 상환액이 차지하는 비율이 일정 수준을 넘지 못하게 함으로써 대출금액에 제한을 두는 것이며 LTV는 주택가격 대비 담보로 설정할 수 있는 비율에 한도를 두는 것이다. 두 비율이 인하되면 대출받을 수 있는 금액이 축소되어 주택구입수요가 억제된다.

오답노트
ㄷ. 다주택자의 양도차익에 부과되는 세율은 50 ~ 60%이나 이를 완화해 주면 현재 주택보유자의 주택매도공급을 확대시키는 효과가 있다.
ㄹ. DTI와 LTV 제도는 부동산 투기를 막기 위한 것과 동시에 과도한 대출로 인해서 발생하는 은행 부실을 막기 위한 이유도 있다.

응용복합

61 평가방법에 따른 GDP   정답 ④

명목GDP는 측정연도의 가격으로 실질GDP는 기준연도의 가격으로 나타낸 GDP이다.
A국 20X1년도 명목GDP와 실질GDP는 (20원×10개) + (30원×20개) = 800원이고, 20X2년 명목GDP는 (30원×20개) + (20원×20개) = 1,000원, 실질GDP도 (20원×20개) + (30원×20개) = 1,000원이다. GDP 디플레이터는 (명목GDP/실질GDP)에 100을 곱한 것으로 기준연도 물가 대비 현재 물가수준을 나타낸다. A국은 명목GDP와 실질GDP가 같아 20X2년 GDP 디플레이터가 100으로 20X1년과 20X2년 물가 수준이 같다. 따라서 갑의 20X2년도 명목소득 120원의 가치는 실질소득 가치와 같게 된다.

62 절대우위론, 비교우위론   정답 ④

A국과 B국의 1인당 철강 및 자동차 생산량과 각 재화생산의 기회비용을 정리하면 아래의 표와 같다.

<노동자 1인당 생산량>

구분	A국	B국
철강	8	6
자동차	16	8

<각 재화 생산의 기회비용>

구분	A국	B국
철강	자동차 2대	자동차 1.33대
자동차	철강 0.5톤	철강 0.75톤

각각 기회비용이 작은 것을 특화하므로 A국은 자동차생산에서 비교우위를 갖고, B국은 철강 생산에서 비교우위를 갖는다.

오답노트
① 위 표와 같이 A국의 철강 1톤당 기회비용은 자동차 2대, B국의 자동차 1대당 기회비용은 철강 0.75톤이다.
② 양국의 이익을 얻는 철강 1톤의 교역조건은 기회비용의 사이에 있으므로 철강 1톤이 자동차 1.6대로 교환되는 교역조건은 양국 모두에게 이익을 준다.
③ A국은 철강과 자동차 모두 생산량이 높으므로 절대우위를 갖는다.
⑤ 무역이 발생한다면 무역 전보다 더 많이 소비가 가능하므로 양국 모두 특화품목의 기회비용은 커진다.

63 환율의 결정   정답 ③

환율의 변화요인에 의한 균형환율과 균형외화량에 대한 설명이다.
• 우리나라의 자동차 수출이 크게 증가한 것은 외화의 공급 증가
• 우리나라의 미국채권 구입이 크게 증가한 것은 외화의 수요 증가
두 조건의 변화량이 동일하므로 환율은 동일하며 균형외화량은 증가하여야 한다.

오답노트
① a → c : 외화의 공급만 증가
② a → e : 외화의 공급만 증가
④ c → b : 외화의 수요와 공급의 감소량이 동일
⑤ e → d : 외화의 수요 증가, 공급의 감소량이 동일

64 게임이론   정답 ④

두 기업 모두 상대방의 전략에 관계없이 항상 S_2를 선택할 때의 보수가 더 크다. 두 기업이 우월전략이 모두 S_2이므로 이 게임의 우월전략균형은 (S_2, S_2)이고, 우월전략균형에서 두 기업은 모두 8의 보수를 얻는다. 만약 두 기업이 협조하여 전략을 모두 S_1으로 변경하면 두 기업의 이윤이 모두 10으로 증가하므로 파레토 개선이 가능하다. 우월전략균형은 내쉬균형에 포함되므로 (S_2, S_2)는 우월전략균형이면서 동시에 내쉬균형이다. 다만 한쪽이 S_1로 전략을 바꾸게 되면 자신의 이익이 증가하기 때문에 언제나 배신의 여지가 있다.

65 기회비용과 합리적 선택   정답 ③

C사 제품 선택의 기회비용은 '명시적 비용 90만 원 + 암묵적 비용인 B노트북을 구입했을 때의 순편익 50만 원 = 140만 원'이다.

66 케인즈의 국민소득결정이론   정답 ②

한계소비성향이 0.75이고, 정액세만 존재하므로 정부지출승수 및 투자승수는 모두 $\frac{dY}{dG} = \frac{dY}{dI} = \frac{1}{1-c} = \frac{1}{1-0.75} = 4$이고, 조세승수 $\frac{dY}{dT} = \frac{-c}{1-c} = \frac{-0.75}{1-0.75} = -3$이다. 이 경우 정부지출과 투자지출이 모두 20만큼 증가하면 국민소득이 160만큼 증가하고, 조세수입이 50만큼 증가하면 국민소득이 150만큼 감소한다. 그러므로 전체적으로 보면 국민소득이 10만큼 증가한다.

67 평가방법에 따른 GDP 정답 ⑤

ㄴ. 20X1년이 기준이므로 명목GDP와 실질GDP는 동일하다.
ㄷ. 20X3년의 경제성장률은 실질GDP가 120억 달러에서 150억 달러로 증가했으므로 25%가 되며, 물가상승률은 GDP 디플레이터의 증가율인 25%로 동일하다.
ㄹ. 20X2년의 경제성장률은 20%이고, 20X3년의 경제성장률은 25%이므로 20X2년보다 20X3년이 더 높다.

> 오답노트
ㄱ. 20X1년의 물가상승률은 20X0년의 GDP 디플레이터가 제시되어야 알 수 있다.

68 총수요 정답 ②

물가가 하락할 것으로 예상되면 소비와 투자가 줄기 때문에 총수요곡선이 왼쪽으로 이동한다. 단, 물가 자체가 하락하면 총수요곡선상에서 이동한다.

> 오답노트
소비, 투자, 정부지출, 수출, 수입의 변동은 총수요곡선 이동요인이다.

69 신용창조 정답 ⑤

초과지급준비금이 1조 원일 때 법정지급준비율이 5%이면 신용승수가 $\frac{1}{지급준비율} = \frac{1}{0.5} = 20$이고, 법정지급준비율이 10%로 상승하면 신용승수가 $\frac{1}{0.1} = 10$이다. 따라서 1조 원이 창조할 수 있는 예금창조 가능금액은 20조 원에서 10조 원으로 줄어든다.

70 케인즈의 국민소득결정이론 정답 ④

한계소비성향(c)이 0.75인 정액세 모형으로 정부지출승수, 투자승수, 정액조세승수는 다음과 같다.
㉠ 정부지출승수 = ㉡ 투자승수 : $\frac{1}{1-c} = \frac{1}{1-0.75} = 4$
㉢ 정액조세승수 : $\frac{-c}{1-c} = \frac{-0.57}{1-0.75} = -3$

71 경기안정화정책 정답 ④

ㄱ. 중앙은행이 기준금리를 인상하면 소비와 투자가 감소하여 총수요곡선이 좌측으로 이동한다.
ㄴ. 원자재가격이 상승하면 총공급곡선이 좌측으로 이동한다.
ㄷ. 총수요곡선과 총공급곡선이 모두 좌측으로 이동하면 총생산은 대폭 감소하게 된다.

> 오답노트
ㄹ. 총수요와 총공급이 모두 감소하였으므로 물가는 반드시 상승한다고 말할 수 없다.

72 경제순환 정답 ②

(가)는 기업, (나)는 정부, ㉠은 노동공급, ㉡은 대금지급이다.
ㄱ. 기업은 이윤의 극대화를 추구한다.
ㄷ. 정부는 공공서비스를 제공한다.

> 오답노트
ㄴ. 갑은 가계로서 생산물시장의 수요자이며, 생산요소시장의 공급자이다.
ㄹ. ㉠은 생산요소시장에서 거래되며 ㉡은 재화와 서비스 소비에 따른 대금지급이다.

73 수요, 공급 정답 ④

(가)는 가격 하락으로 수요량이 변동한 경우이다. 가격 하락은 공급 증가의 결과이다. (나)는 수요곡선 자체의 우측 이동으로 수요 증가를 의미한다. X재의 대체재인 Z재 가격이 상승하면 X재 수요가 증가한다.

> 오답노트
① X재 생산비가 상승하면 X재 공급이 감소한다.
② X재의 보완재인 Y재 가격이 하락하면 X재 수요가 증가한다.
③ X재 생산에 부과되는 세금이 증가하면 X재 공급은 감소한다.
⑤ X재가 정상재이면 소비자들의 소득이 감소하면 X재 수요는 감소한다.

74 수요의 가격탄력성 정답 ③

ㄴ. 보완재의 가격하락은 수요 증가요인이므로 수요가 증가하면 맥주의 판매수입은 반드시 증가할 것이다.
ㄷ. 보완재의 교차탄력성은 0보다 작다.

> 오답노트
ㄱ. 치킨의 가격이 하락하였으므로 치킨의 판매는 수요법칙에 따라 반드시 증가한다.
ㄹ. 소득이 제시되어 있지 않으므로 소득탄력성에 대해서는 알 수 없다.

75 단기비용함수 정답 ④

위의 비용식에서 생산량인 Q를 0으로 보아도 100의 비용이 들어가므로 고정비용은 100이다. 또한 평균비용은 AC = 100/Q + 20임을 알 수 있다. 이는 Q가 분모에 있으므로 생산을 할수록 평균비용이 감소함을 알 수 있다.

> 오답노트
ㄱ. 한계비용은 1단위 추가 생산 시 들어가는 비용이다. 위의 식에서 한계비용이 20으로 일정함을 알 수 있다.
ㄷ. 생산량이 10일 때 평균비용은 30이다.

76 단기비용함수   정답 ②

기업의 이윤극대화를 위한 생산량은 한계수입(MR)과 한계비용(MC)이 일치하는 지점이다. 경쟁시장의 기업들은 가격수용자이기 때문에 시장가격이 곧 한계수입이다. B점이 손익분기점, D점이 조업중단점이다.
A점은 초과이윤, C는 단기적으로 손해를 보지만 고정비용을 상쇄시키므로 생산해야 하는 점이다.

> **TIP**
> - P = AVC일 때(D점) : 조업중단점
> - AVC < P < AC일 때(C점) : 단기적 생산 O, 장기적 생산 X
> - P = AC일 때(B점) : 손익분기점
> - P > AC일 때(A점) : 초과이윤

77 공공재   정답 ④

A도시와 B도시의 사회적 효용은 각각 300으로 같다. 개인이 어떠한 선택을 할 때 기본적인 판단기준이 되는 것은 편익(효용)과 비용이다. 만일 정부의 개입이 없다면 A도시의 경우 도서관을 이용하는 효용(250)이 도서관을 짓는 데 필요한 비용(200)보다 큰 시민 A1이 도서관을 건립하고 나머지 시민은 무임승차자가 될 가능성이 크다. B도시는 시민 모두가 개인적으로는 도서관을 짓는 비용보다 도서관을 이용하는 효용이 적으나 사회 전체적으론 도서관을 이용하는 효용(300)이 비용(200)보다 많아 도서관을 짓는 게 이득이다.

78 신용창조   정답 ⑤

신용창조액 = $\frac{1}{\text{지급준비율}}$ 이다. 지급준비율이 20%일 때 2,000 × 5 = 1억 원이 통화량이다. 지급준비율이 50%로 인상되면 신용승수가 5에서 2로 줄어들기 때문에 예금통화액은 2,000만 원 × 2 = 4,000만 원이 돼 처음보다 6,000만 원이 감소한다.

79 보호무역   정답 ④

관세 부과 전과 관세 부과 후의 잉여를 비교하면 다음과 같다.

구 분	관세 부과 전	관세 부과 후
소비자잉여	A + B + C + D + E + F	A + B
생산자잉여	G	C + G
후생손실	없 음	D + F
관세수입	-	E

오답노트
ㄴ. 가격을 나타내는 수평선과 공급곡선 사이의 면적인 생산자잉여는 G에서 관세 부과 이후 C + G로 C만큼 증가한다. D를 더하면 안 된다.

80 환율의 결정   정답 ①

양국의 금리가 변동된 이후에는 이자율의 차이가 늘어나게 된다. 따라서 미국의 자금들이 한국으로 유입될 가능성이 높으므로 달러 공급이 늘어난다. 이로 인해 원/달러 환율은 하락한다.

제1회 실전모의고사 OMR 답안지

제2회 실전모의고사 OMR 답안지

제3회 실전모의고사 OMR 답안지

해커스
TESAT
2주 완성
이론+적중문제+모의고사

시험장까지 가져가는
**막판 뒤집기
핵심요약노트**

해커스금융

막판 뒤집기 핵심요약노트

교재에 수록된 핵심이론을 Topic별로 정리하였습니다. 빈칸 채우기 문제로 개념을 반복하여 학습한 후, OX 문제로 최종 마무리하시길 바랍니다.

Topic 1 | 경제학의 기초

1. 경제활동

01	인간에게 필요한 상품을 만들거나 원래의 가치를 증대시키는 활동 전체
02	생산 과정에 참여하여 생산요소를 제공한 대가를 보상받는 활동
03	물질적 욕구의 충족을 위해 분배된 소득으로 재화나 서비스를 구입하여 사용하는 활동

2. 경제주체

구분	역할	활동부문
가계	• 소비활동의 주체 ⇨ 04 의 극대화 추구 • 생산요소의 공급주체	민간부문
기업	• 생산활동의 주체 ⇨ 05 의 극대화 추구 • 생산요소의 수요주체	민간부문
정부	• 민간부문의 경제활동을 조정, 규제하는 06 의 주체 • 소비, 생산의 주체	공공부문
외국	• 다른 나라의 가계, 기업, 정부를 포괄하는 주체 • 국제무역의 주체 ⇨ 상호 이익의 극대화 추구	해외부문

3. 경제객체

재화	• 인간 욕망의 대상이 되는 물질적 수단 • 일정한 효용을 갖는 07 의 물건 예 책, 자동차 등
서비스	• 생산이나 소비에 필요한 일. 비물질적 형태의 상품 • 일정한 효용을 갖는 08 의 인간 활동 예 의사의 진료, 교사의 수업 등

4. 자원의 희소성

욕구의 무한성	• 인간의 욕구는 기술이 발달하고, 사회가 발전함에 따라 더 확대되는 경향이 있음
자원의 유한성	• 인간의 욕구를 충족시켜 줄 수 있는 자연자원, 노동, 일자리, 소득, 시간 등의 자원은 한정됨
희소성의 원칙	• 인간의 무한한 욕구를 충족시켜 줄 수 있는 자원은 희소(상대적 부족)하다는 의미 ⇨ 모든 09 의 근본원인
희소성과 재화	• 10 : 희소성과 무관 ⇨ 경제적 가치가 없는 재화 • 11 : 희소성의 원칙이 지배 ⇨ 경제적 가치가 있는 재화

5. 경제문제

발생 원인	• 12
의미	• 경제활동에서 다양한 선택의 문제에 직면하게 되는데 이를 경제문제라고 함
기본적 경제문제	• 무엇을 얼마나 생산할 것인가?(생산물의 종류와 수량 문제) • 어떻게 생산할 것인가?(생산방법 문제) • 누구에게 분배할 것인가?(소득분배 문제) • 해결 방안 : 일반적으로는 효율성의 원칙을 따르고, 분배 문제만큼은 최소한의 인간다운 삶을 보장한다는 형평성까지 고려해야 함

6. 경제체제의 의미와 분류

의미	• 경제문제를 해결하기 위해 희소한 자원의 배분을 결정하고 조직하는 제도나 방식
경제문제 해결방법	• 시장경제체제 : 시장의 자동 조절 기능 • 계획경제체제 : 국가의 계획이나 명령, 통제
전통적 경제체제	• 경제문제 해결 : 전통적 관습, 신념 • 특징 : 급속한 변화에 따른 긴장과 불확실한 의사결정의 불안감이 거의 없음 • 문제점 : 자원의 개발이나 기술 발전에 제한
소유 형태	• 13 주의체제 : 생산 수단의 개인적 소유 인정 • 14 주의체제 : 생산 수단의 국가·공공단체의 소유

7. 자본주의체제의 변천과정

(1) 상업자본주의 : 상품의 유통이나 고리대금업 등과 같은 비생산적인 활동을 통해 이윤을 추구
(2) 산업자본주의 : 상품의 생산과정에서 부가가치 형태로 이윤을 얻는 경제활동

[빈칸 정답] **01** 생산 **02** 분배 **03** 소비 **04** 효용 **05** 이윤 **06** 재정 **07** 유형 **08** 무형 **09** 경제문제 **10** 자유재 **11** 경제재 **12** 자원의 희소성 **13** 자본 **14** 사회

(3) 독점자본주의 : 거대한 소수 기업이 지배력을 행사하는 경제활동
(4) 수정자본주의 : 대공황 해결을 위해 계획 경제체제의 원리를 도입한 경제활동
(5) 신자유주의 : 국가권력의 시장개입을 비판하고 시장의 기능과 민간의 자유로운 활동을 중시하는 이론

8. 다양한 경제목표

15	• 한정된 자원으로 최대의 효과를 추구하며, 목표를 달성하는 것
16	• 사회 구성원들이 공정한 대우를 받는 상태
물가안정	• 인플레이션 : 가계의 구매력 악화, 미래에 대한 불확실성으로 소비와 투자 억제 • 디플레이션 : 소비가 이루어지지 않으므로 경기 침체에 빠질 가능성이 높음
완전고용	• 경기가 나빠 일자리를 구하지 못하는 실업자가 없는 상태
경제성장	• 국가의 GDP 확대로 인하여 국민들의 물질적 풍요 증대 등
경제 목표 간 충돌 (상충관계)	• 효율성과 형평성 : 능력에 따른 보상은 효율성을 높이지만 형평성은 떨어짐 • 완전고용과 물가안정 : 통화량을 늘리면 완전고용 증대에 도움이 되지만 물가안정을 이루기 어려움

9. 합리적 선택의 기준

17	• 사람들이 특정한 방식으로 행동하도록 동기를 부여하는 요인이나 제도로 긍정적 요인(명예, 칭찬 등)과 부정적 요인(경제적 처벌, 꾸중 등)이 있음
비용	• 선택을 함으로써 치르게 되는 대가, 지불되는 금전적 비용뿐만 아니라 포기되는 가치까지 포함
편익	• 선택을 함으로써 얻게 되는 경제적 이익이나 만족감
합리적 선택	• 경제주체들이 주어진 여건하에서 추구하는 경제원칙, 즉 최소의 비용으로 최대의 만족(편익)을 추구하거나, 만족이 일정할 때는 최소의 비용을 들이거나, 같은 비용일 때는 만족을 극대화하려는 것
경제원칙	• 최소비용, 최대만족

10. 기회비용

선택	• 자원의 희소성으로 여러 가지 대안 중 하나를 얻으면 다른 대안을 포기하게 되는 현상
기회비용의 의미	• 어떤 것을 선택함으로써 포기해야 하는 여러 대안들 중 가장 가치있는 대안

기회비용의 계산	• 기회비용 : 명시적 비용(회계학적 비용) + 암묵적(= 묵시적) 비용 • 18 : 경제활동을 위해 실질적으로 투입된 금전적 비용 • 19 : 화폐 지출을 필요로 하지 않는 비용, 그 시간 동안 자신이 포기한 다른 기회의 가치
20	• 과거에 이미 지출된 금액으로 현 시점에서 기업의 의사결정에 아무런 영향을 미치지 않는 비용 • 합리적 선택을 위해 회수 불가능한 비용을 고려하지 않음

11. 인과의 오류와 구성의 오류

21	A라는 사건이 B라는 사건보다 먼저 발생하였다고 하여 A라는 사건을 B라는 사건의 원인으로 단정하는 경우 예 까마귀 날자 배 떨어진다.
22	부분적으로 옳다고 해서 전체적으로 옳은 것이라고 생각하는 것 예 절약의 역설

12. 실증경제학과 규범경제학

실증경제학	있는 그대로의 사실을 확인하고 분석하는 경제학의 분야 예 가격이 오르면 수요량이 감소한다.
규범경제학	주관적 판단이 개입되는 경제학 예 국민연금제도는 국민에게 좋은 제도이다.

[빈칸 정답] **15** 효율성 **16** 형평성 **17** 유인 **18** 명시적 비용 **19** 암묵적(= 묵시적) 비용 **20** 매몰비용 **21** 인과의 오류 **22** 구성의 오류

OX 문제

01 가계와 기업은 민간부문이라고 하고 정부는 공공부문이라고 한다. ☐ O ☐ X
02 가계는 주어진 예산제약을 벗어나 효용극대화를 추구한다. ☐ O ☐ X
03 새로운 것을 만들거나 부가가치를 높이는 것을 생산이라고 한다. ☐ O ☐ X
04 식당에서 쌀을 구입하는 것은 소비에 해당한다. ☐ O ☐ X
05 분배는 반드시 생산요소에 대한 대가를 의미한다. ☐ O ☐ X
06 생산물시장은 재화와 서비스를 거래하는 시장이다. ☐ O ☐ X
07 생산요소시장은 노동, 자본, 토지를 거래하는 시장이다. ☐ O ☐ X
08 생산물시장의 수요자는 가계, 공급자는 기업이다. ☐ O ☐ X
09 생산요소시장의 수요자는 가계, 공급자는 기업이다. ☐ O ☐ X
10 가계는 생산요소시장의 수요주체이자 생산물시장의 공급주체이다. ☐ O ☐ X
11 기업은 생산물시장의 공급주체이자 생산요소시장의 공급주체이다. ☐ O ☐ X
12 자원의 희소성은 욕구와 자원 중 욕구가 많다는 절대량의 비교에서 정해진다. ☐ O ☐ X
13 자유재와 경제재의 구분은 시대와 장소에 따라 달라질 수 있다. ☐ O ☐ X
14 자장면을 만들까, 짬뽕을 만들까 하는 것은 생산요소의 결합과 관련된 경제문제를 의미한다. ☐ O ☐ X
15 기업의 이윤을 주주에게 배당할 것인지, 아니면 직원들에게 성과급으로 지급할지의 문제는 형평성이 중시되는 경제문제이다. ☐ O ☐ X
16 기회비용은 선택 시 포기한 가치 중에서 가장 큰 것을 의미한다. ☐ O ☐ X
17 경제재와 자유재는 재화의 소비가 효용을 가져다주는지의 여부에 따라 나뉜다. ☐ O ☐ X
18 기회비용은 경제주체가 이미 지출한 비용을 의미한다. ☐ O ☐ X
19 암묵적 비용은 시간의 기회비용을 포함한다. ☐ O ☐ X
20 합리적 선택 시 매몰비용을 고려하면 안 된다. ☐ O ☐ X
21 시장경제체제는 가격기구에 의해 자원 배분이 결정된다. ☐ O ☐ X
22 사회주의체제는 생산수단의 개인적 소유를 인정하지 않는다. ☐ O ☐ X
23 사회주의체제는 형평성보다는 효율성을 추구한다. ☐ O ☐ X
24 수정자본주의는 시민혁명을 통한 경제활동의 자유를 확보하는 과정에서 대두되었다. ☐ O ☐ X
25 신자유주의는 정부개입의 축소와 시장의 자율성 확대를 주장한다. ☐ O ☐ X
26 생산가능곡선 위의 점은 모두 효율적인 생산을 의미한다. ☐ O ☐ X
27 기술개발을 통해 생산가능곡선의 확장이 가능하다. ☐ O ☐ X
28 모든 생산가능곡선은 원점에 대하여 오목한 형태를 가진다. ☐ O ☐ X
29 생산가능곡선 내부의 점에서 생산가능곡선 위로 간다면 파레토 개선이라고 볼 수 있다. ☐ O ☐ X
30 생산가능곡선이 원점에 대하여 오목하다는 것은 기회비용이 체증함을 의미한다. ☐ O ☐ X

[OX 정답] 01 O 02 X 03 O 04 X 05 O 06 O 07 O 08 O 09 X 10 X 11 X 12 X 13 O 14 X 15 O
16 O 17 X 18 X 19 O 20 O 21 O 22 O 23 X 24 X 25 O 26 O 27 O 28 X 29 O 30 O

Topic 2 | 시장가격의 결정과 변동

1. 수요와 수요량

수요	경제주체가 상품을 구입하려는 구매 의사(욕구) ⇨ 01 으로 나타남
수요량	특정 가격을 전제로 상품을 구입하려는 구체적 수량 ⇨ 02 으로 나타남
개별수요곡선	개별경제주체들이 각각의 가격에서 구입하고자 하는 수요량을 나타내는 곡선
시장수요곡선	개별수요곡선의 03 의 합으로 개별수요곡선보다 완만(탄력적)
수요법칙	가격과 수요량의 04

2. 수요와 수요량의 변동

구 분	수요량의 변동	수요의 변동
변동 원인	해당 상품의 05 변화	소득수준, 선호도, 다른 상품의 가격, 인구 수, 광고, 미래에 대한 기대 등 06 변화
그래프상의 변화	수요곡선을 따라 점의 이동	수요곡선 자체의 이동

3. 공급과 공급량

공 급	경제주체가 상품을 판매하려는 의사(욕구) ⇨ 07 으로 나타남
공급량	특정 가격을 전제로 상품을 판매하려는 구체적 수량 ⇨ 08 으로 나타남
공급법칙	가격과 공급량의 09 [예외] 매석, 노동공급, 투매현상(덤핑현상), 골동품

4. 공급과 공급량의 변동

구 분	공급량의 변동	공급의 변동
변동 원인	해당 상품의 10 변화	생산요소의 가격, 기술혁신, 미래에 대한 기대, 공급자 수 등 11 변화
그래프상의 변화	공급곡선을 따라 점의 이동	공급곡선 자체의 이동

5. 시장의 균형

균형가격 (시장가격)	12 시키는 가격
균형거래량	균형가격에서의 거래량

6. 초과공급과 초과수요

13	수요량 < 공급량	가격 하락 ⇨ 공급량 감소, 수요량 증가 ⇨ 균형가격 회복
14	수요량 > 공급량	가격 상승 ⇨ 수요량 감소, 공급량 증가 ⇨ 균형가격 회복

7. 균형의 변동

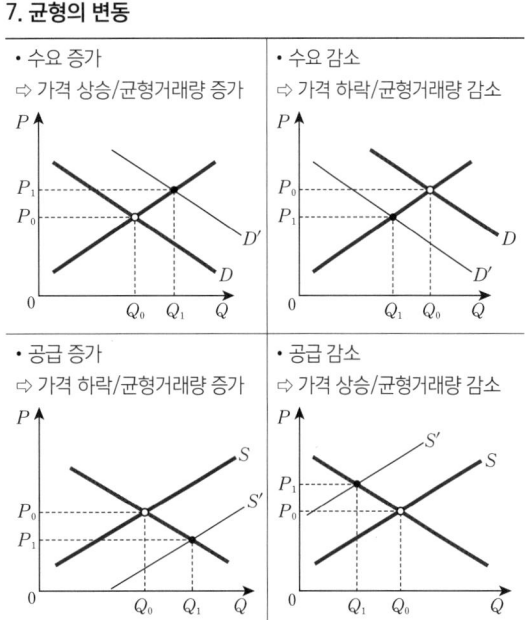

- 수요 증가 ⇨ 가격 상승/균형거래량 증가
- 수요 감소 ⇨ 가격 하락/균형거래량 감소
- 공급 증가 ⇨ 가격 하락/균형거래량 증가
- 공급 감소 ⇨ 가격 상승/균형거래량 감소

8. 잉여

소비자잉여	• 소비자가 교환으로 얻는 이익 • 소비자잉여 = 15
생산자잉여	• 생산자가 교환으로 얻는 이익 • 생산자잉여 = 16
사회적잉여	• 사회적잉여 = 생산자잉여 + 소비자잉여

[빈칸 정답] 01 곡선 02 곡선상의 점 03 수평 04 반비례 관계 05 가격 06 가격 외 조건 07 곡선 08 곡선상의 점 09 비례 관계 10 가격 11 가격 외 조건 12 수요량과 공급량을 일치 13 초과공급 14 초과수요 15 (지불할 용의가 있는 금액 − 실제 지불한 금액)의 합 16 (실제로 받은 금액 − 최소한 받아야 할 금액)의 합

OX 문제

01 수요는 소비자가 특정 시점에 어떤 상품을 구입하고자 하는 욕구이다. ☐ O ☐ X
02 상품의 가격과 수요량 사이에 정(正)의 관계가 성립하며, 이를 수요의 법칙이라 한다. ☐ O ☐ X
03 시장수요곡선은 개별수요곡선들의 수직 합이다. ☐ O ☐ X
04 수요량의 변동은 수요곡선 자체의 이동, 수요의 변동은 수요곡선 위의 이동으로 나타난다. ☐ O ☐ X
05 소득수준이 높아지면 정상재의 수요는 감소, 열등재의 수요는 증가한다. ☐ O ☐ X
06 어떤 재화의 가격이 올랐을 때 대체재의 수요는 감소하고 보완재의 수요는 증가한다. ☐ O ☐ X
07 공급은 실제 공급량이 아니라 팔고자 하는 의향을 의미한다. ☐ O ☐ X
08 공급법칙이 성립하는 예로 노동공급곡선의 후방굴절이 있다. ☐ O ☐ X
09 공급의 변동은 재화의 가격변화에 따라 공급량이 달라지는 것이다. ☐ O ☐ X
10 재화가격의 상승이 예상되면 공급은 감소한다. ☐ O ☐ X
11 시장균형은 시장수요와 공급이 일치하고 있는 상태이다. ☐ O ☐ X
12 시장이 균형 상태에 있다 하더라도 초과수요나 초과공급이 존재할 수 있다. ☐ O ☐ X
13 시장균형가격보다 높은 수준에서 가격이 형성되면 초과공급이 발생한다. ☐ O ☐ X
14 수요와 공급이 증가하면 균형가격은 상승한다. ☐ O ☐ X
15 수요가 증가하고 공급이 감소하면 균형가격은 상승한다. ☐ O ☐ X
16 수요가 감소하고 공급이 증가하면 균형가격은 하락한다. ☐ O ☐ X
17 수요와 공급이 감소하면 균형가격은 감소폭을 알기 전에는 알 수 없다. ☐ O ☐ X
18 시장가격은 소득분배의 형평성이 이루어지도록 기능을 한다. ☐ O ☐ X
19 수요곡선은 재화에 대한 소비자의 한계혜택을 나타낸다. ☐ O ☐ X
20 시장균형에서 생산자잉여와 소비자잉여의 합인 사회적잉여가 극대화된다. ☐ O ☐ X

[OX 정답] 01 X 02 X 03 X 04 X 05 X 06 X 07 O 08 X 09 X 10 O
11 O 12 X 13 O 14 X 15 O 16 O 17 O 18 X 19 O 20 O

Topic 3 | 탄력성

1. 수요의 가격탄력성

의 미	• 상품의 가격 변동에 대한 수요량의 변동 정도		
공 식	• $\dfrac{|수요량의 변동률(\%)|}{|가격의 변동률(\%)|} = \dfrac{\dfrac{수요량의 변동분}{기존의 수요량}}{\dfrac{가격의 변동분}{기존의 가격}}$		
결정 요인	• 대체재가 01 많을수록 탄력적 • 생필품일수록 비탄력적 • 소득에서 차지하는 지출 비중이 클수록 탄력적 • 기간이 02 길수록 탄력적		
종 류	탄력성 = 0	완전비탄력적	수직선
	탄력성 < 1	비탄력적	기울기 03 가파름 예 생필품
	탄력성 = 1	단위탄력적	직각쌍곡선
	탄력성 > 1	탄력적	기울기 04 완만 예 사치품
	탄력성 = ∞	완전탄력적	수평선

2. 수요의 가격탄력성과 기업의 총판매수입

수요의 가격탄력성	기업의 총판매수입	
	가격 하락 시	가격 상승 시
$\varepsilon_d > 1$	증 가	감 소
$\varepsilon_d < 1$	감 소	증 가
$\varepsilon_d = 1$	불 변	불 변

3. 수요의 소득탄력성

의 미	소득 변화에 대해 수요량이 어떻게 변화하는지를 나타냄
공 식	$\dfrac{수요량의 변화율(\%)}{소득의 변화율(\%)}$
구 분	열등재 ←	→ 정상재 $\varepsilon_m = 0$ ← → $\varepsilon_m = 1$ ← → 필수재 사치재

4. 수요의 교차탄력성

의 미	X재의 가격 변화에 대해 Y재의 수요량이 어떻게 변화하는지를 나타냄
공 식	$\dfrac{Y재\ 수요량의\ 변화율(\%)}{X재\ 가격의\ 변화율(\%)}$
구 분	보완재 ←	→ 대체재 $\varepsilon_{xy} = 0$ 독립재

대체재	$\varepsilon_{xy} > 0$	Y재 가격 ↑ ⇨ Y재 수요량 ↓ ⇨ X재 수요 ↑
보완재	$\varepsilon_{xy} < 0$	Y재 가격 ↑ ⇨ Y재 수요량 ↓ ⇨ X재 수요 ↓
독립재	$\varepsilon_{xy} = 0$	Y재 가격 ↑ ⇨ Y재 수요량 ↓ ⇨ X재 수요 불변

5. 공급의 가격탄력성

의 미	• 상품의 가격 변동에 대한 공급량의 변동 정도		
공 식	• $\dfrac{|공급량의 변동률(\%)|}{|가격의 변동률(\%)|} = \dfrac{\dfrac{공급량의 변동분}{기존의 공급량}}{\dfrac{가격의 변동분}{기존의 가격}}$		
결정요인 (탄력적인 경우)	• 저장이 05 쉽고 , 저장 비용이 06 적을수록 • 생산 기간이 07 짧을수록 • 기술 수준의 향상이 빠를수록 • 유휴시설이 많을수록		
종 류	탄력성 = 0	완전 비탄력적	수직선
	탄력성 < 1	비탄력적	기울기 08 가파름 예 농축산물
	탄력성 = 1	단위탄력적	기준 역할
	탄력성 > 1	탄력적	기울기 09 완만 예 공산품
	탄력성 = ∞	완전탄력적	수평선

6. 선형 공급곡선

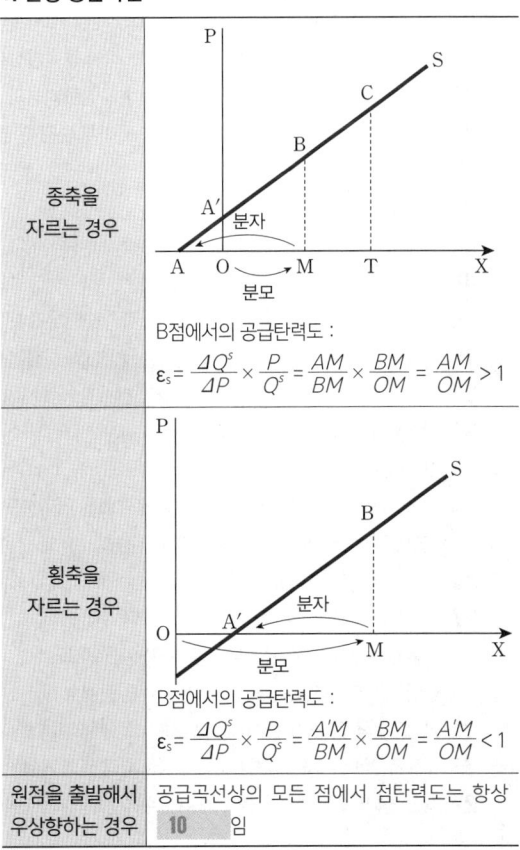

B점에서의 공급탄력도 :
$\varepsilon_s = \dfrac{\Delta Q^s}{\Delta P} \times \dfrac{P}{Q^s} = \dfrac{AM}{BM} \times \dfrac{BM}{OM} = \dfrac{AM}{OM} > 1$

B점에서의 공급탄력도 :
$\varepsilon_s = \dfrac{\Delta Q^s}{\Delta P} \times \dfrac{P}{Q^s} = \dfrac{A'M}{BM} \times \dfrac{BM}{OM} = \dfrac{A'M}{OM} < 1$

원점을 출발해서 우상향하는 경우	공급곡선상의 모든 점에서 점탄력도는 항상 10 1 임

[빈칸 정답] 01 많을수록 02 길수록 03 가파름 04 완만 05 쉽고 06 적을수록 07 짧을수록 08 가파름 09 완만 10 1

OX 문제

01 수요의 가격탄력성은 상품가격 변화분에 대한 수요량 변화분의 비율을 의미한다. ☐ O ☐ X
02 수요의 가격탄력성은 수요곡선상의 어느 점에서 출발하더라도 값이 같다. ☐ O ☐ X
03 수요곡선상의 두 점의 거리가 가까워질수록 점탄력성과 호탄력성의 차는 커진다. ☐ O ☐ X
04 수요의 가격탄력성이 0이면, 가격 변화에 아주 둔감한 경우이다. ☐ O ☐ X
05 대체재가 적을수록 탄력적이다. ☐ O ☐ X
06 사치재가 필수재보다 더 탄력적이다. ☐ O ☐ X
07 전체 소득에서 차지하는 비중이 작을수록 비탄력적이다. ☐ O ☐ X
08 수요의 가격탄력성이 1보다 클 때 기업은 가격인상전략을 펼쳐야 한다. ☐ O ☐ X
09 수요의 가격탄력성이 1일 때 기업의 가격전략은 유효하다. ☐ O ☐ X
10 우하향하는 직선인 수요곡선의 경우 수요곡선의 중점에서 판매수입이 극대화된다. ☐ O ☐ X
11 소득이 증가하면 정상재의 수요는 증가한다. ☐ O ☐ X
12 대부분의 열등재는 기펜재이다. ☐ O ☐ X
13 한 번 정상재는 영원한 정상재이다. ☐ O ☐ X
14 소득탄력성은 소득의 변화 대비 수요의 변화를 의미하므로 공급 측면은 고려되지 않는다. ☐ O ☐ X
15 정상재와 열등재의 구분은 수요 법칙의 성립 여부와 관련이 있다. ☐ O ☐ X
16 대체재의 교차탄력성은 0보다 크다. ☐ O ☐ X
17 독립재는 교차탄력성이 음의 값을 갖는다. ☐ O ☐ X
18 보완재는 함께 사용 시 효용이 높아지는 재화이므로, 한 재화의 가격이 오르면 다른 재화의 수요는 증가한다. ☐ O ☐ X
19 공급의 가격탄력성은 생산 기간이 길수록 탄력적이다. ☐ O ☐ X
20 공급의 가격탄력성은 장기보다 단기에 더 탄력적이다. ☐ O ☐ X
21 저장시설이 열악하고 저장 비용이 클수록 공급의 가격탄력성은 비탄력적이다. ☐ O ☐ X
22 생산요소의 조달에 변화를 주기 쉬울수록 공급의 가격탄력성은 탄력적이다. ☐ O ☐ X

[OX 정답] 01 X 02 X 03 X 04 O 05 X 06 O 07 O 08 X 09 X 10 O 11 O
12 X 13 X 14 O 15 X 16 O 17 X 18 X 19 X 20 X 21 O 22 O

Topic 4 | 소비자이론

1. 한계효용이론

개념	
	• 총효용 : 일정기간 동안 얻을 수 있는 주관적인 만족도의 총량
	• 한계효용 : 01 _____ 증가할 때 변화하는 02 _____ 의 증가분
	• 효용의 기수적 측정이 가능하다는 전제
	• 03 _____ : 물보다 다이아몬드가 비싼 이유를 설명할 수 있음
	⇨ 다이아몬드가 총효용은 작지만 한계효용이 크므로 시장가격이 높음

총효용과 한계효용의 관계	
	• 한계효용곡선은 총효용곡선을 미분한 값으로서, 총효용곡선상 각 점에서의 접선의 기울기와 같음
	• 총효용의 증가(OB구간) ↔ 한계효용 > 0
	• 총효용의 극대(B점) ↔ 한계효용 = 0
	• 총효용의 감소(B점 이후 구간) ↔ 한계효용 < 0
	• 총효용의 체증적 증가(OA구간) ↔ 한계효용 04 _____ (OA' 구간)
	• 총효용의 체감적 증가(AB구간) ↔ 한계효용 05 _____ (A'B'구간)

06	• 다른 재화의 소비량이 고정된 상태에서 한 상품의 소비량이 증가하면 그 상품의 한계효용은 점차 감소함
	• 합리적인 소비자라면 한계효용이 (+)값을 가지는 수준까지만 소비량을 증가시킴

2. 소비자 선택의 조건

소득이 무한정일 경우	• X, Y를 각각 한계효용이 '0'이 될 때까지 소비하면 총효용이 극대화됨

소득이 한정된 경우	
	• 예산제약 : $P_X \times X + P_Y \times Y = I_0$
	• 한계효용 균등의 원칙 : $\frac{MU_X}{P_X} = \frac{MU_Y}{P_Y}$ 또는 $\frac{MU_X}{MU_Y} = \frac{P_X}{P_Y}$
	• 설명
	− 한계효용이 균등하지 않을 경우, 지출의 증가 없이 소비조정을 통해서 총효용을 증가시킬 수 있기 때문임
	− 소득제약조건하에서 X재 1원어치의 한계효용과 Y재 1원어치의 한계효용이 07 _____ 구입량을 결정하면 최대만족을 얻게 됨

상 황	소비조정	
$\frac{MU_X}{P_X} > \frac{MU_Y}{P_Y}$	X재 소비 증가 ⇨ MU_X 감소	Y재 소비 감소 ⇨ MU_Y 증가
$\frac{MU_X}{P_X} = \frac{MU_Y}{P_Y}$	효용극대화 조건 충족	
$\frac{MU_X}{P_X} < \frac{MU_Y}{P_Y}$	X재 소비 감소 ⇨ MU_X 증가	Y재 소비 증가 ⇨ MU_Y 감소

3. 무차별곡선이론

의미	• 소비자에게 동일한 수준의 효용을 주는 X재와 Y재의 조합을 연결한 선

성질	
	• 우하향의 기울기
	• 원점에서 08 _____ 더 높은 효용 수준을 가짐
	• 서로 교차할 수 없음
	• 원점에 대해서 볼록함 ⇨ 09 _____ 이 체감함을 의미

한계 대체율 (MRS)	
	• 동일한 효용 수준에서 X재 한 단위를 위해 10 _____ 하는 Y재 양
	$MRS_{XY} = \frac{\Delta Y}{\Delta X} = \frac{MU_X}{MU_Y}$
	• 한계대체율체감의 법칙
	− 동일한 효용 수준을 유지하면서 X재를 Y재로 대체해감에 따라 한계대체율이 점점 감소하는 현상
	− X재 소비량이 증가함에 따라 X재 1단위에 대하여 포기할 용의가 있는 Y재의 수량이 점점 감소하는 현상

예산선	
	• 주어진 소득 또는 예산을 전부 사용해서 구입할 수 있는 상품의 여러 가지 조합을 나타내는 직선
	• 공식 : $P_X \times X + P_Y \times Y = I$
	• 예산선의 변화
	• 예산선 읽기
	− 소비 가능선 안쪽의 소비는 주어진 소득을 전부 소비하지 않는 것임
	− 예산선(ab) 기울기의 절댓값이 두 상품의 가격비 또는 상대가격임
	− 가격이 변하면 X축 또는 Y축 절편을 축으로 11 _____
	− 소득이 증가하면 바깥쪽으로, 소득이 감소하면 안쪽으로 12 _____

[빈칸 정답] 01 소비량 1단위 02 총효용 03 가치의 역설 04 체증 05 체감 06 한계효용체감의 법칙 07 균등하도록 08 멀어질수록 09 한계대체율 10 포기 11 회전이동 12 평행이동

소비자 균형	• 주어진 소득과 가격 조건하에서 가장 큰 만족을 얻을 수 있는 조합을 선택하는 것
	• 소비자 균형 조건
	  - 예산선과 13 이 서로 접하는 점에서 소비자의 효용극대화가 달성
	  - 소비자 균형은 소비자의 주관적인 교환비율과 시장에서 결정된 두 재화의 객관적인 교환비율이 일치하는 점에서 달성
	  - 각 재화 구입에 지출된 1원의 한계효용이 동일하도록 X재와 Y재를 구입해야 효용극대화가 달성됨을 의미

[빈칸 정답] **13** 무차별곡선

OX 문제

01 한계효용이론은 기수적 측정이 가능하다는 점을 가정한다.   ☐ O ☐ X
02 재화소비량이 일정 단위를 넘어서면 한계효용이 감소하는데 이를 한계효용체감의 법칙이라고 한다.   ☐ O ☐ X
03 한계효용이 체감하면 반드시 총효용도 체감한다.   ☐ O ☐ X
04 가격은 총효용이 아닌 한계효용에 의해 결정되는 것을 가치의 역설이라고 한다.   ☐ O ☐ X
05 X재 1원어치의 한계효용과 Y재 1원어치의 한계효용이 같아지도록 소비하는 것이 합리적 소비이다.   ☐ O ☐ X
06 동일한 효용을 얻을 수 있는 상품묶음을 연결한 선을 무차별곡선이라고 한다.   ☐ O ☐ X
07 한 재화의 소비를 늘리면서 동일한 효용 수준을 유지하려면 다른 재화의 소비를 줄여야 하고, 이는 무차별곡선이 우상향의 기울기를 갖는 것으로 나타난다.   ☐ O ☐ X
08 무차별곡선이 원점에서 멀어질수록 더 높은 효용 수준을 나타낸다.   ☐ O ☐ X
09 두 무차별곡선은 서로 교차할 수 없다.   ☐ O ☐ X
10 무차별곡선은 원점에 대해 오목하고 이는 한계대체율이 체감함을 의미한다.   ☐ O ☐ X
11 불확실성하에서 효용을 극대화하는 이론을 기대효용이론이라고 한다.   ☐ O ☐ X
12 기댓값과 기대효용은 다르다.   ☐ O ☐ X
13 두 상품묶음 중에서 어느 묶음을 더 선호하는지 또는 아무런 차이가 없는지를 판단할 수 있는 성질을 완비성이라고 한다.   ☐ O ☐ X
14 현시선호이론으로 무차별곡선을 도출할 수 있다.   ☐ O ☐ X

[OX 정답] **01** O **02** O **03** X **04** O **05** O **06** O **07** X **08** O **09** O **10** X **11** O **12** O **13** O **14** O

Topic 5 | 생산자이론

1. 단기생산함수

단기와 장기	• 단기 : 01 _____ 생산요소(기계, 공장 등)가 존재하는 기간 • 장기 : 모든 생산요소가 02 _____ 생산요소(노동력, 에너지 등)인 기간
총생산물	$TP = F(L, \overline{K})$
한계 생산물	• $MP_L = \dfrac{\Delta TP}{\Delta L}$ • 노동1단위 추가에 따르는 총생산물의 추가적 증가분 • 총생산곡선의 각 점에서 접선의 기울기 • 수확체감의 법칙이 적용됨(한계생산물체감의 법칙)
평균 생산물	• $AP_L = \dfrac{TP}{L}$ • 노동 한 단위당 평균생산물 • 총생산곡선의 각점과 원점을 연결한 직선의 기울기
그래프	① 생산의 제1단계 : 비경제적 영역 ② 생산의 제2단계 : 경제적 영역 ③ 생산의 제3단계 : 비경제적 영역 • AP_L 상승구간 : MP_L이 위에 위치 • AP_L 하강구간 : MP_L이 아래에 위치 • AP_L 극대점 : MP_L과 교차
평균생산 & 한계생산 의 관계	• 한계량 > 평균량 ⇒ 평균량 03 _____ • 한계량 < 평균량 ⇒ 평균량 04 _____

2. 장기생산함수

등량곡선	• 어떤 상품을 생산하는 데 있어 동일한 수준의 산출량을 효율적으로 생산할 수 있는 여러 가지 서로 다른 생산요소의 조합을 연결한 곡선 • 등량곡선의 성질 - 우하향함 - 원점으로부터 멀리 떨어진 등량곡선일수록 높은 산출량을 나타냄 - 서로 교차할 수 없음 - 일반적으로 원점에 대해 볼록한 형태(한계기술대체율체감의 법칙)

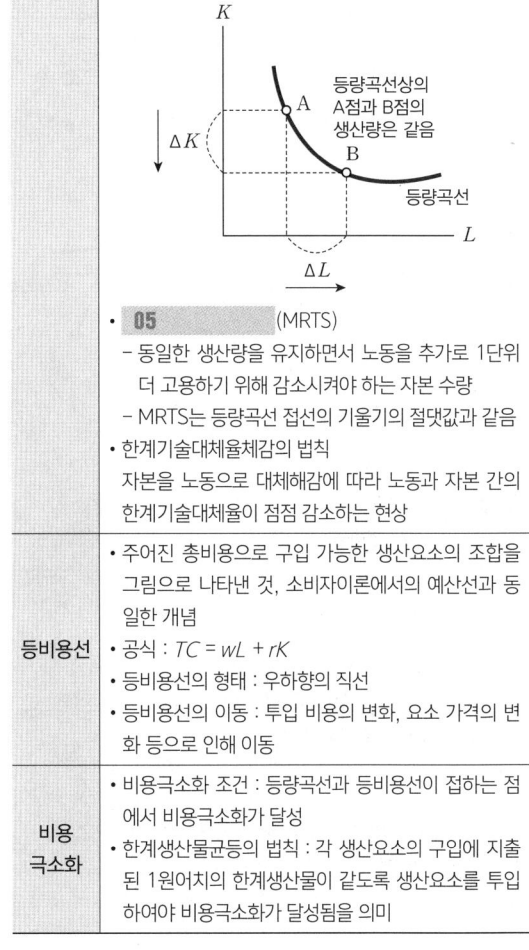

등량곡선상의 A점과 B점의 생산량은 같음

	• 05 _____ (MRTS) - 동일한 생산량을 유지하면서 노동을 추가로 1단위 더 고용하기 위해 감소시켜야 하는 자본 수량 - MRTS는 등량곡선 접선의 기울기의 절댓값과 같음 • 한계기술대체율체감의 법칙 자본을 노동으로 대체해감에 따라 노동과 자본 간의 한계기술대체율이 점점 감소하는 현상
등비용선	• 주어진 총비용으로 구입 가능한 생산요소의 조합을 그림으로 나타낸 것, 소비자이론에서의 예산선과 동일한 개념 • 공식 : $TC = wL + rK$ • 등비용선의 형태 : 우하향의 직선 • 등비용선의 이동 : 투입 비용의 변화, 요소 가격의 변화 등으로 인해 이동
비용 극소화	• 비용극소화 조건 : 등량곡선과 등비용선이 접하는 점에서 비용극소화가 달성 • 한계생산물균등의 법칙 : 각 생산요소의 구입에 지출된 1원어치의 한계생산물이 같도록 생산요소를 투입하여야 비용극소화가 달성됨을 의미

3. 단기비용함수

단기 총비용	• 단기총비용 = 단기총고정비용 + 단기총가변비용 - 06 _____ : 생산 수준과 무관하게 발생하는 비용 [예] 이자, 보험료 등 - 07 _____ : 생산 수준에 따라 변동하는 비용 [예] 임금, 원재료비 등 • 총비용함수 : 각 생산량에 대응하는 최소의 총비용을 나타내는 함수 • 총비용곡선 - 총가변비용곡선을 총고정비용곡선만큼 위로 들어올리면 총비용곡선이 됨 - 총비용곡선과 총가변비용곡선의 수직선상 높이 차이는 총고정비용의 크기와 일치함

[빈칸 정답] 01 고정 02 가변 03 증가 04 감소 05 한계기술대체율 06 총고정비용(TFC) 07 총가변비용(TVC)

평균비용 (AC; Average Cost)	• 평균고정비용 : 총고정비용을 생산량으로 나눈 값 • 평균가변비용 : 총가변비용을 생산량으로 나눈 값 • 평균비용 : 산출량 1단위당 소요되는 비용이므로 총비용을 생산량으로 나눈 값	
한계비용	• 생산량을 1단위 증가시킬 때 증가하는 총비용의 증가분 (= 총가변비용의 증가분)	
비용곡선들 사이의 관계	• TC는 TVC를 TFC만큼 상방으로 이동시킨 것이므로 TC와 TVC의 형태는 동일함 • AC, AVC, MC는 모두 U자형 • AVC는 항상 AC 하방에 위치 • 생산량이 증가함에 따라 AFC는 계속해서 감소하고 이에 따라 AVC는 점점 AC에 접근함 • AVC의 극소점은 AC의 극소점보다 왼쪽에 위치 • MC는 AVC 및 AC의 **08** 을 통과함 • MC는 AC가 감소할 때는 AC 하방에 위치하고, AC가 증가할 때는 AC 상방에 위치함	

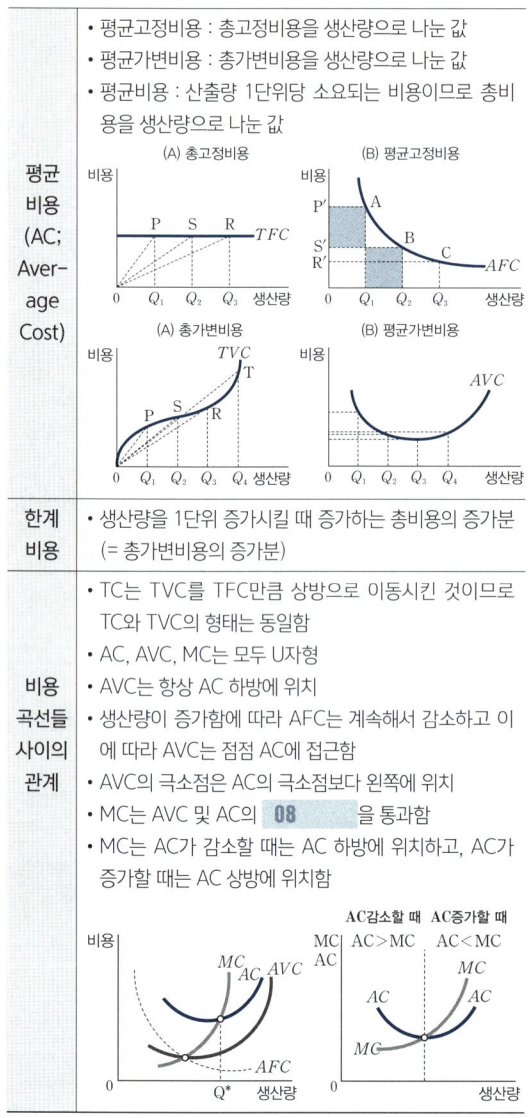

4. 장기비용함수

장기평균비용곡선 (LAC; Long-run Average Cost)	• 장기총비용곡선 - 단기에는 고정요소가 존재하지 않고 모든 생산요소가 가변적 - 장기에는 생산시설을 확장하거나 감축시킬 수 있기 때문에 무수히 많은 단기평균비용곡선이 존재함 - 따라서 장기평균비용곡선은 무수히 많은 단기평균비용곡선을 감싸는 포락선

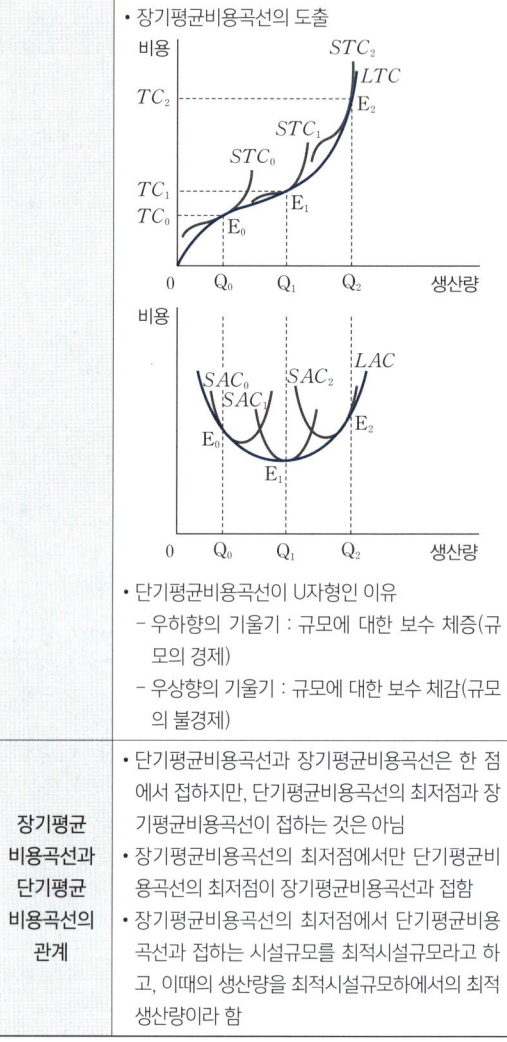

	• 단기평균비용곡선이 U자형인 이유 - 우하향의 기울기 : 규모에 대한 보수 체증(규모의 경제) - 우상향의 기울기 : 규모에 대한 보수 체감(규모의 불경제)
장기평균비용곡선과 단기평균비용곡선의 관계	• 단기평균비용곡선과 장기평균비용곡선은 한 점에서 접하지만, 단기평균비용곡선의 최저점과 장기평균비용곡선이 접하는 것은 아님 • 장기평균비용곡선의 최저점에서만 단기평균비용곡선의 최저점이 장기평균비용곡선과 접함 • 장기평균비용곡선의 최저점에서 단기평균비용곡선과 접하는 시설규모를 최적시설규모라고 하고, 이때의 생산량을 최적시설규모하에서의 최적생산량이라 함

5. 이윤극대화

총이윤	• 총이윤 = 총수입(TR) - 총비용(TC)
이윤극대화 생산량	• 한계수입(MR) > 한계비용(MC) ⇒ 생산량을 **09** 것이 기업에게 유리 • 한계수입(MR) < 한계비용(MC) ⇒ 생산량을 **10** 것이 기업에게 유리 • 한계수입(MR) = 한계비용(MC)인 점에서 생산량을 결정(이윤극대화 조건은 시장 형태와 관계없이 항상 적용됨)

[빈칸 정답] **08** 최저점 **09** 늘리는 **10** 줄이는

OX 문제

01 가변투입요소는 생산량의 변화에 따라 투입량 또한 변하는 생산요소이다. ☐ O ☐ X
02 자본은 가변투입요소가 아니다. ☐ O ☐ X
03 단기에서의 자본은 신축적인 조절이 불가능하기 때문에 고정투입요소이다. ☐ O ☐ X
04 1년 미만은 단기, 1년 이상은 장기라고 한다. ☐ O ☐ X
05 장·단기의 구분은 특정 기간이 정해져 있는 것이 아니다. ☐ O ☐ X
06 장·단기의 구분은 기업별·산업별에 상관없이 동일하다. ☐ O ☐ X
07 기업의 진입·퇴출이 자유로운 충분히 긴 기간을 장기라고 한다. ☐ O ☐ X
08 요소투입량과 산출량 간의 관계를 나타내는 함수를 생산함수라고 한다. ☐ O ☐ X
09 한계생산은 가변요소 1단위당 총생산의 증가분이다. ☐ O ☐ X
10 평균생산은 생산요소 1단위당 생산량이다. ☐ O ☐ X
11 한계생산은 총생산곡선의 접선의 기울기로 측정한다. ☐ O ☐ X
12 평균생산은 총생산곡선의 접선의 기울기로 측정한다. ☐ O ☐ X
13 장기에서는 모든 생산요소가 가변적이다. ☐ O ☐ X
14 평균고정비용은 생산량을 늘릴수록 점차 감소한다. ☐ O ☐ X
15 평균가변비용은 원점에서 총가변비용곡선으로 연결한 직선의 기울기와 같다. ☐ O ☐ X
16 평균가변비용곡선의 최저점은 평균비용곡선의 최저점의 오른쪽에 위치한다. ☐ O ☐ X
17 한계비용은 생산량 1단위를 늘렸을 때 발생하는 총비용의 증가분이다. ☐ O ☐ X
18 한계비용은 총비용 또는 총가변비용곡선의 접선의 기울기로 측정할 수 있다. ☐ O ☐ X
19 한계생산이 체증하면 한계비용 또한 체증한다. ☐ O ☐ X
20 한계비용과 한계생산은 역(逆)의 관계이다. ☐ O ☐ X
21 규모의 경제는 장기평균비용의 감소구간에서 생산하는 것을 의미한다. ☐ O ☐ X
22 범위의 경제는 한 기업이 여러 가지 재화를 동시에 생산하는 것이 여러 기업이 각각 한 가지의 재화를 생산할 때보다 생산비용이 더 적게 소요되는 경우를 의미한다. ☐ O ☐ X

[OX 정답] 01 O 02 X 03 O 04 X 05 O 06 O 07 O 08 O 09 X 10 O 11 O
12 X 13 O 14 O 15 O 16 X 17 O 18 O 19 X 20 O 21 O 22 O

Topic 6 | 시장이론

1. 시장의 개념과 구분

개념	재화와 용역을 사려는 사람과 팔려는 사람의 거래가 자유로이 이루어지는 장소나 매개체
시장의 구분	• 거래되는 상품의 종류에 따라 – 생산물시장 예) 농산물시장, 자동차시장 등 – 생산요소시장 예) 노동시장, 자본시장 등 • 시장의 구조에 따라 : 완전경쟁시장과 불완전경쟁시장

구분	완전경쟁시장	독점적 경쟁시장	독점시장	과점시장
공급자의 수	다 수	다 수	하나	소 수
상품의 질	동 질	01	02	동질, 03
시장 참여	자 유	자 유	제 한	제 한
예	주식시장	주유소, 미용실	전력, 철도	가전제품, 자동차

2. 완전경쟁시장

성립 요건	• 04 : 많은 수의 구매자와 판매자가 있어 모두가 가격을 주어진 것으로 받아들임 • 동질적 재화 : 이 시장에서 거래되는 모든 상품이 동질적이어야 함 • 자원의 완전한 이동성 : 진입장벽이 존재하지 않아서 시장으로 진입하는 것과 이로부터 이탈하는 것이 완전히 자유로워야 함 • 완전정보 : 이 시장에 참여하는 모든 경제주체가 완전한 정보를 갖고 있어야 함
특 징	• 개별기업은 가격 순응자 • 개별기업이 직면하는 수요곡선의 가격탄력성은 무한대(= 수평선) • 일물일가의 법칙 적용

P = MR 성립

가격(P)	수량(Q)	총수입(TR)	평균수입(AR)	한계수입(MR)
100	1	100	100	100
100	2	200	100	100
100	3	300	100	100
100	4	400	100	100

단기 균형	• P > AC : π > 0 초과이윤 ⇨ 차기 신규기업 진입 ⇨ 시장공급곡선 우측 이동 • P = AC : π = 0 정상이윤만 누림 • AVC < P < AC : 단기적으로 고정비용 차감이 가능하므로 생산, 장기적으로 중단 • P < AC : π < 0 손실 ⇨ 차기 기존 기업 철수 ⇨ 시장공급곡선 좌측 이동

장기 균형	• 05 만 존재함
평 가	• 장점 – 효율적인 자원배분 : 장·단기에 항상 06 가 성립하므로 사회적인 관점에서 가장 효율적 생산이 이루어지며, 사회후생이 극대화 됨 – 07 에서 생산 : 장기 균형에서 P = MR = LAC의 요건이 충족되며, 개별기업은 장기 평균비용(LAC)의 최저점에서 생산 가능 ⇨ 최적 시설 규모에서 최적 산출량만큼의 재화 생산 – 정상이윤 획득 : 장기에서 개별기업은 정상이윤만 획득 – 의사결정의 08 : 모든 경제주체의 경제적 자유와 균등한 기회가 보장됨 • 단점 – 완전경쟁시장의 조건을 모두 충족하는 시장은 현실적으로 존재하지 않음 – 자원 배분의 효율성은 달성되나 09 은 보장되지 않음

3. 독점시장

특 징	• 시장지배력 : 독점기업은 시장지배력을 가지며, 가격결정자로 행동 가격차별이 가능 • 10 의 수요곡선 : 독점기업이 직면하는 수요곡선은 시장 전체의 수요곡선이며, 독점기업의 공급량은 그 상품에 대한 시장의 총공급량과 일치 • 대체재의 부재 : 아주 밀접한 대체재를 생산하는 경쟁상대 기업으로부터 도전받지 않음
그래프 분석	• 독점기업의 11 : P > MR = MC • 독점기업의 공급곡선이 따로 존재하지 않는 이유 : 독점기업은 12 로서 자신이 원하는 바에 따라 공급량을 스스로 결정할 수 있기 때문 • 독점기업의 손실 : P < AC인 경우 손실 발생 후생손실 : △EFG
단기 균형과 장기 균형	• 단기 균형 : 초과이윤, 정상이윤, 손실 모두 경험 가능 • 장기 균형 : 초과이윤이 발생하며, 초과설비 보유

[빈칸 정답] 01 이질 02 동질 03 이질 04 가격수용자 05 정상이윤 06 P = MC 07 최적 시설 규모 08 분권화 09 소득분배의 형평성 10 우하향 11 균형 12 가격결정자

	가격(P)	수량(Q)	총수입(TR)	평균수입(AR)	한계수입(MR)
P > MR 성립	100	1	100	100	100
	90	2	180	90	80
	80	3	240	80	60
	70	4	280	70	40

독점의 경제적 효과	• 긍정적 측면
	  - 규모의 경제가 적용되는 경우 생산 비용이 감소할 수 있음
	  - 기술 개발과 생산방법의 혁신을 위한 연구 개발 투자의 여력이 생겨 국제 경쟁력이 강화될 수 있음
	• 부정적 측면
	  - 사회적 후생손실 발생 : 완전경쟁체제에 비해 생산량은 더 작고 가격은 높아 비효율적 자원 배분
	  - 최적 규모로 생산 시설을 가동하지 않음으로 인해 자원의 최적 활용에 실패함

독점에 대한 규제	• 독점 규제 및 공정 거래에 관한 법률
	• 가격 규제 : 독점기업들에 대한 가격 결정 규제
	  - 13 설정 : 산출량은 효율적이나 기업은 손실을 입게 됨
	  - 14 설정 : 기업은 초과이윤이 없는 정상이윤 상태이나 산출량이 과소생산임
	• 국유화 : 철도, 전기, 가스 등
	• 경쟁 촉진 정책 : 공기업의 민영화 등

4. 가격차별

의 미	• 가격 지배력이 있는 기업이 이윤극대화를 위해 동일한 상품을 여러 가지 서로 다른 가격으로 판매하는 행위를 의미함
1급 가격차별	• 판매될 상품의 모든 단위에 대해 상이한 가격을 설정하여 소비자가 지불하고자 하는 최고가격을 받아내는 가격차별 • 독점기업의 산출량은 완전경쟁시장과 동일하므로 15 은 달성되지만, 모든 잉여를 독점기업이 차지하게 되어 소득분배는 불공평해짐
2급 가격차별	• 상품을 수량별로 분류하여 서로 다른 가격을 설정하는 가격차별

3급 가격차별	• 조조할인과 주말영화, 주중열차와 주말열차의 요금이 다른 것처럼 수요의 가격탄력성이 서로 다른 시장에서 이용하는 가격차별
	• 조건
	  - 16 재화여야 함, 다른 재화가 다른 가격을 가지는 것은 가격차별이 아님
	  - 판매자가 시장지배력을 지니고 있어야 함
	  - 서로 다른 고객 또는 시장이 쉽게 구분되어야 함
	  - 상이한 시장 간 상품의 재판매가 불가능해야 함
	  - 상이한 시장 사이에 17 이 달라야 함

	• 이윤극대화 : 일반적으로 탄력성이 큰 시장에 대해서는 낮은 가격, 탄력성이 작은 시장에 대해서는 높은 가격 적용

평 가	• 장점
	  - 가격차별에 따른 생산량 증가로 자원 배분의 비효율이 상당 부분 해소됨
	  - 3급 가격차별의 경우 가격탄력성이 큰 소비자 그룹에 대해서는 낮은 가격을 책정하는 형태로 이루어지는데, 빈곤하여 가격탄력성이 높게 된 것이라면 이들에게 상대적으로 유리하게 소득이 재분배되는 효과가 있음
	• 단점
	  - 소비자 차별대우에 따른 불쾌감 초래
	  - 소비자잉여를 독점기업이 수익으로 전환

5. 독점적 경쟁시장

의 미	• 완전경쟁과 독점의 성격을 나누어 가지고 있는 시장
특 징	• 18 : 기업이 어느 정도의 시장지배력을 가지도록 함. 단기에 우하향의 수요곡선에 직면 (많은 대체재가 존재하므로 수요의 가격탄력도는 큼) • 다수의 판매자 • 기업의 자유로운 진입과 퇴거 • 비가격 경쟁의 존재 : 경쟁이 제품 가격보다는 판매 서비스나 품질의 개선, 혹은 광고 등의 형태로 일어남, 과점시장의 그것보다는 약함
독점적 경쟁기업의 균형	• 개별기업이 직면하는 수요곡선 : 독점적 경쟁기업은 제품의 차별화로 약간의 시장지배력을 가지므로 수요곡선이 우하향하나 다수의 대체재가 존재하므로 독점보다는 탄력적인, 즉 완만한 형태임 • 단기에서는 초과이윤이 가능하나 장기에서는 정상이윤만 획득 • 완전경쟁시장보다 가격은 높고 산출량은 적음, 그러나 제품의 다양화를 통한 선택의 폭이 넓어짐
평 가	• 다양한 재화를 생산하므로 소비자후생이 증가함 • 독점과 마찬가지로 19 이므로 자원 배분이 비효율적임 • 비가격경쟁에 의한 자원의 낭비가 발생함 • 독점보다는 작지만 20 가 존재함

6. 과점시장

의 미	• 소수의 기업이 상품을 생산·공급하고 있는 시장
특 징	• 상당한 정도의 진입장벽 존재 • 기업 간 21 이 큼 : 가격과 생산량 변경이 타 기업에 현저한 영향을 미치므로 경쟁 기업들의 반응에 상당히 민감하게 반응함 • 치열한 비가격 경쟁과 가격의 경직성 : 위험 부담이 큰 가격 경쟁은 피하고 광고나 상품 차별화 등 비가격 경쟁에 의존하는 경향이 강함 • 담합 또는 기타 공동 행위와 같은 비경쟁 행위를 하려는 경향이 강함

[빈칸 정답] 13 MC가격 14 AC가격 15 효율성 16 동일한 17 수요의 가격탄력성 18 상품 차별화 19 P > MC 20 초과설비 21 상호의존성

과점의 경제적 효과	• 장점 : 독점기업보다 낮은 가격, 경제부문 간 특화 • 단점 : 자원의 최적 배분 달성 실패, 광고비 등으로 인한 제품 가격의 상승

7. 게임이론

개념	• 상호의존성으로 인해 과점기업은 의사결정 시 상대방의 반응까지를 고려해야하는 전략적인 상황에 직면하게 되고, 이러한 전략적 상황에서 도달 가능한 균형을 분석하기 위한 이론
게임의 균형 (전체적인 이해)	• 가정 - 상대방의 전략은 주어져 있고, 서로 예상할 수 있음 (공통지식) - 비협조적 게임으로 1회만 게임을 한다고 가정, 협조적인 경우(담합) 또는 게임을 반복하는 경우는 제외 • 내용 - 갑이 A전략을 선택할 경우, 을의 입장에서 최적 전략이 A'이고(갑의 입장에서도 마찬가지), - 갑이 B전략을 선택할 경우, 을의 입장에서 최적 전략이 B'일 경우(갑의 입장에서도 마찬가지) - 각각 (A, A'), (B, B')의 조합을 내쉬균형이라고 함 - 만약 (A' = B') 일 경우 즉, 갑이 어떤 전략을 선택하든지 을의 최적전략이 항상 같을 경우, 이러한 을의 전략을 우월전략이라고 함

구분		공범 B	
		부인	자백
용의자의 딜레마	공범 A	부인	(A부인 6개월 / B부인 6개월)	(A부인 10년 / B자백 석방)
		자백	(A자백 석방 / B부인 10년)	(A자백 2년 / B자백 2년)

• **22** _____ (자백/자백)
• 이유 : 공범 상호 간에는 어떤 경우에도 자백하는 것이 최선의 선택이기 때문임
• 파레토최적과 관계 : 우월전략균형이 파레토최적을 보장하는 것은 아님. 모두 부인을 하게 되면 우월전략균형의 경우, 보다 높은 보수(6개월/6개월)를 얻을 수 있기 때문임

[빈칸 정답] **22** 우월전략균형

OX 문제

01 완전경쟁시장에서 판매량이 증가하는 만큼 총수입은 비례적으로 증가한다. ☐ O ☐ X
02 완전경쟁시장에서 평균수입은 가격과 같다. ☐ O ☐ X
03 완전경쟁시장에서 한계수입은 가격과 같다. ☐ O ☐ X
04 완전경쟁시장에서 이윤극대화 조건은 P = MC이다. ☐ O ☐ X
05 P = MC의 조건은 완전경쟁시장에서만 효율성을 판단하는 기준이다. ☐ O ☐ X
06 완전경쟁시장에서의 손익분기점은 P = MC인 점이다. ☐ O ☐ X
07 완전경쟁시장에서의 생산중단점은 P = AC인 점이다. ☐ O ☐ X
08 재화가격이 상승하면 손익분기점도 상승한다. ☐ O ☐ X
09 재화가격이 상승하면 생산중단점은 그대로이다. ☐ O ☐ X
10 시장 간 재판매가 허용될 때 가격차별정책은 성공할 수 있다. ☐ O ☐ X
11 1급 가격차별이 시행되면 재화의 단위에 상관없이 가격이 같게 설정된다. ☐ O ☐ X
12 1급 가격차별 시행 전보다 시행 후에 생산의 효율성이 제고된다. ☐ O ☐ X
13 3급 가격차별에서 탄력적인 시장에는 싸게, 비탄력적인 시장에는 비싸게 공급해야 한다. ☐ O ☐ X
14 기업은 완전경쟁시장에서는 가격수용자, 독점시장에서는 가격결정자이다. ☐ O ☐ X
15 독점적 경쟁시장은 현재 가장 많이 존재한다. ☐ O ☐ X
16 독점적 경쟁시장은 과점시장과 마찬가지로 비가격경쟁이 존재한다. ☐ O ☐ X
17 독점적 경쟁시장은 단기에는 독점시장의 성격을, 장기에는 완전경쟁시장의 성격을 가진다. ☐ O ☐ X
18 과점시장의 기업들은 전략적 상황에 직면한다. ☐ O ☐ X
19 내쉬균형은 우월전략균형에 포함된다. ☐ O ☐ X
20 내쉬균형은 항상 효율적인 자원 배분을 가져다준다. ☐ O ☐ X

[OX 정답] **01** O **02** O **03** O **04** O **05** O **06** X **07** X **08** X **09** O **10** X
11 X **12** O **13** O **14** O **15** O **16** O **17** O **18** O **19** X **20** X

Topic 7 | 시장실패와 정부실패

1. 외부효과

구분	외부경제 (긍정적 외부효과)	외부불경제 (부정적 외부효과)
의미	어떤 경제활동이 제3자에게 이익을 주는데도 시장을 통해 대가를 받지 못한 경우	어떤 경제활동이 제3자에게 손해를 주는데도 시장을 통해 대가를 지불하지 않는 경우
수량 비교	효율적 수준보다 **01** 생산 또는 소비	효율적 수준보다 **02** 생산 또는 소비
생산 측면	사적 비용(PMC) **03** 사회적 비용(SMC)	사적 비용(PMC) **04** 사회적 비용(SMC)
기출 사례	과수원, 임업, 아름다운 정원, 신기술 등	환경오염, 흡연, 자동차 매연 등
해결 방안	외부경제 장려 [예] 보조금, 감세	외부불경제 규제 [예] 법적 처벌(직접), 조세 부과(간접)
그래프	(생산측면: 현실 과소, 최적) / (소비측면: 현실 과소, 최적)	(생산측면: 현실 과다, 최적) / (소비측면: 현실 과다, 최적)

2. **05**

내용	협상비용이 무시할 정도로 작고, 협상으로 인한 소득재분배가 각 개인의 한계효용에 영향을 미치지 않는다면 외부성에 관한 권리(재산권)가 어느 경제주체에 귀속되는가와 상관없이 당사자 간의 자발적 협상에 의한 자원배분은 동일하며 효율적임
결론	정부의 개입이 아닌 시장주체 간의 자율적 협상을 통한 해결 중시

3. 공공재

공공재	국방, 외교, 치안, 공원, 도로 등과 같이 여러 사람의 공동소비를 위해 생산된 재화와 서비스
공공재의 특성	• 소비에서의 **06** : 한 사람의 소비가 다른 사람이 소비할 수 있는 기회를 줄이지 않음 • 소비에서의 **07** : 대가를 치르지 않은 사람을 소비에서 배제할 수 없음 • 자본 회수 기간이 길고, 많은 자본이 필요함
공공재의 공급	• 공공재는 비배제성 때문에 무료로 이용하려는 성질로 인하여 자발적인 선호의 표현인 수요곡선을 표출하지 않아 가상수요곡선으로 공공재의 수요곡선을 도출함 • 공공재의 시장수요(사회적 한계편익)곡선은 개별수요(한계편익)곡선의 **08** 으로 도출함. 이때 시장수요곡선과 공급곡선과의 교점에서 균형가격과 균형량이 결정됨 • 공공재의 공급량이 결정되면 개별 소비자들은 같은 양을 소비하면서 각각 한계편익만큼을 지불함 • 공공재의 적정공급 조건 : $MB_A + MB_B = MC$
공공재와 시장실패	• 공공재 부족 문제 : 사회적으로 반드시 생산되어야 하지만 수지가 맞지 않아 시장에서 기업이 생산을 회피함 ⇨ 자원 배분의 비효율성 • **09** 문제 : 자발적으로 가격을 지불하지 않고 편익만을 취하고자 하는 심리, 공공재의 특성으로부터 불가피함
해결책	• 정부에 의한 직접 생산 − 공공 서비스 : 국방, 치안, 보건, 교육 등 − 사회 간접 자본 : 철도, 도로, 항만, 댐 등 • 공기업 : 정부가 공공재 생산 및 유지·관리를 위해 직접 경영하거나, 출자하여 기업 경영에 영향력을 행사하는 기업

4. 재화의 구분

구분		경합성	
		있음	없음
배제성	있음	아이스크림, 옷, 막히는 유료 도로 ⇨ **10**	소방 서비스, 케이블 TV, 안 막히는 유료 도로 ⇨ **11**
	없음	바닷 속의 물고기, 환경, 막히는 무료 도로 ⇨ **12**	국방, 기술 지식, 안 막히는 무료 도로 ⇨ **13**

5. 정보의 비대칭성

14	• 감춰진 특성의 상황에서 잘못된 선택을 하는 것 • 감춰진 특성의 상황 : 거래 당사자의 특성이나 거래 상품의 품질을 한쪽만 알고 있는 경우 [예] 중고차 시장의 구입자 : 중고차 품질 알지 못함 등
15	• 감춰진 행동의 상황에서 상대방의 행동이 변한 경우 • 감춰진 행동의 상황 : 상대방의 감춰진 행동을 관찰·통제할 수 없는 경우 [예] 자동차보험 가입 이후 ⇨ 난폭운전 등

[빈칸 정답] 01 과소 02 과다 03 > 04 < 05 코즈의 정리 06 비경합성 07 비배제성 08 수직 합 09 무임승차자
10 사적재 11 요금재 12 공유자원 13 공공재 14 역선택 15 도덕적 해이

6. 역선택

상황	중고차시장	• 판매자 : 상태 나쁜 차 ⇨ 상태 좋다고 속여 판매 • 구매자 : 판매자 신뢰(X) ⇨ 비싼 값으로 구매하려 들지 않음 ⇒ 상태 좋은 차는 매매되지 않고, 상태 나쁜 차만 매매
	보험시장 (금융시장)	• 보험회사 : 운전자의 운전습관 알지 못함 ⇨ 평균적 사고발생 확률에 근거 ⇨ 동일 보험료 책정 • 모범운전자 : 보험 가입 ⇨ 손해 • 난폭운전자 : 보험 가입 ⇨ 이익 ⇒ 난폭운전자들만 자동차보험 가입 ⇨ 보험료 인상 ⇨ 악질 난폭운전자들만 보험 가입
	노동시장	• 기업 : 신입사원 업무능력 알지 못함 ⇨ 평균 생산성에 근거 ⇨ 동일 보수 책정 • 우수인력 : 더 높은 임금 수준 원함 ⇨ 취업 기피 • 저급인력 : 현 임금 수준에 만족 ⇨ 취업
해결 방안	16	• 자신의 우수한 특성, 상품의 우수한 품질을 적극적으로 PR 예 취업 시 자격증 제출, 대학교육 이수, ⓚ마크 표시
	17	• 상대방의 감춰진 특성을 알아내려고 노력 예 자동차보험 가입 시 기혼자·미혼자 구별, 생명보험 가입 시 건강진단서 제출 요구
	18	• 관련자 모두 의무적으로 가입 예 자동차 책임보험, 건강보험, 국민연금
	정보정책	예 허위광고 규제, 성능표시·원산지표시 의무화
	평판	예 항상 고품질의 제품만 판매, 항상 진품만을 판매
	표준화	예 맥도날드, 롯데리아
	신용할당	• 은행 대출에 대한 초과수요 ⇨ 대출금리 인상 ⇨ 위험 기업만 대출 ⇒ 대출금리 인상(X) 대신 신용상태 양호한 기업에 대출(O)
	19	• 낮은 임금 수준 ⇨ 저급 인력만 고용 ⇒ 높은 임금 지급 ⇨ 고급 인력의 유인, 이탈 방지

7. 도덕적 해이

구분	상황	해결방안
보험 시장	• 화재보험 가입 후 ⇨ 건물에 방화 • 상해보험 가입 후 ⇨ 다리 절단 • 자동차보험 가입 후 ⇨ 교통사고 • 의료보험 가입 후 ⇨ 잦은 진단	• 20 : 손실액의 일부만 보상 • 사고기록 점수제
금융 시장	• 은행 대출 후 ⇨ 위험한 사업에 투자	• 21 (Monitoring) • 담보 : 대출 금액 이상의 담보 설정
노동 시장	• 주인이 볼 때만 열심히 일하는 척	• 승진, 22 • 효율성 임금

8. 가격통제(최고가격제와 최저가격제)

구분	최고가격제	최저가격제
의미	• 균형가격이 너무 높다고 판단한 정부가 가격의 23 을 정하고, 그 이상으로 거래하지 못하도록 규제하는 가격통제	• 과잉 공급으로 가격이 폭락하는 것을 방지하려는 정부가 가격의 25 을 정하고, 그 이하의 가격으로는 거래하지 못하도록 규제하는 가격통제
목적	• 24 보호	• 26 보호
사례	• 최고이자율제, 아파트 분양가 규제, 고정환율, 독과점기업의 가격규제, 여름철의 숙박비	• 최저임금제, 농산물 가격지지 정책
부작용	• 초과수요, 암시장(불법거래시장) 발생	• 초과공급 발생 예 실업, 농산물 재고
문제 해결	• 배급제(선호반영 안됨, 공평) • 선착순 판매(선호반영 됨, 불공평)	• 정부가 초과공급 분야에 대한 처리 감당
그래프 분석	가격 그래프: D, S, E점, P^*, $\bar{P}$, Q_1, Q^*, Q_2	가격 그래프: D, S, $\bar{P}$, P^*, Q_1, Q^*, Q_2

9. 정부의 실패

의미	• 시장의 실패를 보완하기 위한 정부의 개입이 오히려 효율적 자원 배분을 악화시키는 현상 • 27 아래에서 무거운 세금과 관료적인 경직성으로 인한 국민 부담의 증대, 이익단체 압력에 의한 불필요한 공공 지출 증가, 대기업과 정부의 유착, 공기업의 비효율성, 민간부문의 자율과 창의성 저해, 사회복지제도의 부작용 등
정부 실패 원인	• 정부의 제약된 지식과 정보 • 정치적 과정에서의 제약 • 근시안적 규제 : 시장경제와 같은 28 의 부족 • 부정부패 등 • 관료 집단의 이기주의

[빈칸 정답] **16** 신호발송 **17** 선별 **18** 강제집행 **19** 효율성임금 **20** 공동보험제도 **21** 감시 **22** 보너스 **23** 상한선(최고가격) **24** 소비자 **25** 하한선(최저가격) **26** 생산자 **27** 큰 정부 **28** 유인동기

해결 방안	29		• 국가 경쟁력 향상의 필수 조건 • 규제 완화의 예외 : 보건, 환경, 소비자 보호, 산업 재해 방지 등 공익 관련 분야와 직접 관련된 규제는 오히려 강화되어야 함
	민영화	공기업의 부작용	경쟁의 필요성이 절박하지 않아서 조직이 방만해지고 관료화되어 비효율성이 초래됨
		민영화 효과	경쟁 원리의 도입으로 서비스의 개선, 가격의 인하, 경영의 효율화 달성
		민영화의 부작용	공익성을 지닌 재화와 용역의 안정적인 공급 저해, 공공의 관심사가 30 의 책임으로 전가됨
	공무원의 의식 전환		국민의 의사에 따르는 새로운 공무원 상 정립
	공무원 사회에 경쟁 개념 도입		승진, 보수 제도 등의 제도 개선, 경제적 유인 제공
	시민단체 활성화		시민단체의 감시, 정책 제안 필요

[빈칸 정답] **29** 규제 완화 **30** 민간 부문

OX 문제

01 시장 자체의 기능으로 자원이 효율적으로 배분되지 못하는 현상을 시장실패라 한다. ☐ O ☐ X
02 시장실패는 비효율성을 초래하지만 이것이 정부개입의 이론적 근거는 되지 못한다. ☐ O ☐ X
03 시장실패의 유형에는 독과점시장, 공공재, 정보비대칭, 외부경제 등이 있다. ☐ O ☐ X
04 정부의 규제로 독점이 이루어질 수는 없다. ☐ O ☐ X
05 법률에 의해 독점이 보장되는 경우도 있다. ☐ O ☐ X
06 독과점은 정부의 규제에 의해서만 해결이 가능하다. ☐ O ☐ X
07 독점시장은 완전경쟁시장에 비해 균형가격은 높고 균형생산량은 적다. ☐ O ☐ X
08 외부효과는 한 경제주체의 행동이 제3자에게 이득이나 손해를 가져다주는 것이다. ☐ O ☐ X
09 외부경제의 생산측면에서는 사회적 비용이 사적 비용보다 낮다. ☐ O ☐ X
10 외부불경제는 과잉생산 또는 과잉소비를 초래한다. ☐ O ☐ X
11 외부효과는 정부의 개입 없이 사적으로 해결할 수 없다. ☐ O ☐ X
12 코즈의 정리는 협상에 의해 외부효과의 문제를 해결할 수 있음을 보여준다. ☐ O ☐ X
13 코즈의 정리는 재산권 설정 여부와 관계없이 시장기구 스스로 외부효과의 문제를 해결할 수 있다고 본다. ☐ O ☐ X
14 외부효과로 인한 이득이나 피해를 정확하게 측정하는 것은 어렵다. ☐ O ☐ X
15 코즈의 정리는 외부성 문제를 경제주체의 합리성 측면에서 접근하였다는 것에 의의가 있다. ☐ O ☐ X
16 외부효과의 공적 해결방안으로 조세 부과와 보조금 지급이 있다. ☐ O ☐ X
17 피구세는 시장균형생산량에서 재화 1단위당 외부한계비용만큼의 조세를 의미한다. ☐ O ☐ X
18 사회적 최적 생산량 수준에서의 재화 1단위당 외부한계편익만큼의 보조금을 지급함으로써 외부경제의 문제를 해결할 수 있다. ☐ O ☐ X
19 외부효과의 내부화는 경제주체가 초래하는 외부효과를 의사결정과정에서 감안하도록 만드는 과정이다. ☐ O ☐ X
20 공공재의 생산이 이루어진다고 해서 집단 구성원 모두에게 소비의 혜택이 공유되는 것은 아니다. ☐ O ☐ X
21 비배제성은 한 소비자의 소비가 다른 소비자의 소비를 방해하지 않음을 의미한다. ☐ O ☐ X
22 공공재의 문제점은 시장에서 자율적으로 공급되기 어렵다는 것이다. ☐ O ☐ X
23 사적 재화는 배제성과 경합성의 성격을 모두 가지고 있다. ☐ O ☐ X
24 정부에 의한 직접 생산을 통해 공공재를 공급할 수 있다. ☐ O ☐ X
25 중고차를 잘못된 것으로 구입하는 것은 역선택이라고 한다. ☐ O ☐ X
26 역선택이 발생했을 때 해결하는 대표적 예시는 신호발송과 선별을 들 수 있다. ☐ O ☐ X
27 정치인들이 선거 전에 국민을 위해 헌신하겠다고 한 후 행동이 바뀌는 것을 역선택이라고 한다. ☐ O ☐ X
28 기업인과 주주 간에 정보가 다르기 때문에 주주들의 의사에 반한 기업의 매출 키우기가 발생할 수 있다. 이는 주인-대리인 이론의 예이다. ☐ O ☐ X
29 역선택하에서의 상품은 거래가 되지 않는다. ☐ O ☐ X
30 역선택은 처음부터 잘못되어 있는 속성과 관련된 것이고, 도덕적 해이는 행동이 변하는 것을 의미한다. ☐ O ☐ X
31 최고가격제는 균형가격보다 높은 가격 수준에 가격상한을 설정하는 제도이다. ☐ O ☐ X
32 최고가격제를 시행하게 되면 초과공급의 문제가 발생한다. ☐ O ☐ X
33 최고가격제는 실패할 수 없는 정책이다. ☐ O ☐ X
34 최저가격제는 균형가격보다 높은 가격 수준에 가격하한을 설정하는 제도이다. ☐ O ☐ X
35 최저가격제를 시행하게 되면 초과공급의 문제가 발생한다. ☐ O ☐ X
36 최저임금제를 시행하면 기존에 고용된 노동자뿐만 아니라 새로 고용된 노동자들도 혜택을 본다. ☐ O ☐ X

[OX 정답] 01 O 02 X 03 O 04 X 05 O 06 X 07 O 08 O 09 O 10 O 11 X 12 O 13 X 14 O 15 O 16 O 17 O 18 O
19 O 20 X 21 X 22 O 23 O 24 O 25 O 26 O 27 X 28 O 29 X 30 O 31 X 32 X 33 X 34 O 35 O 36 X

Topic 8 | 생산요소시장과 소득분배

1. 생산요소시장

의미	• 생산요소(토지, 노동, 자본)가 거래되는 시장
특징	• 소득분배의 결정 • 생산물 수요에 의해 생산요소의 수요가 결정되는 파생 수요의 성격

2. 가계의 소득

	근로소득	노동의 대가로 얻은 봉급이나 임금
경상 소득	사업소득	사업을 하여 획득한 이윤이나 부업을 통해 얻은 소득
	재산소득	재산(자본, 주식, 토지, 주택)으로부터 얻는 소득 예 이자, 배당금, 임대료
	01	생산에 직접 참여하지 않고 **03** 으로 얻는 소득 예 정부로부터 받는 각종 연금, 생계비 등의 사회 보장금, 재해 보상금 등
02		예상치 못하거나 **04** 으로 들어오는 소득 예 퇴직금, 복권 당첨금, 상여금, 장학금 등

3. 소비와 저축

소비	• 욕구 충족을 위해 재화와 서비스를 구입해서 사용하는 경제활동
소비에 영향을 주는 요인	• 소득 및 재산 : 과거 및 현재 소득, 미래 예상 소득, 실물 자산 및 금융 자산의 소유 정도 • 물가 수준 : 물가 변동으로 인한 재산 및 소득의 실질 가치 변화가 소비에 영향을 미침 • 이자율 : 이자율이 높아지면 현재 소비의 **05** 이 증가하므로 소비 감소, 저축 증가 • **06** : 남은 생애에서 얻을 수 있는 소득과 필요한 지출을 고려하여 현재 소비를 결정함 • 사회변동 : 노인인구 증가, 가족구조 변화, 가치관 변화 등
소비와 국민경제	• 적정한 소비는 상품 판매, 생산 증가로 이어져 경제를 성장시킬 수 있지만, 소비 감소는 상품 판매를 위축시켜 생산 감소, 경기 침체를 유발할 수 있음
엥겔지수	• **07** = $\frac{식료품비}{소비지출액} \times 100$ • 소득이 낮은 계층일수록 엥겔지수가 높음 • 엥겔지수가 40% 이하이면 부유층 : 소득이 높은 계층일수록 문화 관련 비율이 높음
저축	• 소득 중 소비하지 않는 부분 • 미래의 소비를 위해 현재의 소비를 줄인 것
저축의 장점	• 적정한 저축은 투자 자금의 원천 ⇨ 국민 경제의 지속적 성장 • 높은 저축률은 외채 의존율을 줄임
저축의 단점	• 저축 증가가 총수요를 줄이고, 생산 위축, 실업 증가, 소득 감소로 이어져서 결국 경제성장에 부정적 영향을 미치는 현상(= 저축의 역설)

4. 합리적 소비와 불합리한 소비

합리적 소비	• 의미 : 주어진 소득 내에서 최대의 만족을 극대화하려는 소비 • 특징 – 최소비용, 최대만족(효율성의 원칙) – 기회비용을 최소화
합리적 소비의 모순	• **08** : 개인적으로 합리적 소비 행위임에도 불구하고, 사회 전체적 차원에서 공익을 저해하는 결과가 될 수 있는 문제 • 사례 : 사재기로 인한 상품 품귀현상 악화, 자동차 구입에 따른 환경오염
불합리한 소비	**09** 경제적·사회적으로 남보다 앞선다는 것을 보여 주려는 욕구에서 나오는 소비(Veblen Effect) ⇨ 사회적 위화감을 조성, 근로 의욕을 저하
	10 사회의 특정 집단이나 유행을 따라 하는 소비(Bandwagon Effect)
	11 비대중적 고급 취향의 상품을 구입하여 타인과 자신을 차별화하려는 소비(Snob Effect)

5. 소득분배

원인	• 선천적 능력과 후천적 노력의 차이, 물적 소득의 상속과 증여의 차이, 교육 및 훈련 기회의 차이, 경제체제, 경제정책의 차이, 경기 변동 등
로렌츠 곡선	• 각 소득계층의 소득비율을 누적한 것 • 구성 – x축 : 가장 가난한 사람부터 순서대로 배열했을 때의 누적인구 비율 – y축 : 전체 소득 중의 점유비율 (로렌츠곡선 그래프)
지니계수	• 지니계수 = $\frac{Z의 면적}{OTO'의 면적}$ (0 ≤ 지니계수 ≤ 1, 클수록 불평등)

[빈칸 정답] **01** 이전소득 **02** 비경상소득 **03** 무상 **04** 일시적 **05** 기회비용 **06** 생애 주기
07 엥겔지수 **08** 구성의 모순 **09** 과시 소비 **10** 모방 소비 **11** 속물 효과

10분위 분배율	• 10분위 분배율 $= \dfrac{\text{하위 }\boxed{12}\text{ 계층의 소득점유율(\%)}}{\text{상위 20\% 계층의 소득점유율(\%)}}$ • 0 ≤ 10분위 분배율 ≤ $\boxed{13}$ (작을수록 불평등)
5분위 분배율	• 5분위 분배율 $= \dfrac{\text{상위 20\% 계층의 소득점유율(\%)}}{\text{하위 20\% 계층의 소득점유율(\%)}}$ • 1 ≤ 5분위 분배율 < ∞ (클수록 불평등)
앳킨슨 지수	• 앳킨슨지수 $= 1 - \dfrac{\text{균등분배 대등소득}}{\text{평균 소득}}$ • 0 ≤ 앳킨슨지수 ≤ 1(클수록 불평등)
소득재분배 정책	• 세입 : 누진세, 상속세, 증여세 강화, 직접세의 비중 확대 • 세출 : 사회보험과 공공부조 등의 사회보장제도의 확충, 최저임금제를 통한 저소득층의 소득보장 • 부작용 : 근로의욕 저하, 정부재정 부담 가중과 같은 복지병의 발생

6. 예산

예산	일정기간(회계 연도) 동안 정부의 재정 수입(세입)과 지출(세출)에 대한 계획
원칙	지출 계획에 따른 수입액 결정
목표	국민의 복지 수준 향상
예산 편성 과정	예산안 편성(정부) → 예산안 심의, 의결(국회) → 예산안 집행(정부) → 결산 검사(감사원) → 결산 심사(국회)

7. 조세

의미	• 정부가 개별적 대가 없이 법률에 의해 국민으로부터 거두어들이는 수입 • 정부가 제공하는 재화와 서비스에 대한 대가
특징	• 납세의 강제성 : 시장에서의 물건 구입 여부는 자유이지만, 정부 서비스는 마음에 들지 않아도 세금을 납부해야 함 • 세 부담액 결정의 일방성 : 정부 서비스로부터 혜택을 받은 수준과 상관없이 다른 기준에 의해 담세액 결정 • 납세에 대한 대가의 불확실성 : 특정 항목의 세금을 제외하고는 납세의 목적이 불분명함 • 세금 지출 용도의 불특정성 : 세금은 반드시 정부가 어떤 서비스를 생산하기 위하여 사용되는 것은 아님 예 실업 수당, 재해 보상금 등
적용 세율에 따라	• $\boxed{14}$: 과세 대상 금액이 많을수록 높은 세율 적용 • $\boxed{15}$: 과세 대상 금액에 관계없이 동일 세율 적용 • 역진세 : 과세 대상 금액이 증가함에도 불구하고 오히려 세율이 낮아지는 조세

8. 직접세 vs 간접세

구분	직접세	간접세
의미	• 납세자 = 담세자 ∴ 조세전가 $\boxed{16}$	• 납세자 ≠ 담세자 ∴ 조세전가 $\boxed{17}$
과세대상	• 소득의 원천이나 재산의 규모	• 소비 지출 행위
종류	• 개인 소득 : 개인 소득세, 법인세 • 재산 규모 : 종합 토지세, 재산세 • 재산의 상속·거래 : 상속세, 증여세 등	• 부가가치세, 개별 소비세, 주세, 증권 거래세
특징	• $\boxed{18}$ 적용 ⇒ 가처분 소득의 격차 완화(소득재분배) • 조세 저항이 강하여 조세 징수 곤란 • 저축과 근로 의욕 저해	• $\boxed{19}$ 적용 ⇒ 저소득층에 불리(조세 부담의 $\boxed{20}$ 초래) • 조세 저항이 약하여 조세 징수 용이 • 상품의 가격 상승으로 물가 상승 우려

9. 조세의 귀착(Tax Incidence)

한 상품에 세금을 매길 때 그 세금을 누가 실질적으로 부담하는지를 측정하는 것

구분	종량세(단위당 t원 고정)	종가세(가격의 t% 체증)
종류	(그래프: S, S', t원)	(그래프: S, S', t%)
완전경쟁시장 하의 부과 효과	생산자에게 소득세 t원 (그래프: 소비자 부담 A/C, 생산자 부담 B/D) • 소비자잉여 : -(A + C) • 생산자잉여 : -(B + D) • 조세수입 : A + B • 사회후생 : -(C + D)	소비자에게 소비세 t원 (그래프: 소비자 부담 A/C, 생산자 부담 B/D) • 소비자잉여 : -(A + C) • 생산자잉여 : -(B + D) • 조세수입 : A + B • 사회후생 : -(C + D)

즉, 수요가 $\boxed{21}$ 일수록(공급이 $\boxed{22}$ 일수록) 소비세의 소비자 부담은 작아지고 생산자 부담은 커지며, 반대로 공급이 $\boxed{23}$ 일수록(수요가 $\boxed{24}$ 일수록) 소비세의 생산자 부담은 작아지고 소비자 부담은 커짐

[빈칸 정답] **12** 40% **13** 2 **14** 누진세 **15** 비례세 **16** 불가 **17** 가능 **18** 누진세율 **19** 비례세율 **20** 역진성 **21** 탄력적 **22** 비탄력적 **23** 탄력적 **24** 비탄력적

OX 문제

01 한계생산물가치는 '한계생산물 × 한계수입'으로 이루어진다. ☐ O ☐ X
02 완전경쟁생산물시장에서 이윤극대화조건은 '한계생산물가치 = 한계요소비용'이다. ☐ O ☐ X
03 기업의 생산성이 높아지면 임금은 상승한다. ☐ O ☐ X
04 자신의 부를 과시하기 위해서 하는 소비패턴을 밴드왜건 효과라고 한다. ☐ O ☐ X
05 개인들은 소비 시에 타인의 영향을 받기도 하며 이를 네트워크 효과라고 한다. ☐ O ☐ X
06 베블렌 효과는 부유층이 사회의 선행자로서 솔선수범하여 근검절약하는 소비패턴을 의미한다. ☐ O ☐ X
07 고등학교 아이들이 비싼 패딩을 입는 것을 편승 효과라고 하며 이를 스놉 효과라고 한다. ☐ O ☐ X
08 재산소득, 이전소득 등 노력을 하지 않고 얻는 소득을 불로소득이라고 하며 불로소득이 많아질수록 빈부격차는 커질 가능성이 높다. ☐ O ☐ X
09 저축의 역설은 '구성의 모순'의 대표적인 예이다. ☐ O ☐ X
10 소득이 불평등해질수록 지니계수는 작아지고 10분위 분배율은 커진다. ☐ O ☐ X
11 소득세율을 누진세로 바꾸면 지니계수는 작아지고, 5분위 분배율은 커진다. ☐ O ☐ X
12 소비에 부과하는 간접세가 강화되면 로렌츠곡선은 직각에 가까워진다. ☐ O ☐ X
13 소득이나 재산에 부과하는 세금을 직접세, 소비에 부과하는 세금을 간접세라고 한다. ☐ O ☐ X
14 일반적으로 직접세는 비례세율을, 간접세는 누진세율을 사용한다. ☐ O ☐ X
15 가난한 사람에게 불리한 세금일수록 조세의 역진성이 크다고 한다. ☐ O ☐ X
16 직접세는 조세 전가가 없지만, 조세저항이 심하다. ☐ O ☐ X
17 간접세는 대표적으로 부가가치세가 있으며 이는 빈부격차를 크게 하는 경향이 있다. ☐ O ☐ X
18 조세 부과 시 수요와 공급의 가격탄력성은 관련이 없다. ☐ O ☐ X
19 수요와 공급곡선이 비탄력적일수록 조세부담이 크다. ☐ O ☐ X
20 조세는 바람직한 것이며 조세 부과 시 후생손실은 발생하지 않는다. ☐ O ☐ X
21 조세를 부과한 만큼 반드시 시장가격은 올라간다. ☐ O ☐ X
22 수요가 완전비탄력적이라면 조세부담은 모두 수요자가 하게 된다. ☐ O ☐ X

[OX 정답] **01** O **02** O **03** O **04** X **05** O **06** X **07** X **08** O **09** O **10** X **11** X **12** O **13** O **14** X **15** O **16** O **17** O **18** X **19** O **20** X **21** X **22** O

Topic 9 | 공공선택이론과 행태경제이론

1. 애로우의 불가능성 정리

완비성	모든 사회 상태를 비교·평가할 수 있는 것을 말함
이행성	A를 B보다 선호하고, B를 C보다 선호한다면, A를 C보다 더 선호해야 한다는 것으로 집합적 합리성을 의미함
01	모든 사회구성원들이 A보다 B를 선호한다면 사회도 A보다 B를 선호해야 한다는 것으로 '만장일치의 법칙'이라고 함
비독재성 (민주성)	사회구성원 중에서 어느 한 명의 선호에 의해 사회 전체의 선호가 결정되지 않는다는 것
독립성	사회상태를 비교할 때 이 사회 상태와 관련 없는 제3의 선택가능성은 아무런 영향을 주지 못한다는 의미
결론	완비성, 이행성, 파레토법칙, 독립성을 만족시키면 반드시 비독재성의 조건을 만족시킬수 없으므로 모두 만족시키는 민주적인 사회후생함수는 도출할 수 없음

2. 중위투표자 정리, 투표의 역설

중위투표자 정리	• 중위투표자 : 어떤 안건에 선호 순서대로 투표자를 나열하였을 때 02 를 선호하는 투표자 • 중위투표자 정리 : 다수결 투표제도하에서는 중위투표자의 선호가 투표결과로 나타나는 것을 일반화한 것을 의미함

다수결 제도	• 콩도르세 방식 : 여러 대안 중에 2개의 대안에 대하여 다수결로 승자를 결정하고, 또 다시 다른 대안과 다수결로 승자를 결정하는 과정을 반복하여 결국 최종적으로 승자가 된 안건을 채택하는 투표를 의미
	• 투표의 역설
	  – A와 B를 다수결에 붙였을 때 B승리
	  – B와 C를 다수결에 붙였을 때 C승리
	  – C와 A를 다수결에 붙였을 때 A승리라면 어느 하나가 결정되지 않고 돌고 돌게 됨. 이처럼 03 이 확보되지 않는 것을 투표의 역설이라 함

[빈칸 정답] 01 파레토법칙 02 가운데 03 사회적 이행성

OX 문제

01 공공선택이론은 소득분배의 형평성을 제고하는 방법에 대해 다룬다. □ O □ X
02 애로우의 불가능성 정리는 완비성, 이행성, 파레토법칙, 독립성, 그리고 비독재성의 조건을 모두 만족시키는 민주적인 사회후생함수는 존재할 수 있음을 나타낸다. □ O □ X
03 공공선택이론에서 선거에 참여하고자 한다면 중간 지지층을 공략하는 것이 바람직하지 못하다고 하는 것을 중위투표자 정리라고 한다. □ O □ X
04 투표 시 토너먼트 방식으로 표결에 붙였을 때 어떠한 대안이 결정되지 못하고 순환하는 것을 투표의 역설이라고 한다. □ O □ X
05 행동경제학에서 자신이 가지고 있는 물건에 대해서 더 큰 가치를 부여하는 것을 프레이밍 효과라고 한다. □ O □ X

[OX 정답] 01 X 02 X 03 X 04 O 05 X

Topic 10 | GDP

1. 국내총생산

의미	• 한 나라 안에서 일정기간(보통 1년) 동안 새로이 생산한 재화와 서비스의 최종 생산물의 시장 가치를 합한 것
계산 방법	• 생산활동을 통해 만들어 낸 부가가치의 합 • 총생산물의 가치 − 중간 생산물 • 최종 생산물의 가치
유용성	• 한 나라의 경제활동 수준과 국민소득 규모를 파악하는 지표가 됨 • 국가 간의 경쟁력을 비교하는 지표로서 기능함 • 개방경제하에서는 국민총생산에 비해 유용한 국민소득 지표로 활용됨
한계	• 시장을 통해서 거래되지 않는 재화와 용역은 제외됨 예) 주부의 가사 노동, 지하경제, 비농지 지역의 자가 소비 생산물 등 • 삶의 질이나 국민 복지 수준의 정확한 반영 불가능 • 소득분배 상태 파악 불가능 • 여가의 가치가 반영되지 않음 • 환경오염, 교통사고 등의 처리비용도 생산으로 계산됨
GNP와의 관계	• 국민총생산(GNP) : 한 나라의 국민이 일정기간(보통 1년) 동안 새로이 생산한 재화와 서비스의 최종 생산물의 시장 가치를 합한 것 • $GDP = GNP +$ 외국인의 국내 생산액 − 자국민의 국외 생산액 $= GNP -$ **01** (GDP / GNP 벤다이어그램: 외국인의 국내 생산액, 자국민의 국내 생산액, 자국민의 국외 생산액)
국민총소득 (GNI)	• GNI : 국민들의 생활 수준(후생 수준)을 측정하기 위한 소득지표 • 실질$GNI =$ 명목GDP 　　　　+ 해외 순수취 요소소득(국외 수취 요소소득 − 국외 지급 요소소득) 　　　　+ 교역조건 변화에 따른 무역손익 • **02** $= \dfrac{수출단가}{수입단가} \times 100$ (**03** 과 교역조건은 역관계)
명목GDP와 실질GDP	• 명목GDP : 생산량을 **04** 시점의 가격으로 측정하여 화폐 가치로 평가한 것 • 실질GDP : 생산량을 **05** 시점의 가격으로 측정하여 화폐 가치로 평가한 것

경제성장률	• **06** $= \dfrac{금년도\ 실질GDP - 전년도\ 실질GDP}{전년도\ 실질GDP} \times 100$ • 1인당 경제성장률 = 경제성장률 − **07**
실제GDP와 잠재GDP	• **08** GDP : 한 나라의 경제가 실제로 생산한 모든 최종 생산물을 평가한 것 • **09** GDP : 한 나라 국경 안에 존재하는 모든 생산 자원을 정상적으로 고용할 경우 생산 가능한 모든 최종 생산물의 시장 가치 ⇒ 완전고용 GDP, 완전고용 국민소득 • GDP **10** = 잠재GDP − 실제GDP • 잠재GDP의 또 다른 의미 − 인플레이션을 가속화시키지 않고 실현시킬 수 있는 최대GDP − 자연 생산량, 자연GDP, 자연GDP와 결부되는 실업률을 **11** 이라 함

2. 국민 경제의 순환

의미	• 국민 경제의 주체가 재화와 서비스의 생산, 분배, 지출하는 과정을 순환하면서 되풀이하는 것
국민소득의 측면	• 생산국민소득 : 재화와 용역을 생산물시장에 제공한 대가로 얻은 판매액의 합계 ⇒ 최종 생산물의 합계 = **12** 의 합 • 분배국민소득 : 노동·토지·자본 등의 생산요소를 생산요소시장에 제공한 대가로 얻은 요소소득의 합계 ⇒ **13** + **14** + **15** + **16** • 지출국민소득 : 생산물시장에서 재화와 용역을 구입한 대가로 지출한 금액의 합계 ⇒ 민간소비지출 + 국내총투자 + 정부소비지출 + **17**
국민소득 3면 등가의 법칙	• 국민소득 3면 등가의 법칙 : 국민 경제의 전체적 활동은 생산·분배·지출의 어느 측면에서 측정하더라도 같은 금액이 됨 • **18** 국민소득 = **19** 국민소득 　　　　　　　　= **20** 국민소득

3. 고전학파의 국민소득결정이론

기본 가정	• 제1가정 : 세이의 법칙 "공급은 스스로 수요를 창출한다" 공급이 되면 그만큼 소득이 창출되고, 이 소득이 수요로 나타남 • 제2가정 : 모든 가격 변수(물가, 명목이자율, 명목임금)의 완전 **21** • 제3가정 : 노동의 수요와 공급은 실질임금의 함수이며, 완전경쟁시장임 노동자는 물가변화를 항상 정확히 예상함(완전예견) • 제4가정 : 노동시장에서 수요와 공급의 불일치는 신축적인 명목임금에 의하여 아주 신속히 조절됨. 따라서 노동시장은 항상 균형이라고 보아도 좋음

[빈칸 정답] **01** 국외 순수취 요소소득　**02** 교역조건　**03** 환율　**04** 측정　**05** 기준　**06** 경제성장률　**07** 인구증가율　**08** 실제　**09** 잠재　**10** 갭　**11** 자연 실업률　**12** 부가가치　**13** 임금　**14** 지대　**15** 이자　**16** 이윤　**17** 순수출　**18** 생산　**19** 분배　**20** 지출　**21** 신축성

국민소득결정	• 고전학파의 국민소득결정이론의 골자는 노동시장에서 자율적으로 고용 수준이 결정되고(완전고용), 이것이 한나라 전체의 생산함수와 결합하여 총공급곡선을 결정하며, 이 총공급에 의하여 국민소득이 결정된다는 것

4. 케인즈의 국민소득결정이론

등장배경	• 대공황의 타개라는 실천적인 목표의식을 가지고 등장하여 대공황에서의 극심한 실업은 생산물에 대한 수요가 부족하기 때문에 발생하는 현상이라고 진단하고, 총수요를 증대시키기 위해 정부지출을 증대시키고, 조세를 감면해주는 등 적극적인 재정정책이 필요하다고 주장
기본 가정	• 충분한 잉여생산능력이 있다고 가정
균형국민소득결정의 기본모형	• 모형의 필요성 케인즈의 기본 가정을 전제로 총수요(총지출)에 의해 균형국민소득이 결정되어 가는 과정을 구체적으로 검증할 수 있는 분석 틀이 필요 • 기본모형 $Y^D = C + I^0 + G + X_N$ $C = a + c(Y - T_0), 0 < c < 1$ (a: 절대소비, c: 한계소비성향) $T = T_0 + tY$ (t: 세율, 만약 정액세라고 한다면 $t = 0$) $I^0 = I^0$ (독립투자) $G = G^0$ (정부지출) $X_N = X - M$ (순수출) $X = X_0$ $M = M_0 + mY$ (m: 한계수입성향) $Y^D =$ 총수요(총지출) $Y^D = Y$ (균형조건식) 균형조건식이 의미하는 것은 총수요(총지출)(Y^D)만큼 국내총생산(Y)할 때 균형국민소득이 결정된다는 것 • 균형국민소득결정 과정에 대한 이해 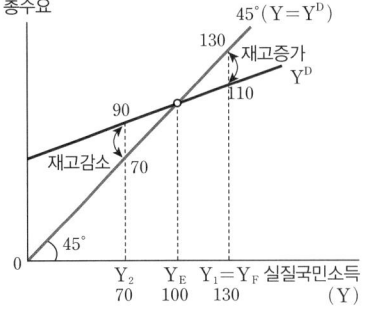 - 45°선까지의 높이가 생산량(총공급)을 나타내고, Y^D까지의 높이가 총수요를 나타냄

	- Y_2(2기의 국민소득): 생산량 < 유효수요이므로, 초과수요 ⇨ 재고 감소 초래 ⇨ 부족한 재고를 보충하기 위해 차기 생산량이 증가 ⇨ 차기 국민소득 증가 - Y_1(1기의 국민소득): 생산량 > 유효수요이므로, 수요 부족 ⇨ 재고 증가 초래 ⇨ 지나친 재고를 먼저 처리하기 위해 차기 생산량이 감소 ⇨ 차기 국민소득 감소 - 45°선과 총수요곡선이 만나는 점에서 균형국민소득이 달성됨

5. 승수이론

승수	• 독립투자 증가분에 대한 균형국민소득증가분의 비율로서, 정부지출이 1원 증가할 경우 균형국민소득이 얼마나 증가하는가를 나타내는 비율을 말함
승수효과	• 독립지출(독립투자, 정부지출, 절대소비 등)이 증가하면, 균형국민소득은 승수배만큼 증가하게 되는 효과 • 공식 균형국민소득의 변동분 = 독립지출의 변동분 × 승수 예 정부지출승수가 5일 때 정부지출을 100억 원 증가시키면 균형국민소득은 500억 원 증가하게 되고, 투자승수가 7일 때 독립투자가 100억 원 증가하면 균형국민소득은 700억 원 증가하게 된다는 것

OX 문제

01 GDP는 일정기간 동안 국내에서 최종적으로 생산된 상품과 서비스에 대한 총지출이다. ☐ O ☐ X
02 GDP는 각 재화의 생산량을 모두 합하여 구한다. ☐ O ☐ X
03 GDP는 저량 개념이다. ☐ O ☐ X
04 작년에 완공된 주택을 올해 매매하는 과정에서 생긴 수수료는 올해의 GDP에 포함된다. ☐ O ☐ X
05 생산측면, 분배측면, 지출측면에서 측정한 GDP의 값은 동일하다. ☐ O ☐ X
06 지출GDP는 생산의 각 단계에서 지출된 부가가치의 합으로 측정한다. ☐ O ☐ X
07 국내총지출은 소비지출, 투자지출, 정부지출, 그리고 순수출로 이루어져 있다. ☐ O ☐ X
08 명목GDP는 당해 연도의 가격으로 측정한 GDP이다. ☐ O ☐ X
09 물가 수준이 꾸준히 오른다면 실질GDP는 명목GDP보다 크다. ☐ O ☐ X
10 GDP 디플레이터는 명목GDP를 실질GDP로 나눈 값이다. ☐ O ☐ X
11 GDP 디플레이터는 한 경제의 물가 수준을 측정하는 지표로도 쓰인다. ☐ O ☐ X
12 GDP는 생산 수준뿐만 아니라 여가 수준과 환경수준까지 고려한다. ☐ O ☐ X
13 GDP를 통해 소득분배의 형평성에 대해서는 알 수 없다. ☐ O ☐ X
14 시장에서 거래되는 상품뿐만 아니라 시장에서 거래되지 않는 상품 또한 GDP에 포함된다. ☐ O ☐ X
15 GNI는 교역조건 변화로 인한 실질소득변화를 반영한다. ☐ O ☐ X
16 정부지출승수가 1보다 크면 국민소득이 정부지출분보다 더 크게 증가한다. ☐ O ☐ X
17 조세액과 정부지출액이 같으면 국민소득은 증가하지 않는다. ☐ O ☐ X
18 케인즈에 의하면 정부지출이 조세보다 효과가 크다. ☐ O ☐ X
19 정부지출승수는 한계소비성향이 클수록 커진다. ☐ O ☐ X
20 정부지출승수는 한계저축성향이 클수록 커진다. ☐ O ☐ X

[OX 정답] 01 O 02 X 03 X 04 O 05 O 06 O 07 O 08 O 09 X 10 X
11 O 12 X 13 O 14 X 15 O 16 O 17 X 18 O 19 O 20 X

Topic 11 | 화폐금융론

1. 정부의 경제적 역할

시장경쟁 촉진	• 독과점기업의 불공정 거래 경쟁행위 규제, 소비자 보호 법규 제정을 통한 시장경제의 질서유지를 위한 경쟁 촉진
생산활동	• 공공재의 공급 • 시장실패의 문제점 보완 – 휘발유, 경유의 세율 인상 ⇨ 가격 인상 ⇨ 소비 감소 – 합성 세제에 소비세 부과 ⇨ 가격 인상 ⇨ 소비 감소 – 결과 : 환경오염 방지, 환경오염으로 인한 사회적 비용의 감소, 환경오염 방지시설 투자 확대 등
소득의 재분배	• 세입면 : 개인 소득에 대한 누진 세율을 적용하거나, 사치품에 대한 특별 소비세를 부과함 • 세출면 : 사회 보장비 지출 예 실업 수당
경기변동 조절	• 적극 재정정책(불경기 시) : 정부의 지출 **01**, 세율 **02** 조세 수입↓ 정부 지출↑ ⇨ 민간 소비↑ 투자 수요↑ ⇨ 경기 회복 • 긴축 재정정책(호경기 시) : 정부의 지출 **03**, 세율 **04** 조세 수입↑ 정부 지출↓ ⇨ 민간 소비↓ 투자 수요↓ ⇨ 경기 안정

2. 재정

의미	• 정부의 경제활동을 위한 살림살이 • 정부의 수입 및 지출과 관련된 행동		
구성	세 입	조세 수입	조세를 통한 수입
		조세 외 수입	입장료, 수수료, 벌과금 등
	세 출	기능별 (목적에 따라)	경제개발비, 사회개발비, 일반행정비, 교육비, 방위비, 지방재정 교부금 등
		경제적 성질별	경상적 지출(일상적 지출), 자본적 지출(자산취득 지출), 이전적 지출(사회 보장성 지출)
원칙	• 공정성(공평성) : 사회적 약자를 고려하여 자원과 소득을 공정하게 분배 • 투명성 : 예산 편성 과정과 결과를 국민에게 공개 • 효율성 : 가장 적은 예산으로, 우선 순위를 정하여 지출을 통해 목적 달성		

3. 화폐의 의미와 기능

화폐	• 일상 거래에서 일반적으로 통용되는 지불 수단
화폐의 기능	• 교환의 매개 수단 ⇨ 가장 본원적인 기능 • 가치의 척도 • 가치 저장 수단 ⇨ 물가가 안정적이어야 가치 저장 기능이 잘 발휘됨 • 장래 지불의 표준 • 회계의 단위
화폐의 발달	• 물품 화폐 ⇨ 칭량 화폐 ⇨ 주조 화폐 ⇨ 신용 화폐 ⇨ 전자 화폐

4. 통화량과 통화지표

통화량	• 일정 시점에서 시중에 유통되고 있는 화폐의 양 • 통화량이 너무 많으면 인플레이션이 발생할 수 있고, 너무 적으면 거래가 위축될 수 있으므로 통화량을 적정 수준으로 유지하는 것은 매우 중요함
통화지표	• 본원통화(M1) = 현금통화(민간보유현금) + 예금통화 (요구불예금 : 보통예금, 당좌예금) • 총통화(M2) – 협의 통화(M1) + 저축성예금 + 시장형 금융상품 + 실적배당형 금융상품 + 금융채 + 거주자 외화 예금 등 – 만기 **05** 이상의 금융상품은 제외

5. 화폐의 공급

본원통화	• 본원통화 – 중앙은행의 창구를 통해 시중에 나온 현금으로 예금은행의 신용 창조의 토대가 됨 – 본원통화가 1단위 공급되면 통화량은 본원통화 공급량보다 훨씬 더 크게 증가함 – 기초통화(Reserve Base) : 중앙은행으로부터 공급되는 현금 · 중앙은행 부채 – 고성능 통화(High-Powered Money) : 신용창조 과정을 통해 몇 배로 증가 • 본원통화의 공급 경로 – 정부의 재정 적자 ⇨ 본원통화 증가 – 예금은행의 차입 증가 ⇨ 본원통화 증가 – 국제수지 흑자, 차관 도입 ⇨ 외환 유입 ⇨ 원화로 교환 ⇨ 본원통화 증가 – 중앙은행의 유가증권 구입, 건물 구입 ⇨ 본원통화 증가 • 구성 **본원통화(10억)** | 현금통화(2억) | 지급준비금(8억) || | 현금통화(2억) | 시중은행 지급준비금 : 시재금 (**06**) | 중앙은행 지급준비예치금 (1억) | | | **07** (9억) ||
중앙은행의 기능	발권 은행, 은행의 은행, 통화 금융정책의 집행 기관, 정부의 은행, 외환관리업무 수행
신용창조	• 신용창조 : 은행이 본원적 예금(예금은행 밖에서 예금은행 조직으로 최초로 흘러 들어온 예금)을 기초로 하여 대출을 통해 예금 통화를 창조하는 것 • 파생적 예금(Derivative Deposit) : 본원적 예금에 의해 추가로 창출된 요구불예금 • 신용창조승수 = $\dfrac{1}{\boxed{08}}$ (요구불예금만 존재하며, 예금은행이 필요지급준비금만 보유할 경우, 예금은행은 대출의 형태로만 자금을 운용한다는 가정이 있을 때)

[빈칸 정답] **01** 증가 **02** 인하 **03** 감소 **04** 인상 **05** 2년 **06** 7억 **07** 화폐발행액 **08** 지급준비율

6. 고전학파의 화폐수요이론

고전적
화폐 수량설
	• 교환 방정식
	  – $MV = PY$
	  – 의미 : 교환방정식에서 통화의 유통 속도 V가 일정하여 통화량 M이 변화할 경우 이에 비례하여 명목 국민소득이 변화한다는 것
	  – 화폐의 수요 : 거래를 성사시키기 위해서는 명목 국민소득의 일정 비율만큼 화폐가 필요함. 교환의 매개 수단으로서의 화폐의 기능 중시
	• 통화 공급 증가율 + 유통속도 증가율 = 물가 상승률 + 09

현금잔고 방정식	• $M = kPY$ (k : 마샬의 k) • 가치의 저장 기능 중시 : 사람들은 금융자산의 일부를 전부 채권으로 보유하지 않고 일부를 현금으로 보유함

7. 케인즈의 화폐수요이론

케인즈의
화폐수요
	• 유동성 선호설(Theory of Liquidity Preference)
	  – 유동성 : 일반적으로 어떤 자산이 그 가치의 손실 없이 얼마나 빨리 교환의 매개 수단으로 교환될 수 있는가 하는 정도. 모든 종류의 자산 중 화폐가 유동성이 가장 큼
	  – 케인즈는 유동성을 화폐 자체로 보아 화폐수요를 유동성 선호라고 표현함
	  – 케인즈는 유동성 선호의 동기를 거래적 동기, 예비적 동기, 투기적 동기로 구분
	• 화폐수요의 동기
	  – 거래적 동기 : 일상적인 지출을 위한 화폐수요 소득의 증가 함수
	  – 예비적 동기 : 예상하지 못한 지출에 대비하기 위한 화폐수요 소득의 증가 함수
	  – 10 동기 : 장래 수입을 극대화하기 위한 화폐수요, 케인즈의 화폐수요이론에서 가장 중요. 이자율의 감소 함수
	• 투기적 동기의 화폐수요
	  – 사람들이 일상 생활에 필요하기 때문에 보유하는 화폐를 활성잔고(Active Balance)라 하고, 활성 잔고 이외에 더 보유하고 있는 화폐를 유휴잔고(Idle Balance)라 함. 케인즈는 채권 투자를 위한 기회를 노려 유휴잔고를 보유한다고 봄
	  – 채권 가격이 높으면 낮아지기를 기다려 일시적으로 화폐를 소유하게 되는데 이것이 투기적 동기에 의한 화폐수요임
	  – 이자율의 상승 ⇨ 채권 가격 하락(채권 수익률 상승) ⇨ 채권 수요 증대 ⇨ 현금 수요 감소
	  – 이자율의 하락 ⇨ 채권 가격 상승(채권 수익률 하락) ⇨ 채권 수요 감소 ⇨ 현금 수요 증대
	• 11
	  – 이자율이 매우 낮은 수준(채권 가격이 매우 높은 수준)이 되면 개인들은 이자율 상승(채권 가격 하락)을 예상하여 화폐수요를 무한히 증대시키게 됨. 이때에는 개인들의 화폐수요곡선이 수평선이 되는 구간(화폐수요의 12 이 무한대)이 도출되는데 이를 의미함
	  – 대체로 경기가 극심한 침체 상태일 때 발생

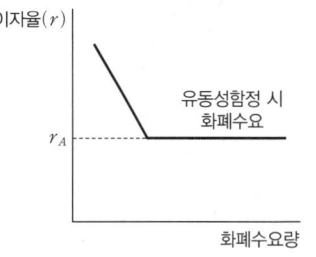

[빈칸 정답] **09** 경제성장률   **10** 투기적   **11** 유동성함정   **12** 이자율 탄력성

OX 문제

01 화폐는 물가가 안정적일 때 가치의 저장수단으로서의 기능을 잘 발휘한다.   □ O □ X
02 통화량은 저량변수이다.   □ O □ X
03 통화량이 적정 수준으로 유지되지 않으면 인플레이션이나 디플레이션이 발생할 수 있다.   □ O □ X
04 본원통화는 예금은행의 신용창조의 토대가 된다.   □ O □ X
05 중앙은행이 공개시장조작에 사용하는 통화를 고성능통화라고 한다.   □ O □ X
06 중앙은행은 예금은행에 대출은 해주지만 예금을 받지 않는다.   □ O □ X
07 중앙은행은 통화정책을 통해 소득분배의 형평성을 도모한다.   □ O □ X
08 중앙은행이 늘린 화폐의 공급량과 실제로 늘어난 통화량은 같다.   □ O □ X
09 명목변수들이 통화량과 관계없이 결정되는 것을 실물부문과 화폐부문의 이분화라고 한다.   □ O □ X
10 화폐수량설에 따르면 통화량의 증가가 물가수준의 상승을 유발한다.   □ O □ X
11 교환방정식($MV = PT$)은 항등식이다.   □ O □ X
12 투기적 동기에 의한 화폐수요는 채권과 연관이 있다.   □ O □ X
13 채권의 가격과 이자율은 정(+)의 관계이다.   □ O □ X
14 채권 수익률과 채권 표면금리는 같다.   □ O □ X
15 유동성함정은 통화공급을 늘림으로써 해결할 수 있다.   □ O □ X
16 유동성함정은 대체로 호경기일 때 발생한다.   □ O □ X

[OX 정답] **01** O   **02** O   **03** O   **04** O   **05** O   **06** X   **07** X   **08** X   **09** X   **10** O   **11** O   **12** O   **13** X   **14** X   **15** X   **16** X

Topic 12 | 물가와 실업

1. 총수요와 총수요곡선

총수요	• 총수요 : 한 나라에서 일정기간 동안 구입하고자 하는 재화와 용역의 총량 • 총수요의 구성 = 민간소비(C) + 민간투자(I) + 01 + 순수출($X - M$) • 총수요곡선 : 각각의 물가 수준에서 총수요의 크기를 나타내는 곡선. 물가와 총수요의 크기는 반비례
총수요곡선이 우하향하는 이유	• 이자율 효과 물가 하락 ⇨ 이자율 하락 ⇨ 소비 지출 및 투자 지출 증가 ⇨ 총수요(AD) 증가 • 부(Wealth) 효과 물가 하락 ⇨ 실질적 부의 증대 ⇨ 소비 지출 증가 ⇨ 총수요(AD) 증가 • 경상수지 효과 물가 하락 ⇨ 수출 증가, 수입 감소 ⇨ 순수출 증가 ⇨ 총수요(AD) 증가

2. 총공급과 총공급곡선

총공급	• 총공급 : 한 나라 안에서 일정기간 동안 판매하고자 하는 재화와 용역의 총량 • 총공급의 크기는 한 나라가 보유한 노동, 자본 등 생산요소 부존 양과 생산기술에 의하여 결정 • 총공급곡선 : 각각의 물가 수준에서 기업 전체가 생산하는 총생산을 나타내는 곡선으로 물가와 총공급은 비례
형태	• 고전학파 : 노동시장에서의 수급 불일치는 매우 신속하게 조정되므로 물가 수준이 변하더라도 완전고용 수준이 항상 그대로 유지되고, 완전고용국민소득 수준에서 수직인 직선. 수직의 총공급곡선이 우측으로 이동하는 경우는 기술 혁신에 의한 생산성의 증가, 자본 축적, 노동력의 증가 등이 일어날 때임 • 케인즈 : 1930년대의 경제 상황을 배경으로 주어진 물가 수준을 상승시킴 없이 얼마든지 총공급을 증가시킬 수 있다고 봄. 완전고용국민소득 수준에 도달하기 전에는 유효수요의 크기가 전적으로 균형국민소득을 결정 • 오늘날의 총공급곡선 : 물가가 변하지 않는 기간을 단기, 물가와 명목 임금이 시장 상황에 부응하여 완전신축적으로 변하는 시간을 장기라고 정의하여 단기에는 수평의 케인즈 총공급곡선, 장기에는 수직의 고전학파 총공급곡선을 사용 물가가 전혀 변하지 않는 기간을 단기라고 정의하는 대신에 물가가 어느 정도 변하는 것을 수용하면서 단기에 우상향의 총공급곡선을 도출

3. 물가지수

의미	• 기준 시점의 물가를 100으로 잡고 다른 시점의 물가를 종합지수의 형태로 나타냄. 어느 시점의 물가지수가 110이라면 이는 기준 시점보다 물가가 10% 오른 것을 의미함
물가지수의 종류	• 02 물가지수(CPI; Consumer Price Index) : 서울을 비롯한 주요 도시의 가계가 사용하는 대표적 소비재의 가격 동향을 보여주는 물가지수 • 03 물가지수(PPI; Producer Price Index) : 기업 사이에서 거래되는 원자재와 자본재의 가격 동향을 보여주는 물가지수 • 04 : 한 나라 안에서 생산되는 모든 상품의 가격을 고려 대상으로 삼아 산출한 물가지수
물가지수의 용도	• 화폐의 구매력을 측정하는 수단 : 물가가 상승하게 되면 화폐의 구매력은 떨어짐 • 경기 동향의 판단 지표로 사용 : 일반적으로 경기가 좋아지면 수요가 증가하여 물가가 상승하고 경기가 나빠지면 수요가 감소하여 물가가 하락함 • 전반적인 상품의 수급 동향을 판단하기 위한 자료 : 물가지수에는 상품 종류별로 작성된 부문별 지수도 있어 재화 및 서비스의 종류별 물가 동향을 파악 가능 • 명목GDP를 실질GDP로 환산하는 데 쓰이는 지수로 이용 : 명목GDP를 실질GDP로 환산하는 데 쓰이는 물가지수를 GDP 디플레이터라 함
물가 변동의 요인	• 생산 원가의 변동, 수요와 공급의 변동, 독과점적 기업 행동 등
물가 변동과 국민 경제	• 물가는 화폐의 구매력을 결정하므로 국민 경제에 큰 영향을 줌. 물가 안정은 국민 경제의 주요 정책 목표

4. 인플레이션

의미	• 일반 물가 수준이 지속적으로 상승하는 현상
05	• 고전학파와 통화주의자 – 원인 : 급격하고 과도한 통화공급의 증가 – $MV = PY$에서 V는 지불습관에 의해 고정, Y는 완전고용산출량수준으로서 일정하므로 물가(P)의 지속적 상승 즉, 인플레이션은 통화량(M)의 증가가 원인임 – 대책 : 안정적 통화공급(EC방식) → 프리드만의 k% 준칙 : 통화량 증가율을 매년 경제성장률에 맞추어 일정하게 유지하면 인플레이션 방지 가능. 만약 7 ~ 8%의 경제성장률(실질GDP성장률)이 예측될 경우 통화량 증가율도 7 ~ 8%에 고정시켜 놓으면 인플레이션 없는 적절한 통화공급이 가능하다고 봄 • 케인즈학파 – 원인 : 투자나 정부지출 증가 등 확대 재정정책으로 인한 총수요곡선의 우측 이동 – 대책 : 총수요 억제 또는 긴축 재정정책이 필요

[빈칸 정답] **01** 정부지출(G) **02** 소비자 **03** 생산자 **04** GDP디플레이터 **05** 수요견인 인플레이션

06	• 원인 - 임금인상, 이윤인상, 석유파동 등 공급충격으로 생산비가 상승하여 AS곡선이 좌상방 이동 - 임금인상 인플레이션, 이윤인상 인플레이션, 공급충격 인플레이션 - 인플레이션과 함께 산출량 감소로 인한 실업률도 동시에 상승하게 되어 스태그플레이션이 나타남 • 대책 - 총공급능력을 증가시키기 위한 정책(AS곡선의 우측 이동) - 노동생산성을 증가시키기 위한 기술향상, 교육훈련 등이 필요

5. 인플레이션의 사회적 비용

예상된 인플레이션	• 피셔가설 : 명목이자율 = 07 + (예상)인플레이션율 - 예상된 인플레이션의 사회적 비용은 별로 크지 않고, 부의 재분배 효과도 미미함 - 실질이자율이 1% 감소하고, 기대물가상승률이 2% 증가한다면, 피셔효과에 의해 명목이자율은 1% 상승함 • 피셔가설의 한계 : 아무리 완벽하게 예상된 인플레이션이라도 어떤 형태의 사회적 비용이 발생할 수 있음 - 08 : 인플레이션이 예상되고 있을 때 사람들은 가능한 현금보유를 줄이고 금융자산이나 실물자산으로 바꿔 보유하려는 태도를 보이는데 이렇게 보유하게 된 금융자산이나 실물자산을 한꺼번에 현금화하지 않고 필요할 때마다 조금씩 현금화하기 위해 더욱 잦은 발걸음을 하게 됨으로 인한 거래비용 - 09 : 물가변동으로 인해 가격이 인쇄된 카탈로그를 새것으로 바꾸는 데 비용이 들기고 하고, 가격을 변경한 결과 단골손님을 잃을 위험도 있음. 이러한 비용은 완벽하게 예상된 인플레이션의 경우에도 발생하게 됨
예상되지 못한 인플레이션	• 부와 소득의 10 : 채권자로부터 채무자에게 부가 재분배되고, 급여생활자·연금생활자의 소득이 재분배됨 (즉, 불리해짐) • 경제의 불확실성 증대 : 장기계약 회피, 단기성 위주의 자금 대출 등의 경향이 생기게 됨. 모두 단기계약만을 선호한다면 기업이 긴 안목에서 장기 투자계획을 실행에 옮길 필요가 있을텐데 장기대출이 불가능해 자금조달을 할 수 없다면 기업들은 머지않아 경쟁력을 상실하게 될 것임 • 투기의 성행 : 경험적으로 보면 인플레이션하에서 상품별 가격상승률 격차가 상당한 것을 알 수 있음. 가격이 더 많이 오를 것이라고 생각되는 부동산, 골동품, 금 등에 대한 투기가 성행하게 됨

6. 실업

의미	• 일할 능력과 의사가 있음에도 불구하고 일자리를 갖지 못한 상태
실업자	• 조사대상 주간 중 수입이 있는 일에 전혀 종사하지 못한 자로서 적극적으로 구직활동을 하고, 즉시 취업이 가능한 자. 30일 이내에 새로운 직장에 들어갈 것이 확실한 취업 대기자는 구직활동 여부에 관계없이 실업자로 분류
취업자	• 조사대상 주간 중 수입을 목적으로 11 이상 일한 자 • 자기에게 직접적으로는 이득이나 수입이 오지 않더라도 자기 가구에서 경영하는 농장이나 사업체의 수입을 높이는 데 도운 가족종사자로서 주당 18시간 이상 일한 자(무급가족종사자) • 직장 또는 사업체를 가지고 있으나 조사대상 주간 중 일시적인 병, 일기불순, 휴가 또는 연가, 노동쟁의 등의 이유로 일하지 못한 일시휴직자
경제활동 인구	• 12 이상 인구(노동가능 인구) 중에서 취업자와 실업자 전체
비경제활동 인구	• 생산가능인구 수 − 경제활동인구 수 • 일할 의사 또는 능력이 없는 경우 • 주부, 학생, 노인, 환자, 실망실업자 등
통계청이 고용상태를 조사하는 방법	지난 1주일 동안 1시간 이상 수입을 목적으로 일을 했나요? → 예 → 취업자 ↓ 아니오 지난 1주일 동안 일자리를 구하기 위해 노력했나요? → 예 → 실업자 ↓ 아니오 → 비경제활동인구
실업과 관련한 표 분석	전체 인구 생산가능인구(노동가능인구) / 비생산가능인구 경제활동인구 / 비경제활동인구 취업자 / 실업자
주요 공식	• 경제활동 참가율 = $\dfrac{\text{경제활동인구(취업자 + 실업자)}}{\text{생산가능인구}} \times 100$ • 고용률 = $\dfrac{\text{취업자}}{\text{생산가능인구}} \times 100$ • ○○실업률 = $\dfrac{\text{○○실업자}}{\text{○○경제활동인구}} \times 100$ 예 청년실업률, 대졸 남성 또는 여성실업률

[빈칸 정답] **06** 비용인상 인플레이션 **07** 실질이자율 **08** 구두창비용 **09** 메뉴비용 **10** 재분배 **11** 1시간 **12** 15세

7. 실업의 종류와 대책

실업의 종류		의미	대책
자발적 실업	13	• 직장 이동 과정에서 일시적으로 생기는 실업 • 더 나은 일자리를 찾는 과정에서 생기는 실업	• 취업 정보 제공
비자발적 실업	14	• 불경기로 노동 수요가 부족하여 생기는 실업	• 공공사업, 경기부양책, 정부지출 확대
	15	• 산업구조나 기술의 변동 속에서 생기는 실업	• 기술교육, 인력개발

8. 필립스곡선과 스태그플레이션

필립스곡선

- 필립스곡선
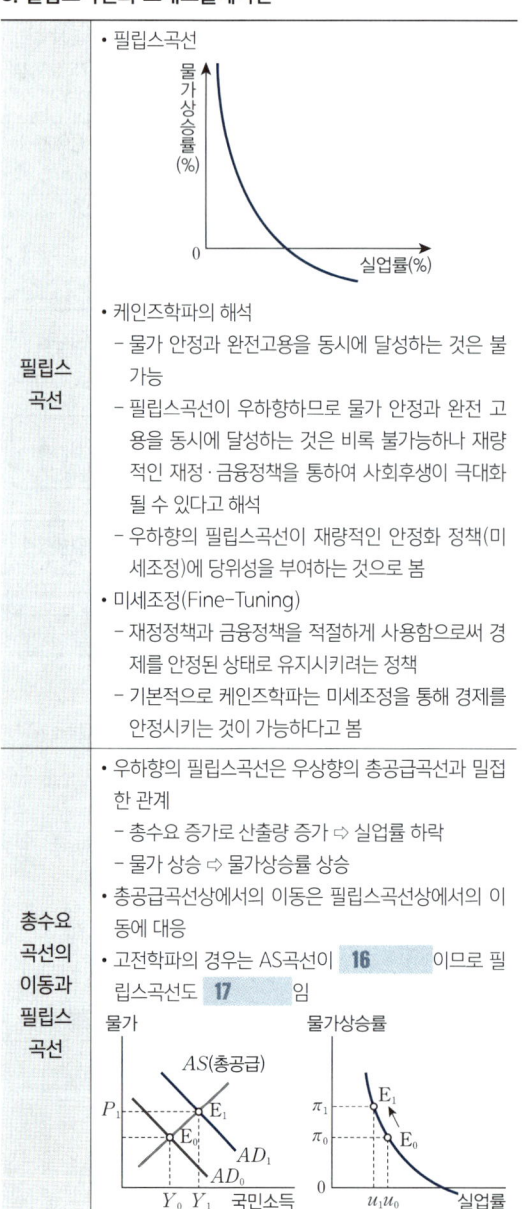

- 케인즈학파의 해석
  - 물가 안정과 완전고용을 동시에 달성하는 것은 불가능
  - 필립스곡선이 우하향하므로 물가 안정과 완전 고용을 동시에 달성하는 것은 비록 불가능하나 재량적인 재정·금융정책을 통하여 사회후생이 극대화 될 수 있다고 해석
  - 우하향의 필립스곡선이 재량적인 안정화 정책(미세조정)에 당위성을 부여하는 것으로 봄
- 미세조정(Fine-Tuning)
  - 재정정책과 금융정책을 적절하게 사용함으로써 경제를 안정된 상태로 유지시키려는 정책
  - 기본적으로 케인즈학파는 미세조정을 통해 경제를 안정시키는 것이 가능하다고 봄

총수요곡선의 이동과 필립스곡선

- 우하향의 필립스곡선은 우상향의 총공급곡선과 밀접한 관계
  - 총수요 증가로 산출량 증가 ⇨ 실업률 하락
  - 물가 상승 ⇨ 물가상승률 상승
- 총공급곡선상에서의 이동은 필립스곡선상에서의 이동에 대응
- 고전학파의 경우는 AS곡선이 16_____이므로 필립스곡선도 17_____임

스태그플레이션 & 필립스곡선

- 1970년대에 들어와 인플레이션율도 높아지고 경기도 침체하는 스태그플레이션 현상이 발생함에 따라 필립스곡선이 우상방으로 이동함. 이에 따라 필립스곡선이 안정적이라고 생각하던 기존의 견해가 붕괴됨
- 스태그플레이션과 자연실업률 가설
  - 비용인상 인플레이션 : 원유 가격 상승 등으로 인해 공급 충격이 발생하면 AS곡선이 좌측으로 이동하므로 스태그플레이션 현상 발생
  - 비용인상 인플레이션과 필립스곡선의 이동

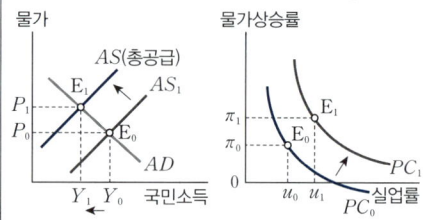

- 자연실업률 가설
  - 자연실업률 : 노동시장이 균형을 이루고 있어 취업자와 실업자의 수가 변하지 않는 상태에서의 실업률
  - 자연실업률 가설 : 프리드먼(Friedman)과 펠프스(Phelps)에 의해 제기된 것으로, 장기적으로는 확대 재정정책을 실시하더라도 실업률을 자연실업률 이하로 낮추는 것은 불가능하며 결국 물가만 상승하게 된다는 내용임
- 장기 필립스곡선의 도출
  - 최초에 A점에서 실업을 줄이기 위해 확장 정책을 시행하면 단기적으로 B점으로 이동(물가 이동, 실업률 하락)
  - 장기적으로는 노동자들이 물가가 3% 상승했다는 사실을 알게 되어 기대 물가가 3%로 상향 조정됨. 기대 물가가 상향 조정되면 임금의 상승으로 인해 공급곡선이 좌측으로 이동하고 실업률은 다시 상승하게 됨
  - 따라서 장기 필립스곡선은 자연실업률 수준에서 18_____의 형태로 도출됨
  - 장기 필립스곡선

[빈칸 정답] 13 마찰적 실업 14 경기적 실업 15 구조적 실업 16 수직 17 수직 18 수직선

OX 문제

01 물가 수준이 하락하면 화폐가치 또한 하락한다. □ O □ X
02 물가 수준의 하락은 실질통화공급이 증가를 가져와 이자율이 하락한다. □ O □ X
03 총공급은 생산요소 부존량과 생산기술에 의해 결정된다. □ O □ X
04 거시경제학에서는 기업의 진입과 퇴출이 자유롭게 일어나는 기간을 단기라고 한다. □ O □ X
05 고전학파는 총공급곡선이 완전고용수준에서 수직의 형태를 갖는다고 본다. □ O □ X
06 총공급곡선의 이동에는 오랜 시간이 소요되는 편이다. □ O □ X
07 소비자물가지수는 국내에서 생산된 모든 상품을 포함한다. □ O □ X
08 GDP 디플레이터는 수입품가격을 포함하지 않는다. □ O □ X
09 소비자물가지수는 대체효과와 신상품의 출현, 품질변화를 반영하지 못한다. □ O □ X
10 물가지수는 화폐의 구매력과 무관하다. □ O □ X
11 인플레이션이란 물가 수준이 지속적으로 상승하는 현상이다. □ O □ X
12 인플레이션율의 계산에 소비자물가지수는 사용할 수 있지만 생산자물가지수는 사용할 수 없다. □ O □ X
13 케인즈학파는 총수요 조절을 위한 긴축 재정정책으로 인플레이션에 대응할 수 있다고 본다. □ O □ X
14 비용인상 인플레이션은 생산비의 상승으로 AS곡선이 좌측으로 이동하면서 발생한다. □ O □ X
15 스태그플레이션은 물가상승과 경기 침체가 동시에 일어나는 현상이다. □ O □ X
16 초인플레이션과 스태그플레이션은 같은 현상이다. □ O □ X
17 실질이자율은 실제 거래에서 통용되는 이자율이다. □ O □ X
18 인플레이션율이 0이면 명목이자율과 실질이자율은 같다. □ O □ X
19 인플레이션은 상품의 상대가격 변화를 가져와 자원 배분을 왜곡시킴으로써 비효율을 초래한다. □ O □ X
20 예상치 못한 인플레이션이 발생하면 채권자에게는 유리하나 채무자에게는 불리하다. □ O □ X
21 실업률이 높아지면 취업률이 높아진다. □ O □ X
22 실업률은 노동가능인구 중에서 직업을 가진 자의 비율을 의미한다. □ O □ X
23 취업자 수가 변하지 않아도 취업률은 변할 수 있다. □ O □ X
24 마찰적 실업은 대표적인 비자발적 실업에 해당한다. □ O □ X
25 정규직 일자리가 많아져야 실업률이 낮아진다. □ O □ X
26 필립스곡선은 물가상승률과 실업률 간의 관계를 나타낸다. □ O □ X
27 케인즈학파는 필립스곡선을 재량적인 재정·통화정책의 옹호 수단으로 이용한다. □ O □ X
28 고전학파는 미세조정을 통해 경제를 안정시키는 것이 가능하다고 본다. □ O □ X
29 자연실업률은 인플레이션을 가속 또는 감속시키지 않는 수준의 실업률을 의미한다. □ O □ X
30 기대인플레이션이 조정되더라도 필립스곡선은 이동하지 않는다. □ O □ X
31 장기 필립스곡선은 인플레이션율과 실업률 사이의 상충관계를 나타낸다. □ O □ X
32 경제활동인구와 노동가능인구는 동일하다. □ O □ X
33 실업률은 경제활동인구 대비 실업자의 수이다. □ O □ X
34 실업률은 실망실업자를 잡아내지 못하기 때문에 실업률이 과소평가되는 경향이 있다. □ O □ X
35 화폐환상은 실질임금의 변화 없이 명목임금만 오르더라도 경제주체들이 실질임금이 오른 것으로 착각하는 것을 의미한다. □ O □ X
36 자연실업률에 대한 정의는 학자들 간의 협의를 통해 통일되어 있다. □ O □ X

[OX 정답] 01 X 02 O 03 O 04 X 05 O 06 O 07 X 08 O 09 O 10 X 11 O 12 X 13 O 14 O 15 O 16 X 17 X 18 O
19 O 20 X 21 X 22 X 23 O 24 X 25 X 26 O 27 O 28 X 29 O 30 X 31 X 32 X 33 O 34 O 35 O 36 X

Topic 13 | 경기변동과 안정화정책

1. 경기와 경기변동

경기	• 국민 경제의 총체적 활동 수준을 말함(생산, 투자, 고용, 소비가 얼마나 활발한가?)
경기 순환	• 호경기, 후퇴기, 불경기, 회복기의 네 국면이 일정한 주기로 반복되는 현상

경기순환 그래프: 정점 - 호경기(A) - 후퇴기(B) - 불경기(C) - 저점 - 회복기(D), 진폭, 주기

구분	생산	투자	물가	고용(실업)	소비	재고
Ⓐ	최고	최고	최고	최고(최저)	최고	최저
Ⓑ	↓	↓	↓	↓(↑)	↓	↑
Ⓒ	최저	최저	최저	최저(최고)	최저	최고
Ⓓ	↑	↑	↑	↑(↓)	↑	↓

경기 변동 원인	• 총수요의 변동(가계 소비, 기업 투자, 정부 지출, 수출 등의 변동) 　- 총수요 증가 ⇨ GDP 증가 (고용 증가, 실업 감소), 물가 상승 ⇨ 경기 활성화 　- 총수요 감소 ⇨ GDP 감소 (고용 감소, 실업 증가), 물가 하락 ⇨ 경기 침체 • 총공급의 변동(원자재 가격, 임금 등 생산비 변동 등이 원인) 　- 총공급 증가 ⇨ GDP 증가(고용 증가, 실업 감소), 물가 하락 ⇨ 경기 활성화 　- 총공급 감소 ⇨ GDP 감소(고용 감소, 실업 증가), 물가 상승 ⇨ 경기 침체
경기 예측 방법	• 개별 경제 지표에 의한 방법 : 국내총생산의 분기별 변화 또는 수출입 관련 지표 등 단일 지표로 파악하는 방법 • 종합 경제 지표에 의한 방법 : 경기 종합 지수나 경기 동향 지수 등 여러 개의 개별 경제 지표를 종합한 것 • 설문 조사에 의한 방법 : 기업 경기 실사 지수나 소비자 태도 지수 등 개별 경제주체들의 심리적 변화 측정에 유용

경기 지수		
	01	재고순환지표, 기계수주액, 자본재수입액, 종합주가지수, 소비자기대지수, 금융기관유동성 등
	02	비농가 취업자 수, 산업생산지수, 건설기성액, 제조업가동률지수 등
	03	이직자 수, 상용근로자 수, 가계소비지출, 소비재 수입액 등

경기 변동의 종류	• 장기파동 : 50~60년 주기의 경기 변동. 기술 혁신, 전쟁, 신자원의 개발 등이 원인. 콘트라티에프(Kondratiev)파동이라고도 함 • 중기파동 : 8~10년을 주기로 하는 경기 변동. 기업의 설비 투자의 변동으로 발생. 주글라(Juglar)파동이라고도 함 • 단기파동 : 3~5년을 주기로 하는 경기 변동. 통화 공급이나 이자율의 변동, 기업의 재고 변동 등이 원인으로 작용. 키친(Kitchin)파동이라고도 함

2. 경제 안정화 정책

자동 안정화	• 자동 안정 장치 : 경기 변동에 따라 자동적으로 경기 안정 효과를 발휘하는 제도적 장치 • 누진세 제도, 실업 보험 제도 등 • 경기 과열 시 세금과 보험료를 많이 내게 되어 경기를 진정시키는 효과가 있음 • 경기 침체 시 소득 감소로 세금은 적게 내고, 실업자가 된 경우에는 보험금을 받게 되어 경기를 부양시키는 효과가 있음
재정 정책	• 정부가 조세(세율)와 정부지출(세출)을 통해 경제의 성장을 도모하는 정책 • 경기 과열 시 재정정책 : 세율 **04**, 정부지출 **05** (긴축 재정) • 경기 침체 시 재정정책 : 세율 **06**, 정부지출 **07** (확장 재정)
금융 정책	• 중앙은행이 통화량이나 이자율(금리)을 조절하여 경제의 안정적 성장을 도모하는 정책 • 통화량 증가 ⇨ 이자율 하락 ⇨ 소비 증가, 투자 증가 ⇨ 생산 확대, 고용 증대 ⇨ 물가 상승 • 통화량 감소 ⇨ 이자율 상승 ⇨ 소비 감소, 투자 위축 ⇨ 생산 위축, 실업 증가 ⇨ 물가 하락(안정)

금융 정책		
	08 의미	중앙은행이 일반 은행에 대출 이자율(재할인율)과 대출 규모를 조정하여 통화량을 조절
	08 영향	재할인율 인상(인하) ⇨ 은행 대출 감소(증가) ⇨ 통화량 감소(증가)
	09 의미	시중 은행의 고객 인출을 대비하는 법정지급준비금 비율을 조절하는 정책
	09 영향	지급준비율 인상(인하) ⇨ 대출 감소(증가) ⇨ 통화량 감소(증가)
	10 의미	중앙은행이 국·공채 또는 통화 안정 증권을 매입 또는 매각하여 통화량을 조절하는 정책
	10 영향	매각(매입) ⇨ 통화량 감소(증가)
일반적 금융정책		재할인율정책, 지급준비율정책, 공개시장정책
선별적 금융정책		대출 한도제, 이자율 규제, 특정 분야에 대한 저리(낮은 이자) 정책 등

[빈칸 정답] **01** 경기선행지수 **02** 경기동행지수 **03** 경기후행지수 **04** 인상 **05** 축소 **06** 인하 **07** 확대 **08** 재할인율 정책 **09** 지급준비율 정책 **10** 공개 시장 조작 정책

3. 경제 안정화 정책과 균형국민소득의 변화

재정정책과 균형국민소득	• 단기 : 정부 재정 지출 증가 ⇨ 총수요곡선 우측 이동 ⇨ 국민소득 증가, 물가 상승 ⇨ 거래적 동기에 의한 화폐수요 증가 ⇨ 이자율 상승 ⇨ 투자 지출 감소 ⇨ 총수요곡선 좌측 이동 (승수효과와 구축효과의 발생) • 장기 : 단기에서의 균형 이동 ⇨ 임금이나 다른 생산요소 가격 상승 ⇨ 총수요곡선 좌측 이동
금융정책과 균형국민소득	• 단기 : 화폐 공급 증가 이자율 하락 ⇨ 투자 지출 증가 ⇨ 총수요곡선 우측 이동 ⇨ 국민소득 증가, 물가 상승 • 장기 : 단기에서의 균형 이동 ⇨ 임금과 다른 생산요소의 가격 상승 ⇨ 총수요곡선 좌측 이동 • 통화정책의 전달 경로 • 이자율 탄력성 : 금융정책이 효과를 나타내기 위해서는 이자율 탄력성이 작아야 함(유동성함정이 없어야 함)
통화정책의 전달 경로에 대한 견해 차	• 케인즈학파 – 통화정책은 이자율 변화를 통해 투자에 영향을 주게 되는데 통화정책의 전달경로가 너무 길고 불확실해 별로 믿을 수 없음 ⇨ 금융시장이 유동성함정에 빠져 있는 상황에서는 통화량을 아무리 늘려도 이자율이 좀처럼 떨어지지 않음 – 재정정책의 효과는 한층 더 직접적이고 확실함 ⇨ 정부지출의 증가는 곧바로 11 의 증가로 이어지며 조세의 감면은 가처분소득을 늘려 소비지출 증가를 확실히 가져옴 • 통화주의자 – 화폐는 교환의 매개 수단으로 사용되기 때문에 화폐 공급량의 변화는 이자율의 변화를 거치지 않고도 국민경제의 총거래량을 직접적으로 변화시킴 – 재정지출을 늘리는 것은 구축효과 때문에 경기를 활성화시키는 데 별 효과를 거두지 못함
정책시차에 대한 견해 차	• 정책시차 : 정책이 수립·집행되어 실제로 효과가 나타날 때까지는 어느 정도 시간이 흘러야 하는 것이 보통인데 이와 같은 시차를 가리켜 정책시차라 함 ⇨ 내부시차 + 외부시차 • 12 : 정책 당국이 경기 변동을 발생시킨 요인을 찾아내고 관련 정보를 수집해 정책을 수립·입법화하는 데 걸리는 시간 • 13 : 시행된 정책이 실제로 효과를 내기 시작하는 데까지 걸리는 시간 • 케인즈학파 : 금융정책의 외부시차가 길어 재정정책이 더 유효한 정책이라 봄 • 통화주의자 : 재정정책의 내부시차가 길어 금융정책이 한층 더 효과적인 안정화 정책이라 봄

[빈칸 정답] **11** 총수요 **12** 내부시차 **13** 외부시차

OX 문제

01 경기변동은 경제활동 수준이 상승과 하강을 주기적으로 반복하는 현상이다. ☐ O ☐ X
02 총수요와 총공급이 증가하면 경기가 활성화된다. ☐ O ☐ X
03 경기가 불황일 경우 실업률은 하락한다. ☐ O ☐ X
04 경제변수가 실질GDP와 같은 방향으로 움직일 경우 경기순응적이라고 한다. ☐ O ☐ X
05 콘트라티에프파동은 50 ~ 60년 주기의 경기변동이다. ☐ O ☐ X
06 쥬글러파동은 3 ~ 5년 주기의 경기변동으로, 키친파동이라고도 한다. ☐ O ☐ X
07 경기 호황 시 실업은 감소하나 물가가 상승한다는 문제가 발생한다. ☐ O ☐ X
08 디플레이션은 경기가 침체와 물가 상승이 동시에 일어나는 현상이다. ☐ O ☐ X
09 종합주가지수는 경기선행지수, 회사채 유통수익률은 경기후행지수이다. ☐ O ☐ X
10 소매판매액지수는 경기동행지수, 광공업 생산지수는 경기 후행지수이다. ☐ O ☐ X
11 재정정책은 공개 시장 조작 정책과 조세를 도구로 한다. ☐ O ☐ X
12 정부는 조세 징수, 국채발행, 중앙은행에서의 차입 등을 통해 재원을 조달한다. ☐ O ☐ X
13 정부지출이 증가하면 총공급곡선은 우측으로 이동한다. ☐ O ☐ X
14 확장 재정정책은 구축효과를 초래한다. ☐ O ☐ X
15 케인즈학파는 구축효과가 재정승수효과보다 크다고 생각한다. ☐ O ☐ X
16 중앙은행은 통화량이나 금리를 조절함으로써 물가 수준을 안정적으로 유지한다. ☐ O ☐ X
17 예금은행의 중앙은행에 대한 의존도에 따라 재할인율정책의 효과가 달라진다. ☐ O ☐ X
18 중앙은행이 국·공채를 매입하면 시중 통화량이 증가한다. ☐ O ☐ X
19 중앙은행이 아니더라도 국·공채의 매입주체는 통화량에 영향을 미칠 수 있다. ☐ O ☐ X
20 재할인율은 예금은행이 중앙은행으로부터 차입할 때 적용되는 이자율이다. ☐ O ☐ X

[OX 정답] **01** O **02** O **03** X **04** O **05** O **06** X **07** O **08** X **09** O **10** X
11 X **12** O **13** X **14** O **15** X **16** O **17** O **18** O **19** X **20** O

Topic 14 | 무역

1. 국제거래

의미	국가 간의 모든 경제적 거래
발생 원인	재화 생산에 유리한 자연환경, 부존자원, 기술 수준의 차이 ⇨ 생산비의 차이 또는 생산물 수요 차이
장점	생산의 효율성 향상, 규모의 경제 실현, 소비자의 다양한 선택 기회, 부존 자원과 기술 취약 해결, 기술과 정보의 축적
단점	경쟁력 없는 유치산업의 도태, 국내 경제정책의 자율성 침해, 실업의 발생

2. 국제무역 이론

구분	절대우위론 (국가 간 비교분석)	비교우위론 (상품 간 비교 분석)
학자	• 애덤 스미스	• 리카르도
차이점	• 두 국가 간에 생산비의 절대적 차이가 발생함을 전제로 **01** 의 상품만을 특화, 생산하여 교환	• 절대우위, 절대열위에 있더라도 생산비가 상대적으로 적게 드는 **02** 의 상품을 특화, 생산하여 교환
공통점	• 국제분업, 자유무역의 이점을 강조	
신무역패턴 이론	• 제품 생애 주기 이론(R. Vernon) 의미 : 신제품이 출현하고 시간의 경과에 따라 그 제품이 성숙 단계와 표준화 단계를 거치는 과정을 무역의 동태적 변화에 따라 적용한 이론 - 신제품 단계 : 고도의 기술을 가진 고급 노동력에 의해 소규모 생산이 이루어지는 단계. 제품을 개발한 선진국이 제품을 생산·수출 - 성숙 단계 : 대량 생산이 이루어지는 단계로 신제품 개발국 뿐만 아니라 여타 선진국도 생산. 신제품 개발국의 비교우위는 점차 사라지고 모방 제품을 생산하는 여타 선진국들의 수출이 증가 - 표준화 단계 : 생산기술이 완전히 표준화되어 미숙련 노동자에 의한 대량 생산이 가능. 저임금 노동자가 풍부한 후진국이 비교우위를 갖게 되어 오히려 후진국에서 선진국으로 수출이 이루어짐 • 기술격차론 : 각국 간 생산기술상의 격차가 무역발생의 원인이 되고 무역패턴 결정에 지배적 작용을 한다는 이론 • 연구개발론 : 무역패턴의 결정요인을 기술진보 및 기술혁신의 원동력인 연구개발 활동에서 규명한 이론	

3. 교역조건

종류와 개념	• 개념 : 수출상품 1단위와 교환되는 수입상품의 수량 ⇨ 수입상품으로 표시한 수출상품의 교환가치 • **03** 교역조건 = $\frac{수출단가지수}{수입단가지수} \times 100$

• 환율이 상승(↑)하면 교역조건이 악화(↓)
• 환율변동과 교역조건

환율의 변동과 교역조건	삼성전자 TV : 1,000원	→ 1$ → 0.5$	$(\leftarrow \frac{1,000원}{1달러})$ $(\leftarrow \frac{2,000원}{1달러})$	수출품 가격 하락
	GM 자동차 : 1,000$	→ 1,000,000원 → 2,000,000원	$(\leftarrow \frac{1,000원}{1달러})$ $(\leftarrow \frac{2,000원}{1달러})$	수입품 가격 상승

4. 자유무역

이점	• 동일한 종류의 재화라 할지라도 나라마다 독특한 특징이 있으므로, 각국의 소비자에게 다양한 소비 기회 제공 • 비교우위의 재화를 수출할 경우 생산량이 크게 늘어나 규모의 경제를 통해 생산비를 절감할 수 있음 • 자유무역은 경제 활성화(진입장벽 낮춤 ⇨ 독과점의 폐해 방지)하여 경제 전체의 후생수준을 높임 • 기술 이동, 아이디어 전파 등을 통해 각국의 기술 개발을 촉진하는 긍정적 파급효과를 가짐
그래프	(A국, B국 수요공급 그래프 : P_A < P_B)

• 득을 보는 사람 : **04** 의 기업, 노동자 / **05** 의 소비자
• 손해를 보는 사람 : **06** 의 기업, 노동자 / **07** 의 소비자

5. 보호무역

의미	• 관세와 같은 정책을 이용하여 자유무역 시 피해를 보는 산업을 없애고 자국의 산업을 발전시키는 것
필요성	• 자국민의 실업방지, 유치산업보호, 불공정 무역대응, 국가안보
보호무역 정책의 수단	• 관세 : 무역을 통해 거래되는 재화에 부과되는 조세 • 비관세장벽 - 수입 허가제 : 수입할 리스트를 만들고 리스트에 없는 상품은 수입을 금지하는 방식 - 수입 담보금제 : 정부가 수입을 허가할 때 수입업자로 하여금 수입 신청 금액의 일부분을 은행에 적립하도록 하는 것. 적립 금액이 높을수록 수입 억제 효과가 있음 - 구상무역 : 한 나라가 자국의 수출 범위 내에서 상대국의 수입을 허가하는 무역 - 기준 강화 : 자동차 배기 가스 방출량 등을 이유로 수입의 기준을 강화하는 방법

[빈칸 정답] **01** 절대우위 **02** 비교우위 **03** 순상품 **04** 수출국 **05** 수입국 **06** 수입국 **07** 수출국

- 보조금 지급 : 정부가 수출 업체에게 보조금을 지급하는 방법으로, 무역 분쟁을 야기할 수 있음
- 쿼터제 : 수입 할당량을 정해 놓고 그 이상은 수입하지 않음 예 스크린 쿼터

- 수입 허가제수입 품목에 대하여 정부의 허가를 받도록 하는 제도

6. 관세

관세	• 관세선을 통과하는 상품에 대해 부과하는 조세. 가장 널리 사용되는 무역정책 수단
관세의 경제적 효과	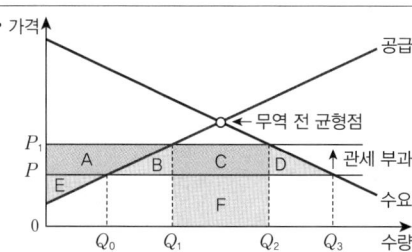 - P : 국제가격 - P_1 : 관세 부과 후 국내가격 - $Q_3 - Q_0$: 관세 부과 이전 수입량 - $Q_2 - Q_1$: 관세 부과 이후 수입량 • 관세 부과 후 줄어드는 소비자잉여 : $A + B + C + D$ • 관세 부과 후 늘어나는 생산자잉여 : A • 관세수입 : C • 관세로 인한 후생손실 : 08 • 위의 그래프를 통해 알 수 있는 관세의 효과 - 생산 증가 효과 : 관세 부과로 국내 생산량이 증가 - 소비 억제 효과 : 관세 부과로 국내 수요량이 감소 - 재정 수입의 증대 : 수입량에 따른 관세 부과는 정부의 재정 수입을 늘려주게 됨 - 국제수지 개선 효과 : 관세를 부과하면 국제수지가 개선되는 효과를 가져올 수 있음 - 소비자 후생 및 사회적 후생의 손실 : 소비자잉여가 감소하고 사회 전체의 후생이 줄어듦
관세의 종류	• 반덤핑관세 : 특정 국가의 상품이 정상 가격 이하로 수입되는 덤핑 행위에 대하여 부과 • 09 : 수출국에서 직·간접적으로 생산 또는 수출에 대하여 장려금이나 보조금을 지급하였을 때 이를 상쇄하기 위해 부과 • 보복관세 : 상대국의 자국 상품에 대한 관세 부과에 대항하기 위해 부과 • 10 : 국내산업의 보호를 위해 긴급한 조치가 필요하거나 특정 상품의 수입을 제한하기 위해 부과하는 고율의 관세
비관세 장벽	• 수량 할당(Quota) 특정 상품의 수입을 일정량 이상 금지시키는 제도 • 수출 자율 규제수입국이 수출국에 압력을 가해 수출국이 자율적으로 수출 물량을 일정 수준으로 줄이도록 하는 정책 • 수입 과징금수입 억제를 위하여 수입 상품의 일부 내지는 전부를 대상으로 일종의 조세를 부과하는 것 • 수출 보조금수출재 생산에 대하여 보조금을 지급하는 것

7. 세계화와 지역화

세계화	• 세계화 : 세계를 무대로 사회 각 분야의 교류가 확대되고, 이에 따른 세계적 규범과 행위기준이 정립되는 현상 ⇨ 1990년대 이후 냉전의 종식과 함께 세계는 이념과 체제를 초월한 무한 경쟁 시대로 진입하면서 전 세계의 단일 시장화 추구가 가속화됨 • 세계화의 배경 - 이념 대립을 바탕으로 하던 냉전체제의 붕괴 - 교통과 통신수단의 발달 - WTO의 출범과 다국적 기업의 활발한 경제활동 증가 • 세계화의 영향 - 개인과 기업 및 국가 간의 경쟁 심화 ⇨ 무한 경쟁 시대의 도래 - 세계적 차원에서의 경제적 효율성은 증대됨 - 선진국 및 선진국 기업에 유리한 환경 조성 - 기업이나 개인에 대한 정부의 보호 및 규제 제한 - 국제 분업의 이익 증대 ⇨ 경제의 대외 의존도 심화
지역화	• 지역주의화(Regionalization) - 지역주의화(경제블록화) : 지리적으로 인접해 있으면서 경제적으로 상호 의존도가 높은 국가들이 공동의 이해 증진을 위해 경제블록을 형성하는 것 ⇨ 궁극적으로 회원국 간의 관세 인하나 무역 제한의 철폐 지향 - 지역적 경제 통합의 유형 | 11	가맹국 사이의 관세 철폐, 비가맹국에 대한 독자적인 관세 정책 인정. 북미자유무역협정(NAFTA)
12	가맹국 간에는 자유무역, 비가맹국에 대한 공동 관세. 중미공동시장(CACM)
13	관세동맹의 형태에 생산요소의 자유로운 이동까지 실현. 유럽공동체(EC)
14	공동 시장의 형태에서 가맹국 간의 재정·금융정책 상호협조. 유럽연합(EU) | • 지역적 경제 통합 - 지역주의의 추세 : 세계 경제 및 무역질서는 UR을 중심으로 한 다자 간 자유무역질서를 향해 가고 있는 동시에 다른 한편으로는 지역주의 또는 배타적 협력강화의 방향으로 나아가고 있음 - 지역주의화 확산의 배경 : 범세계적인 자유무역주의는 그 실현이 용이하지 않기 때문에 이해를 같이 하는 소수 국가 간에 자유무역을 실천하는 것이 용이할 뿐 아니라 이는 다자 간 자유무역질서의 구축에도 도움이 된다는 인식이 제고되고 있음 ⇨ 지역주의(Regionalism)는 앞으로도 더욱 활성화될 것이며 세계 경제의 다극화 현상(미국 경제의 쇠퇴, EU 및 일본의 성장, 아시아 신흥공업국의 부각 등)도 심화될 것임

[빈칸 정답] **08** B+D **09** 상계관세 **10** 긴급관세 **11** 자유무역지대 **12** 관세동맹 **13** 공동 시장 **14** 경제동맹

OX 문제

01 국제거래를 통해 부존자원의 부족이나 생산기술의 취약점을 해결할 수 있다. ☐ O ☐ X

02 리카르도는 절대우위론을 주장하며 국제거래 시 절대우위의 상품을 생산하여 교환하면 된다고 보았다. ☐ O ☐ X

03 비교우위론에서 특화 품목은 기회비용이 작은 쪽을 선택하면 된다. ☐ O ☐ X

04 교역조건은 수입상품으로 표시한 수출상품의 교환가치를 나타낸다. ☐ O ☐ X

05 자유무역은 경제 전체의 후생 수준을 높일 수 있다. ☐ O ☐ X

06 자유무역으로 모든 나라의 모든 사람의 후생은 증가한다. ☐ O ☐ X

07 수출국의 경우, 자유무역으로 인하여 생산자들은 이득을 보나 소비자들은 손실을 입는다. ☐ O ☐ X

08 수입국의 경우, 자유무역으로 인하여 소비자들은 이득을 보나 생산자들은 손실을 입는다. ☐ O ☐ X

09 자유무역으로 누군가는 손실을 보기 때문에 나라 전체의 경제적 후생이 증가하는지는 알 수 없다. ☐ O ☐ X

10 관세를 부과하면 국내생산량이 증가하고 재정수입이 증대되는 효과를 얻을 수 있다. ☐ O ☐ X

11 외국의 특정 상품이 국내에 급속히 유입되어 국내산업이 타격을 받을 때, 이를 보호하기 위해 부과하는 관세를 긴급관세라고 한다. ☐ O ☐ X

12 GATT는 1947년 미국의 주도로 설립된 관세 및 무역에 관한 일반협정이다. ☐ O ☐ X

13 GATT는 일반 협정임에도 불구하고 참가국의 영향력이 컸기 때문에 국제기구로서의 역할을 다했다. ☐ O ☐ X

14 WTO는 GATT를 대신하여 국제무역분쟁을 해결할 국제기구로 출범하였다. ☐ O ☐ X

15 자유무역지대는 가맹국 사이의 관세를 철폐하되 비가맹국에 대한 독자적인 관세정책은 인정한다. ☐ O ☐ X

16 공동 시장은 가맹국 간의 재정·금융정책에 대한 상호협조를 포함한다. ☐ O ☐ X

[OX 정답] 01 O 02 X 03 O 04 O 05 O 06 X 07 O 08 O 09 X 10 O 11 O 12 O 13 X 14 O 15 O 16 X

Topic 15 | 국제수지

1. 국제수지

의 미	• 1년간 한 나라가 수취한 외화와 지불한 외화의 차액으로 국제수지는 균형을 이룸	
거래특성에 의한 구분	• 경상수지 : 일상적인 대외 거래 결과에 따른 외화의 차액 • 자본·금융계정 : 외국과의 자본 거래 결과에 따른 외화의 차액	
경상수지	01	• 상품의 수출과 수입에서 생긴 외화의 차액 • 국제수지에서 가장 큰 비중 • 국민경제의 소득 및 고용과 직접 관련
	02	• 운수, 여행, 통신, 보험, 특허권 사용료 등에서 생긴 외화의 차액
	03	• 임금소득, 대외 자산 및 부채와 관련된 이자, 투자에 대한 배당금 등에서 생긴 외화의 차액
	04	• 아무런 대가 없이 무상으로 주고받는 외화의 차액 예 해외교포의 국내 송금, 구호금, 무상원조, 국제 기금 출연금
자본·금융 계정	금융계정	• 직접 투자, 증권 같은 간접 투자 등에서 자본 유출 및 유입의 차액
	자본수지	• 자산 거래에 의한 외화의 차액

2. 국제수지의 균형

균 형	• 외화의 수치 = 외화의 지급 • 흑자나 적자가 없는 상태 • 현실적으로 매번 달성하는 것은 불가능하지만 중장기적 균형 추구
국제수지 흑자 (수취 > 지급)	• 장점 : 소득 증가, 고용 확대, 외채상환, 국가 신인도 상승, 원자재 안정적 공급, 외국인 투자 확대, 해외 직접 투자 확대 • 단점 : 통화량 증대, 물가 상승, 무역 마찰
국제수지 적자 (수취 < 지급)	• 단기적 적자를 무조건 손해라고 볼 필요는 없음 • 만성적 적자, 경기 침체 지속, 통화량 감소, 외채 증가, 국가 신인도 하락, 외환위기 발생

[빈칸 정답] **01** 상품수지 **02** 서비스수지 **03** 본원소득수지 **04** 이전소득수지

OX 문제

01 국제수지는 경상수지와 무역수지로 나눌 수 있다. ☐O ☐X
02 자본·금융계정이란 외국과의 자본거래 결과에 따른 외화의 차액이다. ☐O ☐X
03 쌍둥이 적자는 경상수지와 자본·금융계정이 모두 적자인 상태를 말한다. ☐O ☐X
04 주식투자는 금융계정, 주식에 대한 배당금은 본원소득수지에 해당한다. ☐O ☐X
05 외국에서 우리나라에 유학을 많이 오게 되면 서비스수지가 좋아진다. ☐O ☐X

[OX 정답] **01** X **02** O **03** X **04** O **05** O

Topic 16 | 환율

1. 환율의 의미와 결정

의미	• 자국 화폐와 외국 화폐의 교환 비율
환율 표시법	• 우리나라는 자국 화폐 표시 환율 채택 ⇨ 환율은 외국 화폐의 가격 예 1달러 = 1,000원 or 원/달러 = 1,000원
환율의 종류	• **01** - 자국 화폐와 외국 화폐의 교환 비율 - 1달러 = 1,000원으로 표기 • **02** - 한 나라의 재화와 서비스가 다른 나라의 재화와 서비스가 교환되는 비율로 두 나라의 물가를 고려한 환율 - $e = \dfrac{e \times P_f}{P}$ (e : 명목환율, P_f : 외국물가, P : 국내물가)
환율 변동	• 원/달러 환율 상승(평가절하) : 달러화에 대해 원화의 가치가 **03** • 원/달러 환율 인하(평가절상) : 달러화에 대해 원화의 가치가 **04**
05	• 외화가 해외로 유출되는 것 예 수입, 해외투자, 해외여행, 외채상환, 해외 송금 등
06	• 외화가 국내로 유입되는 것 예 수출, 외국인의 국내투자 국내 관광, 차관도입 해외친지의 국내 송금 등
환율 결정	• 외환시장에서 외화의 수요와 공급이 일치하는 수준에서 결정

2. 환율제도

구 분	고정환율제도	변동환율제도
의미	• 한 나라의 환율을 정부가 결정, 운영하는 제도	• 외환시장에서 외화의 수요와 공급에 의해 결정되는 제도
장점	• 환율 운영이 안정적 ⇨ 수출입의 안정적 유지 ⇨ 국민 경제 안정	• 국제수지 불균형을 자동적으로 해결 ⇨ 불균형 해소를 위한 정부 개입 불필요
단점	• 불균형 해소를 위한 정부 개입 필요 • 무역 분쟁 초래	• 환율의 변동이 수시로 발생 ⇨ 수출입 불안정 • 환투기 초래

3. 환율 변동의 영향

구 분	환율 하락(평가절상)	환율 상승(평가절하)
수 출	수출품 외화표시 가격 상승 ⇨ **07**	수출품 외화표시 가격 하락 ⇨ **08**
수 입	수입품 원화표시 가격 하락 ⇨ 수입에 긍정적 영향 증가	수입품 원화표시 가격 상승 ⇨ 수입에 부정적 영향 증가
국제수지	악 화	개 선
국내물가	수입원자재가격 안정, 물가 안정	수입원자재가격 상승, 물가 상승
서비스 분야	해외 관광 증가, 해외 유학 증가, 외국인 국내 관광 감소	해외 관광 감소, 해외 유학 감소, 외국인 국내 관광 증가
외자 도입 기업	원화 환산 외채 감소, 외채 상환 부담 감소	원화 환산 외채 증가, 외채 상환 부담 증가

4. 구매력평가설과 이자율평가설

구매력 평가설 (경상수지 초점)	• 개념 - 재화와 서비스의 거래 즉, 경상거래가 환율 결정에 가장 중요한 역할을 한다고 본다는 입장 - 국제적 일물일가의 법칙에 이론적 바탕을 두고 만약 국제무역에 있어서 일체의 거래비용이 없다고 가정하면, 통화 1단위의 실질 가치가 모든 나라에서 동일하도록 환율이 결정된다고 봄 - 양국의 물가상승률에 차이가 생기면 구매력에 차이가 생기므로 환율이 변한다는 이론 • 대표적인 예로 빅맥지수가 있음 • 환율의 변화 : 상대적 구매력평가설 $\dfrac{\Delta e}{e}$(환율상승률) = $\dfrac{\Delta P}{P}$(자국의 물가상승률) $- \dfrac{\Delta P_f}{P_f}$(외국의 물가상승률) • 문제점과 평가 - 문제점 : 생산하는 상품이 동질적일 수 없으므로 일물일가의 법칙이 성립하지 않음. 수많은 비교역재가 존재함 - 평가 : 단기적인 환율의 움직임은 잘 나타내고 있지 못하고 있으나 장기적인 환율의 변화추세에는 잘 반영하는 것으로 평가되고, 거래비용이 낮은 선진국들 사이에서는 구매력평가설이 잘 적용되는 것으로 나타남
이자율 평가설 (자본수지 초점)	• 개념 : 이자율이 **09** 곳으로 외화가 이동하여 환율을 변화시킨다는 것 • 가정 - 국가 간 자본이동이 완전하므로 양국에서의 투자수익률이 **10** - 거래비용이 존재하지 않음 • 이자율평가설에서의 균형 - 양국에서의 투자수익률이 동일해질 때까지 자본이 이동함 - $\dfrac{\Delta e}{e}$(환율상승률) = r(국내이자율) $- rf$(외국이자율)

[빈칸 정답] **01** 명목환율 **02** 실질환율 **03** 떨어짐 **04** 높아짐 **05** 외화 수요 **06** 외화 공급 **07** 수출에 부정적 영향 증가 **08** 수출에 긍정적 영향 증가 **09** 높은 **10** 동일함

- 평가
  - 자본통제와 같은 제도적 제약이 존재하거나 거래비용으로 인해 국가 간 자본이동성이 완전하지 못하면 이자율평가설이 성립하지 않음
  - 이자율평가설의 현실 부합성 여부는 두 나라 간 자본이동이 얼마나 자유로운지, 금융자산이 얼마나 동질적인지에 따라 결정됨

OX 문제

01 외환시장은 외환을 거래하는 추상적인 시장을 의미한다. ☐ O ☐ X
02 기본적으로 환율은 정부의 정책에 따라 결정된다. ☐ O ☐ X
03 우리가 실제 생활에서 흔히 쓰는 환율은 실질환율이다. ☐ O ☐ X
04 실질환율은 두 나라의 물가를 고려한 환율이다. ☐ O ☐ X
05 원/달러 환율이 올랐다는 것은 원화가치의 상승을 의미한다. ☐ O ☐ X
06 국내물가 수준이 상승하면 외환수요는 증가한다. ☐ O ☐ X
07 해외물가 수준이 상승하면 외환공급은 증가한다. ☐ O ☐ X
08 변동환율제도를 채택할 경우 중앙은행의 독자적인 통화정책이 곤란하다. ☐ O ☐ X
09 국내이자율 상승은 환율하락의 요인이 된다. ☐ O ☐ X
10 국내이자율 하락은 원화가치 하락의 요인이 된다. ☐ O ☐ X
11 국내물가 수준의 상승은 환율상승의 요인이 된다. ☐ O ☐ X
12 국내물가 수준의 하락은 원화가치 상승의 요인이 된다. ☐ O ☐ X
13 환율이 상승하면 경상수지가 악화된다. ☐ O ☐ X
14 원화가치가 상승하면 외채상환부담이 감소한다. ☐ O ☐ X
15 환율이 상승하면 상품수지와 서비스수지가 개선된다. ☐ O ☐ X
16 구매력평가설은 국제적 일물일가의 법칙을 바탕으로 한다. ☐ O ☐ X
17 환율상승률은 외국물가상승률에서 자국물가상승률을 차감한 값이다. ☐ O ☐ X
18 구매력평가설은 장기적인 환율의 변화추세를 잘 반영하지 못하는 것으로 평가된다. ☐ O ☐ X
19 이자율평가설은 이자율에 따라 환율이 변화한다는 것이다. ☐ O ☐ X
20 국가 간 자본이동이 불완전해도 이자율평가설은 성립한다. ☐ O ☐ X
21 브레턴우즈 체제는 고정환율제도를 채택하고 있다. ☐ O ☐ X
22 킹스턴 체제는 변동환율제도를 채택하고 있다. ☐ O ☐ X
23 SDR은 단일화폐로 구성되어 있다. ☐ O ☐ X

[OX 정답] 01 O 02 X 03 X 04 O 05 X 06 O 07 O 08 X 09 O 10 O 11 O 12 O
13 X 14 O 15 O 16 O 17 X 18 X 19 O 20 X 21 O 22 O 23 X

Topic 17 | 회사

1. 회사의 종류

구분	합명회사	합자회사	주식회사	유한회사	유한책임회사
사원의 책임	무한	01	02	유한	유한
사원의 수	2인 이상	무한/유한 각각 1인 이상	1인 이상	1~50인	1인 이상
특징	인적회사	인적회사	물적회사	물적회사	물적회사
사례	법무법인, 회계법인 등	벤처회사	일반 민간 기업	소규모 농업법인 등	소규모 기업

2. 주주총회와 이사회의 의결사항

주주총회	• 회사 경영진의 임명 : 이사·감사의 선임과 해임 및 그들의 보수 결정 등 • 회사 운영의 기본 방향 : 회사 재무제표의 승인, 정관의 변경, 합병, 영업 양도, 영업 양수, 자본금의 감소, 주식 분할, 회사의 해산 등 • 주주이익에 관한 내용 : 스톡옵션 부여 등
이사회	• 주주총회 소집권, 대표이사 선임권, 은행 지점장 같은 지배인의 선임과 해임권, 지점의 설치 이전권 등

3. 유상증자와 무상증자

유상증자	주주들에게 돈을 받고 신주를 유상으로 발행하는 것
무상증자	회사가 03 을 자본금으로 돌리는 방식으로 기존 주주들에게 돈을 받지 않고 신주를 무상으로 발행하거나 기존 주식을 나누어 주는 것

4. 특수채

04	주식으로 전환할 수 있는 권리가 부여된 사채
신주인수권부사채 (BW)	발행회사의 신주를 인수할 권리가 붙은 사채
이익참가부사채	이자가 지급되는 동시에 회사가 이익이 나면 이익 분배에도 참가할 수 있는 사채
05	발행회사가 보유하고 있는 상장회사 주식과 교환할 수 있는 권리가 부여된 사채
상환사채	만기 전에 채권의 일부 또는 전부를 상환할 수 있는 권리(콜옵션)가 발행회사에 부여된 사채
06	회사가 어려워졌을 때 사채를 주식으로 전환하거나 원금을 상각(상환거부)할 수 있는 권리가 부여된 사채. 회사채지만 부채가 아닌 자본으로 인정됨

5. 법정관리와 워크아웃

법정관리	대주주가 경영을 맡아 회사를 부실하게 만든 후 회사를 회생시켜 달라고 07 에 신청하는 것을 말함
워크아웃	회사와 회사 08 이 자율적으로 마련하는 회사 재건 협약으로 보통 재정위기에 처한 기업이 법정관리에 들어가기 전에 선택하는 재무구조 개선작업을 말함

6. 인수합병(M&A)의 공격기법과 방어기법

공격기법	• 공개매수(TOB; Take Over Bid) : 공개매수는 시장에서 공개적으로 주식을 높은 가격에 매수 • 09 : 경영권이 취약한 기업의 주식을 사들인 뒤 대주주에게 M&A 포기 대가로 높은 가격에 지분을 되살 것을 요구하는 행위 • 10 : 마치 곰이 몰래 껴안듯이 공포 분위기를 조성하면서 매수 조건을 제시
방어기법	• 11 : 공격받는 기업이 기존 주주들에게 시가보다 싼 값에 주식을 살 수 있는 권리 • 12 : 인수 대상 기업 임원이 회사의 인수 또는 합병으로 사임할 경우 거액의 퇴직금과 스톡옵션 등을 받을 권리를 고용계약에 기재하는 것 • 황금주 : 특정 사안에 대해 보유주식 수와 관계없이 거부권을 행사할 수 있는 주식 • 초다수 의결규정 : 주주총회의 의결조건을 강화 • 왕관의 보석 : 경영권을 지키기 위해 가장 핵심적인 자산을 매각해 버리는 것 • 13 : 적대적 인수의 공격을 받을 때 경영진에게 우호적인 제3자에게 기업을 인수시킴으로써 적대적 인수를 방어하고 경영자의 지위를 유지하는 방법 • 14 : 인수 대상 기업이 오히려 적대적 인수 기업의 주식을 매수함으로써 정면 대결하는 방어전략

7. 기업분할

인적분할	분할된 신설회사의 주식을 분할 전 회사가 100% 가짐
물적분할	분할된 신설회사의 주식을 분할 전 회사의 주주들이 지분 비율대로 가짐. 상법상 회사분할은 인적분할을 의미함

[빈칸 정답] 01 무한/유한 02 유한 03 이익잉여금 04 전환사채(CB) 05 교환사채(EB) 06 조건부자본증권(코코본드) 07 법원 08 채권단 09 그린메일 10 곰의 포옹 11 포이즌 필 12 황금낙하산 13 백기사 14 팩맨방어

OX 문제

01	우선주는 의결권이 없는 대신 배당적인 혜사이다.	□O □□ X
02	회사의 청산과 공동화 위험이 있는 주주들의 특별의 사용이다.	□O □□ X
03	주주들보다 증가 더 많은 결정된 지분 감소라는 상승공자를 한다.	□O □□ X
04	우선주에 의결하는 것이 등이 기업가치를 폭 높이는 효과가 있다.	□O □□ X
05	우선주자는 목표 없이 주주 꽁이는 것이 경영의 경제 정책이 높지고 된다.	□O □□ X
06	배당자자는 기업 내 정부 상황을 이용할 수 있어, 바누기업을의 기업바라의 가치를 볼 수 있다.	□O □□ X
07	동시민족을 꼽막하 주식 보통기업이 주식 100%를 가지고 있는 것이다.	□O □□ X
08	모든 기업은 해외지식을 가지고 있다고 볼 수 있다.	□O □□ X
09	경영권이 강화하여하는 수록 모든 기업을 인수 시 이해 공동 상향된 경영을 한다. 리스크를 예방할 수 있다.	□O □□ X
10	우량기업이 실패하거나 보안하는 것을 성사동영합이 한다.	□O □□ X
11	기업이 인수수의의 기준 경영진이 환치사이에게 들이 기간에게 기업이 획인이 추가 확적이 지급되지 못함	□O □□ X
	하는 M&A상아사정에을 들리신아가이다 한다.	□O □□ X
12	인수 대비 기업이 우량하 자회사 인수 기업이 주식을 매수청구으로 감각대대공에 영향이대대공에 파양이나 한다.	□O □□ X

[OX 정답] 01 O 02 O 03 X 04 O 05 O 06 X 07 O 08 X 09 O 10 O 11 O 12 X

Topic 18 | 회계

1. 회계거래인 것과 아닌 것

회계거래인 것	상품을 판매하거나 종업원에게 급료 지급, 장기자산 인수 등
회계거래가 아닌 것	상품을 판매하기로 계약, 영업소 수선 등

2. 한국채택국제회계기준(K-IFRS)

의미	국제회계기준위원회가 공표한 국제회계기준(IFRS)을 한국이 채택하여 만든 회계기준
특징	• 개별재무제표가 아니라 연결재무제표를 기본 재무제표로 함 • 주식회사뿐만 아니라 모든 상장 기업의 회계처리기준이다 • **01** 없이 기존의 회계처리기준 보다 많은 원칙과 개념들을 강조하게 되어 처리방법을 기업의 실정에 맞게 선택할 수 있음

3. 재무비율분석

안정성비율(장기)

- **02** $\dfrac{\text{유동자산}}{\text{유동부채}} \times 100$ (표준비율 등)

  - 유동비율(유동자산 = 현금 - 재고자산)
  - = $\dfrac{\text{유동자산}}{\text{유동부채}} \times 100$ (100 % 이상 양호)

- **03** $\dfrac{\text{부채(타인자본)}}{\text{총자본}} \times 100$
  (표준비율 200% 이하)

- **04** $\dfrac{\text{영업이익}}{\text{이자비용}}$ = 영업이익이 이자비용을 부담할 수 있는
  역량 = $\dfrac{\text{영업이익}}{\text{이자비용}}$ (배수가 클수록 좋음)

수익성비율

- **05** (ROI: Return On Investment) = $\dfrac{\text{순이익}}{\text{총자본}} \times 100$

- **06** (ROE: Return On Equity) = $\dfrac{\text{순이익}}{\text{자기자본}} \times 100$

- 매출액순이익률 = $\dfrac{\text{순이익}}{\text{매출액}} \times 100$

- **07** = $\dfrac{\text{영업이익}}{\text{매출액}} \times 100$

- **08** = $\dfrac{\text{총수익}}{\text{총자본}} \times 100$

활동성비율

- **09** = $\dfrac{\text{매출액}}{\text{재고자산}}$ or $\dfrac{\text{매출원가}}{\text{재고자산}}$ = 재고자산회전율

생산성비율

- **10** = $\dfrac{\text{매출액}}{\text{자기자본}} \times 100$
  = 자본회전율
  종업원 수

성장성비율

- **11** = $\dfrac{\text{당기총자산}}{\text{전기총자산}} \times 100$
- 매출액증가율 = $\dfrac{\text{당기매출액}}{\text{전기매출액}} \times 100$
- 순이익증가율 = $\dfrac{\text{당기순이익}}{\text{전기순이익}} \times 100$

시장가치비율

- **12** = $\dfrac{\text{시장가치}}{\text{자산의 대체원가}} \times 100$

손익분기점

- **13** = 매출액 - 변동비
- 손익분기점 판매량 = $\dfrac{\text{고정원가}}{\text{단위당 공헌이익}}$
- 손익분기점 매출액 = $\dfrac{\text{고정원가}}{\text{공헌이익률}}$

OX 문제

[보기 정답] 01 운영거래(시장가치) 02 유동비율 03 부채비율 04 이자보상비율 05 총자본이익률 06 자기자본이익률 07 매출액영업이익률 08 매출수익(자산)회전율 09 재고자산회전율 10 자기자본비율 11 총자산증가율 12 토빈의 Q비율 13 공헌이익

01 재무상태표의 차변은 부채와 자본이, 대변에 자산이 표시된다. ☐O ☐X

02 기업이 영리적으로 회계정보의 이용자가 합리적인 의사결정을 할 수 있도록 유용한 정보를 제공하고 이사결정 등을 돕는 것을 회계라고 한다. ☐O ☐X

03 IFRS는 연결재무제표 중심이다. ☐O ☐X

04 실적이 거래가 되지 않는 즉, 화재 등 회계상 거래에 등기가 들지 않는다. ☐O ☐X

05 회계정보 이용자들이 기업의 재무상태와 경영성과 등을 보고하기 위해 기업회계기준에 의해 작성된 일정한 재무보고서를 표준재무제표라고 한다. ☐O ☐X

06 자산운용에 의한 판매 안에서 이자가지나지 않아서 부채의 기간 증가이 되지 않는다. ☐O ☐X

07 고정비율, 이자보상비율은 안정성비율이다. ☐O ☐X

08 토빈의 Q비율이 높을수록 투자를 해야 한다. ☐O ☐X

09 총자본이익률, 재고자산회전율은 활동성비율이다. ☐O ☐X

10 부가가치이용은 생산성비율이다. ☐O ☐X

[OX 정답] 01 X 02 O 03 O 04 X 05 O 06 X 07 O 08 O 09 O 10 O

Topic 19 | 금융

1. 금융시장과 금리체계

시장금리	지금의 수요자와 공급자 간에 자금거래가 대량으로, 자유롭게 이루어지는 공개금융시장에서 자금의 수급에 따라 결정되는 금리(채권시장)
시장금융 금리	금융기관이 기업이나 개인 고객을 상대로 하여 영업을 할 때 적용하는 금리. 예금금리, 대출금리 등
공시금리	금융기관이 고시하여 발표하는 금리로, 파생상품 등의 변동금리 기준금리로 활용되는 대표적인 금리

2. 시장성 금융기관의 자금조달경로

개요	자금조달경로에 따라 금융비용이 달라지기 때문에 금융기관 자금조달의 대부분을 차지하는 기준금리, 시장 등 기준금리에 대해 금리변동 추가금리 등을 적절하게 결정할 수 있어야 금융비용 전체를 통제할 수 있음
자기자본 비용	주주로부터 자기자본을 조달하는 데 드는 비용이며 가중평균자기자본의 기대수익률로 표현
특징	BIS(국제결제은행 : Bank for International Settlements) 자기자본비율 경영지표 8% 이상으로 유지

3. 주요 금리

지표금리	지표금리는 사람들이 자금거래를 할 때 참고 및 기준으로 삼는 금리를 말하며, 우리나라에서 주로 사용(3개월물) 산업금융채권 지표금리로 활용됨
기준금리	우리나라의 중앙은행인 한국은행이 정책적으로 결정하는 금리로, 금융기관과 환매조건부증권(RP) 매매, 자금조정 예금 및 대출 등 거래를 할 때 기준이 되는 금리. 우리나라의 경우 **01** 가
콜금리	금융기관 간에 과부족 자금을 거래하는 초단기금융시장에서의 금리로, 자금의 대차가 이루어지며 1일에서 **02** 이내의 초단기거래
CD금리	CD(Certificate of Deposit)란 시장에서 유통되는 양도성예금증서를 가리키며, 매출이 되어 중도해지는 할 수 없으나 양도가 가능하므로 자금이 필요할 시 금융기관을 통하거나 기타 할인하여 현금화할 수 있는 예금증서이며 CD를 매매하는데 적용되는 금리
코픽스 (COFIX; Cost Of Funds Index)	국내 은행이 매달 시장에서 조달한 9개 수신상품(정기예금, 정기적금, 상호부금, 주택부금, 양도성예금증서, 금융채 등) 자금의 평균금리를 취합해 발표하는 자본조달비용지수

4. 주가지표

03 | • 주가수익률 = $\dfrac{P(주가)}{EPS(주당순이익)}$
• 기업의 주식 1주가 벌어들이는 수익에 대해 시장에서 몇 배의 가격이 형성되어 있는가 의미

04 | • 주가순자산비율 = $\dfrac{P(주가)}{BPS(주당순자산)}$
• 1주의 가치가 순자산가치에 비해 몇 배로 형성되어 있는지 나타냄

5. 투자판단지표

05 | • 다가올 1년 동안 주식 투자자가 받을 배당금의 현재 주가에 대한 비율로 투자자들이 주식을 보유하고 있을 때 예상되는 수익률 중 시세차익을 제외하고 배당을 통해 얻는 수익률을 나타내는 지표
• 배당수익률 = $\dfrac{1주당 배당금}{주가} \times 100$

06 | • 기업의 당기순이익 중에서 배당금으로 지급되는 총액의 비중

6. 공시시장 안정화 위한 제도

07 | • 1단계 : 최초로 종합주가지수가 전일에 비해 8% 이상 하락한 상태가 1분간 지속될 경우 발동, 1분 경과 시 모든 주식 및 주식 관련 선물 옵션 주문이 20분간 정지되고, 이후 10분간 단일가매매로 거래 재개
• 2단계 : 1단계 대비 추가 1% 이상 하락하고 직전 대비 15% 이상 하락해 1분간 지속될 경우 발동, 주식거래가 20분간 중단되고, 이후 10분간 단일가매매에 의해 거래 재개
• 3단계 : 2단계 대비 추가 1% 이상 하락하고 직전 대비 20% 이상 하락해 1분간 지속될 경우 발동, 당일 종가로 거래가 종료됨 |

08 | • 사전적으로 주가 폭락 등에 대비해 매도 주문의 효력을 일시 정지시키는 제도. 전일 종가에 대비해 주식가격이 5% 이상 등락한 상태가 1분간 지속된 경우 이후 5분 동안 호가접수 등 모든 매매거래를 중단한 후 매매가 재개되도록 하는 제도

가격제한폭 | 전일 종가대비 상·하 **09** 로 설정하여 운영하는 제도

7. 채권수익률, 듀레이션, 신용위험

채권수익률 | • 이자율과 채권가격은 반대 방향으로 움직임 - 이자율 상승 시 : 채권가격 하락, 채권수익률 상승 - 이자율 하락 시 : 채권가격 상승, 채권수익률 하락

[정답 정리] 01 한국은행기준금리(RP) 7일물 금리 02 30일 03 PER(주가수익비율) 04 PBR(주가순자산비율) 05 배당수익률 06 배당성향 07 서킷브레이커 08 프로그램 매매호가 관리제도(Side Car) 09 30% 10 반대로

8. 국채제도

국채제도		
국가	표면금리 : 통화국 장기우량채 표면이율(가중평균치)	인수금리 : 통화국 장기우량채 표면이율(가중평균치)
일국	이머징본드	사무라이본드
일본		불독본드
중국		17
영국		팡다본드
호주	16	

- **14** (Contingent Convertible Bond) : 발행사 자본비율이 일정수준 이하로 전환되거나 상 각되는 조건이 붙은 채권

신종채권

- **13** 신용을 보강하기 위한 것을 그 수단 중 대표적인 것으로 주식과 교환할 수 있는 권리가 부여된 채권을 말한다.
- 자산담보부증권(ABS; Asset Backed Securities) : 부 동산, 매출채권, 주식·채권 등 유동화자산, 기타 재 산권 등을 기초로 하여 발행된 증권을 말함(Underly-ing Asset)
- 수익증권 : 특정한 유가증권 등에 투자하여 얻게 되는 수익을 미리 정해진 방식에 따라 수익자에 게 배분한다는 조건으로 유가증권, 부동산 등을 유동화하여 발행한 증권을 말함
- 환매조건부채권(Repurchase Agreements) : 금 융기관이 일정기간 후 확정금리를 붙여 되사주는 조건으로 발행하는 채권
- **12** (Exchange Bond) : 발행사가 보유하고 있는 다른 회사의 주식과 교환할 수 있는 권리를 부여한 채권
- 신주인수권부사채(BW; Bond with Warrant) : 채 권발행 후 일정기간이 경과하면 사전에 정해진 가격(행사가격)으로 주식을 인수할 수 있는 권리가 주어진 사채로 주식이 많은 수 있다는 장점으로 발행사 자금조달에 유리함
- **11** (Convertible Bonds) : 발행 당시 사채로 발행되지만 일정기간이 경과한 후에 사채권자의 청 구에 의해 주식으로 전환할 수 있는 권리가 부여된 사채

사채의 신용등급

- 평가기관 : 무디스, S&P, 피치
- 투자적격 최저 : 무디스(Baa 3), S&P(BBB-), 피 치사(BBB-) 이상이어야 함

9. 운용

의의	특정 기초자산의 가격이나 그 기초자산 외에 미리 정한 일정한 가격에 사거나 팔 수 있는 권리에 대한 계약
매수자 매도자	• 매수자 : 기초자산의 가격 변동에 따른 불리한 위험을 해지 또는 감소시킬 수 있는 권리를 가지는 자 • 매도자 : 매수자의 권리행사에 따라 그 기초자산을 매수자에게 사거나 파는 의무를 지는 자
콜옵션	• 매수자 : 기초자산을 살 수 있는 권리를 가지는 자 / 18 • 매도자 : 기초자산을 살 수 있는 권리를 갖는 매수자에게 기초자산을 파는 자 / 19 • 옵션의 프리미엄이 이자수익 발생
풋옵션	• 매수자 : 기초자산을 팔 수 있는 권리를 가지는 자 / 20 • 매도자 : 기초자산을 팔 수 있는 권리를 갖는 매수자에게 기초자산을 파는 자 / 21 • 옵션의 프리미엄이 이자수익 발생

10. 펀드

의의	• 다수의 대중으로부터 자금을 모아 자산운용회사 등이 그 모은 자금을 각종 자산에 투자하는 금융상품
종류	• 인덱스펀드 : 자산운용회사의 주관적인 투자판 단에 의존하지 않고 수익률이 특정 주가지수 변동과 연동되도록 설계된 펀드 • 상장지수펀드(ETF) : 특정 주가지수에 따라 구성된 종목 등을 매매하기 위하여 만들어진 인덱스펀드로 거래소에 상장되어 수시로 매매할 수 있도록 한 펀드 • **22** : 자산이 있는 고객들이 사적으로 인터넷 프로플랫폼에 실시간을 통해 자신의 자금을 투자하는 펀드 • **23** : 자산의 50% 이상을 신용등급이 BB+ 이하인 투기등급 회사채와 B+ 이하인 기업어음에 운용하는 펀드

[퀴즈 정답] 11 전환사채 12 교환사채 13 하이브리드 채권 14 코코본드 15 경기가중치 16 경기가중치 17 담보부 18 이익 19 손해 20 이익 21 손해 22 크라우드펀드 23 하이일드펀드

11. 부동산 관련 지표

LTV (Loan To Value)	주택시가에 대한 24 _____ 의 비율
DTI (Debt To Income)	연소득 대비 25 _____ 상환비율
부동산 시장관련 지표	LTV, DTI 등으로 측면에서 부동산 시장활동 및 경기사이클, 부동산시장자금흐름 등을 7가지별로 수 있음

12. 상장지수펀드와 기업어음

상장지수펀드 (ETF; Exchange Traded Fund)	인덱스펀드를 증권거래소에서 주식처럼 매매할 수 있도록 한 펀드 · 특징 : 거래소에 상장되어 일반 주식처럼 자유롭게 사고 팔 수 있으며 거래비용이 저
기업어음 (CP; Commercial Paper)	· 기업이 자금조달 목적으로 발행하는 어음형식의 단기 채권

[정답 정리] 24 대출금 25 총부채

OX 문제

□ ○ □ X	01 주식은 만기가 없어 채권처럼 원리금상환 등의 공통점이 있다.
□ ○ □ X	02 PER가 낮을수록 좋다.
□ ○ □ X	03 PBR은 낮을수록 좋다.
□ ○ □ X	04 한국종합주가지수(KOSPI)가 직전 거래일에 8%/15%/20% 이상 하락한 경우 매매거래 중단의 발동을 예고할 수 있으며, 이 상태가 1분간 지속되는 경우 주식시장의 모든 종목의 매매거래와 주식관련 선물·옵션시장의 매매거래를 중단시키는 제도를 서킷브레이커라고 한다.
□ ○ □ X	05 신규상장 기준 종목의 가격이 기준가 대비 5% 이상 변동하여 1분 이상 지속되는 경우 사이드카라고 한다.
□ ○ □ X	06 중소기업의 상장된 주식 중 시장의 대표성이 우량한 것을 선정해 2007년에 기준지수를 KONEX2000이라고 한다.
□ ○ □ X	07 자금의 수요자와 공급자 간 직접 자금이 거래되는 시장을 자본금융시장이라고 한다.
□ ○ □ X	08 예금보험제도에서 모든 금융기관의 예금은 5,000만원까지 보장한다.
□ ○ □ X	09 채권은 종류가 다양하지 않다.
□ ○ □ X	10 채권은 주식보다 안정성이 높은 수익을 얻는다.
□ ○ □ X	11 채권가격과 이자율은 반비례한다.
□ ○ □ X	12 전환사채는 채권이 주식으로 전환될 수 있는 권리가 있다.
□ ○ □ X	13 신주인수권부사채를 7.0배에서 만기시 시간을 인수하여야 할 의가가 있다.
□ ○ □ X	14 채권의 발행자는 고리의 나머지 채권을 만기 전에 우리나라에서 일반적으로 특정요금으로 아무인정으로 하고
□ ○ □ X	15 파생상품은 원금 이외는 손해를 보지 않는 상품을 의미한다.
□ ○ □ X	16 선도계약은 표준화가 되어 있는 반면 선물계약은 계약당사자 간에 따라 다르다.
□ ○ □ X	17 선물계약에는 신용계약에서 흔히 발생할 수 있는 인수도 의무가 문제가 이루어진다.
□ ○ □ X	18 풋옵션 소유자가 기초자산을 매수 하기로 정리된 권리를 콜옵션이라고 한다.
□ ○ □ X	19 콜옵션 소유자가 기초자산을 매도 하기로 정리된 권리를 풋옵션이라고 한다.
□ ○ □ X	20 기초자산의 가격이 오를 경우 풋옵션의 매수자가 유리하다.
□ ○ □ X	21 기초자산의 가격이 오를 경우 콜옵션의 매수자가 유리하다.
□ ○ □ X	22 스왑은 거래당사자 양쪽이 각자 보유하고 있는 현금 흐름 아이템 또는 금융자산(부채) 등을 신용대비 시간이나 공동자산과 교환하는 거래를 말한다.
□ ○ □ X	23 다수의 대중으로부터 소액의 자금을 받아 가입자에 대신에 투자전문기관이 모아진 자금을 투자운용을 하고 관리한다.
□ ○ □ X	24 인덱스펀드는 대기업이 단기간 자금조달을 위하여 발행한다.

[OX 정답] 01 ○ 02 X 03 X 04 ○ 05 ○ 06 X 07 X 08 X 09 X 10 ○ 11 ○ 12 ○
13 X 14 ○ 15 X 16 X 17 X 18 X 19 X 20 X 21 ○ 22 ○ 23 ○ 24 X